말소리는 자음과 모음 그리고 성조로 나눌 수 있다. 성조는 단어의 의미를 전달하기 위하여 음높이를 사용하는 언어 현상인데 전 세계 언어의 약 70퍼센트 정도가 이러한 방식으로 음높이를 사용하는 것으로 보인다.

　　이 책은 독자들이 성조라는 주제에 대한 사전 지식이 거의 없다고 가정하고 성조와 성조 음운론에 대한 개론적 지식을 명확한 구성으로 제공하고 있다. 책에서는 포괄적인 범위에서 가능한 한 넓은 범위의 성조 언어를 사례로 들어 아프리카, 아메리카, 아시아 지역 성조 체계의 주요 유형을 조사하고 있다. 이 책은 독자들이 성조에 대한 기초 음성학을 기본적으로 파악하도록 하면서 성조 대립에 적합한 변별적 자질 체계, 변이음, 형태음운론적인 성조의 교체 등 주요 주제와 최적성이론으로 그 주제를 분석하는 방법도 다루고 있다. 이 책은 성조 음운론과 형태통사론 사이의 상호작용뿐만 아니라 성조의 지각 및 습득 관련 내용까지도 다룬다.

성 조

모이라 입　저
손남호　역

역락

이 책을 아버지 Bill Winsland(1920-2001)에 대한 추억 앞에 놓습니다. 아버지는 아주 오래 전에 저에게 성조 언어인 키쿠유어의 단어를 처음으로 가르쳐 주셨습니다. 그러나 아버지는 그 단어가 바꾼 저의 미래는 짐작하지 못하셨습니다.

서문

　이 책은 언어학을 공부하는 학생 중 성조를 좀 더 배우고 싶은 학생들을 위한 책이다. 이 책은 학생들이 음운론 수업을 일 년 정도 수강한 수준의 음운론 이론 지식이 있다고 보지만 성조 관련 연구를 미리 해 보았다고 가정하지는 않는다. 이 책의 이론적인 분석 단원은 최적성이론의 틀에서 이루어지지만 최적성이론의 기초가 없는 학생들도 이해할 수 있도록 구성되었다.

　이 책은 학부 고학년 또는 대학원생 수준에서 한 학기의 성조음운론 과정에 적합하다. 이론적인 분석 단원에는 간단한 연습문제가 있고 해답은 각 단원의 마지막 부분에 제시되어 있다. 이 책이 성조의 본질에 대한 참고서로 활용되기를 바라기 때문에 주요 언어 조사의 자료와 이론적인 연구 모두에 넓게 참고할 수 있는 내용을 수록하였다. 이 책에서는 성조 언어를 유형론 및 지리학적으로 모두 광범위하게 처리할 수 있도록 노력하였다.

감사의 글

이 책은 수많은 사람의 도움으로 이루어졌다. 가장 먼저 Neil Smith 선생께 감사의 말씀을 전한다. Neil Smith선생은 처음으로 나에게 이 책을 쓰도록 제안하였고, 나에게 책을 쓸 전문적인 장소가 없었을 때 사무실 공간을 제공해 주었으며, 모든 단원의 초고를 수일 내에 읽어 자세하고 면밀한 조언을 주었다. Neil Smith선생과 함께 연구한 것은 무척 영광스러운 일이었다.

시간을 내어 초고를 보고 꼼꼼한 조언을 준 Akin Akinlabi, Larry Hyman, Scott Myers에게도 감사의 마음을 전한다. 그 조언 때문에 쑥스러운 수많은 오류를 피할 수 있었다.

이 책은 지난 2년 동안 Mary Bradshaw, Nick Clements, Bruce Connell, Jerry Edmondson, Dan Everett, Colleen Fitzgerald, Seldron Geziben, Sharon Hargus, Joyce McDonough, David Odden, Stuart Rosen, Bernard Tranel, Justin Watkins, Yi Xu 등 여러 분들로부터 도움과 조언을 받았고, 유니버시티 칼리지 런던(UCL)과 아시아 아프리카학 대학원(SOAS)에서 토론과 세미나에 참여한 많은 분들로부터도 혜택을 받았다. 어떤 분은 초고 내용을 읽고 친절하게 검토 의견을 주셨고, 어떤 분은 참고 문헌이나 자료의 정확한 방향을 지적해 주었으며, 또 어떤 분은 나중에 답을 찾아내어야 할 만큼 날카로운 질문을 주었다. 모든 분들께 감사의 마음을 전한다.

그러나 오류, 판단 착오, 잘못된 설명 모두는 당연히 필자의 책임이다.

▌CONTENTS

그림 차례

지도 차례

표기 체계, 기호, 약어

분절음의 전사는 따로 표시하지 않는 한 원자료의 전사를 따른 것이다.

• 악센트 기호로 표시

양음 악센트 :	á	고조
억음 악센트 :	à	저조
장음 기호 :	ā	중조
조합형 :	ǎ	오름조
	â	내림조

[주의] 가끔씩 악센트 표시가 강세를 대신 나타내는 데 사용되기도 한다. 이러한 경우에는 해당 부분에 명확하게 표시된다.

• 숫자 체계로 표시

아시아 언어 연구자 :	5 = 고조, 1 = 저조
중앙아메리카 언어 연구자 :	1 = 고조, 5 = 저조
모두 :	두 숫자가 이어져 있는 것은 음높이의 시작과 끝을 나타낸다. 즉 35는 굴곡조이다.

• 기타 기호

φ	음보
σ	음절
μ	모라
#	단어 경계, 가끔 구 경계로도 사용됨
H%	음운구 경계억양
H//	억양구 경계억양
!H	계단내림된 H
Ⓗ	부동 성조 H
H*	악센트 받은 H, 강세 음절과 연결됨
F_0	기본 주파수 (단위: Hz)

• 최적성이론 표기 규약

☞	최적성이론 타블로에서 선택된 후보형
*	제약 위반
*!	치명적인 제약 위반
음영 표시	더 상위의 제약으로 선택이 결정되기 때문에 제약을 위반하였다 하더라도 당장은 상관없는 셀
C1 >> C2	C1 제약이 C2 제약보다 상위인 것을 나타내고 타블로에서는 상위 제약을 왼쪽부터 오른쪽으로 배치하여 표시함

강약 음보 trochaic : 좌핵 이원 음보. 보통 동일한 무게이다. 2모라 일 수도 있고 2음절일 수도 있다.

계단내림 downstep : 외현적인 저조가 없는 상태에서 고조가 낮아지는 현상. 그러나 보통 부동 저조가 원인이 된다. 비자동 계단내림이라고도 한다. 이 책에서는 가끔 성조내림과 계단내림을 아우르는 용어로 사용된다.

굴곡조 contour tone : 성조가 실현되는 동안 오름 또는 내림으로 음 높이가 변화하는 성조.

극성 polarity : 인접 성조에 반대의 성조를 선택하는 것. 고조 어간이 저조 접사를 선택하거나 그 반대의 경우를 말한다.

기저형 Underlying Representation (UR) : 심리적 음운 표상.

기정치 성조 default tones : 음운론의 마지막 단계에서 성조가 없는 음절에 삽입되는 성조. 보통은 저조이다.

논리형 Logical Form (LF) : 통사론에서 사용되는 용어. 논리 형태의 줄임말이다.

라임 rhyme : 핵모음부터 핵모음 뒤의 모든 성분을 포함하는 음절의 한 부분.

마지막 음절 ultima : 음절이나 모라의 마지막.

모라 mora : 길이의 단위. 약음절에는 한 개, 강음절에는 두 개의 모라가 있다. 장모음에는 항상 두 개의 모라가 있다. 말음은 길이 산정이 선택적이어서 한 개의 모라가 있을 수도 있고 모라가 없을 수도 있다.

베르누이의 법칙 Bernoulli's Law : 빠른 속도의 기류가 좁게 벌어진 틈을 통과할 때 틈의 내벽 표면을 빨아들이는 효과가 나타나서 내벽끼리 서로 끌어당기게 하는 현상.

보편 문법 Universal Grammar (UG) : 인간의 생득적인 보편적 언어 능력.

비밀 언어 secret language : 아이들이 하는 위장 언어 놀이(가끔은 십대나 범죄자들이 사용하기도 한다). 이 언어는 규칙적인 방식으로 외부인은 알아차리지 못하게 꼬아서 나타난다.

비자동 non-automatic : '계단내림' 참조.

성대진동 시작시간 Voice onset time (VOT) : 파열음의 개방 후 성대가 진동이 시작할 때까지의 시간.

성조소지단위 Tone-Bearing Unit (TBU) : 음절 또는 모라이고 모음도 가능성이 있다. 성조가 연결되는 대상을 말한다.

성조내림 downdrift : 외현적인 저조 다음에 오는 고조가 낮아지는 현상. 자동 계단내림이라고도 한다.

약강 음보 iambic : 오른쪽이 돋들리는 이원 음보. 보통 무게에 민감하다.

어기의 풍부성 Richness of the Base : 출력형 중심 이론에서 입력형을 제한하는 것이 불가능하다는 생각에 근거한 최적성이론의 용어. 따라서 가능한 모든 입력형이 고려되어야 한다.

억양내림 declination : 발화가 진행되는 동안 음높이가 전체적으로 낮아지는 현상. 성문하압이 낮아지기 때문일 가능성이 있다.

연성 sandhi : 단어와 단어 사이에서 발생하는 음운 변화. 이 책에서는 주로 성조의 변화를 말한다.

『영어의 음성 체계』 *Sound Pattern of English* (SPE) (Chomsky and Halle 1968) : Noam Chomsky와 Morris Halle가 1968년에 출판한 음운론 저서인 *The Sound Pattern of English* 및 그 이론. 보통 SPE로 줄여 말한다.

운율적 prosodic : 음절이 음보로, 음보가 운율 단어로, 운율 단어가 음운구로, 음운구가 억양구로 묶이는 음운 성분 구조와 관련된 것. 돋들림이 할당되는 영역이 되며 통사적 조건과 자주 연관된다.

음성형 Phonetic Form (PF) : 통사론에서 사용되는 용어. 음성 형태(Phonetic From)의 줄임말이다. 항상 줄임말의 형태로 사용된다. 음운 형태(Phonological Form)로 부르는 것이 더 잘 들어맞는 표현이다.

음역 register : 다음 세 가지의 의미가 있다. (1) 음성의 성조 영역을 [＋고역성]과 [－고역성] 두 개의 음역으로 나눌 때의 용어. 음높이에만 관련되어 있다. 이 책에서 가장 일반적으로 사용된 개념이다. (2) 정상 음역, 짜내기 소리 음역과 같은 음색의 변별성에 사용되는 용어. (3) 발화의 한 지점에서 성조가 실현되는 주파수. '계단내림은 고조가 실현되는 음역을 낮춘다'에서 음역은 이러한 의미이다.

잉여운율성 extrametricality : 성조의 연결 또는 강세의 계산과 같은 과정에서 주변 요소(음절, 모라, 성조소지단위)를 삭제하는 것.

점진적 gradient : 제약을 위반하는 정도를 계산하는 것.

정박 docking : 부동 성조가 성조소지단위(TBU)에 연결되는 것.

정상 발성 modal voice : 기식이나 짜내기 소리가 없는 정상적인 발성.

탄도적 ballistic : 탄도적으로 강세를 받은 음절은 모음 뒤에 기식이 있고 제한적 강세 음절보다 더 강하게 조음된다. 탄도적 강세 음절은 음높이가 자주 끝에서 약간 올라가는데, 제한적 강세 음절은 음높이가 점점 하락하는 모습을 보인다. 탄도적 강세 음절의 끝 부분은 기식의 특징인 비주기적 소음이 나타난다.

탈구강음화 debuccalization : 모든 구강 조음이 탈락되어 [h] 또는 [ʔ]

과 같은 후두음만 남게 되는 현상.

평가 assessment : 통과 가능, 통과 금지와 같은 접근 대신 특별히 연결 정렬에 사용되어 잘못된 정렬이 커질수록 위반이 더 많이 계산되는 방식.

필수굴곡원리 Obligatory Contour Principle (OCP) : 인접한 동일 요소가 금지되는 원리.

• 충실성 제약

*ASSOCIATE   (= *ASSOC)

*DELETE

DEP-IO

DEP-MORA

DEP-T

*DISASSOCIATE   (= *DISASSOC)

FAITH-BR

HEAD-MAX-T   (FAITHNUCLEARTONE 포함)

IDENT-IO

IDENT-T

INTEGRITY

LINEARITY

MAX-BR (TONE)

MAX-IO

MAX (LAR)

MAX-T   (= MAX-IO (TONE))

NOCROSSING

NOFUSION

OUTPUTOUTPUTMATCH   (= OO-MATCH)

PARSE-σ

PRESWEIGHT

REALIZE-MORPH

TONALPROMINENCEFAITH

• 유표성 제약

ALIGN-L

ALIGN-R

*ALIGN-L (H, WORD)   (= NONINITIALITY)

ALIGN-L (X", PHPH) (또는 통사적 경계와 운율 범주의 어떤 쌍)

ALIGN-R-CONTOUR

ALIGN-R (H, PRWD) (또는 성조와 운율 요소 또는 형태 요소의 어
         떤 쌍)

ALIGN-TONE

ALLFEETLEFT   (= ALL FTLEFT)

ANCHOR-R (T, SPONSOR)

*CLASH

CONGRUENCE

*CONTOUR   (= NOCONTOUR = ONET/M)

*FALL

FINALSTRESS

*FLOAT

FTBIN

FTBINMAX   (= BINMAX)

FTBINMIN   (= BINMIN)

FTFORMTROCHEE

*H

*HD/L >> *HD/M >> *HD/H

HEAD=H

*L

*LAPSE

LICENCECONTOUR

LOCAL

MINARTICEFFORT

NOCODA

NOGAP

NOLONGTONE   (= NOLONGT)

NONFINALITY

*NONHD/H >> *NONHD/M >> *NONHD/L

NONINITIALITY   (= NONINITIAL)

NOSTRADDLING

OCP

ONET/μ

ONSET

PROMTONEMATCH

*RISE

*[−SON][TONE]

SPACE-100%

SPECIFY-T

SPREAD

STRESS=H

STRESSTOWEIGHTPRINCIPLE   (SWP)

*TONE   (= *T)

*TROUGH

*VOICE

WEIGHTTOSTRESSPRINCIPLE   (WSP)

WRAP-XP

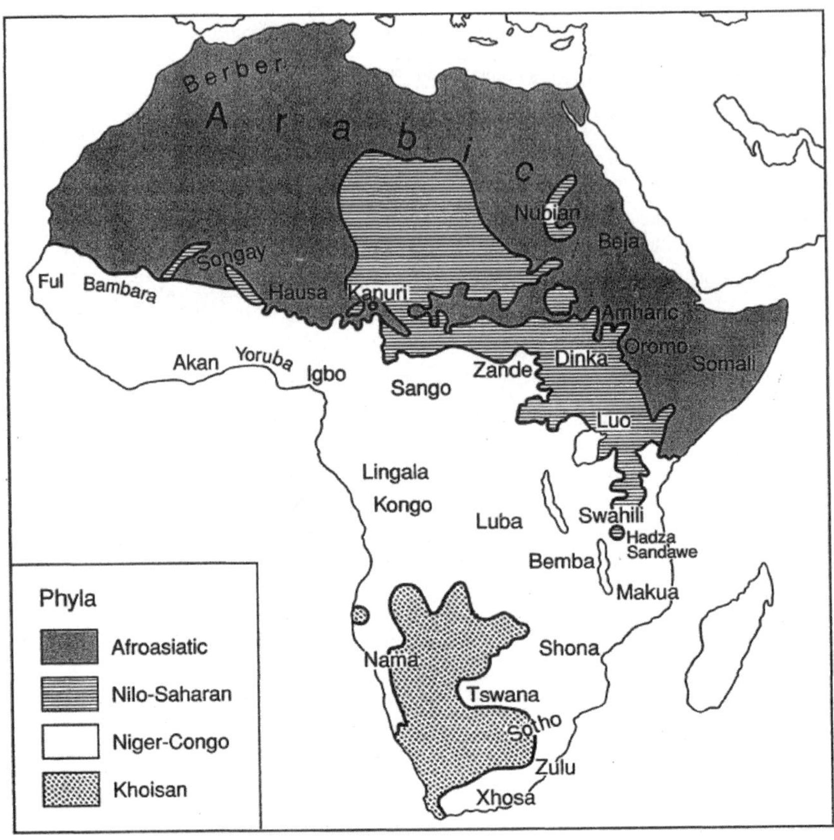

지도 1. 아프리카 (Heine and Nurse 2000: 2)

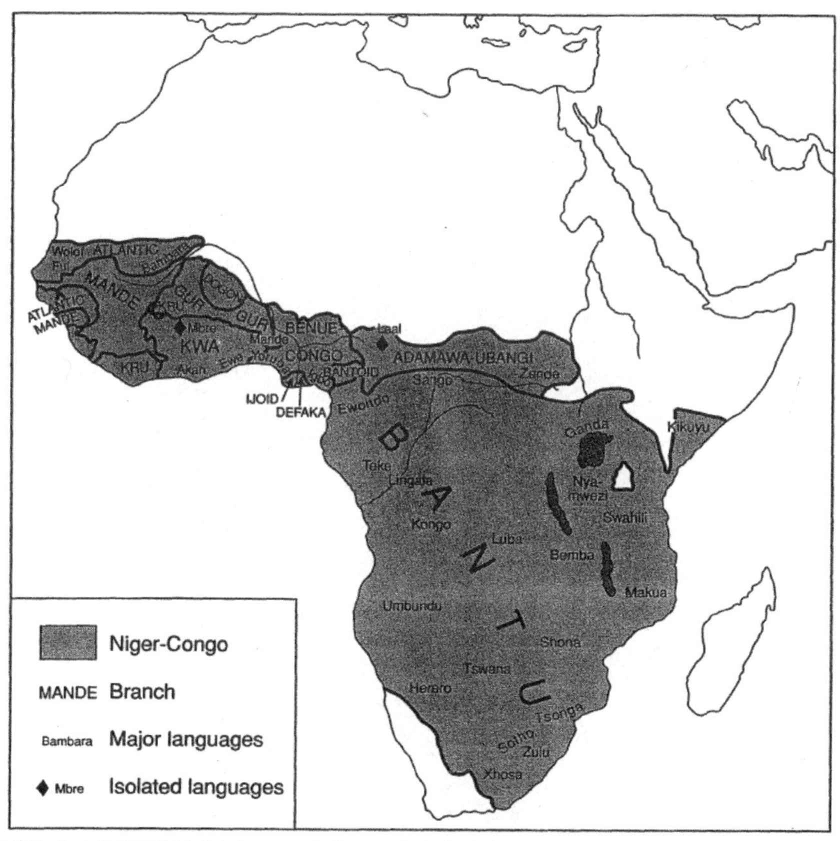

지도 2. 니제르콩고 (Heine and Nurse 2000: 12)

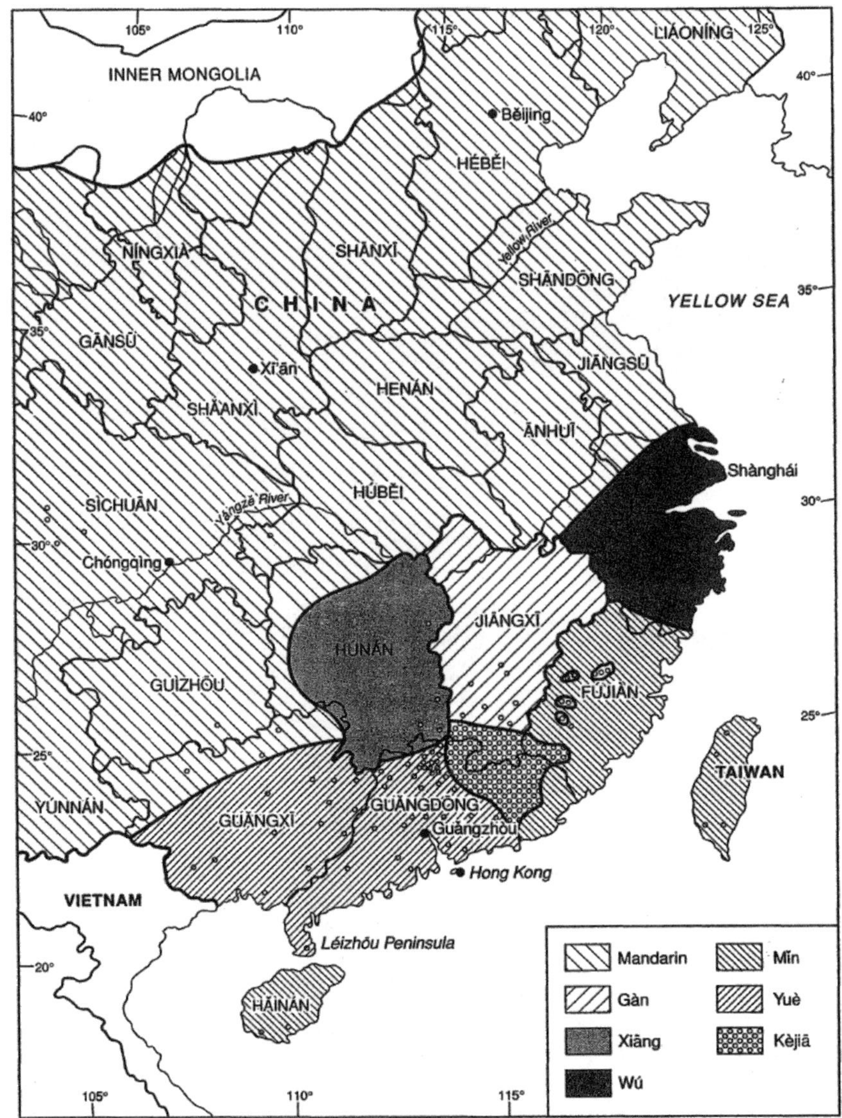

지도 3. 중국어파 (Lyovin 1997, Map VIII)

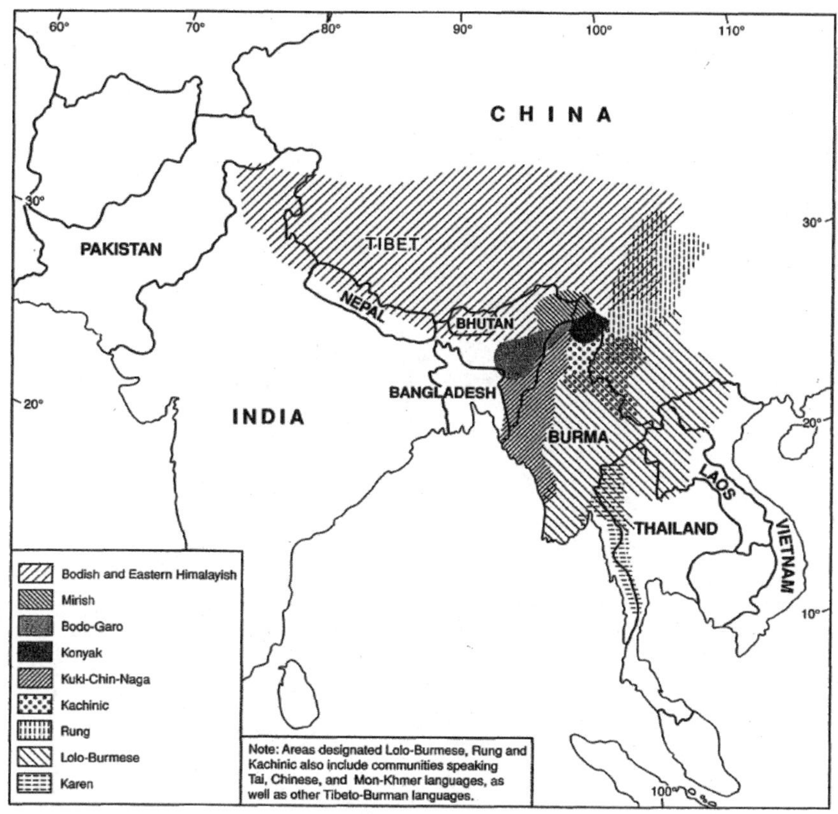

지도 4. 중국어파를 제외한 중국티베트어족 (Lyovin 1997, Map VII)

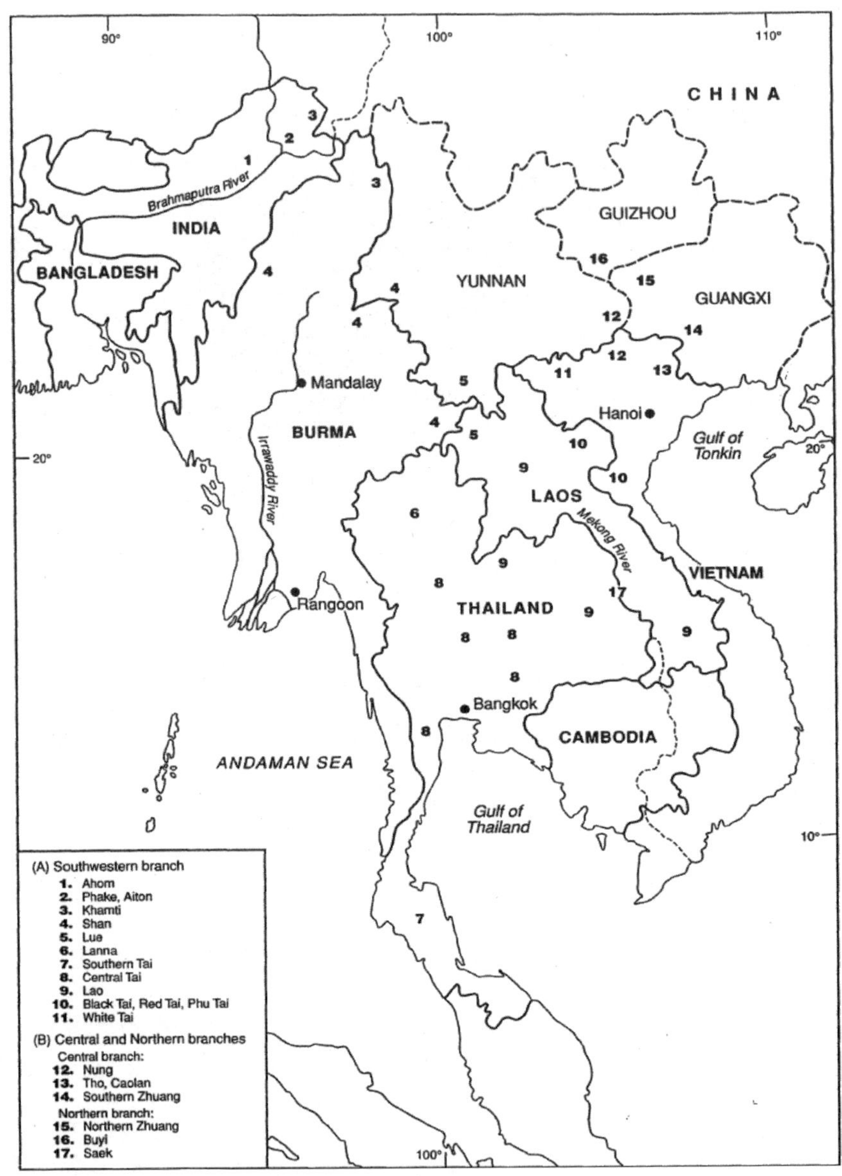

지도 5. 타이어족 (Lyovin 1997, Map IX)

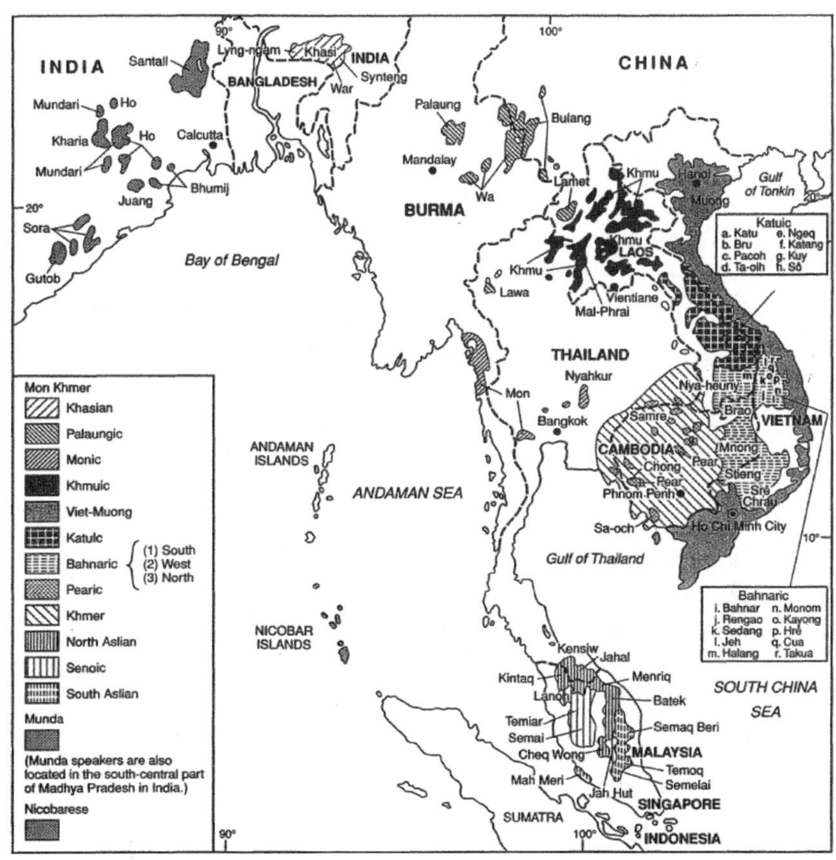

지도 6. 오스트로네시아어족 (Lyovin 1997, Map VI)

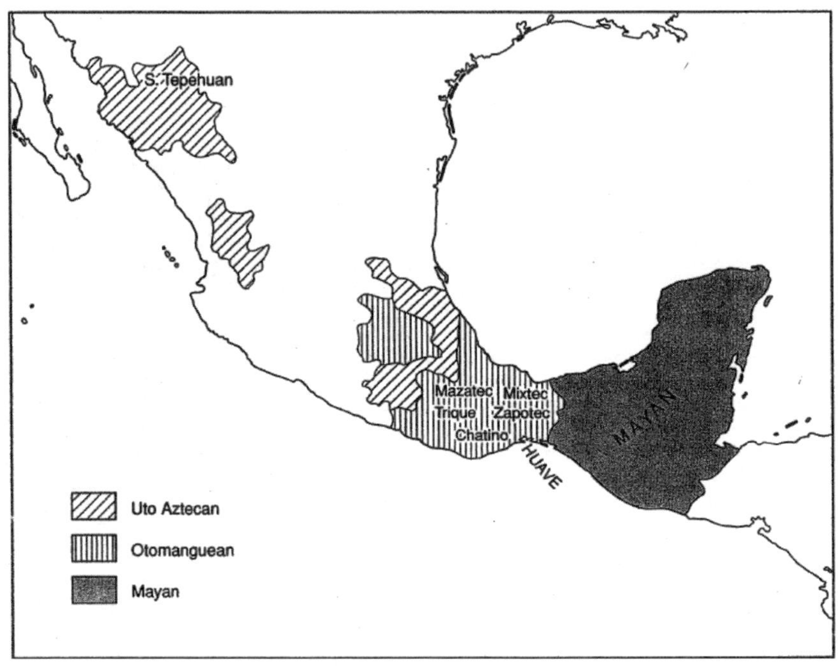

지도 7. 중앙아메리카 (Suarez 1983, Map 1)

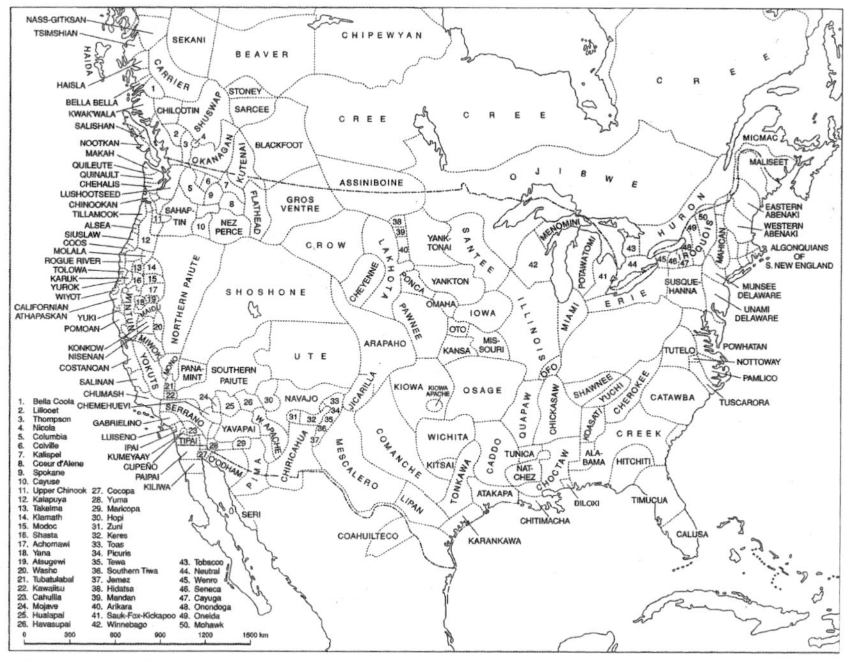

지도 8. 북아메리카 (Mithun 1999, Map 1b)

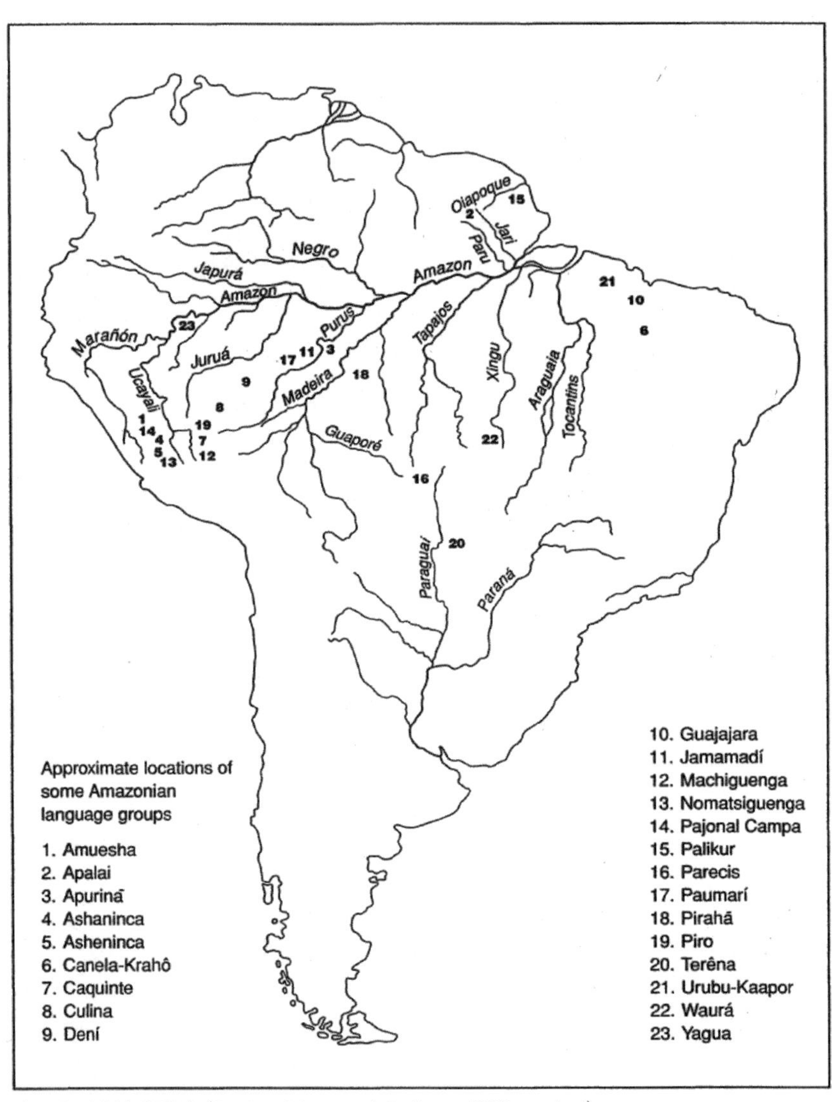

지도 9. 남아메리카 (Derbyshire and Pullum 1986, vol. 1)

제1장 도입

언어의 소리와 관련된 것 중에서 자음과 모음은 일반 사람들에게 특별한 설명이 필요하지 않지만 성조는 완전히 다르다. '성조'에 관한 책을 쓰고 있다고 말하면 사람들은 멍한 표정을 지을 것 같다. 그러나 추정치에 따르면 전 세계 언어의 60퍼센트에서 70퍼센트 정도가 성조 언어이다. 말소리의 높이로 의미를 전달하는 언어에 관심이 있다고 설명을 시작해가면 대개는 '와, 정말 재미있겠네. 우리가 말할 때 감정이나 뉘앙스, 미묘한 느낌 차이 같은 것이 참 중요하지'와 같은 대답이 말을 막을 것 같다. 실제로 관심 있는 언어들의 음높이가 단어와 단어를 구별하는 높이이고 미묘한 차이를 전달하는 높이가 아니라고 고상하게 설명한다고 하여도 대부분은 그런 언어가 드물고 아마도 개발이 덜 된 나라에서 외부와 단절된 사회에서만 사용될 것이라고 추측할 것이다. 사용 인구 8억 8천 5백만 명의 표준 중국어, 2천만 명의 요루바어, 9백만의 스웨덴어가 모두 성조 언어라고 말해주기 전까지는 말이다.

아마도 특히 서양 문화에서 유포된 것으로 추정되는 이러한 오해 때문에 언어학자들 사이에서도 성조라는 주제는 가끔씩 일반 언어학자가 대체로 무시할 수 있는 특화된 주제로 간주된다. 학부 과정에서는 이 주제를 대충 넘어가는 경우가 많고 대학원 과정에서도 성조에 대해 한 두 강좌 정도만 할애할 뿐이다. 이 책의 목표는 이러한 간격을 채우고자 하는 것이다. 이 책은 음운론 이론에 대한 기초 지식은 있지만 성조에 관한 음운론은 미리 접해 보지 못한 것으로 간주하고 시작한다.

1.1 성조 언어란 무엇인가?

모든 언어에서 모음의 고저와 자음의 조음 위치는 단어의 의미를 전달하는 중심 요소이다. 그렇기 때문에 언어를 '고저 모음 언어'나 '조음 장소 언어'로 범주화하는 일은 보통 없다. 성조가 다른 것은 일부 언어(상당히 큰 일부이다!)에서만 자음과 모음처럼 성조를 이용한다는 점이다. 그래서 언어학자에게 성조는 아주 특수한 의미를 가진다. 어떤 언어에서 단어의 음높이로 단어의 의미가 변화한다면 그 언어는 '성조 언어'가 된다. 변화하는 것은 뉘앙스 정도가 아니고 단어의 중심 의미이다. 예를 들면 광둥어에서 [yau]라는 음절(영어 'how'의 운와 같이 'yow'로 표기할 수도 있겠다)은 여섯 가지의 다른 음높이로 말하고 여섯 가지 다른 의미를 갖는다.

(1)   광둥어의 *[yau]*

높은 수평조	'걱정하다'
높오름조	'페인트'
가운데 수평조	'얇다'
낮은 수평조	'다시'

아주 낮은 수평조   '기름'
낮오름조   '가지다'

더 긴 단어에서 성조가 이동하는 **방향**이 중요하다. 예를 들면 가나에서 사용되는 구르어군 다가레어의 두 음절 단어는 처음에 낮았다가 나중에 높아질 수 있고 높았다 낮아질 수도 있는데 그에 따라 의미가 완전히 변화한다. 다음 예에서 양음 악센트 기호(´)는 높은 성조를 나타내고 억음 악센트 기호(`)는 낮은 성조를 나타낸다.

(2)   LH   yùòrí   '음경'
       HL   yúòrì   '이름'

또 다른 언어들에서는 단어의 어휘적 성조가 그 단어의 어딘가에 나타난다고 하는 점이 유일하게 중요하다. 하지만 정확한 위치는 복합어의 형태와 주변 음운 환경에 따라서 바뀔 수도 있다. 탄자니아에서 사용되는 반투어군 치지굴라어의 어떤 단어는 다양한 형태의 동사 /damany/ '하다'에서 보는 것처럼 모든 음절이 저조이다. 반면 다른 단어는 동사 /lombéz/ '요청하다' 형태에서 양음 악센트 기호(´)로 표시된 음절처럼 하나 이상의 음절에 고조가 있다.

(3)   무성조 동사   고조 동사
       ku-damany-a   ku-lombéz-a
       '하다'   '요청하다'
       ku-damany-iz-a   ku-lombez-éz-a
       '~을 위해 하다'   '~을 위해 요청하다'
       ku-damany-iz-an-a   ku-lombez-ez-án-a
       '서로를 위해 하다'   '서로를 위해 요청하다'

/lombéz/ '요청하다'의 고조는 특정 동사의 어근에 있는 어휘 요소의 일부이지만 복합 동사 형태에서는 동사 어근 자체에 있을 필요 없이 끝에서 두 번째 음절에 나타난다. 하지만 그 성조는 항상 어디엔가는 나타나서 무성조 동사 /damany/ '하다'와 이 고조 동사를 구별하고 있다. 이 책에서는 이렇게 '성조 언어', 더욱 엄밀하게는 '어휘적 성조 언어'라고 부르는 광둥어, 다가레어, 치지굴라어와 같은 언어를 다룬다.

어떤 언어가 성조 언어인 경우와 아닌 경우를 결정하는 것이 그렇게 간단한 것은 아니다. 많은 언어들에서 의미를 바꾸기 위하여 음높이를 이용하는 경우가 있다. 미국 영어의 'Uh-huh'라는 말에서 첫 음절은 높은 음높이로 두 번째 음절은 낮은 음높이로 하면 '아니오'를 의미하고 첫 음절을 낮은 음높이로 두 번째 음절을 높은 음높이로 하면 '예'를 의미하게 된다. 두 단어에서 음높이 외에 유일하게 차이가 있다면 두 번째 음절이 [ʔʌʔʌ] '아니오'처럼 성문 파열음으로 시작하는지 [ʔʌhʌ] '예'처럼 [h]로 시작하는지이다. 따라서 이 단어는 성조로만 구별되는 최소대립쌍에 가깝다. 그렇지만 우리는 미국 영어를 성조 언어로 부르고 싶지는 않다. 왜냐하면 압도적으로 많은 경우에 음높이가 단어의 중심 의미를 바꾸지 않기 때문이다. 그래서 'butter'가 고조-저조 유형이든지 저조-고조 유형이든지 '버터'를 의미하는 것이다. 문장 층위에서, 좀 더 엄밀하게는 담화 층위에서 음높이가 진술, 의문, 명령, 열거 등을 나타낼 수 있는데, 이 현상은 우리가 9장에서 보게 될 내용처럼 어휘적 성조 유무와 상관없이 모든 언어에서 발견되는 현상이다. 이처럼 '언어적으로 구조화한 방식으로 "후어휘적" 의미, 즉 문장 층위의 화용론적 의미를 전달하기 위해서'(Ladd 1977) 음높이를 사용하는 것은 성조 언어 부류의 회원 자격을 얻기에 충분하지 않다.

더 어려운 질문은 이른바 강세 언어와 성조 언어를 어떻게 구별하느냐 하는 것이다. 영어에서 'guitar'와 'glitter'는 다른 음높이로 발음된다. 평범한 진술의 억양에서 'guitar'는 마지막 음절에 높내림조가 실리지만 'glitter'는 첫 음절에서 내림조가 시작된다. 그렇다면 이 단어들은 어휘부에서 서로 다른 음절에 높내림조가 실린다는 결론을 내려야 하는 것일까? 그렇지 않다. 왜냐하면 음절들의 실제 음높이는 음절이 위치하고 있는 발화의 억양 유형에 전적으로 의존하기 때문이다. 다음 두 대화를 말한다고 가정해 보자.

(4)　A.　Tom's just bought himself a guitar.
　　　　　(톰이 막 기타를 한 대 샀어.)
　　　B.　A guitar? I thought he played the drums.
　　　　　(기타? 난 톰이 드럼을 연주하는 줄 알았는데.)

(5)　A.　I thought I'd sprinkle glitter on her birthday cake.
　　　　　(난 그 여자 생일 케이크에 반짝이를 뿌릴 생각이야.)
　　　B.　Glitter? you can't eat glitter.
　　　　　(반짝이? 반짝이는 먹을 수 없잖아.)

각 경우의 두 번째 화자가 첫 번째 화자의 진술을 믿지 못한다면, 아주 다른 음높이 유형으로 'guitar'와 'glitter'라는 단어를 말할 수 있다. 'guitar'는 마지막 음절에서 아주 낮은 음높이 다음에 오름조가 실릴 것이고 'glitter'는 첫 번째 음절에 아주 낮은 음높이가 실리고 두 번째 음절에 오름조가 실릴 것이다. 이 문맥의 단어 어느 곳에도 제대로 된 고조가 없기 때문에 이 단어들의 음높이는 어떤 식으로든 일정하게 나타나지가 않는다. 일정한 것은 서술문에서 나타나는 높내림조든지 믿지 못하는 반응의 아주 낮은 낮오름조든지 각 단어의 두 음절 중 어느 한 음절이 다른 음절보다 더 돋들려서 억양 음높이를 이끌어내고 있다는 사실이다. 'guitar'에서는 이것이 항상 두 번째 음절에 실리는 반면 'glitter'에서는 항상 첫 번째 음절에 실린다. 따라서 영어는 성조 언어라고 하지 않고 강세 언어라는 말로 부른다. 강세 언어에는 실험 단어에 아직 제시되지 않은 또 다른 일반적 특성이 있다. 강세 음절은 보통 어휘부에서 구별되어야 하는 것이 아니고 일반적으로는 단어의 한쪽 끝에서 시작하여 선택하는 계산 방법으로 선택된다. 예를 들면 끝에서 두 번째 음절 또는 첫 번째 음절을 강세 음절로 선택하는 방법이다. 음절의 크기와 형태론적 구조와 같은 또 다른 요소들도 강세의 위치에 영향을 줄 수 있지만 전형적인 강세 언어는 그 위치가 어휘적으로 표시되어 있지 않다.

성조 언어 대 강세 언어로 나누는 단순한 유형론이 흐릿해지는 것은 악센트 언어라는 큰 언어군이 있기 때문이다. 예를 들어 일본어, 세르보크로아티아어, 일부 네덜란드어와 같은 언어에는 어휘적 성조가 있다. 특이한 것은 대립 성조가 (보통 한 개 또는 두 개로) 적은 수로만 있고 이 대립 성조는 띄엄띄엄 분포하고 심지어 어떤 단어에는 없을 수도 있는데 보통 이 성조는 성조와 분리되지 않는 특정 음절에 실린다. 악센트 언어와 성조 언어 사이에는 확실한 경계는 없고 성조 증가 개수와 밀집성에 따라 '악센트'에서 '성조'까지의 연속체가 있을 뿐이다. 이 책에서는 이른바 악센트 언어가 성조 언어의 하위부류에 불과하다는 입장을 가진 연구자들을 따를 것이고, 악센트 언어가 성조 언어의 범위 내에 포함되도록 논의를 전개하는 Hyman(출간 예정)의 성조 언어에 대한 정의를 채택할 것이다.

   (6) 성조 언어의 정의
       성조가 있는 언어는 음높이로 나타내는 것이 최소한 어떤 형태소의 어휘적 실현에 관여하는 언어이다.

성조 언어의 아류로서 악센트 언어가 이 책의 범위 안에 있기는 하지만 대부분의 예들은 모든 사람이 성조 언어라고 부르는 것에서 뽑아 온 것들이다. 편의상 악센트라는 용어도 여전히 가끔씩 사용될 것이다. 이와 관련된 내용은 6장과 9장에 자세히 논의하였는데 특히 9장을 참조하라.

실제 성조 언어를 살펴보기 전에 논의해야 할 중요한 배경 주제가 있다. 첫째, 성조에 대한 음성학 내용을 이해하는 것이 필수적이다. 이것은 서로 다른 음높이를 만들어내는 능력의 기초가 되는 기본 구조를 말한다. 둘째, 음운론의 작업이 끝나고 음성학적 작업이 시작되는 곳에 대한 논의가 필요하다. 셋째, 넓은 범위의 문법에서 성조음운론의 위치를 생각하는 것이 필요하다. 여기에는 음운론, 통사론, 의미론 중 어느 것에 근거한 성조 정보가 더 큰 전체에 통합되도록 음운론, 통사론, 의미론이 서로 소통하는 방식이 포함된다.

1장에서는 각각의 주제를 간단히 개관할 것이지만 해당 주제들은 이 책의 여러 곳에서 다시 나타날 것이다. 다음의 논의는 가끔 전문적 지식이 필요하기 때문에 일반 언어학 이론에 대한 탄탄한 사전 배경 지식이 있다고 가정하고 진행한다. 독자에 따라 한 두 절은 지금 건너뛰고 나중에 다시 읽는 것도 좋겠다. 그런 경우라면 2장부터 읽어도 되는데 2장은 이 책의 주제로 바로 들어가 언어에서 발견되는 성조 대립의 범위를 개관하는 것으로 시작하고 있다.

1.2 성조는 어떻게 발음되는가?

이 책은 음성학 책이 아니고 음운론 책이기는 하지만 성조가 어떻게 발화되고 지각되는지에 대해 개념을 잡는 것은 중요하다. 성조에 대한 음성학을 이해한다는 것은 장애음의 유성음화 같은 현상처럼 성조와 음운론적 측면 사이의 관계를 밝히는 것이다. 그리고 음성 과정의 음운화와 같은 음운론적 과정을 이해하는 것처럼 성조음운론 자체를 이해하는 것에도 도움이 된다. 1장에서는 주로 발화의 측면을 논의할 것이고 지각의 측면은 10장에서 논의한다. 10장의 지각 논의는 자연스럽게 제1언어 습득에 관한 내용으로 이어진다. 1장에서는 음높이의 차이가 만들어지는 방법과 후두에 관한 논의로 시작하겠다. 다음으로는 음높이 실현의 생리학적 제약의 중요성을 논의한다. 음높이의 생리학적 제약에는 최고점 이연 현상과 억양내림이 있는데 이것들이 중요한 이유는 여러 언어에서 이 현상이 음운화하기 때문이다.

성조에 대한 논의를 할 때는 기본 주파수(F_0), 음높이, 성조라는 용어를 구별할 필요가 있다. 용어는 순수 음성학적인 용어인 기본 주파수에서 순수 언어학적 용어인 성조의 순서로 나열하였다. 기본 주파수는 신호 자체를 가리키는 음향학 용어로 신호가 가지고 있는 초당 파동의 개수를 말한다. 음성 신호의 경우 매 파동은 성대의 진동 한 번으로 생성된다. 이러한 파동의 주파수는 헤르츠(Hz)로 측정되고 1헤르츠는 초당 1주기이다. 다음으로 음높이는 지각적인 용어이다. 음성 신호에 대한 청자의 지각과 관련이 있다. 즉, 음성 신호가 높게 들리는지 아니면 낮게 들리는지, 음성 신호의 앞부분에 따라서 같은 음높이로 듣는지 다른 음높이로 듣는지 하는 것이다. 단순히 기본 주파수의 차이만 가지고 음높이 차이의 지각에 대한 결론을 내리기에 충분하지 않을 수도 있다. 기본 주파수의 변화는 들리지 않을 만큼 아주 작게 나타날 수도 있고 청자가 무의식적으로 보완하는 분절음이나 다른 요소의 결과일 수도 있다. 음높이는 음성 신호의 특성일 수도 있고 비음성 신호의 특성일 수 있다. 예를 들면 음악에서 끊임없이 바뀌는 음의 높낮이, 고음의 비명소리, 새 울음소리 또는 타이어의 '끼익'하는 소리를 말하기도 한다. 반면에 성조는 언어학적인 용어이다. 성조는 두 단어 또는 두 발화를 구별하는 음운론적 범주와 관련이 있기 때문에 언어와 관련된 유일한 용어이고 음높이가 특정 언어학적 역할을 하는 언어와 관련된 유일한 용어이다.

1.2.1 후두

성조의 지각은 전체적으로나 부분적으로 음높이의 지각에 의해 결정되고 그 다음으로 기본 주파수에 의해 결정된다. 성조 변별이 지각되기 위해서 음성 신호에 기본 주파수의 변동이 있어야 하고, 또 기본 주파수의 변동은 음높이의 차이로 지각될 만큼 충분히 커야 한다. 우리가 음높이로 지각하는 말소리의 기본 주파수는 후두 안쪽에 있는 성대의 진동 주파수에 의해 최초로 결정된다. 다음은 음높이 조절하는 역할을 하는 후두 장치에 대한 설명인데 주로 Ohala(1978)와 Hirose (1997)에서 가져온 것이다.

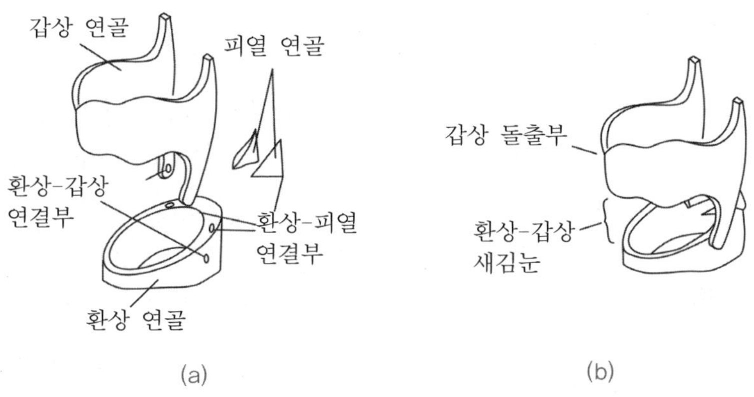

(a) (b)

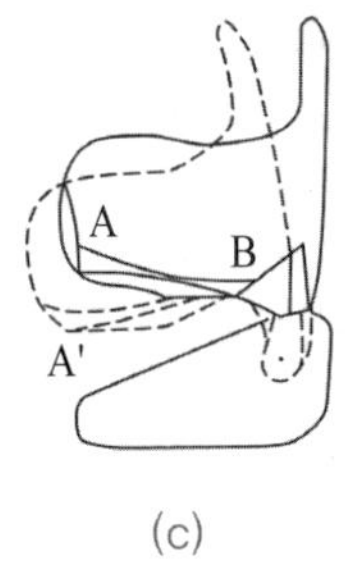

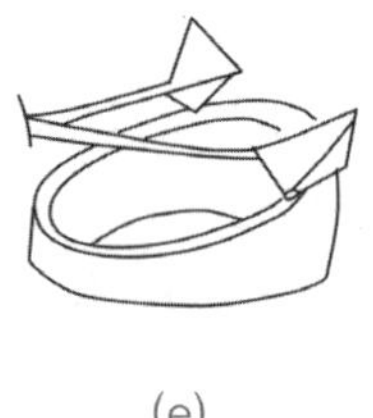

(c)   (d)   (e)

그림 1.1 후두 (Ohala 1978)

(a) 후두 연골과 움직임에 대한 분해도 설명, (b) 정상적으로 연결된 연골, (c) 성대의 길이를 길게 하는(AB→A'B) 갑상연골과 환상 연골의 회전 방식, (d) 피열 연골이 안쪽으로 기울어져 있을 때 성대의 내전 위치, (e) 피열 연골이 바깥쪽으로 기울어져 있을 때 성대의 외전 위치

후두는 연골 고리 두 개로 구성되어 있는데 환상 연골과 갑상 연골이다. 갑상 연골은 열려진 고리인데 환상 연골 위에 얹혀 있다. 피열 연골이라는 두 개의 좀 더 작은 연골 조각도 있는데 환상 연골의 가장자리에 얹혀 있다. 그림 1.1, 특히 (a)와 (b)는 해부학적인 구조를 형상화하는데 도움이 될 것이다. 성대(영어로는 vocal folds이지만 vocal 'cords'로 잘못 부르는 경우가 많다)는 그림 1.1 (d)에 잘 나타나 있는 것처럼 성대 근육이라는 두 개의 근육 띠인데 갑상 연골과 두 개의 피열 연골을 연결시킨다. 성대 사이의 공간을 성문이라고 하는데 공기를 폐에서 입까지 통과시키는 역할을 한다. 피열 연골이 회전하면 성대가 서로 가까워지거나 멀리 떨어지게 된다. 이것은 그림 1.1 (d)와 (e)에 나타나 있다.

도대체 성대가 왜 진동하는지에 대해 이제 이해할 준비가 되었다. 첫째, 성대는 내전근의 작용으로 상당히 접근하게 된다. 공기가 폐에서 성문을 통과하여 나갈 때 베르누이 법칙으로 성대가 당겨져 닫히는 흡입 효과가 나타난다. 그 다음에는 닫힌 곳 뒷부분으로 폐에서 유발된 압력이 높아져 그 결과 터뜨려지게 된다. 개방된 곳으로 공기가 터져 나오면서 성문하압이 다시 감소하여 순환이 다시 시작된다. 공기가 한 번씩 터지는 것이 성대 진동의 한 주기인데 정상 남자 발화에서 초당 80회 정도가 낮은 수준이고 여자 목소리에서는 초당 400번 정도가 높은 수준이다. 주의해야 할 점은 성대의 진동은 성문을 통과하는 압력이 낮아져서 생기는 것이기 때문에 폐의 압력과 구강의 압력이 다른 경우에만 발생한다. 만약에 파열음과 같이 완벽하게 구강을 막았다면 구강의 압력은 성문하압과 진동이 발생할 정도로 충분히 다르지 않을 수도 있다. 반면에 공명음에서 기류가 입 밖으로 나오고 있는 동안은 구강 압력이 낮게 유지되어 압력이 크게 떨어지게 된다. 이러한 환경은 성대 진동을 위한 이상적인 조건이 되는데 이때의 유성음은 자연스럽게 나타나는 유성음으로 알려져 있다.

　파열음에서 유성음을 유지하는 것에는 특별한 조건이 필요하다. 만약 성대가 딱딱하다면 성대는 성문을 통과하는 압력차가 커야만 진동하게 되고 결과적으로 딱딱한 성대로 발음되는 파열음은 무성음이 된다. 성대가 딱딱하기 때문에 뒤에 오는 모음은 높은 음높이로 발음된다. 만약 성대가 느슨하다면 성대가 좀 더 쉽게 진동할 것이고 유성음을 지속할 수 있게 된다. 성대가 느슨하기 때문에 뒤에 오는 모음은 음높이가 낮아지게 된다(Halle and Stevens 1971). 이러한 효과가 음운론적인 현상이 되는 인상적인 사례가 우 중국어인 쑹장어에서 찾을 수 있다. 다음에서 숫자는 음높이를 나타나는 방식인데 5가 가장 높고 1이 가장 낮은 것이다. 두 자리 숫자는 각각 시작 음절의 음높이와 끝음절의 음높이를 나타낸다.

　(7) 쑹장어의 성조
　　　ti 53　　'낮다'　　　　　　　　di 31　　'올리다'

ti 44   '바닥'   di 22   '남동생'
ti 35   '황제'   di 13   '들판'

여기서 볼 수 있는 것은 유성 장애음으로 시작하는 오른쪽 단어의 음높이가 무성 장애음으로 시작하는 왼쪽 단어에서 낮아진 음높이 모양이라는 것이다. 무성 장애음과 높은 음높이, 유성 장애음과 낮은 음높이는 여러 자연 언어에서 광범위하게 증명되었다. 성조기원론으로 알려진 과정에 따르면 성조 대립의 기원을 이전에 있었던 장애음의 유성성 대립으로 추정하는 것이 가능한 경우가 많다.

모음과 공명 자음에서 성대 진동의 횟수는 많은 요인들에 의하여 통제된다. 갑상 연골과 환상 연골이 함께 맞물려 회전하면 성대의 길이가 늘어나게 되는데, 이것이 의미하는 것은 성대가 여러 가지 방식으로 변형될 수 있다는 것이고 그 결과 성대가 진동하거나 하지 않을 수 있고 진동 주파수도 통제될 수 있다는 것이다.

좀 더 자세한 내용에 관심이 있는 독자를 위하여 계속 설명해 보자. 음높이의 차이가 성대의 크기와 딱딱한 정도를 조정하는 것으로 만들어진다는 사실은 이미 알고 있다(Hirose 1997). 환상 갑상근을 수축하여 성대를 길게 하면 성대의 유효 질량이 줄어들고 딱딱함이 늘어난다. 이것이 진동 주파수를 증가시키고 음높이를 높이게 한다. 성조 언어에서 환상 갑상근의 작용이 음높이를 높아지게 하는 일차적 요소인 것은 아주 명확하게 나타낼 수 있다. 이 근육의 활동 수준은 각 음높이의 최고점보다 몇 밀리세컨드 앞서 늘어나기 때문이다. 음높이를 낮추는 원인은 조금 더 복잡하다. 환상 갑상근의 활동이 줄어들고 갑상 피열근이 수축하면서 성대를 두껍게 하여 유효 질량을 증가시킨다.

후두에 작용하는 내부 변화 외에도 음높이 통제와 연관된 또 다른 조음 과정이 있는데 후두 낮추기가 중요한 과정이다. 후두를 낮추는 것이 음높이를 낮추는데 상당히 중요한 역할을 할 수 있다고 생각하는 것에는 몇 가지 이유가 있다. 아마도 해당 동작이 성대를 어느 정도 늘리고 얇게 하는 이유인 것 같다(이 논의는 Ohala(1978) 참조). 그렇기 때문에 어떻든지 성대의 진동은 음높이 변화의 일차적 근거가 된다. 물론 마찰음 [s], [ʃ]와 같이 좁은 틈에서 생성된 난류 소음처럼 소음의 원천에 따라 음높이가 다를 수도 있지만 말이다. 그럼에도 불구하고 (자동으로 수반되는 조음의 기타 측면과는 반대의 의미로서) 언어에서 통제된 음높이 차이는 항상 후두에서 만들어진다.

성조의 생성을 너무 간략하게 단순화하여 설명한 측면이 있지만 이 책의 목적에는 충분한 내용이다. 더 자세한 내용에 관심 있는 독자는 Ladefoged(1975), Ohala(1978), Stevens(1997), Hirose(1997)를 참고하라.

1.2.2 음높이에 영향을 주는 언어 수행적 요소

발음에 관한 생리학은 음성 신호에 더 깊게 영향을 주는데 여기에서 그 영향 중 두 가지를 논의해 보겠다. 우리의 뇌에서 고조를 발화하라는 신호를 주면 그 지시는 적절한 근육들에 가게 되고 그 근육들이 성대 모양을 알맞게 만들면 진동수가 증가하여 결과적으로 고조가 발음된다. 이 모든 과정은 짧긴 하지만 일정한 시간을 필요로 하고 그 결과 고조가 완성되는 것도 어느 정도 늦춰지게 된다. 이와 같은 이연 현상 때문에 일반적으로 음높이의 최고점이 성조를 소지한 분절음의 마지막에 있거나 다음 음절의 초반부까지도 실제로 자주 이르게 된다. '최고점 이연'이라는 용어는 보통 두 번째 경우에 사용된다. 이 효과는 표준 중국어(Xu 1998, 1999b), 치체와어(Kim 1998, Myers 1999b), 요루바어(Akinlabi and Liberman 1995) 등 다양한 언어들에 잘 입증되어 있다.

Xu(1999b)에서 가져온 그림 1.2의 음높이 곡선은 가운데 음절에 있는 세 성조(고조(H), 내림조(F), 오름조(R))의 음높이가 저조 사이에서 어떻게 실현되는지 보여주고 있다. 첫 번째의 굵은 점선은 두 저조 사이에 있는 고조 음절의 음높이이다. 고조의 최고점은 해당 음절의 가장 끝부분에서야 나타난다. 다음에 있는 실선은 두 저조 사이의 오름조이다. 오름조의 최고점은 다음 음절까지 계속 이연되고 있다. 마지막으로 가는 점선은 내림조인데 해당 음절의 중간을 지나서야 내림이 시작되고 있다. 대부분의 자료가 음높이 최고점의 이연에 초점을 맞추고 있지만 음높이 이동의 모든 변화에서 음높이 이연이 실제로 이루어질 가능성이 있기 때문에 음높이 최저점 역시 이연될 수 있다.

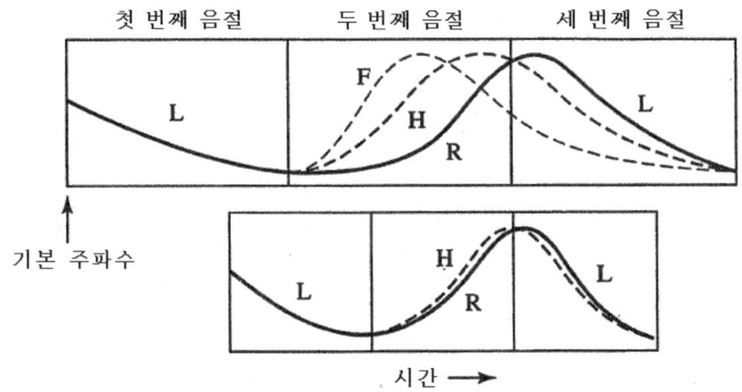

그림 1.2 최고점 이연 (Xu 1999b)
정상적인 발화 속도의 내림조(F), 고조(H), 오름조(R)(위 그림)와 빠른 발화 속도의 고조(H), 오름조(R)(아래 그림)의 음높이 최고점 연결 그림

생리적인 것에 근거한 두 번째 현상은 발화가 진행됨에 따라 음높이가 낮아지는 억양내림이다. 이 현상은 성조 언어뿐 아니라 비성조 언어에서도 관찰되지만 그 작동 원리에 대한 견해가 모두 일치하는

것은 아니다. 한 가지 가능성은 이렇다. 발화가 진행되고 있을 때 화자가 숨을 쉬기 위해 발화 중간에 멈추지 않았다고 가정한다면 폐에 있는 공기의 양은 감소하게 되고 성문하압이 떨어지게 되어 결과적으로 후두에 걸리는 압력차가 감소하고 성대의 진동 횟수가 느려지게 되어 음높이가 낮아진다는 것이다. 이 설명은 고조를 발화하는 것에 목적을 둔 동일한 양의 근육 운동이 나중에는 해당 고조의 처음 음높이보다 더 낮은 음높이로 발화된다는 것을 의미한다. 물론 추가적인 근육 운동이 가해진다면 음높이는 다시 높아질 수는 있겠지만 전체적인 추세는 낮아지는 방향이다. 그럴 듯해 보이는 이 억양내림 설명의 문제점은 측정된 성문하압에 있다. 분명한 사실은 성문하압이 발화 도중에 아주 미세하게만 낮아진다는 점이다. 아마도 억양내림의 크기를 설명하기에 충분하지 않을 것 같다. 또 다른 가능한 작동 원리는 Ohala(1978)를 참조하라.

최고점 이연과 억양내림 현상이 이 책에서 흥미로운 것은 이 현상이 많은 언어에서 음운화하기 때문이다. 예를 들면 요루바어(Akinlabi and Liberman 2006b)의 최고점 이연에서는 고조를 이연하여 고조-저조의 연쇄가 고조-내림조의 연쇄로 바뀌는 음운 과정이 나타난다. 다음에서 양음 악센트 기호(´)는 고조를 나타내고 억음 악센트 기호(`)는 저조를 나타내며 곡절 악센트 기호(^)는 내림조를 나타낸다.

(8) rárà(HL)   → rárâ(H HL)   '슬픈 노래'

더 일반적으로는 성조가 오른쪽으로 확산되거나 이동하는 것은 아주 평범한 현상이다. 그러나 성조가 좌측으로 이동하거나 확산되는 것은 상당히 드물다. 두 번째로는 특히 아프리카에 상당히 널리 펴져 있는 현상이다. 아프리카 언어들에서는 억양내림이 성조내림이나 계단내림이라고 하는 음운 변화를 뚜렷하게 발생시키는데 이 성조내림이나 계단내림으로 고조가 저조 다음에서 상당히 낮아진다. 자세한 내용은 6장을 참조하라.

좀 더 명확하게 지금까지의 논의를 마무리해 보자. 마치 분절음의 대조와 같이 성조의 대조도 동시조음 효과(Peng 1997, Xu 1994)의 영향을 받을 수 있다. 이미 살펴보았던 후두의 여러 조음기관은 자체적으로 관성이 있어서 변화가 나타나는데 시간이 걸린다. 청자는 이러한 현상을 잘 보충하여 성조를 연속적으로 인식하고 있는 것 같지만 특정 성조의 영향이 음성학적인지 음운론적인지 판단하는 데는 주의가 필요하고 실제로도 정답이 항상 명확한 것은 아니다. 상대적으로 논란이 적은 진단법은 논의 중인 현상이 발화 속도와 관련이 있는지 그 현상의 크기가 가변적인지를 보는 것이다. 만약 어떤 현상이 그렇게 나타난다면 그 현상은 대개 음성학적인 것으로 분류된다. 반면에 그 현상이 모든 발화 속도에서 나타난다면 명확히 범주적인 것이어서 음운론적인 것으로 자주 분류된다.

1.3 문법 구조 : 음성학과 음운론

지금까지 음성학적인 내용을 논의하였지만 이 책의 주제는 성조의 **음운론**이다. 음운론의 종점과 음성학의 기점을 아는 것과 두 분야 간 관계의 본질을 이해하는 것이 항상 쉽지는 않다. 문제를 명확하게 하기 위하여 이 단원에서는 음운론과 음성학의 분업 관계와 음운론과 음성학의 소통 방식을 논지로 하여 차근차근 설명하겠다. 최근 몇 년 동안 이 문제에 대한 논의가 많이 있어 왔지만 그 논쟁 속으로 깊게 들어가는 것은 이 책의 범위를 벗어나게 될 것이므로 관심 있는 독자는 실험 음운론 논문집 시리즈의 어떤 책이든 참조하여도 좋지만 그 중에서도 특히 Beckman and Kingston(1990)의 도입 부분을 참조하라. 지금부터 설명하는 내용은 이 책의 뒷부분에서 다시 논의된다. 지금 논의의 의미를 파악하기 힘든 독자는 나중에 이 단원을 (다시) 읽어보기 바란다.

이 책에서는 다음의 특성을 가진 상당히 전통적인 모형을 가정한다. 음운론적 표상은 이원 또는 일원 자질을 사용하는 범주적 표상이다. 이러한 요소들로부터 결과물을 생성하는 것은 음운론의 일이다. 음운론에서는 대부분의 분절음이 대부분 자질로 명세되지만 어떤 것은 특정 자질의 명세가 부족할 수도 있다. 특히 어떤 음절들은 음운론의 마지막 단계에서 성조 자질이 부족할 수 있다. 그 다음에는 음성학이 이 음운론적 결과물을 해석하고 자질, 구조, 구 등 모든 음운론적 정보를 이용한다. 이러한 음성학적 구성 성분은 최종적으로 조음 기관에 지시를 내린다. 이러한 지시가 이원적일 수도 있고 아닐 수도 있지만 어떤 경우라도 그 지시는 결과적으로 연속적인 신호가 되고 그 연속적인 신호에서 모든 음절은 어떤 기본 주파수로 발음된다. 최종 음향 출력에서는 연속 음절의 음높이값이 몇몇 이원적 변별에 제한되지 않고 화자 목소리의 음역 전체를 포함하게 된다. 그렇기 때문에 음성학적 출력은 자주 '연속적'이라는 용어로 부른다.

이러한 해석은 상당히 단순할 수도 있고 복잡할 수도 있다. 좀 단순하게 [ta]라는 음절이 H 성조에 명세되었다고 가정해 보자. 음성학에서는 [H]를 해석하는 방법을 결정해야 하는데 최소한 두 가지 구성 성분을 가질 것이다. 즉, 특정 시간과 장소에 있는 특정 화자의 전체적인 가능 음높이 범위, 그리고 음높이 범위에서 그 성조가 발화되어야 하는 장소이다. [H] 성조이기 때문에 음높이는 음높이 범위의 상단이거나 상단에 가깝게 위치할 것이다. 필자의 경우에는 이 음높이가 350Hz 정도 된다. 세 번째로 음성학에서 내려야 할 결정은 이 음높이가 언제 실현되는가이다. 음높이는 [t]에서 실현될 수 없다. 왜냐하면 무성 파열음의 주요 특징이 무음이기 때문이다! 그렇다면 음높이는 모음에서 실현될 것이고, 보통은 약간의 지체(최고점 이연, 1.2.2 참조)가 있기 때문에 최대 주파수에 바로 도달하지 않을 것이다. 아마도 어떤 조음 명령을 이행하는데 시간이 걸리기 때문인 것으로 보인다. 다시 말하면 조음 기관은 신속하게 동작하지 않는다. 표준 중국어의 예는 Xu and Wang(2001)을 참조하라. 네 번째 부분은 성조에 음질 변별이 동시에 나타나는 일부 언어에 필요할 것 같다. 예를 들면 [L] 성조가 항상 유성 날숨소리로 발음되는 것을 예측할 수 있다면 그 유성 날숨 성은 음운론에서 뚜렷한 역할을 하고 있지 못한 것이다. 그렇다면 가장 간단한 가정은 유성 날숨성을 [L] 성조의 음성학적 변환으로 나타났다고 보는 것이다. 마치 여러 언어에서 기식성을 파열음에 있는 무성성의 음성학적 변환으로 나타났다고 보는 것과 유사하다.

　어떤 경우는 음운론 자체가 화자의 성별, 기분 등 언어외적인 요소로 결정될 음역 자체에 대해 말할 수 있는 중요한 내용이 없을 것이다. 또 어떤 경우는 음운론적 표상이 음역에 영향을 줄지도 모른다. 예를 들면 많은 언어에서 저조 뒤의 음역이 낮아지기 때문에 저조 다음의 고조는 저조 앞의 고조보다 낮아진다. 이것은 이 책의 나중에서 논의할 현상인데 성조내림 또는 계단내림으로 부른다. 이런 경우에 /H L H/와 같은 연쇄의 음운론적 표상은 바뀌지 않은 채로 있지만 음성학과 연결하여 보면 저조에 두 가지 효과가 있다. 첫 번째, 저조는 자신의 음절로 하여금 음역의 최저점에 음높이가 나타나게 한다. 두 번째, 저조는 전체 음역을 낮아지게 한다. 그렇게 되면 두 번째 고조가 첫 번째 고조보다 음성학적 음높이가 더 낮아지게 되어 음성학적으로 [H L M]과 같은 모습을 보인다. 성조내림이 아주 일반적인 현상임에도 불구하고 보편적인 현상으로 보이지는 않는다. 이것은 저조의 음높이 낮추기 효과가 언어 특수적이어야 한다는 것을 의미하고, 음성학적 구성 요소가 언어 특수적인 것과 언어 보편적인 것 이렇게 두 하위 부분으로 나뉘어야 한다는 것을 의미한다. 좀 더 깊은 내용은 6장에서 논의한다.

음운론 단계의 끝까지 어떤 음절이 자체 성조를 가지지 못하는 경우라면 좀 더 복잡한 경우이다. 그 음절은 성조가 없어도 특정 음높이로 발음되기는 하지만 음높이는 인접 환경에 의존하여 나타난다. 상당히 많은 연구에서 기술하고 있는 현상은 이러한 음절의 표면 음높이가 인접하는 성조 사이를 보간하여 두 고조 사이의 무성조 음절은 상당히 높은 음높이로 나타나고, 두 저조 사이에서는 상당히 낮은 음높이로 나타나고, 고조와 저조 사이에서는 중간 음높이로 나타난다는 것이다. 그러나 음운론적으로 이 음절들은 모두 무성조이다. 해당 음절의 음높이는 명세된 성조들의 목표점 사이를 이동할 때 자동적으로 생기는 부산물이고 조음 기관이 휴식 중일 때는 중간 수평조 높이에 복귀하려는 경향과도 연결되어 있다. 이에 관한 좋은 예시는 Pierrehumbert and Beckman(1988)의 일본어 분석에 나타난다. 그 논문에서는 일본어의 구에서 일부 음절에 있는 구 악센트 H와 어말 경계억양 L을 관찰하였는데, 중간에 삽입된 음절의 음높이를 가장 잘 설명하는 방법은 이 두 목표점 사이가 단순하게 보간된 것으로 보는 것이다. 따라서 적은 수의 음절이 악센트와 어말을 분리하면 사이의 음절들을 이어 쭉 가파른 내림조가 되고, 많은 수의 음절이 악센트와 어말을 분리하면 여전히 쭉 내림조 형태가 되지만 음절의 길이 때문에 완만한 기울기가 나타난다. 이렇게 삽입된 음절 각각에 하나하나 분리된 음운론적 성조를 명세하여 실제 표면 음높이를 도출할 수는 없어서 그 음높이는 대신 순수하게 표면에 나타나는 음성학적 현상이 되어야 한다.

음운론자는 음운론에서 얼마나 자세히 설명할 수 있는지와 음운 출력형의 음성 실현에 관한 내용이 얼마나 되는지를 결정해야 한다. 어떤 견해는 공감대가 넓게 형성되어 있다. 즉, 어떤 음운론자도 남성이 170Hz 정도의 주파수로 고조를 발화하고 여성이 370Hz 정도의 주파수로 고조를 발화한다고 하여 남성 화자와 여성 화자의 음운 표상이 다르다고 예측하지는 않는다. 다른 어떤 영역은 이해의 수준이 좀 덜 명확하다. 예를 들어 성조내림 현상인데 어떤 연구자는 성조내림을 음운 표상 내부의 변화 문제로 보고 다른 연구자는 성조내림을 음성 실현의 문제로 본다. 이러한 현상이 언어에 따라 다양하게 나타난다는 관점은 완전히 가능한 일이고 실제로도 그럴 것 같다. 성조내림은 억양내림과 연관이 있다. 억양내림이란 발화 과정에서 점차적으로 음높이가 낮아지는 명확한 음성학적 경향을 말하는데 범언어적인 현상일 가능성이 높다. 음성학적인 동시조음 현상을 특정 조건에서만 적용되는 동화 규칙으로 음운화할 수 있는 것처럼 억양내림 현상도 저조 유인자 뒤에서만 발생하는 성조내림으로 음운화할 수 있다. 마지막 단계는 계단내림이다. 계단내림의 유인자는 음운론적으로는 있고 음성학적으로는 없는 부동 저조일 수 있다. 부동 저조는 음역을 낮아지게만 하고 음성학적 실체 자체가 없다.

1.4 넓은 문법에서 음운론의 위치

성조음운론에 있는 음성학과 음운론의 관계가 여러 언어 기능에 연결되는 유일한 관계는 아니다. 관계는 나머지 문법과도 일정 부분 연결되어야 한다. 왜냐하면 성조가 어휘적, 형태적, 통사적, 의미적, 화용적인 정보를 나타내는데 사용될 수 있기 때문이다.

성조가 어휘적 성조를 통해 어휘 정보를 표시할 수 있는 것은 확실하다(광둥어에서 고조 yau는 '걱정하다'의 의미이고 저조 yau는 '다시'의 의미이다). 그리고 성조는 경계에서 통사적 정보를 나타낼 수도 있고(요루바어에서는 명사구 뒤에 고조를 부가하여 주어를 나타낸다(ọkọ̀ lọ → ọkọ́ lọ '차가 갔다'), 성조 초점 표지를 통해 초점과 같은 의미론적 정보를 나타낼 수도 있고(벵골어에서는 초점을 받은 단어에 LH 악센트를 부가한다), 억양 가락을 통해 화용론적 정보를 나타낼 수도 있다(멕시코 오토미어 안의 마사후아어는 H를 부가하여 의문문을 형성한다(thús?ǝ '담배', thús?ǝ̌ '(네가 말하는 것이) 담배니?'). 그래서 어떻게든지 정보를 문법의 다른 부분에서 음운론으로 전달되어야 한다. 전달 과정은 어떤 것은 명확하고 또 어떤 것은 덜 명확하기 때문에 여기에서는 관찰된 상호작용의 일부를 간단히 언급하겠다. 이 책의 목적상 중요한 것은 성조의 음운론적 표상은 그 출처가 다양할 수 있다는 점이다. 즉, 어떤 성조의 출처는 형태소 자체의 어휘 목록이고, 어떤 성조는 운율 경계에 삽입된 성조에 근거하며, 어떤 성조는 격, 시제, [+의문사]와 같은 통사적 표지일 수도 있고, 또 어떤 성조는 화용론의 문장 층위 억양 가락에서 왔을 수도 있다. 결국 가장 중요한 것은 논의 대상 언어에서 음운론 일반 원리의 지배를 받는 음운 표상과 성조에 다양하게 있는 음운 표상에 접근하는 것이다.

가장 논란이 적은 영역인 어휘 정보 부분에서 시작해 보자. 어휘적 성조는 어휘 목록에서 음운론 영역의 일부이기 때문에 어휘적 성조는 음운론에 제시된 기저 형태의 일부가 된다. 기저의 어휘적 성조가 표면형에 이르는 경로는 대단히 명확하다.

두 번째로 통사 정보를 살펴보자. 통사 정보는 매우 제한된 경로로

음운론 영역에 들어오는 것으로 보인다. 어휘적 통사 범주와 그 투사
는 적절하게 만들어진 운율구 나누기(5장 참조)에 영향을 줄 수 있다.
그리고 운율구 나누기는 음운론적 표상의 일부이기 때문에 다양한 방
식으로 음운론에 영향을 준다. 예를 들면 성조의 경우에는 운율구 나
누기가 경계억양의 삽입을 유발할 수도 있고 성조 규칙의 적용 영역
을 규정할 수도 있다. 그러나 통사 정보가 모두 운율 구조에 영향을
미칠 수 있는 것으로는 보이지는 않는다. 범주나 그 투사의 존재 유무
는 운율구를 구성하는 알고리듬에 의해 표시될 수 있는 것이지만 어
휘 범주의 어떤 유형이 다루어지는 것은 아니다. 예를 들면 샤먼어는
모든 임의의 구 다음에서 새로운 음운구가 시작되는데 그것이 명사구
이든 동사구이든 형용사구이든 상관이 없고(자세한 내용은 5장 참조) 공
범주도 역시 무시된다. 최근의 논의는 Truckenbrodt(1999)를 참조하라.
　세 번째로 의미 정보를 살펴보자. 이 분야는 연구가 가장 덜 되어
있는 분야로 보이지만 대용어의 상호작용, 영역과 초점의 상호작용,
운율구 나누기, 강세, 억양 유형 등은 대단히 흥미로운 부분이다. 예
를 들면 의문문 'Do you like him? (너 그 남자 좋아하니?)'의 3인칭 대명
사가 강세를 받지 않고 발화되었다면 이전 대화에 나왔던 누군가를
가리키는 것이다. 하지만 3인칭 대명사가 강세를 받아서 내리오름조
의 음높이 곡선의 특징이 나타난다면 (대조 강세가 아니라면) 보통은 공
지시적인 것이 아니라 북적대는 파티에서 방을 지나가는 말끔한 차림
의 남자처럼 새로운 사람을 가리키는 것이다. 의미 정보의 이동이 통
사 구조 부분을 거쳐 운율로 연결될 수도 있다. 예를 들면 영향권의
변별은 통사 구조가 달라서일 것이다. 이동과 관련하여 가장 잘 드러
나는 초점 요소 등은 외현 통사론에서 구조적 변별을 통해 다루어질
수도 있지만 대조 초점 등은 강세와 성조 연쇄가 있는 추상적인 초점
표지가 필요할 수도 있다. 논리형과 음운론의 직접적 연결이 필요할

것으로 보이는 현상도 있을 수 있다. 예를 들면 [+의문사] 자질이 특정 성조 연쇄를 가질 수 있는데 여러 경우에 가능한 한 가지는 어휘부가 음성형에서 성조로만 표현되는 기능 형태소를 가지고 있는 것이다. 이 현상을 깊게 논의하는 것은 이 책의 범위를 훌쩍 넘어서고 이 책의 주 관심사는 어휘적 성조이기 때문에 이 현상은 향후 연구 주제로 남겨두겠다. 관심 있는 독자는 Blakemore(1992), Krifka(1998), Sperber and Wilson(1982), Steedman(2000)을 참조하라.

마지막은 문장 층위의 성조인 억양에 대부분 실리는 화용 정보이다. 화용 정보는 대조 강세, 초점, 정보 구조, 서술, 지속, 열거, 놀람 및 다른 수많은 종류의 '어조'가 포함된다. 보통은 모든 어조를 아우르는 일종의 억양 어휘부가 있고 그 억양 어휘부에서 특정 상황에 가장 적합한 것이 선택된다고 가정한다. 논의 내용은 9장을 참조하라.

전체적인 그림은 성조음운론이 어휘부 및 어휘 삽입 이후 발화에서 출발한 직접적 입력을 수용해야 하는 것이다. 이 단계에서는 어휘 항목뿐 아니라 운율 구조에 다시 영향을 주는 초점, 통사 구조와 같은 어떤 추상적 표지를 포함하는 표상이 될 수 있다. 성조가 음운론에 기여하는 어휘 목록에는 명사, 동사, 어근, 접사와 같은 전통적인 어휘 항목뿐 아니라 기능 요소, [의문]과 같은 운용자, 음운구와 억양구 같은 운율구, 평서문과 같은 억양 어조까지 포함된다. 음운론은 구 수준 음운론에 선행하는 단어 수준 음운론에서 일괄적으로든지 단계별로든지 이것 모두를 입력부로 취한다. 지금부터 이 책에서는 이러한 상호작용이 발생하는 방식에 대한 어떤 형식화 과정 없이 이것을 실제 모형으로 택할 것이다.

1.5 이 책의 구성

　다음 장부터는 성조음운론을 개관하겠다. 2장에서는 먼저 지금까지 알려진 성조 목록의 종류, 현지 언어 조사자가 성조 목록을 기록하는 방식과 함께 성조 언어의 분포를 요약하여 기술한다. 다음으로는 현재 쓰이고 있는 표기 체계를 소개할 것인데 그 이유는 표기 체계는 이어지는 내용에 앞서서 미리 필요한 것이기 때문이다. 다른 연구자들이 작성한 현지 조사 자료는 대부분 탁월하지만 가끔씩 해석하기 힘든 내용이 있다. 이러한 자료에 의존하는 방식의 위험 요소와 어려운 점에 대해서 주의를 기울일 것이고 원자료 간 불일치 문제에 대해서도 주의를 기울일 것이다. 성조 목록에 대한 논의는 다음과 같다. 즉, 대조 가능한 수평조의 수, 계단내림이 추가적인 성조가 아닌 이유, 굴곡조(오름조, 내림조)의 유형, (오르내림조 또는 내리오름조로 나타날 수 있는) 복합 성조의 복잡도 상한, 굴곡조가 장모음뿐만 아니라 단모음에서도 나타나는지 여부 등이다. 2장은 분절음 특성과 성조의 상호작용에 관한 절로 마무리할 것인데 성조가 역사적으로 어떻게 발생했는지를 다루는 성조기원론에 관한 내용도 잠깐 덧붙이겠다.

　3장은 관찰된 모든 체계를 포괄하는 자질 체계를 제안한다. 확실히 기술된 성조 체계는 4항 대립만으로 나타낼 수 있기 때문에 그 성조 체계는 두 이원자질인 [음역]과 [음높이] 자질이 제안된다. 성조가 다섯 개인 체계를 처리하는 방식도 다룰 것이다. 굴곡조는 수평조의 연쇄로 분석될 예정인데 단일 굴곡조 방식 대신 이 방식을 선택한 이유를 설명하고 논의한다. 다음 절은 음역과 음높이의 기하학적 관계와 기하적적 방식을 선택한 것과 관련된 여러 가지 자료가 제시된다. 성조 자질이 분절음 자질과 완전히 분리되는지 여부에 관한 논의는 주로 후두 자질에 초점을 맞추어 진행될 것이지만 인두 자질, 혀뿌리 자질도 관한 내용도 함께 다룬다. 3장의 마지막 부분은 무성조 음절을 소개하고 무성조 음절의 기정치 성조 수용 여부를 소개한다.

4장부터는 대부분 성조음운론에 관한 것이다. 4장은 성조를 자립분절음운론적으로 다루는 논의, 특히 이동성, 안정성과 일대다, 다대일에 관한 논의를 요약하면서 기초를 다질 것이다. 다음으로 가장 일반적인 연결 유형(좌에서 우로 연결, 일대일 연결, 편평함을 형성하는 오른쪽 가장자리 확산, 굴곡을 형성하는 오른쪽 가장자리 밀집)을 논의한다. 다음으로 최적성이론을 소개하고 최적성이론 초창기에 소개된 일반 현상을 분석한다. 최적성이론에 대한 사전 지식은 없는 것으로 가정하겠다. 4장에서는 또 성조소지단위가 무엇인지에 대한 논의도 이루어진다. 설명을 마친 후에는 이러한 개념을 도구로 이용하여 확산, 탈락, 삽입, 뛰어넘기, 이화, 계단내림 등의 일반적이 성조 변화 영역을 관찰하겠다. 마지막 절은 성조와 강세의 관계 그리고 필수굴곡원리를 다룬다.

5장은 형태론과 통사론에서 성조가 수행하는 역할을 살펴볼 것이다. 논의는 먼저 성조 형태소를 포함한 단어 층위 형태론의 여러 주제들로 시작하여 성조 변화를 조건 짓는 형태론 구조의 역할로 이어진다. 다음으로 단어보다 큰 단위와 연관된 성조 형태소를 살펴볼 것인데 특히 음운구에 주목하겠다. 5장에서 가장 긴 마지막 부분에서는 운율구의 구조에 대한 통사론의 영향과 이 운율 구조가 성조 변화의 영역을 형성하는데 작용하는 역할을 논의한다.

6장, 7장, 8장은 각각 아프리카, 아시아, 아메리카 지역을 다룬다. 특정 지역의 성조 체계는 어느 정도 공통적인 특징을 가지고 있기는 하지만 또 한편으로는 대단히 넓은 변이가 있어서 아프리카 언어의 성조가 모두 한 가지 방식으로 나타나고 아시아 언어의 성조가 또다른 한 가지 방식으로 나타난다고 가정하는 것은 위험하다. 그러나 이러한 주의 사항을 신경을 쓰고 있다면 지역적 체계 자체는 유용하다.

6장은 아프리카 언어의 체계를 다루는데 Clements, Goldsmith, Hyman, Kenstowicz, Kisseberth, Leben, Meeussen, Myers, Newman, Odden, Snider 등 여러 연구자들의 아프리카 언어 체계에 대한 폭넓고 분석적인 작업을 토대로 한다. 분석에 쓰인 자료는 아프리카의 여러 다른 지역에서 사용되는 반투어군과 차딕어군, 쿠와어군 같은 서아프리카 제어의 자료 등이다. 다음으로 계단내림, 성조내림, 억제 자음 등 여러 가지 세부 사항을 살펴보겠다. 마지막으로 이그보어를 좀 더 넓게 살펴보면서 논의를 마치다.

7장은 아시아 언어 체계에 관한 것인데 Bao, Chen, Duanmu, Yip 등 여러 학자들이 연구한 폭넓은 중국어 자료와 함께 베트남어, 몬크메르어족, 타이어, 버마어, 티베트어 자료까지 다룬다. 7장은 서로 다른 어족의 아주 다른 중국어 네 가지에 대한 성조론을 개괄하는 것으로 시작된다. 개괄은 언어들 사이에서 왼쪽 돋들림 체계, 오른쪽 돋들림 체계, 실제로 연성이 없는 체계, 국지적 이화가 있는 체계로 설명된다. 음절 구조와 성조의 관계 및 유성음화, 음역, 성조, 성조 목록 구조의 관계도 개괄한다. 마지막으로 동남아시아 지역의 유형론적으로 서로 다른 언어 체계를 선별하는 것으로 논의를 마친다.

8장은 아메리카 언어 체계에 관한 장이다. 상대적으로 잘 문서화된 멕시코의 여러 언어들에 집중할 것이고 이어서 나바호어와 같은 북아메리카 언어 체계 자료를 살핀 뒤 보라어와 같은 남아메리카 언어로 마무리하겠다. 이 지역어에 대한 생산적인 연구가 적기는 하지만 일부 언어들에서는 성조와 강세, 성조와 후두음 자질 사이의 흥미로운 상호작용을 살펴볼 수 있다.

9장은 성조와 억양의 관계를 설명하는데 이 주제는 앞에서 부득이 먼저 다루었던 해당 내용과 엮여지는 주제이다. 9장의 논의는 강세 언어, 악센트 언어, 성조 언어의 분석에서 시작하여 악센트 언어가 특별한 종류의 성조 언어일 뿐이라는 것에 대해서도 논의한다. 9장은 상당 부분을 억양에 할애하였다. 억양의 기본 구조에서 시작하여 억양이 비성조 언어 그리고 성조 언어에서 사용되는 방법을 살펴본다. 마지막으로 발화 속도와 성조가 논의된다.

　10장에서는 성조의 지각과 습득을 살펴본다. 성조를 잘 지각하는 것은 성조 습득의 첫 번째 선행 조건인데 이것이 10장에서 관련이 없어 보이는 두 주제인 지각과 습득을 연결한 이유이다. 10장은 성인의 지각부터 유아의 지각까지 살펴본다. 아쉽게도 성조의 지각에 대해서는 거의 아는 것이 없기 때문에 일부 현재까지 알려진 내용을 요약하고 앞으로의 연구를 위한 질문을 제기하겠다. 10장은 다섯 개의 주요 절로 구성된다. 1절의 논의는 유아의 성조 구별 지각에 관한 가장 빠른 시기의 증거에 관한 것이다. 2절에서는 언어 습득 초기의 발성 자료를 살피고 3절은 변조 규칙 등 여러 가지 성조 변화와 관련된 고유의 성조음운론을 논의한다. 4절과 5절은 유아기 언어에 특수한 음운론과 제2언어 습득을 간단히 살펴보겠다.

제2장 대조적 성조

2장의 목표는 세계 여러 언어의 성조의 유형과 성조 목록을 기술하고 요약하는 것이다. 먼저 표기 체계와 현지 조사 문제를 논의한 후, 수평조와 굴곡조, 성조와 분절음 사이의 상호작용, 성조 체계의 기원(성조기원론)을 고찰하겠다. 2장은 3장 논의의 기초를 마련하기 위한 장이다. 3장에서는 성조 체계 분석을 위한 변별적 자질 이론을 전개할 것이다.

2.1 어떤 언어가 성조 언어인가?

제1언어가 영어인 사람들은 성조를 색다른 것으로 생각하지만 성조는 사실 대단히 광범위하게 분포하고 있다. 대략적인 추정치로 세계 언어의 60~70%를 성조 언어로 볼 수 있다. 성조 언어는 전 세계에서 다음 세 지역에 많이 분포하기 때문에 이 책 후반부에는 해당 세 지역에 각각 한 단원을 할애하여 6장은 아프리카 지역, 7장은 동아시아, 동남아시아, 태평양 지역, 8장은 아메리카 지역으로 하였다. 중앙아메리카와 같은 일부 지역에서는 성조 언어가 아주 흔하여 거의 일반적인 현상으로 여겨지고 전 세계 대부분의 성조 언어가 이 지역에서 발견된다. 이와 반대로 세계의 어느 지역은 성조 언어가 드물거나 없는 것 같은데 오스트레일리아와 뉴질랜드가 가장 그렇다. 세계의 다른 많은 지역은 혼재되어 있는 모습인데 좀 더 자세히 살펴보자. 지금부터 염두에 두어야 할 것은 1장에서 설명한 것처럼 '악센트 언어'로 불리는 언어는 자주 성조 언어의 하위 유형으로 분석이 되는데 성조의 수가 적고 성조가 드문드문 분포한다. 이러한 언어는 이 책의 주요 관심에서 거리가 있는 것이지만 종종 논의에서 중요한 역할을 할 것이고 특히 6장과 9장이 그렇다. 사하라 사막 이남 아프리카는 아마도 전 세계적으로 성조 언어가 가장 대규모로 집중된 본거지일 것이다. 니제르콩고어족 등 많은 주요 어족은 연구자에 따라 특징상 악센트어로 기술하기도 하지만(언어 조사 내용은 Downing(출간 예정)의 연구 참조) 사실상 완전히 성조 언어이다. 사하라 사막 이북으로 가야 비성조 언어의 우위를 확인할 수 있다. 동쪽의 근동과 중동의 셈어군, 튀르크어군 및 코카시아어군은 성조 언어로 알려져 있지 않다. 다음으로 인도 아대륙에 도착하면 큰 어족 두 개가 있는데 인도아리아어족과 드라비다어족이다. 인도아리아어족은 성조 언어가 약간 포함되어 있지만 대부분은 성조 언어가 아니다. 성조 언어에 속하는 것으로는 펀자브어(Bahl 1957, Bhatia 1993), 칼람코히스타니어(인도아리아어족의 다르드제어, Baart 1997)와 메이티리어가 있다. 드라비다어족은 일반적으로 성조 언어가 아니다.

동아시아와 동남아시아에는 성조 언어가 많이 있다. 성조 언어는 중국티베트어족과 몬크메르어족에 걸쳐 널리 퍼져있다. 동아시아의 다른 지역을 보면 일본어는 성조 언어보다는 악센트 언어로 자주 기술되었고(하지만 관찰 결과에 따르면 이러한 구별은 실제보다 표면적으로만 그렇다), 한국어는 어휘적 성조보다는 두음 위치 자음의 (유성, 유기, 성문음화와 같은) 후두음 특징으로 음높이가 결정된다(Jun 1998). 태평양의 다른 지역을 보면 파푸아뉴기니와 이리안자야에 성조 언어가 많이 있다. 시아네어(James 1981)가 조사가 잘 이루어진 언어 중 하나이고 골린어(Bunn and Bunn 1970, Hayes 1995)와 야우어(Edmondson *et al.* 1992)도 그렇다. 멜라네시아에도 뉴칼레도니아의 언어들(Rivierre 1980)과 야벰어(Poser 1981) 같은 성조 언어가 있다.

태평양을 가로질러 아메리카에 가 보자. 중앙아메리카에는 오토망게어족을 비롯하여 많은 성조 언어가 있다. 북아메리카에는 성조 언어가 매우 드물고 남아메리카에는 성조 언어로 여겨지는 언어가 일부 있지만(자세한 내용은 8장 참조) 이 지역의 성조 언어는 아직까지는 연구 중인 상태이다. 좀 더 광범위한 연구를 통하여 더 많은 언어가 성조 언어로 드러날 가능성이 있다.

마지막으로 대서양을 가로질러 유럽으로 돌아와 보자. 심지어 유럽에도 성조 언어 또는 악센트 언어가 흩어져 있다. 세르보크로아티아어(Zec 2000)와 리투아니아어(Kenstowicz 1972, Young 1991, Blevins 1993)는 모두 성조 언어이고 바스크어의 여러 방언(Hualde 1999), 스웨덴어와 노르웨이어와 같은 스칸디나비아 언어들(좋은 요약 자료로는 Riad(1996) 참조), 네덜란드어의 림부르크 방언과 프랑코니아 방언(Gussenhoven and van der Vliet 1999)도 역시 성조 언어이다. 이 언어들은 일본어처럼 넓은 의미의 성조 언어이지만 성조 언어보다는 악센트 언어로 자주 불린다. 대체로 한 개 또는 두 개의 성조가 있고 각 단어는 성조가 없거나 성조 하나 또는 성조 연쇄인데 강세 음절에서만 나타난다. 어떤 성조는 구별 기호(*)로 일차 강세 연결을 표시하기 때문에 성조가 강세 위치에 출현하는 H*L과 HL*는 서로 다르다. 이러한 성조 언어의 주변부적 상태 때문에 이 언어들은 대부분 이 책 범위의 밖에 있다.

2.2 성조 표기

언어 자료를 출판하기 위해서는 먼저 시각적 형태로 옮기는 과정을 거쳐야 한다. 성조의 경우에는 시간에 따른 기본 주파수의 그래프가 음성학적 현상이지만 음운론적 목적을 위해서는 전사하는 것이 필요하다. 분절음 영역에서는 국제음성문자가 자음과 모음을 위한 공통의 기호로 사용되지만(미국 언어학자들은 조금 다른 체계를 자주 사용한다) 성조의 경우에는 유감스럽게도 의견 일치가 잘 이루어지지 않았다. 오랜 시간에 걸쳐 지리적으로 다른 지역에서 작업을 해 온 언어학자들은 표기의 전통을 서로 다르게 발전시켜 왔는데 각 표기 체계는 연구 대상 언어에 적합하지만 표기 체계 상호간에는 상당히 다르다. 성조가 거의 항상 음절핵 위치에 전사되어 있다는 점이 드물게 비슷한 표기인데 보통은 모음이 음절핵이다. 이 규약은 성조가 음성학적으로 음절에서 유성 공명음의 분절음에서도 실현될 수 있다는 사실을 감추어 버린다.

다음에서는 주요한 표기의 전통 세 가지를 기술하겠다. 이 세 가지 이외의 방법도 가끔 사용되지만 그러한 경우 보통은 명확하게 설명이 된다. 각 경우에 대하여 철자법 전통이 있다면 그것도 논의하겠다. 많은 성조 언어들은 (한자로 쓴 중국어처럼) 성조를 전혀 표기하지 않거나 최근에서야 표기 체계를 개발하였는데 이 경우 언어학자들이 사용한 것과 동일한 규약을 사용하였을 수도 있고 그렇지 않았을 수도 있다.

2.2.1 아프리카

아프리카 언어 연구자들은 전통적으로 성조를 표시하기 위해 악센트 기호를 사용하였다.

(1) 고조   양음 악센트 기호 á
     저조   억음 악센트 기호 à   또는 표시가 없는 a
     중조   수평 악센트 기호 ā   또는 표시가 없는 a

  따라서 고저중의 성조 연쇄를 가진 단어는 *ádàmā* 또는 *ádàma*처럼
표시하였고, 성조가 두 개 있는 언어에서 고저의 성조연쇄를 가진 단
어는 *ádà* 또는 *áma*처럼 표시하였다. 초고조 또는 초저조와 같이 더
많은 성조가 있는 언어 체계에서는 보통 기호들을 설명하여 나타내지
만 보통은 초고조에는 [ǎ]처럼 두 개의 양음 악센트 기호를 사용하고
초저조에는 [ȁ]처럼 두 개의 억음 악센트 기호를 사용하는 체계를 사
용한다.
  굴곡조는 수평조의 조합으로 나타낸다.

(2) 내림조 (고조에서 저조)   양음 악센트 기호 + 억음 악센트 기호   â
     오름조 (저조에서 고조)   억음 악센트 기호 + 양음 악센트 기호   ǎ

  마지막으로 계단내림(2.4 참조)에는 전통적으로 계단내림된 음절이나
그 음절의 모음 앞에 느낌표를 표시하여 뒤이어 오는 성조가 계단내
림되었다는 것을 나타낸다. 이 기호는 위첨자로 자주 쓰이지만 항상
그런 것은 아니다. *á!dá*에서 두 번째 고조는 계단내림된 고조이다.
  이 체계는 언어학자들이 사용하지만 철자법으로 사용되는 경우도
많이 있다.

2.2.2 아시아

아시아의 전통은 상당히 다르다. 먼저 중국어를 살펴보고 다른 어족을 보겠다. 언어학자 사이에서는 성조를 숫자로 나타내는데 Chao (1930)의 연구에 근거한 'Chao 성조 문자'의 체계에서 그렇다. Chao 성조 문자는 실제로는 문자가 아닌 숫자로 성조를 나타내는데 정상 발화 음성에서 자연스러운 음높이 범위를 다섯 단계로 나누어 가장 낮은 음높이를 1도로 하고 가장 높은 음높이를 5도로 한 것이다. 다섯 단계는 언어에서 사용 가능한 최댓값으로 보는데 네 단계 이상은 상당히 드물게 나타난다. 각 음절은 숫자가 없는 것에서 세 자리 숫자까지 표시될 수 있다. 보통 분절음 전사 기호 뒤에서 위첨자로 자주 표시하지만 항상 그렇지는 않다. 숫자가 없는 것은 해당 음절이 고유의 음운론적 성조가 없다는 것을 의미한다. 대부분의 음절은 두 자리의 숫자로 나타내는데 시작 음높이와 끝 음높이이다. 이 두 자리 숫자 표시는 수평조에도 적용된다. 다만 음절이 아주 짧은 경우 보통 한 자리 숫자로 나타낸다. 세 자리 숫자는 음절 중간에서 방향이 변하여 음높이의 봉우리와 골짜기가 표시되어야 하는 성조에 사용된다.

(3) 수평조의 예   고조 ta^{55} tak^5
                      중조 ta^{33} tak^3
     굴곡조의 예   높오름조 ta^{35}
                      낮내림조 ta^{31}
     복합 성조의 예   낮내리오름조 ta^{214}
                      낮오르내림조 ta^{231}

이 숫자들은 성조 모양의 작은 도형으로 나타나기도 하는데 음역을 나타내는 수직 막대 앞에 그린다. 따라서 [˧]는 가운데 수평조를 나타낸다. 학술지『팡옌』과 같이 중국에서 출판된 초기 자료에서는 음절 뒤에 이러한 도형이 두 개 있을 수도 있는데 이 경우는 첫 번째 것이 기저 성조를 표시하고 두 번째 것은 표면 성조를 나타내는 것이다.

이 체계는 언어학자에게 좋은 체계이다. 특히 굴곡조와 많은 수평조가 있는 언어를 처리할 때 그렇고, 아프리카 언어에 쓰이는 방식의 표기에서 복잡한 조합의 악센트를 필요로 할 때에도 그렇다. 이 체계가 철자법에 적합한 편도 아니지만 전통적인 중국의 표기 체계인 한자는 분절음 특징뿐 아니라 음소 정보도 나타낼 필요가 없기 때문에 성조 표시가 필요한 것으로 생각하지 않는다. 중국 본토에서 사용하고 있는 알파벳 표기 체계인 핀인은 아프리카의 체계와는 상당히 다른 악센트 조합으로 표준 중국어의 성조를 나타낸다. 다음은 성조를 숫자 형태와 같이 나타낸 것이다.

(4)   mā   55   mǎ   21(4)   ma   성조 없음
                               má   35   mà   41

이 책의 중국어 자료는 보통은 숫자로 나타낸 성조로 표시될 것이다.

2.2.3 아메리카

중앙아메리카 언어 연구자들은 중국어의 전통과는 다른 자신들만의 강한 전통이 있다. 해당 체계는 숫자가 반대로 되어 있는 엇갈린 체계로 5가 저조를 나타내고 1이 고조를 나타낸다. 수평조에는 한 자리 숫자만 쓰이고 굴곡조에는 자주 두 숫자 사이를 하이픈으로 나타내지만 이 책에서는 굴곡조의 하이픈을 보통 제외하였다.

(5) 수평조   고조 si^1
                              저조 si^4
     굴곡조   높오름조 si^{3-2}
                              높내림조 si^{2-3}

2.3 현지 조사와 관련된 쟁점

표기 체계를 가지고 있다고 해서 자료와 관련된 모든 문제가 해결되지는 않는다. 문제 중에서 가장 중요한 것은 성조의 상대적 특징에 기인한다. 고조는 고정된 F_0가 아니고 화자에 따라 다양하게 나타나고 심지어 동일한 화자에서도 다양하게 나타나는데 성별, 연령, 안정도, 단어가 발화의 시작인지 끝인지 등과 같은 요인의 영향을 받기 때문에 음높이가 홀로 분리되어 있다면 확인이 불가능하다. 모음의 음가는 그렇지 않다. 모음은 분리되어 있을 때에도 정확하게 알 수 있는데 왜냐하면 모음은 여러 포먼트의 상대적 주파수로 다른 모음과 구별되기 때문이다. 모음의 주파수는 하나의 부류로 움직여 화자 성도의 크기와 모양에 따라 높거나 낮아질 수는 있지만 그 상대적 주파수가 일정하다면 동일한 모음으로 지각된다. 숙련된 현장 조사 언어학자에게는 모음을 전사하는 것이 상대적으로 간단하기도 하고 서로 다른 조사자들 사이의 일치도도 아주 높다. 성조의 경우는 문제가 만만찮다. 예를 들어 성조가 두 개 있는 언어를 생각해 보자. 조사자들이 모두 대립적인 성조가 두 개 있고 더 나아가 그 성조를 고조와 저조로 불러야 한다고 동의할 수도 있다. 하지만 그 이상은 일치하지 않는 것이 당연할 정도이다. 예를 들어 아시아 표기 체계로 하면 이러한 대조가 55와 11, 44와 11, 55와 22로 나타날 것이다. 누군가 그것을 고조와 저조의 대조라고 한다면 근거 없는 비약이 된다. 저조는 화자의 음역의 최저점에 있지 않을 수도 있기 때문에 그것을 고조와 중조의 대립으로 판단하는 것도 당연하기 때문이다. Maddieson(1978: 339)의 자료에서는 이러한 관점을 지지한다. Maddieson은 초고조와 초저조 사이의 거리를 보면 성조가 두 개인 언어가 성조가 세 개인 언어나 네 개인 언어보다 작고, 언어별로 대체로 일정한 것은 인접 성조의 거리라고 하는 자료를 제시하고 있는데 그 중 일부가 (6)에 나타나 있다. 주파수는 헤르츠(Hz)로 나타내었다. 1헤르츠는 1초에 1주기를 말한다.

(6) 언어 체계 내에서 각 성조와 가장 낮은 저조 사이의 헤르츠 차이
    (예시 언어만 나타냄. Maddieson(1978)에서 발췌함)

두 개의 수평조 : 스와티어	세 개의 수평조 : 타이어	네 개의 수평조 : 투라어
		+50
	+32	+30
+18	+16	+10
+0	+0	+0

　(6)에서 성조가 두 개인 언어의 '고조'와 '저조'가 성조가 세 개인 언어의 고조와 중조 또는 중조와 저조와 동일한 관계에 있는 반면 성조가 세 개인 언어의 고조와 저조와는 동일하지 않다는 것을 알 수 있다. 실제로 성조가 세 개인 언어의 화자는 성조가 두 개인 언어의 고조를 고조보다는 중조와 같다고 보는 경우가 많을 것이다. (A. Akinlabi와 개인 대담).

　여러 보고서에서 한 언어를 다양하게 분석하는 것은 이론언어학자에게 중요하지 않다. 만약 마지막 문단에 언급된 세 가지 방식 중 어떤 것이든지 두 개의 수평조가 보고된다면 대부분의 음운론자들은 더 높은 성조와 더 낮은 성조 사이에 이원적 대조가 존재하는 것이 중요

한 사실이라고 바로 말할 것이고 이 내용을 분석의 출발점으로 할 것이다. 3장에서 성조의 자질을 살펴볼 때 알게 될 것처럼 다른 경우를 봐도 이 내용은 분석에 대단히 중요한 사실이다. 미리 좀 살펴본다면 아시아의 많은 언어에서 성조 범위는 두 개의 음높이 영역(항상은 아니지만 때때로 이 두 음높이는 유성 날숨소리와 정상적인 소리처럼 발성 유형에서도 차이가 난다)으로 나뉠 수 있는데, 굴곡조는 일반적으로 한 쪽의 음역이나 다른 한 쪽의 음역에 속해 있고 중간 음높이 3은 두 음역의 경계에 온다. 따라서 35는 고음역 오름조인 반면 13은 저음역 오름조이다. 그렇다면 어떤 현지 조사자가 오름조 24를 가진 언어를 보고해 왔다고 하자. 우리는 어떤 음역이 해당 성조에 할당되는지 알 수는 없다. 그러나 다음에 동일한 성조를 13으로 명명한 두 번째 언어 조사자의 보고서가 나타난다면 편안하게 해당 성조를 저음역에 할당할 수 있을 것이다.

현지 조사 문제의 다른 유형은 세밀하게 전사된 수평조와 연관이 있는데, 이 현상은 간략 전사인지 정밀 전사인지가 중요한 분절음의 영역과 대응되는 것이다. 성조에서 가장 흔한 혼동은 어떤 성조가 수평조인가 내림조인가를 결정할 때 나타난다. 특히 중국어의 저조를 보면 21로 표시하는 조사자도 많이 있을 수 있고 또 어떤 조사자는 22나 11로 표시할 수도 있다. 21로 전사하는 것은 이러한 성조에서 대부분 시작할 때 내림조가 작게 나타나는 현상에 주목한 것인데 이 현상은 음운론적으로 의미가 없을 수도 있다. 왜냐하면 아주 낮은 성조를 발화할 때는 목소리가 최저 음높이로 떨어지는 시간이 필요할 수도 있기 때문이다. Maddieson(1978)은 수평조의 정의를 '수용 가능한 변화형이 수평 음높이인 것'으로 제안하는데 이 정의가 이 책에서 분석하는 정의가 될 것이다. 대략적으로 13이나 53과 같이 시작점과 끝점 사이에 2의 차이가 있는 굴곡조가 아마도 음운론적인 굴곡조일 것으로 보인다. 그러나 21이나 45처럼 1의 차이가 있는 것들은 어느 정도 주의가 필요하다. 논리적으로 213의 성조는 음운론적으로 오름조일 수 있고 시작점의 내림은 발성의 영향일 수 있다. 이러한 것들을 고려한다면 '이 언어에는 세 개의 내림조 대립이 있다'라는 진술을 신중하게 살펴보아야 한다. 다음 자료를 생각해 보자(Edmondson *et al.* 1992, 문제점을 더 명확하게 하기 위하여 성조 숫자를 다시 표시하였다).

    (7)   야우어의 '내림조'   52   53   32

   야우어의 F_0 곡선을 보면 52와 53 성조는 내림조의 내림이 상당하다는 것을 확인할 수 있는 반면 32 성조의 내림조는 내림이 많이 덜하다. 실제로 32 성조는 짧은 시작 구간에 약간 내림조가 나타나고 마지막에 짧게 성조내림이 있는 것을 제외하면 성조를 구성하는 길이의 대부분은 수평조이다. 따라서 32 성조는 음운론적으로 내림조가 아니고 이 언어는 세 개가 아니라 두 개의 내림조가 대립하는 것으로 결론을 내릴 수 있다.

   마지막으로 조심하여야 할 현지 조사 관련 문제는 성조의 수와 위치와 관련된 것이다. 많은 언어에서 여러 연구 보고서는 음절 각각에 성조를 전사하려는 경향이 있고 이어서 그 성조 전사를 그와 동일한 음운론적 표상으로 바꾸려는 유혹이 따른다. 간단한 예로 모든 음절이 고조로 발음되는 단어를 생각해 보자. 어떤 아프리카 언어 연구자는 그 단어를 *ádámá*처럼 전사할 것이다. 그러나 음운론적으로 이러한 단어에 세 개의 고조가 있다고 가정하는 것은 잘못이다. 이 단어는 성조가 세 개일 수도 있고 두 개 또는 하나일 수도 있다. 다음은 성조를 분리된 층위에 나타내어 성조가 발음될 모음과 수직선으로 연결한 음운론적 표상을 나타낸 것이다. 이와 같은 표상에 대해서는 4장에서 설명하고 논증하겠다.

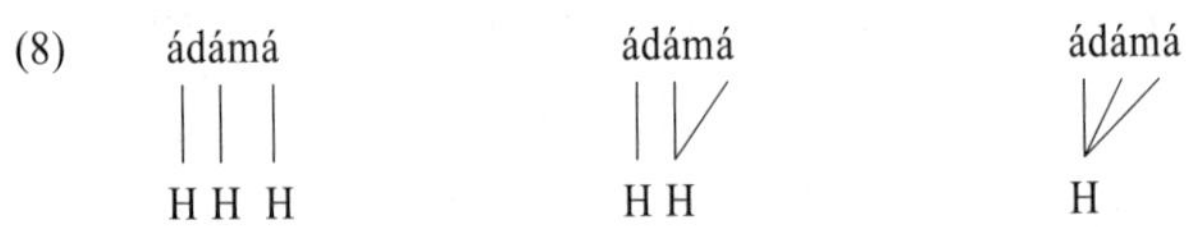

더 잘 드러나지 않는 경우가 있는데 중국어에 관한 보고서에서 상당히 자주 발견된다. 중국어의 각 음절은 하나의 형태소이고 기저형에 자신의 성조가 있다. 형태소가 결합하면 성조가 탈락될 수도 있지만 그럼에도 불구하고 전통적으로 모든 표현 음절에 성조를 전사한다. 따라서 [pø33 jia55 sɛ33 kã21] '동트기 전'과 같은 상하이어의 4음절 단어를 보면 실제로 첫 번째 음절 /pø33/ '반'에서 시작된 오름조 /35/가 두 번째 음절에 이연되고 마지막 두 음절은 음운론적으로 무성조이어서 두 번째 음절의 고점이 점점 낮아지는 현상이 발생한다. 그림 2.1은 (a)에 음절별로 수치를 표시하여 남겨진 자국을 나타내고 (b)에 4음절 단어 전체에 걸친 실제 포락선을 보인 것이다. 이 자료는 Zee and Maddieson(1980:65)에 있는 내용을 간략하게 나타낸 것이다.

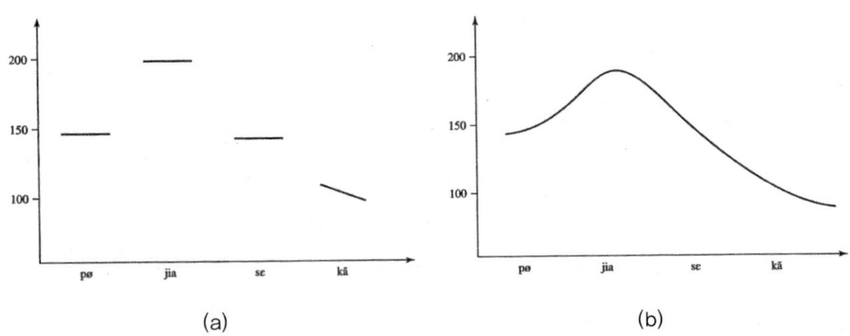

그림 2.1 음절 성조 표상과 단어 성조 표상의 비교 (Zee and Maddieson 1980)

이렇게 음절별로 표기하는 것은 연구자에게 편견을 갖게 한다. 음 높이의 전체적인 포락선 대신 음절 크기의 발화 창을 보게 되기 때문 이다.

2.4 수평조 대조

어떤 언어에 대한 출판 자료에서 음성학적 근사치를 얻을 수 있는 데 수집된 자료를 살펴보면 어휘적 성조에서 선호되는 유형은 수평조 이거나 수평조에 가까운 것을 알 수 있다. 순수 굴곡조는 많은 수의 성조 대립을 가진 언어에서만 성조 목록에 추가되는 것 같다. 예를 들 어 성조가 두 개인 언어는 오름조와 내림조보다는 보통은 수평조 두 개의 대립이다(Maddieson(1978)에는 아마우아카어를 포함하여 두 개의 예외를 제시하고 있는데 그 언어들에서는 오름조와 내림조가 대립한다). 수평조의 개수 는 상당히 많을 수 있다. 언어가 네 개의 수평조까지 가질 수 있는 것 은 의심의 여지가 없고 계단내림(다음 내용 참조)을 제외하고도 다섯 개 수평조의 가능성이 상당히 있다. 하한 값을 고려한다면 두 개의 대립 적 표면 성조가 처음 '성조 언어'라는 이름을 얻기 위한 최소 조건이다.

음운론자의 첫 번째 임무 중 하나는 수평조의 기저 목록을 확립하 는 것이다. 이 작업은 보는 것만큼 항상 쉬운 것은 아니다. 첫째, 음운 론자는 앞 단원에서 논의한 것과 같이 성조들이 확실히 수평조인가에 대하여 결정을 내려야만 한다. 다음으로 수평조 중 어느 것이 대립적 인가를 결정해야 한다. 티브어(Clements 1979)에 있는 다음 문장은 세 개 의 음성학적인 음높이를 보여주는데 마지막 단어 *kwa*는 중간 음높이 이다.

(9) *i lu kwa*   ―   ―   '그것은 오두막 군락이었다'

이러한 상황이므로 어떤 사람은 아주 조리 있게 세 개의 대립적인 수평조를 상정할 것이다. 그렇다면 다음 문장을 생각해 보자.

(10) *i lu kwa ga*   ― ― ― ―   '그것은 오두막 군락이 아니었다'

동일한 형태소 *kwa*가 여기에서는 높은 음높이이다. 티브어를 더 자세히 조사해 보면 높은 음높이는 기저형의 실제 음높이이고 (9)에서 낮아진 것은 저조 뒤의 현상이라고 완벽하게 예측할 수 있다. 더 나아가 모든 고조 형태소는 저조 뒤에서 낮아지고 이러한 내림 현상이 반복적이라는 것도 알 수 있다. 이 현상을 부르는 말에는 성조내림, 계단내림 등 많은 이름이 있는데 이 책의 6장에서 논의될 것이다. 여기서는 음성학적 음높이 차이가 기저 음운론적 성조 대립으로 반드시 해석될 필요는 없다는 것이 요점이다.

가능성이 가장 낮은 기저 성조 목록은 성조가 하나만 있는 것인데 그러한 언어를 성조 언어라고 부를 수 있는 필수적인 표면 대립은 음절들을 음운론적인 무성조로 두는 선택에 달려 있다. 이것은 상당히 흔한 현상인데 실제로 반투어군의 상당수가 이러한 방식으로 분석되어 왔다. 최근 연구에 대한 요약을 훌륭하게 해 놓은 Hyman(2000)을 참조하라. 하야어(Hyman and Byarushengo 1984)와 같은 고전적인 경우를 보자. 하야어에는 기저에 고조가 있다. 음운론의 마지막 단계까지 고조로 명세되지 않은 음절은 기정치로 저조를 부여받거나 또는 무성조 상태로 남아 고조 목표점 사이를 음성학적으로 보간한 음높이로 실현된다. (음운론과 음성학의 관계에 대해서는 1장을 참조하라.) 고조를 명세하고 낮은 음높이를 비어 있게 하는 이유는 고조는 음운론에서 다양하게 활약하는 반면 낮은 음높이는 실제로 전혀 없는 것으로 보일 만큼 매우 비활동적이기 때문이다!! 더 적은 수이지만 우아베어(Noyer 1992), 루운드어(Nash 1992-4), 만딩카어(Creissels and Grégoire 1993)처럼 저조를 명세된 성조로 하고 고조를 기정치 성조로 하는 언어들도 있다. 매 단어에 성조가 없거나 고조(또는 저조)가 하나만 있어서 고조의 위치가 중요한 이러한 언어들은 자주 악센트 언어라고 부른다. 왜냐하면 특정 음절에 고조(또는 저조)가 있거나 없는 최소 성조 대립으로 축소된 언어이기 때문이다.

이원적 표면 대립을 고조와 무성조의 기저 대립으로 분석하는 것에 확실한 대안으로, 모든 음절이 음운론적인 성조를 가지고 있고 그 성조 목록에는 대립적인 두 성조가 있는데 그것을 고조와 저조라고 생각할 수도 있다. 이러한 언어는 예를 들어 두 성조가 모두 성조 확산에 연관되어 있는 등 음운론적 활약이 있을 것이다. 이러한 유형의 언어도 많이 있는데 아그헴어(Hyman 1987), 밤바라어(Rialland and Badjimé 1989, Clements 2000), 다가레어(구르어군 : Antilla and Bodomo 1996) 등 아프리카 언어들이 많이 포함되어 있고 쑹장어(Chen 2000)와 같은 다른 지역의 언어도 물론 포함되어 있다. 어떤 언어들은 대립이 고조 대 저조인지 고조 대 무성조인지에 대하여 의견이 엇갈리는 경우도 있다. 해당 논의는 Hyman(2000)을 참조하라.

물론 기저의 고조 대 저조 체계에 명세되지 않은 음절이 있을 가능성과 중조를 만들어내는 기정치 변화를 더해주면 음성적인 성조는 세 개가 되지만 음운론적 성조는 두 개뿐이다. 무성조 음절은 음운론적 과정 내내 남아 있다는 사실과 기정치 규칙에 의하여 최종적으로 어떤 성조가 삽입되었을 때 그 음절은 기저 성조와 구별된다는 사실을 생각해 보면 일반적으로 n개의 음운론적 성조는 n+1개의 표면 성조를 만들어낼 수 있다. 그런 방식으로 어떤 언어들은 중조가 기정치가 된다. 예를 들어 요루바어(베누에콩고어군, Akinlabi 1985, Pulleyblank 1986)를 보면 /고조/, /중조/, 무성조가 기저 체계를 이룬다.

실제로 기저 성조가 세 개인 언어 역시 상당히 보편적이어서 우아후아판 믹스텍어(Pike and Cowan 1967), 누페어(베누에콩고어군, Smith 1967), 쿠나마어(나일사하라어족, Connell *et al.* 2000)와 같이 모든 지역에서 해당 언어들이 발견된다. 펀자브어(Bhatia 1993)는 강세 음절에서 성조 세 개가 대립하는데 비강세 음절에서는 저조가 나타나지 않는다.

(11) kòRaa   '말(馬)'

  kōRaa   '채찍'

  kóRaa   '나병 환자'

표면 수평조가 네 개인 것은 더 드물긴 하지만 여러 언어들에서 보고되고 있는데 그레보어 및 다른 크루어군 언어들(Kaye and Koopman 1982, Newman 1986), 이게데어(Stahlke 1977), 맘빌라어(Connell 1999, 2000), 마사테코어(Pike 1948), 차티노어(Pride 1963), 젠양어(Chen 2000), 광둥어(Yip 1990, 특정한 분석적 가정 하에서) 등이 있다. 응가맘보어(다른 서부 그라스필즈어군과 함께)에는 음성학적으로 네 개의 수평조가 있지만 Hyman(1986)은 그 언어가 기저에서 이원 대립을 가지고 있다고 분석한다. 필자가 알고 있는 음운론적 사원 대립을 보면 네 성조가 고조, 중조, 저조, 무성조의 논리적 대안보다는 네 성조 모두가 음운론적 성조로 분석된다. 그러나 Hyman and Magaji(1970)는 그와리어를 기저 성조 세 개에서 도출된 네 성조 체계로 분석하였고, Hyman(1972)은 유사한 분석을 페페어에 적용하였다. 두 경우 모두 성조 네 개 중 하나는 세 개의 기저 성조 중 두 개의 조합에서 도출한 것이다.

다음으로는 상대적으로 많이 알려지지 않은 부분을 살펴보자. 다섯 개의 수평조가 대립하는 언어에 대한 상당히 많은 보고서가 있는데 대부분 매우 간략한 보고서에 있는 내용이어서 실제로 다섯 개의 기저 수평조가 있는지, 아니면 어떤 방식으로든 한 개 이상의 수평조가 파생된 것은 아닌지를 명확하게 결정할 만큼 자세하지는 않다. 헤이먀오어(먀오야오어족, Chang 1953), 가오바둥어(Shi *et al.* 1987), 단어(Bearth and Zemp 1967), 트리크어(Longacre 1952), 응가맘모 바밀레케어(Asongwed and Hyman 1976) 등은 가장 잘 알려진 언어들이다. 헤이먀오어와 가오바둥어를 제외한 모든 언어는 대립하는 기저 수평조의 수가 네 개뿐이라고 주장되고 있다. 관련 논의는 Yip(1980a)을 참조하라.

2.5 오름조와 내림조의 위치, 개수, 유형

많은 언어들은 수평조 외에 음절 구간 동안 음높이가 올라가거나 내려가는 성조를 가지고 있다. 다음 장에서는 이러한 성조들을 수평조의 연쇄로 이해하는 것이 가장 좋은 방법이라고 제안하겠지만 이 단원에서는 기본적인 관찰 내용으로 논의를 한정하겠다.

2.5.1 굴곡조의 위치

어떤 언어가 성조 대립에 정보량을 많이 가지고 있다면 수평조로 충분하지 않다. 네 개 이상의 성조 대립이 있는 언어는 많이 있지만 지금까지 본 것처럼 네 개 이상의 대립적인 수평조가 있는 언어는 드물다. 적어진 수의 수평조는 그 대신 하나 이상의 굴곡조로 보충된다. 이러한 굴곡조는 단순 오름조나 단순 내림조일 수도 있고 오름 후에 내림이 있는 성조(볼록형 성조)이거나 내림 후에 오름이 있는 성조(오목형 성조)일 수도 있다. 복잡한 성조가 있으면 보통은 단순 오름조와 단순 내림조의 존재가 조건이 된다. 또한 내림조는 오름조보다 훨씬 일반적이다(Zhang 2000, 2001).

어떤 언어에 내림조와 같은 굴곡조가 있다고 보고된다면 반드시 그 굴곡조가 어디에서 나타나는지 우선 살펴보아야 한다. 주로 세 가지 가능성이 존재한다. 첫 번째의 가능성은 내림조가 다음절어에서만 나타나는 경우로 각 음절은 원래 수평조로 첫 번째 음절에 고조가 있고 두 번째 음절에 저조가 있지만 단어는 전체적으로 내림조인 경우이다. 이러한 경우의 언어는 간단하게 수평조만 있고 성조가 음절에 할당된 것으로 기술될 수 있어서 굴곡조 언어로 취급될 필요가 없다.

두 번째의 가능성은 한 음절 내에 굴곡조가 나타나지만 해당 음절이 중음절(장모음이나 폐음절)일 때만 나타나는 경우이다. 예를 들어 하우사어는 중음절에서만 내림조를 허용한다. 여기에서 일반적 분석 단계는 다시 굴곡조를 수평조의 연쇄라고 추정해 보는 것이다. 즉, 성조는 무게 단위(모라)의 특성이기 때문에 한 음절에 두 모라가 있을 때에만 그 음절이 두 성조를 가질 수 있어서 표면적으로 굴곡조가 나타난다고 보는 것이다. 굴곡조에 필요한 모라 두 개는 모음의 장음화를 유발할 수 있다. 치앙라이어(북부 타이어, Gandour 1977)에서 오름조를 가지고 저모음이 아닌 모음은 역사적으로 장음화하였으며 오름조가 아니고 저모음이 아닌 모음은 단모음화하였다. 공시적으로도 저모음이 아닌 모음에 오름조가 실리는 현상이 발견된다. 이러한 유형의 매우 흥미로운 예가 룽셴어(Zhou 1987)에 나타난다. 룽셴어의 음절은 장모음, 이중모음, 비음, 구강 불파음으로 끝난다. 공명음으로 끝나는 음절에는 수평조나 굴곡조가 나타날 수 있는데 음절핵과 후행 공명음이 각각 모라를 가지기 때문으로 보인다. 말음이 파열음인 음절은 수평조

만 나타나는데 이 현상은 비공명음이 모라를 가질 수 없다는 것을 말
해준다. (12a)에 나타난 중첩 현상을 보면 오름조 [35]가 두 번째 음절
에서 나타난다. 오름조가 실현되기 위해서는 음절이 두 모라이어야
하기 때문에 말음이 파열음인 음절은 그 파열음을 대응 비음으로 바꾸
어 모라가 될 수 있도록 한 후 (12b)처럼 성조를 소지할 수 있게 된다.

(12) a. ta:33   ta:33 ta:35   '때리다'
          liu55   liu55 liu35   '미끄러지다'
      b. wat33   wat33 wan35   '굴을 파다'

　　세 번째 가능성은 굴곡조가 경음절이든 중음절이든 어느 음절에나
나타나는 경우이다. 이러한 언어는 그렇게 흔하진 않지만 논문에 기
술이 많이 되어 있다. 음운론자에게 열려져 있는 분석 가능성에는 두
가지가 있다. 첫 번째는 이 굴곡조 역시 수평조의 연쇄로 보고 언어가
음절이나 모라에 하나의 이상의 성조가 결합하는 것을 허용하게 하는
것이다. 두 번째는 이 굴곡조가 음운론적으로 단일한 대상이어서 모
음, 모라, 음절 어느 것에서나 나타날 수 있게 하는 것이다. 두 가지
가능성 모두 다음 장에서 논의될 것이다. 두 번째 부류의 언어들을
'진굴곡조 언어'라고 부른다.

　　굴곡조는 음절 유형에 따른 제한 외에 단어 내에서의 위치도 상당
히 자주 제한된다. 언어에 따라 굴곡조를 어말 음절에만 허용하는 경
우가 있는데 멘데어(Leben 1973, 1978, Goldsmith 1976, Zoll 1977b)가 고전적
인 예이다. *mbă* '쌀'나 *nyàhâ* '여자'와 같은 단어는 있지만, **nyâhà* 와
같은 단어는 없다. 다른 예를 들어 좀 더 살펴보자. 쿠나마어(Connell *et
al.* 2000)에는 수평조 세 개 H, M, L, 내림조 세 개 HM, ML, HL, 오름
조 하나 MH가 있다. 굴곡조가 어중에 나타나기는 하지만 항상 중음

절에만 실린다. 그러나 굴곡조가 단모음에도 실릴 수 있는데 단모음
이 어말에 있는 경우이다.

    (13) gēérê '크다(복수)'　　　　　ā'kkúbê '낙타(복수)'

  물론 어말 음절은 범언어적으로 자주 장음화한다. 따라서 이 현상
은 어말 음절에 굴곡조가 오는 경향이 강하다고 설명할 수 있는 좋은
근거가 된다. Zhang(2000)에서는 특히 오름조의 경우 보통 긴 음절에
나타난다고 한다. 아프리카 언어들에서는 심지어 짧은 굴곡조가 나타
난다고 자주 주장되지만 음성 자료를 보면 장음화 현상을 발견할 수
있다(Ward 1944).

2.5.2 대립적 굴곡조의 수와 유형

  수평조와 마찬가지로 대립적 굴곡조의 수가 적은 언어가 많은 언어
보다 흔하다. 굴곡조의 존재는 수평조의 존재를 포함하기 때문에 굴
곡조가 하나만 있는 언어 역시 완전히 가능하다. 굴곡조가 하나만 있
는 경우는 하우사어처럼 내림조가 있는 것이 보통이다. Zhang(2000,
2001)에서는 198개의 성조 언어 자료에서 표면적인 오름조가 없는 언
어는 39개이지만 표면적인 내림조가 없는 언어는 3개에 불과하다는
것을 발견하였다. 오름조만 있고 내림조가 없는 언어에는 바밀레케-
창어(Hyman 1985)가 있는데 Manfredi(1993)에 요약되어 있다. 오름조 하
나와 내림조 하나를 가진 언어 역시 상당히 흔하게 발견된다. 이러한
언어에는 밤바라어, 멘데어, 이비비오어와 같은 많은 아프리카 언어
와 가오안어(Bao 1999)가 있다. 만약 굴곡조가 수평조로 구성되어 있고
그 언어에 수평조 두 개만 있다면 굴곡조의 최대 개수는 내림조 HL

과 오름조 LH 두 개가 된다.

같은 형태의 굴곡조 대립이 하나 이상 있는 언어도 있을 수 있다. 예를 들어 오름조 두 개가 있거나 내림조 두 개가 있는 경우이다. 광둥어에는 오름조 두 개와 내림조 하나가 있고 그레보어(크루어군, Newman 1986)에는 오름조가 두 개 있고 바이어(Bai)(Bao 1999)에는 내림조 두 개와 오름조 한 개가 있다.

만약 굴곡조가 수평조로 구성된 것이라면 내림조가 두 개 있다는 것은 수평조가 최소한 세 개 존재하는 것을 의미한다. 따라서 사실상 같은 모양의 굴곡조를 세 개까지 찾는 것이 예측 가능한 일이다. 예를 들면 H, M, L에서 내림조 HM, HL, ML를 만들어낼 수 있다. 하지만 이러한 체계는 대단히 드문 경우로 산 후안 코팔라 트리크어(Hollenbach 1977), 차티노어(Pride 1963), 렌윈강어(Iwata and Imagawa 1982) 정도가 보고된다. 2.3에서 논의한 것과 같이 굴곡조는 사실상 음운론적으로 수평조일 가능성이 보고되고 있다. 예를 들어 Hollenbach는 트리크어 오름조의 삼중 대립 [21], [32], [53](1이 높고 5가 낮음)을 보여주고 있는데 최소한 21과 32중 하나는 실제로 수평조 1과 2일 것이다. 왜냐하면 그렇지 않다면 수평조 목록이 3, 4, 5만 있게 되어서 두 개의 높은 수평조가 빠지게 된다. 같은 모양으로 세 개 이상의 대립적인 굴곡조를 가진 언어는 대단히 드물다. 가장 풍부한 예들 중 하나는 8장에서 논의될 또 다른 트리크어 방언이다. 이 방언에는 내림조 여섯 개와 오름조 일곱 개가 있다고 상당히 설득력 있게 주장되고 있다!

마지막으로 대립적인 굴곡조는 음높이 영역에서 멀리 떨어져 있으려는 경향이 있는데 이 현상은 주목할 만하다. 만약 내림조가 두 개 있다면 53, 52보다는 53, 31일 가능성이 더 높다. 이것은 자연스러운 현상이고 지각적으로 유리하다는 설명으로 명확해 질 수 있을 것이다. 자세한 논의는 7장의 민 중국어를 참고하라.

2.5.3 더 복잡한 성조

내려왔다 올라가는 성조(내리오름조, 오목형 성조)나 올라갔다 내려오는 성조(오르내림조, 볼록형 성조) 성조는 아프리카 언어에서는 드물게 나타나지만 아시아 언어에서는 상당히 흔하다. 그럼에도 불구하고 이러한 성조들은 수평조나 단순한 굴곡조보다는 드물게 나타난다. C. -C. Cheng(1973)에 있는 중국어 성조의 방언별 개수를 (14)에 나타내었다.

<pre>
(14)   성조의 형태   개수
       수평조   1086
       단순 굴곡조: 오름조   1125
                        내림조   790
       복합 굴곡조: 내리오름조(오목형 성조)   352
                        오르내림조(볼록형 성조)   80
</pre>

성조의 개수를 주의해서 보아야 하는데 특히 내림조 개수가 많은 것이 그렇다. 내림조 중 상당수가 아마도 어말 내림이 있는 수평조일 것인데 그 이유는 성조가 보통 인용형으로 제시되기 때문이다. 그럼에도 불구하고 복합 굴곡조의 빈도가 낮은 것은 명확하게 알 수 있는데 특히 오르내림조에서 그렇다.

대부분의 경우에 한 굴곡조의 비율은 다른 굴곡조의 비율과 많이 다르다. 또한 음성학적 전후 과도 구간의 앞이나 뒤에 오는 굴곡조는 단순 오름조나 내림조로 분석될 수도 있다. 내리오름조 중 상당수는 성조의 중간에서 가장 낮은 수평조 [1]까지 내려오는데 이러한 성조에 선행하는 내림 구간은 음성학적인 내림으로 보는 것이 타당하고 낮은 수평조에서 많이 나타나는 시작 부분 내림 현상과도 유사하다. 예를 들면 [214]로 나타나는 표준 중국어의 인용형 3성은 시작 부분에

음성학적인 내림이 있는 오름조로 논의될 수 있다. 이러한 내용과 관련하여 시닝어를 자세히 분석한 것은 Bao(1999)를 참고하라. 하지만 모든 내리오름조와 오르내림조가 단순한 오름조 또는 내림조로 줄일 수 있는 것은 아니다. 밤바라어는 *baLHL* '염소'와 같은 단어에 LHL 성조가 있다(Rialland and Badjimé 1989). 창즈어에는 [213]과 [535] 성조가 있는데 Bao는 좀 더 단순한 형태에서 이 두 성조를 도출해보고 있지만 이 시도가 아주 성공적이지는 않다. 오르내림조는 내리오름조보다 흔하게 나타나지 않을 것으로 보이지만 발견되고는 있다. 예를 들어 핑야오어는 성조의 내림 구간이 어말 내림 현상일 수도 있지만 구의 마지막에 표면 성조 [423]이 나타난다.

수평조는 모든 위치에서 허용되지만 단순 굴곡조는 구의 마지막에만 나타나는 언어가 있는 것처럼, 복합 굴곡조가 있는 언어에서는 단순 굴곡조가 모든 위치에 나타나고 복합 굴곡조는 구의 마지막에만 나타난다. 표준 중국어의 [214]와 핑야오어의 [423]에서는 이것이 잘 들어맞는다. 그러나 창즈어에서는 그렇지 않다. 창즈어에서는 다음 자료에서처럼 어근과 접미사로 구성된 명사는 두 음절 모두에 어근에서 복사된 복합 굴곡조가 나타난다.

(15)　ts'ə-tə　　　213-213　　　'수레'
　　　i-tə　　　　535-535　　　'의자'

많은 언어에서 굴곡조가 있는 음절은 장음화한다. 이 현상은 표준 중국어에서도 그렇다. 그러나 다른 많은 언어에서는 관련된 자료를 찾을 수 없었다.

2.6 성조와 모음 음색

성조는 성조가 실현되는 분절음과 완전히 분리된 것으로 생각할 수 없다. 어떤 언어에서는 성조가 실제로 완전히 독립적이어서 어떤 모음에 어떤 성조가 실리든지 모음의 음질, 즉 발성이 전혀 영향을 받지 않지만 또 어떤 언어에서는 성조가 달라짐에 따라 유성 날숨소리가 발생하거나 성문음화하는 등 후두 특성이 달라진다. 또 다른 특징은 인두강의 넓이와 같은 인두 자질과 성조 사이에 어떤 관계가 있는 것인데 일반적으로 혀뿌리 전진성 자질로 나타난다. 마지막 경우는 거의 연구되어 있지 않지만 주로 모음의 혀높이와 관련 있는 조음 공간 자질과 성조의 관계에 대한 것이다. 다음 단락에서 각각의 예를 논의하겠다. 우선 이것이 아무렇게나 연결된 집합이 아닌 것에 유의해야 한다. 우리가 알고 있는 것은 음높이를 변화시키는 조음 과정이 후두의 변화에 국한되지 않고 후두를 상승시키고 하강시키는 것도 포함되는데, 이 과정이 차례차례 인두와 혀뿌리에 영향을 주고 혓몸에도 영향을 줄 수 있다는 것이다(Trigo 1991). 자세한 논의는 음성학에 관하여 설명한 1장을 참고하라. 당연한 말이지만 음성학적으로 성조와 연관이 없는 원순, 권설과 같은 조음 동작과 성조의 관계도 보통은 일반적인 연구 대상이 아니다.

후두와 성조의 상호작용의 예로 동아시아와 멕시코의 성조 언어를 보자. 징포어(Maddieson and Hess 1986)는 유성 날숨소리 모음과 일반적인 모음이 대립 관계에 있는데 유성 날숨소리 모음의 음높이가 일반적인 모음보다 현저하게 낮다. 이 대립은 지금은 없어진 음절 두음의 유무성 대립에서 기원하였다. 이와 같은 발성 대립은 이 언어의 성조 체계에 얹히기 때문에 예를 들어 33, 31, 55 성조는 두 가지 발성 유형으로 나타난다. 한편 상하이어(Zee and Maddieson 1980)는 유성 두음이 유지되고 있는데 이것이 이어지는 모음에 유성 날숨소리가 유도되어 낮은 성조가 된다. 유성 장애음으로 시작하는 개음절은 항상 낮오름조(LM)인데 시작음의 낮은 음높이가 너무 두드러지고 아주 길게 늘어져 있어서 두음 효과라고 하기 힘들지만, 그 대신 모음의 유성 날숨소리 음색 및 그 소리가 저조로 음운화한 것과 관련되어 있음에 틀림없다. 좀 특별한 유성성과 성조의 상호 관계는 투르카나어(나일제어, Dimmendaal and Breedveld 1986)에서 찾아 볼 수 있다. 어말 단모음은 휴지 전에 무성음화하는데 그 모음이 선행 음절의 성조와 다른 경우에 그렇다.

(16) a. /à-lép-i/   [àlépʰi̥]   '젖이 짜졌다'
      b. /á-mòt-í/   [á!môtʰi̥]   '냄비'

   만약 성조 연쇄를 두 음절에 걸쳐 있는 굴곡조로 본다면 굴곡조의 나중 부분의 부담은 처음 부분보다 상대적으로 덜 중요한 것처럼 보인다. 성문음화는 성조와 상호작용할 수 있는데 예를 들면 여러 언어에서 어느 정도의 성문음화는 특히 저조와 같은 성조의 중요한 부분이다. 8장의 치난텍어에 대한 논의를 참조하라.
   동아시아 몬크메르어족으로 방향을 돌려 인두와 성조의 상호작용에 관한 예를 살펴보자. 여기의 현상들은 공시적이기라기보다는 역사적인 것이지만 그 언어들은 필자가 알고 있는 인두와 성조의 관계에 관한 가장 명확한 모습을 보여주고 있기 때문에 여기에 기술할 만한 가치가 있다. 몬크메르어족에는 넓게 퍼져있는 변별성이 있는데 '음역'의 차이라고 명명된다. '음역'이라는 용어는 다른 아시아 언어와 관련하여 이미 본 적이 있는데 여기서는 주로 음높이가 다른 것을 가리킨다. 음역의 차이는 여러 언어에서 여러 가지 방식으로 표면화한다. 몬크메르어족을 보면 밀접하게 연관된 언어들에서 많은 차이점을 드러내고 있는데 주로 모음 고저 위치의 차이, 두음 유성성의 구별, 유성음 음색의 차이, 음높이의 대립 등에서 그렇다. Gregerson(1976)은 그 차이가 인두와 관련된 것이라고 주장한다. 즉, 한 쪽 음역에는 [혀뿌리 전진성]이 있고 다른 한 쪽 음역에는 [혀뿌리 수축성](또는 [혀뿌리 비전진성])이 있다는 것이다. 그 상호관계는 다음과 같은데 모음 목록은 렝가오어의 모음이다.

(17)　　　　　　첫 번째 음역　　　　　　　　　　두 번째 음역
　　　　무성 두음　　　　　　　　　　　　유성 두음
　　　　정상 유성성　　　　　　　　　　　'유성 날숨 소리' 유성성
　　　　높은 음높이　　　　　　　　　　　낮은 음높이
　　　　개모음, [혀뿌리 수축성] 모음　　　폐모음, [혀뿌리 전진성] 모음
　　　　[eᵢ, oᵤ, ɛ, ɔ, a]　　　　　　　　　　[i, u, e, o, ə]

Gregerson의 제안에 따르면 혀뿌리를 수축시키는 동작은 '모음을 저모음화하고 무성성이 선호되는 조건을 만드는' 것이다. 혀뿌리의 전진은 인두강을 넓히면서 깊은 인두 공명음(가끔 '유성 날숨소리'로 잘못 부름)을 만들어낸다. 이 공명음은 낮아진 후두(Stevens and Keyser 1989, Stevens et al. 1986)에 의해 더욱 강화되는데 이어서 음높이를 낮추고 유성음화를 조장하게 된다. 어떤 언어는 이 과정에 이어서 [혀뿌리 전진성]과 관련된 소리로 음운화할 수도 있다. 예를 들면 베트남어는 이런 이유로 모음 고저 위치의 차이가 없어지고 성조가 생겨났다.

　　인두와 성조의 상호 관계에 대한 지금까지의 논의를 통해 모음 고저 위치의 차이가 성조와 상호작용한다는 놀라운 부작용을 볼 수 있었다. 하지만 모음의 고저 위치와 성조의 좀 더 직접적이고 명확한 상호작용은 상당히 드물게 나타나고 반대의 경우도 있다. 만약 어떤 연관이 있다면 고모음과 고조가 함께 나타난다고 예측할 수 있는데 그

것은 영어 등 많은 언어에서 고모음이 저모음보다 내재적으로 높은 기본 주파수로 나타난다고 연구되었기 때문이다(최근의 논의와 참고 논문은 Maddieson(1997)을 참조). 가장 많이 연구된 경우가 민 중국어의 푸저우어인데 그 언어에서는 성조와 모음 고저 위치 두 가지 모두에 연관된 교체 현상이 나타난다. 복잡한 자료이지만 일부분을 간략하게 하여 다음에 나타내었다(Wright(1983)에서 인용. Jiang-King(1998)도 참조).

(18)　성조가 12, 242, 13?이면　　　　성조가 44, 52, 22이면
　　　　ei(ŋ), ou(ŋ), øü(ŋ)　　　　　　i(ŋ), u(ŋ), ü(ŋ)
　　　　aiŋ, auŋ, ɔiŋ　　　　　　　　　eiŋ, ouŋ, øüŋ

대략적으로 두 번째 열의 성조는 높고 모음도 고모음이다. 이러한 경우를 어떻게 이해할 것인가에 대하여 많은 논란이 있는데 전체 설명은 Wright(1983)와 그곳의 참고문헌을 참고하라. 모음의 변화가 성조의 변화를 유도하기보다는 성조의 변화가 모음의 변화를 유도해야 하는 것이 명확해 보인다. 왜냐하면 그 모음이 변하지 않는 경우라도 다른 모음과 함께 성조 변화가 발견되기 때문이다. 하지만 공시적으로 본다면 모음의 고저 위치와 음높이 사이의 대응관계는 확실하지 않다. '낮은' 성조에도 242가 있고 '높은' 성조에도 22가 있기 때문이다.
　두 번째 경우는 광둥어에서 나타난다. 파열음으로 막힌 폐음절에서 모음 음색과 성조의 상관관계가 존재한다(Yue-Hashimoto 1972). 음높이 [3]의 저조는 모음 유형 모두에 나타나지만, 고조 [5]는 이완모음에 나타나고 중조 [4]는 긴장모음에 나타난다. 이 구별은 긴장성이나 길이의 구별인데 그 이유는 이완 모음이 긴장 모음보다 짧기 때문이다.

(19)　　a.　고조, 이완 단모음　　　　b.　저조, 긴장 장모음

　　　　　sɛk5　　　'알다'　　　　　　yi:p4　　　　'잎'

　　　　　sʌp5　　　'젖다'　　　　　　sa:t4　　　　'죽이다'

　　모음의 긴장도와 성조 사이의 이러한 상호작용은 마두라어(Trigo 1991)와 같은 언어에서도 음성학적으로 찾아볼 수 있다. 그 언어에서는 이른바 '가슴 음역' 모음은 혀뿌리 전진성(긴장) 모음으로 보이고 음높이 역시 낮다. 모음의 음색과 성조의 상호 관계에 대한 더 깊은 논의는 Dimmendaal and Breedveld(1986)를 참조하라.

2.7 자음의 유형과 성조

　　성조와 상호작용하는 것에는 모음뿐 아니라 자음도 있는데 자음이 상호작용하는 가장 일반적인 방식은 유성 장애음이 저조와 자주 연결되는 현상이다. 이러한 관계가 에웨어 등 일부 언어에서는 최소한 어느 정도까지는 모든 유성 자음으로 확산되고 공명음까지도 포함된다 (세부 내용 전체는 Smith(1968)를 참조). 반면 다른 언어를 보면 역사적으로 펀자브어와 같은 언어는 유성 날숨소리를 수반한 유성 장애음 부류에만 이 현상이 연관된다.

　　앞에서 장애음의 유성성과 저조가 연관되어 있는 것이 조음적으로 놀라운 사실이 아니라는 것을 살펴보았는데 다음 단원에서는 이것이 역사적으로 대단히 흔한 현상임을 살펴볼 것이다. 공시적으로도 이 현상은 특별한 것이 아니다. 거의 대부분의 경우 성조가 자음에 영향을 주기보다는 자음이 성조에 영향을 준다. 아프리카 언어들에서 이 현상은 상당히 일반적이다. 유성 자음은 자주 인접 성조의 음높이를

낮게 하는데 이러한 자음들은 억제 자음으로 불린다. 예를 들어 수마어(그바야제어, Bradshaw 1999)의 미완료 동사는 고조(H)이지만(*éé* '남겨지다', *kiri* '찾다') 유성 장애음으로 시작되는 동사는 오름조(LH)이다(*bŭsí* '부드럽다'). 이러한 내림 효과는 음높이가 단순히 낮아지는 것 외에도 다양한 방식으로 나타난다. 어떤 때는 억제자가 계단내림(6장 참조)을 유발하거나 스와티어(Bradshaw 1999 : 26ff)처럼 고조를 억제하기도 한다. 스와티어에서는 (20a)처럼 고조가 보통 끝에서 세 번째 음절에 놓이는데 (20b)를 보면 억제 자음 /z/에서 떨어져 오른쪽으로 이동하고 있다.

(20) a. *kulimisaana*   '서로 경작하게 하다'
      b. *kucabuzeláana*   '서로 키스하다'

억제자는 고조의 이동이나 확산을 저지할 수도 있다. 다시 스와티어의 예를 보면 방금 살펴본 오른쪽 이동이 /d/와 같은 또 다른 억제자를 뛰어 넘을 수 없다. 따라서 고조의 이동은 *lidădaana* '새끼 오리'처럼 음절 내에서만 국부적으로 일어나서 오름조를 형성한다.

  드물기는 하지만 성조가 자음의 유성음화를 가져오는 경우도 있는 것으로 보인다. 우이어의 예를 보면 고조는 무성 두음을 가지고 저조는 유성 두음을 가진다(Yip 1995, Duanmu(1990), Bao(1990)의 내용). 만약 고조가 유성 두음을 통과하여 확산된다면 무성음화를 유발하게 된다 (/sa24-vuo31/ → /sa24 fuo53/ '날 음식'). 이러한 예가 특히 인상적인 것은 범언어적으로 더 일반적인 모음 사이의 유성음화 현상을 성조 효과가 압도하기 때문이다. 아마 가장 명확한 예는 야뱀어(멜라네시아어군, Poser 1981)이다. 이 언어에서는 인칭을 나타내는 접두사의 기저형이 고조이지만 2인칭 동사변화에서 저조 어간의 성조가 왼쪽으로 접두사 음절까지 확산되어 모음의 음높이를 낮아지게 할 뿐 아니라 두음도 유성음으로 만든다(/ká-wiŋ/ → /gàwiŋ/ '동행하다, 일인칭 단수 가능태').

Schuh(1978)는 성조가 자음에 영향을 미치는 몇 가지 다른 경우를 징포어 등에 있는 흥미로운 예와 함께 제시하고 있다. 자음의 형태론적 중첩 과정이 저조 다음에서는 유성음화와 함께 일어나는데 고조 다음에서는 그렇지 않다.

(21) yàk   '어렵다'   yàggai   '그것은 어렵다'
      cát   '팽팽하다'   cáttai   '그것은 팽팽하다'

하지만 징포어의 저조 동사는 유성 날숨소리이다. 따라서 유성음화는 저조 자체보다는 (부차적일 가능성이 있는) 유성 날숨성의 영향일 수도 있다. Thurgood(1980)은 외관상으로 자음에 영향을 미치는 성조의 모든 경우는 실제로는 모음이 성조뿐만 아니라 발성 유형도 다른 경우라고 논증한다.

유성음화와 성조의 광범위한 상호작용 현상 외에도 기식음화, 성문음화 등 다른 후두음 특성과 성조의 상호작용도 몇 가지 발견된다. 2.6에서 논의한 것처럼 이 경우의 대부분은 후두음 음색이 모음에 위치하게 된다. 실제 자음의 기식 또는 성문음화와 성조의 상호작용은 대부분 통시적인 과정에 국한되므로 이 내용은 다음 절에서 논의하겠다. 드물게 나타나는 공시적인 예에는 표준 한국어(Jun 1998)가 있다. 표준 한국어는 어휘적 성조 언어가 아니지만 억양구에 고유의 억양 가락인 (LHLH) 또는 (HHLH)가 나타난다. 억양구의 시작에서 H나 L을 선택하는 것은 억양구를 시작하는 분절음의 후두 자질에 따른다. 그 자질이 기식음이거나 긴장음이면 억양구는 H로 시작하고 그 외의 경우는 L로 시작한다. H를 유발하는 자음 부류는 Halle와 Stevens의 후두 자질 체계에서 [+경직된 성대성] 부류인데 다음 단원에서 살펴볼 예정이다.

2.8 성조기원론 : 성조의 탄생

비성조 언어의 화자에게 성조는 상당히 특이하고 복잡한 것으로 보인다. 예를 들면 왜 화자들이 단어의 음높이에 그렇게 신경을 써야 하는 것일까 하는 의문이 든다. 실제로는 성조 대립의 발전 과정에 대해서는 널리 알려진 음성학적 근거가 있고 Hombert *et al.*(1979)에 잘 정리되어 있어 참고할 수 있다. 그러나 음성학적 원리를 이해하는 것으로는 충분하지 않다. 현대 성조 언어에 대하여 연구할 경우를 보면 그 언어의 역사가 항상 재구 가능한 것은 아니지만 성조의 기원에 대해 일반적으로 말할 수 있을 정도로 충분한 경우들은 존재한다. 증거는 보통 밀접한 연관 관계에 있는 언어군의 비교 자료에서 찾을 수 있다. 예를 들면 어떤 비성조 언어군이 [ta]와 [da]의 대립이 있고 한 성조 언어가 동일한 어휘 목록에 대해 그 언어들 사이에서 대신 [tá]와 [tà]의 대립이 있다면 모음에서 성조의 대립은 두음에 있던 이전의 유무성 대립이 없어지면서 생겨난 것으로 생각할 수 있다. 보통 실제 세계의 자료들은 이렇게 선명하지는 않지만 일반적인 유형은 파악이 가능하다.

물론 음높이의 차이는 모든 언어에서 나타난다. 하지만 성조 언어가 아니라면 해당 음높이의 차이는 대립적이지 않고 화자와 청자에 의해 지각되지도 않는다. 어떤 언어가 성조 언어가 되면 음높이 차이가 전면에 나와 대립적인 역할을 수행한다. 가장 잘 알려진 성조 대립의 근원은 장애음의 유성성 대립이다. 유성 장애음은 연결되는 모음의 음높이를 낮아지게 하는 것으로 알려져 있고(Hombert 1978, Maddieson 1997) 무성 장애음은 음높이를 높아지게 할 수도 있다. 이 현상에는 여러 가지 이유가 있다. 유성 장애음은 성대를 더 느슨하게 하고 후두를 낮추는 것과 관련이 있다. 이 두 가지 모두 최소한 연결되는 모음의 시작 부분이라도 음높이를 낮추는 경향이 있다. 무성 장애음은 성대를 더 긴장하게 하여서 연결되는 모음의 음높이를 올린다. 시간이 흘러 자음이 유성성 대립을 잃게 되고 음높이 차이는 지속된다면 대립의 역할은 자음의 유성성 대립에서 모음의 성조 대립으로 옮겨가게 된다. 캄보디아의 몬크메르어족 언어인 캄무어(Svantesson 1983, Dell 1985)를 보면 남쪽 방언은 장애음 두음이 유성성의 대립이 있지만 북쪽 방언은 유성음 짝이 없어진 대신 남쪽 방언의 무성 두음 위치에 고조가 오고 남쪽 방언의 유성 두음 위치에 저조가 와서 대립 관계를 이룬다.

(22) 캄무어의 방언
      남쪽   북쪽
      klaaŋ   kláaŋ   '독수리'
      glaaŋ   klàaŋ   '돌'

어떤 언어가 어말 자음((23) 참조) 등 다른 원인으로 이미 성조 언어가 되었다면 이 변화는 성조의 수를 두 배로 만들 수 있다. 예를 들면 광둥어는 여섯 성조 체계인데 지금은 무성음이 된 과거 유성 두음이 영향을 준 결과로 세 성조 체계에서 발생한 것이다. 파열음이 말음인 음절은 모음의 긴장도와 관련 있는 것으로 추정되는 이차 분화를 겪었지만 다음 표에서는 제외하였다. 이 예들은 Karlgren(1966)에서 무성음 두음(첫 번째 줄)과 유성음 두음(두 번째 줄)이 있는 것으로 재구한 것이다.

(23) 광둥어 성조의 분화
      역사적으로 무성음 두음   si53/55   si35   seg44
                               '지배하다'   '배설물'   '숫자 4'
      역사적으로 유성음 두음   tsʰi21   tsʰi24   si33
                               '단어'   '의지하다'   '봉사하다'

이러한 변화 유형은 Haudricourt(1954)와 Matisoff(1973)의 선구적인 연구에 나타난 것과 같이 동아시아 및 동남아시아에 걸쳐서 대단히 널리 퍼져있다. 성조 발전 과정의 중간 단계는 관련 언어군에서 자주 관찰된다. 예를 들면 상하이어에는 아직 장애음의 유성성 대립이 있는데 유성 자음은 저조의 유성 날숨소리 모음 앞에 온다. 성조 대립이 생겨났지만 두음의 유성성 대립은 아직 사라지지 않은 것이다. 나가가 더 중요한 두 가지가 지적되어야 한다. 첫 번째, 범언어적으로 성조의 영향은 보통 초성 자음에 기인하지만(징포어는 예외일 가능성이 있다. Hombert(1978)를 참조) 문제가 되는 언어는 성조가 발생하였다고 생각되는 그 단계에 보통 유성 장애음 말음이 없다. 따라서 이렇게 명확한 비대칭 현상은 처음에 나타난 것보다 덜 중요할 수도 있다. 두 번째, 보통과 다르게 음성학적으로 예측되는 유성성과 저조 사이의 관계가 뒤바뀐 언어가 일부 있다는 것이다. 그러한 언어에서는 고조가 역사적으로 유성 자음이었다. 예를 들면 샨어에는 다음과 같은 성조가 있다.

(24) 샨어 성조의 분화
      역사적으로 무성음이거나 성문음 두음   334   11   22
      역사적으로 유성음 두음   55   22   44

Kingston and Solnit(1989)는 이 현상을 설명하는데 가능한 방법을 다양하게 논의하였다. 그 중 한 가지를 보면 원래의 성조 분화는 유성 파열음 다음에서 더 낮은 성조이었는데 그 이후의 발전 과정에서 뒤바뀌었다는 견해이다. 이러한 견해는 해당 언어의 자음이 원래의 후두 대립을 유지하고 있는 단계에서 뒤바뀜이 나타났다는 것이 문제점으로 지적되어 언어 개별적으로 자음에 언어 개별적인 성조 자질의 할당을 요구하는 방법이 대안으로 제시되었다. 이 대안 자체도 오히려 문제가 있는데 다음 장에서 성조 자질을 논의할 때 살펴보도록 하겠다.

유성성만으로 성조 대립을 발생시키기에 충분하지 않다고 생각하는 것에는 몇 가지 이유가 있다. 어떤 언어에 하나 이상의 유성음 계열이 있다면 그 유성음 계열이 필수적으로 모두 저조로 반영되지는 않는다. 예를 들면 펀자브어(Bahl 1957, Chatterji 1969)에서는 역사적으로 유성 유기음만이 성조를 저조화하였고 평범한 유성 파열음은 무성 파열음과 같은 부류가 되었다. 흥미로운 사실은 자음의 영향이 후행하는 모음에 미칠 뿐 아니라 선행하는 모음에까지 미친다는 점이다. 다음 예에서 앞에 오는 별표는 재구된 역사적인 형태이다. 예를 보면 *bɦukh > pukh24에서 모음 앞에 오는 유성 유기음 [bɦ]가 성조의 시작 부분을 억제하여 오름조를 만들어내었다. 반대로 *baddɦa > bʌdda53에서는 모음 뒤에 오는 유성 유기음 [dɦ]가 성조의 끝 부분을 억제하여 내림조를 만들어내었다. 역사적으로 타이어(Li 1977)를 보면 평범한 유성 파열음은 저조화를 유도하지만 선성문음화한 유성 파열음은 그렇지 않다. 줄루어와 같은 현대 여러 아프리카 언어군을 보면 (성문음화한) 유성 내파음은 음높이를 낮추지 않지만 평범한 유성 자음들은 음높이를 낮춘다. 변이의 영역을 좀 더 자세히 살펴보면 유성 공명음의 양상도 드러난다. 어떤 언어에서는 유성 장애음과 동일한 유형지만 또 어떤 언어에서는 무성 장애음과 같이 움직인다.

자음의 다른 후두 대립도 성조의 발생 요인이 되었다. 그러나 장애음에 실린 무성 유기음과 성문음과 같은 영향은 유성 장애음과 같이 일관성이 있는 경우가 거의 없다. 무성 유기 파열음이 무기 파열음에서보다 더 높은 성조를 만드는 경향이 자주 주장되고 있지만 어떤 언어에서는 이 현상이 나타나고 어떤 언어에서는 반대의 경우가 나타난다. Haudricourt(1972)와 Kingston and Solnit(1989)는 두음의 후두 성질의 대립으로 성조가 삼원화하는 언어에 대하여 논의하고 있다. 앞에서 논의한 것처럼 평범한 유성 자음이 범주 하나를 형성한다. 나머지 두 범주는 보통 무성 유기 파열음과 성문음화한 파열음이다. 평범한 무성 파열음은 일반적으로 성문음화한 계열과 묶인다. 이러한 양상은 좀 복잡하다. 어떤 경우에는 (카렌어의 하위 언어인 팔라이치어에서처럼) 유기음 계열이 높고 또 어떤 경우에는 (렌리캄어처럼) 성문음화한 계열이 더 높다. (25)는 양순음을 전체 후두음 계열을 대신하여 나타낸 것이다.

(25) 팔라이치어 : 유기음이 높음   렌리캄어 : 성문음이 높음

팔라이치어		렌리캄어			
*ph	55?	*p, *ʔb	55	324	53
*p, *ʔb	22?	*ph	35	213	453
*b	21	*b	11	21	31

    (25)에 대한 가능한 설명은 명확하게 성조를 높이거나 낮추는 유성 자음의 역할에 제안된 것과 평행을 이룬다. 마지막으로 좀 더 명확한 변화는 모음에 후행하는 성문 파열음과 [h]의 영향이다. 성문 파열음은 성조의 끝을 높게 하여 오름조가 되는 반면에 [h]는 성조를 낮게 하여 내림조가 된다. Haudricourt(1954)를 참조하라.

    지금까지 성조가 수평조일수도 있고 굴곡조(오름조나 내림조)일 수도 있음을 보았고 이러한 형태 차이의 기원에 대해서도 의문을 가질 수도 있었다. 여러 가지 방식으로 자음의 영향이 상대적으로 국지적임

을 예측할 수 있었는데 이러한 상황에서는 자음의 영향으로 후행 모음의 시작 부분에서만 음높이가 억제되거나 상승하게 되어 오름조와 내림조가 만들어진다. 사실상 두음의 유성성으로 음높이가 가장 크게 변화하는 부분은 확실히 모음의 시작 부분이지만 영어와 같이 (아직은!) 비성조인 언어를 보면 유성 자음 다음의 모음은 음높이가 모음 구간 100ms까지도 유의미하게 낮아진다(Hombert *et al.* 1979). Edmondson (1992)이 밝힌 것과 같이 유성 날숨소리의 두음이 있는 언어에서는 유성 날숨의 발성이 후행 모음의 50%까지 지속된다. 타이어와 같은 성조 언어에서는 음높이 변화가 좀 더 국지적인데 이것이 모음의 나머지 부분에 실린 대립 성조를 유지하는데 확실히 도움이 된다. 역사적으로 보면 유성 자음의 영향으로 전체 성조 음높이가 낮추어지거나 (광둥어) 시작 부분만을 변화시켜서 굴곡조를 만들어내었다(편자브어).

세부적인 내용은 분명하지 않지만 전체적인 모습은 아주 명확하다. 즉, 성조 대립은 후두음의 구별, 특히 자음 주위의 유성성이 없어지면서 발달되었다는 것이다. 이것이 현대 성조 언어들마저도 유성성의 대립을 가질 수 없다는 것을 의미하는 것은 아니다. 실제로는 많은 언어들이 유성성을 가진다. 여기에는 여러 원인들이 있다. 예를 들면 유성성 대립은 성조의 기원 요소가 발생한 후에 다시 발생하였을 수도 있고 기식성 대립에서 성조가 발생했을 수도 있다. 자주 간과하는 내용은 성조는 우리가 상상하는 시기보다 훨씬 이전에 생겨났다는 점이다.

제3장 성조 자질

2장에서는 성조 대립의 범위에 대하여 기술하였다. 3장에서는 관찰된 모든 목록을 포착할 수 있는 자질 체계를 제안하겠다. 3.1에서는 좋은 자질 체계의 몇 가지 필수사항을 개관하겠다. 3.2에서는 먼저 수평조의 개수를 나타내는 방법을 다루겠다. 명확하게 기술된 성조 체계가 사원 대립을 넘지 않으므로 성조 체계는 음역과 음높이의 이원 자질에 기초할 것이다. 다섯 개 성조 체계가 있다면 그 체계를 처리하는 방법도 다루어질 것이다. 3.3에서는 굴곡조를 처리하는 방법으로 넘어갈 것이고 굴곡조가 수평조의 연쇄로 분석되어야 한다고 결론을 내릴 것이다. 수평조 연쇄로 굴곡조를 처리하는 것이 단일 굴곡조로 처리하는 것보다 나은 이유를 설명하고 논의하겠다. 이어지는 3.4에서는 (Bao, Clements, Duanmu, Hyman, Yip 외 여러 학자들의 접근 방법을 비교하면서) 음역과 음높이의 기하학적 관계와 어떤 종류의 자료가 그 선택과 관계가 있는지를 다룬다. 3.5에서는 성조 자질이 분절음 자질과 완전히 분리되는지 여부를 논의하겠다. 주로 후두 자질에 중심으로 두지만 인두와 혀뿌리 자질에 대한 논의들도 다룰 것이다. 3장은 3.6에서 자질들이 이원적인가 아니면 일원적인가에 대한 문제와, 무표적인 성조는 어떻게 처리할 것인가에 대한 문제를 논의하며 마무리한다.

3.1 자질 체계의 필수 사항

음운 구조의 가장 작은 단위가 음소나 (만약 있다면) 실제 '개별적인 소리'가 아니고 이러한 소리를 구성하는 특성인 이른바 변별적 자질 (또는 지배음운론의 개념인 원소, Harris 1990 참조)이라는 것은 오랫동안 알려진 사실이다. [pa]라는 음절은 [p]와 [a] 두 소리로 나타나지만 [p]는 입술에서 조음되는 무성 파열음 기호일 뿐이고 [a]는 원순 후설 저모음의 기호일 뿐이다. 이원적인 『영어의 음성 체계』의 자질명으로 [p]는 [＋전방성, ＋설정성, －지속성, －유성성]이고, [a]는 [＋저설성, ＋후설성, －원순성]이다. 이러한 특성 자체는 특성을 설명하기 위한 한 개 이상의 자질을 필요로 한다. 예를 들면 양순음은 전통적으로 [＋전방성, －설정성]의 두 가지 자질로 기술된다. 중모음은 [－고설성, －저설성]으로 기술된다. 만약 소리의 기술에 내포된 대립이 유성음 대 무성음과 같이 이원적인 것이라면 이원 자질인 [＋/－유성성] 하나가 그 일을 담당할 것이고, 대립이 모음의 높이처럼 최소한 고모음, 중모음, 저모음을 변별할 수 있어야 하는 다중적인 값이라면 두 개 이상의 자질이 필요할 것이다. 모음의 높이와 같은 경우는 관습적으로 다음 체계와 같이 두 개의 자질이 세 개의 음높이를 보여주는 것으로 가정된다.

    (1)   고모음: [＋고설성], [－저설성]
             중모음: [－고설성], [－저설성]

저모음:　　　　　　　　[−고설성], [+저설성]
불가능한 경우:　　　　　[+고설성], [+저설성]

이러한 체계로 몇 가지 사실을 예측할 수 있다. 첫 번째, 높이 대립은 오직 세 가지로 제한된다. ([혀뿌리 전진성]과 같은 또 다른 자질이 음성학적으로 모음 높이의 개수에 더해질 수는 있다.) 두 번째, 모음의 자연 부류를 예측하게 한다. [−고설성] 부류는 중모음과 저모음을 포함하고, [−저설성] 부류는 고모음과 중모음을 포함한다. ([고설성]과 [저설성] 자질에서 상반된 양과 음의 값을 가지는 [α고설성, −α저설성]과 같은 기술이 허용되지 않는다면) 중모음을 배제하고 고모음과 저모음만을 지칭하는 부류는 존재하지 않는다. 이 체계를 이용하면 어떤 변화 유형을 간단하게 만들기도 하고 또 어떤 유형은 어렵거나 불가능하게 만들기도 한다. 예를 들면 각 모음의 높이 한 단위가 상승하는 규칙은 쉽게 기술할 수가 없다. 왜냐하면 저모음이 중모음으로 상승하였을 때는 [저설성] 자질이 변화하는 반면 중모음이 고모음으로 상승하였을 때는 [고설성] 자질이 변화하기 때문이다. (이와 같은 방식으로 영어의 대모음 추이를 형식화하는 것은 대단히 어렵다!)

성조 역시 소리의 특성이기 때문에 성조의 목록과 성조의 작용 방식을 설명하는 정확한 자질 체계를 발견하는 것이 필요하다. 성조의 음높이와 모음의 고저 위치가 유사한 체계를 가질 수 있다고 하더라도 엄밀하게 그렇게 되어야 할 명백한 이유는 없다. 모음과 성조에 모두 사용되는 '높이'라는 단어가 실제로는 상당히 다른 것을 가리키고 있는 것에 유의하여야 한다. 높이는 성조의 경우에는 음향적 특성인 기본 주파수를 가리키지만 모음의 경우에는 구강 안에 있는 혓몸의 조음 위치를 가리킨다. 따라서 모음의 고저 위치에 관한 유추가 유용한 출발점으로 사용될 수 있지만 반드시 성조에 적합한 것으로 되는 것은 아니다.

성조의 자질 체계에 포함되어야 할 내용은 다음과 같다.

    (2)   성조의 자질 체계를 위한 기준 설정
        a. 모든 수평조 대립의 특징을 나타낼 것
        b. 굴곡조의 특징을 나타내고 수평조와 관련성을 나타낼 것
        c. 모든 굴곡조 대립의 특징을 나타낼 것
        d. 일반적인 성조 변화에 대한 간단한 기술을 허용할 것
        e. 성조의 유표성에 대한 간단한 기술을 허용할 것
        f. 성조와 비성조 자질 사이의 관계에 대한 특징을 나타낼 것, 특히 통시적, 공시적인 후두 자질과 연관성을 나타낼 것

표 3.1 성조 자질 체계에 대한 특정 기준

일반적 기준	세부 내용
a. 수평조의 개수	· 최소 네 개, 다섯 개도 가능
b. 굴곡조	· 오름조, 내림조, 내리오름조(오목형 성조), 오르내림조(볼록형 성조)
	· 가끔 두 개 이상 수평조 결합의 결과물
c. 굴곡조 대립	· 형태적으로 두 개 또는 세 개
d. 일반적 변화	· 동화, 이화, 굴곡조 형성 및 단순화, 계단내림
e. 성조의 유표성	· 2성조 체계에서 저조는 보통 무표적
	· 3성조 체계에서 중조는 보통 무표적
	· 수평조는 굴곡조보다 덜 유표적
f. 성조 자질과 후두 자질	· 저조는 유성음, 특히 유성 날숨소리와 관련
	· 고조는 무성음과 관련

2장에 소개된 더욱 설득력 있는 결과들을 염두에 두고 4장에 나올 내용을 미리 살펴본다면 표 3.1의 이러한 목표들을 좀 더 명확하게 할 수 있다.

이러한 목표를 달성하기 위한 시도가 여러 해 동안 있었지만 아직은 어느 것도 완벽하지 않다. 일단 위의 제안을 검토하는 것에서 시작

해 보자. 연구의 대부분은 아시아 성조 언어 체계에 근거하고 있어서 아프리카 성조 언어 체계는 Hyman(1979, 1986, 1993)의 연구 이전에는 상대적으로 거의 관심을 받지 못하였다. 그렇게 된 것에는 명확한 이유가 있다. 모음의 고저 위치에 대한 자질 체계를 설정할 때 [i, u, a] 모음만 있는 언어를 기준으로 하지 않는 것처럼 성조의 음높이 자질 체계를 설정할 때에도 아프리카 언어의 대부분에 나타나는 것과 같은 이원 대립만을 가진 언어를 기준으로 하지는 않는다. 이원 대립의 경우라면 실제로 두 가지 선택만 나타날 수 있는데 [+/− 고조성]과 같은 성조의 단일 이원 자질이거나 [고조성]처럼 자질값이 결여된 일원 자질이다. 일원 자질의 경우 저조 음절은 성조가 미명세된다. 단일 이원 자질이 모든 언어에 충분하지 않다는 사실은 많은 수평조와 굴곡조가 있는 체계를 조사해 볼 때에만 가능하다. 필수적이고 풍부한 성조 목록을 가진 언어는 아시아 또는 중앙아메리카 지역에 훨씬 더 많이 있는데 두 언어 지역 중에서는 아시아 언어가 최소한 최근까지는 더 잘 연구되고 있다. 명확하지 않은 이유도 있다. 우리가 살펴볼 것처럼 아프리카 성조 언어는 풍부한 형태소와 대단히 유동적인 성조를 가지고 있기 때문에 성조 학자들은 성조가 어떻게 끝나는지와 어디에서 끝나는지를 이해하는 데 관심을 기울여 그 내용을 대단히 열정적으로 연구하고 있다. 아시아 성조 언어는 종종 상대적으로 정적인 성조가 나타나기 때문에 이 지역 언어의 성조 학자들은 복잡한 성조 목록을 특징짓고 자질로 특성화하는 데 관심이 있다. 성조의 기원에 대하여 역사성을 가진 오랜 연구 전통도 존재한다. 성조기원론은 성조와 후두 자질의 관계라는 기준에 영향을 미치는 풍부한 자료를 제공한다.

가장 간단한 질문으로 논의를 시작해 보자. 대립적인 수평조의 수를 나타내기 위해서 어떤 자질들이 필요할까?

3.2 수평조의 개수

3.2.1 네 개의 수평조

지금까지 네 개 또는 다섯 개의 수평조를 구별하는 것이 확실히 필요한 것으로 분석하였다. Wang(1967)과 Woo(1969)는 세 가지 이원 자질로 다섯 개의 수평조로 구성된 체계를 모두 제안한다. 세 가지 자질은 이론적으로 조합 가능한 방식이 여덟 가지이기 때문에 자질들은 신중하게 정의되어야 한다. 예를 들면 Woo는 세 가지 수평조 [55, 33, 11]을 나타내기 위해서 모음의 높이 자질인 [고설성], [저설성]과 비슷한 [고조성]과 [저조성]을 사용한다. 또 체계 내의 극단 성조를 조정할 수 있는 [조정성] 자질을 덧붙여 [44, 22]를 덜 극단적인 성조로 정의하였다.

(3) Woo의 자질 체계

	55	44	33	22	11
고조성	+	+	−	−	−
저조성	−	−	−	+	+
조정성	−	+	−	+	−

이 체계의 장점은 성조의 수가 네 개 미만인 언어는 [조정성] 자질을 사용하지 않아도 된다는 점이다. 반면 성조가 네 개인 언어는 약간 놀라운 사실이지만 [조정성] 자질이 꼭 필요하다. 그러나 여기에서 [조정성] 자질은 극단 성조 두 개 모두와 결합하는 것이 아니라 하나에만 결합하는 것으로 분석되고 있다.

최근에 대부분의 연구자들은 네 종류의 수평조가 자료상 가장 확실한 근거가 있는 개수의 상한선으로 보고 해당 언어에 연구를 집중하고 있다. 수평조가 네 개인 언어는 이원적으로 표시되는 두 개의 자질이 제안되고 있지만 여기에는 문제가 좀 있다. 즉 [+고조성, +저조성]의 조합은 논리적으로 타당하지 않아서 두 개의 이원 자질은 세 개의 수평조밖에 나타낼 수 없다는 점이다. 모음에서 혀의 높이를 나타내는 자질에서도 똑같은 현상이 나타난다. 그러나 수평조 네 개를 자질 두 개로 나타내는 방법이 있는데 그 방법론상의 변화는 Yip (1980a)에서 처음 제안된 것이다. 이 방법은 현재 수평조를 자질 체계로 나타낼 때 다양한 외형으로 가장 광범위하게 쓰이고 있다. Yip이 제안한 것은 '음역' 자질로 부르는 하나의 자질 [+/−고역성]으로 목소리의 음역을 절반씩 나누는 것이다. 약간 혼동되지만 '성조' 자질로 부를 수 있는 두 번째 자질 [+/−고조성]이 각 음역을 다시 두 개로 나누어서 수평조를 네 개를 만들어 내는 것이다. 이 자질들의 네 가지 조합은 모두 다음과 같이 완벽하게 해석될 수 있다.

(4)   +고역성   +고조성   55   초고조
                   −고조성   44   고조

       −고역성   +고조성   33   중조
                   −고조성   11   저조

이와 같은 체계에는 놀라운 장점이 있다. 가장 주의를 끄는 내용은 자연 부류를 불연속적으로 정의한다는 것이다. 이렇게 하면 [+고조성] 자질을 가진 성조들이 음높이 공간에서 떨어져 있게 되고 [−고저성] 성조들도 마찬가지이다. 놀랍게도 이와 같은 분석이 맞다는 몇 가지 증거가 있다. Odden(1995)은 Clements(1978)에 있는 에웨어 자료에서 중조가 고조로 둘러싸여 있을 때 (고조가 아니라) 초고조가 된다고 주장한다. (4)의 성조 체계를 따른다면 초고조는 [+고역성, +고조

성], 고조는 [+고역성, -고조성], 중조는 [-고역성, +고조성]인데, 중조가 최고고로 바뀌는 변화는 [-고역성]이 [+고역성]으로 바뀌는 것이어서 중조를 둘러싼 고조의 [+고역성] 자질이 중조에 확산된 결과이다. 중조의 기저 자질인 [+고조성] 자질은 그대로 있게 된다. 다음 도표는 중조에서 초고조로 상승하는 가운데 음절을 잘 보여주고 있다.

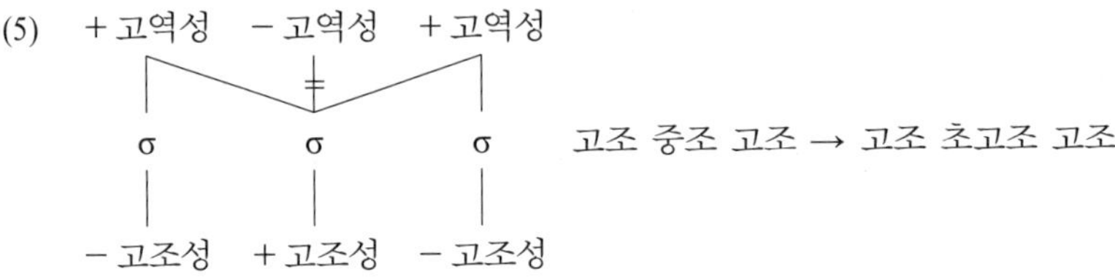

　(4)에 나타난 체계에서 두 번째의 흥미로운 특징은 세 개의 성조를 가진 체계에서 중조를 처리하는 것에 대한 결정이 자주 힘들다는 것이다. 중조는 [+고역성, -고조성] 또는 [-고역성, +고조성]일 수 있는데 [-고조성]은 '음역에서 가장 낮은 음높이'의 의미로 추정되고, [+고조성]은 '음역에서 가장 높은 음높이'로 추정된다. 이것도 역시 정확할 것 같지만 가장 좋은 예들은 굴곡조를 이해하는 것에 달려 있으므로 3.3.1에 이것과 관련된 자료를 제시하겠다.

　음역 모형은 점점 정교해지면서 광범위하게 채택되고 있다. Pulleyblank(1986)는 성조 자질 [고조성]을 [높임성]으로 이름을 바꾸었다. Clements(1981), Snider(1990), Hyman(1993)은 H와 L을 [+/-고조성]과 같은 이원적으로 나타내지 않고 일원적으로 나타낸다. 이 세 사람은 세부적으로 많이 다르고 중요한 차이도 있지만 음역 자질과 성조 자질을 나타내기 위한 **동일한** 자질을 사용한다는 점에서 공통점이 있다. 음역 자질과 성조 자질은 계층 구조 내에 놓여 있어서 성조 뿌리 마디라고 부르는 그 자질들의 상위 마디에 연결되어 있는지 여부에 따라 다르게 해석된다. 성조 뿌리 마디에 연결되어 있으면 음역 자질을 나타내고 성조 마디라고 부르는 그 하위 마디에 연결되어 있으면 성조 자질을 나타낸다. 이 문제에 대한 자세한 논의는 3.2.3에서 다시 살펴보고 3.4에서 성조 자질 기하학을 논의할 때에도 다루겠다. 마지막으로는 Duanmu(1990), Bao(1990, 1999)의 견해가 있는데 이들은 성조 자질을 특별한 후두 자질과 완전히 같다고 보고 있다. 이 점에 대해서는 3.5에서 다시 다루겠다.

3.2.2 다섯 번째 수평조

제시된 모형 중 일부 모형이 다섯 개의 수평조를 허용해야 하는 것으로 나타나는 경우라면 다른 모형보다 더욱 쉽게 확장될 수 있다. 모든 이론에 적용 가능한 상당히 일반적인 방법이 있는데 정해진 네 개의 수평조에 덧붙여서 완전히 무표적인 성조 하나를 선택적으로 허용하는 것이다. 그렇게 되면 무표적인 성조는 다른 네 성조와 다른 음성적 가치를 가지게 되고 음높이가 음성 환경에 따라 결정된다(따라서 변동적이게 된다). 자질로 명세된 다섯 번째 수평조를 정의하려면 Clements나 Hyman과 같은 위계 모형은 구조에서 상위 수평조를 첨가할 수 있겠지만 위계 모형이 아니라면 Woo의 [조정성] 자질과 비슷한 추가 자질이 필요할 것이다. 다섯 개 또는 그 이상의 수평조가 확실히 필요하다고 하여도 이것이 (모음의 높이가 그렇지 않은 것처럼) 반드시 문제가 되는 것은 아니다. 첫째, 다른 자질들이 순수한 성조 자질에 삽입되어 음성적 음높이에 영향을 미친다. 예를 들어 성조 자질과 후두 자질이 변별된다면 모음을 저조와 성문음화 모두에 명세할 수 있고 해당 모음은

성문음화하지 않은 저조 모음보다 음성적으로 더 낮을 수 있다. 이것
은 모음의 음높이 자질과 혀뿌리 전진성 자질 사이의 상호작용을 유
사한 예로 든 것인데 모음의 음높이가 높이 자질만 있을 때보다 표면
적으로 더 많아지는 결과에 이른다.

(6) [+고설성]   [+혀뿌리 전진성]   i
                           [−혀뿌리 전진성]   ɪ
     [−고설성, −저설성]   [+혀뿌리 전진성]   e
                           [−혀뿌리 전진성]   ɛ
     [+저설성]   æ

   둘째, 일반적으로 음운형은 이원적이고 음성형은 다원적이다. 그렇
다면 성조 명세를 유성 자음 사이와 같은 음성 환경에 따라 서로 다
른 다원적 값으로 바꾸는 것도 완벽하게 가능해진다. 최근에 음운 자
질을 다원적으로 하는 시도가 있었다(Tsay 1994). Tsay는 음높이에 [P]
와 같은 단일 자질을 두어 언어외적인 것만을 제약요소로 하고 1의
값에서 무한대 값까지 가능하게 하였다. 예를 들면 세 성조를 가진 체
계는 1이 가장 낮은 성조인 [1P], [2P], [3P]로 표시하였다. 다섯 성조
를 가진 체계는 [1P], [2P], [3P], [4P], [5P]가 된다. 이 제안의 첫 번째
문제는 성조의 수에 상한선이 없다는 것이다. 두 번째 문제는 성조를
고유하게 정의하는 자연부류를 정의할 수 없다는 것이다. 얄라어(나이
지리아, Armstrong(1968)의 자료를 이용한 Bao(1999) 논문)의 단순 동화를 생각
해 보자. 얄라어에서 고조는 중조나 저조 뒤에서 중조가 된다. 중조와
저조가 모두 [−고역성]이라면 이 현상은 이원 음역 체계 내에서 [−
고역성]의 확산 현상으로 간단하게 설명할 수 있다. 하지만 Tsay에서
는 중조와 저조의 조건 환경이 단순하게 [1-2P]와 같은 목록으로 나타
나야 한다.

3.2.3 무한 수평조는 가능한가?

　자질 체계는 보통 분절음에 절대적 특성을 할당하는 것으로 보인
다. 예를 들면 어떤 모음이 고모음이거나 저모음인 것과 그 모음이 인
접 모음의 혀의 위치보다 높거나 낮은 것은 인접 모음의 절대적 명세
에 달려있다. 조음에 기초한 자질은 이렇게 보는 것이 필연적이다. 즉,
모음의 [+고설성]은 혓몸의 위치를 명세하는 것이다. 성조에서는 이
관점이 달라질 수 있다. 어휘적으로 고조인 모음은 그 모음의 인접 환
경과 특정 화자의 음색 등에 영향을 상당히 많이 받는다. 어떤 사람의
고조가 다른 사람의 저조일 수도 있다. 아프리카 언어의 계단내림 현
상은 고조를 반복해서 낮추는 작용을 하는데 발화 뒷부분의 고조는
발화 앞부분의 저조와 비슷하게 낮거나 오히려 더 낮을 수도 있다.
Pulleyblank(1986)의 이그보어 문장에 나타나는 계단내림 연쇄를 보면
여섯 개의 수평조가 나타나 있는데 수평조 네 개로 정확하게 구별되
는 자질 조합만으로는 잠재적으로 무한하게 나타날 수 있는 수평조를
모두 처리할 수 없다. (7)은 앞에 오는 저조의 영향으로 음역이 낮아
지는 현상을 고조 옆에 아래쪽 화살표를 표시하여 나타낸 것이다.

(7)　ó　nwèrè　àkọ́　nà　úchè　　그 여자는 똑똑하고 현명하다

　　　H　　L　L　L　↓H　L　↓H　L

이러한 이유 때문에 Clark(1978) 등 여러 논문에서는 절대적인 음높이를 할당하는 자질 대신에 앞에 오는 음높이에 연관되어 변화하는 자질을 제안하고 있다. Hyman(1993)은 자질 기하학적 구조의 수평조로 H와 L을 사용한다. 성조 뿌리 마디라고 부르는 상위 구조의 수평조에서 H와 L이 음역을 정의하는데, Yip의 [+U], [−U]와 같은 방식이 아니라 음역 수평조인 L이 선행 성조에 상대적으로 음역을 낮게 하는 방식이다. 만약 두 번째 음역 수평조 L이 발화에서 더 나중에 나타난다면 그 수평조는 음역을 더 낮게 할 것이다. 정확히 이러한 방식은 Hyman이 계단내림을 위해 필요로 하는 것이고 무한수의 음성적 수평조를 만들어내는 방식이다. 그러나 이 방식은 반복적인 내림과 올림 현상이 없이 이어지는 불변화 수평조를 만들어내지는 못한다. 두 가지 모형을 비교해 보면 Yip의 [+U], [−U]가 Hyman의 성조 뿌리 마디 H, L에 어느 정도 대응하고 Yip의 [+h], [−h]가 Hyman의 성조 마디 H, L에 대응한다.

(8) 두 모형에서 나타나는 H L L 음역 연쇄 음절

a. Yip(1980a)

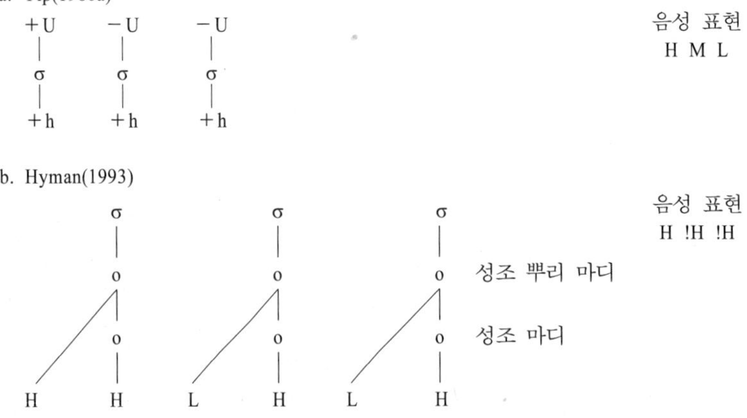

(성조 뿌리 마디에 [−U] 또는 L이 있는) 낮은 음역 음절은 Yip 모형에서
는 변화하지 않지만 Hyman 모형에서는 점차적으로 변화한다.

　계단내림과 관련된 좀 더 깊은 주제는 계단내림이 이루어진 고조가
중조와 동일한 것인가 하는 것이다. Hyman이 1993년에 발표한 자질
체계는 변별을 유지하도록 하고 있다. 왜냐하면 동일한 성조 마디에
놓인 L과 H는 중조로 융합되지만 상위의 성조 뿌리 마디에 놓인 L은
모든 음역을 낮아지게 하기 때문이다.

(9)　　　　　　중조:　　　　　　!H (계단내림된 H):

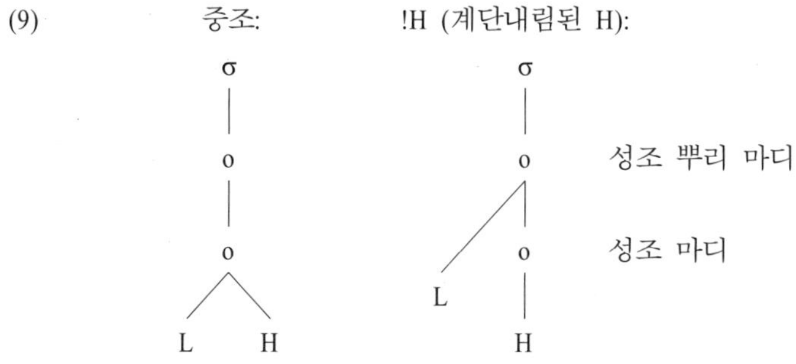

　Hyman은 얄라어(이콤어)에는 이러한 변별이 있지만 다른 언어에는
없다고 주장한다. 비모바어(구르어군)에서 중조와 계단내림된 고조가
같다는 증거는 Snider(1999)에 있다. 계단내림에 대한 분석을 더 완전하
게 분석한 것은 6장을 참조하라.

　지금까지의 내용은 무엇을 말하고 있는가? 가능성 하나는 '음역'이
언어별로 특수하여 어떤 언어에서는 변하지 않고 또 어떤 언어에서는
점차적으로 낮게 변화한다는 해석이다. 또 다른 가능성은 Yip과
Hyman의 '음역'이 서로 상당히 다를 수 있어서 함께 나타나는 경우라
면 Yip의 자질은 변하지 않는 수평조를 나타내고 Hyman의 음역은 이
수평조에 실릴 수 있어 계단내림이 이루어진다. 두 개 이상의 수평조

를 가진 어떤 언어에서 계단내림이 거의 나타나지 않는다면 언어외적인 지각 요소 때문일 수도 있다. 이 책에서는 대부분의 음운론자들이 그러한 것처럼 성조 자질 문제에 대한 쟁점은 피하고 더 이상 나눌 수 없는 성조 요소인 H, M, L로 성조를 분석하여 필자의 문체로 기술할 것이다. 그러나 근본적으로 독자들이 생각해야 하는 것은 이것들이 아직 결론을 내리기에 충분하지 않은 성조 자질 집합을 간략하게 기술한 것이라는 점이다.

다음으로는 Yip의 네 가지 수평조 모형을 논의의 출발점으로 삼아 분석한 굴곡조를 살펴보겠다.

3.3 굴곡조

굴곡조에서 가장 기본이 되는 질문은 굴곡조가 내림조 또는 오름조를 중요 자질로 하는 단일 곡선인지 아니면, 한 음절 내에서 실현되는 수평조의 연쇄이어서 굴곡이라는 것이 단순히 저조에서 고조로 또는 고조에서 저조로 옮겨가는 과정에서 불가피하게 생기는 것인지에 대한 것이다. 음운론자들은 이 두 가지를 모두 주장하여 왔는데(Wang 1967, Woo 1969, Yip 1980a, Yip 1989) 두 번째 가능성을 지지하는 증거가 훨씬 더 많이 축적되어 있다.

3.3.1 굴곡조를 수평조의 연쇄로 보는 증거

일부 굴곡조가 명확하게 수평조의 연쇄를 기원으로 한다는 사실이 꽤 오랫동안 알려져 있었다. 모음 탈락이 있는 한 언어를 예를 들어

보자. 하우사어(Newman 1995, Jagger 2001)의 어떤 단어는 2음절과 단음절의 두 변이형을 갖는다. 만약 2음절어 단어가 HL이라면 단음절어 단어는 내림조를 갖는다. 만약 내림조가 단순히 단일 모음에 실리는 HL이라면 남은 성조를 가지고 있다가 재연결하는 현상을 가진 모음 탈락으로 이해할 수 있다.

(10) mákà   '너에게'
      mátà   '그녀에게'
      másà   '그에게'   또는 mâr̃
      míñì   '나에게'   또는 mîn

요루바어(Akinlabi and Liberman 2000b)에서는 상당히 다른 종류의 예를 찾아볼 수 있다. 여러 베누에콩고어군의 언어와 마찬가지로 한 음절에 H가 있고 다른 음절에 L이 있는 2음절어는 표면형에 절대로 나타나지 않는다. 그 대신 한 성조에서 다른 성조로 바뀌는 지점이 두 번째 음절의 중간에 나타나서 표면형의 유형은 두 번째 음절이 굴곡조로 나타나는 [H HL]이나 [L LH]이 된다. 예를 들면 /àlá/ '꿈' → [àlǎ], /rárà/ '슬픈 노래' → [rárâ] 등이 있다. 만약 굴곡조를 수평조의 연쇄로 본다고 하면 이 현상은 단순히 첫 번째 음절에서 두 번째 음절로 성조가 확산된 것이 된다.

가오안어(Chen 2000: 78)에서도 유사한 경우가 나타나는데 성조가 흥미롭게 변화한다. 여기에서는 두 번째 음절의 성조가 첫 번째 음절로 거꾸로 확산되어 굴곡조가 나타난다. 그러나 이 현상은 성조 자질인 [−고조성]만 확산된 것이고 음역 자질인 [고역성]이 확산된 것은 아니다. 왜냐하면 저조 [11]이 앞 음절 성조 [55]에 확산된 결과가 [51]이 아니라 [53]이기 때문이다. 여기에서 첫 번째 음절은 음역의 [+고역성]은 바뀌지 않고 성조 자질의 연쇄가 [+고조성, −고조성]으로 되어 내림조로 변화한다. 해당 자료를 (11)에 나타내었는데 음역 자질 [+고역성]은 대문자 H로, 성조 자질은 [h, l]로 각각 줄여서 표시하였다.

(11) 가오안어에 나타나는 [−고조성]의 좌측 확산
      song tɕi   '두 계절의'   tɕi han   '계란'
      55.33 → 53.33   55.11 → 53.11

규칙으로는 이러한 변화를 규칙으로 표현하면 다음과 같이 연이어 나타낼 수 있다.

(12) a. 55   →   53   / ___ 33 그리고 11
          [H, h]   [H, hl]   [H, l]   [L, l]
      b. [H, h]   →   [H, hl]   / ___ [l]
      c.   σ   σ
                             N
                             h   l

따라서 이러한 가오안어 자료는 굴곡조가 수평조의 연쇄이면서 위에서 논의한 특정 자질 체계라는 사실의 증거가 된다.

굴곡조를 수평조의 연쇄로 보는 좀 더 본질적인 증거는 성조 접사에서 볼 수 있다. 하우사어의 정관사는 비음 접사이고 저조인데 선행 모음의 표면형에 관여한다. 만약 선행 모음의 기저형이 고조라면 표면형에서 내림조가 형성된다. 예를 들면 /gídáa-ǹ/ '집-정관사'이 [gídân]으로 실현된다. (초중음절을 피하기 위하여 모음축약이 필요하다.)

필자가 보는 마지막 증거는 성조가 수평조의 연쇄로 나타날 수 없음에도 불구하고 모어 화자에게는 분리할 수 있는 것처럼 보이는 현

상이다. 시구가 4행 이상이고 각운이 있는 현대 광둥어 노래(Chan 1987)
의 각 행에는 각 음절에 나타날 수 있는 필요한 성조가 있다. 노래의
첫 행은 각 시절에서 다음의 성조를 가져야 한다. 13과 33 성조는 바
뀔 수 있고 35와 55 성조 역시 바뀔 수 있다.

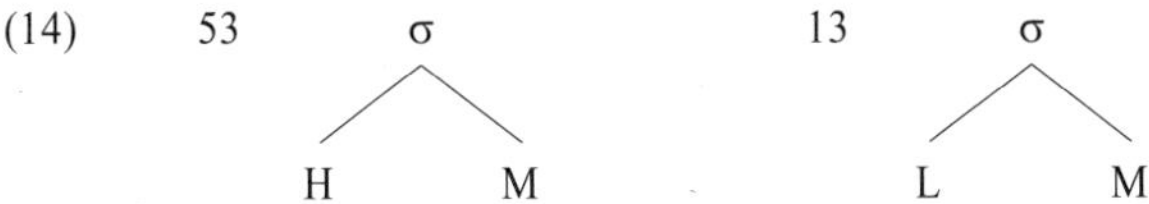

13/33과 35/55의 쌍은 마지막 지점에 있기 때문에 명확하게 쌍을 이
룬다. 다시 말하면 화자(또는 가수)는 13, 35의 굴곡조가 각각 33, 55의
수평조 성조로도 끝난다는 것을 알고 있는 것이다.

만약 굴곡조가 수평조로 구성되었다면 성조 표현은 다음처럼 보일
것인데 두 개 이상의 성조 수가 한 음절(또는 모음이거나 모라)에 연결된다.

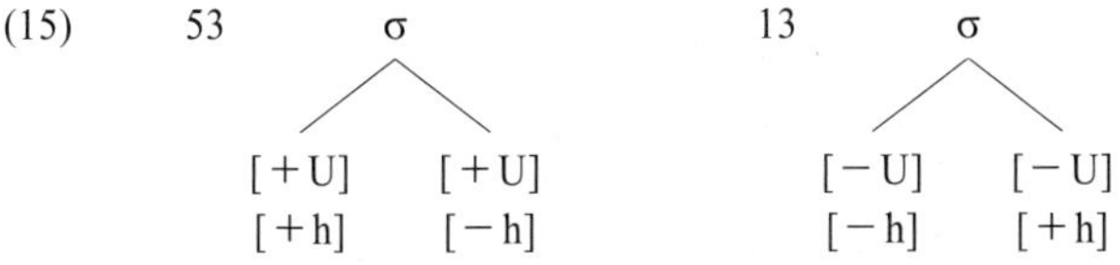

좀 더 자세하게는 다음의 자질 행렬이 될 수 있다.

흥미롭게도 자질이 [＋고역성, －고조성]인 내림조 [53]의 끝 지점
음높이가 자질이 [－고역성, ＋고조성]인 오름조 [13]의 끝 지점 음높

이와 같다는 점에 주목해 보자. 이 현상은 대단히 대표적인 현상으로 중조가 자질적으로 모호하다는 3.1의 논란을 확인해주는 사실이다. 즉, 중조는 고음역에서 가장 낮은 성조이거나 저음역에서 가장 높은 성조가 된다는 것이다.

놀라운 사실 한 가지는 굴곡조가 우리가 생각하는 것 보다는 적게 존재한다는 사실이다. 만약 어떤 자질 체계가 네 개의 수평조를 구별하고, 굴곡조가 네 개의 수평조를 조합한 결과라면 Pike(1948)에서 처음 지적한 것처럼 기저에서 여섯 개 오름조와 여섯 개 내림조가 있을 것으로 예측이 가능하다. 중국어파에서 기저의 굴곡조는 일반적으로 고음역이나 저음역의 음높이 영역 안에 존재하기 때문에 형식적으로 어떤 음절의 기저형에서 [고역성] 자질이 한 번 이상은 나타날 수 없다고 생각할 수 있다. 그러나 [고조성] 자질은 한 번 이상 출현할 수도 있기 때문에 (15)는 (16)으로 대체 가능하다.

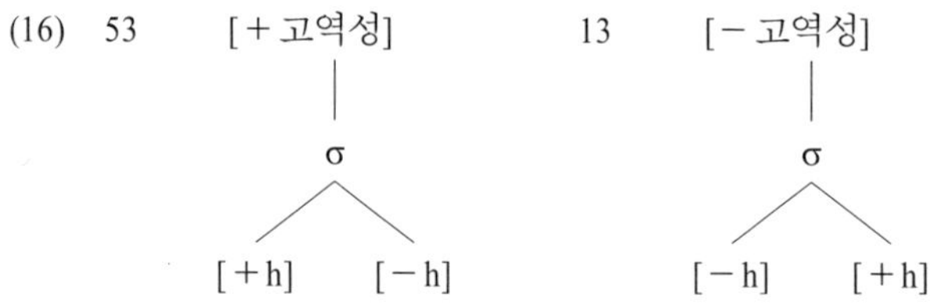

한편 도출된 굴곡조는 연결되지 않은 성조의 재연결로 형성된 두 성조의 결합이다. 그 굴곡조는 수평조 두 개로 구성되어 있을 수 있다. 실제로 아프리카어족 언어의 굴곡조는 음역의 고점에서 저점으로 떨어지는 경향이 있는데(Akinlabi와 개인 대담) 이 현상은 굴곡조가 두 성조 체계에 있는 H와 L의 연쇄로 형성된 것으로 예측하게 한다.

성조가 독립된 층위에 있고 연결선으로 음절에 연결된다고 추정하는 이유는 다음 장에서 논의될 것이다. 지금은 성조 자질을 모음의 고저 위치를 나타내는 위치 자질처럼 분절음 자질과 동일하게 볼 수 있는 순수한 논리적인 대안을 생각해 보자. 그렇다면 고조 [á]는 다음과 같이 볼 수 있다.

(17) [+저설성, +후설성, −원순성, +고역성, +고조성]

그러나 어떤 모음에 굴곡조에서 필요한 것처럼 두 가지 성조 자질이 있다면 이와 같이 처리하는 것은 좀 까다롭다. 분절음에서 파찰음을 [−지속성, +지속성]의 순서로 표상하는 것으로 처리한 선례가 있기는 하다.

3.3.2 굴곡조를 한 단위로 보는 증거

굴곡조가 수평조의 연쇄라는 관점에 대한 많은 증거가 있는데 굴곡조를 단독으로 분석하자는 의견이 왜 아직까지도 제기되고 있는지 궁금해 할 수도 있겠다. 그 이유에는 세 가지가 있다. 첫째, 굴곡조를 수평조로 분해하는 명백한 증거가 부족한(또는 아예 없는) 언어가 많이 있다. 고립된 상태에서 보면 위의 질문은 이러한 언어를 연구하는 언어학자에게 열려져 있는 것이다. 이러한 언어에는 풍부한 굴곡조 체계를 가진 많은 아시아 언어들이 포함된다. 그러나 보편문법에 충실한 이론 언어학자들은 어떤 언어에서 굴곡조가 연쇄적이면 반대의 증거가 존재하지 않는 한 모든 언어에서 연쇄적일 것으로 추정한다. 이것은 유형론적 차이가 존재할 수 없다는 것이 아니라 한두 개의 굴곡조를 허용하여서 보편문법을 복잡하게 하는 사람들에게 증명의 부담을 지우려고 하는 것일 뿐이다.

두 번째 이유는 전체적인 목록과 연관되어 있다. 만약에 굴곡조가 수평조로 구성되어 있다면 그 언어에서 사용되는 바로 그 수평조로 구성되어 있을 것이라고 추정할 수 있는 것이다. 어떤 언어가 [H, L]을 가지고 있다면 굴곡조는 [LH], [HL]일 것이고 [MH]나 [ML]은 아닐 것이라고 추정해볼 수 있는데 그 이유는 M이 그 언어에서 수평조 체계에 속하지 않기 때문이다. Pike(1948)은 이 사실을 굴곡조가 수평조로 구성된 언어와 그렇지 않은 언어를 구별하기 위한 주요 진단법으로 사용했다. Pike는 첫 번째 부류의 언어로 믹스테코어를 들었다. 믹스테코어에는 세 개의 수평조가 있는데 장모음에는 수평조와 굴곡조가 모두 실릴 수 있다. 굴곡조의 마지막 지점은 이 언어의 세 수평조와 정확히 동일하다. 논리적으로 계산된 여섯 개 조합 중에서 네 개는 단일형태소형으로 나타난다.

(18)　믹스테코어의 굴곡조

HM	káā	'오르다'		MH	--	
ML	kōò	'뱀'		LM	kàā	'금속'
HL	náà	'어머니'		LH	--	

　Pike는 성조 언어의 두 번째 부류로 굴곡조의 끝 지점이 그 언어의 수평 성조소와 동일하지 않은 언어를 설정하였다. 예를 들면 표준 중국어에는 오름조 [35]는 있지만 수평조 [33]은 없다. Pike는 '기본 성조소 단위가 수평조가 아니라 굴곡조'라고 지적하기도 하였다. 이러한 언어에서는 형태소에 수평조 하나가 있으면 최소한 굴곡조 하나가 있다는 것을 의미하는 것으로 보이는데 실제로는 더 많은 경우가 그런 것 같다. 예를 들면 표준 중국어의 목록에는 명확한 수평조가 높은 수평조 하나뿐이지만, 내림조, 오름조, 내리오름조(이 내리오름조는 음운론적으로 수평조일 수 있다)도 같이 존재한다. 결국 Pike는 이러한 언어들

에서 굴곡조는 형태론적으로 단위의 역할을 하는 단일형태소라고
말한다.

굴곡조가 모두 수평조로 구성되어 있는지를 의심하는 세 번째 이유
는 어떤 언어에서는 굴곡조가 정말로 음운론적으로 분리할 수 없는
단위처럼 역할을 한다는 점에 있다. Newman은 많은 언어에서 굴곡조
가 잘 나타나지 않는데 오름조는 특히 드물다는 사실을 지적한다. 하
우사어에는 내림조는 있지만 오름조는 없다고 기술한 바 있다. 굴곡
조가 원시 수평조의 연쇄에 불과하다면 수평조만 있는 언어는 단일
음절이나 모음에 두 개의 성조를 허용할 수 없다고 기술할 수 있다.
그러나 어떤 모음에 HL(내림조)은 괜찮지만 LH(오름조)는 괜찮지 않은
이유는 설명하기 힘들다. 만약 '오름조'와 '내림조'의 개념을 명시적
으로 나타낼 수 있다면 특별한 문제없이 음성학 지식에 근거한 설명
으로 직접 나타낼 수 있다. 그 음성학적 설명은 오름조가 내림조보다
발음하기 힘든 것이 상당히 일반적이고 발음 시간도 길다는 것이다.
이러한 제한에 대한 음성학적 근거는 어떤 언어에서 내림조는 허용하
지만 오름조는 장모음에서조차 배제하는 사실을 들 수 있다.

더욱 놀라운 사실은 어떤 언어의 굴곡조가 한 단위로 복사되거나
확산되는 것으로 보인다는 사실이다. 창즈어에는 원래 무성조 지소
접미사 /tə(ʔ)/가 있는데 이 접미사는 선행하는 어근의 전체 굴곡조가
복사되거나 확산되어 성조를 얻는다(이 주장에 반대하는 관점은 Duanmu
(1994) 참조).

(19) 창즈어의 전체 성조 복사
      tsə213 tə213   '수레'
      paŋ535 tə535   '판자'
      xæ24 təʔ24   '어린이'
      ɕiaŋ53 təʔ53   '(떡이나 만두의) 소'

동일성은 종종 전체 성조에 걸쳐서 계산될 수도 있다. 톈진어(Yip 1989)에서 동일한 성조의 연쇄는 이화된다. 만약 두 성조가 동일한 굴곡조이면 첫 번째 음절은 단순화하여 수평조가 된다. 만약 두 성조가 L이라면 H가 성조 사이에 삽입된다(만약 모두 H라면 그대로인데 그 이유는 명확하지 않다).

(20) 톈진어의 전체 성조 이화
  LH.LH   → H.LH
  HL.HL   → L.HL
  L.L   → LH.L

이것은 굴곡조를 하나의 단위로 인식할 뿐만 아니라 동시에 굴곡조의 구성 성분이 되는 성조에 동시에 접근하는 가능성을 보여주는 것으로 흥미로운 자료이다. (20)의 결과는 다음 두 조건을 만족시킨다. (1) 전체적으로 보았을 때 두 음절이 같은 성조이면 안 된다. (2) 구성 성분이 되는 성조가 수평조에서도 동일한 성조의 연쇄가 있으면 안 된다. 따라서 굴곡조 전체의 음높이와 굴곡조의 구성 성분 성조의 음높이 모두 동일한 성조의 연쇄를 허용하지 않는 필수굴곡원리(Obligatory Contour Principle, OCP, 4장 참조)를 만족시킨다.

그렇다면 이렇게 왔다 갔다 하는 굴곡조의 행태를 어떻게 설명할 수 있을까? 다음 3.4에서는 성조 자질에 관한 내적 자질 기하학이 이 수수께끼를 어떻게 해결할 수 있는지 살펴본다.

3.4 자질 기하학

1980년대 초반에 변별적 자질은 단순한 목록이 아니고 수형도 구조의 마디라고 제안되었다. 예를 들어 조음 위치와 관련된 자질은 '위치'라는 구성 성분을 형성하는데 이 구성 성분은 확산되고 삭제될 수 있거나 동일성 판단을 시작할 수 있는 음운론적 실체라는 것이다. 이러한 설명에 대한 개관은 Kenstowics(1994)를 참조할 수 있고 특정 주제에 관한 것은 Halle(1983), Sagey(1986), McCarthy(1988), Clements and Hume(1995)을 참조할 수 있는데 이상의 연구들에서 성조는 거의 다루어지지 않았다. Yip이 원래 제안했던 자질에서는 성조 자질이 서로 독립적으로 확산될 수 있어서 '고역성'과 [고조성]을 서로 다른 자립 분절 층위(자립분절음운론에 관해서는 4장 참조)에 위치시킬 수 있는 가능성을 모색하였다. 그러나 이 방법은 자질들이 하나의 단위로 확산되게 할 수는 없어서 전체 성조가 확산되는 결과를 가져온다. 여기에는 명확하게 두 가지 선택이 있는데 자질 기하학에서 필요한 이론적 기초를 얻을 수 있다.

가능한 몇 가지 모형을 살펴보자. 가장 어려운 시험대는 굴곡조를 표상하는 것이다. 여기서는 [＋고역성] 음역과 성조 자질 [－고조성] [＋고조성]을 가진 높오름조를 사용할 것이다. 편의상 음역은 대문자 H로 나타내었고 성조는 [l, h]로 나타내었다.

> (21) 자질들이 서로 완벽하게 독립적이어서 서로를 지배하는 성조 마디가 없는 모형 (Yip 1980a, Hyman 1993: 81 (8a))

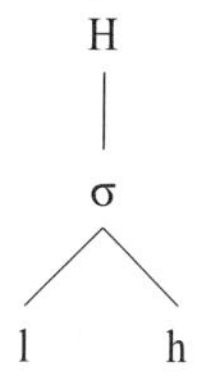

(22) 두 자질이 성조 마디 아래에서 자매 관계이고 굴곡조의 각 절반은
서로 완벽하게 독립적인 모형 (Duanmu 1990, 1994, Clements 1981,
Snider 1990)

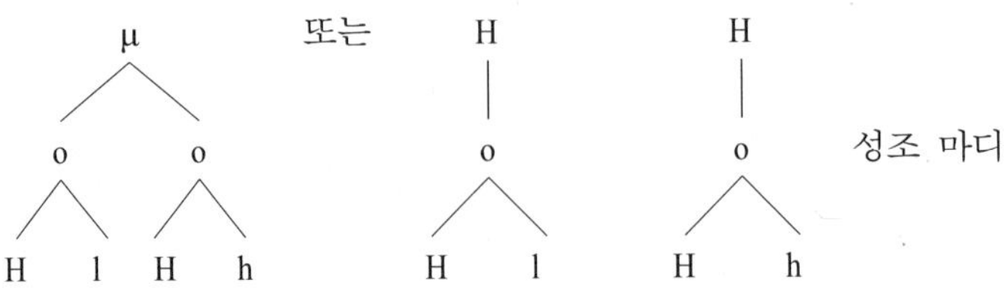

(23) 음역 자질이 성조 마디이고 성조 자질을 지배하는 모형 (Yip 1989,
Hyman 1993: 81 (8d))

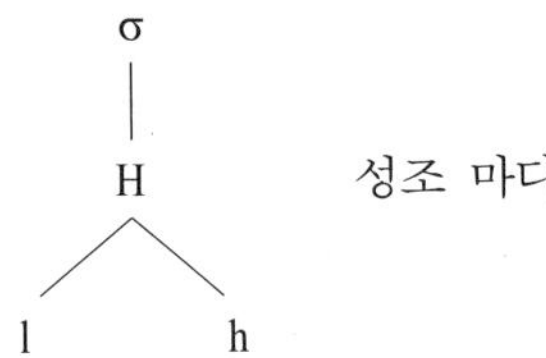

(24) 성조 자질이 굴곡성(Contour)이라는 독립 마디에 관할되고 그 마디가
음역 자질과 자매이면서 두 마디가 성조 마디에 관할되는 모형 (Bao
1990, Snider 1999)

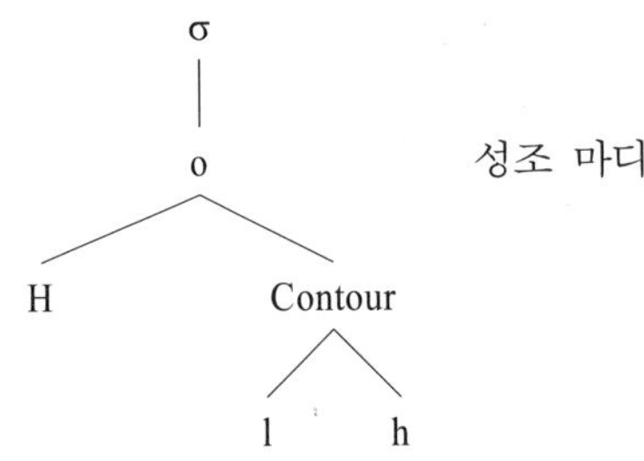

이러한 모형들은 독립적으로 확산될 수 있는 성조 자질은 어떤 것
이고, 함께 확산될 수 있는 성조 자질은 어떤 것인지에 대한 예측을
달리 한다. 말단 자질은 모든 경우에 독립적으로 확산되지만 Yip(1989)
의 (23) 모형을 보면 음역은 굴곡조 자질과 함께 가지 못한다면 확산

될 수 없다. (23)과 (24)의 마지막 두 모형에서만 전체 성조가 확산될 수 있다. 마지막 (24)에 나타난 Bao의 모형에서는 오름조와 내림조에 있는 특성인 굴곡성이 한꺼번에만 확산될 수 있고 음역과는 독립적이다. 표 (25)에 이러한 차이들을 정리하였다.

(25)

모형	음역과 상관없이 홀로 확산될 수 있는 것	전체 성조가 한 단위로 확산될 수 있는 것	굴곡이 음역과 독립적으로 확산될 수 있는 것
21	√		
22	√		
23		√	
24	√	√	√

(24)에 있는 Bao의 모형이 확실히 가장 강력한 것이지만 그 모형은 당연히 필수적인 것으로 보인다. 가장 경제적인 이론을 채택하는 것이 좋은 분석 관행임이기는 하지만 어떤 이론이 아무리 훌륭하고 제한적이라고 할지라도 자연 언어 자료의 범위를 설명할 수 없다면 틀린 이론이거나 부분적으로만 맞는 이론이 된다. Bao의 좀 더 허용하는 이론을 타당하다고 볼 수 있는 관련 증거를 몇 가지 살펴보자.

3.4.1 음역 확산의 증거

음역이 확산되는 명확한 증거를 알아내려면 내림조 두 개와 오름조 두 개가 있는 언어가 인접 음역에 동화되는 환경에서 한 음역의 오름조와 내림조가 다른 음역의 오름조와 내림조로 음높이 모양의 변화 없이 바뀌는지를 살펴보아야 한다. 이에 대한 명확한 예는 찾기가 힘들다. 최근까지는 추정되는 경우에 대한 대안적 설명 정도만 가능하여 이 현상의 존재 여부가 의심되고 있었다. 그러나 Bao(1999)는 차오 저우어에서 설득력 있는 예를 제시하였는데 마지막 음절의 음역이 첫 음절의 음역을 결정하는 것이다. 여기서 중요한 점은 이 합성어의 첫 음절에 있다. (26)에 있는 '화물'과 '불'이라는 단어는 동일한 분절음 구성을 가지지만 성조는 달라서 '화물'은 내림조이고 '불'은 오름조이다. 이 단어들의 굴곡조는 변화하지 않지만 음역은 후행 음절의 음역으로 결정된다. 음역은 두 번째 음절에서 확산되어 (a)의 단어들은 [+고역성]이 되고 (b)의 단어들은 [−고역성]이 된다. 두 번째 음절의 성조 모양은 영향을 받지 않았다. '횃불'이라는 단어에서 두 번째 음절은 내림조이지만 첫 번째 음절은 오름조를 유지하고 있다.

(26) 선행 규칙이 적용된 후 음역 확산의 입력형

	/hue, hl/	'화물'	/hue, lh/	'불'
a.	화물 배		불 손잡이	
	hue lung	'화물선'	hue ba	'횃불'
	HM.H		MH.HM	
	[+U, hl][+U, h]		[+U, lh][+U, hl]	
b.	화물 저장		불 활	
	hue ts'ng	'창고'	hue tsi	'로켓'
	ML.L		LM.LM	
	[−U, hl][−U, l]		[−U, lh][−U, lh]	

(23)번 모형(Yip 1989)은 음역 확산을 담아내지 못하기 때문에 승산이 없다. 대부분의 아프리카어학자들이 생각하고 있는 것처럼 계단내림이 음역 확산의 한 종류라면 그것 역시 Yip(1989)의 반증이 된다는 사실에도 주목할 필요가 있다.

3.4.2 성조 전체의 확산 또는 복사

3.2에서 본 것과 같이 창즈어의 접사 첨가 현상은 [tsə213 tə213] '수레'와 같은 단어에서처럼 어근의 전체 성조가 접미사로 확산되거나 복사된다. 이 현상이 성조가 완벽하게 음운론적인 단위로 기능하는 유일한 예는 아니다. 단양어의 성조 가락은 더 긴 단어의 가장자리에 단위로 연결된다. 분석의 세부 내용은 다양하게 나타나지만 중심이 되는 생각은 논쟁의 여지가 없어 보인다(유용한 조사 자료는 Bao(1999) 참조). 다음에 제시된 심화 예시 하나는 Mugele(1982)의 자료를 Yip(1989)에서 분석한 랄라나 치난텍어이다. 이 언어의 저조(2)와 내림조(31)는 다음에 오는 음절이 강세를 받으면 확산되는 성조 조화 규칙이 있다. 다음의 예는 마지막 음절에 강세가 있는 것이다.

(27)	a.	ri31 gwi:n2	'그 남자가 자러 간다'
		mĩ2 ri2 gwi:n2	'그 남자가 자러 갈 때'
	b.	mĩ2 kin2	'그 남자가 그것을 돌본다'
		ri31 mĩ31 kin2	'그 남자가 그것을 돌볼 것이다'

(a)에서 수평조인 [2]가 확산되었다. (b)에서도 굴곡조인 [31] 전체가 확산되어 [31][31]이 되었다. 이 현상을 좀 더 깊이 생각해 보면 이 규칙에는 자질 이상의 것이 있음을 알 수 있는데 확산된 두 성조가 자질적으로 [−고조성]인 낮은 성조로 끝난다는 것이다. 이 언어의 다른 모든 성조는 높은 수평조이거나 약한 오름조이다. 그러나 Bao의 관점으로는 확산되는 것이 [−고조성]인 것만도 아니고 '굴곡' 부분인 것만도 아니다. 출력형을 높내림조가 아니라 낮내림조로 확실히 나타내기 위해서는 음역 자질 역시 확산되어야 한다. 따라서 이 규칙으로 전체 성조의 확산이 이루어진 것은 의심의 여지가 없다.

위에서 제시된 모형 중에서 두 모형만 완전한 성조 확산 과정을 수용할 수 있었는데 그 중 하나는 음역 확산을 허용하지 않았기 때문에 제외하였다. 성조 확산과 음역 확산을 모두 기술할 수 있는 것은 단 하나인데 바로 Bao(1990, 1999)의 모형이다. 그러나 최종 결론을 이렇게 내리기 전에 Bao의 모형으로 가능한 확산 유형을 한 가지 더 예측할 수 있다는 것을 떠올려 보자. 그것은 바로 음역이 없이 굴곡조가 확산되는 것이다. 다음 3.4.3에서는 이 현상이 실제로 발생한다.

3.4.3 굴곡조 확산

굴곡조가 확산되는 가장 명확한 예는 전하이어에 있다(Chen 2000). 전하이어의 2음절어는 첫 음절의 성조가 복합어의 성조를 결정짓는데 첫 음절의 성조는 해당 음절에 나타나지 않고 두 번째 음절에 나타난다. 그 이유는 두 번째 음절이 강세를 받아 성조를 끌어당기기 때문이다(나중에 살펴보겠지만 이 현상은 성조 언어에서 일반적인 현상이다). 결과적으로 첫 음절은 기정치 성조인 [−고조성]의 저조가 된다. 이 자료에서 흥미로운 것은 강세가 끌어당기고 있는 것이 전체 성조가 아니고 정확하게는 성조 자질인 [+/−고조성]뿐이라는 사실이다. 이 성조 자질은 Bao의 분석에 의하면 마디 굴곡의 지배를 받는다. 전하이어는 마지막 음절에서 오름조 두 개가 대립하는데 그것은 상대적으로 높은 [+고역성] [334]와 상대적으로 낮은 [−고역성] [24]이다. 이와 같은 두 표면형은 첫 음절의 음역에 좌우되고 원래 첫 음절에 있던 오름조와 결합된다. 중요한 것은 첫 음절 음역은 굴곡조를 옮기지 않고 마지막 음절의 출력형과 무관하다는 사실이다. 그러나 첫 음절 음역은 첫 음절의 음높이에는 관여하기 때문에 기정치인 [−고조성]이 삽입된 후에 첫 음절이 높은 음역이면 [33]이 되고 낮은 음역이면 [11]이 된다. 유의해야 할 것은 논문에서 복합 성조에 있는 음역 및 굴곡의 선형 순서는 서로 관련이 없다는 사실이다. 다음 (28)에 정리한 것이 인쇄로 표현할 수 있는 가장 명확한 것이다.

(28) '침대'

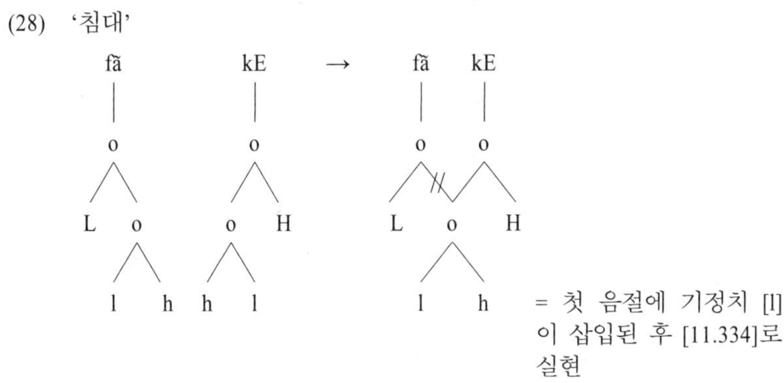

결론적으로 Bao가 제시한 자질 구조에 대한 강력한 모형은 확산, 복사 등 관련 현상 전체를 설명하는데 필수적인 것이다.

3.5 후두 자질과 성조의 관계

지금까지는 성조 자질을 분절음 자질과 분리하여 분석해 왔다. 그러나 자질 체계에 필요한 내용의 하나는 자질 체계가 후두의 특징과 성조 사이의 관계에 대한 논의를 포괄하여야 한다는 것이다. 예를 들면 유성성과 낮은 성조의 관계 등이다. 이러한 생각을 중심으로 성조 자질과 후두 자질을 같은 것으로 보는 다양한 시도가 있어 왔는데 보통은 관련 조음 과정을 중요하게 생각한 것이었다. 이 현상은 조음에 기초를 둔 자질에 전반적으로 치우쳐져 있던 경향과 일맥상통한다. 조음에 기초를 둔 자질은 20세기 말엽까지 『영어의 음성 체계』 저서에 있는 자질 이론의 영향권 아래에 있었던 것이다. 이어서 설명할 내용은 상당히 기술적인 것으로 독자들은 아래 내용을 건너뛰어도 무방하다.

　성조 자질과 후두 자질을 연결해 본 것 중 가장 잘 알려진 것은 Halle and Stevens(1971)이다(Maran(1971)과 더불어 가장 이른 것이다). 음높이 변화가 생리적인 측면과 주요하게 연결되는 것 중 하나는 성대 긴장도의 변화이다. 성대 긴장도가 높아지면 음높이가 높아지는데 이것은 기타나 비올라의 음을 맞출 때와 유사하다. 그러나 성대의 긴장에 따른 다른 현상들도 있다. 특히 구강 파열음이 발성될 때 폐에서 나온 기류가 막혀있어서 구강 안의 압력이 폐 안의 압력에 맞춰지는 것과 같이 성문을 통과하는 압력이 낮아지는 경우에는 성대가 느슨할 때보다 성대가 경직되어 있을 때 성대의 진동이 덜 이루어진다. 즉, 성대의 긴장과 장애음의 무성성 사이에 연관성이 있다는 것이다. 이러한 생각으로 Halle와 Stevens는 후두 자질 세트를 제안하였는데 그 자질 중 두 가지는 이 책의 논의에서 특히 중요하다. 같은 자질인데 자음 자질이면 유성음으로 실현되고 모음 자질이면 성조로 실현되는 자질이다. 다음을 살펴보자.

(29)

[경직 성대성]	−	−	+
[이완 성대성]	−	+	−
자음으로 실현되는 경우	음성 환경에 따라 유성 자음	유성 자음	무성 자음
모음으로 실현되는 경우	중조 모음	저조 모음	고조 모음

이 자질 체계는 여러 가지 현상을 아주 세련되게 처리할 수 있다. 만약 유성 자음이 저조라면 줄루어의 억제 자음처럼 [+이완 성대성] 자질이 자음에서 모음으로 확산된 것으로 볼 수 있다. 또한 성조기원론(2.8 참조)의 핵심 논의 역시 가감 없이 다루어질 수 있겠다.

이와 같은 모형의 목표가 훌륭해 보이지만 문제가 없는 것은 아니다. 가장 분명하게 드러나는 것은 모형이 수평조 세 개를 허용한다는 점인데 지금까지 논의를 보면 수적으로 충분하지 않다. 좀 더 깊은 문제는 이 자질들에 모음의 음질 차이라는 세 번째 기능이 있었다는 점이다. 그래서 중조와 저조의 구별에서 사용된 이 자질들이 무성 모음과 유성 날숨소리 모음을 구별하는 데에도 사용된다. 이것은 유성 날숨소리에 대립적인 성조가 있는 언어는 이 체계로 나타낼 수 없다는 것을 의미한다(자세한 논의는 Yip(1980a)과 Anderson(1978) 참조).

1990년에 Bao(1990)와 Duanmu(1990)가 각각 독립적으로 이 모형을 계승한 후속 모형을 제안하였다. Bao와 Duanmu는 모두 Halle와 Stevens의 자질을 유지하면서 Yip(1980)에서 제안된 성조 자질을 통합하려고 하였다. Duanmu는 [경직성]과 [이완성]을 음역에 모두 적용하고 음높이 자질인 [상위성]과 [하위성]을 첨가하였다. 이 모형에서는 음역이 세 개 있고 각 음역에 음높이가 세 개씩 있어서 아홉 개의 수평조가 만들어진다.

(30) Duammu의 1990년 모형

+경직성	[+상위성, −하위성]
−이완성	[−상위성, −하위성]
	[−상위성, +하위성]
−경직성	[+상위성, −하위성]
−이완성	[−상위성, −하위성]
	[−상위성, +하위성]

- 경직성	[+상위성, -하위성]
+이완성	[-상위성, -하위성]
	[-상위성, +하위성]

　이제 문제는 수평조를 충분히 명세할 수 없는 모형에서 대립 성조를 가능해 보이는 것보다 더 많이 예측하는 모형으로 바뀌었다. Duanmu는 이 문제를 알고 있었다. Duanmu는 자신의 모형에서 음역 자질은 순수한 성조 자질이 아니고 발성 대립을 동반한 것이어야 한다고 주장하여 이 문제를 처리한다. 예를 들면 [+이완성]은 유성 날숨성을 가리킨다는 것이다. 결과적으로 Duanmu는 [상위성]과 [하위성] 자질로 만들어진 순수한 성조 대립 세 개만을 예측한 것이다. 그러나 이미 살펴보았지만 이 정도의 개수로는 충분하지 않다. 왜냐하면 발성이 다르지 않고 네 개의 성조가 있는 언어도 있을 수 있기 때문이다.

　Bao는 Yip의 [+/-고역성]과 동일시되는 [+/-경직 성대성]만을 사용하지만 Bao(1999)에서는 다른 분석 방향을 선택한다. Bao는 성대의 긴장과 이완에 사용되는 근육이 무엇인지 제대로 모르지만 실제로는 서로 다른 두 세트가 연관된 것이기 때문에 두 세트가 동시에 작동되는 것은 완전히 가능할 것으로 제안한다. 이 경우 [+경직성, +이완성]의 조합이 가능해지는데 이 두 자질이 4가지 수평조를 조합해낸다. 따라서 Bao가 제안한 모형은 [+고역성] 대신에 [+경직성]을 사용하고 [+고조성] 대신에 [+이완성]을 사용하여 Yip 모형의 모든 특성에 장애음의 유성성에 대한 Halle와 Stevens의 연결 모형을 더한 것이다.

(31) Bao의 1999년 모형

＋경직성	[－이완성] [＋이완성]
－경직성	[－이완성] [＋이완성]

모형의 수정 방향은 재치 있는 것이기는 하지만 여기에도 두 가지 문제가 있다. 첫째, 무엇이 성대를 경직시키고 느슨하게 하는 것인지에 대한 합리적인 설명은 사실 이미 알려져 있다. 주요 근육인 윤상 갑상근은 성대의 긴장을 늘이기 위해서는 수축하고 성대의 긴장을 줄이기 위해서는 이완하는 것으로 보인다(Hirose(1997) 1장 참조). 연관되는 근육이 실제로 동일한 근육이라면 각각의 경우에 서로 다르게 작동해야만 하는데 이 사실을 보면 Bao의 주장과는 반대로 [＋경직성]과 [＋이완성]이 같이 있을 수 없다. 둘째, 우선 Bao의 제안은 Halle와 Stevens의 논의를 이끌어낸 사실로 지금 돌아간다면 문제를 야기할 것으로 보인다. 성조기원론에서 음역 자질 쪼개기는 모든 [－경직성] 자음에 기인하는 것이 아니고 대조적인 유성 자음에만 기인한다. 그 유성 자음들은 [－경직성]과 함께 [＋이완성]도 가진다. 이것은 Bao가 말하는 [＋이완성] 성조 중 하나가 [－이완성] 성조 중 하나보다 높을 수 있다는 사실과 잘 들어맞지 않는다.

Duanmu(2000)에서도 역시 이 문제가 제기되는데 성대를 통제하는 근육에 대한 음성학적 연구를 통하여 상당히 다른 결론을 이끌어 낸다. Zemlin(1981)은 윤상 갑상근이 성대의 늘림과 두께를 통제하는 반면 성대 근육은 '같은 긴장도'를 제어한다고 주장한다(이 주장은 Hirose(1997)에서 대체로 입증된다). Duanmu의 제안에 따르면 음역 자질은 성대 근육에 기인한 것으로 [경직성]과 [이완성] 사이의 자질 변별성으로 설명된다. [이완성]은 중얼거림, 즉 유성 날숨성과 연결되는데 이것은 실제로 자주 낮은 음역을 수반한다. 또 음높이는 윤상 갑상근에 기인한 것으로 (성대의) [얇음성]과 [두꺼움성] 사이의 자질 변별성으로 설명된다.

(32)

	음역	음높이
근육	성대	윤상 갑상근
효과	성대의 긴장	성대의 두꺼움
자질	경직성	얇음성 (중얼거림 소리가 아닌 H)
		두꺼움성 (중얼거림 소리가 아닌 L)
	이완성	얇음성 (중얼거림 소리 H)
		두꺼움성 (중얼거림 소리 L)

Duanmu는 이전의 연구에서 [이완성] 음역 모음을 분명하게 중얼거림성(유성 날숨성)이라고 하기 때문에 그 음역은 순수하게 음높이로 구별된 것이 아니다. 이 사실로 흥미로운 결과가 나타난다. Duanmu는 다음과 같이 설명하고 있다. '느슨하고 얇은 성대에서 경직되고 두꺼운 성대보다 높거나 낮은 F_0가 나타나는지는 명확히 예측할 수 없다.' 이러한 기술은 자질적으로 [경직성, 두꺼움성]인 성조가 자질적으로 [이완성, 얇음성]인 성조보다 음성적으로 음높이가 '더 낮을' 수도 있다는 것을 의미한다. 결과적으로 Duanmu는 Yip의 모형과 다르게 겹쳐있는 굴곡조를 허용한다. 정밀하게 본다면 고음역 내림조가 [52]가 될 수도 있고 저음역 오름조가 [24]가 될 수도 있다는 것이다. 왜냐하면 고음역에서 저조의 상대적 높이와 저음역에서 고조의 상대적 높이에 대하여 특정 예측을 할 수 없기 때문이다.

(33)

고음역 내림조:	[경직성]		[53] 또는 [52]
	[얇음성][두꺼움성]		
저음역 오름조:	[경직성]		[13] 또는 [24]
	[두꺼움성][얇음성]		

이것은 Duanmu가 내린 좋은 결론이다. 왜냐하면 이러한 성조들은 상당히 일반적이고 Yip(1980a)의 이론과 후속 논의들에 대하여 조금 논의되었거나 거의 논의되지 않은 논쟁거리를 주고 있기 때문이다.

여기서 다루어야 할 마지막 주제는 다음과 같다. 분절음 자질의 자질 기하학과 성조 자질의 자질 기하학 사이에 아무런 관계가 없을까? 두 가지를 통합하는 단일한 자질 수형도를 만들 수는 없을까? 자질 기하학 이론에서 자질은 구조화하지 않은 부류나 나열이 아니라 뿌리 마디에서 시작하여 여러 구성요소로 짜인 것으로 가정된다. 세부적인 내용에 대해서는 의견이 분분하지만 일반적으로 인정되는 구성 성분은 순음성, 설정성, 설배성을 관할하는 위치성 자질과 [유성성], [확장 성문성], [협착 성문성]을 관할하는 후두성 자질일 것이다. 자질 기하학적 수형도는 조음 음성학의 영향을 많이 받았기 때문에 같은 조음 기관이 관여하는 자질은 같은 마디 아래에 있다. 예를 들면 [원순성]은 보통 순음성 자질 마디 아래에 있다. 자질이 구성 성분으로 분류되는 방식에 대한 논쟁을 모두 살펴보는 것은 여기의 논의에서 많이 벗어나있기 때문에 자질 기하학에 익숙하지 않은 독자들은 3.4 시작 부분에 있는 Kenstowicz(1994) 및 다른 참고문헌을 참조하기를 바란다.

유의해야 하는 것은 성조 자질이 상당히 독립적이라는 단지 그 이유 때문에 성조 자질이 더 큰 구조의 하위 구조로 연결될 수 없다는 것을 의미하지는 않다는 것이다. 비유적으로 모음 자질을 다시 한 번 살펴보자. 많은 언어에서 후설성과 관련된 모음조화가 나타나는데

[후설성] 자질은 보통 자질 수형도에서 분절음 뿌리 마디의 하위 단위로 간주된다. 순음조화와 비음조화 역시 같은 관점으로 파악할 수 있다. 그렇다면 성조 자질은 어디에 속해야 하는가? 성조 자질이 순수하게 성조적이든지 아니면 Halle와 Stevens의 논의를 따르든지에 상관없이 성조 자질이 이 수형도 내에 결합되어 있다면 후두성 마디의 하위에 있을 것이라고 생각하는 것이 합리적으로 보인다. 왜냐하면 성조는 후두의 조작으로 만들어지기 때문이다. 세부 내용과 관련된 다양한 방식 등은 여러 가지로 생각해 볼 수 있다. 즉, 성조 자질이 다른 후두성 자질과 구별된다면 다음과 같이 성조 뿌리 마디가 후두성 마디 아래에 있다고 추정될 수 있다.

(34)

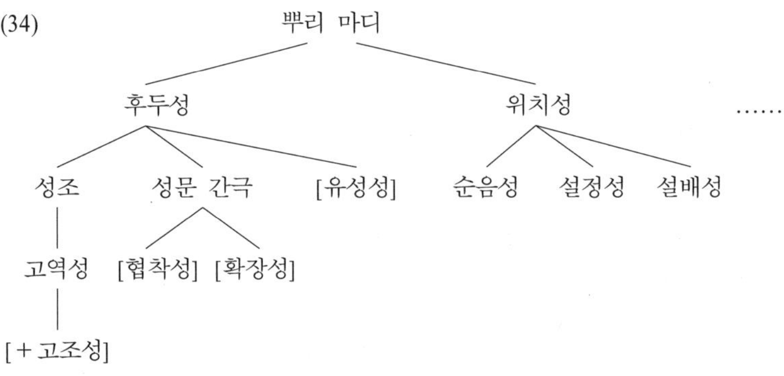

성조 마디는 어떤 구성 성분을 관할하기 때문에 전체 성조는 여전히 확산될 수 있다. 만약 성조의 배치를 다르게 하면 다른 결과가 나올 것이다. 이것은 위에서 개략적으로 본 성조에 대한 접근법을 더 큰 수형도에 끼워 넣는 방식으로 나타난다.

만약 성조가 이러한 방식으로 다루어지면 여전히 자립적이긴 하지만 어느 정도는 분절음의 일부가 된다는 것이다. 또 다른 관점 하나는

성조가 좀 특별하다는 주장인데 성조는 절대로 진정한 분절음이 될
수 없고 분절음의 뿌리 마디 아래 자질 수형도에 연결되는 것이 아니
라 운율 구조에 직접 연결된다는 것이다. 운율 구조라는 것은 음절을
음보로, 음보를 운율 단어로, 운율 단어를 음운구로 묶는 방식의 구조
를 말하는데 4장에서 이러한 접근법을 좀 더 자세히 살펴보겠다. 후
두 자질과 성조 자질에 대한 논의를 마치기 전에 지금까지 관찰하였
던 다른 상호작용 유형도 살펴보아야 한다.

　3장의 시작 부분에서 성조와 혀뿌리 전진성의 상호작용 그리고 아
마도 성조와 모음의 혀 높이의 대한 상호작용도 존재한다는 것을 살
펴보았다. 그렇다면 이러한 상호작용들이 성조 자질에 대한 확장 이
론에도 포함되는 것인지 여부에 대한 질문이 제기되어야 할 것이다.
이 책은 그러한 관점에 반대하는데 그것은 다음의 두 가지 이유 때문
이다. 첫째, 동일한 자질이 원인이 되었다거나 심지어 그 자질들이 자
질 기하학적으로 연관되었다고 보는 관점을 단순한 상호작용이 필수
적으로 의미하지는 않는다. 많은 언어에서 전설 모음은 비원순 모음
이고 후설 모음은 원순 모음이지만 [후설성] 자질과 [원순성] 자질이
서로 관련이 있다고 보는 견해는 거의 없다. (그러나 『영어의 음성 체계』
에서는 이 모음들을 유표성이라는 기술로 연결시킨다. 이 모음들이 자질 수형도에
서 구성 성분을 만들어 낸다는 제안에 대해서는 Odden(1991)을 참조) 그 대신 대
부분 서로 최대한 변별이 되는 모음을 발화하기 위한 지각적인 이유
때문에 모음 체계가 이러한 방식으로 발전되어 왔다고 본다. Gregerson
(1976)에서 제안한 낮은 음높이, 유성성, 혀뿌리 전진성 사이의 상승
관계가 어느 정도 유사한데 그 제안에 따르면 성조 자질과 혀뿌리 전
진성을 어떤 방식으로든 같다고 볼 필요가 없다고 한다. 두 번째 이유
는 세련됨이 좀 덜하지만 좀 더 이론적이다. 자질 기하학에 대한 현대
이론을 보면 각각의 자질은 단일한 상위 마디에 유일하게 할당되어

있다. 만약에 이것이 옳다면 혀뿌리 마디나 혓몸(즉 모음의 위치) 마디
보다는 후두음 마디가 성조 자질에 좀 더 적절한 마디가 될 것으로
보이기 때문에 여기에서는 그렇게 추정할 것이다.

　여기까지가 후두음 자질과 성조 자질에 대한 논의의 결론이다. 지
금부터는 [고역성]과 [고조성] 자질을 대상으로 논의를 전개할 것이
다. 음역에 대해서는 [+/−U], [H/L]로, 성조에 대해서는 [h/l]로 줄여
서 자질들을 사용하겠다.

3.6 이원성, 유표성, 미명세

　변별적 자질은 모음의 [+/− 후설성] 자질처럼 이원적이거나 자음
의 [설정성] 자질처럼 일원적이다(자세한 논의는 Kenstowicz(1994) 참조). 자
질이 일원적이면 그 자질이 완전히 없는 분절음이 있다는 것이다. 따
라서 최근 대부분의 접근법에 따르면 양순 자음이나 연구개 자음은
[− 설정성]이 아니라 설정성 자질이 없는 것이다. 이렇게 처리하는 것
이 본질적으로 정당하다. 왜냐하면 설정성이라고 하는 일반화가 보편
적인 것이지 [− 설정성]과 중요하게 연관되는 어떤 것은 없는 것 같
기 때문이다. 설정성이 일원적이라면 [− 설정성]은 존재하지 않게 되
고 어떠한 일반화로도 [− 설정성]을 나타낼 수 없게 된다. 어떤 자질
이 일원적이고 또 어떤 자질이 이원적인지는 아직 해결되지 않는 의
문점이다. 예를 들면 어떤 분석자는 [유성성]을 일원적으로 보고 무성
분절음은 [유성성]이 없다고 본다. 좀 더 복잡하게 한다면 어떤 자질
이 이원적이라고 해도 단 하나의 자질값이 기저에 존재하고 반대의
자질값은 나중에 삽입되거나 전혀 없을 수도 있는 그러한 경우도 있

을 수 있다는 것이다. 이것을 전제로 삼는다면 성조에 대해서는 어떻게 말할 수 있을까? 이 책에서는 암묵적으로 자질이 이원적이라고 논의하였지만 이것이 반드시 사실일까? 만약 사실이라면 모든 자질값은 기저에서 명세되는 것일까? 더 나아가서 자질 체계는 언어 보편적인 것이 선호된다고 가정할 것이기 때문에 모든 자질들은 모든 언어에서 일원적이거나 그렇지 않으면 이원적이게 된다.

고조와 저조가 표면적으로 대립하는 간단한 이원 체계를 살펴본다면 [+/−고조성]과 같이 단일 성조 자질이 대조적으로 사용되고 두 가지 자질값이 모두 존재한다고 추정하는 것이 가장 자연스럽다. 그러나 성조 하나만으로 음운론적 기능을 다 하는 것으로 추정되는 언어가 많이 있는데 그 성조는 보통 고조이다. 예를 들면 치체와어(Myer 1999a)는 고조에 배치와 관련된 제한이 있지만 저조에는 없다. 고조는 필수굴곡원리의 영향으로 이화가 일어나지만 저조는 일어나지 않는다. 고조는 이중으로 연결되지 않는 것으로 보인다. 실제로 성조음운론적인 모든 현상이 저조와 관계없이 기술될 수 있는데 이것은 많은 반투어군에서도 사실로 나타난다. 대조를 위해서 치체와어와 상황이 다른 요루바어(Akinlabi and Liberman 2000b)를 살펴보자. 요루바어에는 모음 탈락으로 생겨난 굴곡조가 있다. 이러한 굴곡조(해당 굴곡조는 연쇄적인 굴곡조이고 빈 성조 마디를 허용한 때 나타날 수 있는 추가적인 기능은 무시되는 굴곡조이다)는 두 개의 수평조를 상정하지 않고서는 나타날 수조차 없다. /muH + iweLH/ → muwe H.LH '책을 받다'에서처럼 성조를 소지한 /i/ 모음이 탈락한 후에도 /i/ 모음에 실렸던 저조가 살아남아 재연결되는 예에서 보이는 성조의 안정성은 저조가 음운론적으로 존재한다는 사실을 명확하게 나타내주고 있다. (빈 성조 마디가 금지되어야 하는 이유에 대한 논의는 Hyman(2000) 참조)

치체와어 유형의 언어로 다시 돌아와서 논의를 전개한다면, 따라서 치체와어는 [＋고조성]만 나타난다고 하거나 [고조성]이라는 자질이 일원적이라고 말할 수 있게 된다. 어느 경우든지 [＋고조성] 또는 [고조성]이 없는 음절은 음성적으로 낮게 실현된다. 어느 경우든지 고조 음절은 명세되고 활성화될 수 있으며 저조는 명세되지 못하고 활성화될 수 없다. 그러나 요루바어를 분석해보면 이 자질 체계 중에서 바꾸지 않고 적용할 수 있는 것은 한 가지뿐이다. 이원적인 분석 방식을 선택한다면 요루바어는 이원적인 자질값이 모두 사용되어 [＋고조성]과 [－고조성]이 모두 나타나고 활성화된다. 그러나 만약 일원적인 설명이라면, 요루바어에는 [고조성] 자질 외에 두 번째 일원 자질인 [저조성] 자질을 가져와야 한다. 두 방법 모두 요루바어에서 어떠한 자질도 없는 음절은 중조로 나타날 것이고 실제로도 그렇다. 여기서 일원적인 설명과 이원적인 설명의 차이를 발견하는 것은 보통 거의 불가능하다. 이 차이는 성조 목록이 커지면 구별하기 쉬워진다. 왜냐하면 두 분석이 자연 부류에 대해서 서로 다르게 예측하기 때문이다. 예를 들면 이원 체계를 이용하면 [－고조성] 자질이 중조와 저조를 모두 포함하게 하여 음수 자질값에 적용되는 자연 부류를 정의할 수 있다. 그러나 여러 다른 의문점과 관련된 증거는 찾을 수 없는 것이 보통이다. 해당 증거를 찾았다고 하더라도 확실한 일원론 지지자라면 또 다른 일원 자질을 필요한 범주를 처리할 목록에 간단히 더해버리면 그만이다. 실제적으로 대부분의 언어학자는 자질 대신 H, M, L을 사용하는 방식과 자료로 보증이 된다면 명세되지 않는 음절을 허용하는 방식 등으로 이러한 논쟁을 회피한다.

고조가 명세된 성조라면 당연히 저조는 기정치이다. 반면에 만딩카어(Creissels and Grégoire 1993), 루운드어(Nash 1992-4), 게르니카 바스크어(Hualde 1991), 우아베어(Noyer 1992)와 같은 소수 언어에서는 저조가 명세되어 있고 고조가 기정치라고 주장되어 왔다. 요루바어 같은 세 번째 부류의 언어에서는 고조와 저조가 모두 명세되어 있고 중조가 기정치이다. 고조 표시 언어와 저조 표시 언어의 차이는 흥미롭다. 차이를 이해하기 위한 방법 하나는 출력 제약(4장 참조)과 같은 아이디어로 넘어가는 것인데 다음 설명과 같다. 범언어적으로 저조가 선호되고 고조는 잘 선호되지 않는 이유는 아마도 조음의 노력과 관련되어 있을 것이다. 이것은 저조 표시 언어의 경향을 말해주는 것이지만 이 점은 강세 음절에서는 반대로 고조가 선호된다는 점과 각 어휘적 단어에는 강세 음절이 있어야 한다는 요구 조건으로 반론이 제기된다. 두 번째의 선호도는 사람들이 고조 표시 언어를 예측한다는 것이다. 어떤 선호도가 더 중요한 것으로 생각되는지에 따라 치체와어와 같은 고조 표시 언어가 될 수도 있고 바스크어와 같은 저조 표시 언어가 될 수도 있다. 그러나 유의해야 하는 것이 있다(Myers와 개인 대담). 이러한 설명은 고조 표시 언어이지만 강세에 완전히 독립적인 고조가 있는 언어를 설명할 수는 없기 때문에 전체적인 설명이 될 수 없다는 점이다.

몇 개 안되는 음절만 성조 자질로 보충되는 언어가 있다면 그 언어의 최종 운명에 대하여 다음과 같은 질문을 던질 수 있다. 해당 언어를 보았을 때 음운론의 가장 끝 단계쯤에서 음운론적 성조 자질을 수용할 것인가 아니면 음성학적 무성조 단계에 진입하여 보간이나 중립 위치와 같은 완전히 음성적인 기제로 음높이를 수용할 것인가? Myers (1999a)는 치체와어에서 무성조 음절이 절대로 음운적인 저조를 수용하지 않고 주위 음성 환경에 의하여 음높이가 결정된다고 주장하였지만 저조가 유표적이고 고조가 무표적인 언어에 대한 비교 자료가 제시되지는 않았다.

다음으로 무성조 음절을 잠깐 다루어야 할 것 같다. 최소한 다음에 나온 세 가지 유형의 '저조' 음절은 구별하는 것이 필요할 것으로 보인다.

(35) a. 음운적으로나 음성적으로 모두 저조에 명세됨 : 음성적으로 저조

　b. 음운적으로나 음성적으로 모두 성조가 없음 : 음높이는 음성적
　　인 보간으로만 얻을 수 있음

　c. 음운적으로 성조가 없음 : 그러나 음성과 음운의 상호작용으로
　　L 성조가 명세됨.

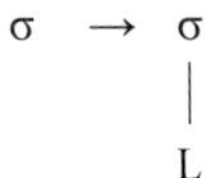

　(a) 유형은 저조가 음운적으로 활성화되어 있다. 확산 현상, 필수굴곡원리(4장 참조)에 의한 탈락 현상, 굴곡조 형성 등이 나타난다. 음성적으로 이러한 저조는 성조 목표점 L을 가지면서 확실하고 안정적인 저조로 표면화한다. 이러한 유형은 거의 대부분 다음과 같이 세분되어야 한다. 한 부류는 기저에 L이 있는 언어이고 다른 한 부류는 음운 과정의 특정 단계, 특히 후어휘부 음운 단계에서 L이 명세되는 언어이다(자세한 논의는 Hyman(2000) 참조). (b) 유형은 음운 단계에서 음절이 성조적으로 활성화하지 못하고 전적으로 주위 음절에 의해서 결정되어 여러 음높이로 표면화한다. 이 음절은 성조 목표점이 전혀 나타나지 않는다. 마지막 (c) 유형의 음절은 저조가 음운적으로 존재하지 않는 것으로 보인다. 고조가 확산과 같은 과정에 나타나는 동안 다른 음절은 수동적이어서 무성조 음절로 보는 것이 가장 좋다. 그러나 음성적으로는 마치 저조 목표점을 가진 것처럼 저조로 표면화한다. 음운 단계 이후와 음높이값 할당 이전의 어느 위치에서 이 음절은 L 목표점을 가지게 된다. (a) 유형과 (b) 유형은 (음운 과정 내부에서 미명세 문제가 제기되기는 하지만) 간단하고 직접적으로 이해되는 반면 (c) 유형은

더 깊은 논의가 필요하다.

　중요한 문제는 무성조 음절이 언제 그리고 어떻게 성조 목표점 L을 얻게 되는가 하는 것이다. 한 가지 가능성은 음운론 단계의 마지막에서 모든 무성조 음절에 L을 삽입하는 것이다. 이것은 규칙 기반의 미명세 이론에서 택하고 있는 접근법인데 이 규칙은 기정치 규칙 또는 문맥 무관 잉여성 규칙으로 불린다(유용한 논의는 Steriade(1995) 참조). 이 규칙은 어느 범위 내에서는 분명히 개별 언어에 따라 다르게 나타나는데 기정치 모음에 따라 언어가 변화할 수 있는 것과 같다. 이러한 접근법은 이 책에서 채택하고 있는 비도출적 분석 원칙의 최적성이론에서는 문제가 된다. 하지만 그렇지 않다면 최적성이론은 이러한 경우를 처리하는데 가장 자연스러운 방식으로 보인다. 두 번째 가능성은 음성적 구성 성분이 언어 특정적인 하위 구성 성분을 가지고 있다고 보는 것이다. 이 하위 구성 성분이 (모든 언어는 아니지만) 특정 언어에서 빠져있는 성조를 L로 채워서 모든 음절이 성조 목표점을 가지게 되는 것이다. 그러나 이렇게 처리하는 방식은 본질적으로 음성학적이라기보다는 더 음운론적이다. 왜냐하면 이 방식은 음성 표상과 자주 연결되는 연속적 값이 아니라 범주적 자질 정보가 들어가도록 작동하기 때문이다. 마지막 가능성은 삽입이 상호작용이라는 것이다. 삽입은 음운에서 음성으로 전이되는 시점에 발생하는 것이고 음성 단계가 시작될 때 완전히 명세되는 언어들에서 필요 사항으로 만들어진 것으로 보인다. 최적성이론 음운론 단계의 출력형은 여전히 미명세되어 있지만 음성 단계의 입력형은 완전히 명세되어 있을 것이다. 어떤 경험적 자료가 지금까지의 세 가지 가능성 중에서 하나를 선택하는 근거가 될 것인지는 확실하지는 않지만 이 책에서는 필자의 가설에 근거하여 세 번째 가능성, 즉 상호작용으로 보는 견해를 따를 것이다.

　이 책의 분석 부분 전개를 보면 보통은 자세한 음성 분석이 제시되

지 않고 음운 분석에서 제한될 것이다. 이러한 방식이 만족스럽지 않
지만 사용가능한 자료에 한계가 있어서 어쩔 수 없는 부분이 있다. 여
기서는 '출력형'을 자주 다음과 같이 상정할 것이다. 여러 논문에서
'출력형'은 미명세 '저조'로 기술되어 최종적으로 기정치 성조를 받게
될지, 아니면 영원히 무성조로 남게 될지 모르는 음절에 있는 '출력
형'이다.

　이 단원을 마치면서 독자들에게 안심하라는 말을 남긴다. 이 책에
서 자질 체계를 선택하는 것과 관련된 많은 복잡한 문제들이 여전히
해결되지 않은 채로 남아있지만 다음 장에서부터 기술되는 대부분의
내용에서 성조 자질을 아주 자세히 살펴보지는 않을 것이다. 그 대신
간단히 H, M, L 또는 숫자로 나타낸 성조만을 사용할 것이다. 자질과
관련된 용어를 사용하여 분석을 형식화하는 것이 특별한 통찰력을 주
지 않는다면 말이다.

제4장 성조의 자립분절적 본질과 최적성이론의 성조 분석

이 장의 중심 내용은 성조음운론의 분석에 알맞은 분석 도구에 관한 것인데 성조의 특성을 자세히 살펴보기 전에 분석 내용을 표현할 일반 이론적 틀이 필요하기 때문이다. 4.1에서는 어떤 분석틀이든지 포착할 수 있어야 하는 성조의 다섯 가지 특성을 확인한다. 4.2에서는 '자립분절적' 표상이 이러한 특성을 훌륭하게 처리하는 것을 살펴본다. 4.3에서는 최적성이론의 틀을 소개하고 4.4에서는 성조론으로 그 틀을 확장한다. 4.5는 이 틀을 성조의 다섯 가지 중심 작용에 적용하고 4.6에서 4.10까지는 최적성이론 안에서 성조음운론의 전체적인 실용 모형을 구체화한다.

성조는 다음에 제시한 것처럼 다른 음운 자질과는 다르고 이러한 특성들은 우리에게 좀 더 친숙한 자음이나 모음 자질에서는 거의 또는 전혀 관찰되지 않는다.

   a. 이동성 : 원래의 지점에서 벗어나 이동
   b. 안정성 : 원래 성조가 있었던 분절음이 없어진 후에도 생존
   c. 일대다 연결 : 둘 이상의 분절음이 성조 자질 하나를 공유

d. 다대일 연결 : 하나의 성조 소지 분절음에 다수의 성조 자질 표면화
e. 무성조 분절음 : 음운적 성조를 절대 가질 수 없는 잠재적 성조 소지 분절음

성조 자질이 아니면서 이와 같은 특징 중 어느 것이 규칙적으로 나타나는 유일한 자질은 비음성과 특정 모음 자질 같이 원래의 분절음 위치보다 더 큰 영역으로 확산되는 조화 자질뿐이다. 자음의 위치 자질 또는 기식성, 유성성 같은 후두 자질은 보통 이와 같은 특징이 나타나지 않는다. 사실 성조는 무엇보다도 강세와 공통점이 많은 것으로 보인다. 예를 들면 강세는 이동이 가능하다. 잘 알려진 영어 리듬 규칙을 보면 (*fiftéen*과 대조적으로) *fifteen mén* 같은 구에서 원래 강세가 인접 강세에서 벗어나 있다. 성조의 특별한 성질 때문에 음운론에서는 성조를 구별하여 다루는 오랜 전통이 만들어졌다. 그 전통은 적어도 Firth(1948)까지 거슬러 올라가고 좀 더 최근으로는 Leben(1973)과 Goldsmith(1976)가 있다.

지금부터는 성조에 있는 평범하지 않은 특징 하나하나를 좀 넓은 범위의 언어 자료를 이용하여 간단히 살펴보겠다.

4.1 성조의 특징

4.1.1 이동성

성조는 대부분의 분절음 자질과 다르게 성조가 실린 어휘적 장소에서 분리되어 멀리 옮겨갈 수도 있다. 치지굴라어(반투어군 : Kenstowicz and Kisseberth 1990)의 고조는 단어 어근에서부터 단어의 끝에서 두 번째

음절로 이동한다. 그 결과 성조가 원래 위치에서 세 음절 이상 떨어진 곳으로 이동하게 될 수도 있다. 독자들이 알고 있어야 하는 것은 반투 어군의 여러 언어를 포함하여 많은 언어에서는 고조 하나만 명세되기 때문에 명세되지 않은 음절은 결과적으로 저조가 표면형으로 나타난 다는 사실이다. 다음 자료는 고조의 원래 위치를 밑줄로 표시하고 표 면형 위치는 일반적으로 사용하는 양음 악센트 기호로 나타낸 것이 다. /lómbez/ '요청하다'와 같은 특정 동사를 관찰해 보면 고조의 원래 위치는 항상 고조를 출력형에 나타나게 하지만 그 고조의 표면형이 동사 어근 자체에 나타날 필요는 없다는 것을 알 수 있다(다음의 두 번 째와 세 번째 예 참조). 반대로 '~을 위해 요청하다'의 형태소 -ez/-iz에 있 는 고조는 그 자리가 원래 자리가 아니다. 왜냐하면 동사 '~을 위해 하다'에 있는 동일한 형태소에는 고조가 어느 위치에도 나타나지 않 기 때문이다.

(1) 무성조 동사   고조 동사
     ku-damany-a   '하다'   ku-lombéz-a   '요청하다'
     ku-damany-iz-a   '~을 위해 하다'   ku-lombez-éz-a   '~을 위해 요청하다'
     ku-damany-iz-an-a '서로를 위해 하다' ku-lombez-ez-án-a '서로를 위해 요청하다'

　수쿠마어(반투어군 : Sietsema 1989)에서도 고조가 오른쪽으로 옮겨가지 만 이 언어에서는 목표 음절이 원래 위치에서 정확히 오른쪽으로 두 음절 뒤이다.

(2) aka-bon-aníj-a   '그 남자가 동시에 보았다'
     ku-tonolá   '잡아 뜯다'
     ku-ku-sól-a   '우리는 선택할 것이다'
     a-ku-ba-sol-á   '그 남자는 그들을 선택할 것이다'

시에라 후아레스 사포텍어(오토망게어족 : Bickmore and Broadwell 1998)의 고조는 왼쪽 첫 번째 자유 음절로 옮겨간다. 이 언어는 고조와 저조가 기저형에서 모두 나타나고 무성조 음절은 표면형에서 중조로 나타난다. 다음 예를 보면 동사 /-xuʔnì-/는 첫 번째 음절에 성조가 없어서 '당신은 주름이 질 것이다'의 형태에서 표면형 중조로 나타난다. 일인칭 주격 접미사는 부동 고조이다. 이 부동 고조는 접미사의 왼쪽에서부터 첫 번째 무성조 음절에 나타나기 때문에 같은 동사의 '나는 주름이 질 것이다' 형태는 첫 번째 음절에 고조가 실린다.

(3) gú-xuʔnì-luʔ   '당신은 주름이 질 것이다'
     gú-xúʔnì-à?   '나는 주름이 질 것이다'

소말리어(쿠시어족 : Banti 1988)에서는 마지막 음절의 고조가 해당 구의 마지막에서 두 번째 음절로 이동한다. /tukέ/ '까마귀'라는 단어를 보자. 다음 문장에서 가능한 단어순서가 두 가지 있는데 두 번째 단어순서가 사용되어 '까마귀'가 구의 마지막 음절이 되면 마지막 음절의 H는 옮겨가게 된다.

(4)   sháley   b-úu   tukέ   arkey   '어제 그 남자는 까마귀를 보았다'
       어제   초점-그 남자   까마귀   보았다
그러나 sháley   b-úu   arkey   túke

4.1.2 안정성

대부분의 분절음 자질과 다르게 어떤 분절음이 탈락, 이동, 중복될 때 성조는 그대로 남아 있을 수도 있고 복사되지 않을 수도 있다. 하

야어(반투어군 : Hyman and Byarushengo 1984)를 보면 분절음은 복사되지만
성조는 복사되지 않는다. 동사 '묶다'는 고조(또는 내림조)가 끝에서
두 번째 음절에 있는데 중복형에서는 고조가 나타나지 않는다.

    (5) okukôma '묶다'   대   okukómaakoma '여기 저기 묶다'

타이의 비밀 언어를 보면 분절음은 첫 번째와 두 번째 음절의 운이
교환되면서 서로 자리가 바뀌지만 성조는 그대로 남아 있다. 다음 첫
번째 예를 보면 /uay/에 있는 /HL/은 첫 번째 음절에 그대로 남아 있어
[ɔɔm]이 표면형이 된다. 또 한편으로는 /mɛɛ/의 기저형 /LH/가 /uay/의
표면형에 나타난다.

    (6) klúày hɔɔ́m   > klɔ́ɔ̀m hùáy   '바나나'
         ténrām̄   > tám̀rēn̄   '춤'

피라항어(Everett 1986)에서 모음은 연이어 있을 때 탈락하지만 성조
는 그대로 남아 있다. 다음 예를 보면 처음의 /x/가 생략되어 세 모음
연쇄인 /òí - o/가 남아 있다. 이어서 /i/가 탈락하여도 성조는 그대로
남아 인접하게 된 /o/가 표면형으로 실현되어 [ǒo]가 된다.

    (7) sitòí - xogabagaí > sitǒogabagaí '달걀 - 원하다' '나는 달걀을 원한다'

광둥어에는 변화된 성조로 알려진 일반적인 현상이 있다(Yip 1980a).
하위 유형 한 가지로 고조가 실린 특정 형태소와 형태소의 탈락형 사
이에서 변화를 들 수 있는데 여기서 성조는 그대로 남아있어 앞에 오
는 형태소에 붙는다. 다음 예를 보면 그 형태소가 저조나 중조일 경우

결과적으로 낮은 음높이나 중간 음높이에서 올라가는 오름조가 된다.
중국어는 전통적으로 1을 저조로, 5를 고조로 표시하는데 변화된 성
조 연쇄 부분을 밑줄로 표시하였다.

(8) a. yat5 <u>tiu21 yat5</u> tiu21   '하나-조각-하나-조각'   '한 조각 한 조각'
        ~ yat5 <u>tiu25</u> tiu21
     b. <u>sik3 tsɔ35</u> ~ <u>sik35</u>   '먹다-완료형'   '먹었다'

4.1.3 일대다 연결

성조는 대부분의 분절음 자질과 다르게 넓은 범위에 걸쳐 확산될
수 있다. 칠룽구어(반투어군 : Bickmore 1996)에는 부정(不定) 접두사 /kú-/
에서 확산되고 연결되지 않은 고조가 있는데 이 성조는 무성조 어근
에 덧붙여지는 현상이 명확하게 나타난다. 다음을 보면 고조가 마지
막 음절을 제외한 모든 음절에 확산된다.

(9) kú-vúl-à   '충분하다'
     kú-víímb-à   '지붕을 짚으로 이다'
     kú-fúlúmy-à   '끓어 넘치다'
     kú-sáákúl-à   '빗질하다'
     kú-sóóbóló-à   '가려내다'

이 고조들의 원래 위치는 고조 모음 한 개가 확실하지만 출력형에
는 고조 음높이가 긴 다음절어 연쇄에 걸쳐 있다. 이 현상을 고조가
여러 개로 복사되어 만들어진 것이 아니라 고조 한 개가 확산된 것으
로 본다면 다음과 같이 성조 하나가 여러 모음이나 음절에 연결된 것
이다.

(10)   ku -soobolol-a

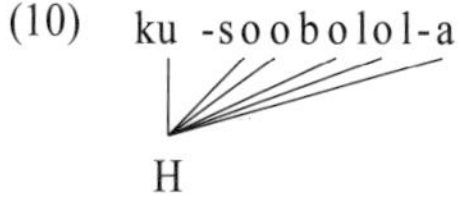

     H

실제로 많은 경우 음운론의 나머지 부분을 통해 확산된 단일 성조로 처리하는 것이 명확하다. 예를 들면 Odden(1986)에서는 고조를 가진 연결 접두사 /né-/ 뒤에 오는 고조가 낮아지는 쇼나어의 규칙을 논의하고 있다. 만약 이 고조에 인접한 하나 이상의 음절이 있다면 그 성조는 모두 낮아질 것이다. 즉 /né-hóvé/ > [né-hòvè] '물고기와 함께', /né-mbúndúndzí/ > [né-mbùndùndzì] '벌레와 함께'처럼 실현된다. 고조 음절의 이러한 연쇄가 실제로는 하나의 고조가 여러 음절에 연결된 것이라면 우리가 예측한 것과 정확히 일치하게 된다.

(11)   H   H   →   H   L

         ne   hove   ne   hove

반면에 만약 각 음절이 모두 고조를 가진다면 첫 번째 음절만 낮아져야 한다. 왜냐하면 Odden이 밝힌 것처럼 이 규칙은 연결 접두사가 적용의 주체이지 임의의 고조가 아니기 때문이고 이 규칙은 인접하는 고조 하나에만 적용되기 때문이다.

치키우이틀란 마사텍어(Jamieson 1977)에서는 중앙아메리카어 성조의 표기 관습에 따라 /1, 2/로 표시한 두 고조가 제한 없이 확산된다. 다음 예를 보면 첫 번째 형태소의 마지막 성조가 오른쪽으로 확산되어 마지막 음절을 제외한 다른 모든 성조를 삭제한다.

(12)   kih31 '갔다' + -nka3 '다시' + mu3su34 → kih31 nka1 mu1 su14 '고용 노동자'
       nku2 '하나' + nta3ʔnka34   → nku2 nta2ʔnka24   '옥수수 창고'

남아메리카의 언어인 바라사나어(Gomez-Imbert and Kenstowicz 2000)에서
는 고조와 저조가 모두 제한 없이 확산된다. 두 부분으로 구성된 복합
어에서 앞부분의 마지막 성조가 뒷부분 전체에 확산된다. 다음 예에
서 첫 번째와 두 번째는 고조의 확산이고 마지막 예는 저조의 확산이
다. (단어 앞의 물결 표시는 단어의 유성 분절음이 모두 비음화한 것을 나타낸다.)

(13) héá + ~gítá-a   →   héá~gítá-aá   '부싯돌'
      ~ídé + ~bídi   →   ~ídé~bídí   '길리엘마(種) 새'
      hée + jáí   →   hée + jai   '샤머니즘의 주술사 (조상-재규어)'

제한적 확산 역시 상당히 일반적인데 가장 보편적인 것은 음절 하나
에만 확산되는 것이다. 보통 '성조 배증'이라고 부르는 이 현상은 아프
리카의 여러 언어에서 많이 나타난다. 다음 예는 바이어(Vai)(Welmers
1976)와 바데어(Schuh 1978)의 예이다.

(14) 바이어(Vai) : 저조가 오른쪽 음절 하나에 확산된다.
      /mùsú nááni/   →   mùsù nááni   '다섯 여자'
      바데어 : 고조가 오른쪽 음절 하나에 확산된다.
      /nɔ́n kàtáw/   →   nɔ́n kátáw   '나는 돌아왔다'

4.1.4 다대일 연결

성조는 대부분의 분절음 자질과 다르게 하나 이상의 자질이 분절음
하나에 연쇄적으로 나타나서 굴곡조를 만들 수 있다. 굴곡조를 수평
조의 연쇄로 분석할 수 있는 증거는 3장에 제시되었다.

이비비오어(베누에콩고어군 : Urua 1995)는 굴곡조가 제한적으로 분포하
는데 그 굴곡조는 모두 기저 수평조의 연쇄에서 도출된 것이다. 예를

들면 대부분의 단음절 동사와 다르게 단음절 동사 [CrV]는 오름조가 나타난다. Urua가 제안한 분석에 따르면 이 동사의 기저형은 2음절어 /CVdV/인데 먼저 /d/가 연음화하면서 [r]이 되어 /CVrV/가 나타났고 다음으로 첫 번째 모음이 탈락하고 [CrV]에 성조를 남긴다. 자립분절적 표상을 사용하여 간단히 예측해 보면 도출 과정은 다음과 같이 될 수 있다.

(15)   tVdV   →   tVrV   →   trV   '멈추다'
        │ │   │ │   ／│
        L H   L H   L H

이러한 동사가 기저형에서 2음절이라는 것에는 세 가지 유형의 증거가 있다. (1) 이러한 동사는 단음절 동사가 아니고 같은 이형태 접미사가 나타나는 2음절 동사이다. (2) 중복될 경우에는 오름조를 구성하는 LH가 CVV 접두사에 연쇄적으로 복사된다. 예를 들면 bèébrĕ와 같다. (3) 밀접한 연관이 있는 언어인 아낭어에서 2음절 형태가 실제로 증명되어 역사적으로도 최소한 이 동사들은 이비비오어에서도 2음절어라고 볼 수 있다.

시아네어 명사(파푸아뉴기니의 고원지역 : James 1994)의 굴곡조는 잉여 성조가 정착할 곳이 없을 때에만 만들어진다. 두 개의 기저 성조가 있는 단모라 명사는 명사 어근에서 성조가 하나만 나타나고 두 번째 성조는 접미사에 나타난다. 접미사가 없는 경우에만 두 성조가 모두 명사에 표면형으로 나타나 굴곡조를 형성한다.

(16)   /yoLH/   yo + te   →   yòté   '불 (1인칭 단수 소유격)'
                  yo   →   yŏ   '불'

멘데어 명사(Leben 1978)에서도 정확히 같은 현상이 나타난다.

(17) /mbuHL/   mbu-ma   →   mbúmà   '부엉이-~에'
                 mbu   →   mbû   '부엉이'
      /mbaLH/   mba-ma   →   mbàmá   '쌀-~에'
                 mbu   →   mbǎ   '쌀'

광둥어의 변화된 성조(Yip 1980a)와 관련해서는 형태소(또는 음절일 수
도 있다)가 탈락한 후 형태소에 실린 성조가 남아서 앞에 오는 형태소
에 재결합하는 현상을 이미 살펴보았다. 변화된 성조의 다른 예로는
원래는 성조가 있는 분절음 형태소가 아니지만 완벽하게 고조 /5/를
구성하는 것으로 보이는 현상이 있다. 다음 예에서 친근한 이름을 만
드는 데 사용한 이러한 성조 형태소는 원래부터 성조가 있는 음절에
자유롭게 결합하여 굴곡조를 형성한다. 해당 음절이 이미 /5/나 /53/으
로 높게 시작되면 새로운 고조가 더해져서 [55]로 출력된다.

(18) a. 성
         /ts^{h}an^{22}/   a^{33}ts^{h}an^{25}
         /yip^{22}/   a^{33}yip^{25}
      b. 가족 관계
         /a^{33}kuŋ^{55}/   '외할아버지'
         /a^{33}yi^{55}/   '이모(어머니의 여동생)'
      c. 출생 순서에 따른 이름
         /yi^{22}/   a^{33}yi^{25} '둘째'
         /ŋ^{24}/   a^{33}ŋ^{25} '다섯째'
         /sei^{33}/   a^{33}sei^{35} '넷째'
      d. 별명
         /pai^{53}/   a^{33}pai^{55} '절름발이'
         /fei^{24}/   a^{33}fei^{25} '뚱뚱이'

4.1.5 무성조 음절

성조 자질은 대부분의 분절음 자질과 다르게 기저형과 표면형에서 모두 그 자질이 없을 수 있다. 분절음 음운론에서도 앞선 층위의 표상에서 미명세가 자주 제안되기는 하지만 표면형에서는 거의 예외 없이 각 분절음이 상당히 완전한 명세를 가지게 된다. 예를 들면 설정 자음은 음성 단계에서 명확하게 [설정성] 자질을 가지게 되는데 그 이유는 조음 위치가 음성 환경에 완전히 종속되지는 않기 때문이다. 성조에서는 그림이 상당히 다르게 그려진다. 어떤 음절은 음성 단계에서조차 성조의 목표점이 없기도 하여서 주위의 명세된 음절에서 음높이를 가져온다. 음운 과정 전체에 걸쳐서 무성조이어서 결국 뒤늦게 저조가 명세되는 음절은 그 예가 대단히 많다. 음성학과 음운론의 관계에 관한 논의는 1장을 참조하라.

치체와어(반투어군, Myers 1999a)에서는 고조만 명세되고 성조가 없는 곳은 저조가 된다. 고조가 유일한 성조 목표점이고 다른 F_0 값은 음성 층위에서 보간의 방법으로 할당된다. Myers는 이러한 주장을 지지하는 논증 두 가지를 제시하였는데 다음과 같다. 음운론적으로 고조만 '활성화'되어 있다. 즉 고조는 배치에 제한이 있고 이화 효과가 나타낸다. 음성학적으로 저조는 음성적 목표점이 아니다. 저조의 정확한 값은 주위의 고조에서 예측 가능하고 저조의 골짜기가 나타나는 시점은 최고점 사이의 간격에 달려있다. 실제로 이 현상은 Pierrehumbert and Beckman(1988)에서 완벽하게 조사된 악센트 언어인 일본어와 상당히 유사한 것으로 보인다.

세카니어(아타파스카어족, Rice 1999a)에서는 명세되는 것이 저조뿐이다. 저조는 모음이 탈락한 후에도 여전히 남아 있는 반면 고조는 없어진다.

(19) sə-chu-è-azi   →   [səchuàzi]   '나의 소중한 딸'

더 나아가 저조는 소유 형태소로 활용되지만 고조는 그렇지 않다.

(20) chu   '물'   -chù   '물, 소유'
      da   '눈(眼)'   -dà   '눈(眼), 소유'

(물론 고조가 나타날 수도 있지만 혼자서 형태소로 사용되지는 않는다. 이 현상은 영어에 음소 /p/가 있지만 /p/ 혼자서 구성된 형태소는 없는 현상과 유사하다. 따라서 엄격히 말하면 이 현상은 기저형에 저조가 존재한다는 증거가 기저형에 고조가 존재하지 않는다는 증거보다 더 많다는 것이다. 그럼에도 불구하고 이 현상은 기저에 고조가 존재하지 않는다는 사실과 확실히 일치한다.)

표준 중국어(Shih 1987)는 고조와 저조가 모두 명세되어 있지만, /-de/ '소유'와 /-ge/ '분류사' 등 일부 형태소는 무성조이기도 하다.

(21)	앞에 오는 성조			무성조 음절
	55	H	높은 수평조	ta-de '3인칭단수-소유'	높게 시작한 후 내려옴
	35	LH	높오름조	shei-de '누구-소유'	높게 시작한 후 내려옴, 많이 낮지는 않음
	21	L	저조	wo-de '1인칭단수-소유'	상당히 낮게 시작한 후 올라감
	53	HL	높내림조	nei-ge '저-분류사'	상당히 낮게 시작한 후 더 낮아짐

무성조 음절을 음성적으로 기술하여 보면 다음 사실이 분명해진다. 무성조 음절은 앞에 오는 음절의 음높이에 의해서 음높이가 결정되

고, 무성조 음절 자체에는 음운적 성조가 없으며, 음성 단계에 진입할 때에도 아마도 여전히 무성조 상태일 것이라는 사실이다.

상하이어(Duanmu 1993)에서는 어두가 아닌(즉, 비핵 위치) 형태소는 무성조가 되는데 첫 형태소의 두 성조가 처음 두 음절을 맡도록 재조정된다(위에서 설명한 멘데어와 유사하다).

(22) se52 + pe52   →   55 21   '세 잔'
      se52 + bø23   →   55 21   '세 접시'
      sz34 + pe52   →   33 44   '네 잔'
      sz34 + bø23   →   33 44   '네 접시'

그 다음에 오는 음절 역시 모두 다 자신의 성조를 잃지만 어두 음절에서 얻는 것은 아무 것도 없다. 그 음절들은 앞에 온 두 번째 음절의 성조가 무엇이든지 상관없이 저조로 실현된다. 왜냐하면 그 음절들은 변화하지 않는 저조이기 때문이다. 상하이어의 그 음절들은 음성적으로 실현되기 이전에 이미 음운적으로 L 성조가 주어졌기 때문에 표준 중국어와 다르다고 가정하는 것이 가장 좋은 것 같다.

지금까지 살펴본 다섯 가지 특징을 잘 포착할 수 있는 표상 체계를 중심으로 논의를 전개해 보자.

4.2 자립분절적 표상

4.2.1 이론적 기초

이 단원에서 기술할 모형은 자립분절음운론이라는 이름을 가진 모형이다. 이 모형은 Goldsmith(1976)에서 시작되었는데 Leben(1973)의 연구가 토대가 된다. Goldsmith의 연구는 성조음운론에 대한 사고를 혁명적으로 변화시켰고 지금까지도 그 이론적 토대가 심각하게 흔들리지 않고 있다. 성조는 음악의 가락처럼 분절음 및 운율적 재료에서 분리된 '층위'에 존재한다. 성조는 음절, 모라와 같은 분절음적, 운율적 실체와 '연결되는' 경우에만 표면형으로 실현되어 해당 실체와 함께 발음이 실현되게 된다. 이러한 연결은 다음에서 해당 층위를 잇는 선으로 표시하였는데 σ는 음절을 표시하고 T는 성조를 나타낸다.

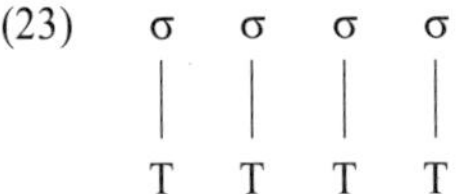

성조는 기저형에서 특정 음절에 반드시 연결되지 않아도 된다. 왜냐하면 성조는 단순히 형태소의 특성이지 그 형태소 안의 특정 분절음이나 음절의 특성은 아니기 때문이다. 다른 언어, 특히 악센트 언어에서는 연결이 반드시 기저에 있어야 한다. 왜냐하면 그 언어는 어휘적으로 변별되기 때문이다. 성조가 기저에서 연결되지 않는다고 하면 성조가 표면화하기 위해서는 문법을 통해서 연결이 제공되어야 한다. 이것을 관할하는 기제에 대하여 짧게 논의하겠지만 무표적인 경우의 연결은 (23)처럼 남는 성조나 음절 없이 일대일 대응이 될 것이다.

성조와 연결되는 것이 분절음인지 성조인지 또는 모라인지가 항상 명확한 것은 아니다. 단모라이고 개음절이며 각 음절이 정확하게 성조 하나를 가지고 있는 언어의 경우는 모음, 모라, 음절이 모두 다 성조소지단위가 될 수 있다. 다음 그림은 인쇄 상으로 성조를 명확하게 나타내기 위하여 성조를 한쪽에 표시한 것이다.

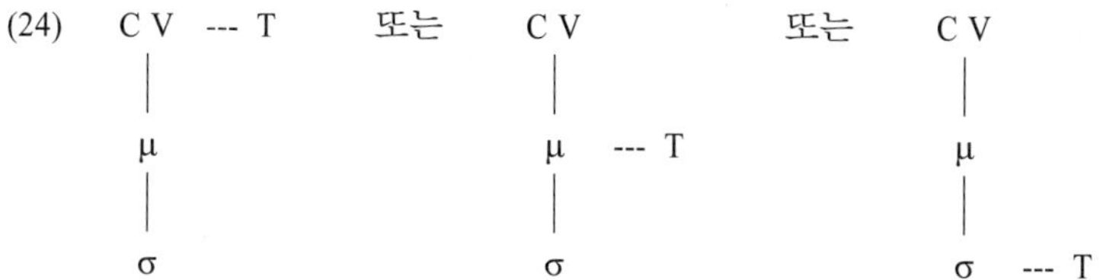

만약 어떤 언어가 성절 비음에는 성조가 오지만 두음 비음에는 성조가 올 수 없다면 분절음 단위를 성조소지단위에서 제외할 수 있다. 왜냐하면 분절음의 운율적 결합 상태가 해당 성조소지단위의 지위를 결정짓기 때문이다. 이런 경우 모라 또는 음절이 가능한 성조소지단위로 남는데 여기에서는 모라를 선택하여 제시하겠다. 다음에서 모라를 가진 비음에는 성조가 연결되지만 모라가 아닌 두음에는 성조가 연결되지 않는다.

(25)

```
        N C V       그리고      N V        그러나  *T --- N V
        | | |                   |                      |
T ---   μ μ --- T               μ --- T                μ
        | |                     |                      |
        σ σ                     σ                      σ
```

만약 어떤 언어에 가벼운 단모라 음절과 무거운 2모라 음절이 모두 존재하는데 두 음절이 성조를 소지할 수 있는 개수에 차이를 보여 성조가 단모라 음절에서는 하나이지만 2모라 음절에서는 두 개라고 한다면 그 언어는 성조소지단위가 음절이 아니라 반드시 모라이어야 한다.

(26) 

성조소지단위가 아무 모라나 다 되는 것이 아니고 모음성이나 공명성 모라만 되는 언어도 있다. Zec(1988)과 Steriade(1991)에 이 현상이 논의되어 있다.

마지막으로 음절 무게가 다른 두 음절이 **같은** 수의 성조가 결합된다면 음절이 성조소지단위이어야 한다.

(27) 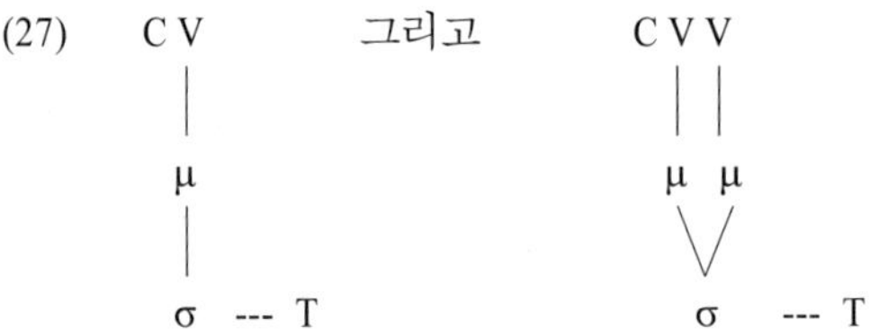

성조소지단위가 **반드시** 모라 또는 음절이 되어야 하는 경우는 있지만 **반드시** 분절음이 되어야 하는 경우는 없기 때문에 성조는 항상 운율적 실체에 연결되는 것으로 보인다. 성조소지단위가 음절인지 모라인지는 언어마다 다를 수 있다. 유의하여야 할 것은 이 책에서는 편의상 성조를 마치 분절음에 직접 연결된 것처럼 나타내었지만, 성조소지단위는 엄격하게 말하면 개입되어 있지만 드러나지 않은 운율 단위라는 것을 알아야 한다.

4.2.2 성조 특성 다섯 가지의 자립분절적 표상

4.2.2.1 이동성

자립분절음운론에서는 이동성을 간단히 연결의 변화로 볼 수 있다.

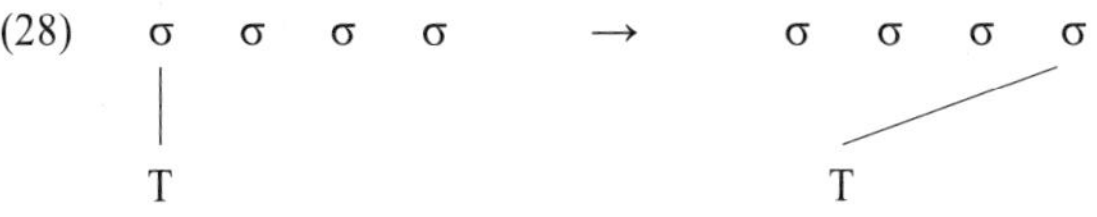

성조가 원래 자리에서 이동할 수 있는 거리 내에는 다른 성조 표상으로 막히지 않는다면 제한 없이 표상된다. 만약 성조를 분절음 자질로 가정해 본다면 이러한 종류의 성조 이동은 좀 떨어져 있는 성조자질의 복사가 필요할 것이고 그 다음 원래 분절음에 있는 성조 자질이 삭제되어야 한다. 즉, 이러한 과정은 성조 외의 다른 자질에서는 알려져 있지 않은 현상이다.

4.2.2.2 안정성

성조는 분리된 층위에서 운율 구조와 연결되기 때문에 성조가 분절음 삭제 규칙 등에 영향을 받는다고 예측할만한 특별한 이유가 없다. 따라서 삭제 과정에서 성조의 안정성은 표준적인 것이고 문법의 다른 특성에 따라 재연결이 이루어진다. 이 규칙은 나중에 논의될 것이다. 다음 예를 보면 모음 두 개가 연이어 출현하는데 두음이 없는 음절을 피하고 선호되는 CV 구조로 음절화를 진행하기 위하여 두 번째 모음이 탈락한다.

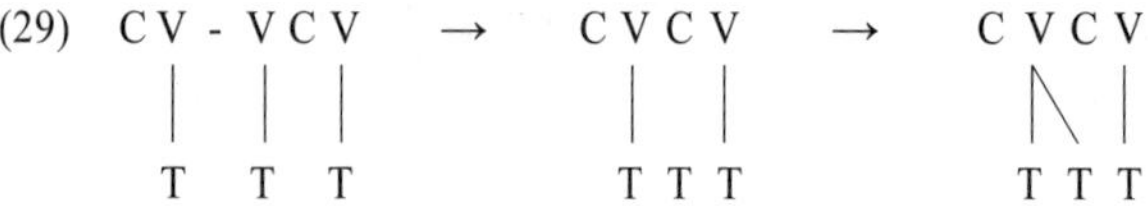

연결되는 성조는 분절음이 아니라 음절에 더해질 수도 있는데 그렇게 되면 성조-음절 연결이 전체 과정에 걸쳐 방해받지 않기 때문에 재연결되는 과정이 불필요해진다(재연결의 방향은 예측가능하다).

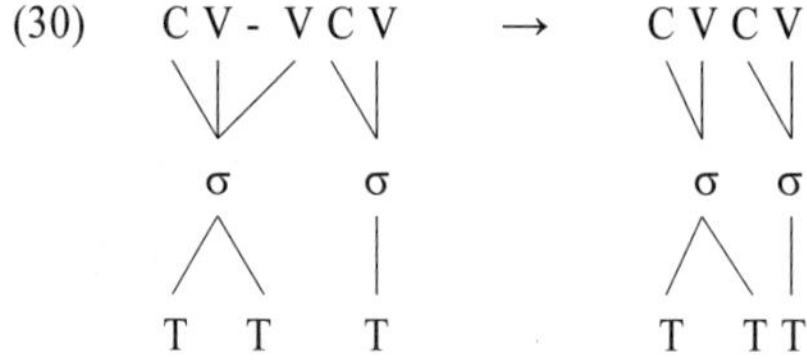

연결선을 보면 이 현상은 원래 모음이 두 개이었던 것이 같은 음절로 음절화한 것으로 추정할 수 있다. 모음 탈락은 일반적으로 모음 탈락이 없는 적합한 음절화가 불가능하기 때문에 이루어진다.

마지막으로 주의하여야 할 점은 다른 자질들도 가끔씩 이러한 모습을 보인다는 것이다. 그러나 이러한 현상은 비음화 현상 외에는 상당히 드문 현상이다. 예를 들면 일본어 동사의 형태론을 보면 /kog-ta/ > [koi-da]의 예에서처럼 원래 음절이 탈락하여도 유성성은 살아남아 접미사 자음과 재연결된다. 일본어의 이 현상은 일반적인 현상은 아닌데 분절음이 탈락하면 분절음 전체가 모두 탈락하는 것이 좀 더 표준적인 경우이다.

4.2.2.3 일대다 연결

어떤 성조가 여러 음절에 확산되어 생긴 성조 음높이의 편평한 모양은 분명히 다중 연결로 표상된 것이다. 반면 만약에 자질들이 분리되어 있지 않고 그 분절음 내부에 뗄 수 없게 덩어리 상태로 있다고 가정하면 확산 작용이 복사처럼 나타나야 할 것이다. 어떤 경우는 여러 개에 연결된 단일 성조가 필수적이다. 왜냐하면 이어지는 변화 과정을 보면 그 성조를 여전히 하나의 개체로 다루고 있어 전체적으로 편평한 모양에 영향을 미치기 때문이다. (4.10의 예 참조)

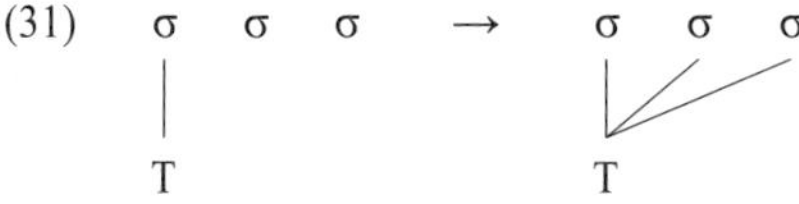

4.2.2.4 다대일 연결

앞 장에서 많은 굴곡조가 의심할 여지없이 수평조의 연쇄라는 사실을 살펴보았는데 간단히 보면 이 현상이 다대일 연결의 표상이다.

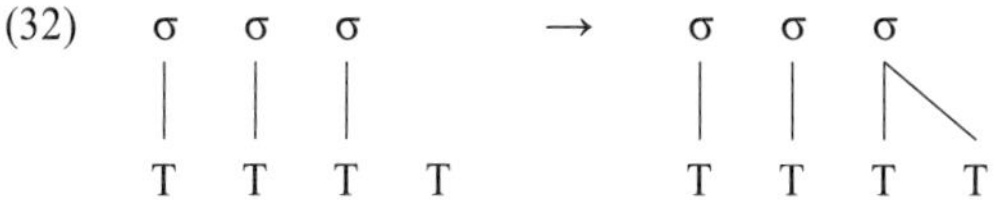

이러한 과정을 전혀 허용하지 않는 언어가 있고 각 성조소지단위에 둘 이상의 성조를 거의 허용하지 않는 언어도 있지만 일부 언어에서는 성조 세 개를 허용하는 것이 증명되었다. 만약 성조가 순수하게 분절적인 것이라면 하나 이상의 자질값이 단일 분절음에 실린 경우가

거의 없을 것이다. [−지속성]과 [+지속성]을 동시에 가진 것으로 논
증되고 있는 파찰음(Lombardi 1990)과 [+비음성]과 [−비음성]을 동시에
가졌을 지도 모르는 선비음화 파열음 정도가 떠오를 뿐이다.

4.2.2.5 무성조 음절

무성조 음절은 간단히 말하여 다음처럼 어떠한 성조와도 연결되지
않은 음절이다.

(33)　　σ　　또는　　σ　σ　σ　σ　σ
　　　　　　　　　　　　|　|
　　　　　　　　　　　　T　T

이 설명을 뒤집어 보면 어떠한 음절과도 결합하지 않은 성조도 역
시 찾아볼 수 있는데 다음 쪽에 자주 등장할 예정인 이러한 성조를
부동 성조라고 하는데, 연결되어 표면형으로 실현되는 경우와 연결되
지 못하는 경우로 운명이 갈린다. 연결되지 못하는 경우에는 부동 성
조가 발음되지는 않지만 주위 성조에 영향을 미칠 수는 있는데 특히
계단내림으로 나타나는 경우가 있다(6장 참조).

4.2.3 적형 조건

연결이 항상 기저에서만 이루어지는 것이 아니라는 사실을 이 책의
앞에서 언급하였다. 지금부터는 적형 연결을 통제하는 조건으로 관심
을 돌려 보자. Goldsmith의 제안에 따르면 연결은 다음 조건을 따르고
다음 조건에 의해 완성된다.

(34) 적형 조건
1. 모든 성조소지단위는 성조가 있어야 한다.
2. 모든 성조는 어떤 성조소지단위에 연결되어야 한다.
3. 연결은 일대일로, 좌에서 우로 진행된다.
4. 연결선은 교차되면 안 된다.

이상의 조건은 앞으로 살펴볼 최적성이론에서는 위반 가능한 제약으로 간주된다.

다음에 나타난 세 가진 유형의 입력형에 대하여 (34)의 영향을 생각해 보자. 첫 번째는 성조의 수와 성조소지단위의 수가 같은 경우인데 (35)에 가능한 연결을 제시하였다.

(35) 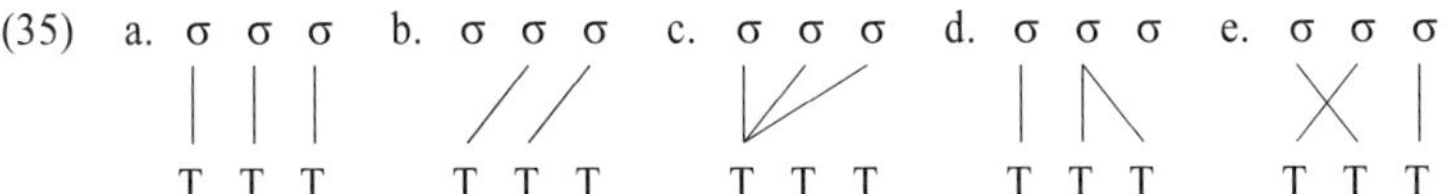

(34)의 조건들을 모두 만족하는 것은 (a)이다. (b)는 (1)부터 (3)까지를 모두 위반하였고, (c)는 (2)와 (3)을 위반하였다. (d)는 (1)과 (3)을 위반하였고, (e)는 (3)과 (4)를 위반하였다.

주의 깊은 독자는 알아차렸을 텐데 지금까지 보면 조건 (3)은 본질적인 역할을 하지는 않지만 다음 두 경우에는 그 진가를 발휘하게 된다. 성조보다 음절이 많은 경우를 생각해 보자. 이 경우에 많은 언어에서는 마지막 성조가 끝 음절까지 확산되어 다음 (36a)처럼 오른쪽 가장자리 지점이 편평하게 된다.

(36) 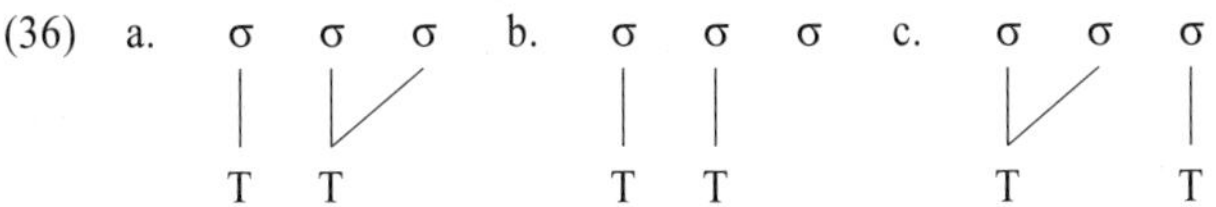

(34)의 조건들을 모두 만족하는 것은 (a)이다. (b)는 (1)을 위반하였고, (c)는 (3)을 위반하였다. (3)에서 좌에서 우로의 조건만 보면 왼쪽 가장자리가 아니라 오른쪽 가장자리 지점으로 확산되는 것을 더 선호하는 현상이 설명된다. (초과된 수의 음절에 성조를 연결하는 것은 성조를 추가하여 삽입할 수도 있다. 이 방식으로 (34)의 조건을 만족하는 언어도 있을 수 있지만 여기에서는 무시하기로 한다.)

마지막으로 음절수보다 많은 성조를 생각해 보자. 어떤 언어는 (37a)와 같이 초과한 숫자의 성조를 오른쪽 가장자리에 쌓아 올려 굴곡조로 만드는 방식이 선호된다. (37)에 연결 가능한 세 가지 유형을 나타내었다.

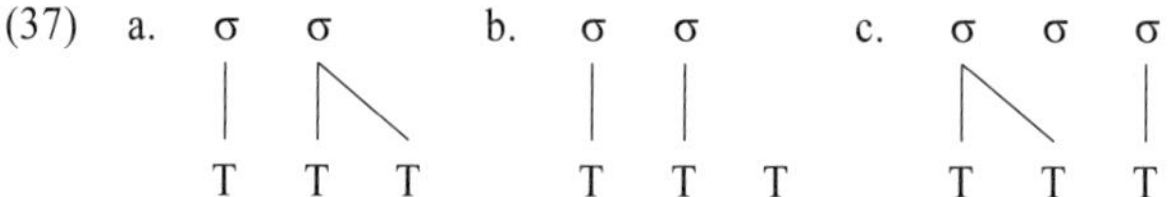

(34)의 조건 모두를 만족시키는 것은 다시 또 (a)가 된다. (b)는 (2)를 위반하였고 (c)는 (3)을 위반하였다. 왼쪽 가장자리가 아니라 오른쪽 가장자리 지점으로 확산되는 것을 더 선호하는 현상은 바로 (3)의 좌에서 우로의 조건 때문이다.

Goldsmith의 관점에 따르면 적형 조건은 최초 연결을 유발하고 통제하는 동시에 위반이 불가능한 보편성이다. 문제점은 이 조건이 지나치게 강하다는 데에 있다. 어떤 언어에서는 초과 성조가 모두 연결되어 굴곡조가 되지만, 다른 언어에서는 초과 성조가 부동 성조가 되어 표면형에 나타나지 않기도 한다. 어떤 언어에서는 성조가 확산되어 모든 음절에 성조가 있게 되지만, 다른 언어는 음절이 무성조가 되기도 한다. 어떤 언어는 굴곡조가 오른쪽 가장자리에만 있지만, 다른 언어는 마지막 위치에 한정되지 않는다. 예를 들면 Hyman and Ngunga (1994)는 반투어군이면서 모잠비크, 탄자니아, 말라위에서 사용되는 키야오어에서 잠재적 보편 제약을 지키지 않는 여러 가지 방식에 주의를 기울이고 있다. 그 방식은 재연결되지 않는 자유로운 성조에서부터 좌에서 우로의 유형을 따르지 않는 특이한 성조 연결에까지를 포함한다. 두 번째 문제는 적형 조건이 일회용 규칙이 아니라면 문법의 모든 층위에서 작동되어야 하지만, 각 언어에서는 언어별 변이를 감안하여 그 조건이 적용되는 층위와 그렇지 않은 층위에 대한 규정이 명기되어야 한다는 점이다. 세 번째 문제는 적형 조건의 영향이 음운 규칙에 의하여 자주 반복된다는 데 있다. 예를 들면 확산 규칙 또는 굴곡조 일부의 연결 제거 규칙과 같은 것이다. 이러한 예에서 이 조건들은 초기 연결로서가 아니라 출력형을 목표로 하여 작동되는 것처럼 보인다. Tranel(1995)을 참조하면 믹스테코어의 성조 분석에서 있었던 이와 비슷한 논의를 볼 수 있다.

최적성이론의 등장으로 또 다른 관점의 분석이 가능해졌다. 최적성이론에서는 그 조건들이 실제로는 보편적이지만 특정 환경에서는 위반될 수 있다. 이 규칙들은 여러 층위에서 문법에서 작동되는 것이 아니라 출력형에 가해지는 제약으로서 단 한번만 작동된다. 그러나 항상 만족할 수 없는 것들도 있는데 음운론의 다른 여러 부분과 상충되는 점이 있기 때문이다. 이어서 다음 두 단락에서는 먼저 최적성이론의 기초를 소개한 후 Goldsmith의 생각을 최적성이론의 틀 안에서 어떻게 이해할 수 있는지를 그려보겠다.

4.3 최적성이론의 핵심

오랫동안 음운론자들에게 표준 음운론이란 것은『영어의 음성 체계』(Chomsky and Halle 1968)라는 책에서 거의 대부분 설계된 규칙 기반 도출 이론이었다. 1993년에 이르러 Prince와 Smolensky는 최적성이론이라고 하는 상당히 다르고 비도출적인 접근법을 제안하였는데 이 이론은 대단히 영향력이 있는 이론으로 판명되고 있다. 특히 미국에서는『영어의 음성 체계』모형을 밀어내고 그 자리를 차지하여 새로운 표준이 되었는데 이러한 이유로 이 책의 나머지 부분은 최적성이론을 중심 이론으로 선택하여 여러 종류의 분석을 선보인다. 이 단락에서는 독자들이 최적성이론에 대한 사전 지식이 없다고 가정하고 기초적인 것을 설명할 것이다. 최적성이론을 이미 잘 알고 있는 독자는 이 단락을 건너뛰어 바로 4.4로 가도 좋겠다.

최적성이론의 우아한 방식이 다음 설명하는 예에서 잘 드러나기를 바라기는 하지만 서로 다른 음운론 이론을 비교하고 대조하는 것 자체는 이 책의 범위를 넘어서는 것이다. 관심 있는 독자는 먼저 최적성이론의 훌륭한 교과서인 Archangeli and Langendoen(1997), Kager(1999), McCarthy(2002)를 참고해야 하고 그 다음으로 McCarthy and Prince (1993, 1995) 또는 Kager와 McCarthy 저서의 참고문헌에 나타난 더 광범위한 저서를 참고해야 한다. 관련되는 상당수의 연구 논문은 http://roa.rutgers.edu에서 내려 받을 수도 있다.

최근 몇 년 동안 다양한 기준이나 제약으로 직접 평가하여 출력형을 선택하는 문법이 몇 가지 제안되고 있다. 이러한 경향은『영어의 음성 체계』모형과 대조되는 것인데『영어의 음성 체계』의 출력형은 입력형에 일련의 규칙이 적용되어 나온 것으로 출력형 자체는 단순하게 규칙 적용의 산물이었다. Bird(1990)의 전산음운론이나 Scobbie(1991)

의 속성값음운론과 같은 여러 서술음운론 부류와 같이 최적성이론 역시 출력형기반 문법이다. 최적성이론 연구자의 대부분이 사용하는 '출력형'이라는 용어(다른 견해에 대해서는 Kirchner(1997)와 Flemming(1995) 참조)는 완전히 사용가능한 음성 출력형이 아니라 음운부의 출력형이고 음성부의 입력형으로 이어지는 것을 말한다. 음성적으로 모든 음절은 음높이가 실려서 발음된다. 이 음높이는 수많은 요인의 배열로 생긴 음성의 주파수인데 성별, 감정 상태, 후두염 유무, 발화의 시작 위치인지 끝 위치인지 등의 정보를 포함하지만 어느 한 요소만으로 생겨나는 것은 아니다. 특히 음절에 연결된 음운 성조의 자질 역시 중요한 요소인데 음운 성조의 자질은 H나 L처럼 나타날 수도 있고 없을 수도 있다. 이와 대조적으로 우리의 관심 대상이 되는 출력형은 마지막 요소인 자질 정보와 구조 정보에 맞춰져 있다. 자질 정보와 구조 정보는 좀 더 추상적인 층위에 있는데 연속적이지 않고 범주적이다. 음운론과 음성학의 관계를 더 알기 위해서는 1장을 참조하라.

출력형을 이와 같은 의미로 가정해보면 모든 입력형에 대하여 모든 가능한 출력형이 고려되어 가장 좋은 출력형이 실제 출력형으로 선택된다. 이 출력형이 완벽하지 않을 수도 있지만 아래에 설명될 의미처럼 가능성이 가장 높은 출력형이 될 것이다. 입력형에는 제약이 없다. 이것은 어기의 풍부성 가설로 알려진 가설이다. 최적의 출력형을 선택하는 문법은 등급이 있는 범언어적인 제약으로 구성되어 있는데 출력형 후보 각각의 적형성을 평가한다. 높은 등급의 제약을 위반하는 것은 치명적인데 마지막에 선택될 것은 이렇게 골라내는 작업에서 살아남은 출력형 후보이다. 제약 세트는 모든 언어에 동일하고 언어의 다양성은 이 제약의 등급에서 비롯된 것이다. 제약에는 두 가지 유형이 있는데 유표성 제약과 충실성 제약이다. 유표성 제약은 *[협착 성문성]처럼 자질 관련 제약, *[−후설성, ＋원순성]처럼 자질 조합 관련 제약, 또는 음절말음 제약(NoCoda)처럼 구조 관련 제약에 관여할 수 있다. 충실성 제약은 입력형의 변화(즉, 삽입, 삭제 또는 자질 변화)에 벌점을 주는 제약이다. 'C1 제약이 C2 제약보다 제약 등급이 더 높다'를 'C1 >> C2'로 나타내었을 때 충실성 제약(Faithfulness) >> 유표성 제약(Markedness)이라면 유표적인 분절음/구조가 나타난다. 유표성 제약(Markedness) >> 충실성 제약(Faithfulness)이라면 유표적인 분절음/구조가 나타나지 않는다. 예를 들어 제약순이 *Delete >> NoCoda라면 음절말음이 삭제되지 않아 폐음절이 나타날 것이고 NoCoda >> *Delete라면 음절말음이 나타나지 않아 모든 음절이 개음절이어야 한다. 최적성이론의 관점 중 음운론자의 관심이 집중된 것은 제약의 언어보편적 본질이다. 최적성이론은 개별 언어의 음성 부류와 구조 유형을 위하여 제대로 된 범언어적인 선호도를 직접적으로 부호화한다. 모든 변화는 '더 좋은' 단어를 산출해내는 적형 제약이 강제하는 결과로 간주된다. 그러나 상충하는 제약의 충돌을 해결하는 방식은 등급으로 부호화된 각 제약의 상대적 중요도에 따라 언어마다 다르다.

강조하고 싶은 것은 최적성이론이 『영어의 음성 체계』와 기저형, 즉 입력형의 개념을 공유하고 있다는 사실이다. 물론 두 이론은 모두 출력형도 산출해낸다. 두 이론의 차이를 보면 『영어의 음성 체계』는 연속되는 단계, 즉 도출 과정을 통해서 입력형에서 출력형으로 이동하지만 최적성이론은 간단하게 최적의 출력형을 선택한다. 최적성이론 음운론의 타당성 범위 내에서는 입력형과 음운 출력형 이렇게 두 단계만 있으면 된다. 이렇게 도출 과정이 없는 이론으로 분석하는 것은 전통적으로 중간 도출 단계를 중요하게 분석한 불투명성과 같은 현상들에 대해서는 최적성이론이 심각하게 도전을 받고 있다는 것을 의미한다. 그러나 이것은 이 책의 범위를 벗어나 있으므로 관심 있는 독자는 McCarthy(1999, 2002)를 참조하라.

최적성이론에 제시된 제약 중 몇 가지 유형을 살펴보자. 먼저 충실성 제약을 보자. 규칙 기반 이론에는 충실성 제약에 직접적으로 상응하는 것이 없다. 규칙 기반 이론의 입력형은 규칙이 적용되지 않으면 변화하지 않기 때문에 충실성은 적용할 수 있는 규칙이 없을 때의 형태와 정확히 같다. 그러나 최적성이론에서 충실한 출력형은 많은 후보형 중 하나일 뿐이고 후보형은 유표적인 경우가 상당히 많아서 하나 이상의 유표성 제약에 탈락하게 된다. 따라서 유표성 제약을 어기면서 변화하지 않고 기저형을 지키는 일련의 제약이 필요하다. 다음에 충실성 제약을 나타내었다.

(38) 충실성 제약
- 탈락 금지 : MAX-INPUTOUTPUT (MAX-IO) : 입력형의 모든 분절음/성조는 출력형에 대응소를 갖는다.
- 삽입 금지 : DEP-IO : 출력형의 모든 분절음/성조는 입력형에 대응소를 갖는다.
- 변화 금지 : IDENT-IO : 대응소들은 동일하다.
    *ASSOCIATE : 새로운 연결선 삽입 금지
    *DISASSOCIATE : 연결선 삭제 금지
- IO-INTEGRITY : 입력형의 각 분절음은 단 하나의 출력형 대응소를 갖는다.
- FAITH-BR : 중첩사가 어기와 연결되는 유사한 제약들

유감스럽게도 용어가 항상 명확한 것은 아니다. '탈락 금지' 제약의 MAX라는 약칭은 입력형 요소가 '최대한(maximal)' 실현되어야 하는 경향을 나타낸다. '삽입 금지' 제약의 DEP라는 약칭은 출력형 요소가 독자적인 것보다 입력형 요소에 '종속되는(dependent)' 경향을 나타낸다. IO와 BR이라는 접미사는 각각 입력형(Input)-출력형(Output)과 어기(Base)-중첩사(Reduplicant)를 의미한다. 충실성 제약은 (일반적인 경우) 출력

형과 입력형을 비교하거나 중첩에서 중첩사와 어기를 비교할 수 있다. 이 접미사들이 구별될 필요가 없다면 쓰지 않고 간단하게 MAX, DEP, IDENT로 나타내는데 이것은 입력형과 출력형의 관계로 이해되어야 한다. (중첩형이라도 처리되는 단계가 중간 단계 없이 입력형에서 중첩형의 출력형으로 바로 한 단계라는 것에 유의하라. McCarthy and Prince 1993, McCarthy and Price 1995 참조)

이어서 유표성 제약을 살펴보자. 다음에 성조와 관련된 유표성 제약이 간단히 소개되겠지만 일반적으로 유표성 제약은 자질, 구조와 관련이 있거나 구조 대응으로 부를 수 있는 것이다. 이곳의 예는 성조와 관련된 것으로 제한될 것인데 이 예들은 나중에 살펴볼 내용의 몇 가지 예에 불과하다.

(39)　자질과 관련된 유표성 제약
　　　• *H : 고조 금지
　　　• *CONTOUR : 굴곡조 금지
　　　• *[VOICE] : 유성음 명세 금지
　　　• *[−SON][TONE] : 장해음에 성조 금지

(40)　구조와 관련된 유표성 제약
　　　• FT-BIN : 음보는 이원적이어야 한다
　　　• OCP : 필수굴곡원리 : 동일한 요소의 인접 금지
　　　• *FLOAT : 부동 성조 금지

(41)　어울림과 관련된 유표성 제약
　　　• *HEAD/L : 핵은 저조를 가지지 않는다
　　　• ALIGN-R (H, STEM) : 모든 고조를 어간의 오른쪽 가장자리에 정렬하라
　　　• NON-FINALITY : 운율 단어의 오른쪽 가장자리에 성조를 정렬하지 말라
　　　• ALIGN-L (X", PHPH) : 어떤 음운구의 왼쪽 가장자리에 모든 X"의 왼쪽 가장자리를 정렬하라

이상의 제약 중 많은 제약이 특정 성조에 특수한 자질군이다. 예를 들면 OCP는 고조에만 적용될 수 있어서 이런 경우 OCP (H)로 나타 낸다. *FLOAT는 저조에만 적용될 수 있어서 *FLOAT (L)로 표시된다. NOCONTOUR는 *FALL과 *RISE 등으로 나뉠 수가 있다(Akinlabi 1996).

입력형과 제약들이 주어진 다음에는 출력형을 어떻게 선택할까? 어떤 언어라도 제약은 언어별로 특수한 등급이 있다. 이 등급의 집합이 해당 언어의 문법이다. 가능한 출력형 집합은 먼저 가장 높은 등급인 제약으로 점검된다. 그 제약을 위반하는 출력형은 폐기하고 그 제약을 만족하는 출력형은 이어서 한 단계 낮은 등급의 제약 단계까지 건네지게 된다. 이 과정은 단 하나의 출력형이 남아있을 때까지 계속된다. 어떤 단계에서라도 모든 후보형이 탈락하면 그 결정은 위계상 다음 단계의 제약으로 건네진다. 이 과정을 타블로에 나타내어 다음 첫 번째 예를 차근차근 수행하여 보자. 각 제약들은 각 행의 첫 열에 있는데 가장 높은 등급의 제약이 왼쪽에 있다. 후보들이 각 행에 놓이는데 제약을 위반한 후보는 해당 제약의 아래에 별표로 표시된다. 다음은 타블로를 읽는데 필요한 중요 내용이다.

   (42) 타블로의 중요 내용
- * = 위반
- ! = 치명적인 위반
- 음영 칸은 상위 등급의 제약을 어겨 더 이상 중요하지 않음을 나타냄
- ☞는 최종 후보를 나타냄

다음 타블로 (43)을 보면 제약 세 개를 사용하고 있다. 그 중 두 개는 충실성 제약인데 성조의 삭제를 금지하는 MAX-T 제약과 고조에서 저조로 또는 그 반대로 성조가 변화하는 것을 금지하는 IDENT-T 제약이다. 다른 하나는 유표성 제약인데 고조를 싫어하는 *H 제약이다.

입력형은 왼쪽 꼭대기 칸에 있고 이 언어의 실제 출력형은 변화하지 않은 (a) 후보이다.

아래에서부터 차례대로 각 후보형을 살펴보면 우선 (c) 후보형은 MAX-T 제약에 걸려 탈락하였는데 그 이유는 기저의 고조가 삭제되었기 때문이다. 다른 후보형 두 개는 이 제약을 통과하였기 때문에 (c) 후보형의 제약 위반은 치명적이어서 느낌표로 표시되었고 (c) 후보형은 작동하지 않게 된다. (b) 후보형은 MAX-T 제약을 통과하였지만 다음의 IDENT-T 제약에 걸려 탈락하였는데 그 이유는 기저의 고조가 저조로 변화하였기 때문이다. (a) 후보형은 이 제약을 통과하였기 때문에 (b) 후보형의 위반은 치명적이어서 (b) 후보형은 폐기된다. 따라서 (a) 후보형이 최적형이 된다. (a) 후보형 역시 *H 제약을 위반하기는 하였지만 *H 제약은 여러 제약들 중에서 가장 낮은 등급이기 때문에 그 제약이 영향력을 발휘할 때까지 (a) 후보형이 최적형으로 결정된다.

(43) MAX-T, IDENT-T >> *H 제약순의 타블로 : 유표적인 고조가 살아남는다.

/ta/ H	MAX-T	IDENT-T	*H
☞ (a) ta H			*
(b) ta L		*!	
(c) ta	*!		

이론적으로는 모든 가능한 출력형이 고려되어야 한다. 실제로는 작업이 가능한 한도에서 가장 그럴듯한 선택형을 고르기는 하지만 이

책의 독자는 이론적으로 무한한 수의 후보형이 존재한다는 것을 생각해 두어야 한다. (이 관점에 대해서는 습득과 계산 가능성 측면에서 문제가 제기되었는데 Tesar and Smolensky(2000)를 참조하라.) 예를 들면 논의의 예에서 *[taHL]처럼 단순하게 저조가 첨가된 후보형이나 *[taHHHH]처럼 고조가 많이 더해진 후보형은 고려하지 않았다. 물론 이 후보형들은 DEP-T 제약으로 쉽게 제거될 수 있다.

구체적인 것을 다루기 전에 두 가지 요소를 고려할 필요가 있다. 최적성이론은 언어 사이의 문법 차이가 제약의 등급에 있다는 관점과 제약의 집합은 언어 보편적이라는 관점을 수용하고 있다. 따라서 좀 더 확대해 보면 최적성이론이 따르고 있는 관점은 방언들 사이의 차이 역시 제약 등급의 차이인데 어떤 두 방언은 구별되는 두 언어보다 서로 좀 더 유사하기 때문에 제약순의 차이가 상대적으로 작고 대부분의 제약순은 동일할 것이라는 관점을 따른다. 동일한 관점으로 한 언어에서 다른 두 시점의 문법 역시 제약 등급에서만 달라야 하기 때문에 언어의 역사적 변화 과정도 역시 단지 제약 등급의 재조정으로 귀결된다. 물론 이 책은 대부분 공시 음운론의 논의에 한정되어 있지만 최적성이론이 역사 음운론과도 밀접한 관계가 있는 것은 명확하다.

여기까지 최적성이론의 개관을 마친다. 좀 더 깊고 세밀한 내용은 필요할 때마다 소개하겠다.

4.4 성조의 핵심 특성에 대한 최적성이론의 처리

마지막 단계는 자립분절적 표상과 최적성이론의 이론적 장치를 선택하여 성조 현상에 적용하는 것이다. 성조와 연관이 있는 제약 집합을 전개하는 것으로 시작하겠다. 제약 집합에 대해서는 책 전반에 걸쳐서 계속 논의를 진행하면서 충분히 예시하고 확대해 나갈 것이다. 성조의 영역에서는 제약의 이름과 정밀한 형식화에 대하여 표준화한 합의가 없다는 점에 유의해야 할 필요가 있는데 참고할만한 이전 연구로는 Bickmore(1996), Pulleyblank(1997), Myers(1997), Cassimjee and Kisseberth (1998)가 있다.

Goldsmith의 적형 조건을 다시 떠올려 보자. 이 적형 조건은 성조에 대하여 동기 부여가 잘되어 있는 일반화 조건을 나타내고는 있지만 그 조건들이 표면형에서 항상 맞는 것은 아니다. 다음 목록은 이러한 관점에 힘을 실어준다.

(44)   성조의 형태음운론에 대한 놀라운 특성 몇 가지
   • 성조는 보통 음절과 연결되지만 항상 그렇지는 않다(부동 성조의 경우).
   • 음절은 보통 성조와 연결되지만 항상 그렇지는 않다(무성조 음절의 경우).
   • 연결은 일대일 방식이 선호되지만 항상 그렇지는 않다(굴곡조와 확산의 경우).
   • 성조(특히 고조)는 (첫 지점, 가장자리 지점, 악센트 음절이나 강세 음절과 같은) 잘 드러나는 위치에 있지만 항상 그렇지는 않다.

이상의 내용은 모든 언어에서는 아니지만 여러 언어에서 관찰 가능하다(즉 표면적으로는 사실이다). 각각은 유표성 제약으로 기술될 수 있다. 다음의 제약 명칭을 선택한 이유는 쉽게 기억하기 위해서이기도 하고 여러 참고문헌에서 널리 사용되었기 때문이기도 하다. 제약 명칭에서 NO-X와 *X는 표시가 다를 뿐 같은 의미이다.

(45)   • *FLOAT : 성조는 반드시 성조소지단위에 연결되어야 한다.
   • SPECIFY T : 성조소지단위는 반드시 성조와 연결되어야 한다.

- NoContour : 성조소지단위는 많아야 성조 하나와 연결될 수 있다.
- NoLongT : 성조는 많아야 성조소지단위 하나에 연결될 수 있다.
- Align-Tone : 성조 범위의 특정 가장자리(오른쪽/왼쪽)를 운율 단위나 형태 단위의 머리나 가장자리(오른쪽/왼쪽)에 정렬하라.

(성조 범위는 성조 하나에 연결된 성조소지단위의 연쇄이다.) 이 범위는 가끔씩 제약 위반을 등급으로 구별하는 것이 중요하다는 사실을 나타내는 데 좋을 수 있다. NoContour 제약이 단일 성조소지단위를 초과하여 연결된 성조에 대하여 각각 위반을 한 번씩 한 것으로 보는 것이든지, Align-R 제약이 단어의 오른쪽 가장자리와 성조 사이에 끼어든 '비어 있는' 성조소지단위 대하여 각각 위반을 한 번씩 한 것으로 보는 것이 '연속적 평가'의 개념이다. 즉 적합하지 않는 정도가 클수록 더 악화되는 것이다.

또한 성조는 일반적인 충실성 제약을 조건으로 한다. 충실성 제약은 기저에서 대립되는 성조의 자질과 위치를 보존하는 제약이다.

(46)　성조의 충실성 제약
- Dep-T : 성조 삽입 금지
- Max-T : 성조 탈락 금지
- 성조는 보통 원래 위치에 있지만 항상 그렇지는 않다(뛰어넘기, 확산의 경우).
  *Associate : 새로운 연결선 금지
  *Disassociate : 연결선 삭제 금지
- NoFusion : 분리된 기저 성조는 분리된 채로 있어야 한다.
- Ident-T : 대응하는 성조는 같다.
- Linearity : 기저의 선형 순서를 보존하라.

이어서 파악해야 하는 방식 하나는 단어의 오른쪽 가장자리에 굴곡조와 편평함이 선호되는 현상을 Goldsmith가 왼쪽에서 오른쪽으로 연결되는 성질이 있다고 관찰한 사실이다. 최적성이론에서는 이 현상을 정렬 제약으로 처리할 수 있다. 최적성이론의 모든 제약들과 마찬가지로 이 제약도 위반이 가능하기 때문에 왼쪽에서 오른쪽으로 정렬하지 않는 키야오어와 같은 언어의 존재도 놀라운 사실이 아니다.

(47) 왼쪽에서 오른쪽으로 연결하는 효과는 다음 제약에 기인한다.
- ALIGN-L : 각 T는 영역의 왼쪽 가장자리로 정렬되어야 한다(연속적 평가).
- ALIGN-R CONTOUR : 굴곡조는 영역의 오른쪽 가장자리로 정렬되어야 한다.

Zoll(1997b)의 주장은 위치 유표성 제약인 ALIGN-R CONTOUR 제약으로 굴곡조를 처리하는 것이다. 이 제약은 더 일반적인 제약인 ALIGN-L 제약의 왼쪽 방향 강조보다 우위에 있다. 단어의 끝에서 굴곡조가 선호되는 것은 아마도 음성학적 현상을 음운화한 것일 수 있다. 여기에서 말하는 음성학적 현상은 어말 음절이 자주 장음화하여 어말 위치에서 굴곡조가 실현될 시간이 마련되어 있는 것을 말한다. 자세한 논의는 4.7과 Zhang(2000, 2001)을 참조하라.

마지막으로 성조는 필수굴곡원리(OCP, Leben(1973), McCarthy(1986), Yip(1988) 참조, 필수굴곡원리의 유표적 관점은 Itô and Mester(1998) 참조, de Lacy(1999a)도 참조), 구역성, 유표성 제약과 같은 좀 더 일반적인 음운론적 조건들에도 영향을 받는다.

(48) 왼쪽에서 오른쪽으로 연결하는 효과는 다음 제약에 기인한다.
- OCP : 인접한 동일 요소는 금지된다.
- NOGAP : 다중 연결 성조는 성조소지단위를 건너뛸 수 없다.
- LOCAL : 인접 요소로만 확산하라
- 일반적 유표 제약 : *H >> *L

NOGAP 제약은 모음조화가 있는 언어에 잘 알려진 제약이다.

LOCAL 제약은 최대한 이원적 연결을 선호하는 것인데 아마도 많은 이원 현상처럼 근본적으로는 음보에 결속된 제약일 것이다. 고조와 저조의 상대적 유표성에 대해서는 다음에 논의될 것이다.

최적성이론에서 가장 순수하고 강력한 주장에 의하면 **모든** 제약은 범언어적이고 모든 언어의 문법에 존재한다. 따라서 어떤 제약이라도 범언어적일 수 있기 때문에 명확하게 언어특정적인 제약 조건은 가능한 한 제외되어야 하고 설명 없이 채택되어서는 안 된다. 어떤 제약이 상당히 낮은 등급이라면 그 제약의 효과는 나타나지 않을 수도 있는데 그와 같은 제약은 해당 언어를 논의할 때 언급하지 않을 것이다. 그렇지만 그 제약이 표면 아래 숨어있다는 사실을 기억하여야 한다.

4.5 성조의 성질과 최적성이론의 성조 처리

지금부터는 5장을 시작할 때 보았던 성조의 다섯 가지 특성으로 돌아가서 각각을 최적성이론의 방법으로 처리하겠다.

4.5.1 이동성

성조가 원래의 위치에서 멀리 움직일 수 있다는 것을 떠올려보자. 그런 방식으로 치지굴라어의 어간 /lómbez/ '요구하다'의 기저 고조는 실제로 [ku-lombez-ez-án-a] '서로 바라다'(4.4.1 참조)와 같이 세 음절이나 오른쪽으로 이동하여 음절의 끝에서 두 번째 음절에서 표면형으로 실현된다. 이러한 이동성 효과를 최적성이론에서는 어떻게 다루고 있을까?

성조가 이동하는 경우 연결선은 삭제되고 삽입된다. 이 변화는 충실성 제약을 위반한 것이고 하나 이상의 지배적인 제약에 의한 것이 틀림없다. 성조 확산이 아닌 진정한 성조 이동으로 잠깐 동안 관심을 제한하고 논의를 전개해 보자. 계속해서 성조는 기저형에서 어떤 성조소지단위에 미리 연결되어 있다고 가정하자. 가장 일반적인 경우는 성조가 원래의 자리에서 무성조 음절이거나 단어의 가장자리, 또는 돋들리거나 강세가 있는 음절로 이동하는 것이다. 무성조 음절의 경우에는 출력형의 모든 음절이 SPECIFY 제약을 만족시키면서 하나의 성조가 있게 된다. 단어 가장자리의 경우에는 출력형에서 고조를 단어 경계에 연결시키게 된다. 강세 음절의 경우에는 고조와 강세가 관계를 맺는다는 사실은 범언어적으로 잘 알려져 있다. 여기에서는 마지막 음절에 이끌리는 예를 제시하겠다. 마지막 음절로 성조가 이동하는 관련 제약은 다음과 같이 형식화할 수 있다.

    (49)   ALIGN-R (H, PRWD) : 모든 고조는 운율 단어의 오른쪽 가장자리에 연결되어야 한다.

    (50)   HEAD = H : 핵 음절은 고조이어야 한다.

   최소한 이상의 제약들 중 하나는 *ASSOCIATE와 *DISASSOCIATE보다 상위 제약이어야 성조가 오른쪽으로 이동하게 된다. 여기에 중요 제약으로 ALIGN-R을 설정한다. SPECIFY 제약은 *ASSOCIATE 제약보다 하위 제약이어야 하는데 출력형이 확산이 아니고 이동이기 때문이다.

(51)

σ σ σ | H	ALIGN-R	*ASSOC	*DISASSOC	SPECIFY
☞ a. σ σ σ | H		*	*	**

b. σ σ σ
  V
  H
		**!		

c. σ σ σ
  │
  H
	**!			**

성조를 원래 자리에 둔 후보형 (c)는 ALIGN-R 제약을 두 번 위반하였다. 왜냐하면 고조와 운율 단어의 오른쪽 가장자리 사이에 두 개의 무성조 성조소지단위가 있기 때문이다. 성조를 확산하고 있는 후보형 (b)는 *ASSOCIATE 제약을 두 번 위반하였다. 왜냐하면 두 개의 새로운 연결선이 첨가되어 있기 때문이다. 후보형 (a) 역시 *ASSOCIATE 제약을 어겼다. 그러나 한 번에 불과하였기 때문에 후보형 (b)보다 우세하다. 최저 등급의 제약 두 개를 위반하였어도 그렇다. 덧붙여서 이 타블로에는 또 다른 규약이 제시되어 있는데 마지막 두 열을 나누는 점선은 두 제약의 상대적 등급을 현재 서로 결정할 수 없음을 나타낸다.

- 연습 1. 위의 타블로에 들어갈 다른 후보형을 생각해 보라. 이 문법으로 여전히 올바른 결과가 나타나는가? 만약에 아니라면 어떤 변경 및 추가가 필요한가? (이 연습에 대한 답은 4장의 마지막에 있다.)

- 연습 2. 4.1에 있는 치지굴라어와 사포텍어의 문법을 만들어 보라. 치지굴라어의 단어는 강약 음보로 끝나기 때문에 끝에서 두 번째 음절에 강세가 오는 것으로 가정하라.

4.5.2 안정성

안정성은 분절음 성분이 삭제된 후에도 성조가 남아 있는 것을 말한다. 예를 들면 4.1.2의 피라항어에서는 모음 충돌로 모음이 삭제된 후에도 /í/의 고조가 남아 있고 그 고조가 /ò/에 있는 저조와 결합하여 오름조를 만들어 낸다(sitòí - xogabagaí > sitǒogabagaí). 이 현상을 최적성이론에서는 어떻게 처리할까?

　최적성이론에서 탈락을 억제하는 방법은 충실성 제약인 MAX-T 제약을 재연결 제약인 *ASSOC 제약, 그리고 어떤 경우에는 NOCONTOUR 제약보다 상위 제약으로 두는 것이다. 모음 충돌로 모음이 탈락하는 현상은 아마 두음을 요구하는 제약인 ONSET 제약이 상위 제약이기 때문일 것인데, 해당 성조가 탈락하거나 부동 성조가 되지 않고 앞에 오는 모음에 실린 성조와 재결합하여 굴곡조를 만들게 된다. 필요한 제약순은 *FLOAT, MAX-T >> *ASSOC, NOCONTOUR 이다. 다음은 ONSET 제약을 만족시키고 모음이 탈락된 후보형만 고려한 것이다.

(52)

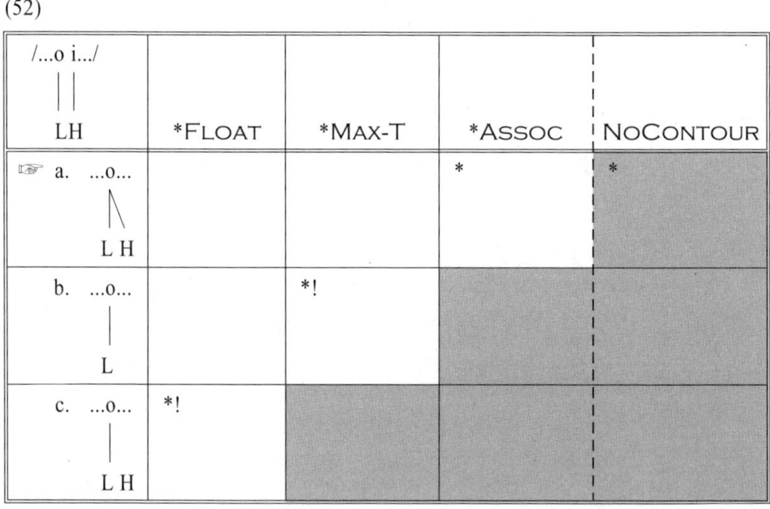

/...o i.../ LH	*FLOAT	*MAX-T	*ASSOC	NOCONTOUR
☞ a. ...o... L H			*	*
b. ...o... L		*!		
c. ...o... L H	*!			

후보형 (c)는 성조를 유지하고 있지만 그 성조가 재연결되지 않아

서 상위의 *FLOAT 제약을 위반하였다. 후보형 (b)는 성조가 탈락되어 MAX-T 제약을 위반하였다. 후보형 (a)가 선택된 것은 하위의 *ASSOC 제약과 NOCONTOUR 제약만을 위반하였기 때문이다.

4.5.3 일대다 대응

바라사나어(4.1.3 참조)에서는 복합어 후반부의 성조가 탈락한 후에 전반부의 성조에서 성조가 확산되어(héá + ~gitá-a → héá~gitá-á) 결과적으로 성조 하나가 여러 개의 성조소지단위에 연결되는 일대다 대응 관계가 된다. 이 현상을 최적성이론에서는 어떻게 처리할까?

바라사나어에서 나타난 결과를 포함하여 어떤 이유에서든지 성조소지단위가 성조보다 많을 때는 마지막 성조가 초과하는 성조소지단위에 확산되는 현상이 자주 일어나 편평한 모양을 형성한다. 이 현상은 모든 성조소지단위가 성조 명세를 받는 것이 선호되는 결과이다. 최적성이론에서는 SPECIFY >> *ASSOC, NOLONGT 와 같이 나타낸다.

(53)

/σ σ σ σ/ | | L H	SPECIFY	*ASSOC	NOLONGT
☞ a. σ σ σ σ | V L H		**	**
b. σ σ σ σ | | L H	**!		

후보형 (b)는 확산이 일어나지 않아서 두 음절이 명세되지 않은 채로 있기 때문에 SPECIFY 제약을 위반하였다. 후보형 (a)는 하위의 제약 두 개를 위반하였지만 선택되었다.

- 연습 3. 4.1.3에 있는 치키우이틀란 마사텍어를 생각해 보라. /1, 2/ 성조의 확산에는 어떤 이유가 있는가? SPECIFY 제약이 혼자 작동한 것인가? 만약에 그렇지 않다면 그 이유는 무엇인가? 대안을 제시하고 간단한 문법을 구성하라.

4.5.4 다대일 대응

성조가 성조소지단위보다 많다면 많은 언어에서는 남는 성조가 마지막 모음에 연결되어 굴곡조가 만들어진다. 4.1.4에서 시아네어에 있는 /yoLH/ > [yŏ] 예를 살펴보았는데 또 다른 대안은 초과 성조를 삭제하거나 부동 성조로 만드는 것이다.

최적성이론에서는 이러한 다대일 대응 연결 유형을 MAX-T, *FLOAT >> NOCONTOUR, *ASSOC 제약순으로 파악한다. 이것은 4.5.2에서 안정성 효과에 필요하였던 것과 정확히 일치한다. 다음은 광둥어에 있는 다른 예인데 이번에는 기저의 부동 성조와 연결하였다.

(54)

/a -yip- / 3 2 5	MAX-T	*FLOAT	NOCONTOUR	*ASSOC
☞ a. a -yip- 3 2 5			*	*

b. a -yip- 3 2 5		*!		
c. a -yip- 3 2	*!			

이렇게 오른쪽 가장자리에 굴곡조가 있는 것을 선호하는 이유는 다음 단원에서 논의될 것이다. 그러나 준비 차원에서 다음 단원을 보지 말고 연습 4를 생각해 보라.

- 연습 4. 왼쪽에서 오른쪽으로 성조가 할당되는 현상을 ALIGN-L 제약의 작용으로 보자. 굴곡조 대부분이 어디에 위치할 것으로 예측할 수 있는가? 이 질문에 답하려면 음절이 세 개이고 성조가 네 개인 입력형을 설정하는 것이 편리하다.

4.5.5 무성조 음절

치체와어 같은 언어에서는 어떤 음절이 음운 과정 전체에 걸쳐 무성조 상태로 있어서 음운론적 성조를 받지 못한다. 바라사나어(4.1.3, 4.5.3)이나 상하이어(4.1.5)와 같은 다른 언어에서는 기저 성조가 어떤 이유로 탈락하게 되면 남아 있는 성조가 탈락한 음절에 들어와 확산된다. 이 현상을 최적성이론에서는 어떻게 처리할까?

전혀 명세되지 않는 어떤 성조는 보통 저조인데 이러한 표면적 무성조 상태는 유표성 제약인 *L 제약이 SPECIFY 제약과 MAX-T 제약보다 우위에 있다면 나타날 수 있다. 기저형이 /L/(기저형을 제한할 수 없는 최적성이론과 같은 이론에서는 불가피한 후보형)이라고 하여도 이러한 문법에서는 선택되지 못한다.

(55)

/σ σ/ | L	*L	SPECIFY	MAX-T
☞ a. σ σ		**	*

b. σ σ
      |
      L
	*!	*	

　이러한 무성조 음절은 주위에 고조가 있더라도 여전히 무성조 상태로 남아있기 때문에 기저의 고조가 SPECIFY 제약을 만족시키는 것만으로는 확산되지 않도록 가정할 필요가 있다. 따라서 제약순은 NOLONGT >> SPECIFY 가 된다. 물론 이것은 정렬과 같은 다른 필수적 요인에도 고조가 확산될 수 없다는 사실을 의미하지는 않는다.

　무성조 음절은 성조의 탈락으로 만들어진다. 일반적으로 위치 충실성 제약이 유표성 제약을 지배하고 차례로 유표성 제약이 일반 충실성 제약을 지배한다고 분석한다. 예를 들면 상하이어(4.1.5)에서 위치 충실성 제약인 HEAD-MAX-T 제약은 주요부 성조를 남아있게 만든다. 이 제약은 유표성 제약인 *T 제약을 지배하고 *T 제약은 다시 MAX-T 제약을 지배한다. 따라서 다른 모든 성조는 탈락하게 된다. 같이 나타나는 주요부 성조의 확산을 위해서는 통상적인 간단 문법 SPECIFY >> *ASSOC 를 만족시키면 된다. 성조의 개수가 똑같기 때문에 확산이 유표성을 증가시키지 않는 것에 유의하라. 이 과정 전체는 7장에서 다룬다.

4.6 최적성이론으로 본 반투어군의 현상

음운론 이론에서 가장 흥미로운 도전 주제의 하나는 성조의 지나치게 활발한 이동성인데 반투어군에서 잘 살펴볼 수 있다. 어떻게든 성조의 위치가 어느 정도 안정적인 언어는 충실성 제약이 높은 등급을 가진 것으로 처리할 수 있지만 반투어군에서처럼 성조가 모든 위치에서 이동, 확산, 탈락하기 시작하는 언어는 무슨 제약으로 기저형에서 이렇게 벗어나 있는지 정확히 파악하여야 한다.

성조의 자리바꿈에서부터 논의를 전개하겠다. 많은 언어에서 고조가 입력되면 원래 자리에서 벗어나 단어의 오른쪽 가장자리로 이동하는 현상이 있다. 이러한 이동은 마지막 음절로(디고어), 마지막에서 두 번째 음절로(치지굴라어, 그리고 드물게는 코사어처럼 마지막에서 세 번째 음절로), 원래 자리에서 오른쪽으로 한 음절(키쿠유어) 이동하거나 드물게 오른쪽으로 두 음절(수쿠마어) 이동하는 것처럼 원래 자리에서 오른쪽으로 정해진 수의 음절만큼 이동할 수 있다. 다음은 예시 자료를 나낸 것인데 앞에서 사용한 방식처럼 원래 고조의 위치에는 밑줄을 표시하였다.

(56) 마지막 음절로 이동하기 : 디고어
      (Kisseberth(1984), Goldsmith(1990)의 자료를 간략하게 나타냄)
      무성조 동사   고조 동사
      ku rim a   '경작하다'   ku n<u>e</u>n á   '말하다'
      ku ambir a   '이야기하다'   ku <u>a</u>ruk á   '시작하다'
      ku gandamiz a   '누르다'   ku g<u>o</u>ngome á   '망치'

      목적격 표지에는 고조가 있는데 역시 마지막 모음에 나타난다
      ku <u>a</u> rim á   '그것을 경작하다'
      ku <u>a</u> ambir á   '그들에게 말하다'
      ku <u>a</u> gandamiz á '그것을 누르다'

(57) 끝에서 두 번째 음절로 이동하기 : 치지굴라어
    (Kenstowitz and Kisseberth 1990)

    무성조 동사   고조 동사

    ku-guh-a   '가지다'   ku-lombéz-a   '요청하다'
    ku-lagaz-a   '떨어지다'   ku-lombez-éz-a   '~을 요청하다'
    ku-damany-a   '하다'   ku-lombez-ez-án-a   '서로 요청하다'

(58) 한 음절 오른쪽으로 이동 : 키쿠유어 (Clements 1984)
    to-mo-rɔr-aɣa   '우리는 그를 본다'
    to-mo-tom-áɣa   '우리는 그를 보낸다'
    to-ma-rɔ́r-aɣa   '우리는 그들을 본다'
    to-ma-tóm-áɣa   '우리는 그들을 보낸다'

(59) 두 음절 오른쪽으로 이동 : 수쿠마어 (Sietsema 1989)
    aka-bon-aníj-a   '그는 동시에 본다'
    ku-tonolá   '뽑다'
    tu-ku-sól-a   '그는 선택할 것이다'
    a-ku-ba-sol-á   '그는 그들을 선택할 것이다'

이와 같이 오른쪽으로 당겨지는 현상은 보통 이미 위에서 언급한
ALIGN-R 제약으로 파악된다.

(60) ALIGN-R : 모든 고조는 운율 단어의 오른쪽 가장자리에 있어야 한다.

이동이 발생하여 연결선에 변화가 나타나면 ALIGN-R 제약은
*ASSOC 제약과 *DISASSOC 제약을 지배하여야 한다. 다른 제약이 없
으면 이 제약은 고조를 맨 가장자리로 잘 이동시킨다. 오른쪽 가장자
리까지 오지 않게 하려면 다른 제약이 그 제약에 우선하여야 한다. 끝
에서 두 번째 음절에 고조가 오는 경우라면 ALIGN-R 제약을 가장 근

접하게 만족시키면서 NONFINALITY 제약도 어기지 않는 결과물을
NONFINALITY 제약이 선택하도록 추정해 볼 수 있겠다. 물론 ALIGN-R
제약은 위반 정도에 따라 점진적으로 평가되어야 한다.

(61)

/σ σ σ/ | H	NONFINALITY	ALIGN-R

☞ a. σ σ σ
   /
  H
		*

b. σ σ σ
  |
  H
		**!

c. σ σ σ
  /
  H
	*!	

끝에서 두 번째 음절을 선호하는 경우에 대한 또 다른 접근 방법은
오른쪽 가장자리에 강약 음보를 위치시키고 고조를 음보의 주요부로
끌어들이는 것으로 가정하는 것이다. 이 방법은 Kenstowicz and
Kisseberth(1990)에서 사용된 방법이다. 이상의 두 방법에 대한 논의는
Bickmore(1996)를 참조하라.

오른쪽으로 한 음절만 이동하는 경우에 대해서는 대부분 LOCAL 제
약(Myers 1997)을 가정하고 있다. 다음의 정의는 형식화하지 않은 것인
데 논지 전개에는 충분하다.

(62) LOCAL : 출력형 성조는 원래 연결된 장소에 인접한 성조소지단위에
        만 연결될 수 있다.

만약에 LOCAL 제약이 ALIGN-R 제약을 지배한다면 한 음절 이동 현상이 올바르게 기술된다.

(63)

/σ σ σ σ/ | H	LOCAL	ALIGN-R
☞ a. σ σ σ σ / H		**
b. σ σ σ σ | H		***!
c. σ σ σ σ / H	*!	*

마지막은 가장 헷갈리는 경우로 수쿠마어의 두 음절 이동이다. Sietsema(1989)에서 제안한 한 가지 가능성을 보면 음보는 이원적이고 두 음절 이동은 한 음보의 주요부에서 다음 음보의 주요부로 이동하는 것으로 가정하는 것이다. 즉, (σσ)(óσ) 로 보는 것이다. 이렇게 처리하는 것 역시 문제가 없지는 않은데 홀수 음절 단어에서 한 음절이나 한 모라 음보를 허용하여야 하기 때문이다. 즉 (σσ)(ó)의 형태가 허용되어야 한다. 또 다른 대안은 Roberts(1991)를 참조하라.

이와 같은 성조의 각 이동 유형은 확산 현상도 변형시킨다. 그 변형에서는 성조가 원래 자리에 남아 있으면서 목표 음절 및 사이에 있는 음절까지로 확산된다. 위와 동일한 정렬 제약이 확산을 유도하는데 사용될 수 있는데 차이점이라고 하면 *DISASSOC 제약이 높은 순위이고 원래 자리에서 성조를 분리시키지 못한다는 점이다. NoGAP 제약은 어떤 성조소지단위라도 건너뛰지 않게 하는 제약이다. 확산이 있는 언어라면 NoLONGT 제약이 *DISASSOC 제약보다 하위 제약이어야 한다. 타블로 (64)에는 ALIGN-R 제약을 만족시키는 후보형만 나타내었다.

(64)

/σ σ σ/ | H	*DISASSOC	NoGAP	NoLONGT
☞ a. σ σ σ |\\ H			*
b. σ σ σ |\ H		*!	*
c. σ σ σ \ H	*!		

　　확산에 대한 논의를 마무리하기 전에 확산에는 정렬을 강제하는 것 외에 다른 유형의 동기가 있다는 것도 논의하여야 한다. 음절이 성조보다 많은 단순한 어두 연결과 같은 경우에는 자주 마지막 성조가 확산되어 편평한 모양을 만든다. 이 현상은 아마도 NoLONGT 제약과 *ASSOCIATE 제약을 모두 지배하고 있는 상위의 SPECIFY 제약이 작용한 결과일 것이다. 또 다른 확산 유형은 굴곡조를 그 다음 음절까지 연장하는 것인데 코말테펙 치난텍어(Silverman 1997b)에서처럼 다음 음절에 자체 성조가 있는 경우에도 연장된다.

(65) kwaLH to:L   →   kwaLH to:HL   '바나나 주세요'

      kwaLH ku:M   →   kwaLH ku:HM   '돈 주세요'

다음 그림으로 이 현상을 나타낼 수 있다.

(66)   kwa to:

        L H L

Silverman은 이 현상을 기능적인 현상으로 보는데 그 이유는 한 음절 안에서 오름조를 끝내기 힘들기 때문이라고 것이다. Zhang(2000)에서는 범언어적으로 오름조가 다른 성조보다 길다는 사실을 많은 양의 축적된 자료로 보여주면서 연결선을 최적성이론으로 분석하고 있다.

　수평조 또는 내림조 음절에서 일어나는 확산의 경우는 이러한 방식으로 설명될 수 없다. 요루바어와 베누에콩고어군(Hyman and Schuh 1974, Akinlabi and Liberman 2000b)에서는 다음과 같이 수평조가 다음 음절까지 연장된다.

(67) àlá(L.H)   →   àlǎ(L.LH)   '꿈'

      rárà(H.L)   →   ràrâ(H.HL)   '슬픈 노래'

Akinlabi and Liberman은 두 단계로 설명하고 있다. 첫째, 성조는 '원래 이원적 운율 복합체를 구성한다'는 것으로 내림조와 오름조는 이중모음처럼 자연스러운 것이라고 제안한다. 둘째, 성조가 오른쪽 방향 확산이 선호되는 것은 오른쪽 방향 확산이 각 F$_0$ 목표점을 분절음의 처음보다는 분절음의 끝에 남아있게 하기 때문인데 잘 알려진 현상인 성조 목표점의 마지막 분절음 위치 선호 현상과 일맥상통하다고 제안하고 있다. 그러나 Hyman(필자와 개인 대담)은 성조가 흡수될 때에도 우편향 현상이 존재함을 예로 들어 이와 같은 설명이 전부가 아니라고 지적한다. 성조 흡수의 우편향 현상이라는 것은 오름조-고조(LH-H)가 저조-고조(L-H)로 되는 것이 저조-오름조(L-LH)가 저조-고조(L-H)로 되는 것보다 훨씬 더 잘 일어나는 것을 말한다.

간단한 확산과 이동 현상에 대한 최적성이론의 처리로 다시 돌아가 보면 다음과 같은 유형론으로 요약할 수 있겠다.

(68) • 비제한적 이동 : ALIGN-R, NOLONGT >> *DISASSOC
     • 제한적 이동 : LOCAL >> ALIGN-R, NOLONGT >> *DISASSOC
     • 비제한적 확산 : ALIGN-R, *DISASSOC >> NOLONGT
     • 제한적 확산 : LOCAL >> ALIGN-R, *DISASSOC >> NOLONGT

4.7 어두 위치에서 좌에서 우로 연결하기

Goldsmith의 선구적인 연구에서 중요한 발견 중의 하나는 성조의 연결이 단어의 왼쪽에서 오른쪽으로 진행되는 것으로 보인다는 점이다. 이 현상은 단어의 마지막에서만 굴곡조를 허용하는, 즉 남아있는 초과 성조가 마지막 음절에 연결되어 굴곡조가 생성되는 아주 일반적인 언어 유형을 바로 설명하고 있다. 그러나 최적성이론과 같은 비도출 이론에서는 왼쪽에서 오른쪽으로 차근차근 진행되는 과정에 설명을 맡기지 않는다. 분명하게 보이는 대안은 오른쪽 정렬 사용인데 이 과정은 성조소지단위의 수보다 성조가 적을 때는 괜찮지만 성조가 더 많으면 안 된다. 타블로 (69)와 (70)은 이 점을 예시하고 있는데 성조

소지단위가 연결되어 있는 부분과 단어의 왼쪽 가장자리 사이에 있는
각 성조소지단위에 별표를 준 것에 유의하라. 문법적으로 선택된 후
보형인데 틀리게 선택된 경우에는 '☹'를 표시하였다.

(69) ALIGN-L 제약이 오른쪽 가장자리가 편평한 (a)를 선택한 것은 맞다.

/σσσ/ LH	ALIGN-L

☞ a. σ σ σ
    | V
    L H
	*

b. σ σ σ
   V |
   L H
	**!

(70) ALIGN-L 제약이 왼쪽 가장자리가 굴곡조인 (a)를 선택한 것은 틀리다.

/σσ/ HLH	ALIGN-L
☞ a. σ σ ☹ ∥ \\ H L H	*

b. σ σ
  | ∧
  H L H
	**!

　　Zoll(1997b)은 굴곡조의 분포를 좌에서 우로의 연결로 보는 것에 경
험적인 문제가 깊다고 지적한다. 많은 언어에서 굴곡조는 모음 탈락
과 같은 다른 원인으로도 발생할 수 있는데 심지어 이 굴곡조가 어말
이 아닌 곳에서 허용되지 않아 제거될 수도 있다. Innes(1969)와
Leben(1973)의 중요한 연구에서 처음으로 이론적으로 연구된 멘데어를

살펴보자. 다음은 Zoll의 연구를 간략히 요약한 기본 명사 유형이다.

(71) 멘데어 명사

H	kó	'전쟁'	pɛ́lɛ́	'집'	háwámá	'허리선'
L	kpà	'빚'	bɛ̀lɛ̀	'바지'	kpàkàlì	'삼발이 의자'
HL	mbû	'부엉이'	ngílà	'개'	félàmà	'접합'
LH	mbǎ	'쌀'	nàvó	'돈'	lèlèmá	'사마귀'
LHL	mbã̀	'동료'	nyàhâ	'여자'	nìkílì	'땅콩'
HLH	-		ndéwě	'형제자매'	yámbùwú	'나무(種)'

이 명사들 대부분은 예상대로 좌측에서 우측으로 연결되는 유형을
따른다. Zoll의 제안에 따르면 비어말 굴곡조 금지 현상은 ALIGN-R
(CONTOUR) 제약과 같은 굴곡조 관련 필요조건을 허가하여 굴곡조가
어말에만 오게 만든다. 이 제약에 ALIGN-L 제약을 지배하는 MAX-T
제약과 *FLOAT 제약을 더한다면 원하는 결과를 얻게 된다.

 • 연습 5. (71)에서 '여자', '접합' 의미의 단어에 타블로를 제시하라.

Zoll의 제안은 추가적인 장점을 가지고 있는데 좌에서 우로 연결하
는 것과 현상이 다른 다음과 같은 굴곡조 이동을 설명하고 있다.

(72)　　　　mbu-i　　→　　　mbu-i
　　　　　　／∣∣　　　　　　／／∣
　　　　　　H LH　　　　　　HLH

다른 자료를 근거로 한 Zoll의 논증에 따르면 이것은 순환적인 성조
연결 현상 때문에 /HL/ 성조가 접미사가 더해지기 전에는 /mbu/에 연
결되어 있어야 한다. 접사가 더해지면 굴곡조 위치가 어말이 아니어

서 ALIGN-R (CONTOUR) 제약을 위반하기 때문에 재연결을 유발한다.

마지막으로 Zoll은 좌에서 우로 연결하기와 ALIGN-L 제약이 3음절에 실리는 /LH/를 잘못 예측하게 한다고 지적한다. 즉, LHH가 기대되지만 실제로는 LLH로 나타나는 현상을 말한다. Zoll은 이 현상을 고조 음절의 인접을 제한하는 *CRASH 제약 때문으로 본다.

(73)   *CLASH : 인접한 음절은 돋들리는 성조, 즉 고조가 연결될 수 없다.

Zoll에게 중요한 *CLASH 제약은 (음절 당 하나씩) 두 개의 고조가 있든지 고조가 공유되어 있든지 관여하지 않는다는 것이다. 그렇기 때문에 *CLASH 제약은 OCP 제약보다 훨씬 강력하다. SPECIFY 제약과 DEP-T 제약이 *CLASH를 지배하면 /H/ 하나가 살아남는데 그 성조가 모든 음절에 확산될 수 있다. 더 자세한 내용은 Zoll의 연구를 참조하기 바란다.

  • 연습 6. *CLASH 제약과 ALIGN-L 제약, SPECIFY 제약, DEP-T 제약의 등급을 결정하여 위에서 설명한 분석을 완성하라. (71)에 있는 '사마귀', '집' 의미의 단어에 타블로를 제시하라.

이제 성조 연결, 이동, 확산의 유형을 다룰 이론이 설정되었다. 그러나 전 세계의 성조 언어의 범위로 시선을 확대한다면 분석 도구가 여전히 좀 더 필요하다. 4장의 나머지 부분에서는 잉여운율성, 성조와 강세의 상호작용, 필수굴곡원리를 살펴보겠다.

4.8 잉여운율성

연결 유형은 보통 단어의 왼쪽 가장자리에서 시작하지만 항상 그런 것은 아니다. 키쿠유어(Clements and Ford 1979)의 성조 가락은 키쿠유어와 밀접한 관계인 반투어군과 비교하였을 때 한 음절만큼 오른쪽으로 이동하는 현상이 있다. 첫 번째 음절은 항상 저조이다.

(74)　키캄바어:　ŋgíŋgɔ́　　　키쿠유어:　ŋgìŋgɔ́　　'목'
　　　　　　　　mòté　　　　　　　　　　mòtĕ　　　'나무'

첫 번째 음절(실제로는 여러 가지 이유로 음운론적 성조에 연결되지 못한 음절)이 음운론의 마지막 부분(또는 음성학 부분에서)의 미명세 저조를 받을 때까지 음운론적으로 무성조인 것으로 가정하면, 해당 유형은 성조 연결의 시작 단계에서 첫음절이 배제되는 것으로 설명할 수 있다.

(75)　키캄바어:　　mote　　　　키쿠유어:　　(mo)te
　　　　　　　　　　│ │　　　　　　　　　　　　／│
　　　　　　　　　　L H　　　　　　　　　　　　L H

이와 같은 가설의 두 번째 증거는 계단내림에 있다. 계단내림(6장 참조)은 부동 저조나 초저조 때문에 자주 발생한다. 키쿠유어는 해당 언어군에서 비자동 계단내림이 일어나는 유일한 언어인데, 키쿠유어에서 비자동 계단내림이 발생하는 위치는 언어군의 다른 언어 초저조를 단어의 마지막 밖으로 밀어낸 정확히 그 위치이다. 아래 자료에서 초저조는 밑줄로 표시하였고 계단내림은 느낌표(!)로 나타내었다.

(76)　뭄비어 : èkálà̠　　　　키쿠유어 : ikàrá!　　　　'숯'

계단내림이 부동 초저조 때문에 일어난다면 다음과 같이 설명할 수
있다.

(77)　뭄비어 : ekala　　키쿠유어 : ikara

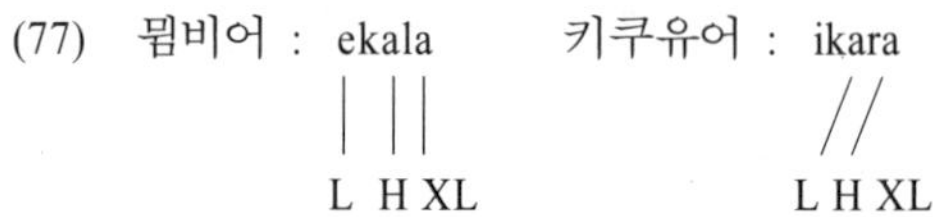

키쿠유어에서 첫 번째 음절이 성조를 받을 수 없는 것은 잉여운율
성의 유형인 이른바 NONINITIALITY 제약 때문인데 이 제약은 치지굴
라어에서 있는 NONFINALITY 제약과 대칭되는 제약이다. 좀 더 형식
적으로 나타내면 이 제약들은 *ALIGN-L (WORD, T)와 같은 비연결 제
약으로 볼 수 있다. 이 제약은 단어 처음에 성조가 있는 것을 금지하는
제약이고 대립되는 제약은 더 낮은 등급의 ALIGN-L (T, WORD)이다.

(78)

mote LH	*ALIGN-L (WORD, T)	ALIGN-L (T, WORD)
☞　mote 　L H		**
mote 　L H	*!	*

　또 한 가지 대안은 치지굴라어에서와 마찬가지로 이 현상을 악센트
로 보는 것이다. 이 방식은 Clements and Ford가 채용한 것이다. 제안
에 따르면 키쿠유어의 분석은 두 번째 음절에 고정 악센트가 있고 성

조가 이 악센트에 이끌리게 되는 것이다. 즉, ALIGN-L (T, ACCENT) 제약으로 나타낼 수 있다. 이어서 보게 될 4.9의 내용에 따르면 범언어적으로 강세와 고조(또는 아무 성조) 사이의 끌림 현상에 관한 상당히 많은 증거가 있다.

4.9 성조와 강세의 상호작용

de Lacy(1999b)는 성조와 돋들림의 상호작용에 제한된 흥미로운 이론을 제시하였는데 부정적 유표성 제약에 관한 두 가지 범언어적인 위계에 기초하고 있다. 그 중 하나는 핵 위치에 성조가 나타나는 것을 규제하는 것이고 다른 하나는 비핵에 성조가 나타나는 것을 규제하는 것이다. 첫 번째 위계는 핵 음절에서 저조보다 고조가 선호되는 현상을 핵 위치에 특정 성조가 나타나는 것을 금지하는 제약의 위치로 처리하고 있다. 따라서 *HD/L 제약은 '핵 음절에 저조 금지'를 의미한다. 위계 서열 전체는 다음과 같다.

(79) 돋들리는 곳은 고조를 선호하고 저조를 제거함
      *HD/L >> *HD/M >> *HD/H

이 제약은 강세 음절에 고조가 삽입되고(리투아니아어), 강세 음절로 고조가 이동되고(줄루어, 디고어), 강세가 저조 음절을 회피하는 경향(골린어, 믹스텍어)과 같은 현상을 설명할 수 있다. 비강세 음절에서 고조가 탈락하고(베다 산스크리트어), 비강세 음절에서 고조를 다른 곳으로 이동시키고(디고어), 비강세 고조 음절을 회피하는(골린어, 믹스텍어)

현상은 두 번째 위계로 처리되는데 비핵 위치에서 저조가 선호되는 현상으로 다루어진다.

(80)　돋들리지 않는 곳은 저조를 선호하고 고조를 제거함
　　　*NONHD/H >> *NONHD/M >> *NONHD/L

　de Lacy는 이와 같은 방식을 자세히 전개하였고 그가 분석한 믹스 텍어 방언이 책 7장에 자세히 나타나 있다. 반투어군의 경우에 강세 음절로 고조가 유인되는 방식으로 분석될 수 있다는 사실은 이미 살펴보았는데 추가적으로 간단한 예 정도만 여기에 좀 더 제시하겠다.
　잘 알려진 표준 중국어의 3성 변조를 살펴보자. 입력형 /L.L/(점은 음절 경계를 나타내고 핵은 밑줄로 표시하였다)은 OCP 제약을 위반하였는데 고조의 삽입으로 해소되어 /LH.L/이 되었다. 타블로 (81)에 나타난 것처럼 비핵 음절보다 핵 음절에 고조를 넣은 것은 *HD/L과 *NONHD/H 제약의 결과로 이해할 수 있다. (b)의 [H.L]보다 (a)의 [LH.L]이 선호되는 것은 MAX >> *HD/L 제약 순서 때문일 수 있고, (c)의 [L.HL]보다 (a)의 [LH.L]이 최종적으로 선택된 것은 *NONHD/H 제약과 직접적으로 연관되어 있다.

(81)

/L.L/	OCP	*NONHD/H	MAX	*HD/L
☞ a. (LH.L)				*
b. (H.L)			*!	
c. (L.HL)		*!		*
d. (L.L)	*!			

많은 언어(예를 들면 표준 중국어, 상하이어 등)에서 비강세 음절에 놓인 모든 기저 성조는 그 성조가 사라진다. (그 기저 성조는 음운론의 마지막 부분에서 기정치 성조를 받거나 보간에 의한 음높이를 받는다) 그리고 강세 음절에 놓인 모든 기저 성조는 그 성조를 유지한다. de Lacy의 설명은 고조와 저조의 구별하고 있지만 해당 구별이 필요하지는 않다. 따라서 이러한 유형의 언어는 (80)에 있는 전체 *NONHD/T 제약들의 위계가 (79)에 있는 전체 *HD/T 제약들의 위계를 지배하면서 MAX-T 제약이 그 사이에 올 때 얻어질 수 있는 것이다.

(82) 모든 성조가 핵 음절 위치에서만 유지되는 언어의 제약순
      *NONHD/H, M, L >> MAX-T >> *HD/H, M, L

이 단락의 나머지 부분에서는 de Lacy의 연구가 함축하는 몇 가지 내용에 대해서 간단히 논의하고, 필요할 수 있는 약간의 수정 사항을 제안하겠다. 자세한 내용은 Yip(2000)을 참조하라. 논의에 영향을 주지 않는 내용이므로 건너뛰어도 무방하다.

de Lacy는 제약 목록을 부정적 유표성 제약에 명시적으로 한정하고 있지만 위치 충실성 제약, 긍정적 유표성 제약, 연속적 유표성 제약 역시 수용해야 할 것으로 보인다. 쫭 중국어의 일부 유형은 2음절어의 첫 음절이 시작 고조를 가진다. 이 성조는 첫 음절의 기저 성조와 결합하여 무성조 음절은 H가 되고, /H+TH/('T'는 성조에 제한이 없음을 나타낸다)는 HH가 되고, /H+TL/은 HL이 된다. 2음절어의 첫음절이 핵음절인 것으로 보이는데 H는 긍정적 유표성 제약인 HEAD=H 제약으로 삽입되는 것이다. *HD/L 제약이 충분하지 않은 이유는 출력형에 L이 여전히 나타나는 HL 형태도 허용되기 때문이다. 표준 중국어에서는 긍정적 제약이 필요한 두 번째 논거로 표준 중국어를 들 수 있다. 즉,

대조 강세에서 L 음절은 제한하지만 H, MH, HL 음절은 자유롭게 허용한다. H 성조가 필요한 것은 긍정적으로 나타나야 한다.

상하이어에서는 음운구의 모든 성조가 탈락하는데 핵 위치는 제외된다. 살아남은 성조는 첫 두 음절로 다시 분배된다. 따라서 입력형 /LH.HL/은 출력형 [L.H]를 만들어내게 되는데 *HD/L 제약과 *NONHD/H 제약을 모두 어기게 된다. de Lacy의 문법에 따르면 핵 위치의 H와 비핵 위치의 (만약 있다면) L이 유지되는 것으로 기대할 것이다. 성조의 기원이 여전히 뚜렷하게 문제가 되지만 여기서는 HEAD-MAX-T 제약과 같은 위치 충실성 제약 외에는 대안이 없다. 좀 더 자세한 논의는 8장을 참조하라.

de Lacy의 접근법으로 보아서 지나치게 제한적인 경우는 계단내림과 관련된 주제이다. 좀 더 복잡한 이 문제에 대한 논의는 6장에서 다룰 예정인데 연속적 유표성 제약인 PROMTONEMATCH 제약이 필요함을 논증할 것이다. 이 제약은 de Lacy의 제안에 반대되는 것이다. 돋들림의 모습과 성조의 모습은 서로 모순될 수 없기 때문이다.

4.10 필수굴곡원리

Leben(1973)의 제안에 따르면 보통 OCP로 나타내고 필수굴곡원리라고 부르는 원리에 성조가 지배된다.

    (83)   필수굴곡원리 (OCP)
          동일 요소의 인접은 금지된다.

이 원리는 고조 음절이 연쇄된 단어가 (b)가 아니라 (a)처럼 표상되어야 한다는 것을 의미한다.

(84) a. 

Leben이 처음으로 제안한 이후 명확해진 것은 이 원리가 성조 범위 이상의 것까지 처리하고, 또 최적성이론에 자연스럽게 잘 들어맞는 개념인 출력형 제약으로도 훌륭하게 검토될 수 있는 원리라는 사실이다. 출력형 제약으로서 OCP는 입력형으로부터 생긴 어떤 변화가 OCP 위반을 가져오면 그 변화를 막을 수 있거나(McCarthy 1986), 입력형 자체가 OCP를 위반하면 강제로 변화하게 한다(Yip 1988). OCP 제약을 위반하는 것은 다양한 방법으로 제한된다. 예를 들면 한 성조를 탈락시키거나, 다른 곳으로 이동시키거나, 인접이 유발되면 확산을 막거나, 두 성조를 하나로 융합하는 것 등의 방법이다. 또 Odden(1986)이 지적한 것처럼 OCP 제약도 최적성이론의 다른 제약들처럼 위반 가능하기 때문에 표면적 위반도 관찰될 것이다.

Myers(1997)에서는 OCP 제약이 성조음운론에 영향을 주는 방식을 훌륭하게 소개하고 있는데 그 내용을 이 단원의 나머지 부분에 정리하겠다. 살펴볼 내용에서는 OCP 제약이 잘 지켜질 수 있고(쇼나어), 위반될 수도 있고(키샴바어), 입력형에서 변화를 강제하여 충실성 제약을 위반하게 할 수도 있고(예를 들면 규칙 유발), 예상되는 변화가 일어나지 않게 막을 수도 있다(예를 들면 규칙 차단).

첫 번째 예는 고조 연쇄를 가진 기저형에 관한 것인데 OCP 제약으로 두 번째 고조가 삭제된다. 메우센 규칙으로 알려진 이 규칙은 반투어군의 성조론에 널리 퍼져있는데 다음에 보인 것은 쇼나어의 예이다. 밑줄은 기저형에서 고조인 모음이다.

(85)   OCP 제약이 유발한 삭제 현상 (쇼나어 : 메우센 규칙)

bángá   '칼'   í-ba<u>ng</u>a   '그것은 칼이다'

명사 '칼'은 기저의 고조가 중복 연결된 것이고, 계사 접두사에도 고조가 있는 경우이다. 계사가 붙으면 명사의 고조가 탈락한다.

이러한 탈락 현상은 제약순 OCP >> MAX-T 로 포착할 수 있는 현상이다. 두 성조 중 두 번째 성조의 탈락이 선호되는 현상은 문법에 ALIGN-L 제약을 포함하면 된다.

(86)

/i banga/ H_1 H_2	OCP	MAX-T	ALIGN-L
a. i banga H_1 H_2	*!		*
b. i banga H_2		*	*!
☞ c. i banga H_1		*	

두 번째 예는 보통 접어에서 확산되는 성조를 OCP 제약이 차단하는 것인데 확산이 되면 OCP 제약 위반이 된다.

(87) 접어에서 고조 확산 실패 (쇼나어)
　　　일반적인 확산 : sadza　포리지　　　í-sádza '그것은 포리지이다'
　　　확산 차단 :　　badzá 괭이　　　í-badzá '그것은 괭이이다' (*í-bádzá)

　　확산이 SPECIFY 제약 때문이고 그 SPECIFY 제약이 *ASSOCIATE 제
약을 지배한다고 생각해 보자. 차단 효과는 OCP 제약이 SPECIFY 제
약보다 상위에 있을 때 나타난다. 마지막으로 탈락 다음에 확산이 일
어나야 하지 않기 때문에 MAX-T 제약 역시 SPECIFY 제약을 지배하여
야 한다. OCP >> MAX-T 제약순은 이전 타블로에서 검증된 것이다.

(88) OCP >> MAX-T >> SPECIFY-T >> *ASSOCIATE

/i-badza/ H₁　H₂	OCP	MAX-T	SPECIFY-T	*ASSOCIATE
a. i-badza H₁　　H₂	*!			*
b. i-badza H₁		*!		**
☞ c. i-badza H₁　　H₂			*	

　　쇼나어에서는 OCP 제약 위반을 피하는 마지막 방법이 융합이다.
이 방법은 동사의 일부에 제한적으로 적용된다. 이러한 동사의 일부
를 Myers는 넓은 어간이라고 부르는데 이 어간은 어근과 여러 접미
사, 목적격 접두사와 가정법, 부정문, 분사 형태의 주격 접두사로 구
성된다.

(89) 융합 (넓은 어간에서만)
   a. tí-téng-és-é   '우리는 팔아야 한다'
   융합의 증거 : 전체 연쇄가 접어 다음에서 메우센 규칙에 의해 삭제됨
   b. há-ti-teng-es-e   '우리에게 팔게 하다' (*há-ti-téng-és-é)

   (a)의 환경에서는 인접한 기저의 고조 두 개가 고조를 유지하고 있기 때문에 명백한 OCP 제약 위반이다. 그러나 Myers는 이 두 음절이 현재 하나의 고조에 연결되어 있는 것으로 볼 수 있다고 지적한다. 왜냐하면 해당 단어가 (b)와 같이 메우센 규칙 환경에 놓인다면 두 음절 모두 고조를 잃기 때문이다. 따라서 /tí-téng/에 있는 두 기저 성조는 하나로 융합된 것이다. 보통 NoFusion 제약으로 표현되는 융합은 충실성 제약 위반이기 때문에 OCP 제약이 NoFusion 제약을 명확하게 지배한다. 융합은 탈락보다 선호되므로 MAX-T 제약이 NoFusion 제약을 지배한다고도 하여야 한다.

(90) 융합 : (넓은 어간)   OCP >> MAX-T >> NoFusion

/ti-teng-es-e/ H₁H₂	OCP	MAX-T	NoFusion
a. ti-teng-es-e H₁H₂	*!		
b. ti-teng-es-e H₁		*!	
☞ c. ti-teng-es-e H₁,₂			*

   마지막으로 유의해야 할 것은 융합으로 OCP 위반을 제거한 넓은

어간의 문법과 탈락이 진행된 음운 단어의 문법의 차이는 NoFUSION 제약과 MAX-T 제약의 상대적 순서라는 점이다. 융합에 관한 내용을 마치기 전에 주목할 만한 것은 아주 일반적인 성조 변화 과정인 성조 흡수가 OCP 제약이 유발한 융합의 부차적인 예로 볼 수 있다는 점이다. Hyman and Schuh(1974)는 바밀레케어, 멘데어, 키쿠유어, 하우사어, 응이짐어 등 많은 언어에서 /HL.L/이 [H.L]이 되고 /LH.H/가 [L.H]가 되는 것이 두 번째 음절에 닿아 있는 동일 성조 두 개 중 하나가 탈락한 후 오른쪽으로 이동한 것으로 보았다. 그러나 동등하게 두 성조의 융합으로도 똑같이 파악할 수 있다. 어쨌든 OCP 제약은 여기에서도 명백히 작동 중이다.

쇼나어와 다른 여러 언어에서 OCP 제약을 자세히 살펴보았지만 중요한 연구인 Odden(1996)에서 살펴본 것과 같이 모든 언어에서 OCP 제약을 상위에 두는 것은 아니다. 예를 들면 키샴바어에서는 확산이 OCP 제약으로 방해 받지 않는다(Odden 1982, 1986).

(91) 표면적 OCP 제약 위반 (키샴바어)
　　　/ní-ki-chí-kómá/　　　[níki-!chíkómá]　　　'나는 그것을 죽이고 있었다'

일반적으로 키샴바어의 고조는 다른 고조 다음에서 계단내림된다. [ki]와 [chí] 사이에서 계단내림이 일어났기 때문에 이것들은 서로 다른 두 개의 고조로 연결되어야 한다. OCP 제약을 위반하는 것이 탈락, 융합, 확산의 막힘 등에 의해 결정되지 않기 때문에 OCP 제약은 지금까지 논의하였던 모든 제약보다 하위에 놓여야 한다. 결과적으로 최적성이론의 다른 제약들과 마찬가지 이야기이지만 OCP 역시 경쟁적인 다른 제약보다 하위에 놓인다면 위반 가능하다는 점을 볼 수 있다.

(92) MAX-T, SPECIFY-T, NOFUSION >> OCP

/niki-[chikoma]/ $H_1 \qquad H_2$	MAX-T	SPECIFY-T	NOFUSION	OCP
a. niki-[chikoma] H_1	*!	***		
b. niki-[chikoma] $H_1 \qquad H_2$		*!		
c. niki-[chikoma] $H_{1,2}$			*!	
☞ d. niki-[chikoma] $H_1 \qquad H_2$				*

  4장의 내용은 여기까지이다. 길고 복잡하였지만 이제 우리는 전 세
계 언어 중 성조가 보이는 특성을 계속 탐구하는데 필요한 주요 도구
를 손에 넣게 되었다.

4장 연습문제의 답

- 연습 1의 답

σ σ σ   왼쪽 후보형이 선택되면 잘못된 것이다.
따라서 타블로에 *DISASSOCIATE 제약의 상위에 NOGAP 제약을
추가하여야 한다.

H

- 연습 2의 답

치지굴라어 : 위의 타블로에서 ALIGN-R 제약을 HEAD = H 제약으로 교체
사포텍어 : SPECIFY >> *ASSOCIATE, LINEARITY

- 연습 3의 답

확산이 이미 자신의 성조가 있는 음절로 진행되기 때문에 SPECIFY 제약은
동인이 될 수 없다. /1, 2/가 모두 고조인 것을 고려하면 가장 간단한 대안은
ALIGN-R (H, PRWD) 제약이 역할을 해주고 NONFINALITY 제약이 마지막 성조
를 제외시킨다고 생각할 수 있다. 여기서 필요한 제약순은 NONFINALITY >>
ALIGN-R >> *DISASSOC, *ASSOC이다.

- 연습 4의 답

ALIGN-L 제약은 초과되는 성조를 포함한 모든 성조를 왼쪽에 두려고 하기
때문에 마지막 음절이 아닌 첫 번째 음절에 굴곡조가 생긴다.

/nyaha/ LHL	ALIGN-R (CONTOUR)	MAX-T	*FLOAT	ALIGN-L
☞ a. nyàhâ				**
b. nyàhá Ⓛ			*!	*
c. nyàhá		*!		*
d. nyǎhá	*!			*

/felama/ HL	ALIGN-R (CONTOUR)	MAX-T	*FLOAT	ALIGN-L
☞ a. félàmà				*
b. félámà				**!
c. félámá Ⓛ			*!	
d. félámá		*!		

● 연습 6의 답

SPECIFY, DEP-T >> *CLASH >> ALIGN-L

제5장 형태론과 통사론에 있는 성조

지금까지는 성조의 순수 음운론적 측면을 살펴보았다. 즉, 성조가 음운론적 환경의 영향을 어떻게 받는지를 살펴본 것이다. 그러나 음운론이 형태론과 통사론 두 부분 모두와 상호작용하고 있는 사실을 잊어서는 안 된다. 이러한 상호작용이 5장의 주제이다. 5장의 목표는 자연 언어에서 보통 발견되는 다른 문법 구성요소와 성조론과의 상호작용 유형으로 관심을 돌려 해당 유형을 간단하게 예시하는 것이다. 6장부터 8장에서는 많은 추가적인 예들을 접해보고 분석할 것이다.

형태론과 통사론의 경계가 항상 명확한 것은 아니다. 이 책에서는 구 층위에 대한 설명이 어느 정도 필요한 것을 통사론으로 분류하겠다. 여기에는 보문소와 같은 통사적 구 경계에 대한 특정 유형을 표시해주는 성조와, 통사론에 의해 부분적으로 또는 전체적으로 조절되어 음운구를 표시해주는 성조가 포함된다. 단어 형성에는 관여하지만 구 층위에서 역할은 없는 것으로 보이는 성조 형태소나 성조 변화는 순수하게 형태론적인 것으로 간주하겠다. 먼저 형태론을 보면 상호작용이 세 가지 유형으로 구별된다. 첫째, 성조는 스스로 형태소가 될 수 있다. 그렇게 되면 순수하게 성조만 있는 형태소는 연결, 삭제, 확산

등 해당 언어 일반 음운론의 대상이 된다. 둘째, 어떤 형태론적 구조는 특정 방식으로 성조를 조작할 수 있다. 이 현상은 중첩에서 특히 두드러지는데 이 과정에서 성조는 복사될 수도 있고 복사되지 않을 수도 있고 중첩 변화의 일부로 새로운 성조가 들어갈 수도 있다. 셋째, 어떤 단어의 내부 형태론 구조는 성조음운론에 영향을 미칠 수 있다.

다음으로 통사론 및 통사론이 성조와 직접적으로 상호작용하는 방식을 보자. 두 가지 경우를 구별할 수 있겠다. 단어 층위 형태론에서 성조는 스스로 어휘적 형태소인 X_0 일 수 있다. 이것은 보문소, 의문 조사, 소유 표지 또는 공동 표지와 같이 특정 통사 구조에 나타나는 전형적인 기능 범주가 될 수 있다. 두 번째로는 통사구 나누기인데 이 과정은 운율 구조에 영향을 줄 수 있어서 성조 규칙이 적용되는 영역에까지 그 영향이 미친다. 이 부분은 연구거리가 아주 많은 분야라서 5장에서 가장 긴 부분이다.

5.1 형태론

5.1.1 성조 형태소

보통 형태소를 분절음적인 것으로 생각하지만 순수한 성조 형태소도 많이 있다. 성조 형태소는 단어에서 표면화한 성조의 위치를 중심으로 두 가지 유형으로 나누는 것이 편리하다. 첫 번째 유형은 성조 형태소가 단어의 시작이나 끝에 붙어있는 유형으로 어근의 성조 앞이나 뒤에 오는데 일반적으로는 뒤에 온다. 두 번째 유형은 성조 형태소가 어근의 성조와 겹치는 유형으로 어근 성조를 완전히 대체하기도 한다. 그리고 두 번째 유형의 형태소가 있는 언어는 첫 번째 유형의 **기저** 접사가 있는 것으로 자주 분석된다. 기저 접사는 접두사나 접미사로 시작하는데 성조에 대한 더 큰 표면형 조작은 일반 음운론적으로도 도출될 수 있기는 하지만 이렇게 기술적으로 분리하는 것이 편리하다.

첫 번째 유형의 간단한 예로는 광둥어에서 친숙한 이름에 붙는 고조 접사가 있다. 단음절로 된 성에 접두사 /a:33/와 함께 성조 접미사를 붙이면 친숙한 이름이 될 수 있는데 예를 들면 /yi:p22/ → a:33 yi:p25 과 같다. 접사를 첨가하면 단어는 원래 기저 성조로 시작하지만 높은 성조로 끝나게 된다. 높은 음높이를 5, 낮은 음높이를 1로 표시한다면 성조의 변화는 다음과 같이 나열할 수 있다.

(1) 기저형   접사 첨가 후
    21   25
    24   25
    33   35
    53   55
    35   35

이와 같은 유형은 높이 5의 단순 고조 접미사가 유도한 것으로 볼 수 있는데 너무 복잡한 성조를 좀 단순하게 하는 효과도 있다. 자세한 논의는 8장을 참조하라.

하우사어(차딕어군, Newman 1992)에서는 고조 동사에서 만들어진 동사적 명사는 단음절이고 내림조로 나타난다.

(2) sháa   '마시다'   shâa   '마시기' (명사)
    cí   '먹다'   cîi   '먹기' (명사)

이 현상을 분석하는 일반적인 방법은 저조가 추가될 때 추가되는 저조에 맞추어 마지막 모음에 장음화가 수반되었다고 보는 것이다. 그러나 Newman은 다르게 설명하고 있는데 최소한 이 단어들의 역사적인 기원이 고려되어 그렇다.

두 번째 유형의 성조 접사는 원래 있었던 어근의 성조를 덮어쓰는 것인데 아마도 반투어군의 동사 형태론에 가장 잘 예시되어 있다. 반투어군에서는 성조 형태소가 첨가되면 동사 전체의 성조가 바뀔 수 있다. 예를 들면 북부 카랑가어(Hewitt and Prince 1989)의 동사는 단언문 형태와 비단언문 형태의 전체 성조 가락이 다르다. Hewitt and Prince 의 예를 예시하면 다음과 같은데 해당 예는 어떤 이유에서인지 고조 어근 단언문과 비단언문의 예시에 서로 다른 어근을 사용하였고 접두 사도 생략되어 있어 주의하여야 한다.

(3)		단언문		비단언문	
고조 어근		téng-es-a	'팔다'	tór-es-á	'잡지 못했다'
		téng-és-ér-a	'~에게 팔다'	tór-és-er-á	'~을 위해 잡지 못했다'
무성조 어근		bik-is-a	'요리하다'	bik-ís-a	'요리하지 못했다'
		bik-is-ir-a	'~를 위해 요리하다'	bik-ís-ír-a	'~을 위해 요리하지 못했다'

Hewitt and Price는 고조 접미사를 비단언문 형태소로 분석하였지만 고조의 영향은 단어 전체에 걸쳐서 나타난다. 좀 더 세부적인 내용과 분석은 6장을 참조하라.

광둥어에는 상당히 다른 예가 나타난다. 역사적으로 광둥어는 명사와 동사의 쌍이 성조의 변화로 형성되었다. 많은 유형이 존재하지만 대부분의 방법이 요즘은 그렇게 생산적이지 않다. 자세한 내용은 Tak(1977)를 참조하라. 중요한 문제는 다음의 유형처럼 성조 전체가 변

화하였기 때문에 특정 성조 접두사나 접미사를 첨가하는 방식으로는
간단히 분석할 수는 없다는 점이다.

(4)   동사 : /53/   파생 명사 : /44/
      ta:m   '나르다'   ta:m   '짐'
      sow   '세다'   sow   '숫자'

마지막으로 야우어(토르 레이크스플레인 언어군, 이리안자야 지역에서 사용,
Edmondson *et al.* 1992)에 있는 몇 가지 사실을 살펴보자. 이 언어에서 동
사의 양상은 성조가 표시해주고 단음절 동사에 실린다. 주요 음높이
차이는 동사의 뒷부분에 있지만 양상 성조들은 최소한 음절의 2/3에
걸쳐 있다. 예를 들면 /baui/ '~에 오다'라는 동사를 보면 결과지속상
에서는 가운데 수평조이고, 상호목표상('결국 X로 왔다'의 의미)에서는 높
은 음높이에서 중간 음높이까지 오는 내림조이고, 진행상에서는 중간
음높이에서 낮은 음높이까지 내려오는 내림조이다. 여기서 보면 양상
의미를 가진 성조가 가장자리에만 있지 않고 음절 전체에 연결된다는
사실을 알 수 있다.

5.1.2 구조 특정적 성조론

성조 접사의 문제는 좀 두고 지금부터는 특정 형태론적 구조가 고
유의 성조음운론이 있을 수 있는지를 특히 중첩과 관련된 내용을 중
심으로 살펴보겠다. 어떤 언어에서는 성조가 중첩 과정에서 복사되고,
다른 언어에서는 중첩 형태소에 고유의 성조가 있으며, 또 어떤 언어
에서는 중첩 형태소가 무성조 상태로 있거나 기정치 성조를 받는다.
한 언어에는 여러 종류의 중첩 구조가 있기 때문에 이런 점들이 서로

다를 수 있다. 예를 들면 표준 중국어(Chao 1968)에는 여러 가지 유형의 중첩이 있는데 그 중 세 가지 유형은 다음과 같다. 친족 명사는 성조 없이 중첩되는데 음운론적으로 무성조 중첩형이 만들어진다. 분류사는 원래 성조 그대로 중첩된다. 형용사는 (화자들에 따라) 2음절어의 두 번째 음절에서 고정된 고조의 형태로 중첩되는데 이렇게 중첩된 형용사는 중첩된 후 동사 선행 부사 또는 결과 의미 부사로 바뀌는 생생한 중첩의 유형을 보인다. 분류사 중첩과 형용사 중첩의 경우는 베이징어에서 권설음 접미사 /-r/까지도 첨가된다.

(5)	T-0	명사 :	ge55 ge	'형, 오빠'
			jie21 jie	'누나, 언니'
	T-T	분류사 :	chu53 chur53	'어디든지'
			tian55 tianr55	'날마다'
	T-55	형용사 :	(Chi55de) bao21 baor55de	'배부르게 (~정도로 먹었다)'
			kuai53 kuar55de	'빨리'

최적성이론에서 중첩을 처리하는 방식을 보면 어기-중첩어의 동일성을 만들어내는 것은 MAX-BR(McCarthy and Prince 1995) 제약과 같은 어기부터 중첩어까지에 연관되는 충실성 제약이다. MAX-BR (TONE) 제약은 어기에 있는 모든 성조가 중첩어에 나타날 것을 요구하는 어기-중첩사(B-R) 충실성 제약이다. 어기의 요소가 복사되지 않으면 유표성이 MAX-BR (TONE) 제약을 지배해서이고 어기의 요소가 복사되면 MAX-BR (TONE) 제약이 유표성을 지배해서이다(McCarthy and Prince 1994). 두 가지 경우 모두 출력형-입력형의 충실성 제약인 MAX-IO (TONE) 제약이 상위 제약이어서 어기 음절에 입력형 성조가 살아남을 수 있게 한다. 따라서 첫 번째와 두 번째 유형의 중첩은 구조 특정적인 제약순이 필요할 것이다. 즉, 무성조어의 중첩에는 *TONE >>

MAX-BR (TONE) 제약순이, 분류사 중첩의 성조 복사에는 MAX-BR (TONE) >> *TONE 제약순이 필요하게 된다. 타블로 (6)에는 성조가 복사되지 않은 명사 중첩의 예가 나타낸 것이다. 관심 있는 독자는 적절한 문법을 구성하고 분류사의 예의 타블로를 만들어 보라.

(6)

/ge55-RED/	MAX-IO (TONE)	*TONE	MAX-BR (TONE)
☞ a. ge55 ge		*	*
b. ge55 ge55		**!	
c. ge ge	*!		

형용사에 있는 세 번째 유형의 중첩이 아마도 처음인 것은 중첩사가 어기 성조를 잃어버렸지만 고조 접미사가 부가되었기 때문이다.

상당히 흥미로운 예가 코이산어족 주트와시(Miller-Ockhuizen 1999)에 있다. 어근은 최소 2모라 중음절 한 개 또는 단모라 경음절 두 개로 구성되어 최소 2모라인데 두 모라가 성조 하나를 공유하거나 서로 다른 성조가 두 개 있다. 2음절어 어근의 경우에는 중첩사 형태가 어근의 성조 개수로 결정된다. 만약에 (7a)처럼 어근 성조가 한 개라면 첫 번째 모음이 중첩되고 만약 (7b)처럼 어근 성조가 두 개라면 두 모음이 모두 중첩된다.

(7)　a.　L　　gkʰù.rì　'보이게 되다'　　　　gkʰù.gkʰù.rì　'보여지게 하다'
　　　　　H　　xə́.βɔ́　'(피부를) 찌르다'　　　xə́.xə́.βɔ́　'찌르게 하다'
　　　b.　LH　tsxə̀.βí　'잡다'　　　　　　　tsxə̀í.tsxə̀.βí　'힘으로 잡다'

확실한 것은 성조소지단위가 모라이고 두 성조가 모두 중첩되어야 한다는 것이다. 그렇게 하면서 모라를 성조 하나에 제한하는

NoCONTOUR 제약을 지키고 중첩사를 단음절 크기로 제한하고 있다.

(8)

/RED-tsxə̀.βí/	RED = σ	MAX-BR (TONE)	NoCONTOUR
☞ a. tsxə̀í.tsxə.βí			
b. tsxə́.tsxə̀.βí			*!
c. tsxə̀.tsxə̀.βí		*!	
d. tsxə̀.βí.tsxə̀.βí	*!		

　마지막으로 논의할 것은 치체와어(Myers and Carleton 1996)에 있는 더욱 복잡한 예이다. 치체와어의 성조는 중첩 현상으로 (9a)와 같이 복사되기도 하고 (9b)와 같이 복사되지 않기도 한다. 성조가 복사될 때에는 (9c)와 같이 종종 다른 음절로 이동한다. 다음에서 밑줄로 표시된 것은 각 중첩사이다.

(9)　　a. nda-namizá-<u>namizá</u>　　　　‘나는 계속 속였다’

　　　　b. ndima-sángalatsa-<u>sangalatsa</u>　‘나는 계속 즐겁게 했다’

　　　　c. chigawénga-<u>wengá</u>　　　　‘진짜 테러리스트’

　Myers and Carleton은 성조 복사가 (b)에서 막힌 이유는 문제가 되는 성조가 동사 어간에서 비롯된 것이 아니라 앞에 오는 부가적인 요소에서 비롯된 것이라고 주장한다(그러나 그 요소도 어간에서 실현된다). 따라서 중첩은 어간 요소만 복사한다는 것이다. (c)의 경우는 성조의 이동이 OCP 제약으로 유발된 것인데, 이 제약은 인접한 두 음보의 핵에 모두 고조가 오는 것을 막는다. 치체와어의 음보는 좌핵 구조이다. 따라서 고조가 복사된 후 이동하지 않으면 *chiga(wénga)(<u>wénga</u>) 형태나 나타나는데, 여기서는 고조가 모두 핵에 있다. 이러한 연쇄를 금지하는 것이 그대로 복사하는 것보다 중요하다. Myers and Carleton은 이

현상에 대해 최적성이론의 틀에서 훨씬 복잡한 분석을 수행하고 있으
나 여기서는 지면을 너무 많이 할애하여야 하기 때문에 자세한 내용
은 해당 논문을 참조하라.

지금까지 특정 구조에 특징적인 성조 변화에 관하여 요약하였다.
형태론에 관한 내용인 이 단락의 마지막 부분에서는 성조의 변화를
위하여 형태론적으로 정의된 영역을 살펴보겠다.

5.1.3 형태론적 구조, 성조 영역, 순환성

성조가 작동하는 방식을 형태론적 구조가 결정하는 것은 상당히 보
편적이다. 예를 들면 형태론이 복잡한 반투어군의 동사는 성조 변화
가 동사만의 하위 구성요소 안에서만 적용될 수 있다. Meeussen(1967)
을 잇고 있는 Myers(1997, 1999c), 그리고 Barrett-Keach(1986)는 반투어군
의 다섯 언어에서 동사에 주요 구성요소가 두 개 있다고 주장한다. 동
사 어간은 어근을 구성하고 접미사('확장자')는 인과, 수동, 상호 등의
의미와 말음 모음을 표시한다. 동사 어간은 목적어 표지 뒤에 오는데
목적어 표지와 함께 동사의 넓은 어간을 구성한다. 넓은 어간의 앞에
오는 굴절 어간은 주어, 시제 및/또는 양상을 표시하는 형태소로 구성
되어 있다. 다음에 쇼나어의 예를 나타내었다.

(10)　nd-a-ká-mu-tár-ís-ir-a　　'(어제 또는 그 전에) 나는 그 남자/그 여자를 찾았다'
　　　주어표지/1인칭단수-과거-요원격-목적어표지/3인칭단수-보다-인과-지향격-말음
　　　[굴절 어간　　　　　　　] [넓은 어간　　　　　[동사 어간]　　　　]]

Myers는 이렇게 두 부분으로 나뉜 구조에 대하여 논증을 많이 제시
하고 있다. 여기에서 중요한 것은 그 구조가 성조음운론에 미치는 영

향이다.

　메우센 규칙에서는 인접한 두 개의 고조에서 두 번째 고조를 탈락시킨다. 그러나 그 규칙은 (11a)에서처럼 동사의 넓은 어간과 굴절 어간 사이의 경계를 가로질러 적용된다. (11a)를 보면 /téngésá/에 실린 고조가 앞에 오는 고조의 영향으로 삭제된다. 표면형은 바로 아래 기울임체로 나타나 있다. (11b-c)의 대조적인 예에 보인 것처럼 삭제는 구성 성분 안에서는 적용되지 않는다. 다음에서 대괄호는 굴절 어간과 넓은 어간을 나타낸다.

(11)　메우센 규칙이 적용됨　　　메우센 규칙이 적용되지 않음

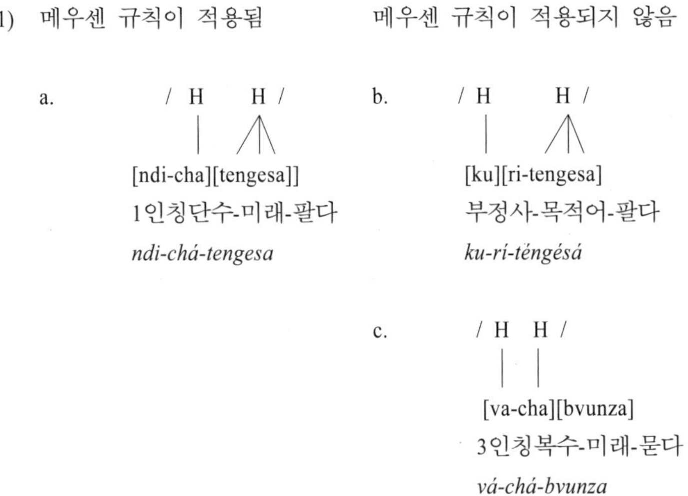

　단어 내부 구조를 참조하기 않고는 이 현상을 설명할 수 없다.

　분절 음운론에서는 단어 구조에 미치는 음운론의 영향을 순환적으로 논증하는데 사용하고 있다. 규칙 기반 접근법에서는 규칙이 단어에서 가장 깊은 내부 구성 성분에 적용된 다음에 차례대로 더 큰 구성 성분에 다시 적용된다. 성조음운론도 다르지 않다. 첫 번째 예로 마르기어(차딕어군, Hoffman 1963, Pulleyblank 1986)를 보자. 마르기어는 성

조가 무성조 모음에 확산되는데 이것은 모든 성조소지단위에 성조가 명세되어야 하는 SPECIFY 제약을 만족시킨다. 이러한 확산은 다음 순환에 더해질 형태소가 제공하는 성조와 연결되기 이전에 각 형태론적 순환에 나타나야 한다. (12)의 예를 보면 2음절 저조 어근에 고조 접미사가 더해지는 경우이다. (13a)에 보인 것처럼 첫 번째 순환에서 어근의 저조가 어근의 두 음절에 확산된 다음 두 번째 순환에서 접미사 고조가 어말 접미사 음절에 연결된다. 그러나 모든 연결이 단어 전체가 형성되고 난 다음에 발생한다면 고조는 (13b)에 보인 것처럼 두 번째 어근 음절에 연결될 것이다.

(12)   /dza'u/ - /ba/ dzà'ùbá '잘 부수다'
         L   H

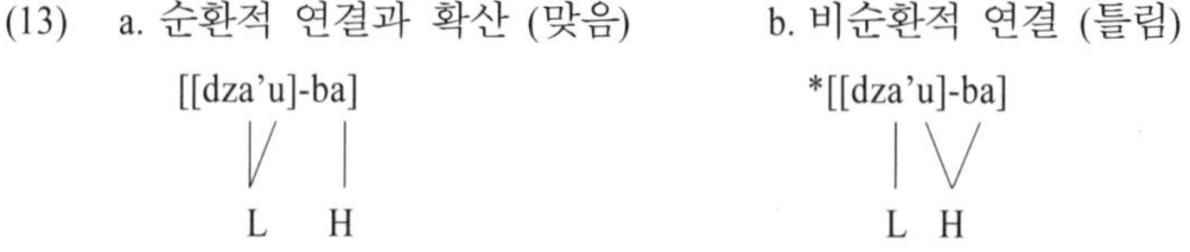

독자들이 주의해야 할 것은 이러한 논증이 성조가 기저형에서 연결이 되어 있지 않았다는 가정에서만 가능하다는 것이다.

순환적 성조음운론의 두 번째 예는 상하이어이다(Duanmu 1997). 중국어의 모든 지역어와 마찬가지로 상하이어 역시 생산적으로 복합어를 만들어 잘 활용한다. 이러한 복합어는 내부적으로 이원 좌강형 운율 영역이 좌측에서 우측으로 만들어지는데 운율 영역 안에서 첫 번째 성조를 제외한 모든 성조가 삭제된다. 해당 영역은 확실히 강세 영역이다. 왜냐하면 대조 강세의 영향을 받을 수 있고 충돌 회피의 영향도 받을 수 있기 때문이다. 음절 길이가 긴 다음절 단일 형태소 단어나 숫자의 연쇄와 같이 다른 내부 구조가 없는 복합어라면 이원 구조가 아주 명확하게 보인다. 홀수의 음절로 이루어진 단어라면 마지막 음보는 3음절일 수 있기 때문에 5음절 단어는 (T0)(T00)와 같은 유형이 나타난다(T는 성조가 있는 음절이고 0은 성조가 탈락된 음절이다). 살아남은 성조가 연결되는 방식과 관련된 자세한 내용은 8장을 참조하라.

대부분의 복합어에는 내부 구조가 있고 이 구조가 영역에 영향을 미친다. 다음 (14)는 Duanmu(1997)에서 가져온 예이다. 모두 3음절 복합어이지만 성조의 출력형이 다른데 이렇게 다른 것은 내부의 형태론적 구조가 다른 것과 관련이 있다(그러나 성조의 출력형이 내부 형태론적 구조와 동일하지는 않다). 대괄호는 형태론적 구조를 나타내고, 괄호로 묶인 것은 성조 영역이다.

(14) a. [[bi   ɦa]   tsʰã̃]   (T 0) (T)
          가죽 신발 공장
      b. [ha' [bi   ɦa]]   (T 0 0)
          검정 가죽 신발

두 가지 간단한 가정으로 실제 사실을 추론할 수 있다. 첫째, 영역들은 순환적으로 만들어졌다. 둘째, 강세 충돌은 두 번째 강세의 탈락으로 제거되었다. (15)에 나타난 첫 번째 예에서 좌핵 이원 음보가 첫 번째 순환으로 만들어지고 두 번째 순환에서는 음보로 묶이지 않은 음절이 남아있게 되는데 이것이 일원 음보를 구성한다. 여기에는 강세 충돌이 없어서 더 이상의 변화는 발생하지 않는다.

(15) [[ha' bi]   ɦa]
      (T   0)   첫 번째 순환 : 좌핵 음보 구성
      (T   0)   (T)   두 번째 순환 : 남은 자유 음절이 단음절 음보 형성

(16)에 나타난 두 번째 예는 두 번째 순환에서 음보로 묶은 후에 두 개의 강세가 인접하게 되었다. 그래서 두 번째 강세는 탈락되었고 결과적으로 강세가 하나가 되어 성조가 하나만 살아남았다.

(16)   [ha' [bi   ɦa]]
            (T   0)   첫 번째 순환 : 좌핵 음보 구성
        (T) (T   0)   두 번째 순환 : 남은 자유 음절이 단음절 음보 형성
        (T   0   0)   강세 충돌로 삭제, 재음보화

더 긴 합성어로 자료를 확장하면 영역의 순환적 특징을 확실히 알 수 있다. 그러나 최적성이론은 비도출적 접근 방법이기 때문에 순환적인 현상에는 또 다른 분석이 필요하다. Duanmu는 출력형-출력형 제약을 제안하였는데, 복합어를 그 구성 요소 단어와 비교하고 동일한 강세 배열을 선호하여 도출적인 방법 없이 순환 효과를 만들어내는 제약이다. 이 제약을 OUTPUTOUTPUTMATCH 제약으로 부르겠다.

(17)   OUTPUTOUTPUTMATCH : XY 합성어에서 표면형의 강세 위치는
        독립 단어 X와 Y의 강세 위치와 동일하여야 한다.

이 제약은 (16)의 예처럼 상위 제약인 *CLASH 제약보다 하위이다. (16)의 예는 타블로 (18)에 나타내었는데 /bi ɦa/ '가죽 신'이라는 단어는 원래 단어보다 더 긴 복합어의 일부로 쓰일 때 *CLASH 제약을 만족시키기 위해서 다른 강세 유형을 가진다. 입력형은 /ha' # bi ɦa/이다('#'은 단어 경계를 나타낸다). 강세 유형이 입력형과 가능한 한 일치하여야 하는 출력형의 두 단어는 (h̲a')와 (b̲iɦa)이다(강세 음절은 밑줄로 표시하였다). 후보형 (a)는 강세의 위치가 독립된 단어와 일치하지만 강세 충돌이 용인되지 못한다. 따라서 후보형 (a)는 강세 위치가 원래와 다

른 후보형 (b)에 밀린다.

(18)

/ha' #bi ɦa/ 구성 성분 출력형 (ha'), (bi ɦa)	*CLASH	OUTPUTOUTPUTMATCH
a. (ha')(bi ɦa)	*!	
☞ b. (ha' bi ɦa)		*

OUTPUTOUTPUTMATCH 제약은 단음절 단어가 홀수 음절 단어와 결합할 때 중요한 역할을 한다. 합성어 nø # yĩ-du-ñi-çi-ya '남인도네시아'를 살펴보면 단어의 출력형은 (T00)(T00)이지만 구성 성분 단어들은 각각 (T)와 (T0)(T00)이다. 구성 성분 단어들의 강세 유형을 참조하지 않는다면 이원 음보인 (19b) 후보형이 선택될 것이다. (19a) 후보형을 탈락하게 한 *CLASH 제약을 위반하지 않으면 입력형과 강세 유형을 완벽하게 맞출 수 없다. 선택된 후보형은 *CLASH 제약을 위반하였지만 강세 충돌 없이 최소한으로 제약을 위반한 (19c)이다.

(19)

(T0), (T0)(T00)	*CLASH	OO-MATCH	FTBIN
a. (T)(T0)(T00)	*!		**
b. (T0)(T0)(T0)		*!***	
☞ c. (T00)(T00)		**	**

전체 논의는 Duanmu의 논문을 참조하라. 출력형-출력형 제약에 관한 내용은 Kager(1999)와 McCarthy(2002)도 참조할 수 있다.

이 단원에서는 단어 층위에서 형태론과 성조의 상호작용에 관한 내용을 다루었다. 다음 단원에서는 통사론을 논의하겠다.

5.2 통사론

5.2.1 특정 통사 구조가 제공하는 성조

이 단원에서는 통사론과 상호작용하는 기능 형태소 자격의 성조 현상을 설명한다. 영어처럼 비성조 언어에서 기능 범주가 될 수 있는 것은 독립적인 단어나 분절음 접사 등이다. 예를 들면 영어의 비교 표지는 *more*와 같은 단어이거나 *-er*과 같은 접사이고 이 표지들은 특정 통사 구조인 'X is more -adj than Y'와 연결된다. 성조 언어에서 성조는 구조 전체, 구조의 한쪽 가장자리 또는 핵 위치 같은 특정 단어에 적용될 수 있다. 어떤 성조 현상을 다룰 때 통사론을 다루는 이 단원에서 다루어야 할지 형태론을 다룬 앞 단원에서 다루어야 할지에 대한 결정이 항상 간단한 것만은 아니다. 왜냐하면 성조는 분절음에 붙어서 실현되어야 하기 때문이다. 그 분절음은 모두 다 접사이기 때문에 형태론 밑으로 와야 한다는 견해가 있기 때문이다. 그럼에도 불구하고 많은 성조 현상들의 통사론적 기능은 이 단원에서 다룰만하다.

5.2.2 문미 조사 성조

조사라는 용어가 가장 좋은 용어 같지는 않지만 비성조 언어에서도 가끔씩 조사라고 부르는 단어가 나타난다. 가장 일반적인 종류의 조사는 의문문이나 명령문과 같은 특정 구조의 문장 끝에 사용되는 것이다. 어떤 경우에는 조사가 다른 위치에 나타나기도 하는데 예를 들면 첫 번째 구성 성분 다음 위치(바커나겔의 위치)가 있다. 성조 언어에도 조사가 있다. 성조 언어의 조사는 분절음일 수도 있지만 순수한 성조일 수도 있다. 광둥어의 예를 살펴보자(Law 1990, Yip and Matthews 1994). 광둥어는 의문문에 문미 조사 *ma33*를 덧붙이는데 분절음과 성조가 각각 변별적인 형태소인 조사도 있다.

(20) ɛ   '청유문'
    55   발화의 마지막 음절에 붙여지는 '되물음 의문문'
    ɛ55   '청유문'에 55 성조를 더하면 '약화 표지, 주저하는'의 의미
    ɛ11   '청유문'에 11 성조를 더하면 '강화 표지, 청자의 동의 기대'의 의미

분절음 [ɛ]는 청유의 의미를 전달하지만 음높이 55의 성조는 되물음 의문문의 의미를 전달한다. 이 두 요소의 조합은 캐나다 영어의 'eh?'와 같은 의문, 약함, 청유 등의 의미가 실린다.

보통 억양이라고 부르는 것과 어말의 성조 조사의 경계는 상당히 모호하다. 억양은 종종 여전히 부가적이고 선택적인 것이며 뉘앙스를 더해주긴 하지만 의미를 바꾸지는 못한다고 여겨진다. 억양에 쉽게 확인 가능한 기능이 없다고 하더라도 모든 문장은 당연히 특정 억양 곡선이 실려서 발음되어야 한다. 더 나아가서 명확한 사실은 억양이라고 부르는 많은 현상들이 전혀 선택적인 것이 아니라는 것이다. 많은 언어에서 의문문의 억양은 필수적이면서 의문문이 서술문과 구별되는 유일한 방법이다. 예를 들어 키난데어에는 두 개의 억양구(IP) 성조가 있는데 단언문 억양에는 저조가 쓰이고 의문문과 나열문 억양에는 고조가 쓰인다. 그렇다면 이러한 성조 형태소는 러시아어의 *li* 또는 영어의 부가 의문문 '...won't you?'와 같은 기능 범주와 상당히 유사한 것으로 생각하여야 한다. 억양에 관한 연구에는 방대한 문헌이 있다. 억양에 관심 있는 독자는 Bolinger(1986), Cruttenden(1986), Ladd(1986, 1997), Pierrehumbert(1980)를 참조하여야 한다.

성조 조사가 실현되는 방식은 상당히 다양하다. 보통은 발화의 끝이나 마지막 성조소지단위 또는 마지막 강세 음절에 성조 조사가 붙는다. 어떤 경우는 일본어(Pierrehumbert and Beckman 1988)에서처럼 성조 조사가 양쪽 끝에 붙는다. 또 다른 가능성은 발화 전체에 영향을 주어 모든 성조의 음높이가 각각 어느 정도 상승하는 방식이다. 이러한 현상은 당메어(쿠와어군 : Kropp Dagubu 1986)에서 입증되었는데, 예-아니오 의문문을 나타내기 위하여 모든 성조가 전반적으로 상승하였다. 또한 이 현상은 표준 중국어(Chao 1933, 1968)와 같이 성조 목록이 많은 언어에서는 상당히 보편적인 방식으로 보인다.

가장 일반적인 성조적 통사 형태소는 단일 발화가 되는 완전한 문장과 결합하지만 어떤 경우는 특정 통사 구조를 선택하기 위해서 사용된다. 그러한 통사 구조는 문장 안에 삽입되어 있어서 보통은 전체 발화보다 작다. 많은 아프리카 언어들에서 연합격(소유격의 일종) 구조는 성조적 접사를 통해서 전달된다. 다음 자료는 이그보어(Williamson 1986) 자료인데 여기에서는 왼쪽으로 연결된 고조가 접사이다.

(21) àgbà   ènwè   →   àgbá   ènwè '원숭이 턱'
      L L + H + L L

버마어에서 명사 수식어 표지에 성조가 나타난다(Bernot 1979). 버마어의 어절 끝에 조사는 (22)의 실제 동사 표지 /tɛ/에 보인 것처럼 수식하지 않는 위치에서는 (a)처럼 비유표적 성조가 나타나지만 수식하는 위치에서는 (b)처럼 짜내기 소리 성조를 가진다. 성조가 더해진 것은 조사 다음에 양음 악센트 기호(´)를 표시하였다. 모음으로 끝나는 조사 음절 다음에 /t/가 [d]로 유성음화하는 현상은 나타내지 않았다.

(22) a. sɛN   `θi   ne   tɛ   '여자는 다이아몬드로 덮여 있다'
     b. sɛN   `θi   ne   tɛ´   θə̀mi   '다이아몬드로 덮여 있는 소녀'
        다이아   생산 조동 조사 소녀
        몬드   하다 사

요루바어에서 주어 명사구는 고조 접어로 표시된다. Akinlabi and Liberman(2000a)에서는 통사적으로 보았을 때 이 접어는 보조 성분의 일종이고 앞에 오는 명사구에 접어화한 것이라고 본다. 이 형태는 뒤에 동사구가 오는 명사구에서만 나타난다.

(23) Ø + H → H   ǫmǫlǫ   →   ǫmólǫ   '그 아이는 갔다'
      L + H → LH   ǫkòlǫ   →   ǫkǒlǫ   '그 차는 갔다'
      Ø + H → H   adélǫ   →   adélǫ   '아데는 갔다'

격이나 한정성 또는 지시성(콩고어에 대한 Blanchon(1998)의 기술을 참조) 및 시제와 시상을 표시하기 위하여 성조를 굴절적으로 사용하는 것은 반투어군 전반에 걸쳐서 대단히 보편적인 현상이다. 흥미로운 현상이 올루사미아어(반투어군, Polotto 1998)에 있는데 이 언어는 동사 어근에서 성조 대립은 없지만 여러 가지 시제, 시상, 양상의 변별을 나타내기 위하여 고조를 분절음 접사와 결합하여 사용한다. 변화하는 것은 고조의 위치인데 고조는 (24a-c)에 보인 것처럼 동사 어간의 첫 세 번째 모라 중 어느 곳에든 나타날 수 있다. 어간의 왼쪽 가장자리는 '['로 표시하였다. 확산 여부와 상관없이 (24b)의 첫 번째 두 가지 예를 보면 대립하고 있는 것은 성조를 소지하는 모라이다. 이 현상에 대한 최적성이론 설명은 Poletto(1998)를 참조하라.

(24) a. [ǘ   xu[déexere   '(오늘) 우리는 요리를 하지 않을 것이다'
      b. [ǘǘ   ota[deéxa   '너는 요리를 하여서는 안 된다'
                  n[deéxá   '나는 요리를 하고 있다' (유추하여 구성한 문장)
                  ndaxá[deéxa   '나는 요리를 하였다'
      c. [ǘǘǘ   oná[deexá   '너는 요리를 할 것이다'
                  oxú[deexá   '요리를 하다'
                  oxú[deexáná   '서로 요리를 하다'
                  oxú[deexéráná   '서로를 위해서 요리를 하다'
                  muta[deexérana   '너는 서로를 위해서 요리를 하여서는 안
                                    된다'

이와 같이 다양한 성조가 적절한 위치에 도달하는 방식은 구의 가
장자리에 붙여지든지, 구 전체에 씌워져 있든지, 특정 모라에 위치하
든지 최적성이론에서는 흥미롭고도 어려운 문제이다. 여기에서는 다
음 세 가지를 구별하는 것이 유용하다.

(25) (1) 성조의 위치가 언어에서 일반적으로 단어 층위 성조론에 기인한 것
      (2) 성조의 위치가 언어에서 일반적으로 구 층위 성조론에 기인한 것
      (3) 성조의 위치가 특정 통사 자질이나 자질 조합의 선택에 따른 것

첫 번째 경우는 4장에서 다루었고 6장에서 8장까지도 넓은 범위의
토론 주제가 될 것이다. 위치 지정에 영향을 주는 주요인은 정렬 제약
이지만 여기서 자세히 논의하지 않겠다.

두 번째 경우는 광둥어의 어말 성조 조사로 예시된 것인데 규칙적
으로 단어 중간에 오는 경우가 구에서 나타난 것이다. 성조는 아마도
가장자리나 강세 음절의 어느 한쪽 또는 둘 다에 정렬의 방법으로 위
치가 지정되는 것으로 보인다.

세 번째 경우는 (24)에 있는 올루사미아어의 예시로 나타낸 것이다.

서로 다른 시제, 시상, 양상 의미에 각각 고조가 나타날 수 있는데 이 성조가 나타나는 곳이 첫 모라인지 두 번째 또는 세 번째 모라인지를 결정하는 것은 확실히 형태통사론의 고유영역이다. 일반적인 정렬 제약이 첫 모라를 골라낼 수도 있고 (NON-INITIALITY 제약으로) 두 번째 모라를 골라낼 수도 있다. 그러나 표준 중국어에서 세 가지 서로 다른 중첩 유형이 제안된 것처럼 해당 제약순은 각각의 구조에 따라 달라야 할 것으로 보인다. 예를 들면 (24a)의 경우처럼 고조가 어간 첫 모라에 실렸을 때의 제약순은 ALIGN-L >> NON-INITIALITY 이다. (24b)의 경우처럼 고조가 처음에서 두 번째 모라에 실렸을 때의 제약순은 NON-INITIALITY >> ALIGN-L 이다. 아마도 어휘부에서는 문제가 되는 형태소에 어휘 표제어 일부로 제약순을 제공해야 할 것이다. (24c)의 경우처럼 고조가 세 번째 모라에 실렸을 때의 제약순은 더 복잡하다. NON-INITIALITY 제약과 약강 음보, 즉 [μ(μμ́)의 핵을 동시에 참조하여야 한다. 어휘화한 제약순에 대한 대안은 어떤 모라에 고조가 붙여져야 하는지를 어휘 표제어에 직접 명시하는 것이다. 이렇게 하면 좀 놀랍기는 하지만 어떤 경우에는 최소한 세 개까지 산출되어야 할 것으로 보인다!

이 단원에서는 성조 형태소가 구 층위에 이용되는 예를 보았다. 다음 절은 통사론과 음운론의 상호작용 중, 좀 덜 직접적인 상호작용을 다룰 것인데 통사론이 성조 변화의 영역을 결정하는데 기여하는 현상이다.

5.2.3 통사적으로 영향을 받는 성조 영역

5.2.3.1 영역은 어떻게 결정되는가?

변조(단어 경계를 넘어서서 적용되는 성조 규칙)는 두 단어뿐만 아니라 같은 '영역'에 있는 단어 사이에서도 자주 일어난다. 영역이라는 것은 음운구처럼 보통 운율적인 것으로 간주되지만 운율구를 나누는 것은 최소한 부분적으로라도 통사론적으로 정해지는 것으로 보인다. 따라서 통사론은 간접적으로 성조 규칙의 조건이 된다. 이렇게 운율을 통하여 조정되는 방식은 통사 정보의 배열 전체가 음운론에 직접적으로 이용되는 이론이라기보다는 좀 더 제한적인 통사-음운 상호작용의 이론이다. 이것은 최소한 두 가지 방면에서 더욱 제한적이다. 첫째, 일단 음운 구조가 정해지면 그 구조는 다른 음운 규칙에 적합하도록 변화할 수 없다. 음운 현상이 강세 관련이든 성조이든 분절음이든 단일 음운 구조는 모든 유형의 음운 현상을 다룰 수 있어야 한다. 둘째, 대부분의 학자들은 아마도 임의의 형태소 X_0와 임의의 구 XP의 경계 위치 등 특정 유형의 통사 정보만 운율과 연결될 수 있다고 주장하는 것 같다. 통사론이 운율에만 영향을 준다는 이론에서는 이러한 제한이 운율을 통하여 모든 음운론적 현상에 적용될 것이다. 통사론이 음운 과정에 직접적으로 영향을 준다는 이론에서는 과정이 다르면 원칙적으로 다른 유형의 통사 정보에 접근할 수 있을 것이다. 이와 같은 주제는 여전히 아직도 상당히 많은 내용이 검토 중에 있다. 더 많은 관련 논의는 Inkelas and Zec(1990)에 있는 다양한 논문들을 보라. 특히 Hayes의 논문을 참조하라.

통사론이 할 수 있는 모든 것이 운율 구조에 영향을 주는 것이고 운율 구조는 또 음운 규칙이 적용되는 영역을 제공한다고 가정해본다면 운율 구조가 의미하는 것이 무엇인지 알아야 할 필요가 있다. 운율 구조에 대한 일반적인 견해는 (26)처럼 발화가 운율 범주의 위계로 조직되어 있다는 것이다. 일반적으로 발화라는 용어는 문장 전체뿐만 아니라 문법 성분, 심지어 한 단어로 구성된 발화까지도 포함한다.

(26)

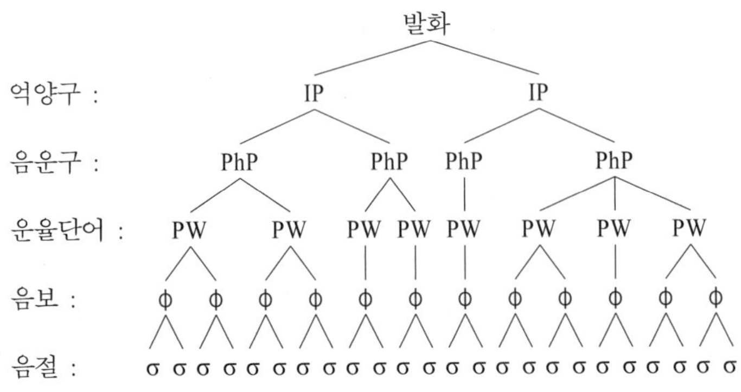

 엄밀 층위 가설(Selkirk 1984, Nespor and Vogel 1986)에 의하면 더 큰 범주는 하나 이상의 한 단계 아래 층위 범주로 엄밀하게 구성된다. 더 이상 이 가설이 모든 언어학자에게 신조로 받아들여지는 것은 아니지만 대부분의 음운론자는 이 가설을 여전히 효력이 있는 가설로 생각한다. 최소한 언어 보편적이지만 위반 가능한 최적성이론 제약을 구성할 때는 그렇다. 이것이 사실이라면 특히 중요한 결과의 하나는 각각의 운율 단어에 반드시 최소한 하나의 음보가 있다는 사실이다. 즉, 즉 음보가 최소 단어라는 것이다. 음보는 (26)에서처럼 이원적 구조를 선호한다.

 통사적 영향을 연구한 대부분의 연구에서는 음운구가 만들어질 때의 통사적 역할에 관심을 기울인다. 음운구는 단어보다는 크고 발화보다는 작은 단위이다. 성조 규칙은 음운구 안에서는 적용될 수 있지만 음운구를 넘어서면 자주 차단되곤 한다. 그러나 다음에 잠깐 살펴볼 부분인데 성조 영역과 음운구를 같다고 보는 것에는 약간의 문제가 있다.

 성조와 관련된 예를 자세히 살펴보기 전에 통사론이 어떻게 운율구 나누기에 영향을 줄 수 있는지 살펴보자. 일반적으로 이 분야의 연구는 기능 범주를 제외한 통사 이론을 사용한다. 기능 범주는 보통 운율적인 영향이 없다고 기술되는 기능 범주가 포함된다. 이 장에서는 이러한 관습을 대부분 따르겠지만 기능 범주는 무시하겠다. 통사구 나누기와 운율구 나누기는 같은 형태라서 예를 들면 명사구는 음운구이다 등과 같은 식으로 예측할 것으로 보인다. 그러나 실제로는 Selkirk (1986)에서 보인 것과 같이 훨씬 흥미롭다. 통사구는 일반적으로 통사구의 한쪽 가장자리만 중요하게 작용하고 어떤 가장자리가 사용되는지는 언어마다 다르다는 것이 밝혀져 있다. 예를 들어 상하이어(Selkirk and Shen 1990), 샤먼어(타이완어 또는 민난어로도 부름, Chen 1987)와 같은 중국어를 고려해 보자. 두 언어 모두 성조 영역이 통사적으로 영향을 받는다. 상하이어에서는 어떤 영역의 첫 음절이 핵이 되어 성조를 유지하고 다른 성조는 모두 탈락한다. 샤민어에서는 다음 5.2.3.2에서 살펴볼 것처럼 마지막 음절이 핵이 되어 성조를 유지하고 다른 성조는 모두 변이 성조로 바뀐다.

상하이어와 샤먼어의 통사론은 상당히 비슷하다. 두 언어는 모두 영어처럼 [전치사 [명사구]] 구조의 전치사구와 [동사 [명사구]] 구조의 동사구를 가진다. 이것은 두 언어에서 전치사나 동사 다음에 명사구의 왼쪽 가장자리가 있다는 것을 의미한다. 이 현상은 상하이어에서는 새로운 음운구를 형성하여 성조 영역을 만드는 것으로 알려져 있는데 샤먼어에서는 그렇지 않다. 다음 자료에서 '#' 표시는 두 성조 영역의 경계를 나타낸다.

(27) 동사-명사구
      타이완어   한 개의 성조 영역
      [pang]v NP[hong-ts'e]   '연을 날리다'
      날리다   연

상하이어　　　두 개의 성조 영역
　　　　　　　　[taN]ᵥ # ₙₚ['niN]　　　　　　'사람을 때리다'
　　　　　　　　때리다　　사람

이 현상은 상하이어에서는 임의의 구 XP의 왼쪽 가장자리가 중요하지만 샤먼어에서는 그렇지 않다는 것을 알려주고 있다. 샤먼어에서는 오른쪽 가장가리가 중요한 것으로 밝혀져 있다. 물론 이 두 현상은 상당히 자주 동시에 일어난다. 두 중국어에서 주어는 동사 앞에 오기 때문에 [명사구][동사구] 구조가 나타나는데 주어와 동사의 경계는 오른쪽 가장자리와 왼쪽 가장자리이어서 (28)에서처럼 두 중국어는 당연히 새로운 성조 영역으로 시작하게 된다.

(28)　동사-명사구 : 두 언어의 분리된 성조 영역
　　　타이완어 : [tsit　e　　　gin-a]ₙₚ # ᵥₚ[k'un-lat　tak-ts'eq]
　　　　　　　　이것 분류사 남자아이　　근면하다 공부하다
　　　　　　　　이 남자아이는 공부를 열심히 한다
　　　상하이어 : [lisz]ₙₚ # ᵥₚ['zaw #　　　poqtsiN tsou]
　　　　　　　　리쓰　　　　　～쪽으로　　베이징 걷다
　　　　　　　　리쓰는 베이징 쪽으로 걷는다

어떤 언어에서는 구 나누기가 아주 다양하게 일어나는데 초점, 발화 속도, 발화 양식에 따라 여러 종류의 구 나누기 방법이 있다. 표준 중국어에서는 3성 변조 규칙(다음 5.2.3.3 참조)의 적용에 따라 허용되는 몇 가지의 다른 구 나누기가 자주 나타난다. 치체와어(Kanerva 1990)에서는 동사, 목적어, 도구격 구가 있는 간단한 문장이 중요 요소를 부가적으로 표현하는 초점에 따라 세 가지의 구 나누기가 가능하다. 다음에 세 가지 가능성을 모두 나열하였는데 네 번째 문장은 허용되지 않는 문장이다.

(29) a. (Anaményá   nyumbá ndí mwáála) '그 남자는 바위로 집을 쳤다'
          대주어-때리다 집   ~로 바위
      b. (Anaményá nyumbá) (ndí mwáála)
      c. (Anaményá) (nyumbá) (ndí mwáála)
      d. *(Anaményá) (nyumbá ndí mwáála)

(29)는 다음 질문에 적합한 대답이다. (30a-c)는 (29a-c)에 각각 대응한다.

(30) a. 그 남자가 무엇을 했나요? / 그 남자는 무엇으로 집을 쳤나요?
      b. 그 남자는 바위로 무엇을 쳤나요?
      c. 그 남자는 바위로 집을 어떻게 했나요?

기본적으로 초점을 받은 구성 요소는 음운구의 끝을 이룬다고 일반화할 수 있다. (30a)의 대답은 초점을 받은 것이 없거나 마지막 단어인 '바위'가 초점을 받았기 때문에 단 하나의 영역이 사용된다. (30b)는 '집'이 초점을 받았기 때문에 영역이 두 개 필요하다. (30c)는 동사 '때리다'가 초점을 받았으므로 동사 자신의 영역에 있어야 하기 때문에 초점 뒤의 구성 성분 역시 자신의 영역을 각각 구성하여야 한다. 따라서 얻게 되는 결과는 (29d)가 아니라 (29c)이다.

많은 경우 간단한 알고리듬으로 운율구를 잘 정의할 수 있고 그렇게 되면 운율구가 성조 영역을 통제하는데 사용될 수 있지만 어떤 경우는 이렇게 쉽게 처리되지 않을 수도 있다. 예를 들면 키마툼비어 (Odden 1990b)에서는 고조가 자매 위치의 임의의 구 XP(Odden은 X''를 사용한다) 앞에 오는 임의의 구 XP의 마지막 단어에 위치하는데 이 두 임의의 구 모두 어떤 임의의 구가 관할한다. 이런 형상은 자매 동사구 앞에 위치한 주어 명사구의 끝 그리고 결합된 명사구 연쇄의 마지막 을 제외한 부분이 포함된 것이다. 이것은 부가어구 앞에 오는 명사구 는 포함하지 않는다. 왜냐하면 부가어는 명사구의 자매가 아니기 때 문이다. 예를 들면 다음 문장에서 명사구 Mamboondo에 어떠한 고조 도 삽입되지 않는데 그 이유는 뒤에 오는 임의의 구가 자매가 아니기 때문이다.

(31) [naamwéni   Mamboondo [[[paáapangité   kaási̧]$_{VP}$]$_S$]$_{AP}$]$_{VP}$
      나는-그를-보았다 Mamboondo ～할 때-나는-하다   일
      나는 일을 할 때 Mamboondo를 보았다
      $_{VP}$: 동사구, $_S$: 문장, $_{AP}$: 형용사구

만약 고조가 임의의 구의 오른쪽 가장자리로 정의된 어떤 운율구의 가장자리에 온다면 그 뒤에 자매인 다른 임의의 구가 오는 경우에만 구의 가장자리로 정의된다는 사실도 계속 설명하여야 한다. 이러한 예는 통사–음운 상호작용의 제한적 모형에 대한 어려운 문제로 남아 있다. 이처럼 흥미로운 주제에 대하여 더 많은 참고문헌이 필요한 독 자는 *Phonology Yearbook* 4의 논문들과 Inkelas and Zec(1990), Zonneveld (1999)를 참조하라.

지금까지 성조 변화가 통사론의 영향을 받은 영역에 묶여질 수 있 는 현상을 살펴보았다. 다음에는 주제를 바꾸어 통사적 효과를 보여 주는 변화 유형의 예를 살펴보겠다. 여기에는 네 가지 유형이 있을 수 있다. 첫째, 영역의 가장자리인지 아닌지에 따라 발생하는 성조 변화 가 있다. 둘째, 어떤 두 음절이 영역에 같이 있을 때에만 적용되는 변 화가 있다. 셋째, 영역의 가장자리에 삽입되는 경계억양이 있다. 넷째,

계단내림은 영역 내에서만 적용될 수 있다. 지금부터 이 주제들을 차례차례 논의한다.

5.2.3.2 구의 가장자리인지 아닌지에 따른 규칙

중국어파의 많은 언어들은 기저 성조를 영역의 가장자리에서만 표면화한다. 다른 모든 음절은 성조를 잃거나(상하이어) 다른 변이 성조를 사용한다(타이완어). 원래의 성조를 유지하는 음절은 보통 해당 영역의 핵으로 간주되는데 영역이 핵 선행인지 핵 후행인지에 따라 중국어파마다 다양하게 변화한다. 타이완어의 민 방언을 살펴보자. 민 방언은 성조 변화의 연쇄이동이 많이 논의되었는데 이 현상은 민 방언 성조 고리(Chen 2000)로 널리 알려져 있다.

(32)　타이완어의 성조 변화 : 민 방언 성조 고리

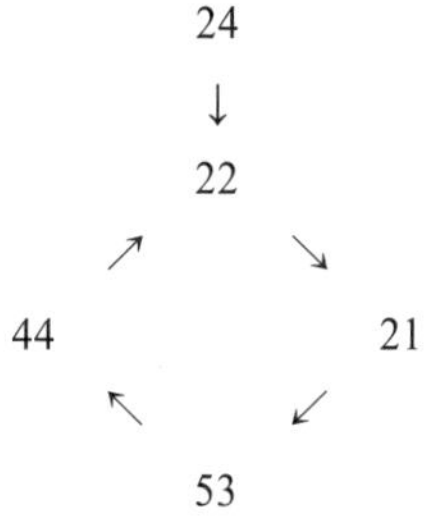

어말 위치에서 공명음으로 끝나는 음절에는 다섯 개의 성조가 있다. 어말 위치가 아닌 곳에서는 각 기저 성조가 화살표와 같이 변화한다. 예를 들면 기저형이 /24/인 음절은 비어말 위치에서 [22]가 된다. 일종의 중화 현상인데 따라서 비어말 위치에서는 네 개의 성조만 나타난다. 모든 형태소(=음절)에는 두 가지의 성조가 있어서 하나는 어말 위치에 나타나고 다른 하나는 비어말 위치에 나타난다. 이러한 변화를 형식적인 방법으로 나타내기가 상당히 어렵다. 이 현상을 해결하려는 시도(Wang 1967, Yip 1980a, Kirchner 1996, Moreton 1999)가 수년 동안 많이 있었지만 이 유형에 대한 연쇄이동적 본질, 특히 순환적 본질은 아직 미해결 상태로 있다. 유사한 현상이 차오양어에 있는데 최적성이론의 방법으로 처리하여 8장에 제시하였다. 심도 있는 논의가 필요한 독자들은 8장을 참조하라. 여기의 설명은 변화가 발생하는 영역에 중심을 둔 것이다.

통사론과 음운론의 구 나누기는 동일하지 않다. 다음 문장에서 영역의 경계를 '#'로 표시하였을 때 주어 명사구는 자신의 영역이지만 동사구는 두 개의 영역으로 쪼개져 있다. 쪼개진 곳은 문장 보문의 중간인데 '앵무새' 다음에 나타난다.

(33)　NP[lao　　　　tsim-a-po]NP　#PredP[m　　　　VP[siong-sin　S[NP[ying-ko]NP]
　　　나이 든 부인　　　　　~이 아니다 믿다　　　앵무새
　　#PredP[e　　　　VP[kong-we]VP]PredP]S]VP]PredP#
　　　~할 수 있다　말하다
　　'나이 든 부인은 앵무새가 말할 수 있다고 믿지 않는다'
　　NP : 명사구, PredP : 술어구, VP : 동사구, S : 문장

'#' 표시 바로 앞의 음절(po, ko, we)은 원래의 인용형 성조를 가지고 있지만 다른 성조들은 모두 변조된 성조이다. Chen(1987)은 Selkirk (1986)에 따라 영역이 다음 알고리듬으로 구성된 것으로 제안하고 있다.

(34)　(부가어가 아닌) 모든 임의의 구의 오른쪽 가장자리에 #를 표시하라.

모든 어휘적인 임의의 구는 이 점에서 동일하게 적용된다. 즉 영역 구축 알고리듬은 명사구, 동사구, 형용사구, 전치사구 등의 차이를 무시한다. 통사적 구 나누기와는 다르게 통사론에서 음운론으로 통과하는 유일한 정보는 이렇게 오히려 더 혼란스러운 '부가어가 아닌' 조건이다. 나중에 Lin(1994)은 Chen이 '부가어가 아니라면'이라고 형식화한 조건보다 더 세련되고 정확한 서술로 어휘적 지배라는 용어를 사용하고 있다. 즉 어휘적으로 지배되지 않는 어떤 임의의 구의 오른쪽 가장자리는 성조군의 끝을 이룬다는 것이다. 이러한 형식화는 특히 파파고어(Truckenbrodt 1999)와 같은 언어의 구 나누기에 필수적이라는 장점이 있다.

운율 계층에서 이러한 성조군이 정확히 무엇인지는 논란이 있다. 음운 단어보다는 크기 때문에 가장 분명한 후보는 음운구이다. 그러나 Chen(1987)은 성조군이 억양구를 끊어낼 수 있으므로 음운구와 동일시할 수 없다고 본다. 왜냐하면 엄밀 층위 가설에서는 음운구가 엄격하게 억양구 안에 있어야 한다고 하기 때문이다. 예를 들면 위에서 본 문장 (33)은 억양과 관련해서는 *siong-sin* '믿다' 다음에서 나뉠 수 있는데 변조 현상은 일어나지 않았다. 그렇다면 *siong-sin*은 억양구의 마지막이지만 어말 변조가 일어나지 않는다. 이러한 사실은 *siong-sin*이 성조 영역의 마지막이 아니라는 것을 보여준다.

또 다른 유형의 영역 내부적 성조 변화는 상하이어에서 찾을 수 있다. 앞에서 언급한 것과 같이 상하이어는 영역의 오른쪽 가장자리가 아니라 왼쪽 가장자리가 유표적이다. 한번 영역이 만들어지면 상하이어는 핵성조를 제외한 모든 성조를 삭제한 다음, 이 핵성조가 영역의 나머지 전체에 걸쳐서 확산된다(자세한 내용은 8장 참조). 5.1.3에서 복합어 연결에서 논의한 것처럼 상하이어의 변조 현상에서는 통사적인 요소에 덧붙여서 이원 리듬에 대한 고려가 중요한 역할을 한다는 것에 특히 유의하라.

마지막으로 주의하여할 것은 통사적 왼쪽 가장자리가 영역을 결정하는 곳에서는 영역 내 가장 왼쪽에 있는 음절을 보면 해당 음절이 성조는 유지하지만 운율구의 핵인지는 논란거리라는 사실이 우연이 아닐 수도 있다는 점이다. 통사적 오른쪽 가장자리의 영역에서는 반대가 된다.

영역의 가장자리와 관련이 있는 변화의 다음 예로 키캄바어(반투어군, Odden and Roberts-Kohno 1999)를 보자. 키캄바어에는 초저조가 있는데 구의 마지막에서만 표면적으로 실현되고 이 위치에서는 일반적인 저조와도 대립된다. 이와 같은 예는 (35a)처럼 단독 발화 명사 또는 (35b)처럼 문장 끝은 아니지만 명사구의 마지막에 있는 명사에는 나타나지만 (35c)처럼 명사구 안에서 수식어가 뒤에 오는 명사에는 나타나지 않는다. 다음에서 초저조는 억음 악센트 기호(ˋ)로 표시한 것이다.

(35)	a. kalolò	'작은 다리'
	andò	'사람들'
	b. andò mémábálókilê	'사람들이 넘어졌다'
	c. kalolo ká-ángé	'또 다른 다리'
	kalolo káatólékilé	'부러진 다리'

Odden and Roberts-Kohno는 이 현상을 최적성이론으로 분석한다. 여기에서는 이 책에서 사용하고 있는 제약 집합과 맞추기 위하여 해당 분석을 약간 수정하였다. 먼저 키캄바어에서 모든 임의의 구의 오른쪽 가장자리는 음운구(PHPH)의 오른쪽 가장자리인 것에 유의하라. 이제 네 개의 제약이 필요하다. 첫 번째 제약은 어떤 초저조(SL)라도 음운구의 오른쪽 가장자리에게 있어야 한다는 것이다. 이 제약은 충실성 제약 세 개를 지배하여 오른쪽 가장자리에 있지 않은 초저조를 탈

락하게 한다.

(36) ALIGN-R (SL, PHPH) >> *DISASSOC, *ASSOC >> MAX-T

초저조가 오른쪽에 정렬되어 있지 않다면 연결선을 삭제하고 추가
하는 제약 때문에 초저조는 옮겨지거나 확산될 수 없다. 따라서
ALIGN-R 제약을 만족시키기 위해서는 가장 낮은 순위의 MAX-T 제약
을 위반하면서 초저조가 삭제될 것이다.

키캄바어에 나타나는 마지막 현상은 중요하다. 단언 동사(확언 의미,
주절 동사)는 모두 초저조로 끝나는데 원래 초저조이거나 내림조의 후
반부 초저조 중 하나이다. 이 초저조는 반드시 동사 자체에 나타날 필
요는 없다. 그 대신 뒤에 오는 아무 보어의 끝으로 이동한다. 다음에
서 밑줄로 나타낸 것이 초저조이다.

(37) a. nétó.otálelà   '우리는 ~를 위하여 세고 있다'
      b. nétó.otálela maiò   '우리는 ~를 위하여 바나나를 세고 있다'
      c. nénénaatáliɛ moɛmà namwɛɛndɛ́ '나는 Moema와 Mwende를 세었다'

초저조는 첫 번째 구 보어의 끝에 놓이게 될 때까지 임의의 긴 단
어 연쇄를 아무리 길더라도 뛰어 넘는다. Odden and Roberts-Kohno의
주장에 따르면 ALIGN-R (SL, PHPH) 제약과 함께 동사에 초저조를 정
렬시키는 ALIGN-R (SL, VERB) 제약이 있고 ALIGN-R (SL, PHPH) >>
ALIGN-R (SL, V) 제약순이 나타난다. 두 번째 제약은 초저조가 동사
다음에 오는 첫 번째 음운구보다 더 오른쪽으로 이동하지 않도록 하
는 것이다.

5.2.3.3 같은 영역에 있는 음절 사이에 적용되는 규칙

성조 변화에서 자주 접하게 되는 상황은 그 변화가 어떤 환경에서는 일어날 때 그 환경이 어떤 영역 안에 있어야 하는 현상이다. 먼저 널리 알려진 표준 중국어의 3성 변조 규칙을 폭 넓게 살펴보고 이어서 다른 예를 간단히 살펴보도록 하자.

표준 중국어는 저조(3성) 두 개가 연속되면 첫 번째 저조가 높오름조(2성)로 바뀐다. 이 현상은 보통 필수굴곡원리(OCP)에 따른 저조 연쇄의 금지 현상으로 본다. 그러나 이 현상은 저조 두 개가 같은 영역에 있을 때에만 일어난다. 그 영역은 주로 운율적이고 이원적 단위가 선호되는 경향이 강하지만 통사적 요소의 개입도 여전히 존재한다. 예를 들면 (38), (39), (40)의 세 문장은 각각 기저형이 저조인 음절로 모두 구성된 것이다. 다음 각각의 예에서 어떤 것들은 여기에서 's'로 나타낸 변조가 일어난다. 어떤 음절에 변조가 일어나는지는 통사적으로 결정된다(Chen(2000)의 예). 다음에서 저조과 고조는 변화하지 않은 기저 성조를 가리킨다. 대괄호는 형태통사적 구조를 나타내고 괄호는 성조 영역을 묶은 것이다. 초점, 발화 속도, 말씨 등에 따라 다른 방식의 구 나누기도 가능하지만 다음은 모두 정상 속도의 무표적 구나누기의 예이다.

  (38) 어느 종류 술 좋다
     [[nei zhong] jiu] hao   '어떤 종류의 포도주가 좋습니까?'
     (s L) (s L)

  (39) 종이 호랑이 달리다
     [zhi- [lao-hu]] pao   '종이호랑이가 달린다'
     (L s s L)

(40)　나 생각하다 사다 책
　　　wo xiang 　　[mai shu] 　　　　　'나는 책을 살 생각이다'
　　　(s　L) 　　(L　H)

　마지막 (40)은 인접한 저조가 변화하지 않고 남아 있는데 두 저조가
서로 다른 영역이기 때문인 것에 특히 유의하여야 한다. 명확한 것은
영역들이 통사 구조와 동일하지 않다는 사실이다. 예를 들어 (38)을
보면 ( )로 표시된 운율적 성조 영역 묶기에서 (jiu hao)가 하나의 영역
이지만 통사적 구성 성분은 아니다. 운율 구조와 형태통사 구조의 상
호작용은 광범위하게 연구되어온 것으로 좀 더 자세히 살펴볼 가치가
있다.

　구 나누기는 통사 구조와 이원 구성 성분의 선호도로 결정된다. 다
음의 설명은 약간 수정하였지만 대체로 Chen(2000)의 설명이다. Chen
(2000)은 주로 Shih(1986)과 Shih(1997)의 최적성이론으로 형식화한 것이
다. Chen이 주목한 것은 표준 중국어의 단어가 적어도 2음절로 구성
되는 것을 매우 선호한다는 사실이다. 이 현상은 범언어적으로도 일
반적이다. 그리고 이 현상은 운율 단어가 최소한 하나의 운율 음보를
가지고 있어야 하고 운율 음보는 이원적인 것을 선호한다는 최소 단
어 효과 때문이기도 하다.

　다음에 나오는 숫자 wu21 '다섯'의 연쇄를 생각해 보자. 이 연쇄에
는 운율을 혼란스럽게 할 어떠한 통사적, 형태적 구조도 없다. 그러나
여기에는 유의해야할 현상이 있다. 각 음절의 기저 성조는 저조이기
때문에 가장 마지막 저조를 제외한 모든 저조가 또 다른 저조 앞에서
오름조로 변화할 것이라고 예측할 수 있지만 이보다 더욱 흥미로운
현상이 더 긴 연쇄에서 발생하고 있다. 그것은 해당 연쇄가 다음에서
괄호로 나타낸 더 짧은 단위로 나누어지고 변조가 이 단위 내에서만

발생하는 현상이다.

(41) wu wu   (s L)
      wu wu wu   (s s L)
      wu wu wu wu   (s L)(s L)
      wu wu wu wu wu   (s L)(s s L)

Chen은 이 단위를 최소 리듬 단위(MRU, Minimal Rhythmic Unit)라고 한
다. 여기에서는 그 단위가 실제로는 음보인지 음운구인지 아니면 다
른 무엇인지에 대한 논쟁을 피하기 위하여 Chen의 용어를 사용할 것
이다. 최소 리듬 단위는 2음절에서 3음절의 길이가 선호된다. 연쇄가
더 길어지면 더 작은 덩어리로 나누어진다. 그러나 어떤 덩어리도 단
음절은 아니다. 즉 (wu wu)(wu)로 묶는 것은 가능하지 않다. Chen은
두 개의 제약을 설정한다. 여기에서는 BINMIN 제약, BINMAX 제약으
로 부르겠다. BINMIN 제약은 지배되지 않는다.

(42) BINMIN   최소 리듬 단위는 최소한 이원적이다
      BINMAX   최소 리듬 단위는 최대한 이원적이다

Chen은 최소 리듬 단위가 오른쪽으로 모여지는 현상도 지적하고
있다. 즉 (σ σ)(σ σ σ)가 (σ σ σ)(σ σ)보다 선호된다는 것이다. 왜냐하
면 두 후보형에서 첫 번째 최소 리듬 단위는 모두 왼쪽 가장자리에
놓이지만 두 번째 최소 리듬 단위가 (σ σ)(σ σ σ)에서 더욱 왼쪽이기
때문이다. ALIGN-L (MRU, PPH) 제약을 설정할 수 있겠다.

통사 구조를 가진 연쇄를 조사해 보면 더욱 복잡하고 흥미로운 형
태를 발견할 수 있다. 여기서는 자료를 재빨리 파악할 수 있도록 좀
쉽게 만들었는데 이전과 같이 오름조로 변화한 음절에 '연성'의 's'를

표시하였고 그대로 변화하지 않고 남아있는 것은 저조의 'L'로 표시
하였다. 다음에서 모든 음절은 기저형이 L이다.

(43)　a.　때리다-아래로 성장(省長)
　　　　　　[da-dao]　　　　　[sheng-zhang]　　　'성장(省長)을 타도하라!'
　　　　　　(s　L)　　　　　(s　　　L)
　　　b.　어떤 종류　술　좋다
　　　　　　[[nei zhong] jiu] hao　　　　　　　　　'어떤 종류의 술이 좋습니까?'
　　　　　　(s　L) (s　L)
　　　c.　개　물다 샤오메이
　　　　　　gou [yao [xiao-mei]]　　　　　　　　　'개가 샤오메이를 문다'
　　　　　　(s　L) (　s　L)
　　　d.　종이 호랑이　달리다
　　　　　　[zhi- [lao-hu]] pao　　　　　　　　　　'종이호랑이가 달린다'
　　　　　　(L　s　s　L)
　　　e.　찾다　겁이 많다　귀신
　　　　　　zhao [[dan-xiao]　gui]　　　　　　　　'겁쟁이를 찾아라'
　　　　　　(L　s　s　　L)

　　(43d)와 (43e)는 이원적 운율 구성 성분이 없는데 그 이유는 간단하
다. (43d)의 [lao-hu]와 (43e)의 [dan-xiao]처럼 동일한 마디의 자매인 형
태소는 두 개의 최소 리듬 단위로 분리될 수 없기 때문이다. Chen은
이러한 형태소를 '직접 구성 성분'이라고 부른다. 이 형태소들은 하나
의 최소 리듬 단위에 놓이거나 단음절 최소 리듬 단위가 금지되면 큰
단일 최소 리듬 단위 안에 전체 연쇄를 담는 것이 유일한 선택이다.
다음은 Chen의 제약이다.

(44)　NOSTRADDLING　직접 구성 성분은 같은 최소 리듬 단위에 있
　　　　　　　　　　　어야 한다

이 제약은 통사 경계와 운율 경계를 정렬(Chen(1987)의 샤먼어 연구, Selkirk and Shen (1990)의 상하이어 연구)하는 것을 포함하여 운율에 미치는 통사론의 영향을 지배하기 위하여 제안된 제약들 중 하나이다. 이 제약은 Truckenbrodt(1999)의 WRAP-XP 제약처럼 두 개의 운율구 사이에 있는 임의의 구가 쪼개지는 것을 막는 억제 제약인 것이 가장 특징적이다. 아래의 타블로 (45)는 적용의 실제 예이다.

(45)

/zhao[[dan-xiao]gui]/	NOSTRADDLING	BIN-MIN	BIN-MAX
☞ a. (zhao dan-xiao gui)			*
b. (zhao dan)-(xiao gui)	*!		
c. (zhao)(dan-xiao gui)		*!	
d. (zhao)(dan-xiao)(gui)		**!	

NOSTRADDLING 제약은 통사론이 음운론에 영향을 주는 것을 허용하는 상호작용 제약이다. 그러나 [[nei-zhong] jiu]가 두 개의 최소 리듬 단위인 (nei zhong)(jiu hao)로 나뉜 (44b)의 예처럼 더 큰 통사적 구성 성분과 최소 리듬 단위가 완벽하게 일치하지는 않는다. 특히 직접 구성 성분이 쪼개지지 않는다고 하면 이원성이 우선권을 가져서 *(nei-zhong jiu)(hao)가 선택되지 않고 (nei-zhong)(jiu hao)가 선택된다.

통사론의 영향은 NOSTRADDLING 제약에서 요약할 수 있는 내용을 넘어 선다. 마지막으로 다음의 예를 보자.

(46)   그 종류 술 해롭다
        [[nei zhong] jiu] [you-hai]   '그런 종류의 술은 해롭다'
        (nei zhong   jiu) (you-hai)

지금까지 내용으로 보면 *(nei zhong)(jiu you-hai)로 구 나누기를 예상해 볼 수 있다. 왜냐하면 이 결합이 NoStraddling 제약과 BinMin/Max 제약을 통과한 실질적 선택형으로 연결되면서 Align-L 제약을 잘 만족하고 있기 때문이다. 그러나 실제로 구 나누기는 통사론에 더 잘 들어맞는다. 그래서 Chen은 Align-L 제약보다 상위에 Congruence 제약을 제시한다. 다음에서 X는 단일 말단 요소에서 구까지의 모든 구성 성분을 나타낸다.

(47) Congruence   최소 리듬 단위를 형성하기 위한 가장 가까운
                     형태통사적 짝을 X와 묶어라

(46)을 보면 이 제약으로 jiu를 nei zhong과 묶는 방식의 통사론에 들어맞는 구 나누기가 선호될 것을 알 수 있다. 제약들의 전체 위계는 NoStraddling, BinMin >> BinMax >> Congruence >> Align-L 이 된다.

이것이 분석의 뼈대이다. 남아 있는 흥미로운 문제는 모두 이 장치가 순환적으로 적용되어야 하는 것이다. 지금까지 무시해 온 일부 자료를 설명하는 것이 바로 이것이지만 앞으로는 주의 깊은 독자를 괴롭히고 있을 것이다. (43d)와 (43e)에서 단일 최소 리듬 단위가 모든 4음절에 걸쳐 있지만 여전히 변조의 유형은 예측할 수 있는 (s s s L)이 아니고 (L s s L)이다. 순환적인 적용에서는 먼저 적용되는 변조가 나중에 남아 있는 것에 적용될 환경을 제거하기 때문에 이것이 직접적으로 일어난다. 다음의 순환 2에서 확인할 수 있다.

(48)   [zhi [lao-hu] pao] '종이호랑이가 달린다'
       (s L)   순환 1, 변조 적용
       (L   s L)   순환 2, 첫 번째 L이 다른 L 앞에 없음, 변조 비적용
       (L   s s L) 순환 3, 변조 적용

가장 엄격한 형태의 최적성이론은 단일한 '도출' 층에서 실현되기 때문에 명백하게 순환적인 현상들은 문제가 된다. Chen에 따르면 순환적 적용이 단어 층위의 최소 리듬 단위 형성에는 제한적으로 적용되고 구 층위에서는 전면적으로 적용된다는 점을 결국은 논박하지만 그럼에도 불구하고 Chen은 이러한 자료들 때문에 어느 정도의 순환성이 여전히 필요할 것으로 제안하고 있다. 순환적 현상에 대한 최적성이론의 접근은 Kager(1999)를 참조하라. 표준 중국어의 현상을 마치기 전에 다음 사항 역시 유의하여야 한다. 여기에서 개괄적으로 살펴본 변조 현상은 좀 더 빠르고 좀 더 친숙한 발화 속도에서는 여러 가지 형태에 여러 가지 발음이 나타나면서 최소 리듬 단위 전체에 적용될 수도 있다는 점이다. 지금부터는 영역에 밀접한 변화의 다른 예를 살펴보도록 한다.

키난데어(반투어군, Hyman 1990)에서는 영역 내부의 흔한 과정인 확산의 예가 나타난다. 키난데어의 음운구 나누기는 다음과 같이 정의된다.

(49) 동사 앞의 S'이나 S의 각각의 딸 위치는 음운구를 구성하고, 동사와
      동사 뒤의 모든 요소는 또 다른 음운구를 구성한다.

짐작할 수 있는 것은 X''의 오른쪽 가장자리가 음운구의 오른쪽 가장자리가 되는 경우이다. 어쨌든 간에 음운구 안에서는 고조가 음절에서 왼쪽 한 음절로 전파된다. 이 현상은 4장에서 논의하였던 제한적 확산의 유형이고 ALIGN-L 제약에 따른 것이다.

(50) e-ki-ryatu '신발'   e-ki-ryatú kí-néne   '큰 신발'
                                  신발   크다

다음에서는 /ká/와 /á/에 실린 고조가 왼쪽으로 확산되지 않고 있는

데 이처럼 음운구 사이에서는 확산이 일어나지 않는다.

(51) o-mu-tututu#   ká-tsuba#   á-lya-w-â
      아침에#   카츠바가#   쓰러졌다

　확산이 영역 안에서만 일어난다면 확산의 압력이 영역의 가장자리
에 정렬된다고 설명하는 것이 가장 간단하다.

(52) ALIGN-L (H, PHPH)   모든 고조는 음운구의 왼쪽 가장자리에 정
                           렬되어야 한다.

　고조가 이미 음운구에 가장자리에 위치한다면 더 이상 확산될 이유
가 없게 된다. 이 현상을 확산의 저지로 기술하는 것 보다는 확산의
압력이 없는 것으로 생각하는 것이 더 좋겠다.

　약간 다른 예로는 키야카어(Kidima 1990)가 있다. 키야카어의 성조는
동일한 음운구 안에서 뒤에 오는 돋들리는 음절에 이끌린다. Kidima
의 분석에 따르면 키야카어에는 악센트 음절과 성조가 모두 있다. 성
조는 부동 성조인데 성조와 악센트가 모두 같은 음운구에 있는 환경
이라면 다음 단어의 악센트에 이끌릴 수 있다. 다음 두 가지 예를 대
조하여 살펴보자. 첫 번째의 복합 명사구는 단독구인데 첫 단어의 고
조가 두 번째 단어의 악센트(별표로 나타냄)에 연결되었다. 두 번째 예
는 어휘적 요소는 같지만 통사 구조가 다른 것인데 여기에서는 두 단
어가 자신의 구를 형성하기 때문에 고조가 그 소지자에 남아있게 된다.

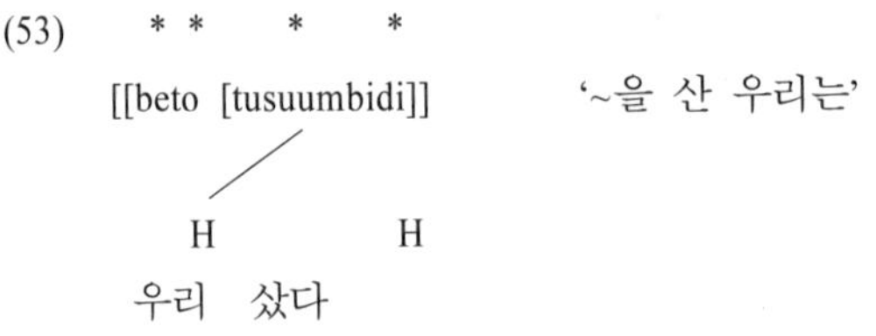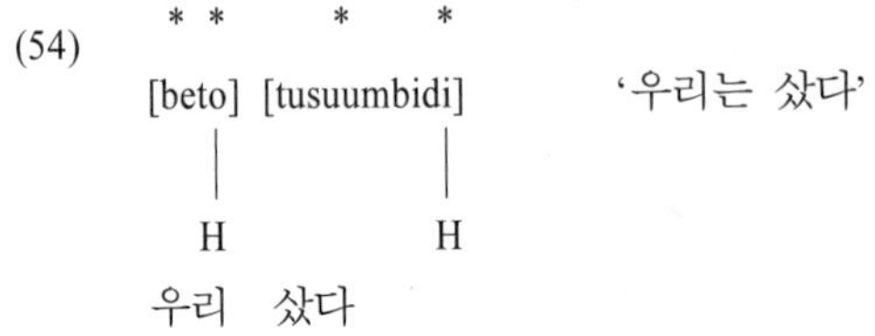

여기서 보인 음운구 나누기는 대략 샤먼어와 같아 보인다. 즉, X''
의 오른쪽 가장자리는 음운구의 오른쪽 경계이다.

5.2.3.4 통사론적 조건의 운율 경계에서 성조 삽입

운율적 구성 성분의 경계에 성조를 삽입하는 규칙을 찾는 것은 아
주 흔한 일이다. 이러한 규칙들은 특정한 형태통사 구조와 의미에 연
결된 어휘적 성조 형태소가 아니고 운율 경계의 유형을 표시해주는
성조이다. 성조가 없는 강세 언어나 악센트 언어에서는 이 운율 경계
가 억양을 구성하는 주요한 구성 요소이지만 성조 언어에서는 운율
경계도 나타나고 그러한 성조들이 어휘적 성조와 상호작용을 할 수도
있다.
　루간다어(반투어군, Hyman 1990)에서는 선택적으로 경계에 고조가 삽
입된다. 억양구의 오른쪽 가장자리에서 위치이고 관습적으로 'H//'로
나타낸다. H//는 완료의 의미를 가진다(Hyman과 개인 대담).

(55)   bá-gùl-là   또는   bá-gùl-lá   '그들은 산다'

키난데어의 의문문은 억양구 경계의 H//가 필수적이고 어휘적인 저조에 우선하다. 따라서 '숲'이라는 뜻의 단어 /e-kí-sákà/는 의문문 끝에서 [e-kí-sáká]가 된다. 다른 예를 보면 경계의 L//이 억양구의 마지막에 삽입되면 완성된 단언을 표시한다. 이 L//은 고조를 탈락하게 하지는 않지만 고조를 한 음절 옮겨놓거나, 옮겨놓을 만한 곳이 적당하지 않으면 저조와 결합하여 내림조를 형성한다. 이 현상을 설명하기 위해서는 먼저 소개할 필요가 있는 것은 키난데어의 구 음운론과 관련된 또 다른 사실이다.

키난데어는 또 필수적으로 구 경계에 고조가 삽입된다. 이 고조는 관습적으로 H%로 표시하는데 음운구의 마지막에 있는 무성조 모라에 실린다. 다음의 예에서 마지막 음절 *kyo*와 *langir-a*는 무성조인데 각각에 실려 있는 표면 고조는 경계의 H%이다. 이러한 구 나누기는 앞에서 설명한 것처럼 통사적으로 결정된다.

(56)   [è-kì-nyàù è-kyó]   [tù-ká-lángìr-á]   [kì-kâ-w-â]
        신발   저   우리가 보다   떨어지고 있다

억양구의 마지막은 항상 또 음운구의 마지막이기도 하다는 것에 주의하여야 한다. 완성된 단언을 생각해 보자. 마지막 모라는 음운구에서 H%를 받게 될 것이고 순서대로 억양구에서는 L//을 받게 될 것이다. 왜냐하면 음운구는 억양구 안에 있기 때문이다. 그 효과는 안쪽에 있는 H%가 왼쪽으로 밀려나 끝에서 두 번째 모라에 실리는 것이다. 만약 끝에서 두 번째 모라가 고유의 성조를 가지고 있다면 왼쪽으로 이동하여 경계억양을 위한 공간이 만들어질 것이다.

(57)   e-ki-ryátù   '신발'

                    H% L//

만약에 성조 이동을 위한 공간이 없다면 음운구 H% 뒤에 억양구 L//가 이어지는 앞의 마지막 음절 *ki-ryâ*과 같이 H%와 L//이 어말 내림조를 형성한다. 여기에서는 뒤에서 두 번째 음절이 이미 저조이고 마지막 음절에서 옮겨진 경계억양을 연계할 공간이 없다(Hyman 1990: 114).

5.2.3.5 계단내림의 영역인 운율구

계단내림에 대한 대부분의 연구는 성조가 발화 전체에 걸쳐 계단내림을 하는 것으로 기술한다. 그러나 이러한 기술은 지나친 단순화로 보인다. 이와 관련된 드문 예를 보면 계단내림의 영역이 전체 발화보다 작을 수도 있다. 치체와어(Kanerva 1990)에서는 억양구가 계단내림의 영역이다. 억양구가 휴지에 의하여 분리되지 않더라도 이 현상은 사실이다. 억양구 내에서 고조가 저조 뒤에 오면 저조 앞에 오는 경우보다 음높이가 낮게 나타난다. 이러한 연쇄는 억양구 경계로 깨뜨려진다. 즉, 새로운 억양구의 첫 번째 고조는 앞 억양구 끝의 어떤 낮은 고조보다도 음높이가 높다. 억양구는 물론 음운구로 구성된다. 음운구 자체는 그 안의 고조가 배증되는 두 가지 규칙의 영역이다. 그렇지만 5.2.3.1에서 언급한 것처럼 Kanerva는 이 층위에서 구 나누기를 홀로 결정할 수 있는 단독 통사적 알고리듬은 존재하지 않는다고 주장한다.

5.3 요약

　5장에서 간단하게 관심을 가져본 내용은 성조음운론의 어떤 현상이 진공상태처럼 순수하게 발생하는 것이 아니라 그 언어의 형태론이나 통사론의 영향을 자주 받는다는 상당히 명확한 사실이다. 결과적으로 성조의 출력형이 직간접적으로 청자에게 주는 신호는 어휘 정보는 물론이고 시제나 서법과 같은 문법 정보뿐만 아니라 구의 경계, 복합문 구조, 즉 통사적 범주 등도 포함하게 된다!

제6장 아프리카 언어

6.1 분류

아프리카의 언어는 놀랄 만큼 다양한 복합 성조 체계이다. 아프리카 언어를 이해하기 위한 연구는 그러한 다양함에 상응하여 대규모 연구로 성장하고 있다. 아프리카에서 성조 언어는 셈어군이나 베르베르어군 언어를 제외하고 거의 모든 어족에서 발견되어 아프리카 지역은 동아시아 지역과 함께 비성조 언어 대비 성조 언어의 비율이 가장 높은 곳이다. 특히 반투어군이 포함되고 사하라이남 언어의 대부분을 포괄하는 니제르콩고어족은 거의 완벽하게 성조 언어이다(가끔은 악센트 언어의 모습도 나타난다). Bendor-Samuel(1989)의 연구에 많은 부분 근거한 표 6.1은 아프리카의 주요 성조 언어 사이의 관계를 나타내고 있고 6장에서 논의될 내용을 전체를 포함하고 있다.

6.2 아프리카 성조 언어의 일반적이고 두드러진 특징

대부분의 추정치에 따르면 아프리카는 언어 개수가 1,000개를 훌쩍 넘고 그 중에서 니제르콩고어족 혼자서만 900개 이상이다. 반투어군에서 3백만 명 이상이 사용하는 언어는 적어도 15개 정도이고 5백만 명 이상으로 하면 최소 여섯 개 정도가 된다. 예측하는 것처럼 이렇게 큰 언어 집단이 광범위한 지역에서 사용된다는 점에서 성조 체계 역시 대단히 다양하다. 그럼에도 불구하고 특별히 아프리카에 넓게 퍼져있고 아시아나 중앙아메리카에서는 상당히 일반적이지 않은 어떤 특징을 분간해낼 수 있는데 뒤에서 그 특징을 살펴볼 것이다.

성조에 대한 이론적인 연구 성과는 아프리카 언어에 대한 연구가 지배적이다. 결과적으로 아프리카 언어 체계에 대한 이해가 이론적인 시각으로 다른 지역을 연구하는 기반이 된다. Odden(1995)에서 이와 관련된 훌륭한 정리를 찾아볼 수 있다. 아프리카 언어 자료를 근거로 발달한 분석 기제는 다른 지역 언어의 자료에도 시험해 볼 수 있는데 흥미로운 사실은 다른 지역의 언어 체계가 표면적으로 다른 부분이 많음에도 불구하고 전반적으로 동일한 분석 기제로도 해당 언어 체계를 효과적으로 특징화할 수 있다. 이것은 어떤 면에서는 놀랄만한 사실이 아니다. 왜냐하면 아프리카 언어는 우리가 알고 있는 가장 복잡한 성조음운론을 보여주고 있는 것으로 판명되었기 때문에 아프리카 언어를 처리할 수 있는 이론 틀이라면 어떤 것이라도 '더 단순한' 언어 체계에도 잘 적용될 가능성이 높다. 하지만 성조 목록은 아프리카에서 그렇게 풍부하지는 않은 것 같다. 이와 대조적으로 아시아와 아메리카 언어에서는 수평조와 굴곡조가 모두 풍부하게 나타난다.

아프리카아시아어족	차딕어군			바데어, 하우사어, 마르기어, 응이짐어
	쿠시어군			오로모어, 소말리어
	베르베르어군			
	셈어군(비성조)			아랍어, 히브리어
나일사하라어족	나일제어			알루르어, 딩카어, 칼렌진어, 루오어, 누에르어, 실루크어
	기타			쿠나마어
코이산어족				하드자어, 나마어, 꽁옹어, 꿍어, 주트와시어
니제르코르도판어족	코르도판어족			
	니제르콩고어족	애틀랜틱어군		풀라나이어(=풀라어), 템네어, 월로프어
		만데어군		밤바라어, 단어, 만딩카어, 멘데어, 바이어(Vai), 코노어
		구르어군(볼타어군)		다가레어, 콘니어, 라마어, 모오레어, 모시어, 수피레어, 비모바어
		크와어군		아칸어(아산테어, 트위어, 판테어), 에웨어, 크라치어
		동부아다마와어군		수마어(그바야제어)
		크루어군		크루어, 그레보어, 게레어
		데포이드어군		요루바어
		에도이드어군		엥에니어
		이그보이드어군		이그보어
		누포이드어군		누페어, 그와리어(그바리어)
		이도모이드어군		얄라어(이콤어), 이게데어
		베누에콩고어군	크로스리버어군	델타크로스벤디	에픽어, 고카나어, 이비비오어
			반투제어군	북부	맘빌라어
				남부	티브어, 음베어, 음밤어,
				비반투어군	그라스필즈어군[a] (응가맘모어, 창-바밀레케어, 바푸트어)
				(협역)반투어군[b]	벰바어 M42, 치체와어 N31B, 칠루바어 L31, 칠룽구어 M14, 키야오어 P21, 치지굴라어 G31, 디고어 E73, 키쿠유어 E51, 키마툼비어 P13, 키난데어 D42, 키샴바어 G23, 루간다어 E15, 응구니제어 (줄루어 S42, 코사어 S43), 르완다어 D61, 킨야르완다어 D62, 루운드어 K23, 쇼나어 S13, 수쿠마어 F21, 스와힐리어 G42, 템보어 J57

a 그라스필즈어군은 가끔 '그라스필즈반투'라고 불리지만 '협의의' 반투어로 알려

진 순수한 반투어군과는 구별되어야 한다.

b Guthrie(1967-71) : 숫자는 Guthrie의 분류이고 캘리포니아 대학 버클리 캠퍼스 홈페이지의 CBOLD 페이지에서 가져온 것이다(www.linguistics.berkeley.edu/CBOLD). 대부분의 표기에서 관련문헌에 나온 언어명의 명칭을 더 쉽게 참고할 수 있도록 접두사 'Chi-', 'Ki-'를 유지하는 전통적인 관행을 따랐다. 따라서 치지굴라어(Chizigula)는 최근 이름인 지굴라어(Zigula)와 같고, 키야오어(Chiyao)는 야오어(Yao) 또는 키야오어(Ciyao)와 같고, 키난데어(Kinande)는 난데어(Nande)와 같다.

우선 아프리카 언어의 성조를 연구할 때 접할 수 있는 몇 가지 흥미로운 주제를 나열해 보자.

(1) 아프리카 성조 언어에서 가장 놀라운 특징은 성조의 이동성이다. 앞 장까지 반복해서 살펴 본 내용에 따르면 한 형태소에서 시작된 성조가 일련의 인접 형태소에 확산되거나 다른 형태소와 함께 실현된다는 사실이다. 이러한 특성은 많은 언어들의 형태론이 복합적이고 대체로 교착적이라는 사실과 밀접하게 연결되어 있다. 이 현상은 특히 반투어군에서 사실로 나타나서 이 현상에 대하여 광범위하게 연구하기 시작하게 된다. 성조 연결은 자주 성조소지단위에 어휘적 연결로 제어되지 않고 단어 가장자리, 돋들리는 음절, 구 경계와 정렬하기, 필수굴곡원리 등으로 제어된다. 특히 아프리카 언어에서 필수굴곡원리가 가장 일반적으로 실현되는 것은 메우센 규칙으로 알려져 있다. 뛰어넘기, 확산, 탈락, 심지어 풍부한 음위전환과 같은 규칙 및 이 규칙들이 혼합된 여러 성조 규칙은 놀라울 정도로 풍부한 성조 음운 현상이 유발되어 음운론자의 재능을 한계점까지 펼치게 하였다. 더 나아가 성조의 이동성으로 순수하게 성조적이라기보다는 좀 더 악센트적인 것으로 자주 기술되는 언어 체계가 생겨난다. 이러한 언어 체계에서는 고조의 분포가 드물게 분포하고 고조의 위치에서 대조적이다.

(2) '성조적'인 체계와 '악센트적'인 체계 사이의 구별을 흐리게 하

고 '악센트적'일 것 같은 체계로 발전하게 된 두 번째 요인은 많은 언어에서 이원적인 성조 대립만 있다는 것이다. 즉, 음성학적으로는 고음 대 저음이라도 음운론적으로는 자주 표현되는 방식은 고조와 무성조이다. 고조만 이러한 체계에서 '활동적'인 것이고 저조라는 것은 아직 무성조인 음절에 성조 명세를 제공하기 위하여 음운 과정의 마지막에서 드러나게 보충되는 것이다. 어떤 언어는 유표적인 저조와 기정치 고조가 있기도 하다(루운드어, 칠루바어, 템보어).

(3) 그럼에도 불구하고 더욱 풍부한 성조 목록이 아프리카에서 발견된다. 어떤 언어에는 세 개, 네 개, 심지어 다섯 개까지도 수평조가 있다. 네 개와 다섯 개의 수평조는 상당히 드물기는 하다. 굴곡조도 역시 상당히 드물게 나타나고 그 위치도 단어의 끝이나 중음절로 제한되는 빈도가 높다. 많은 경우에 굴곡조가 수평조 두 개로 구성되어 있는 것이 명확하다. 그렇지만 어떤 경우는 연쇄가 아니고 원래 굴곡조일 수 있다. 기저에 수평조가 있는 어떤 언어는 심지어 출력형에서 수평조보다 굴곡조가 선호되는 것으로 보인다.

(4) 성조소지단위는 언어에 따라 다양하게 나타난다. 어떤 언어에서는 모라이고 또 어떤 언어에서는 음절이다. 이 사실은 확실히 모든 음절이 단모라인 조건이라면 다른 견해들과 양립하지 않는 경우가 많다.

(5) 성조내림(저조 다음에 고조가 낮아지는 현상)과 계단내림(명확한 저조가 없는 상황에서 고조가 낮아지는 현상이지만 보통은 부동 저조로 유발됨)이 상당히 보편적이다. 계단오름도 발견된다. 이 현상이 아프리카 언어에 광범위하게 퍼져있기 때문에 이 책에서는 이 현상의 분석에 많은 주의를 기울일 것이다.

(6) 아프리카 언어에서 성조와 후두 자질 사이의 상호작용에 관한 일반적인 형태는 '억제' 자음의 존재이다. 이 용어는 자음의 하위 부류를 기술하는 것이다. 억제 자음은 보통 유성음인데 인접 고조의 성

조를 낮추고 성조를 가로지르는 고조 확산을 막을 수도 있다. 이 현상은 성조 언어 체계에서 보통은 비활동적인 자음이 비활동적인 것에서 벗어난 것으로 흥미로운 현상이다.

(7) 마지막으로 극성을 살펴볼 것이다. 이 용어는 어근의 성조와 반대로 나타나는 접사의 성조를 기술한 것이다. 이 현상은 아프리카 지역에서 상당히 일반적이다.

각각의 내용을 지금부터 차례차례 살펴보겠다.

6.2.1 성조의 이동성

앞에서 살펴보았듯이 아프리카 언어의 성조에서 가장 놀랄만한 특성은 이동성이다. 형태소가 단어 또는 구까지 연결될 때 그 형태소의 성조는 원래의 자리에서 어느 정도의 거리를 이동할 수 있다. 앞 단원에서 아프리카 언어의 이러한 특성에 대하여 수많은 예를 봐 왔기 때문에 독자들은 지금 이러한 변화를 유발하는 제약의 종류에 대하여 감각을 잘 가지고 있어야 한다. 기억을 되살려 보자. 이동 및/또는 확산을 유발할 수 있는 것은 영역의 핵 위치 또는 영역의 가장자리 위치와 같이 특별하게 강한 위치, 필수굴곡원리, 그리고 단순하게 각 음절에 자신의 성조를 제공할 필요성 등이 있다. 이동은 위치로 제한되지 않기도 하고 억제되기도 하는데 그 경우 보통 이원적이지만 가끔씩은 삼원적이다. 탈락은 필수굴곡원리, 성조소지단위의 부족, 핵 지위의 상실 등으로 유발되는데 이러한 것들은 가능한 성조 명세를 감소시켜 유표성의 영향력이 발휘하도록 한다. 삽입은 돋들리는 위치에서 성조가 필요한 경우, 필수굴곡원리 또는 단순히 SPECIFY 제약만으로도 유발될 수 있다. 지금까지 모든 가능성을 다 설명한 것은 아니지만 주요 내용은 대부분 제시되었다. 여기에서는 두 언어를 선택하여 주요 가능성을 설명할 예정이다. 그러나 4장에 있는 칠룽구어, 치지굴라어, 키쿠유어, 수쿠마어, 쇼나어에 대한 논의도 참고하겠다.

6.2.1.1 디고어

디고어(반투어군, Kisseberth 1984) 자료를 살펴보자. 4장에서 디고어를 잠깐 언급할 때에는 Goldsmith(1990)의 자료를 근거로 설명을 위하여 단순화한 형태의 자료를 사용하였다. 여기에서는 더욱 복잡한 원래의 자료로 되돌아간다. 반투어군의 동사에는 어근에 대단히 다양한 접두사가 있는데 가장 중요한 것에는 순서대로 주어 표지, 시제 표지, (선택적으로) 목적어 표지가 있다. 이러한 복합 형태의 앞에는 다른 접두사나 다양한 후접어 역시 올 수 있다. 디고어에서 목적어 표지는 동사 어근에 특별히 가깝게 붙어 있다. 그래서 Kisseberth는 디고어를 [목적어 표지-어근-말음 모음]을 가진 넓은 어간의 구성 성분으로 논증한다. 첫 번째 부류는 부정사이고 그 구조는 [ku-동사 어근-말음 모음]이다.

(1)　무성조 동사　　　　　　　　　고조 동사
　　　ku-rim-a　　　'경작하다'　　　ku-arŭk-â　　'시작하다'
　　　ku-ambir-a　　'말하다'　　　　ku-furukŭt-â　'불안하게 움직이다'
　　　ku-gandamiz-a '누르다'　　　　ku-fukíz-â　　'열을 가하다'

첫 번째 열에 있는 저조 동사에는 고조가 나타나지 않는다. 두 번째 열에서는 고조 동사가 두 가지 유형으로 나타난다. 만약 어근이 처음 두 예처럼 무성 자음(또는 유성 공명음)으로 끝나면 마지막 두 음절에 오름조와 내림조의 연쇄가 나타난다. 만약 어근이 마지막 예처럼 유성 장애음으로 끝나면 끝에서 두 번째 모음에 고조가 나타난다. 두 가지 경우 모두 고조가 마지막 이원 음보에 나타난 것으로 가정해 보자. 만약 음보 중간에 무성 자음이 있다면 표면 고조는 음보의 중앙에 온 다. 다시 말하면 음보의 앞부분에 오름조가 나타나고 뒷부분에 내림 조가 나타나는 것이다. 반면에 만약 음보에 유성 장애음이 있다면 고 조가 두 위치 모두에 나타나지 못하게 막혀서 끝에서 두 번째 음절에 만 있어야 한다. 유성 장애음이 여기에서 억제 자음에 공통적인 막기 효과를 보여주는 것이다. 다음에 이 현상을 다시 살펴보겠다. 어떤 경 우든지 이것이 현상을 보여주는 정확하게 맞는 방법인지의 여부는 여 기에서 다루는 중심 주제에 영향을 미치지 않는다. 즉, 이 두 가지 표 면형 모두 단어의 끝 지점 근처에 위치한 고조와 관련되어 있다.

고조가 있는 **어떤** 기저형이라도 동일한 방식으로 마지막 두 음절에 그 고조를 표면화하는 것으로 나타났다. 또 고조의 원래 위치가 위에 서처럼 어근이든, (2b)에서처럼 목적격 접두사이든, (2c)에서처럼 주격 접두사이든 중요하지 않다. 고조는 원래 자리(밑줄로 표시)에서 몇 음절 오른쪽의 마지막 음보로 이동한다. 다음 자료에는 무성조 어근만 나 타나 있다.

(2)　　a. ku-vugur-ir-a　　'~위하여 풀다'　　　ku-raʙiz-a　　'모욕하다'

　　　　b. ku-a̱-vugur-ir-â　'너희들/그들을　　　ku-a̱-raʙíz-a　'너희들/그들을
　　　　　　　　　　　　　위하여 풀다'　　　　　　　　　　　모욕하다'

　　　　c. a̱-na-vugǔr-â　'그는 풀고 있다'　　a̱-na-raʙíz-a　'그는 모욕하고
　　　　　　　　　　　　　　　　　　　　　　　　　　　　　　있다'

고조가 표면형에서 나타나는 음절이 어근 음절인지 접사인지는 중 요한 문제가 아니다. 중요한 것은 단어에서 그 음절이 나타나는 위치 이다. (2b)의 첫 번째 예에서 /-ir-/는 '~을 위하여/~으로'를 의미하는 지향격 접사이고 고조는 바로 여기에 나타난다. 고조인 어근 성조도

다음의 예처럼 그 위치에서 벗어나 접사의 위치로 완전히 이동할 수
있다.

    (3)   ku-bundúg-a '두드리다'   ku-bundug-ĭr-â '~위하여/~으로 두드리다'

여기에서 또 다른 이동 효과에 주목하자. 단순 부정사형에서는 마
지막 음보 안에 있는 자음이 유성 장애음이기 때문에 끝에서 두 번째
음절에서 높고 평평하게 나타나지만, 접사 형태에서는 음보 안의 자
음이 공명음이면 오르내림 유형이 나타난다.

반투어군에서 일상적인 이러한 이동은 최적성이론으로는 보통 정
렬 제약으로 처리하는데 이 제약은 어떤 고조라도 돋들리는 요소와
일렬로 늘어서는 것을 요구하는 제약이다. 여기에서 돋들리는 요소는
핵 음보이다. 따라서 ALIGN-R (H, HEADFT) 제약으로 형식화할 수 있
고 이 제약은 기저형에 유지하려는 어떤 충실성 제약보다 상위에 있
게 될 것이다.

디고어에는 좀 더 복잡한 현상이 두 개 더 있는데 흥미로운 내용이
다. 고조가 두 개 인접해 있는 입력형을 생각해 보자. 예를 들면 고조
어근이 고조 목적격 접두사 바로 뒤에 오는 경우이다. 고조는 밑줄로
표시하였다.

    (4)   ku-pupŭt-â '때리다'   ku-a-pupŭt-â '너희를/그들을 때리다'

여기에서 목적격 접두사는 어떤 성조적 효과도 없다. 접두사의 고
조는 탈락된 것으로 보이는데 이것은 고조 두 개가 인접하는 조건에
서 하나가 탈락하는 현상인데 반투어군에서 빈번히 나타난다. 가장
일반적인 형태는 두 번째 고조가 탈락하는 것인데 Goldsmith(1984)에서

는 메우센 규칙으로 이름이 붙여졌다. (여기에서처럼) 두 개의 고조에서 첫 번째 고조가 탈락하는 것은 반메우센 규칙이라고 부른다. 이것은 필수굴곡원리의 예로 볼 수 있다. 필수굴곡원리는 4장에서 상세하게 살펴보았는데 Myers(1997)의 논의처럼 이 원리를 출력형 제약으로 간 주하게 하는 많은 자료를 보면 이 현상을 직접적으로 설명할 수 있다. 그러나 디고어의 자료는 최적성이론과 같은 출력형 기반 이론에 중요 한 문제점을 제기하는데 그것을 해결하는 것은 이 책의 범위를 넘어 서는 것이다. 문제점은 다음과 같다. 언어의 표준적인 정렬 제약은 실 제로 고조를 인접하지 않은 모음에 표면적으로 나타나게 허용하지만 필수굴곡원리는 기저에서 인접하는 성조를 다루고 있는 것처럼 보인 다. 이것을 알아보기 위해서 (4)의 두 번째 예를 보자. 여기에서 고조 두 개는 인접하고 있는데 바로 목적격 표지와 어근 음절의 첫 번째이 다. 그러나 정렬 제약이 두 번째 고조를 마지막 음보로 끌어당겨서 표 면형에는 더 이상 목적격 표지와 인접하지 않게 된다. 그럼에도 불구 하고 이 고조는 첫 번째 고조를 탈락시킨다. 바로 두 번째 문제가 나 타나는데 디고어의 표면형에서는 필수굴곡원리의 위반이 가능한 것 처럼 보이기 때문에 필수굴곡원리가 이 언어에서는 가장 상위 제약이 될 수 없다고 제안되는 것이다.

이 현상을 이해하기 위해서는 먼저 기저에서 인접하지 않은 두 개 의 고조의 예를 살펴볼 필요가 있다. 이 현상은 고조 주격 접두사의 예에 나타나는데 이 고조 주격 접두사와 고조 동사 어근 사이를 무성 조 목적격 표지가 분리하는 경우이다. 여기에서 두 개의 고조는 뚜렷 하게 살아남는다. 왜냐하면 이 유형은 (5)에 나타난 것처럼 무성조 주 격 표지의 유형과 완전히 다르기 때문이다. 기저에서 두 개의 고조가 인접하지 않고 또 필수굴곡원리만 인접성에 위반을 물을 수 있기 때 문에 이 현상은 놀라운 사실이 아니다. 결과적으로 (5a)와 (5b)에서처

럼 넓은 어간(목적격 표지 + 동사 어간)의 높은 편평함이 첫 번째 음절에
서 끝에서 두 번째 음절까지 나타난다.

(5)   무성조 주격 표지   고조 주격 표지
       a. ni-na-pu̱pu̱t-â   '나는 때리고 있다'   a̱-na-pu̱pút-â   '그/그녀는
                                                                  때리고 있다'
       b. ni-na-ta̱nyiríz-a '나는 사냥꾼을   a̱-na-tányiríz-a '그/그녀는 사냥꾼을
                             몰아내고 있다'   몰아내고 있다'
       c. ni-na-vu̱rúg-a   '나는 움직이고   a̱-ná-vu̱rúg-a   '그/그녀는 움직이고
                           있다'   있다'

  앞에서 살펴본 것과 같이 이 유형은 앞의 예처럼 우리에게 익숙한
고조 하나를 마지막 음보로 옮기는 이동과, 접두사의 고조를 넓은 어
간의 첫 음절로 옮기는 이동이 결합되어 고조 둘 사이에서 편평한 모
양을 구성하고 있다. 이 편평한 모양은 (5c)처럼 유성 장애음이 중간
에 오면 이어지지 않는다. 자세한 내용을 상당히 복잡한데 Kisseberth
(1984)를 참조하기 바란다.
  이 현상을 최적성이론의 용어로 살펴본다면 두 번째로 선호하는 고
조의 위치가 넓은 어간의 형태론적 구성 성분의 처음과 일치하는 것
으로 보인다. 이 현상을 ALIGN-L (H, MACROSTEM) 제약으로 부를 수
있다. 단일 고조는 끝으로 이동하겠지만 두 번째 고조는 넓은 어간의
왼쪽 가장자리로 이동할 것이다. 기저형에서 인접하는 고조는 메우센
규칙(필수굴곡원리)가 적용된다는 것을 앞에서 살펴보았는데 좀 더 살
펴보면 이것은 출력형 기반 이론의 문제가 된다. 이것은 표면형의 필
수굴곡원리 위반은 용납된다는 사실로 이루어진 문제점이다. 고조인
주격 접두사와 3음절 넓은 어간을 가진 /a̱-ka-[igiz-a]/ > /a-ka-ígíz-a/와
같은 형태를 고려해 보자. 대괄호로 나타낸 표면형의 넓은 어간 첫 부
분 고조는 마지막 음보에 있는 고조와 인접해 있는데 아직은 모두 고

조로 남아 있다. 가능한 해결 방법은 두 개의 고조가 사실상 하나로 융합되어 있어서 표면형에서 필수굴곡원리를 위반하지 않는다고 제안하는 것이다. 이러한 생각을 지지하는 Myers(개인 대담)는 만약 정말 분리된 고조였다면 계단내림이 있을 것으로 기대할 수 있지만 표면 고조 사이에 계단내림이 존재하지 않는다고 지적하였다. 이것은 최적성이론에 대한 흥미로운 도전거리이다. 의욕적인 독자는 참고하라!

이 단원을 마치기 위해서 두 개의 표면 고조 사이의 편평한 부분에 대한 설명이 필요하다. 만약 편평한 부분이 없다면 음높이 곡선은 내려갈 것이다. 디고어가 이렇게 떨어지거나 오목한 음높이를 싫어한다고 가정하고 *TROUGH 제약을 설정해 보자. 이 제약이 여러 정렬 제약보다 하위에 있어서 성조 이동을 막지는 못하지만 *ASSOCIATE 제약보다는 상위에 있다면 편평함이 형성될 수 있다. 이 편평함은 길이의 제한을 받지 않아서 확산이 자유롭게 일어난다.

- 연습 1. 지금까지 전개해 온 문법은 다음과 같다. ALIGNR (H, HEADFOOT) >> ALIGN-L (H, MACROSTEM) >> *TROUGH >> *ASSOCIATE. 다음 입력형으로 이 제약순을 시험해 보라. /ku-[puput-a]/ > [ku-[puput-â]], /a-na- [a-puput-a]/ > [a-na-[á-púpú-â]]. 여기에서 밑줄 그은 성조는 기저형에서 연결된 고조이고, 입력형에서 대괄호는 넓은 어간을 표시한다. 앞에서 제기되었던 필수굴곡원리 문제 외에 또 다른 문제가 있는가? 여러 충실성 제약이 잘 적용되는가? 제시된 제약 외에 제약을 더 추가하거나 수정할 생각이 있는가? (이 문제에 대한 답을 포함하여 다른 모든 연습 문제의 답은 6장의 마지막에 있다)

이와 같이 상당히 확장된 예를 통하여 독자들은 반투어군 성조의 이동성이 상당하다는 것을 생각할 수 있을 것이다. 또한 이 예들은 자음이 성조 변화에 개입하는 방식도 소개하고 있다. 이 주제는 6.2.5.1

에서 다시 보도록 하겠다. 지금부터는 또 다른 이동성의 예를 살펴보 겠는데 (1) 다른 동사 형태들의 표지로 사용되는 성조 가락, (2) 확산 은 의무적인가 자유로운가의 문제가 나타나는 언어이다.

6.2.1.2 북부 카랑가어의 가장자리 안쪽 연결

북부 카랑가어는 쇼나어의 방언이다. 반투어군이고 짐바브웨에서 사용된다. 이 언어에 대한 분석의 핵심은 Hewitt and Prince(1989)에 근 거한다. 북부 카랑가어는 디고어처럼 어근과 접사가 고조([ku-téng-a] '사 다')이거나 무성조([ku-bik-a] '요리하다')이다. 동사 어근은 접미사군 앞에 오는데 접미사군은 사역, 상호, 강조 등의 의미를 가지고 있고 아주 긴 단어가 만들어지도록 하는 역할을 한다. 보통 어간이라고 부르고 있고 어근과 접미사와 말음 모음으로 구성된 동사 부분에 초점을 맞 추어 보면, 카랑가어에는 단언형과 비단언형으로 알려진 두 개의 동 사 형태가 있는데 각각 성조의 유형이 다르게 나타난다. 관련 자료보 다 Odden(1984: 259)을 따라서 도식적인 형태로 유형을 나타내는 것이 좀 더 이해하기 편리하다. 동사의 두 가지 유형(고조와 무성조) 및 접미사가 첨가됨에 따라 점차 길이가 길어지는 단어형을 (6)에 나타내었다.

(6)　고조 어근
　　　a. 단언형　　　　　　　　　　　b. 비단언형
　　　　H　　　　　　　　　　　　　　H
　　　　H H　　　　　　　　　　　　H L
　　　　H H H　　　　　　　　　　H L H
　　　　H H H L　　　　　　　　　H H L H
　　　　H H H L L　　　　　　　　H H H L H
　　　　H H H L L L　　　　　　　H H H L L H
　　　　H H H L L L L　　　　　H H H L L L H

무성조 어근

c. 단언형   d. 비단언형

 L   H

 L L   L H

 L L L   L H L

 L L L L   L H H L

 L L L L L   L H H L L

 L L L L L L   L H H L L L

 L L L L L L L   L H H L L L L

단언형과 비단언형은 명확하게 다른 성조형을 보인다. 첫 번째 관찰에 의하면 비단언형은 고조가 가장 처음에 나타난다. 고조 어근에서는 어간의 양 끝에 고조가 놓여 결과적으로 두 개의 고조가 있게 되고, 무성조 어근에서는 시작 부분에 고조 하나만 나타내게 된다. 사실상 고조 어근의 단언형과 무성조 어근의 비단언형처럼 고조가 단 하나만 있는 경우에는 고조는 항상 어간의 시작 위치나 시작 위치 근처에서 표면형으로 실현된다. 따라서 최적성이론의 설명으로는 ALIGN-R (H, STEM) 제약을 지배하는 ALIGN-L (H, STEM) 제약이 될 것이다.

• 연습 2. 원칙적으로 정렬은 절대적이거나 점진적으로 평가된다. 절대적 평가로 하면 정렬이 완전하지 않을 때 별표 하나를 부과하는데 성조가 가장자리에서 얼마나 떨어져 있는지는 상관하지 않는다. 연속적 평가는 제약 위반의 정도가 중요하기 때문에 성조와 연결된 성조소지단위와 영역의 가장자리 사이에 끼어든 성조소지단위 각각에 별표 하나씩을 부과한다. 북부 카랑가어 분석에서 언급된 ALIGN-L (H, STEM) 제약과 ALIGN-R (H, STEM) 제약은 점진적 평가가 아니어야 한다. 왜 그런가? 다른 대안은 없는가?

분석으로 다시 돌아가 보자. 두 번째로 북부 카랑가어의 동사형에 대하여 유의해야 할 사실은 가장 긴 고조 음절의 연쇄가 세 개라는 점이다. Hewitt and Prince는 이 현상을 디고어와는 다르게 북부 카랑가어의 성조 확산이 자유롭지 못하기 때문(바로 인접한 음절에만 확산된다)으로 본다. 또한 북부 카랑가어의 확산에 두 가지 유형이 있다고 설명하는데 하나는 어근 성조가 오른쪽 한 음절로 확산되는 것이고 다른 하나는 아무 성조나 오른쪽 한 음절로 확산되는 것이다. 두 번째 경우는 어근에 고조가 존재할 때만 발생할 수 있는데 이것은 무성조 어근에는 두 개 이상의 고조가 연속하여 나타날 수 없다는 사실로 확인할 수 있다. 앞에서 여러 번 살펴본 것과 같이 확산이라는 것은 정렬에 대한 압박 또는 SPECIFY 제약의 결과일 수 있다. 여기에서처럼 확산이 자유롭지 않을 때는 상위 제약인 LOCAL 제약이 통제하고 있는 것이다. 주의하여야 하는 것은 어근 확산이 더욱 일반적인 확산을 충족시킨다는 Hewitt and Prince의 분석은 최적성이론과 같은 비도출적 이론으로는 직접적으로 번역될 수 없다는 점이다. 재반론에 대한 논의는 4장을 참조하라. 확산에 대한 마지막 논의는 다음과 같다. 정상적인 확산 과정은 그 과정에서 하나의 고조가 두 번째 고조와 접촉하게 되면 축소될 수 있다. 비단언적 발화의 고조 어근은 완충이 되는 무성조(즉, 저조) 음절이 항상 처음 고조 부분과 마지막 고조 사이에 유지되고 있다. 그래서 3음절이 연속되는 고조 연쇄는 5음절이나 그 이상인 [HHHLH]와 같은 단어가 나오고서야 표면화할 수 있게 된다. 이 현상은 확산과 관련된 제약을 필수굴곡원리가 지배하고 있기 때문일 수 있다.

세 번째, 잉여운율성의 두 가지 유형이 작동 중이다. 두 유형은 무성조 음절에만 적용되는데 특히 동사 형태에서 그렇다. 잉여운율성이라는 것은 경계에 있는 구성 성분이 음운론적으로 무시되는 현상을 말하는 용어이다. 예를 들면 많은 언어에서 강약 음보 구조는 마지막 음절을 건너뛰는 현상이 있는데 결과적으로 끝에서 세 번째 음절에 강세가 오게 된다. 잉여운율적 요소는 각괄호로 표시한다. 북부 카랑가어의 비단언형 어말 무성조 모음은 모두 잉여운율적이다. 따라서 그 요소들은 모두 확산되지 않기 때문에 HH 대신 H<L> 형태가 나타나고 LHH 대신 LH<L> 형태가 나타난다. 두 번째로는 어두 무성조 모음이 항상 잉여운율적이어서 비단언형 저조 모음은 첫 번째가 아니라 두 번째 음절에 고조를 갖게 되는 현상이 나타난다. 최적성이론에서는 무성조 모음만이 잉여운율적으로 나타나는 사실을 충실성 제약인 *DISASSOC 제약이 NONFINALITY 제약과 NONINITIALITY 제약을 지배하고 있기 때문에 기저형에 연결되어 고조가 어두와 어말 음절에 유지되는 것으로 설명한다.

지금까지 북부 카랑가어에 대한 논의를 마쳤다. 지금부터는 중심에서 벗어난 주제이기는 하지만 이른바 악센트 체계에 대하여 논의하겠다.

6.2.1.3 악센트 체계

아프리카 언어는 성조적인 언어로 기술되기보다는 악센트적인 언어로 기술되는 경우가 많다(Downing(출간 예정)의 연구 참조). 1장과 2장에서 논의한 내용을 참조하고 아프리카 언어에서 악센트와 성조를 편리하게 대비하여 요약해 놓은 Odden(1995)도 같이 참조하라. 악센트와 성조를 변별해내는 것은 어려운 일이다. 실제로는 구별된 것이 거짓일 가능성도 있다. 어휘적으로 돋들리는 음절을 명세하기 위하여 기저의 추상적인 기호나 구별 기호(보통은 별표이다)를 사용하여 악센트 체계를 분석하던 시절로 돌아가 보자. 표면적으로는 성조가 이러한 음절과 연결되었지만 음운론에서는 성조가 아니라 별표로 처리하여 별표를 삭제하거나 삽입하거나 이동하는 다양한 방식으로 조작하였다. 이러한 분석에 관한 훌륭한 예를 들자면 Goldsmith(1796)에서 분석한 통가어(반투어군, 잠비아에서 사용)이다. 요즈음 언어학자들은 대부분 이 언어들을 별표로 표시하였던 음절이나 모라에 기저 성조가 연결된 것으로 분석한다. 이러한 분석 방법의 좋은 예로는 Pulleyblank(1986)에서 재분석한 통가어를 들 수 있다. 그 관점으로 보면 악센트 언어는 어떤 특징을 가진 성조 언어의 하위 부류에 불과한 것으로 보인다. 보통 악센트 언어는 성조 가락이 H이거나 HL인 유형 한 가지밖에 없다. 이러한 가락이 형태소에 있을 수도 있고 없을 수도 있는데 만약 있다면 형태소 위치는 명세될 수 있다. 마지막으로는 아마도 필수굴곡원리와 같은 출력형 제약이 해당 가락 이외에 모든 가락을 삭제하는 현상이 흔하게 일어난다. 성조 언어 유형의 연속체에서 보면 악센트 언어는 이러한 현상 때문에 상대적으로 좀 빈곤해 보인다. 즉, 기저형과 표면형에 동일하게 나타나는 성조 가락이 거의 없고 기저형과 연결되는 현상으로 상대적으로 성조의 이동성도 적게 나타난다. 그러나 이 언어들은 성조적이다. 간단한 예를 하나 들어 보겠다.

소말리어(쿠시어군, Hyman 1981, Banti 1988)는 명사의 격을 표시하기 위하여 (7)에 있는 첫 번째 격변화 자료처럼 성조가 나타난다. 여기에서 고조는 특정 모라에 놓인다.

(7)	절대격 끝에서 두 번째 모라	속격 끝 모라	주격 고조 없음	호격 어두 모라	
	rág	rág	rag	–	남성 집합, '수컷'
	órgi	orgí	orgi	órgi	남성 단수, '숫염소'
	hooyoóyin	hooyooyín	hooyooyin	hóoyooyin	남성 복수, '어머니들'
	xáas	xaás	xaas	–	남성 집합, '가족'

특정 모라에 고조가 나타나고 또 기정치 저조가 있는 방식으로 분석할 수 있겠다. hoóyo ~ hóóyo처럼 선택적으로 음절 내에서 왼쪽으로 확산되는 것 외에는 확산이 일어나지 않는 것으로 보인다. 세부적인 마지막 현상은 [xáas], [xaás]와 같은 2모라 단어에는 굴곡조가 실리고 [rág]와 같은 단모라 단어에는 굴곡조가 실리지 않는 현상을 보면 소말리어의 성조소지단위가 모라임을 알 수 있다.

마지막으로 이동성이 없는 성조를 가진 언어를 살펴보았다. 주목해야 할 내용은 이러한 관점이나 또 다른 어떤 관점으로도 아프리카 모든 언어들의 유형이 동일하지 않다는 사실이다.

6.2.1.4 성조의 비이동성

쿠나마어(나일사하라어족, 에리트레아에서 사용, Connell *et al.* 2000)는 반투어군과 다르게 대부분 성조가 형태소에 그대로 남아 있다. (8)에 있는 형태론적 복합어를 살펴보자. 이 자료에서는 성조가 가장자리로 이끌리거나 단어를 영역으로 하여 일대일로 연결된 증거가 없는 대신 엄격하게 형태소 단위로 연결이 이루어진다. 모라가 성조소지단위인데 관련 내용은 다음 단원에서 살펴보겠다.

(8)   agud-am- a- mme   물항아리-이것-명동사-쌍수

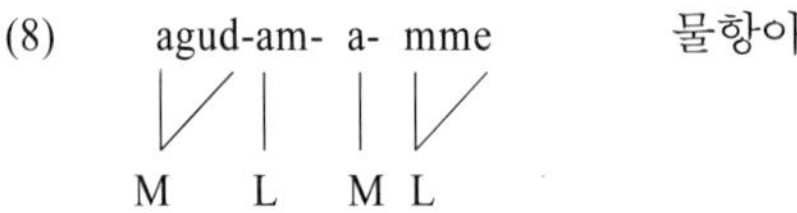

그러나 이것은 순수한 성조 접사가 있고 특정 통사 구조가 성조 형판과 연결된다는 사실을 나타낸다. 예를 들면 소유자-소유물의 구조에서 L#HM의 가락이 통사적 경계를 가로질러 존재한다. 제1부류 명

사에서는 L이 첫 번째 명사의 첫 번째 형태소 성조를 대체하고, MH
가 두 번째 명사의 첫 번째 형태소를 대체한다. 명사의 마지막 모음은
모두 접사이다.

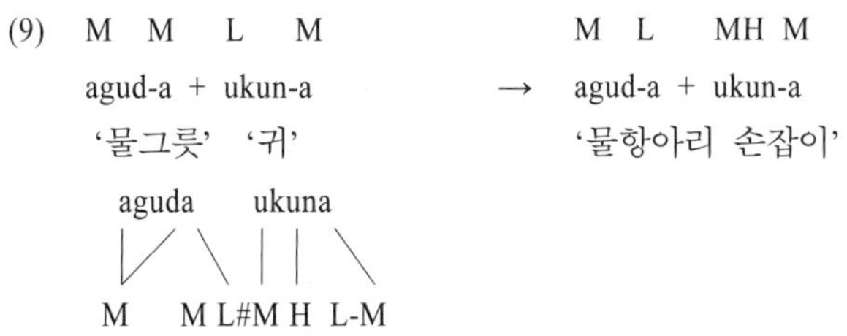

6.2.2 성조소지단위 : 음절 또는 모라

6.2.2.1 음절이 성조소지단위인 경우

디고어, 쇼나어, 치체와어에서는 모음 길이에 따른 변별이 없고 음
절이 개음절과 단모라가 되는 경향이 있기 때문에 성조소지단위가 음
절인지 모라인지를 구별하는 것이 힘들다. 그러나 다른 언어를 살펴
보면 상당히 명확한 사실은 이와 관련된 다양한 차이가 존재한다는
것이다. 구르어군 다가레어(가나에서 사용, Antilla and Bodomo 1996)에서는
음절이 성조소지단위가 된다. Antilla and Bodomo(1996)의 제안에 따르면
이 언어는 지역적 특징이 있다. 다음에 제시한 다가르어 단어를 보자.

(10)　LH　　　bààlá　　　'아픈 사람 (단수)'
　　　　　　　yùòní　　　'연(年) (단수)'
　　　HL　　　núórì　　　'입 (단수)'
　　　　　　　páárì　　　'질(膣) (단수)'

첫 음절은 장모음이거나 이중모음이다. 그러나 성조 가락은 첫 음절이 2모라인 것과 상관없이 일대일로 왼쪽에서 오른쪽으로 음절에 연결된다. 만약 모라가 성조소지단위라면 *[yùóní]가 나타날 것이다.

이와 같은 언어에서 음절을 성조소지단위로 보지 않고 다른 방식을 제시할 수도 있다. 핵 모라만 성조를 소지하는 것으로 가정하거나 동일 음절의 모라는 성조가 같아야 한다고 가정하는 것으로 동일한 효과가 도출된다.

6.2.2.2 모라가 성조소지단위인 경우

나일사하라어족 쿠나마어(에리트레아에서 사용, Connell *et al.* 2000)는 좋은 대조가 된다. 쿠나마어에는 세 개의 수평조(H, M, L), 세 개의 내림조(HM, ML, HL), 한 개의 오름조(MH)가 있다. 반투어군과 다르게 H, M, L이 모두 명세되어 있고 어중에 나타나는 굴곡조는 중음절에 실리는데 (11)의 첫 번째 예처럼 CVV에 실리거나 (11)의 두 번째와 세 번째의 예처럼 CVC에 실린다. 어말에서는 짧은 모음에 굴곡조가 실린다.

(11)	gēérê	'키가 크다 (복수)'
	táTI	'바위'
	āʹkkúbê	'낙타들'

이러한 분포는 성조소지단어가 모라일 경우 예측되는 상황과 정확히 일치한다. 즉, 성조가 일대일로 왼쪽에서 오른쪽으로 연결된 다음 초과되는 성조는 끝에 쌓이게 된다. 다음 (12)는 단어의 끝에서 굴곡조가 단모라에 실리게 되는 방식을 보여준다.

(12)   a t a l i   '여자 이름'

다음 (13)은 성조소지단위가 모라일 경우 굴곡조가 어중에 실리는
방식을 보여준다.

(13)   m o d a   '다투다'
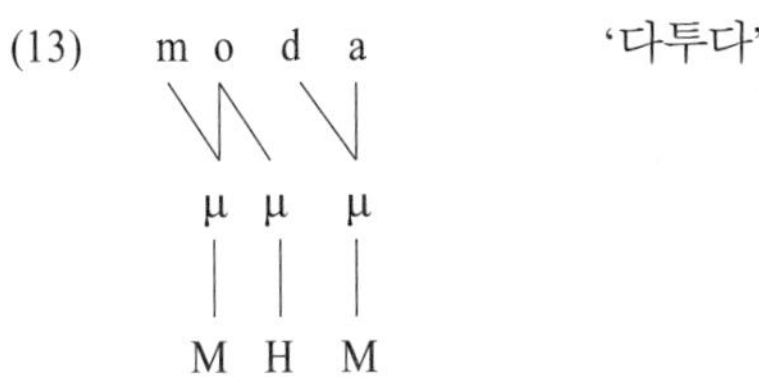

　　마지막으로 주의할 점은 성조소지단위가 될 수 있는 모라는 모음성
모라뿐만 아니라 ([āʹkkúbê] '낙타들'의 첫 번째 음절처럼) 자음성 모라도 가
능하다. 반투어군에서는 지금까지 볼 수 없었던 현상이다. Connell *et
al.*은 자음을 성조소지단위로 볼 수 있다고 하여도 장애음은 음성학적
으로 성조를 소지할 수 없는 것으로 보았다. 즉, 음절의 모든 성조는
모음, 비음, 유음 등과 같은 공명음에서 실현된다는 것이다. (물론 이 현
상은 파열음의 경우 당연한 것인데, 파열음은 성조가 드러날 수 없는 묵음이기 때
문이다.) 따라서 [āʹkkúbê]의 중조와 고조의 연쇄는 실제로 [āʹ]에서 실
현된다. 그럼에도 불구하고 어중 모음은 음절이 폐음절이 되는 자음
이 있을 때에만 굴곡조를 갖기 때문에 자음을 음운론적인 목적에서
성조소지단위로 산정하여야 한다. 성조를 소지하는 모라로서 공명음
을 산정하는 것은 상당히 일반적인 현상이다. 창어의 단어 [ŋká] '원
숭이'에서 첫 번째 음절의 예처럼 특히 음절핵일 때 성조소지 모라가
되지만 티브어 단어 [!dzáán] '가곤 했다'에서처럼 음절의 말음 위치일

때에도 그렇다.

6.2.3 대조와 굴곡

앞 단원에서 논의한 것은 성조 대조뿐만 아니라 굴곡조를 좀 더 넓게 관찰하기 위한 배경 지식이 된다. 전형적 반투어군인 디고어에는 표면형 성조가 고조와 저조 두 개밖에 없다. 그리고 저조는 이 언어의 성조음운론에서 완전히 비활성 요소이기 때문에 간단히 저조가 없는 것으로 분석하는 것이 가장 좋다. 이와 같은 성조 분포에서는 굴곡조가 매우 제한적이어서 마지막 음보에 오르내림조의 형식으로 나타나는 것이 고작이다. 이러한 상황이 일반적이긴 하지만 아프리카에서 발견할 수 있는 성조 목록의 유일한 유형은 아니다. 두 성조 체계라고 하여도 저조가 명세되고 고조가 미명세(예를 들면 이그보어, Clark(1990) 참조)되는 언어도 발견할 수도 있다. 이러한 유형보다 더 자주 나타나는 것은 저조와 고조가 대조적이고 기저에서 모두 명세되어야 하는 체계이다. 구르어군 콘니어(Konni, 더욱 정확하게는 Kɔnni)(Cahill 1999)의 다음 현상을 보자. Cahill은 콘니어의 성조소지단위가 음절이라고 나타내었다(같은 구르어군의 다가레어도 마찬가지이다). 마지막 음절은 (14)에서처럼 H, L, HL, LH 성조 중 어느 것이라도 나타날 수 있다. LH를 제외하고 모두 짧은 모음에도 실린다.

(14)	H	dááŋ	'주류(酒類)'
	L	kàgbà	'모자'
	HL	chíàŋ	'의자'
	LH	dáàŋ	'막대기, 하루'

이 현상에 대한 가장 간단한 분석은 기저에서 고조뿐만 아니라 저조도 명세하는 것이다. 두 번째 현상을 보면 이와 같이 분석하는 것이 필수적임을 알 수 있다. 콘니어에는 계단내림 현상이 있는데 이것은 부동 저조로 인하여 생기는 것이다. 만약 저조가 없다면 계단내림은 어떤 구별 부호 등으로 표시되어야 할 것이다. 또 보통 저조인 음절이 고조로 변화할 때 정확하게 발생하는 이 현상은 설명할 수 없을 것이다. 다음 자료를 살펴보자.

(15) ɲórà   '상자들'
      ɲó⌐ráhá   '그 상자들'

일반적인 변화 과정에 의하여 고조가 접미사 /-há/에서 왼쪽으로 확산되면서 어근의 마지막 음절의 저조가 고조로 바뀐다. 그 다음에 이 부동 저조가 계단내림을 유발하는 것이다.

(16) ɲʊ ra ha   ɲʊ ra ha
      │ │ │   │   ＼
      H L H   →   H   L H

이것과 유사한 현상도 있다. 3인칭 소유자를 표시하는 연결 형태소는 부동 고조인데 /bà-H -dàáŋ/ > /bà-dá⌐áŋ/ '그들의 막대기'의 예에서와 같이 어근의 저조가 고조로 바뀐다. 저조는 부동 저조가 되면서 다음에 이어지는 고조를 계단내림으로 만든다.

(17) ba- daaŋ   →   ba daaŋ
      │   ││   │ ╱ ＼
      L H LH   L H L H

아프리카의 다른 지역을 보면 명세된 성조가 두 개 이상이 되는 언어도 있다. 성조가 세 개인 언어는 꽤 일반적이다. 단어(만데어군, Bearth and Zemp 1967)에는 성조가 다섯 개 있는 것으로 보고되고 있다. 누프어(Smith 1967, George 1970)에는 고조, 중조, 저조, 오름조, 내림조 등과 같이 상당히 풍부한 성조 목록이 있다. George는 오름조와 내림조가 기저에서부터 있는 것이 아니라 도출된 것이라고 주장한다. 누프어에서는 모음 하나에 고조, 저조, 내림조과 같은 기저 가락이 대조적이지 않다는 점을 이유로 들고 있다. 즉, 오름조는 저조가 유성 자음 구간에서 다음에 오는 고조로 확산되어 발생하는 것으로 설명되고 있고, 내림조는 모음이 탈락한 후 굴곡조를 장모음에 남게 하여 발생하는 것으로 주장된다. 다음 자료를 살펴보자.

(18) bá   '시다'   èdě   '천'
      ba   '자르다'   dě   '바깥'
      bà   '기도하다'

George는 오름조가 고조와 상보적 분포를 이루는 것에 주목하고 있다. 오름조는 저조 뒤에 오는 유성 자음 뒤에서만 나타나고, 고조는 (저조 뒤에 온다면) 무성 자음 뒤에서만 나타난다는 점에서 그렇다.

(19) ètú   '기생충'
      èdǔ   '세금'

George의 주장은 저조가 유성 자음만을 통과한 후 고조로 확산되어 오름조가 만들어진다는 것이다. 무성 자음 다음에는 오름조가 나타나지 않는데 그 이유는 유성 자음의 저조의 확산을 막기 때문이다. 이러한 저조의 확산은 교체 현상을 만들기도 한다. 예를 들면 다음 /gi/에 실린 성조를 보면 앞에 오는 성조가 저조이면 고조에서 오름조로 바뀐다.

(20) etsú gí nãkã   대   '쥐가 고기를 먹었다'
      etsú à gĭ nãkã   '쥐가 고기를 먹을 것이다'

이 현상은 좀 더 일반적인 현상인 억제 자음 효과와 대응된다. 억제 자음 효과에서는 유성 파열음이 고조의 확산을 막는다(그러나 Bradshaw (1999)는 다르게 분석한다). 마지막으로 덧붙여야 할 현상은 누페어에 두음 오름조 현상이 있다는 것이다. 그러나 이것은 삭제된 저조 모음에서 비롯된 것으로 볼 수 있다. 이 현상은 지금부터 논의할 내림조와 상당히 비슷한 방식이다.

George에 따르면 내림조는 일반적으로 모음 탈락 때문에 발생한다. 다음 예를 보면 /a/ 모음이 탈락하고 좌초된 중조가 남아 있는 모음과 재결합한 후 중-저 내림조를 형성하였다.

(21) musa egi   >   mus egi   mus[ḕ]gi 'Musa는 먹고 있다'
       | | | | | / | |
      MM LH   MMLH

George는 일부 명확한 단순 내림조는 하우사어의 차용어라고 주장한다. 예를 들면 *bâ* '비방(誹謗)'라는 단어는 하우사어의 *baʔa*에서 왔는데 성문 파열음의 탈락으로 인하여 2음절이 내림조 단음절로 바뀌었다는 것이다. 그러나 이러한 현상은 역사적인 설명으로 그럴듯해 보이고 오름조에 대해서도 공시적으로도 타당한 것으로 보이지만 '삭제된 모음’은 어떤 음성 환경에서도 절대 표면형에 나타나지 않기 때문에 많은 방언에서 공시적으로도 내림조가 기저에 있는 것으로 보인다. 예를 들면 앞에서 인용한 *dê* ‘바깥’이라는 단어가 그렇다.

다음은 고조, 중조, 저조의 3중 대립 성조가 있는 언어이다. 세 성조는 모두 명세된 것이다. 왜냐하면 세 성조를 조합하여 도출된 굴곡조가 만들어질 수 있기 때문이다. 일반적으로 성조소지단위는 성조 하나만을 소지할 수 있지만 특정 상황에서는 이중 연결도 허용되기 때문에 일부 굴곡조는 확산이나 모음 삭제의 결과로 생성된 것으로 볼 수 있다. 만약 기저형에 이렇게 초과하는 성조가 있다면 비도출 굴곡조가 만들어지는 것이다.

수평조가 세 개인 언어를 마치기 전에 다음 현상을 보자. Harrison(1999)에는 요루바어에 대한 흥미로운 증거가 나타나 있다. 요루바어는 보통 고조와 저조가 있고 무성조 음절은 중조로 실현되는 것으로 분석되는데 이 증거에 따르면 기저에 고조 단 한 개만 존재하였을 수도 있다는 가정해 볼 수 있다. 요루바어 성인 화자들은 음성 환경에 대한 정보가 없는 상태에서 단일 핵에 실린 고조와 다른 두 성조를 확실히 구별한다. 그러나 성인 화자들은 동일한 상황에서 중조와 저조를 구별하지 못한다. Harrison의 주장에 따르면 중조와 저조 음절은 기저에서 무성조인데 음운론적 환경에 따라 표면형에 나타난다. 그러나 Harrison의 연구는 굴곡조를 만들어 낼 때 저조가 적극적으로 작용하는 특성(그러나 결정적으로 중조는 그렇지 않다) 등 요루바어의 다른 현상과 일치하는 것으로 보기 어렵다. 요루바어는 좀 있다 다시 살펴볼 것이다.

다음 예는 쿠르어군의 그레보어(라이베리아에서 사용, Newman 1986)이다. 이 언어는 성조 목록이 더욱 많다. 그레보어에는 수평조가 네 개, 오름조가 두 개 있는데 모두 다 단모음에 실릴 수 있다. 다음은 숫자로 성조를 표시한 것인데 1이 고조를 나타이다.

(22) to1   '가게'   ni21   '물'
      na2   '불'   gbe32   '개'
      mɔ3   '너 (단수)'
      fã4   '청어'

그러나 대부분의 어근에서는 수평조 [2], [4]와 오름조 두 개만 볼 수 있다.

굴곡조는 지금까지 보통 수평조의 연쇄로 논의하여 왔지만 Newman의 논의에 따르면 그레보어의 굴곡조는 단일한 것이다. Newman은 세 가지 가정을 설정하고 있다.

(23) 그레보어 굴곡조의 본질에 대한 세 가지 가설
      (1) 오름조는 음운론적으로 수평조이고 오름 현상은 음성학적인 것
          이다.
      (2) 오름조는 수평조 두 개의 연쇄이다.
      (3) 오름조는 음운론적으로 기본 자질이다. 즉, [+오름성, −저조성],
          [+오름성, +저조성]와 같이 나타난다(Newman의 선택).

Newman은 가설 (1)에 대하여 다음과 같은 반론을 제기한다. 오름조가 확산될 때 오름의 특징은 항상 유지되면서 확산된다. 예를 들면 과거 시제 접미사는 오름조 /21/ 다음에서 원래의 성조를 잃고 오름조 후반부의 음높이를 받게 되어 (접미사 성조가 탈락한 후에) /la21 d2/ > la2 da1 '죽였다'와 같이 실현된다. 이 현상은 동일한 접미사가 확실한 수평조 다음에서는 원래의 성조 /2/를 유지하는 현상과 대조된다. 예를 들면 mlɛ̃4na2 '뛰었다'와 같다.

가설 (2)에 대해서 Newman은 다음 세 가지의 반론을 제기한다. 첫

째, 오름조가 더 긴 영역으로 확산될 때에는 예상처럼 왼쪽에서 오른쪽으로 일대일 대응 방식이 아니다. 예를 들어 3음절에서는 /yidi2.1-da/ → yi2di2da1 '훔쳤다'와 같이 [2.1.1]이 아니라 [2.2.1]로 나타난다. 둘째, 1인칭 대명사에는 두 가지 이형태가 있는 것에 유의한다. [1]이나 [21] 성조 앞에서는 [na2]가 나타나지만 [2], [3], [4] 성조 앞에서는 [na1]이 나타난다. 이형태가 선택되는 언어 환경에서는 [21]이 /2/로 시작하는 것처럼 나타나지 않고 반대로 예상처럼 그 형태소가 실제로 /21/ 연쇄인 것처럼 행동한다. 셋째, 음성학적으로 [2]는 음높이 4 다음에서 [3]으로 표면화하지만 [21]은 음높이 4의 영향을 받지 않는 것으로 조사된다. 두 번째 반론의 반복이지만 그렇기 때문에 /2/로 시작하는 것처럼 나타나지 않는 것이다. 이런 이유로 Newman은 가설 (3)의 단일 굴곡조설을 강력하게 지지하는 것이다.

그러나 또 다른 설명도 타당해 보인다. 만약 가설 (2)처럼 굴곡조가 정말로 수평조의 연쇄라고 가정한다면 왼쪽 가장자리가 아닌 오른쪽 가장자리에 정렬하게 된다. 왼쪽에서 오른쪽으로 연결되는 것이 강력한 규범이라고 하더라도 최적성이론에서는 상위에 놓인 ALIGN-L 제약으로 점령될 수 있는 규범이고, 이 규범 역시 위반될 수 없는 언어 보편적인 것이 되어야 하는 이유가 없기 때문이다. 실제로 최적성이론에서는 ALIGN-R 제약이 상위 제약인 것으로 예측되고 그레보어도 그러한 언어일 수 있다. 이 설명은 수평조 가설에 대한 Newman의 주장에 대한 재반론이다. 1인칭 이형태에 대한 Newman의 두 번째 주장은 [21]이 실제로 [1]이었던 때의 역사적 흔적으로 볼 수 있다. 또한 [4] 다음에서 [2]는 음성학적으로 낮아지지만 [21]은 낮아지지 않는 현상과 관련된 Newman의 세 번째 주장은 다음과 같이 이유로 재반론을 제기할 수 있다. 음성 환경을 보면 /21/의 /2/는 앞에 오는 /4/(저조)와 뒤에 오는 /1/(고조) 사이에 끼어 있다. 그리고 음절 마지막이 높은 음

높이까지 올라가야 하기 때문에 그 고조가 음높이 하락 경향을 중화
시킬 수도 있다. 이러한 이유를 근거로 여기에서 그레보어는 단일 굴
곡조 언어를 설명하는 결정적인 자료가 아닌 것으로 결론을 내리겠
다.

굴곡조를 수평조의 연쇄로 본다면 마지막으로 할 수 있는 질문은
정확히 굴곡조가 무엇이냐이다. 오름조 두 개를 구별하는 것은 아시
아 언어에서 상당히 일반적인데 구별 방식으로 음역 체계를 들 수 있
다. 음역 체계에서 두 오름조는 각각 [＋고역성, lh], [－고역성, lh]로
표현할 수 있는데 네 개의 수평조도 역시 이와 같은 체계에서 바로
파악될 수 있다.

그렇다면 그레보의 현상은 내림조가 없다는 사실을 제외한다면 아
시아 언어에 있는 다양한 성조 목록과 상당히 유사한 목록이 된다. 다
른 관점으로도 그레보어는 아시아 언어와 닮아 있다. 굴곡조가 어말
위치에 제한되는 것도 아니고 무성조 접사 앞에서 굴곡조의 모습도
제법 흥미롭다. 7장에서 논의하겠지만 무성조 접사가 성조가 있는 어
근에 첨가될 경우 아시아 언어는 일반적으로 다음 두 가지 형태 중
하나로 나타난다. 각 형태소의 성조는 변별되지만 접사에 어떤 미명
세 성조가 실리는 방법과 어근 성조가 접사에 확산되는 방법이다. 두
번째 경우는 사실상 완전히 재결합하는 형태이기 때문에 어근 LH는
L이 되고 H 부분은 접사로 이동하게 된다. 흥미로운 것은 그레보어의
동작주 접미사 /-ɔ/ 앞에서는 두 가지 가능성이 모두 허용된다는 사실
이다.

(24)　/plɛ32 -ɔ/　　plɛ-ɔ [32.3]　　또는　　plɛ-ɔ [3.2]　　'목욕하는 사람'
　　　/blu21 -ɔ/　　blu-ɔ [21.3]　　또는　　blu-ɔ [2.1]　　'광부'

마지막으로 굴곡조를 만들어내는 아주 흥미로운 과정을 살펴보자. 이 과정은 베누에콩고어군에서 흔하게 일어나는데 여기에 쓰인 자료와 분석은 요루바어(Akinlabi and Liberman 2000b)의 것이다. 이미 살펴본 바와 같이 요루바어에는 고조와 저조가 있다. 무성조 모음은 표면형에서 중조로 나타난다. /H.L/이나 /L.H/인 2음절어는 표면형에서 수평조가 두 개인 2음절어로 나타나지 않고 각각 [H.HL]과 [L.LH]로 나타난다. 첫 번째 음절의 성조가 오른쪽 두 번째 음절로 확산되어 굴곡조를 만들어낸 것이 분명하다. 그 효과는 단순히 동시조음으로 설명될 수 있는 것보다 훨씬 더 크다. 단순한 순행 동시조음에서 출발한 현상이 음운화한 것이 분명하다. 이러한 확산 현상에 대한 기저의 원리는 다음과 같이 이해될 수 있다. 성조 목표점이 성조소지단위에서 늦게 나타나는 경향이 있는 것은 잘 알려진 사실이다. 기저에 실제로 굴곡조가 있는 언어에서 알 수 있는 것은 그 성조의 성조소지단위가 굴곡조를 구성하는 성조 각각에 하나씩 두 개의 성조 목표점이 있어야 한다는 것이다. Akinlabi and Liberman이 제안한 것은 수평조 하나만 기저에 존재할 때 그 수평조는 항상 목표점 위치 두 개 중 두 번째에 연결된다는 사실이다. 그렇게 하고 나면 첫 번째 목표점 위치는 비어 있게 되어 확산에 이용될 수 있다. 두 성조 중 첫 번째 성조가 확산된다면 요루바어에서 볼 수 있는 것과 같은 굴곡조가 발생한다. 다음에 이상의 내용을 도식화였다. 별표(*)는 목표점 위치를 나타낸다.

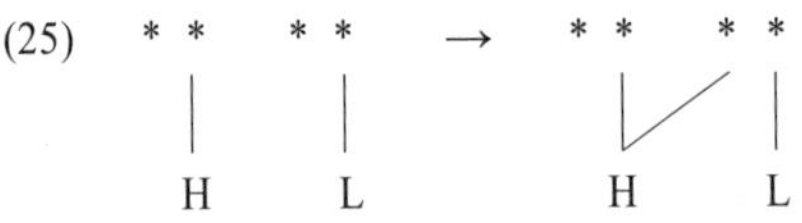

Akinlabi and Liberman은 이상의 두 위치를 '성조 복합체'라고 하고

성조 언어가 이러한 성조 복합체를 형성하는 경향이 있는 것을 제안하였다. 따라서 Akinlabi and Liberman의 관점에 의하면 결과적으로 생긴 HL(또는 LH) 연쇄는 어떤 의미에서는 하나의 단위인데 실제로 많은 언어에서 단위로 취급될 수 있다. 예를 들면 악센트 언어의 상당수에 악센트 가락으로서 HL 복합이 존재한다. 그리고 아시아 언어들에서도 물론 여러 가지 방식으로 이러한 연쇄를 단위로 취급한다.

이 단원에서 아시아 언어들과 유사한 아프리카 언어들이 굴곡조를 광범위하게 사용하고 있다는 점이 명확해졌을 것으로 보인다. 그렇지만 굴곡조가 아시아 언어에서만큼 넓게 퍼져있지는 않은 것도 사실이다.

6.2.4 성조내림과 계단내림

6.2.4.1 자료 및 소개

어떤 언어에 수평조가 몇 개 있는지 결정하는 것은 간단한 문제일 것 같지만 성조내림 및/또는 계단내림의 결과로 고조와 저조 사이에 음성학적인 음높이를 점유하는 성조가 있어서 실제로는 대부분 복잡한 양상을 띤다. 2장에서 살펴본 것과 같이 성조내림, 계단내림 등의 용어는 보통 저조 다음이라는 특정 환경에서 고조가 낮아지는 현상을 말한다. 이 책에서는 드러나 있는 저조 다음에서 고조가 낮아지는 현상을 성조내림이라고 부를 것이다(가끔씩 헷갈리게 자동 계단내림이라고 부른다). 표면적인 저조가 없는 상태에서 고조가 낮아지는 경우는 계단내림이라는 용어를 사용할 것이다(가끔씩 비자동 계단내림이라고 부른다). (이 두 개념을 구별할 필요가 없을 때에는 두 과정을 한꺼번에 다루는 용어로 계단내림이라는 용어를 사용할 것이다. 계단내림이라는 용어에 대한 유용한 논의는 Connell and Ladd(1990)를 참조하라.) 많은 경우 드러나 있는 저조가 없는 환경에서도 이와 같은 내림 현상이 나타나는데 그 현상은 저조가 표면형에는 나타나지 않았지만 기저형에 존재하기 때문에 발생한 것이다. 따라서 이 경우에는 두 가지 내림 현상을 드러난 저조이든지 감춰진 저조이든지 상관없이 저조 다음에서 일어나는 현상으로 통합하여 말할 수 있다. 이러한 분석은 특히 음성 자료상 드러난 저조의 다음(성조내림)이나, 특정 위치 부동 저조의 다음(계단내림)에서 동일한 정도로 내림 현상이 나타나는 언어에 대해서도 수긍이 가는 분석을 할 수 있다. 예를 들면 비모바어(Snider 1998)의 경우가 그렇다. 한편 Liberman *et al.*(1993)에 따르면 이그보어에서는 성조내림이 계단내림보다 내림의 정도를 더 크게 하는 것으로 보고하고 있다.

저조의 경우 고조와 동일한 환경에서 더 낮아지는지 여부는 확실하지 않다. 이것을 다른 방식으로 표현해 보자. 고조만 계단내림이나 성조내림의 영향을 받고 저조는 일정한 음높이를 유지하는가? 아니면 모든 성조가 특정 환경에서 낮아지는가? Schuh(1978)는 저조는 있다 하더라도 거의 음높이가 하강하지 않는다고 결론을 내리고 있다. 그러나 요루바어를 연구한 Laniran(1993)과 비모바어를 연구한 Snider (1998)는 저조 역시 유의미한 내림 현상이 있는 것으로 확인하고 있다.

계단내림이 나타나는 세 번째 음성 환경은 키샴바어나 수피레어 (Odden 1995, Carlson 1983)처럼 고조가 또 다른 고조 다음에서 낮아지는 것이다. 겉으로 보기에는 이것은 상당히 두드러진 현상이지만 필수굴곡원리의 영향으로 저조가 고조 두 개 사이에 삽입되어 있다고 가정한다면 이러한 내림 현상도 감춰진 저조로 인한 것이다. Clark(1990)의 논의처럼 계단내림을 부동 성조로 분석하는 것은 불리한 점이 있다는 점도 지적되어야 한다. 즉, 음성학적으로 실현되지 않으면서 음운론적으로 계속 영향력을 발휘하는 자질인 부동 자질은 분절음에는 전례가 보이지 않는다는 약점이 있다. 또 다른 잠재적 약점도 있다. 어떤 언어(예를 들면 창어, Hyman 1985)에서는 계단내림은 나타나지만 성조내림은 나타나지 않는다. 따라서 계단내림을 부동 저조로 분석하는 상황에서는 드러난 저조와 부동 저조가 서로 다른 효과를 보여줘야 한다. 다시 말하면 계단내림과 성조내림을 통합적으로 설명하기 위한 노력이 회의적으로 된다는 것이다.

계단내림된 고조가 중조와 구별될 수 있는 방법에는 여러 가지가 있다. 첫째, 계단내림된 성조는 발화에서 먼저 나온 고조의 음높이에 절대 이르지 못한다. 둘째, 고조와 계단내림된 고조의 대조는 고조 다음의 환경에서만 가장 많이 발견할 수 있다. 왜냐하면 저조는 보통 모든 고조를 계단내림하게 만들기 때문이다. 그러나 창어에서는 저조 뒤에서도 계단내림된 고조(!H)와 정상적인 고조(H)가 대립한다. 창어에는 성조내림이 없어서 저조 다음의 정상적인 고조는 낮아지기 않지만 계단내림된 고조는 낮아지기 때문으로 추정된다.

계단내림과 성조내림은 반복적인 과정이어서 새로운 저조를 만날 때마다 재적용된다. 고조는 구 전체에 걸쳐서 점점 낮아지는데 구 앞부분의 저조만큼 낮아지거나 코노어(Hogan and Manyeh 1996)에서처럼 그 저조보다 더 낮게 끝날 수도 있다. 수평조의 수에 대한 정해진 제한은 없지만 이러한 현상은 자질 체계에 의문점을 던진다. 왜냐하면 자질 체계를 무제한적으로 확장하면 아주 많은 수의 대조적인 수평조가 있는 것으로 잘못 예측될 것이 분명하기 때문이다. 따라서 다음 사실에 유의하여야 한다. 보통 [!H] 기호를 사용하는 계단내림된 고조는 중조와 다르다. 계단내림된 고조 다음의 고조는 계단내림된 고조와는 같은 음높이이지만 중조보다는 높은 음높이가 된다는 점에서 그렇다. 다음 그림에 이 현상이 나타나 있다.

(26)　H　L　!H　H　　　대　　　H　L　M　H

계단내림과 성조내림은 성조가 두 개인 언어에서 가장 자주 발견된다. 그리고 이 현상은 고조에만 적용된다. 그러나 바밀레케-창어에는 계단내림된 저조(!L)가 있고 응가맘보어에는 계단내림된 중조(!M)가 있다(Hyman 1986). 마지막으로 주목해야 하는 것은 어떤 계단내림의 경우는 확실하게 어휘적으로 결정된다는 것이다. 따라서 계단내림 현상은 어휘적 저조 때문에 자주 발생하게 되고 이것이 모든 계단내림 현상을 통합적으로 분석할 수 있게 하는 것이다.

지금까지 확인해 온 다양한 유형의 성조내림과 계단내림에 대한 예를 한 번 들어 보자. 여기의 예는 Clements(1979)에서 인용한 것이다. 성조내림의 간단한 예로는 에픽어에 있는 현상을 들 수 있는데 것이다. 다음 구를 보면 고조가 세 개 있고 중간에 저조가 있다. 마지막 고조는 처음에 나온 고조 두 개보다 낮게 실현되는데 이렇게 음높이가 떨어지는 현상은 앞에 오는 저조 때문이다.

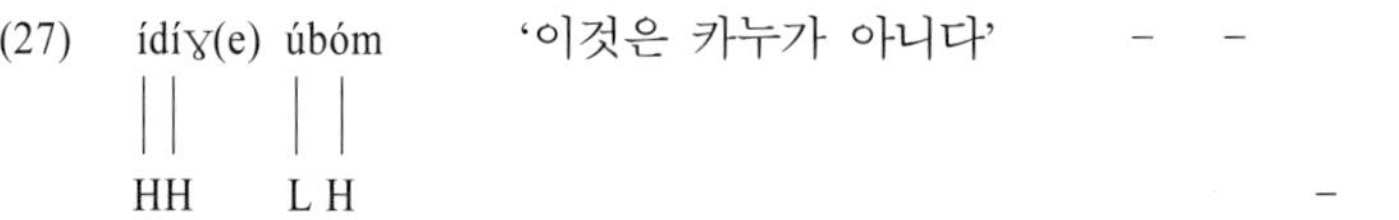

고전적인 종류의 계단내림은 표면화하지 못한 기저의 저조가 원인이 되어 나타날 수 있는 음높이 내림이다. 이러한 계단내림은 에픽어에서도 발견된다. 어떤 모음이 탈락하면 저조가 부동 성조로 놓이는데 그 저조는 비록 표면화하지 못하지만 뒤에 오는 고조의 계단내림을 유발한다.

(28)   akamba + ubom   →   àkámb úb!óm   '큰 카누'
        | | | | | | | / |
        L H H   L H   L H H   L H

어휘적인 계단내림은 티브어(Clements 1979)에 나타난다. 티브어에는 고조가 있는 단어에 두 가지 유형이 있는데 앞에 오는 고조에 따라 발음이 달라진다. 그 첫 번째 유형은 단순한 고조 명사이고 두 번째 유형은 계단내림을 가져오는 어휘적 부동 성조가 있는 단어이다.

(29)   단독이나   고조 다음에서
                저조 다음에서
        a. H   kwá   í lú kwá gá [– – – –] '이것은 오두막
                                                        군락이 아니다'
        b. (L)H kwá   í lú kwá gá [￣￣_ _] '이것은 잎이 아니다'

어떤 언어는 계단내림과 반대 현상인 계단오름 현상이 나타난다. 이 현상은 상당히 드물게 나타나고 그렇게 반복적이지도 않다. 계단오름에 이어지는 성조소지단위에서는 자주 계단내림이 나타나지만 항상 그렇지는 않다. 예를 들면 엥에니어의 고조는 저조 앞에서 계단오름된 고조(↑H)가 되는데 표면 저조와 부동 저조 앞에서 모두 발생한다.

(30)   /únwónì/   →   ú↑nwónì   '입'
        /únwónì ólíló/   →   ú↑nwón ólíló   '병의 입구'

/unwoni/의 마지막 모음이 탈락하고 그 모음에 실렸던 저조가 남아

만들어진 부동 저조는 여전히 [won] 앞에서 계단오름을 유발한다. Snider(1990)에는 가나에서 사용되는 크와어군 크라치어의 계단오름 현상이 자세히 기술되어 있다. 크라치어에서는 고조 확산의 결과 고조가 중복되어 연결되면 뒤에 오는 고조가 계단오름된다. 고조 확산이 부동 저조를 만들면서 그 부동 저조가 다시 계단오름을 유발하는 부동 저조가 된다. 그러나 크라치어는 엥에니어와 다르게 연결된 저조가 계단오름을 유발하지는 않는다.

6.2.4.2 이론적 접근

계단내림(또는 계단오름)을 분석하는 방식은 음운론적 접근과 음성학적 접근으로 나눌 수 있다. 먼저 몇 가지 대립적인 접근 방법을 요약한 다음 하나하나씩 자세히 다루도록 하겠다. 여러 제안들을 편리하게 정리해 둔 내용은 van der Hulst and Snider(1993)에서 찾아볼 수 있다. Ladd(1990) 역시 참고할 만하다.

Ladd(1983)와 같이 [±계단내림]이라는 새로운 자질을 단순히 추가하는 방식을 제외한다면 음운론적 분석은 무한대로 가능한 개수의 수평조를 내포적 구조 이원성이나 내포적 자질 이원성에 맞춰 넣는 방법으로 바꾸어 분석을 진행한다. 여기서 의미하는 내포적 구조 이원성은 단일 자질을 선택하고 여러 층위의 이원적 나무 구조에 표시하는 것이다. 이것은 마치 강(S)과 약(W)의 강세를 강세 나무 그림에 나타내는 것과 같다. Clements(1981)와 Huang(1980)에서 처음 제안한 이 접근법에서는 (고 저) 성조 쌍을 하나의 음보로 묶고 여러 음보를 더 높은 층위의 (고 저) 구성 성분에 묶는 율격 구조 묶기를 제안하고 있다. 더 높은 층위로 표시한다는 것은 각 음보가 선행 음보보다 낮은 층위라는 결과로 나타난다. Hyman(1985, 1993)과 Inkelas, Leben and Cobler

(1987)는 두 번째 방식인 자질 기하학적 접근법을 선택한다. 이 접근법에서는 높은 '음역' 수평조의 자질이 음높이를 낮춘다. 마지막으로 Clark(1978)에 아주 느슨하게 기반을 둔 분석 방법을 생각해 볼 수 있다. 이 방식에서는 원시 성조가 수평이 아니라 이동이다. 저조에 의하여 생긴 내림 이동조가 고조에 의하여 생긴 오름 이동조보다 크다면 결과적으로 성조내림이 발생할 것이다.

Beckman and Pierrehumbert(1986)와 같은 음성학적 접근 방법은 어떠한 음운론적 작업도 수행하지 않는 대신 계단내림 효과를 음성 해석 부분에 남겨 두고 있다. Truckenbrodt(1998)는 계단내림이 목표점인 저음역에 도달하지 못한 결과로 본다. 계단내림이 있는 언어에서는 저음역이 비대조적이어서 목표점이 실제도 달성되지 못한다. 그러나 음역은 점차적으로 낮아져서 각각 새로운 저음역을 가지게 된다. 고음역은 대조적이기 때문에 목표점에 정확하게 도달하여 구 경계에서 음높이재조정이 이루어진다. 아래에서 좀 더 자세히 설명될 것이다.

계단내림/계단오름이 음운론적인 것인지 음성학적인 것인지를 어떻게 판단할 수 있을까? 대조적인 계단내림은 흔하게 나타나고 대조적인 계단오름, 즉 계단오름 '음소'는 엥에니어(Hyman 1993)에서 찾아 볼 수 있다. 이러한 형태소들을 부동 성조로 분석할 수 있다고 하더라도 음성학적으로는 전혀 드러나지 않는다. 따라서 부동 성조의 계단내림/계단오름 효과를 '음성학적'이라고 하는 것은 처음에는 받아들이기 힘들 것 같다. 그러나 그럼에도 불구하고 음성학이 율격 음보 구조(Harris 1999)와 같은 추상적인 정보에 관심을 두고 있기 때문에 해당 형태소는 정말로 그러한 성조를 가진 음운론적 표상이 음성학적으로 해석된 결과일 가능성이 있다. 음성학이 음운론에 무엇을 전달할 수 없다는 가정 아래에서는 (부동 성조에 근거하지 않은) 계단내림/계단오름 출력형이 음운론적인 또 다른 과정에 분명하게 무엇을 전달한다면 계단내림이 음성학적인 것이 아니고 음운론적이라는 결정적인 증거를 갖게 되는 것이다. 그러나 이러한 예는 아직 알려지지 않았다. 지금부터는 지금까지 개괄적으로 살펴본 네 가지 접근 방법에 대하여 좀 더 설명하겠다.

Clements(1981)는 나무 그림을 그려 고조(h), 저조(l) 표시(이 책에서는 Clements가 소문자로 표시하는 관행을 따른다)가 성조소지단위와 그보다 더 큰 구성 성분에 적용될 수 있음을 보이고 있다.

(31)

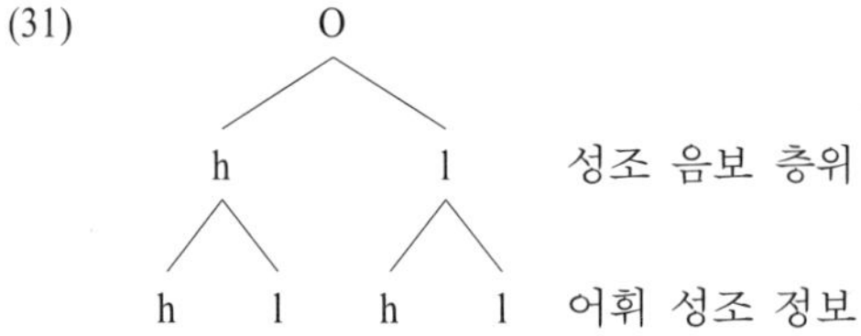

이러한 구조는 다음 알고리듬에 근거한다.

(32)　a. 각 /lh/ 연쇄 중간에서 새로운 성조 음보가 시작된다.
　　　　b. 남아 있는 성조는 모두 성조 음보로 모은다.
　　　　c. 음보는 [h, l]로 표시된 우분지 나무 구조로 묶는다.

이 알고리듬은 $(H_1^n L_1^n)$의 모양으로 성조 음보를 만들고 다음에 나타낸 것처럼 그 음보들을 나무에 모은다. 여기에서 (a) 조항에 따라 다음 (a)행에 왼쪽 괄호를 삽입하고, (b) 조항에 따라 다음 (b)행에 나타낸 것처럼 모든 성조를 음보로 모으고, (c) 조항에 따라 상위 구조를 만들고 표시한다.

(33)　　　　　/ h h l h l l h h l h l /
　　　a.　　h h l (h l l (h h l (h l
　　　b.　　(h h l) (h l l) (h h l) (h l)
　　　c.

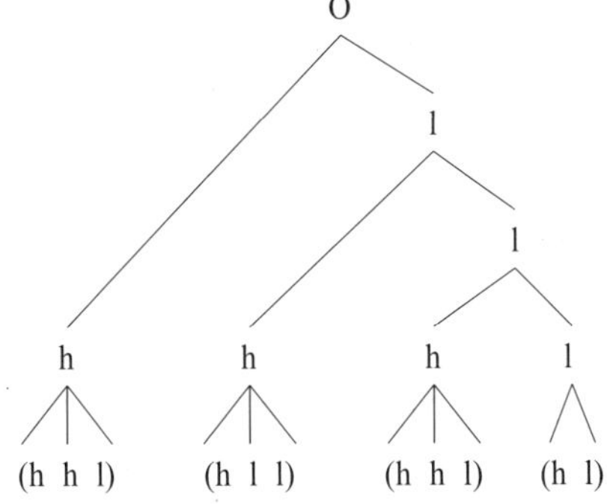

　어떤 두 고조 사이에서라도 계단내림이 발생하는 키샴바어에서는 각 /h/ 성조에서 새로운 성조 음보가 시작되도록 (a) 조항이 다시 작성될 것이다. 계단오름에서는 (32)의 과정을 그대로 유지하면서 [l, h]로 표시된 좌분지 나무 구조를 만든다.

　최적성이론에서는 단계적으로 도출하는 접근법이 허용되지 않기 때문에 다른 대안을 고려하여야 한다. de Lacy(1999b)에는 핵음 위치와 고조, 비핵음 위치와 저조 사이에 강한 상관관계가 있다는 익숙한 관찰적 사실이 나타나 있다. de Lacy는 이 현상을 특정 위치에 특정 성조를 금지하는 제약 집합으로 예시하고 있다. 현재 목적상 필요한 것은 *HD/L 제약과 *NONHD/H 제약이다. 이 제약들은 (HL...L) 형태와 같은 왼쪽에 핵이 있는 음보를 선호할 것이고 (HH...L) 형식은 허용하지 않을 것이다. 그러나 Clements의 설명으로는 계단내림 언어에서 (33c)의 첫 번째 두 음보를 살펴보면 알 수 있는 것처럼 음보의 중간 위치에서는 고조 또는 저조가 자유롭게 나타난다. 중간 위치의 음절은 핵이 확실히 아니기 때문에 고조가 허용되지 않을 것으로 예측할 수 있지만 실제로는 (hhl)과 같은 음보가 허용된다. 만약 이와 같은 음보를 허용하기 위하여 *NONHD/H 제약의 순위를 낮게 한다면 (hhlhl)과 같은 음보까지 허용되지만 이러한 음보는 절대로 허용되지 않는 것이다. 즉, 어떠한 음보도 음보 안에 /lh/ 연쇄를 가지고 있을 수 없다. 이 현상을 다른 방법으로 처리하기 위해서 유의할 것은 *NONHD/H 제약이 /hlhhl/ 연쇄에 대한 다음 두 가지 음보 구성을 절대로 구별할 수 없다는 점이다. 즉, 좋은 음보 구성인 (hl)(hhl)과 나쁜 음보 구성인 (hlh)(hl)이다. de Lacy의 체계에서 이것은 다원 음보와 관련된 일반적인 문제이다. 즉, 두 경우 모두 비핵 위치이지만 어중 고조는 허용하고 어말 고조는 허용하지 않는 것을 구별할 수 없다는 문제가 있다. 그래서 좋은 음보 구성인 (hhl)과 나쁜 음보 구성인 (hlh)가 모든 경우에 묶여 있게 된다. de Lacy가 (필자와 개인 대담에서) 제안한 것은 한 쪽 가장자리는 핵 위치고 다른 한 쪽 가장자리는 비핵 위치이면서 중간 위치는 핵 위치도 아니고 비핵 위치도 아닌 음보로 분석하는 방식이었다. 이것은 자유로운 성조를 직접적으로 제안한 것이다. (lh) 연쇄가 포함된 긴 음보가 없는 것은 FTBINMIN 제약과 FTBINMAX 제약을 사용하여 해결할 수 있다. 이 제안은 흥미롭지만 문제점을 가지고 있다. 문제점은 율격 대조의 유형이 두 개(핵/비핵)에서 세 개(핵/비핵/없음)로 확장되어 이동이 더욱 강력해진 점이다.

다른 접근 방법을 시도해 보자. 이 음보들의 특징을 좌핵 구조, (...lh...) 연쇄 불포함으로 정의해 볼 수 있다. (lh) 연쇄는 성조적으로 말한다면 우측 돋들림이기 때문에 음보의 자체적인 요구사항인 좌측 돋들림과 충돌이 일어난다. 성조 돋들림이 운율 돋들림을 손상시킬 수 없다고 가정해 보자. 즉 음보 안에서 성조 바꾸기가 금지되는 것이기 때문에 (SW..) 음보에는 (LH..) 성조가 있을 수 없고, (..WS) 음보에는 (..HL) 성조가 있을 수 없다. 다시 말하면 성조가 바뀌면 돋들림도가 증가하는 신호이기 때문에 새로운 음보 경계가 만들어진다. 이 추론은 Clements의 원래 제안에 있던 첫 번째 단계, 즉 모든 lh 연쇄의 중간에 음보 경계를 삽입하는 조항의 근거가 된다. 이것을 연속적인 제약으로 나타낼 수도 있다. 즉, 좌핵 음보가 오름조의 성조 연쇄이거나 우핵 음보가 내림조의 성조 연쇄일 경우마다 위반되는 제약이다.

(34)   PROMTONEMATCH : 돋들림의 형태는 성조의 형태와 서로 모순될 수 없다.

마지막으로 ALIGN-L 제약이 이상의 요구 조건과 일치하는 가장 적은 수의 음보를 적용하게 한다.

(35)

/hlhhl/	PROMTONEMATCH	ALIGN-L (FOOT, PHRASE)
☞ a. (hl)(hhl)		**
b. (hl)(h)(hl)		*****!
c. (hlhhl)	*!	

(36)

/hlhhl/	PROMTONEMATCH	ALIGN-L (FOOT, PHRASE)
☞ a. (hll)(hl)		***
b. (hl)(lhl)	*!	**
c. (hllhl)	*!	

두 번째로 여기에서 논의할 음운론적 접근법은 자질 기하학 이론으로 열린 여러 가지 가능성을 잘 활용하는 것이다. Hyman(1993)에서는 변별적 자질이 나무 구조에서 하나 이상의 층위에 덧붙여질 수 있도

록 허용하고 있고 그 자질의 음성학적 실현은 자질이 덧붙여진 위치에 따라 변화한다. 특히 성조 자질은 성조 평면에서는 보통 대조적으로 나타나지만 음역 평면에서는 계단오름이나 계단내림을 표시하게 된다. Hyman은 다음과 같은 두 가지의 일원 자질을 정의하고 있다.

(37)　고조(H) : 중립적인 음높이이거나 더 높은 음높이
　　　저조(L) : 중립적인 음높이이거나 더 낮은 음높이

이 정의는 [H, L] 조합이 중립적인 성조 음높이, 즉 중조(M)를 허용한다는 것이다. 이에 따라 Hyman은 다음과 같은 자질 수형도를 작성한다.

(38)　성조의 구조:

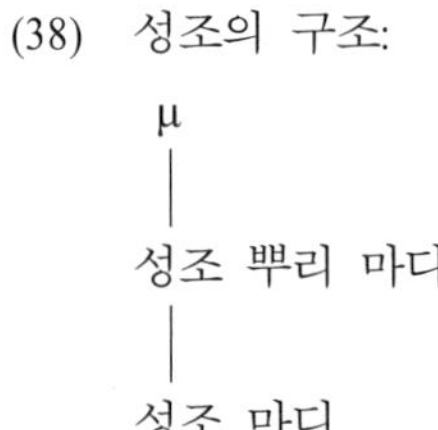

모든 성조에는 성조 뿌리 마디가 있다. 따라서 아프리카 언어에서 성조의 연쇄로 구성된 굴곡조는 (39b)처럼 성조 뿌리 마디가 두 개다. 아래쪽의 성조 마디에 결합된 성조는 해석이 명확한 성조이지만, (39c)처럼 위쪽의 성조 뿌리 마디에 결합된 성조는 기본 성조를 계단내림(또는 계단오름)하게 하는 성조이다. (39)는 가능한 구조 중 저조, 고조와 연관된 것을 나타낸 것이다. 마지막 (d)에 있는 것은 아시아 성조 언어의 굴곡조에서 가능한 구조이기 때문에 이 장의 내용과 연관되지는 않는다.

(39)   (a)   (b)   (c)   (d)
       [M]   [LH] (아프리카어)   !H   [LH] (아시아어)

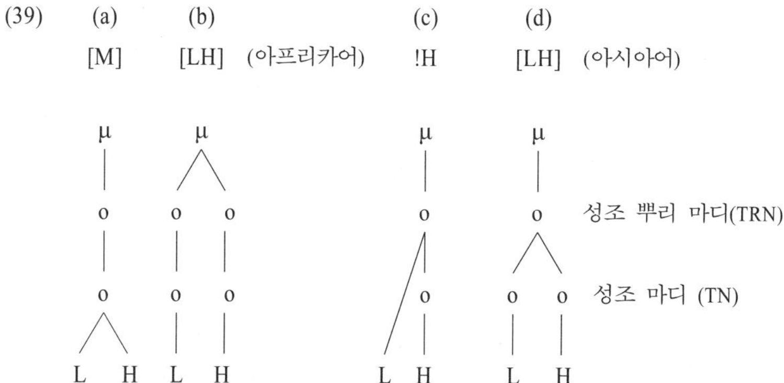

Hyman의 이론에서 보면 계단내림은 위의 세 번째의 도식이 나타내고 있는 것처럼 앞에 오는 성조 마디에서 뒤에 오는 성조 뿌리 마디로 저조가 음운론적으로 확산된 것이다.

Hyman의 접근 방법이 보여 주는 좋은 결론 하나는 창어와 같이 계단내림은 있지만 성조내림은 없는 언어를 쉽게 처리할 수 있다는 점이다. 계단내림은 다른 부동 저조와 연결되어서 생긴 것이지만 성조내림은 이미 연결된 저조의 확산으로 생긴 것이다. 두 현상은 단지 표면형이 같다는 것에서만 유사하고 서로 독립적으로 존재할 수 있는 현상이다.

Hyman은 자신의 자질 체계를 Yip(1980a)과 유사한 것으로 보고 있지만 그렇지는 않다. Hyman에서는 성조 뿌리 마디의 저조 ‘음역’은 뒤에 오는 모든 고조를 낮아지게 하지만 Yip에서는 그렇지 않다. 예를 들면 아시아 성조 언어의 33 성조는 자질적으로 저음역을 가진 [L, h]가 가능한데 그 성조 뒤에 실제로 고조인 [H, h] 또는 동일한 수평조 [L, h]를 가진 또 다른 33 성조가 여전히 올 수 있다. 두 번째 차이는 다음과 같다. Hyman에서는 각 저음역이 계단내림 횟수에 제한을 두지 않고 음역을 계속 계단내림하게 한다. Yip에서는 음역 단계가 두 단계밖에 없다. 즉 Yip은 저음역의 해석이 절대적인 반면 Hyman은 저음역의 해석이 상대적이다.

논의의 마무리하기 위하여 주목하여야 할 현상이 있다. 성조 뿌리마디에 부동 고조가 결합되어 계단오름이 유도된다. 한 가지 이상한 현상은 계단오름이 인접하는 고조가 아니라 인접하는 저조 때문에 자주 나타나서 고조가 규칙에 의하여 삽입되어야 한다는 점이다. 계단오름에서 또 한 가지 이상한 현상은 계단내림은 다음에 오는 모든 고조에 영향을 주어서 !HHH의 경우 모두 동일하게 계단내림되는 반면 계단오름에서는 그럴 수도 있고 그렇지 않을 수도 있다. ↑H H H와 같은 성조 연쇄의 경우 만콘어에서는 모두 계단오름되지만 엥에니어에서는 첫 번째 성조만 계단오름되고 두 번째부터는 원래 음높이로 되돌아간다.

어떻게 이 두 가지 음운론적 현상을 분리하여 설명할 수 있을까? Hyman의 접근 방법을 따르는 증거 하나는 만콘어에서처럼 어떤 언어에 계단오름과 계단내림이 모두 나타나도록 허용하는 것이다. 이 방법은 Clements식의 분석에서는 불가능하다. Clements의 분석은 계단내림에 필요한 (hl) 음보와 계단오름에 필요한 (lh) 음보에서 둘 중 하나에 확실하게 수행되지만 두 가지 모두에 수행되지는 않는다.

음운론적 설명의 세 번째는 Clark(1978)의 연구에 어느 정도 근거하고 있다. Clark는 원시 성조가 수평의 목표점을 가진 것이 아니라 위아래로 움직이는 것이라고 제안한다. 즉, 위쪽 화살표는 조음 기관이 음높이를 높이도록 하는 것이고, 아래쪽 화살표는 조음 기관이 음높이를 낮추게 하는 것인데, 따라서 [↑σ↓]은 음절이 중립적인 중간 음높이에서 높아졌다가 음절말 다음에서 낮아지는 것을 보여주는 것이다. 핵심은 손상시키지 않고 Clark의 아이디어를 확장하고 요약한다면 성조는 다음과 같이 표현될 수 있다. 성조에서 중요한 것은 고조 다음에

는 음높이를 낮추도록 하는 요소가 오지만 저조 다음에는 음높이를
다시 높이도록 하는 요소는 오지 않는다는 점이다.

    (40) 고조 : ↑σ↓
           저조 : ↓σ

이 논의에 따른다면 계단내림이라는 현상은 고조의 끝에서 중립 위
치로 복귀하려는 성질, 저조의 떨어지려는 성질, 오른쪽 가장자리에
서 중립 위치로 다시 음높이가 상승하지 않는 저조의 성질이 합해져
서 발생하는 현상이다. 예를 들면 /H L H L H/ 연쇄는 다음과 같다.
첫 번째 음절의 음높이는 처음에 상승하였다가 낮아진다. 두 번째 음
절은 중간 음높이 밑으로 하락하여 그대로 있게 된다. 세 번째 음절은
상승하지만 새로운 저조에서 시작하기 때문에 첫 번째 음절의 음높이
에 절대로 도달하지 못한다. 이러한 현상이 계속 이어진다.

    (41)   H   L   H   L   H ↑ ‾ ↓
         ↑σ↓ ↓σ ↑σ↓ ↓σ ↑σ↓   ↓ ‾ ↑ ‾ ↓
                                  ↓ ‾ ↑ ‾ ↓

고조의 연쇄는 수평조로 남아있게 된다. 왜냐하면 아래쪽 화살표가
뒤에 오는 위쪽 화살표 때문에 효과가 없어지기 때문이다.

    (42)   H   H   H   H
         ↑σ↓ ↑σ↓ ↑σ↓ ↑σ↓ ↑ ‾ ↓↑ ‾ ↓↑ ‾ ↓↑ ‾ ↓

성조내림이 예상되는 동일 저조 연쇄를 다루는 문제도 있다.

(43)   L   L   L   L ↓ _

       ↓σ ↓σ ↓σ ↓σ   ↓ _

                        ↓ _

                            ↓ _

이러한 성조내림 현상이 항상 보고되는 것은 아니다. 성조내림이 나타나지 않는 것처럼 보이는 경우는 저조 연쇄가 저점에 너무 일찍 도달하여 계단내림이 감지되지 않는 것이 아닐까? 이 문제는 향후 연구 과제로 남겨두도록 하겠다.

지금까지 살펴본 세 가지 음운론적 접근법과는 대조적으로 Truckenbrodt는 음성학적 설명을 제안한다. Truckenbrodt의 분석에 의하면 계단내림 언어에서는 각 성조마다 자동적으로 저음역이 주어진다. 그 저음역이 Hyman의 분석처럼 전체 음역을 낮추는 것이다. 고조는 반드시 고음역을 가질 필요는 없어서(계단내림 언어에서 그렇다) 음역 상승(또는 음높이 재조정)을 유발하지 않는다. 고음역은 음높이 재조정을 유발하면서 구 경계에 나타나는 경계억양이다. 구의 고음역과 같은 대조 목표점은 (저음역 저조의 미명세 음높이값과 같은) 비대조적 목표점보다 더욱 정확하게 실현된다(Flemming 1997). 그렇기 때문에 저음역 목표점은 절대 실제로 도달하지 않고 발화 전체에 걸친 단계의 연쇄에서 목표로서만 작용한다. 고음역은 직접적으로 도달한다. 아시아 성조 언어에서는 성조 목록이 풍부하기 때문에 고음역과 저음역 모두 대조적이다. 따라서 두 음역이 모두 정확하게 실현되어 계단내림 현상은 얻을 수 없을 것이다. 이와 같은 제안을 다음 그림에 나타내보자.

(44)
      —   —

           —

                      —

  —

           —

음절 #	1	2	3	4	5	6
성조 :	고조	저조	고조	저조	고조	%고조
음역 :	고음역	저음역		저음역		고음역

첫 번째와 마지막 고음역은 구의 시작이어서 구의 시작 고음역을 받는다. 저조는 미명세 저음역을 받는다. 음절 1에 고음역의 가장 높은 고조가 있다. 음절 2에서는 저음역으로 바뀌지만 전체적인 최저 음역에는 도달하지 못한다. 왜냐하면 저음역 목표점이 비대조적이기 때문이다. 음절 3은 고조이지만 중저음역에 놓여 있다. 음절 4는 저음역 목표점을 반복하여 이상적인 저음역에 접근하고 음절 5의 고조 음역을 낮춘다. 음절 6은 자신의 고음역이 있어서 음역의 꼭대기까지 회복하면서 상승 이동하면서 다시 과정이 시작된다.

6.2.5 성조와 후두 자질

성조 목록으로 묶을 수 있는 마지막 논의 주제로 모음에 실린 성조와 기타 자질의 상호 작용, 특히 모음과 후두 자질 사이의 상호작용에 대하여 다루어야 한다. (아시아 언어와 다르게) 아프리카 언어에서는 음높이 대조와 함께 모음 자체에서 후두음이 대조되는 언어는 없는 것으로 보인다. 그러나 자음의 후두 자질과 인접 모음의 성조 사이에 상호작용은 상당히 일반적인 현상이다. 가장 흔하게 찾아볼 수 있는 상황은 보통은 유성 장애음인 자음 부류에 마치 저조가 있는 것처럼 보이는 현상이다. 이러한 저조는 모음 성조의 음높이를 낮아지게 하거나('억제 자음'이라는 용어가 쓰이는 것은 바로 이러한 사실 때문이다) 자음을 통과하여 고조가 확산되는 것을 막는다. 줄루어(반투어군의 응구니제어, 남아프리카에서 사용, Laughren 1984, Cassimjee 1998, Cassimjee and Kisseberth 2001, Downing 2001)의 예로 논의를 시작해 보겠다. 억제 자음은 유성 날숨소리인 유성 장애음이고 자주 [+확장 성문성, +이완 성대성]이라는 자질로 기술된다. 연음인 유성 분출 파열음과 경음인 무성 기식 비분출 파열음은 억제 자음으로 작용하지 않는다. 여기에서는 /z/를 억제 자음으로 보겠다. 저조/초저조의 변별과 같은 약간 복잡한 현상들은 무시하겠다. 여기의 예들은 Laughren(1984)의 것이지만 Cassimjee and Kisseberth(2001)를 보면 (약간의 변이가 있지만) 이 현상이 응구니제어에 상당히 많이 퍼져있는 것을 알 수 있다.

　최소대립쌍인 (45)와 (46)을 보자. 단수형의 접두사에는 무성음 /s/가 있다. 고조 접두사는 응구니제어의 상당히 규칙적인 과정에 의하여 끝에서 세 번째 음절에 온다. 복수형에서는 접두사에 억제 자음 /z/가 있다. 결과적으로 끝에서 세 번째 음절의 두음에는 억제 자음이 오고 이 자음이 음절의 음높이를 낮게 하기 때문에 고조는 대신 끝에서 두 번째 음절로 이동한다. 밑줄로 표시한 것이 억제 자음이다.

(45)　　i - si - hla:lo　　'의자'　　→　　　　isi - hla:lo
　　　　H　　　　　　　　　　　　　　　　　　　　／
　　　　　　　　　　　　　　　　　　　　　　　　　H

(46)　　i - zi - hla:lo　　'의자들'　　→　　　isi - hla:lo　　[izihlá:lo] *[izíhla:lo]
　　　　H　　　　　　　　　　　　　　　　　　　　／
　　　　　　　　　　　　　　　　　　　　　　　　　H

고조가 끝에서 세 번째 음절에서 두 번째 음절로 오른쪽으로 이동하는 것이 막히는 경우는 끝에서 두 번째 음절 자체에 억제 자음이 있을 때이다. 이러한 예는 Cassimjee and Kisseberth에 나오는 예인데 줄루랜드 지역 줄루어인 u-ku-vímbe:la '방해하다'에 있다. 또 유의해야 하는 것은 끝에서 두 번째 음절로 이동하는 현상은 억제 자음이 삭제되더라도 그대로 이루어진다는 사실이다. 이 현상은 자음 자체에 성조 자질이 있다는 것과 이 자질이 그 위치에 그대로 남아 있게 된다는 것을 의미한다. 이러한 이유로 Laughren은 자음 자체에 성조가 실려 있다고 보는데 이러한 관점은 일부 접두사가 분절음 없이 억제 자질만으로 구성되는 현상(Laughren 1984: 215)으로 더 확실하게 뒷받침된다.

억제자의 음운론적 효과에 대한 두 번째 사실은 다음과 같다. 억제자는 Cassimjee and Kisseberth가 고조 편평성이라고 부른 효과를 차단한다. 이 규칙의 일반적인 작용을 먼저 고려해 보자. 두 개의 고조가 이루는 형태는 첫 번째 고조에서 두 번째 고조까지 쭉 오른쪽으로 확산되는 과정일 것이다. (두 고조 사이의 계단내림 발생 원인에 대해서는 지면 관계로 여기에서 논의하지 않는다.)

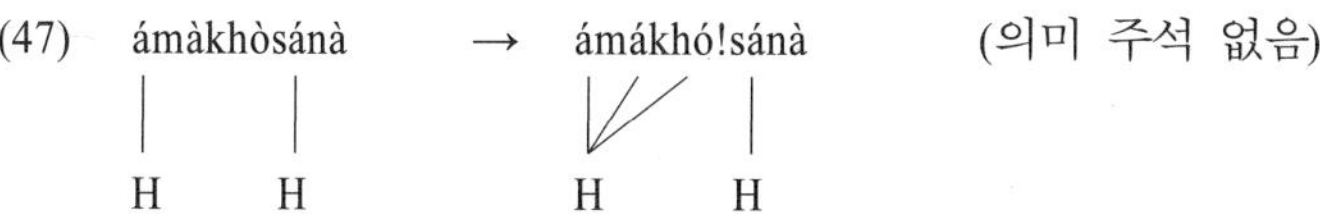

억제 자음 /zw/가 있는 유사 단어를 살펴보자. 고조 확산은 억제 자음 앞의 모음 하나까지는 이루어지지만 더 이상 진행되지 않는다.

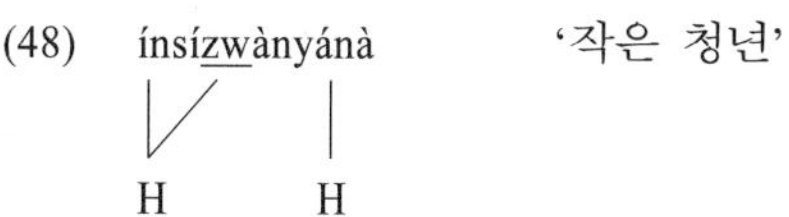

더 넓은 범위의 아프리카 언어로 눈을 돌린다면 이러한 현상이 보편적이라는 사실을 알게 된다. 억제 자음 부류는 유성 자음 전체로 보거나, 후두음화하지 않고 내파음화하지 않은 유성 장애음으로만 보통 한정하거나 할 수 있다. 에웨어와 같은 언어를 보면 삼중 분할 현상이 나타나는데 가장 활동적인 억제자로 유성 장애음, 비억제자인 무성 장애음, 억제자의 효과를 어느 정도 담당하지만 장애음보다는 적은 유성 공명음으로 나뉜다.

최근 조사를 반영하고 있는 Bradshaw(1999)에서는 억제 자음의 효과를 다음과 같이 나열하고 있다.

(49)　1. 저조 삽입 또는 계단내림 삽입
　　　2. 저조의 확산 및 정박의 조건
　　　3. 저조 정박의 차단
　　　4. 고조 이동의 조건
　　　5. 고조 이동, 고조 정박, 고조 확산의 차단

Bradshaw가 제시한 (49) 현상의 예들은 모두 아프리카 언어에서 뽑아낸 것인데 Bradshaw는 유성 장애음이 유발하는 성조 효과가 다른 언어에서는 드물다고 보았다. 그러나 반대의 경우, 즉 저조가 유발하는 유성 장애음은 전 세계 다른 지역의 언어에서도 발견되는 것으로 보고하고 있다. 실제로 Bradshaw가 제시한 이 현상 관련 예들은 모두 아시아 언어 아니면 오스트로네시아 언어에서 온 것이다. 가장 명확한 자료는 야벰어(Poser 1981)인데 이 언어는 파푸아뉴기니에서 사용되는 오스트로네시아어족이다. 야벰어는 파열음에는 유무성 대립이 있지만 마찰음과 공명음에는 유무성 대립이 없다. 단음절인 동사 어간은 고조이면 무성 자음이고 저조이면 유성 자음이다. 이 성조들은 접두사의 유성성에도 영향을 미치는데 어근 성조에 따라서 [ká-]와 [gà-]

로 교체된다.

    (50)   ká-púŋ   '나는 심는다'   gà-bù   '나는 모욕한다'
            ká-táŋ   '나는 눈물을 흘린다'   gà-gùŋ   '나는 찌른다'
            ká-kó   '나는 일어선다'   gà-dèŋ   '나는 앞으로 움직인다'

마찰음으로 시작하는 어근은 유무성 대립이 없기 때문에 두 가지 성조가 모두 나타난다. 성조 대립은 기저에 있으며 파열음의 유무성 대립은 도출된 것이지 기저에 있지 않다는 것을 명확하게 보여준다. 예를 들면 유무성 대립이 없는 마찰음의 경우 ká-sóm '나는 말한다'와 gà-sùŋ '나는 밀친다'가 모두 나타난다. 마지막으로 접두사는 단음절 동사 앞에서만 교체된다. 즉 어근과 함께 이원 음보 안에 있을 때의 경우이다. 더 긴 동사 앞의 접두사는 저조 동사 앞이라고 할지라도 ká-dàbiŋ '나는 다가간다'에서처럼 기저 성조인 고조가 나타난다. 그렇기 때문에 확실한 것은 gà-bù '나는 모욕한다'와 같이 유성음으로 시작하는 단음절 단어에서는 고조가 무성음화를 유발하는 것이 아니라 어근의 저조가 기저 접두사인 /ká-/에 확산되어 유성음이 되는 것이다.

이와 같은 사실은 어떤 언어는 자음이 성조를 소지할 수 있는데 특히 유성 장애음이 저조를 소지할 수 있다는 것을 알려준다. 유성 자음의 음높이가 뒤에 오는 모음의 음높이보다 낮은 것은 잘 알려진 현상이다. 또 많은 언어에서 이러한 음높이 낮춤 효과 때문에 뒤에 오는 모음의 성조 대립이 음운화하고, 앞에 오는 자음의 유무성 대립이 없어지는 현상이 자주 수반된다는 사실 역시 잘 알려져 있다. 성조가 아직 자음 자체에 남아 있는 언어들은 혼성어 단계로 볼 수 있는데 아마도 유무성 대립이 사라지고 성조 대립만 남는 언어로 가는 중간 단계로 볼 수 있다. 자세한 논의는 2장을 참조하라.

6.2.6 극성

이제 논의의 방향을 완전히 전환하여 극성으로 알려진 흥미로운 형태음운론적 효과를 살펴보자. 어떤 언어를 보면 특정 접사에 성조가 있는데 그 성조는 접사가 음보에 덧붙여질 때 그 음보의 성조에서 완벽하게 예측 가능한 성조이다. 그러나 확산과 같은 일반적인 방식으로 성조가 전달되는 것이 아니라 그 접사에는 인접 성조와 반대되는 성조가 나타난다. 저조로 끝나는 단어는 고조 접사가 오고, 고조로 끝나는 단어는 저조 접사가 나타난다. 이러한 현상을 '극성'이라고 하는데 초기의 이론적 분석에 관심 있는 독자는 마르기어를 분석한 Pullyblank(1986)를 참고하라. 극성은 반투어군을 포함하여 아프리카 언어에 널리 퍼져 있지만 특히 구르어군에 잘 나타난다. 따라서 구르어군의 자료를 가지고 이 현상에 대한 다양한 접근 방법을 예시하겠다. Cahill(1999)에는 콘니어의 다음 현상이 제시되어 있다.

(51)	단수	복수		어근 성조	복수 접미사 성조	뜻
	/tà-ŋ́/	tăŋ	tàná	저조	고조	'돌(들)'
	/sí-ŋ́/	síŋ	síà	고조	저조	'물고기(들)(種)'

고조 어근은 저조 복수 접미사가 오고 저조 어근에는 고조 접미사가 오는 것을 알 수 있다. 지금까지 극성을 설명하는 여러 가지 제안이 있었다. Hyman(1993b)의 제안에 따르면 이러한 접사는 기저에서 고조이다. 저조 어근 다음에는 접사의 표면형이 변화하지 않지만 고조 어근 다음에는 필수굴곡원리에 의하여 이화한다. 마지막으로는 무성조 어근이 있는데 접사의 고조가 어근으로 확산하게 된다. Cahill은 콘니어를 이렇게 분석하면 잘못이라고 말한다. 그 이유가 콘니어에는

이미 (51)에 나타난 것처럼 단수형에 있는 연구개비음을 포함하여 일련의 고조 접사가 있고 이 접사들은 어떠한 극성 효과도 나타내지 않기 때문이라고 지적한다. Cahill은 접사가 저조가 아닌 현상을 제시하면서 Antilla and Bodomo(1996)에서 접사들이 무성조라는 주장한 분석을 지지하고 있다. Antilla and Bodomo(1996)에서는 또 다른 구르어군의 언어인 다가르어를 분석하였는데 다음 예가 해당 자료이다. 단수 주격 접사인 -ri를 주의해서 보라.

(52) H-L   yì-rì   '집(단수)'   그러나   H-H   lúg-rí   '버팀목(단수)'
      L-H   wì-rí   '말(단수)'

Antilla and Bodomo는 이 어근들을 /yi, H/, /wi, L/, /lug, ø/로 분석하였다. 고조는 미명세 성조이다(따라서 *L ≫ *H). 그러나 필수굴곡원리가 이 언어에 작용하고 있기 때문에 기저의 고조는 또 다른 고조가 인접하는 것을 막을 것이다(OCP ≫ *L ≫ *H). SPECIFY 제약은 음절에 성조가 명세되는 것을 요구하지만 기저 성조의 확산은 회피되어 (ANCHOR-R (T, SPONSOR)) 미명세 성조인 고조가 삽입되는 것을 유발하게 된다(즉, ANCHOR-R (T, SPONCER), SPECIFY ≫ DEP-T). 타블로 (53)에 대표 입력형을 나타내었다.

(53)

/yi-ri/ H	OCP	SPECIFY	ANCHOR-R (T, SPONSOR)	DEP-T
☞ a. yi-ri 　| | 　H L				*
b. yi-ri 　V 　H			*!	

/yi-ri/	OCP	SPECIFY	ANCHOR-R (T, SPONSOR)	DEP-T
c. yi-ri | H		*!		
d. yi-ri | | H H	*!			*

/lug-ri/	OCP	SPECIFY	ANCHOR-R (T, SPONSOR)	DEP-T
☞ a. lug-ri V H				*
b. lug-ri | | H L				**!
c. lug-ri | H		*!		
d. lug-ri		**!		
e. lug-ri | | H H	*!			*

고조 어근 /yí-/는 필수굴곡원리 때문에 (d) 후보형처럼 접미사에 또 다른 고조가 올 수 없다. (c) 후보형은 SPECIFY 제약으로 배제된다. (b) 후보형은 ANCHOR-R (T, SPONSOR) 제약을 위반하였는데 이 제약은 후원자 성조가 영역 내의 오른쪽 가장자리에 있어야 하는 것을 말한다. (a) 후보형은 미명세 성조인 저조가 삽입된 것으로 이 후보형이 선택된다. 타블로의 두 번째 입력형은 무성조 어근인 /lug-/이다. (e) 후보형처럼 각 음절에 고조가 삽입되면 필수굴곡원리를 위반하게 된다. (c), (d) 후보형처럼 하나 또는 두 음절이 무성조 상태로 남아있으면 SPECIFY 제약을 위반하게 된다. 두 음절에 서로 반대가 되는 성조를 삽입하면 DEP-T 제약을 두 번 위반하게 된다. 따라서 선택되는 것

은 (a) 후보형인데 성조가 하나만 삽입되어 두 음절에 연결되었다. 따라서 이 성조는 후원자 성조가 아니기 때문에 ANCHOR-R (T, SPONSOR) 제약을 위반하지 않고 확산될 수 있다.

콘니어로 다시 살펴본다면 콘니어의 미명세 성조는 확실히 저조로 나타나기 때문에 이러한 분석이 통하지 않는다. 놀라운 사실은 Cahill은 극성에 대한 요구가 실제로는 **출력형 제약**이라는 것을 보여주고 있는데 그것은 만약 입력형이 이미 고저 또는 저고의 연쇄로 끝난다면 더 조정하는 과정 없이 바로 극성에 대한 요구를 만족시키는 것으로 보인다는 점에서 그렇다. 특히 다른 성조가 더해지지 않기 때문에 /yɪɪm-HL/ '화살' > [yíímà] '화살들'과 같은 명사에 나타나는 것처럼 /L-H/ > *L-H-L가 나타나는 것이 아니다. 따라서 Cahill은 형태론적으로 명세된 출력형 제약이 극성 출력형을 요구하는 것으로 형식화한다. 콘니어 자료가 출력형 기반 체계의 장점을 아주 잘 논증하고 있다는 것에 주목해야 한다.

마지막으로 출력형 기반이고 필수굴곡원리로 유발된 극성에 대한 자료가 요루바어(Akinlabi and Liberman 2000a)에 있는데 특히 인상적인 자료이다. 요루바어의 접어에서 첫 번째 음절은 고조이든 저조이든 인접 소지자의 마지막 음절과 다른 성조가 나타나야 한다. 이 현상은 서로 다른 다섯 가지 분석 방식으로 기술된다. 즉, 접어 성조의 탈락, 소지자 성조의 탈락, 완충 작용을 하는 무성조 모음의 삽입, 부동 성조와 연결 실패, 다른 방식으로 선택적인 무성조 모음의 삽입이다. 요루바어는 기저에 고조와 저조가 있다. 무성조 음절은 중조로 실현된다. 먼저 목적어 접어를 보면, 목적어 접어는 (54a)에 나타난 것처럼 저조나 중조(무성조) 다음에서는 항상 고조이지만, 고조 동사 다음에서는 (54b)에서처럼 접어의 고조가 탈락되어 중조로 남게 되거나, (54c)와 같이 완충 작용을 하는 중조의 모음이 삽입된다.

(54) a. 중조   /pa/ : ó pa mí   '그/그녀/그것이 나를 죽였다'
                  ó pa yín   '그/그녀/그것이 너희 모두를 죽였다'
      저조   /kò̩/ : ó kò̩ mí   '그/그녀/그것이 나를 이혼시켰다'
                  ó kò̩ yín   '그/그녀/그것이 너희 모두를 이혼시켰다'
  b. 고조   /kó̩/ : ó kó̩ mi   '그/그녀/그것이 나를 가르쳤다'
                  ó kó̩ o̩ yín '그/그녀/그것이 너희 모두를 가르쳤다'

이상의 예는 다섯 가지 분석 전략 중 필수굴곡원리를 위반하지 않는 두 개를 제시한 것이다. 세 번째 전략은 소지자 성조의 탈락인데 호격 접어 /ò/에 나타나 있다. 이러한 표면형은 (55a)처럼 고조나 중조 명사 다음에서는 변화하지 않는다. 그러나 (55b)와 (55c)처럼 저조-저조가 연결되는 2음절 명사 다음에서는 두 가지가 선택적으로 나타난다. (55b)는 (54c)처럼 모음을 삽입하는 방법이고 (55c)에는 마지막 소지자 성조를 탈락시키는 방법이다.

(55) 호격
  a. 고조   /adé/ : Adé ò
     중조   /akin/ : Akin ò
                    ó kò̩ yín
  b. 저조   /rò̩gbà/ : Rò̩gbà o ò
  c.   Rò̩gba ò

남아 있는 두 가지 전략을 설명하는 것은 좀 더 복잡하다. 관심 있는 독자는 Akinlabi and Liverman에 있는 자세한 내용을 참조하라.

6.3 사례 넓히기 : 이그보어

6장의 마지막으로는 이그보어(크와어군, Clark 1990)라는 언어를 대상으로 성조음운론과 관련 분야에 대하여 좀 더 확장된 논의를 전개하겠다. 자료 및 대부분의 통찰력은 Clark의 책에서 뽑아온 것이지만 최적성이론의 분석은 새로운 것이다. 상당히 전면적인 이 책에서 Clark가 다루었던 주제 중 여기에서는 불가피하게 단 몇 가지 주제만을 논의할 수 있을 것으로 보인다. 관심 있는 독자는 Clark의 연구와 참고문헌을 참조하여야 할 것이다.

6.3.1 기초

이그보어의 어근은 형태론적으로 단음절이지만 그 어근에는 합성 및 접사 첨가 현상이 광범위하게 존재하여 긴 다음절 동사와 명사를 만들어낸다. 다른 동사 형태는 순수하게 성조 접두사/접미사로 전달된 것일 수도 있다. 명사에는 모두 의미적으로 비어 있는 명사 부류 표지 접두사가 있다. 음절은 모음이나 자음모음 또는 뒤에 성절 비음이 있는 구조이다. 모음 길이에 따른 대립은 없다. 이그보어에는 고조와 저조 이렇게 두 개의 성조가 있다. 굴곡조는 사실상 존재하지 않지만 예외적으로 모라 비음 앞에 오는 특정 음절에서 분명하게 드러난다(Clark 1990:270). 키샴바어처럼 고조 두 개가 인접하여 있을 때 계단내림이 일어난다. 그래서 /-zó-/ '숨다'는 /ǹ-zú!zó/ '숨김'이 된다. 저조 다음에서는 고조, 저조 두 성조 모두에 계단내림이 일어난다. 그 이유로 Clark는 이 현상들을 다른 성조 앞에 오는 모든 고조 뒤에 계단내림을 삽입하는 단일 규칙으로 묶어서 처리하고 있다. Clark가 동의하지는 않겠지만 다른 대안 하나는 인접한 고조의 쌍 사이에 저조를 삽입하여 저조 다음에서 계단내림이 적용되는 것으로 보인다. 여기에서는 이 문제를 더 깊게 다루지 않겠다.

Clark는 이그보어의 동사 어근이 저조이거나 무성조이고 미명세 성조로 고조를 가지고 있다고 논증한다. 고조가 미명세 성조인 것은 흔한 현상은 아니지만 선례가 없는 현상은 아니다(보라어(Weber and Thiesen 2000), 우아베어(Noyer 1992), 루운드어(Nash 1992-4) 참조). 그러나 고조가 완전히 무시되는 것은 아니다. 고조는 부동 접사 성조로 존재하고 일부 분절음 형태소도 가지고 있는 것으로 보인다. 나아가 고조는 구 층위에서 활동적이 된다. 모음 탈락이나 굴곡조의 단순화 과정에서도 생존하고 계단내림이 일어나는 환경에 관여하는데 아마도 필수굴곡원리의 적용을 받는 것으로 보인다.

저조가 명세된 성조이고 고조가 미명세 성조인 증거가 있다. 저조는 음운론 단계의 초기부터 활동적이지만 고조는 그렇지 않다는 것을 보여주는 여러 현상들이 그 증거이고 이러한 관점은 적어도 다음 3행의 논증으로 지지된다. 첫째, 저조 어근은 안정적이어서 거의 모든 환경에서 저조로 표면화한다. 저조는 정상적으로 저조의 후원자에 그대로 머물러 있다. 한편 '고조' 어근은 상당히 변화무쌍하고 무성조 어근과 호환이 가능하다. 둘째, 저조는 지배적이어서 (첫 음절을 제외하고) 양방향으로 확산된다. 셋째, 저조는 음운론의 모든 층위에서 필수굴곡원리의 영향으로 삭제될 수 있는 반면 고조는 필수굴곡원리의 영향을 받았다면 구 층위에서뿐이다.

6.3.2 자료

먼저 순수한 성조 접사뿐만 아니라 일련의 동사 유형이 보여주는 합성과 분절음 접사 첨가 현상에서 시작하겠다. 다음 형태소 자료를 사용한다.

(56) 무성조   저조
chi   ‘닫다’   fụ̀   ‘밖으로 나가다’
tụ   ‘던지다’   wè   ‘집어 들다’
me   ‘만들다’   kpù   ‘덮다’

표 6.2에 있는 네 가지 다른 형태의 동사에서 서로 다른 성조 가락이 나타나는데 무성조 어근의 경우에는 이 성조 가락이 어근 자체에 영향을 줄 수 있다. 두 번째 열은 곧 설명할 성조 접사인데 분절음 접사도 가끔씩 나타난다. 세 번째 열은 무성조 어근 /chi/ ‘닫다’에 접미사가 더해진 표면형이다. 네 번째 열은 저조 어근 /fụ̀/ ‘나가다’에 접미사가 더해진 표면형이다. 주석의 전체 내용은 Clark(1990: 24-6)를 참조하라.

표 6.2

동사 형태	접사 성조	무성조 어근		저조 어근	
		ø 어근 + 접미사		저조 어근 + 접미사	
a. 긍정 작위	L-	L-L	chì-rì	L-L	fụ̀-rụ̀
b. 긍정 명령	L-...-H	L-H	chì-é	L-H	fụ̀-ọ́
c. 긍정 지속	-H	H-H	chí-é	L-H	fụ̀-ọ́
d. 부정 지속	ø	H-H	chí-ɣí	L-L	fụ̀-ɣì

표 6.2 자료에 감춰져 있는 기술적 관찰에서부터 시작해 보자. 왜냐

하면 그 방법으로 두 번째 열에 있는 성조 접사를 증명할 수 있기 때문이다. Clark가 지적한 것처럼 오른쪽 열의 /fù/와 같은 저조 어근은 모든 형태에서 항상 저조이다. 이 점은 그 어근이 어휘적으로 저조에 명세되어 있다고 보는 관점의 근거가 된다. 한편 /chi/와 같은 어근은 표 6.2의 (a), (b)와 (c), (d)를 살펴보면 간단히 알 수 있는 것처럼 고조와 저조를 왔다 갔다 하기 때문에 어근 /chi/를 무성조로 보는 Clark의 주장을 수용할 수 있다. 이제 (d)에 있는 형태를 살펴보자. 접사는 감지할만한 성조 효과가 나타나지 않는데 그 이유는 무성조 어근의 표면형과 저조 어근이 어떠한 출력형 성조도 함께 공유하고 있지 않아서 각각 HH와 LL이 되기 때문이다. 이 현상에서 알 수 있는 사실은 접사 자체가 무성조라는 것이다. 만약 그렇다면 무성조 어근에 덧붙여졌을 때 입력형에는 어떤 성조도 없다는 것이고 어떤 출력형 성조가 되었든지 그것은 미명세 성조가 되어야 한다. 표면형에 나타나는 것은 [HH]이기 때문에 고조는 반드시 미명세 성조가 되어야 한다. 저조 어근의 경우에는 어근의 저조가 오른쪽의 무성조 접사까지 확산되어야 한다. 이상의 논의를 통하여 다음의 사실이 확정된다.

(57)　(1) 고조는 미명세 성조이다.
　　　(2) 저조는 오른쪽으로 확산된다.
　　　(3) (d)의 부정 지속 접사는 무성조이다.

　표 6.2의 (c)에 있는 저조 어근을 생각해 보자. 어근이 저조이기 때문에 고조가 나타난다면 반드시 접미사이어야 한다. 따라서 긍정 지속 접사는 고조이어야 하고 오른쪽 가장자리에 붙는다. 다음으로 표 6.2 (a)에 있는 무성조 어근을 보자. 무성조 어근은 표면형의 첫 음절에서 저조로 시작되었는데 이것은 접사에서 온 성조가 틀림없고 확산

된 것이다. 남은 접사는 표 6.2 (b)의 긍정 명령 접사이다. 무성조 어근은 표면형이 [LH]로 실현되는데 L은 접사에서 생겨야 하는 것이다. 저조 어근 역시 표면형이 [LH]로 실현되는데 여기에서 H 역시 접사에서 생겨야 하는 것이다. 따라서 긍정 명령은 성조적으로 /L...H./이라고 결론내릴 수 있다. 요약하면 다음과 같다.

(58)　(1) (a)에 있는 긍정 작위는 /L-/이다.
　　　(2) (b)에 있는 긍정 명령은 /L-...-H/이다.
　　　(3) (c)에 있는 긍정 지속은 /-H/이다.

연결되는 방식에 대한 논의는 자료를 좀 더 살펴본 후에 하겠다. 표 6.3의 자료는 동일한 네 가지 동사 형태이지만 표 6.2의 형태 앞에 있는 무성조 어근의 예 /me/ '만들다' 또는 /tʉ/ '던지다'로 형성된 복합동사이다.

표 6.4에 있는 마지막 자료 부류는 /wè/ '집어 들다' 또는 /kpù/ '덮다'처럼 합성어의 첫 번째 동사가 저조일 때의 형태이다.

이제 표 6.2에 있는 짧은 형태뿐만 아니라 표 6.3과 표 6.4에 나타난 좀 더 복잡한 형태의 성조 연결 방식을 살펴 볼 수 있다.

먼저 확산을 살펴보겠다. 단일 저조의 형태에서 저조는 어근에서 시작하든지 접사에서 시작하든지 단어의 전체에 걸쳐서 확산된다. 이 현상은 표 6.2 (d)의 마지막 열의 저조 어근과 표 6.4 (d)에서 세 번째 열의 저조 어근에서 볼 수 있다. 표 6.2 (a)와 표 6.3 (a)에서처럼 접사에서 비롯된 단일 저조가 있는 경우에는 동일한 결과가 나타난다.

표 6.3

동사 형태	접사 성조	무성조 어근		저조 어근	
		ø 어근 + ø 어근 + 접미사		ø 어근 + 저조 어근 + 접미사 (+접미사)	
a. 긍정 작위	L-	L-L-L	mè-chì-rì	H-L-L-L	tú-fṳ̀-tà-rà
b. 긍정 명령	L-...-H	L-H-H	mè-chí-è	H-L-H	tú-fṳ̀-tá
c. 긍정 지속	-H	H-H-H	mé-chí-è	H-L-H	tú-fṳ̀-tá
d. 부정 지속	ø	H-H-H	mé-chí-ɣí	H-L-L-L	tú-fṳ̀-tà-ɣì

표 6.4

동사 형태	접사 성조	무성조 어근		저조 어근	
		저조 어근 + ø 어근 + 접미사		저조 어근 + 저조 어근 + 접미사 (+접미사)	
a. 긍정 작위	L-	L-L-L	kpù-chì-rì	H-L-L-L	wé-fṳ̀-tà-rà
b. 긍정 명령	L-...-H	L-H-H	kpù-chí-é	H-L-H	wé-fṳ̀-tá
c. 긍정 지속	-H	L-H-H	kpù-chí-é	H-L-H	wé-fṳ̀-tá
d. 부정 지속	ø	L-L-L	kpù-chì-ɣì	H-L-L-L	wé-fṳ̀

이러한 유형에는 예외가 하나 있는데 어근 두 개 중 두 번째에 저조가 있는 경우이다. 표 6.3 (a)에서 (d)까지의 마지막 열에 제시되어 있다. 여기에서 확산은 저조 앞 음절을 포함하지 않는다. 이것은 확산이 첫 음절에는 미치지 못하고 막혔다는 것을 의미한다. 이 현상은 어근 세 개가 이어지고 뒤에 접미사 하나가 오는 더욱 복잡한 형태에서도 확인된다. 이러한 형태에서는 세 번째 음절에 있는 저조가 양쪽으로 모두 확산되는데 첫 음절에는 확산되지 못한다. 예를 들면 /zà-cha-fṳ-ɣì/ > [za-chà-fṳ̀-ɣì] '쓸다-깨끗하다-밖으로 나가다-부정'과 같다. 확산은 모든 성조소지단위에 성조가 있어야 한다는 SPECIFY 제약의 압력에 의한 것이기 때문에 NONINITIAL >> SPECIFY >> *ASSOC 제약순과 같은 문법으로 결론내릴 수 있다. (NONINITIAL 제약은 성조를 첫 성조

소지단위에서 제외시키는 제약이고 *ASSOC 제약은 연결선을 더해지는 것에 벌칙을 주는 제약이다.) 타블로 (50)에서 이상의 내용이 작용하는 방식을 볼 수 있다. 필수굴곡원리의 역할은 더욱 자세하게 곧 논의될 것이다.

(59)

/za-cha-fu̯-ɣi/ H L	OCP	NONINITAL	SPECIFY
a. za-cha-fu̯-ɣi L L	*!		**
b. za-cha-fu̯-ɣi L		*!	
c. za-cha-fu̯-ɣi L			***!
☞ d. za-cha-fu̯-ɣi L			*

　후보형 (a)는 아래에서 논의될 필수굴곡원리에 의하여 탈락되었다. 전체 단어에 걸쳐 확산이 일어나는 후보형 (b)는 NONINITIAL 제약을 위반하였다. 확산이 전혀 일어나지 않은 후보형 (c)는 SPECIFY 제약을 세 번 위반하였다. 첫 번째 음절을 제외하고 확산이 최대로 일어난 후보형 (d)가 최적형이다.

　더 논의하여야 할 점이 있다. 원래 첫 음절 어근(표 6.2 (a)에서 (d)까지의 마지막 열과 표 6.4 (a)에서 (d)까지의 세 번째 열)이거나 접두사(표 6.2 (a), (b) 또는 표 6.3 (a), (b)의 세 번째 열)에서 온 저조는 첫 음절일 수 있기 때문에 ANCHOR-L (TONE, SPONSOR) 제약과 같은 일종의 고정형 충실성 제약은 NONINITIAL 제약을 지배할 수 있다. ANCHOR-L (TONE, SPONSOR) 제약은 성조가 형태소의 첫 번째 성조소지단위의 원래 위치에 그대로 연결되도록 하는 제약이다.

앞에서 이그보어는 필수굴곡원리가 어떤 역할을 담당하고 있다고 하였는데 타블로 (59)에서 실제로 그 역할을 수행하고 있음을 알 수 있다. 이 현상을 더욱 부각시키려면 표 6.3 (a)에서 (d)까지와 표 6.4 (a)에서 (d)까지의 마지막 열 저조 어근을 서로 비교해 보라. 표 6.4의 형태는 저조 어근 두 개로 구성되어 있어서 기저형에 저조 하나와 무성조 어근 하나가 있는 표 6.3의 형태보다 기저형 저조의 수가 하나 더 많다. 그러나 출력형은 완전히 동일하다. 실제로 표 6.4 (a)에서 (d) 까지의 첫 번째 어근은 /L/이지만 그 저조를 완전히 잃어버린다. 따라서 이그보어에서 필수굴곡원리는 활동적이라고 결론을 내릴 수 있다. 그 제약순은 OCP >> MAX-T 이다. (이 현상은 동사에서만 사실이고 명사에서는 그렇지 않다. Clark(1990: 223) 참조)

- 연습 3. 이러한 자료의 처리를 위하여 필수굴곡원리를 사용하는 것에서 이상한 점은 무엇인가? /zà-cha-fù-ɣi/ > [za-chà-fù-ɣì] 과 같은 입력형을 생각해보자. 또 *[zà-cha-fù-ɣì] 을 포함하여 일정 범위 내 가능한 출력형을 고려해볼 수 있다.

마지막으로 /L-zà-cha-fù-H/ '쓸다-깨끗하다-밖으로 나가다, 명령형' 와 같이 동사 세 개로 이루어진 합성어의 명령형을 논의해 보자. 이 단어는 표면형에서 마지막 음절에 접사 고조가 나타나는데 유일한 저조는 [zá-chà-fú]와 같이 원래 무성조 어근인 /cha-/에 실린다. 접미사 고조는 성조소지단위에 반드시 연결되어야 하는데 그것은 순수하게 성조적인 명령형 형태소를 실현시켜야 하기 때문인데 다시 말하면 *FLOAT 제약 때문이다. 그러나 마지막 성조소지단위는 이미 기저 저조를 가지고 있기 때문에 고조를 성조소지단위에 연결하면 굴곡조가 만들어진다. 그러나 이그보어에서는 *CONTOUR 제약이 상위에 있는 것에서 알 수 있듯이 굴곡조가 나타날 수 없다. 결과적으로 성조소지단위와 관련된 경쟁에서 접사 성조가 승리하게 되어 저조를 마지막 어근에서 밀어내고 /fụ/가 된다. 마지막 어근의 저조는 왼쪽으로 이동하여 가운데 음절로 옮겨진다. 접두사 저조(여기에는 논의의 명료하게 하기 위하여 나타내지 않았다)와 첫 번째 어근 저조는 탈락되는데 그 이유는 필수굴곡원리 때문이다. 이상의 내용이 타블로 (60)에 나타나 있다.

(60)

/za-cha-fụ/ L L Ⓗ	OCP	MAX-T	*CONTOUR	*FLOAT	*DISASSOC
a. za-cha-fụ L L H	*!				
b. za-cha-fụ L		**!			
c. za-cha-fụ L H		*	*!		
d. za-cha-fụ L Ⓗ		*		*!	*
☞ e. za-cha-fụ L H		*	*		*

저조 두 개를 모두 유지하고 있는 후보형 (a)는 필수굴곡원리를 위반하였다. 다른 후보형 모두는 MAX-T 제약을 최소한 한 번 위반하였

다. 그러나 접사 성조가 탈락한 후보형 (b)는 MAX-T 제약을 가장 많이 위반하여서 탈락하였다. 후보형 (c)는 굴곡조가 있어 허용되지 않는다. 남아있는 후보형 (d)와 (e) 중에서 선택하는 문제는 *FLOAT 제약에 달려 있는데(이 제약은 연결되지 않은 성조가 있으면 위반하게 된다) *FLOAT 제약은 후보형 (e)를 선택한다. 그 이유는 후보형 (e)에서는 어근 성조가 왼쪽으로 옮겨가서 접사 성조를 수용하고 있기 때문이다. 첫 번째 음절에 최종적으로 미명세 고조가 실려 올바른 표면형인 [zá-chà-fú]이 나타난다.

- 연습 4. 제시된 제약을 사용하여 표 6.2, 표 6.3, 표 6.4에 있는 모든 예들의 타블로를 만들어라. 더 필요한 제약이 있는가? 지금까지 논의되지 않은 문제점들은 없는가?

이러한 분석은 상당히 효과적이지만 중요한 문제 두 가지를 던져주고 있다. 어기의 풍부성 가설이 주어진다고 보면 고조는 나중에 구 단계 음운론에서 역할을 하게 되기 때문에 기저 고조 어근의 입력형은 불가피하다. 이것을 어떻게 제외할 수 있을까? 한 가지 가능성은 *H 제약을 *L 제약보다 상위에 두고 *H >> MAX-T 제약순으로 하면서 또 REALIZEMORPH >> *H 제약순을 구성하는 것이다. REALIZEMORPH 제약은 어떤 형태소가 모두 함께 사라지는 것을 막는 제약이기 때문에 고조만 있는 접사가 살아남게 된다. 확실히 이 제약은 수평조 문제를 만들지도 모르는 미명세 고조의 삽입보다 앞에 있어야 한다.

두 번째 문제는 완전 명세와 관련이 있다. 이그보어의 음운론을 보면 모든 음절은 어느 시점에는 성조가 명세되어야 하는 많은 증거들이 있다. 필요하다면 고조 미명세 규칙이 작용된다. 단어 층위의 마지막에서 고조가 명세되어야 하는 이유는 다음과 같다.

(61) 고조가 명세되는 이유

    (1) 계단내림에 사실성 부여

    (2) 구 층위의 모음 탈락 및 동화에서 고조가 저조에 우세함
       : Adháàkhwa > Adháákhwa

    (3) 더 일반적으로는 내림조가 예상되는 성조와 일부 오름조는 고조로
       단순화함 : nà-Kánò '카노에서'이지만 /nà-úlò/ > [núlò] '집에서'임.

    (4) 일단 고조가 명세되면 필수굴곡원리가 적용되고 구 층위에서 융
       합되어 구 층위의 계단내림이 나타나지 않음(Clark 1990: 118)

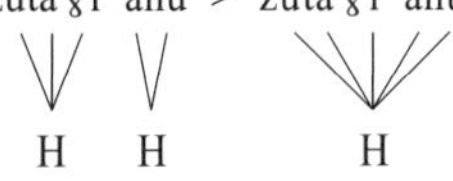

이러한 자료로 두 가지 토론 주제를 생각할 수 있다. (1) 문법이 두 가지 있다고 가정하면 하나는 융합되지 않은 단어 층위의 문법이고 다른 하나는 융합된 구 층위의 문법이다. 그 두 문법이 형식적으로 어떻게 달라야 하는가? (2) 엄밀히 말하면 최적성이론은 다른 층위를 허용하지 않는다. 다른 층위를 가정하지 않고 어떻게 이러한 사실들을 처리할 수 있나? 만약 층위가 있다면 어떻게 층위를 제한할 수 있나? 이와 같은 토론 주제는 관심이 있는 독자에게 논의를 남겨 놓도록 하겠다.

이그보어의 동사 형태에 대한 상당히 광범위한 논의로 6장의 아프리카 성조 언어에 대한 내용을 마무리하였다. 광범위하게 해당 본질을 다룬 책에서도 아프리카어 성조음운론이 가지고 있는 놀라운 풍부함을 실제로 정확히 나타내는 것은 불가능하다. 그럼에도 불구하고 아프리카 언어에서 성조 변화의 중심적 역할에 대한 특징이 설명 과정에 잘 나타나 남아 있기를 바란다.

6장 연습문제의 답

● 연습 1의 답

　여러 개의 고조 모두가 마지막 음보까지 가는 것을 제한하고 성조의 탈락 또는 융합을 막기 위하여 어떤 조치를 취해야 할 것이다. 해당 방법은 여기에 나타내지 않았다. 연결을 지배하는 충실성 제약은 일반적으로 순위가 낮은 제약이다. 특히 *DISSSOCIATE 제약은 제약순에서 상당히 낮은 위치이어서 역시 나타내지 않았다. 존재하는 제약을 정확히 사용하여 작성한 가장 복잡한 타블로는 다음과 같다. ( )는 음보 경계를 나타내었다. 음보와 연결된 고조는 해당 음보의 첫 음절에 나타내었다.

/a-na-[a-pu(put-a)]/ H　H	ALIGN-R (H, HDFT)	ALIGN-L (H, MACROSTEM)	*TROUGH	*ASSOCIATE
a-na-[a-pu(put-a)] H　H	*!	*	*	
a-na-[a-pu(put-a)] H　H	*!			*
a-na-[a-pu(put-a)] H　H		*!		***
a-na-[a-pu(put-a)] H　H			*!	
☞　a-na-[a-pu(put-a)] H　H				*

● 연습 2의 답

다른 방법으로는 **모든** 성조가 왼쪽 가장자리에 가능한 한 가깝게 밀집해 있는 것이다. 예를 들어 왼쪽 가장자리에서부터 세 음절이 되는 것보다는 왼쪽 가장자리에서부터 한 음절이 되는 것이 더 좋다.

다른 방법 : DEP-H >> ALIGN-L (STEM, H) >> ALIGN-R (STEM, H). 고조가 삽입될 수 없지만 어간은 오른쪽 가장자리를 선호하기 때문에 가용한 고조 한 개를 정확히 요구한다.

● 연습 3의 답

저조 두 개가 인접하지 않았지만 이그보어에서 저조 두 개의 어떤 연쇄도 명확하게 필수굴곡원리를 위반한다. 이것은 이그보어가 단어당 출력형을 저조 하나만으로 제한하는 것처럼 보여서 본질적으로 상당히 악센트 언어와 유사하다. 그러나 악센트 언어에서는 한 단어에 하나 이상의 고조를 제한한다. 이러한 이유로 이그보어는 유형론적으로 흥미롭다.

● 연습 4의 답

설명이 안 된 자료 하나는 표 6.3 (b)의 세 번째 행에 있는 무성조 어간이다. 여기에서는 가운데에 있는 무성조 음절이 접두사 저조와 접미사 고조 사이에 끼어 있다. 단어 처음의 저조는 확산되면 안 되기 때문에 출력형이 LHH가 된다. 왜냐하면 마지막 고조가 두 음절 모두에 영향을 미치거나 미명세되거나 하는 이유 중에 하나 때문이다. 더 큰 주제는 이 연습문제 다음에 연결되는 단락에서 논의되었다.

제7장 아시아와 태평양 지역의 언어

아시아 지역 및 아시아와 이웃하고 있는 태평양 지역은 성조 언어가 다채롭게 분포하고 있다. 이 지역의 성조 언어는 중국어파, 티베트버마어파, 따이까다이어족(타이어를 포함한다), 베트남어, 파푸아제어 그리고 또 몬크메르어파 대부분을 차지하는 음역 기반 언어, 일본어와 같은 악센트 언어 등이 포함된다. 비성조 언어도 물론 존재하는데 가장 두드러진 곳은 말레이반도와 인도네시아에 분포하는 오스트로네시아어족와 인도 아대륙의 언어들(여기에서도 가끔 펀자브어와 같은 성조 언어가 발견된다)이다. 이 지역에서 연구가 가장 잘 되어 있는 언어는 당연히 중국의 도시에서 사용되는 언어로 표준 중국어, 상하이어, 광둥어, 타이완어 등이 포함되고 표준 타이어, 베트남어, 일본어 역시 연구가 잘 되어 있다. 이들 언어 체계 사이의 공통점과 지역적 다양성을 설명하는 주요 특징을 연구하지 않고서는 어떤 교과서도 완전하다고 할 수 없을 것이다. 나머지 어족의 언어는 통시적 내용은 상당한 많이 알려져 있지만 공시적 성조음운론의 관점으로 본다면 상대적으로 연구가 덜 되어 있다. 그렇지만 이 책에서는 해당 언어들의 가장 두드러진 특징의 일부는 개괄적으로 기술할 것이다. 일본어는 이 책에서 거의 다루지 않았는데 그 이유는 일본어의 악센트적 본질이 이 책이 정한 엄밀한 범위의 바깥에 있기 때문이다. 일본어의 특징에 대해서는 다른 연구 자료에서 완벽하게 다루어졌다. 특히 Haraguchi(1997), Poser(1984), Beckman and Pierrehumbert(1986), Pierrehumbert and Beckman(1988), Vance(1987), Kubozono(2000) 등을 참조하라.

Chen(2000), Matisoff(1973), Edmondson and Solnit(1988), Ladefoged and Maddieson(1996), Grimes(2000) 등의 자료에 근거한다면 이 지역의 성조 언어를 다음에 제시한 것과 같이 분류하는 것은 다소 거친 분류이다. 제시된 수준에서는 의견이 꽤 일치하고 있지만 더 자세히 세부 항목을 분류하려 한다면 의견이 상당 부분 일치하지 않을 것이다. 이 지역에는 세 종류의 주요 어족이 있다. 먼저 두 어족은 중국티베트어족과 오스트로따이어족인데 상당수의 성조 언어가 여기에 포함된다. 중국티베트어족의 언어들은 거의 전부 성조 언어이다.

중국티베트어족의 중국어 부분은 명확한 견해가 필요하다. 혼란스럽게도 광둥어와 표준 중국어라는 이름은 모두 어족의 이름으로 자주 사용되는데 이 어족 안에 있는 주요 도시 방언 역시 그렇다. 이 책에서는 어족명으로 위에 중국어, 관화 중국어라는 용어를 사용하고, 방언명으로 광둥어, 베이징 관화라는 용어를 사용하겠다. 통상적으로 방언으로 지칭되기는 하지만 광둥어, 상하이어, 관화 중국어, 타이완어 및 다른 중국어 하위분류 네 종류는 서로 구별되는 언어로 보는 것이 더욱 정확하다. 이 언어들은 서로 의사소통이 되지 않고 서로 다른 음운, 어휘 및 일정 범위의 통사적 차이도 가지고 있다. 이렇게 분류한 각 언어에는 차방언이 존재한다. 예를 들면 위에 중국어에는 광둥어, 타이산어, 카이핑어가 포함된다. 이러한 차방언들은 성조 체계가 상당히 다를 수도 있지만 음운 전반적으로는 공통 요소가 상당히 많이 공유하고 있어서 다른 언어라고 하기 보다는 방언으로 간주된다

(표 7.1, 7.2 참조).

세 번째로 오스트로아시아어족은 대부분 비성조 언어이지만 캄보디아어와 같은 몬크메르어족의 음역 언어 및 베트남어는 성조 언어에 포함된다(표 7.3 참조).

일부 언어는 상당히 다른 어족에서 온 것이다. 예를 들면 인도아리아어족의 펀자브어와 파푸아제어의 시아네어를 들 수 있다.

표 7.1 중국티베트어족

중국어파	관화 중국어	베이징어, 톈진어
	우 중국어	상하이어, 쑤저우어, 충밍어, 쑹장어, 단양어, 원저우어
	민 중국어	샤먼어(아모이어), 민난어, 타이완어, 차오양어, 차오저우어, 푸저우어
	위에 중국어	광둥어, 타이산어
	진 중국어	핑야오어, 창즈어
	커자 중국어	메이셴어, 핑둥어, 창팅어
	간 중국어	난창어
	샹 중국어	창사어
티베트버마어파	티베트카나우리어군	라싸티베트어, 타망어
	롤로버마어군	버마어
	쿠키-친-나가어군	자하오친어
	기타	음피어, 메이테이어, 징포어, 바이어 (Bai)

표 7.2 오스트로따이어족

따이까다이어족	따이어군	표준 타이어, 라오어, 우밍좡어
	까다이어군	
	깜수이어군	
먀오야오어족		헤이먀오어, 바이먀오어
오스트로네시아어족 (말레이폴리네시아어족)	멜라네시아어군	야벰어, 케무히어

말레이어군(비성조 언어)
폴리네시아어군
(비성조 언어)

표 7.3 오스트로아시아어족

몬크메르어족	비성조 언어	캄보디아어, 총어, 세당어 등 많은 언어들
	성조 언어	베트남어, 캄무어(일부 방언)
기타	대부분 비성조 언어로 추정	아삼어, 니코바르어, 문다어 ....

6장에서 살펴보았던 아프리카 언어 체계와 비교해 보면 아시아의 실제 성조 언어는 일반적으로 몇 개의 수평조에 여러 개의 굴곡조가 있어서 성조 목록이 더욱 풍부하다. 아프리카 언어와 마찬가지로 아시아 언어도 상당히 음절 구조가 단순하다. 그러나 아시아 언어는 아프리카 언어와 다르게 형태론적으로도 단순한 경향이 있다. (관화 중국어를 예로 들면 변별적인 분절음 음절이 406개이다. 성조의 대조까지 고려한다면 1,256개가 된다.) 아프리카 언어에서처럼 가끔 자음 유형과 성조 사이의 상호작용이 있다. 아시아 성조 언어에서 가장 일반적으로 나타나는 것은 유성 장애음 두음이 각 성조의 낮은 변이형에 연결되는 현상이다. 이러한 언어의 형태소들은 전부 또는 대부분이 단음절이다(긴 형태소가 많이 나타나는 몬크메르어족은 예외이다). 그러나 널리 알려진 통념과 반대로 단어는 길어질 수 있고(Chen에 따르면 관화 중국어에서 사용빈도가 높은 3,000개의 표현에서 85퍼센트가 다음절어이다) 또 풍부한 합성 과정으로 형성되는 경우도 많다. 이렇게 조합되는 형태소들은 다양한 종류의 변화가 일어날 수 있다. 성조 체계에 대한 우리의 관심은 (1) 형태소가 결합하여 단어가 되고 단어가 구가 될 때 일어나는 변화에 대한 이해, (2) 성조 목록을 살펴보는 것에 있다. 두 번째 주제는 앞의 여러

장에서 이미 논의하였기 때문에 첫 번째 주제가 7장의 중심 주제이다. 그렇지만 두 번째 주제 역시 7.4에서 다룰 것이다. 약간 관심 밖으로 보이는 세 번째 주제는 유성성과 저조 사이의 상호작용을 시험하는 것이다.

형태소가 결합하여 단어 또는 구가 될 때 (1)의 내용 중 하나 이상이 나타난다.

(1)　a. 양쪽 음절 모두 어떤 성조 변화도 발생하지 않음
　　　b. 특정한 성조가 서로 인접해 있을 때에만 제한적으로 성조가 변화함
　　　c. 첫 음절이 아닌 모든 음절의 성조 대립이 없어지거나 크게 축소됨
　　　d. 마지막 음절이 아닌 모든 음절의 성조 대립이 없어지거나 크게 축소됨
　　　e. 살아남은 성조가 신규 무성조 음절로 확산됨
　　　f. 보통 비어말 음절 위치에서 언어 체계 내의 각 성조가 또 다른 성조로 연쇄적으로 변화함

(1f)의 현상에는 설명이 약간 필요하다. 연쇄적으로 변화하는 어떤 언어 체계는 어떤 음운 환경에서 각 성조가 언어 체계 내의 또 다른 성조로 변화하여서 A가 B로 변화하고 B가 C로 변화하는 등의 과정이 나타난다. 어떤 경우는 순환적이어서 C가 다시 A로 변화하기도 한다.

(c)에서 (f)까지의 변화 조건은 이론의 여지는 있지만 운율적인 과정이다. 운율의 핵이 기저 성조를 유지하게 하고 비핵 요소의 성조는 탈락되거나 변화한다. '운율'이라는 용어가 의미하는 것은 음운구나 음보 구조와 같은 운율 구조와, 핵 위치와 비핵 위치 사이의 차이에 의하여 제어되는 것을 의미한다. 핵은 돋들림의 위치이다. 강세 언어 체계에서는 이러한 돋들림이 강세로 드러나지만 성조 언어에서는 돋들림이 다른 방식으로 나타난다. 특히 성조 언어에서는 비핵 위치에서 전체 성조 대립이 없어질 수도 있지만 핵 위치에서는 그 대립을

유지하는 형식으로 드러난다. 유사한 현상인 모음 약화를 예로 들 수 있는데 영어와 같은 많은 언어에서 비강세(비핵) 모음은 슈와와 같은 중립적인 모음으로 약화되지만 강세(핵) 모음은 기저의 자질을 유지한다.

(1)에 요약한 성조 변화를 다시 보자. 좌핵 체계는 (c)에서처럼 오른쪽 부분의 성조가 탈락하고 우핵 체계는 (d)와 같이 왼쪽 부분의 성조가 탈락한다. 이 변화 과정의 대부분도 음운구 안에 있는 단어에 걸쳐서 발생하고 이 음운구도 통사 구조에 의한 간접적인 영향과 이원성 선호 경향이 번갈아가면서 결정 요소가 되기 때문에 '핵'은 음운 단어나 음운구 또는 음보의 핵이 될 수도 있다. 다음 단원에서는 (a) 유형의 언어 체계를 시작으로 (a)에서 (f)까지 각각의 모습이 중국어파의 예를 통하여 설명될 것인데 중국어의 성조 체계에 대하여 더욱 자세하고 포괄적으로 이해하기 위해서는 Chen(2000)을 참조하여야 한다. 이어서 중국어 이외의 성조 언어가 포함되는 조사 영역으로 영역을 확장할 것이다.

7.1 광둥어

7.1.1 배경 지식

홍콩과 광저우에서 사용되는 표준 광둥어는 중국어의 위에 방언이다. 주의해야 할 점은 여기에서 논의하는 광둥어 성조가 표준 광둥어에 특화되어 있어서 나머지 위에 방언에서는 맞지 않는다는 것이다. Yue-Hashimoto(1972)는 아직까지도 광둥어의 음운론을 가장 잘 소개하고 자료이다.

광둥어는 다음에 제시한 것과 같이 공명음으로 끝나는 음절에서는 표면 성조가 일곱 개이고 파열음으로 끝나는 음절에서는 표면 성조가 세 개다. 광둥어에서 파열음으로 끝나는 음절은 보통 기저에서 수평조만 있는데 공명음으로 끝나는 음절보다 대체로 음절 길이가 짧기 때문으로 추정된다. 파열음으로 끝나는 음절의 성조는 보통 한 자리 숫자로만 나타내지만 다른 성조는 관습적으로 두 자리 숫자로 나타낸다. 그러나 [si:]의 성조 44와 [si:p]의 성조 4는 음운론적으로 당연히 같다. 주의해야 할 것은 광둥어 화자 대부분은 55와 53을 변별적인 성조로 말하지 않는데 이 경우에는 광둥어 성조가 일곱 개가 아니고 여섯 개가 된다는 사실이다. 파열음으로 끝나는 음절에서는 성조 5와 성조 4가 모음 음가에 따라서 상보적으로 분포한다. (길이는 모음의 음가에서 예측이 가능하고 모음의 음가도 길이로 예측 가능하다. 개음절에서는 장모음만 나타난다.)

(2)	si:	55	'시 (詩)'		sɪk	5	'양식, 유형 (式)'
	si:	44	'시도하다, 맛보다 (試)'		si:p	4	'쐐기를 박다 (揲)'
	si:	33	'일 (事)'		sɪk	3	'먹다 (食)'
	si:	22/21	'시간 (時)'				
	si:	35	'~하게 하다, 시키다 (使)'				
	si:	24	'시장, 도시 (市)'				
	si:	53	'비단 (絲)'				

유의할 사항은 다음과 같다. 여기에서뿐 아니라 7장 전체에서 사용되는 표기는 가장 높은 음높이가 5이고 가장 낮은 음높이가 1이다. 이것은 아시아 언어 성조론의 관행을 따른 것이다. 성조 자질이 논의의 대상이 아닐 때에는 분석할 때에도 이와 같은 표기가 사용될 것이다. 왜냐하면 이러한 표기는 간결하게 다섯 개의 수평조를 나타낼 수 있

기 때문이다. (고조(H), 중저(M), 저조(L) 표기는 수평조가 세 개만 있는 언어 체계에 잘 들어맞는 표기이지만 여기에서는 충분하지 않다.) 정확한 분절음 전사와 관련되어 있거나 다른 필요 사항이 없다면 이 언어의 분절음은 이 언어에 대한 표준적인 로마자 표기법으로 나타낼 것이다.

7.1.2 결합된 단어

형태소가 단어로 짜이고 다시 구가 될 경우에 성조는 변화하지 않는다. 다음 문장에서 각 단어는 기저 성조가 여전히 나타난다.

   (3)   Ngo24 yiu44   ng24 ga:44   da:i33 hei44-che53 '나는 큰 차 다섯
       나   필요하다 다섯 대(분류사) 큰   휘발유-차   대가 필요하다'

각 음절에 기저 성조를 유지하는 유형(유형 (a))의 언어는 음절 성조 언어라고 불러 왔다. 일반적으로 어떤 언어에 n 개의 성조가 나타나면 m 개의 음절로 된 단어는 가능한 성조 유형이 n^m 개다. 이러한 현상을 최적성이론의 용어로는 충실성 제약이 유표성 제약 및 어떠한 위치 또는 위치 유표성 인허 제약을 지배하고 있기 때문에 모든 성조 대립이 어떤 위치에서든지 표면화할 수 있다고 설명한다.

7.1.3 음성 환경에 따른 변조

성조가 결합하여 실제로 변화가 이루어지는 지점이 하나 있다. 53과 55를 기저 성조로 모두 가지고 있는 화자라고 하여도 고조로 시작하는 53, 55, 5와 같은 다른 성조 앞에서는 높내림조 53이 높은 수평

조 55로 바뀐다. 이 현상은 명확하게 3이 주위의 5에 동화하는 과정이다. 그러나 다음과 같은 과정도 언급되어야 한다. 이러한 동화 과정은 /x5.35/의 연쇄에서처럼 고조 다음에 오름조가 이어지거나, /x5.3(3).5x/의 연쇄에서처럼 두 고조 사이에 끼인 중간 수평조 3에는 적용되지 않는다(점은 음절 경계를, x는 임의의 성조를 나타낸다). 제안 가능한 기술은 음절 내에서 첫 (또는 유일한) 음절이 핵성조이고, 핵모음에 실린 성조가 내림조이고, 두 번째 성조가 핵 위치가 아니면 성조가 변화할 가능성이 더 높다는 것이다. /53.5/의 배열은 핵 위치가 아니고 고조도 아닌 성조가 두 개의 고조 사이에 끼여 있어서 변화 가능하다. 최적성이론의 설명으로는 FAITHNUCLEARTONE >> *535 >> FAITH 제약순으로 나타낼 수 있다.

(4)

/53.5/	FAITHNUCLEARTONE	*535	FAITH
☞ 5.5			*
53.5		*!	
/5.35/			
☞ 5.35		*	
5.5	*!		*

  *535 제약은 물론 보편문법의 제약으로 보았을 때 바람직하지 않다. 그러나 조음 노력의 최소화를 고려한 명확한 근거가 있는데 일반적으로 매우 짧은 시간 동안에는 음높이를 더 바꾸지 않으려고 하는 특별한 경우로 보아야 한다.

  여기서 보는 유형은 다른 언어에서도 나타날 것이다. 일반 충실성 제약이 유표성 제약을 지배하기 때문에 대체로 성조는 변화하지 않고 그대로 있지만 *535 제약과 같은 특정한 유표성 제약은 충실성 제약을 지배하여서 특정 환경에서 강제로 변화를 유발하게 한다. 그러나 반대의 변화는 특정한 제약으로 제한되는데 상위에 위치한 위치 충실성 제약인 FAITHNUCLEARTONE 제약 때문이다.

7.1.4 성조소지단위

성조소지단위를 판별하는 문제로 넘어가 보자. 광둥어는 공명음으로 끝나는 모든 음절에 두 가지 특징이 있다. 해당 음절은 항상 길기 때문에(CVV이거나 CVN이고 *CV) 2모라이고 수평조나 굴곡조를 가질 수 있을 것으로 추정된다. 이 책에서는 굴곡조를 수평조의 연쇄로 보는 관점을 따르므로 μ로 표시되는 모라가 성조소지단위이고 따라서 2모라 음절이 굴곡조를 가질 수 있다고 말할 수 있다. (모라가 무게의 단위인 것에 유의하라 경음절은 단모라이고 장모음 또는 음절 무게에 영향을 주는 말음을 가진 음절은 2모라이다.) 장애음으로 끝나는 음절이 수평조일 수밖에 없는 것은(이 현상은 여러 방언에서도 그렇다) 그 음절이 단모라라고 말하는 것이 확실한 방법인데 아마도 그것은 공명음만이 모라가 되는(콰쾰라어에 대한 Zec(1988) 연구과 비교) 이유일 것이다. 이러한 관점은 어느 정도 효과가 있지만 문제가 하나 생긴다. 즉, /kam/과 /ka:m/을 보면 저모음이 길이에서 변별된다. 그리고 /kap/과 /ka:p/을 보면 장애음 앞의 저모음도 길이에서 변별된다. 만약 장모음이 2모라를 가진다면 /ka:p/은 확실히 굴곡조를 가질 수 있어야 하는데 그것은 가능하지 않다. 이 문제에 대한 가능한 해결 방법은 이 모음들도 역시 질적 차이가 있다고 보는 것이다. 즉, 단모음 /a/는 이완 중설 모음인 /ʌ/이고 장모음 /a:/은 더 후설 모음인 [ɑ:]로 보는 것이다. 그렇게 보면 길이의 변별은 순수하게 음성학적인 것이라고 주장하여 이 문제를 해결할 수 있을 것 같다. 더 자세한 논의는 Gordon(1998)을 참조하라.

7.1.5 변음

마지막으로 논의할 광둥어 및 위에 방언의 흥미로운 성조 현상은 이른바 '변음'이라고 부르는 현상이다. 먼저 타이산어(Cheng 1973)의 자료를 예로 들겠다. 특정한 형태론적 환경에서 성조는 변음(變音)이라고 부르는 일련의 교체형을 갖는다. Cheng은 7도제를 사용하여 성조의 정확한 음높이 영역과 변음의 아주 높은 음높이를 주의 깊게 관찰하였다. Cheng에 따르면 중간 음높이 성조인 4 높이는 저조 1 높이와 초고조 7 높이를 정확히 절반으로 나눈다.

(5)	기본 성조	변음
	66	변화 없음
	44	447
	22	227
	52	527
	31	317

이러한 교체형은 가정용품 등 친숙 및 지소의 의미를 나타내기 위해서 사용된다. 이와 관련된 해당 교체형은 어휘부에 나열되어 있어야 하는데 그 이유는 이러한 명사들 모두가 변음으로 나타나는 것은 아니기 때문이다. 광둥어에서는 성조가 애칭의 한 종류인 친숙형 이름을 만들기 위해서 생산적으로 사용된다. 접두사 [a33]가 덧붙여지면 다음의 이름들이 변음으로 나타난다.

(6)	a. 성	
	/tsʰan22/	a33 tsʰan25
	/yip22/	a33 yip25

b. 가족 관계

                 a33 kuŋ55   '외할아버지'

                 a33 yi55   '작은 이모'

c. 태어난 순서에 따른 이름

  /yi22/   a33 yi25   '둘째'

  /ŋ24/   a33 ŋ25   '다섯째'

d. 별명

  /pai53/   a33 pai55   '절름발이'

  /fei24/   a33 fei25   '뚱보'

이러한 변화는 위에서처럼 모두 고조로 끝나는 단어들을 고조만으로 된 접미사가 마지막 음절의 끝에 덧붙여져 원래 성조의 시작 음높이에서 시작하여 높은 음높이로 끝나는 새로운 성조가 만들어진 것으로 가정하면 이해할 수 있다. 이러한 분석은 대부분의 경우 올바른 결과가 나타난다. 타이산어와 광둥어에서 *FLOAT 제약을 높은 순위의 제약으로 가정한다면 부동 성조가 덧붙여지는 현상을 결과로 얻을 수 있다.

두 언어 사이에 흥미로운 차이가 있다. Cheng이 정밀하게 분석한 타이산어의 음높이 변화 곡선에 따르면 타이산어는 변음이 원래 성조의 모양인데 오름조가 더해져 끝에서 아주 높아지는 성조가 된다. 반면 광둥어는 매끄럽게 펴진다. 즉 원래 성조의 시작점에서 시작하여 마지막에 높아지지만 중간의 복잡한 과정은 없어진다. 따라서 타이산어에서는 /52/가 [525]처럼 끝나지만 광둥어에서는 /53/이 [55]가 된다.

- 연습 1. 광둥어 53의 변음 변이형인 55가 이 단원에 소개된 제약으로 어떻게 만들어질 수 있는지 논의하라. 최적성이론으로 정확하게 설명하라.

- 연습 2. [525]로 나타나는 타이산어의 문법은 광둥어와 어떻게 다른가?

• 연습 3. 광둥어의 변음 현상은 yat5, tsɔ35, hai35, a5 등의 형태소가 탈락한 후
에도 선택적으로 나타난다. 예를 들면 huŋ21 a5 huŋ21 → huŋ25 huŋ21
'아주 빨갛다', faan53 tsɔ35 lai21 tsɔ35 → faan55 lai25 '돌아왔다' 등이
있다. 이 현상을 분석하라.

7.2 관화 중국어

7.2.1 배경 지식

중국어에서 가장 큰 어족은 관화 중국어이다. 관화 중국어는 중화
인민공화국의 표준어인 푸퉁화 뿐만 아니라 베이징 관화, 타이완 관
화까지 포함한다. 관화라는 용어는 어족이라는 의미와 표준어라는 의
미에 모두 사용되어 혼란스럽다. 여기에서는 두 가지 방언을 논의할
것인데 베이징 관화와 톈진 관화이다. 이 두 방언은 (b) 유형 언어의
예를 보여주고 있다. 즉 특정한 성조가 서로 인접해 있을 때에만 제한
적으로 성조가 변화한다.

7.2.2 결합 단어

관화 방언은 위에 방언보다 성조의 수가 대체로 더 적고 파열음으
로 끝나는 음절도 없다. 톈진어는 북부 관화 방언이고 성조가 네 개다
(핀인으로 분절음을 나타내었다). (다음 내용은 Li and Liu(1985)의 자료이고
Yip(1989)에서 분석한 것이다. 여기에 제시된 것보다 더 자세하고 광범위한 자료인
Chen(2000)도 참조하라.)

(7) H   nan45   '남자'   HL   re53   '뜨겁다'
    L   fei21   '날다'   LH   xi213   '씻다'

광둥어와 마찬가지로 결합 음절은 대체로 기저 성조를 유지한다. 여기에서도 충실성 제약이 위치 제약과 일반 유표성 제약을 모두 지배하고 있음을 알 수 있다.

7.2.3 필수굴곡원리

동일한 성조가 같이 있으면 첫 번째 성조가 변화하는데 고조 두 개가 같이 있을 때만큼은 변화하지 않고 그대로 있다. 이 현상은 톈진어의 고조가 미명세 성조이고 높은 수평조가 음운론적인 무성조일 가능성을 암시하는데 설명이 좀 힘든 현상이다.

(8) L.L   → LH.L   /feiL/   feiLH.jiL   '비행기'
    LH.LH → H.LH   /xiLH/   xiH.lianLH   '얼굴을 씻다'
    HL.HL → L.HL   /jingHL/   jingL.zhongHL   '실중량'

이것은 이미 살펴본 아프리카 언어들에 널리 퍼져있는 현상으로 성조 언어 체계에서 나타날 수 있는 전형적인 필수굴곡원리의 예와 유사하다. 중국어에서는 이 현상이 상대적으로 드물지만(최적성이론의 용어로는 순위가 낮은 제약이다) 가끔씩 불쑥 나타나는 현상이기도 하다. 좀 난해하지만 흥미로운 것은 이 현상이 확실히 굴곡조 전체를 단위로 하고 있다는 점이다. 성조 변화를 유발하는 것은 굴곡조 LH의 자체이지 성조의 구성이 아니다. 즉, 실제로 LH.HL과 같은 연쇄에서는 인접하는 H가 변화하지 않는다. 그래서 톈진어에서는 내림조가 H와 L의 연쇄로 구성되어 있다는 분석이 잘못된 것이라고 분석하고 싶을 수도 있다. 실제로 이렇게 굴곡조를 분해하는 것이 제대로 역할을 하는 것으로 보이는 한 가지 경우가 있는데 /HL.L/ 연쇄가 [H.L]로 단순화하는 경우이다. 이 현상을 지금은 논외로 한다면 제약순은 OCP (WHOLE TONE) >> FAITH >> OCP (CONSTITUENT TONE) 이 된다. 이상을 정리하면서 유의하여야 할 것은 이와 같은 필수굴곡원리의 작동을 보았을 때 대부분의 아프리카 언어에서는 저조가 무표 성조인 것으로 보이지만 톈진어에서는(그리고 관화에서도) 아프리카 언어와 다르게 저조가 확실히 기저에 존재한다는 점이다.

설명이 더 필요한 세부 사항이 많이 있지만 여기에서는 한 가지 문제만을 처리하고 두 가지는 독자들의 연습문제로 남겨두겠다. 지금까지는 두 음절 연쇄만을 논의의 대상으로 한정시켰다. 설명이 필요한 부분은 왜 두 번째 성조가 아니라 첫 번째 성조가 변화하는가이다. 톈진어의 음절이 우핵 운율 단위로 묶인다고 가정해 보자. 그렇다면 변화가 발생하는 음절 연쇄에서 두 번째 음절이 핵이 되어 변화에 저항할 것인데 그 이유는 제약순의 상위에 위치한 위치 충실성 제약 때문이다. 따라서 필요한 문법은 FAITHPRWDHEAD, OCP >> FAITH >> *T 제약순으로 나타날 것이다. 남은 문제는 발생하는 변화의 정확한 형태와 연관된 것이다.

- 연습 4. LH.LH → H.LH의 변화를 생각해 보라. 첫 번째 음절에서 저조나 내림조 또는 오름조를 유지하는 대신 고조가 선택되는 현상을 어떻게 설명할 수 있는가? 답은 기저형의 /L.LH/는 표면형에서 변화하지 않는 현상도 정확하게 예측할 수 있어야 한다.

- 연습 5. L.L → LH.L 변화의 표면형이 H.L보다 선호되는 이유는 무엇인가? 답은 연습 4의 답과 모순되지 않아야 한다.

7.2.4 베이징 관화의 3성 변조

베이징 관화는 톈진 관화와 비슷하게 대부분의 성조 조합에서 성조가 그대로 유지된다. 또한 톈진 관화처럼 이렇게 성조가 유지되는 현상의 예외 한 가지가 유명한데 이른바 '3성 변조' 규칙이다. (연성(변조)은 단어 경계에서 발생하는 음운 변화를 가리키는 용어인데 중국어에서는 전통적으로 모든 체계적 성조 변화에 사용될 뿐만 아니라 단어 내부적으로 형태소 경계에서 발생하는 것까지도 지칭한다.) 이 규칙에 관하여 대단히 많은 참고 문헌이 있는 이유는 규칙 적용의 조건이 운율적, 통사적 요인이기 때문이다. 5장에서 규칙을 조건 적용 조건으로 운율적, 통사적 요인을 논의하였는데 여기서는 성조 변화 자체의 본질과 관련된 세부 내용을 더 논의할 것이다. 마지막으로는 무성조 음절에 대한 전통적 용어인 관화의 '경성'을 살펴볼 것이다.

관화에는 성조가 네 개 있다. 여기에서의 전사는 국제음성문자가 아니고 핀인이다.

(9)　H　　　　jiao55　　　　'가르치다(敎)'

　　LH　　　jiao35　　　　'씹다(嚼)'

　　L　　　　jiao21(4)　　 '섞다(攪)'

　　HL　　　jiao53　　　　'부르다(叫)'

논의를 위해서 이 성조 체계에는 H와 L 두 성조만 있는 것으로 가정한다. 그 이유는 이렇게 가정하는 것이 지나치게 인색한 것 같지만 다음 설명에서 이 가정으로 유의미하게 영향을 받는 것은 없기 때문이다. HL 성조는 구의 마지막에서 완전한 내림조를 이루어 51이 된다. 21(4) 성조는 마지막이 아닌 위치에서는 낮내림조인 21이 되지만, 구의 마지막에서는 (4)로 표시한 높이가 나타나 오름조가 된다. 이어

지는 설명에서는 마지막 오름조를 무시할 것이다. '3성' 규칙은 다음과 같다. 두 개의 3성이 같이 있으면 첫 번째 3성은 높오름조인 '2성'으로 변화한다. 즉 lao21 li21 → lao35 li21 '나이 든 이씨'이다. 이 변화는 이화가 확실하다. 실제로 위에서 나타낸 톈진 관화의 성조 변화 중 하나인 L.L → LH.L과 동일한 현상이다. 필수굴곡원리에 적용할 수 있는 어떤 자질의 명세를 허용한다면 그 문법에는 높은 순위의 OCP (L) >> FAITH >> OCP-GENERAL, *T 가 포함될 것이다. 특별히 선택된 출력형이 오름조인 이유에 대한 설명은 톈진 관화와 동일하다. 그 이유는 위의 연습 5에 대한 답이고 7장의 마지막에 나타나 있다.

7.2.5 경성

변조에서 경성으로 주제를 옮겨보자. 앞에서 중국어에서는 모든 음절에 어휘적 성조가 있다고 말하였는데 전적으로 사실인 것은 아니다. 중국어에서 주로 접사이고 첫 음절을 제외한 위치의 2음절어에서도 보이는 특정 부류의 음절은 성조가 있는 음절보다 음길이가 짧고 자체 성조가 없다. 이러한 음절은 전통적으로 '경성' 음절로 불린다. 경성 음절이 전혀 자체 성조를 가지지 못하는 경우도 있고 문맥에 따라서 성조를 가질 수도 있고 가지지 못할 수도 있다. 예를 들면 접미사 -de는 소유격 표시에 사용되는데 어떤 문맥에서도 고유의 성조를 가지지 못한다. 반면에 인칭대명사의 어휘적 성조는 보통 주어 위치에서는 잘 드러나는데 목적어 위치에서는 성조가 탈락할 수도 있다. 어떤 경우의 중첩형은 성조가 없는 상태로 중첩될 수도 있다. 예를 들면 jie21jie '누나, 언니'의 두 번째 음절은 경성인데 두 번째 음절에 기저의 21 성조가 완전하게 나타나지 않은 것은 첫 번째 음절에 3성 변조가 일어나지 않은 것으로 잘 알 수 있다.

　　물론 모든 음절은 어떤 음성적 높이로 발음되기 때문에 우리가 논의해야 하는 것은 해당 음절에 어떤 변화가 일어났는지이다. 아프리카 언어들에서는 무성조 음절은 저조로 실현되고 저조가 무표 성조이다. 그러나 관화 중국어의 저조는 확실히 기저형에 실재하는 것으로 논의되고 있다. 어떤 경우든지 이러한 무성조 음절들은 앞에 오는 음절의 성조에 따라 다양한 성조로 실현된다. Shih(1987)는 정밀한 음성학적 연구를 통하여 다음과 같은 사실을 보고하고 있다.

(10)　앞에 오는 성조　　　　　　무성조 음절
　　　55　H　높은 수평조　높게 시작한 후 낮아짐
　　　35　LH　높오름조　높게 시작한 후 낮아지지만 55 다음만큼 낮지는 않음
　　　21　L　저조　상당히 낮게 시작한 후 높아짐
　　　53　HL　높내림조　상당히 낮게 시작한 후 더 낮아짐

　　저조 다음에 보통 오름조가 나타나는 것은 저조가 휴지 앞에서 오름조가 있는 현상과 관련이 있다. '말'은 휴지 앞에서 [ma214]로 발음되는 것처럼 '말의'도 무성조 /de/에서 오름조가 나타나는 [ma21 de4]로 발음된다. 이것은 첫 번째 음절의 성조가 두 음절 모두에 걸쳐 있는 것이다. 비슷한 방법으로 높내림조 다음의 낮내림조를 설명할 수 있을 것이다. 높내림조는 휴지 앞에서 스스로 아주 낮은 위치까지 낮아지기 때문에 자주 [53]이 아니라 [51]로 표시된다. 이와 같은 내림조가 음절 두 개로 확산된다면 무성조 음절이 뒤에 오는 제대로 된 연쇄 내림 현상을 얻을 수 있다. 다른 두 경우는 좀 어렵다. 이 두 경우는 첫 번째 음절의 끝에 위치한 고조에서 더 낮은 음높이로 복귀하려는 경향이 있는 것으로 보인다. 구 마지막의 음높이 내림 현상이거나 '무성조' 음절의 목표점 성조가 낮은 것과 관련이 있다. 그러나 이 현

상은 저조 다음의 오름 현상과 일관된 것으로 보기 힘들다. Yip(1980a)에서는 경성 음절이 [−고역성] 음역이어서 경성이 일반적으로 음높이가 낮게 나타난다고 설명하고 있다. 이 관점에서 마지막의 오름 현상을 살펴보면 바로 [−고역성] 음절에서 [+고조성] 자질이 실현된 것이다. 자세한 내용은 Yip(1980a)을 참조하라.

경성이 존재한다는 것은 중국어를 분석할 때 처음으로 강세의 역할과 맞닥뜨리게 되는 현상이다. 완전한 성조 음절 사이에서 강세가 변별적인지 아닌지에 대해서는 의견이 분분하지만 무성조 음절이 비강세라는 사실에 대해서는 모든 연구자들의 의견이 일치한다. 무성조 음절은 단어가 될 가능성이 없다. 무성조 음절은 최소 1음절 이상의 고유 성조 뒤 어두가 아닌 위치에서만 나타날 수 있다. 무성조 음절은 상당히 짧고(Shih에 따르면 어말 위치의 완전한 성조를 가진 음절 길이의 약 절반 정도이다) 모음의 대립이 없어지기도 한다. 무성조 음절은 비강세 음절이 가진 모든 특징을 다 가지고 있다. 이것이 의미하는 것은 어떤 음절에서 기저 성조가 없어졌을 경우에 그 소실을 무강세 단모라 음절의 성조 소지 불가능 특징으로 돌릴 수 있다는 것이다. 이 주제는 다음 단원에서 다룰 내용인데 거기에서는 성조 소실과 확산이 전면적으로 일어나는 우 방언에 대하여 논의하겠다.

분석의 일반적인 맥락은 다음과 같다. 경성 음절은 비강세(비핵)이기 때문에 성조가 없어지고 길이가 짧은 단모라 음절이기 때문에 강세를 받지 않는다. 이와 같은 논지에 살을 붙여 보자.

최적성이론에서는 강세 음절에서는 대립이 유지되지만 비강세 음절에서는 대립이 없어지는 현상을 위치 충실성 제약과 관련하여 분석하여 왔다. 이 위치 충실성 제약은 운율핵과 같은 특별한 위치에서 대립이 더욱 충실하게 유지되는 것을 요구하는 제약이다(관련 분석은 Beckman(1997) 참조. 이와 반대되는 견해는 Zoll(1998b) 참조). 여기에서는 HEAD-

MAX-T 제약을 위치 충실성 제약으로 사용할 것이다.

(11) HEAD-MAX-T: 핵음절의 기저 성조를 보존하라.

다음 제약은 일반 유표성 제약보다 상위에 위치하여 어떤 성조의 명세든지 위반으로 처리한다(따라서 수평조에는 * 한 개를 굴곡조에는 * 두 개를 부여한다).

(12) *T: 각각의 성조는 유표성 제약 위반이다.

그러나 성조가 비핵 위치에서는 탈락하기 때문에 유표성 제약은 단순 충실성 제약인 MAX-T 제약을 지배하여야 한다.

(13) MAX-T: 모든 기저 성조를 보존하라.

이것이 어떻게 작용하는지 알아보기 위해서 기저형 /jie21jie21/에서 실현된 [jie21jie] 중첩형을 생각해 보라. 핵음절은 밑줄로 표시하였다.

(14)

/jieL jieL/	HEAD-MAX-T	*T	MAX-T
☞ jieL jie		*	*
jieL jieL		**!	
jie jie	*!		**

두 번째 분석 단계는 다음 과정을 보여주는 것이다. 즉, 어떤 음절은 핵이어서 성조를 유지하고 어떤 음절은 비핵이어서 성조가 탈락하

는지를 문법이 선택하는 방법이다. 완전한 성조 음절이 있는 단어에서는 각 음절이 스스로 이원 음보의 핵이라는 것을 상정하여야 하는데 이 현상은 상위 제약순인 WEIGHTTOSTRESSPRINCIPLE 제약(WSP, Prince 1990)과 FOOTBINARITY 제약, 즉 FT-BIN 제약의 영향일 수 있다는 것이다.

(15) WEIGHTTOSTRESSPRINCIPLE 제약(WSP): 중음절에는 강세가 있어야 한다.
FOOTBINARITY 제약(FT-BIN): 음보는 모라 층위에서 최소한 이원 적이어야 한다.

이것은 (μ́μ) (μ́μ) 로 음보화하는 것을 선택하고 다른 방식인 (μ́μ.μμ)는 선택하지 않을 것이다. 왜냐하면 중국어에서 음절은 일반적으로 2음보이기 때문에 기준에 맞게 스스로 이원 강약 음보를 형성할 수 있어 FT-BIN 제약을 만족하기 때문이다. 그러나 단음보 음절은 그럴 수 없기 때문에 앞에 오는 중음절과 함께 결합하여 음보를 형성하여야 한다. 여기에서 또 하나의 충실성 제약 부류를 상정하여야 하는데 그것은 기저의 무게는 정상적이라면 바뀔 수 없다고 명시하는 것이다.

(16) PRESERVEWEIGHT 제약(PRESWT): 기저의 무게 변별은 유지하여야 한다.

타블로 (17)은 이 제약들이 작용하여 2음보 음절이 어떻게 독립적인 음보로 형성되는지와, 단모라 음절이 어떻게 앞에 오는 음절에 강제적으로 덧붙여져 마침내 음성학적 음높이가 나타나게 되는지를 보여주고 있다. 바로 이 음성학적 사실이 단모라 음절이 명세되지 않고 남아 있기 보다는 앞에 오는 음절과 음보를 구성한다는 가정을 정당

화한다. 이 현상을 형식화하면 PARSE-σ 제약이 상위 제약에 있어야
하는 것으로 나타낸다.

(17)

/μμ.μ/	WSP	FT-BIN	PRESWT
☞ (μ́μ.μ)			
(μ́μ)(μ́μ)			*!
(μ́μ)(μ́)		*!	
/μμ.μμ/			
☞ (μ́μ)(μ́μ)			
(μ́μ.μ)			*!
(μ́.μ.μ́.μ)	*!		

마지막으로 [wo21mende] 1인칭-복수-소유격 '우리의'와 같이 2모라
음절 뒤에 두 개 이상의 단음보 음절이 오는 입력형을 생각해 보자.
단모라 음절은 합쳐져서 스스로의 음보를 구성할 수 없어서 여전히
왼쪽에 덧붙여져야 한다. 왜냐하면 단모라 음절은 결코 핵이 될 수 없
기 때문이다. 따라서 STRESSTOWEIGHTPRINCIPLE 제약도 필요하다
(SWP, Prince 1983, Prince and Smolensky 1993, Myers 1987b).

> (18)　STRESSTOWEIGHTPRINCIPLE 제약(SWP): 강세 음절은 중음절이
> 　　　어야 한다.

이 제약은 (μ́μ)(μ́μ)를 선택하지 않고 (μ́μ.μ.μ)를 선택할 것이다. 지
금까지 성공적인 후보형들은 모두 완벽하게 SWP, WSP, FTBIN,
PRESWT 등 모든 제약을 만족시키고 있기 때문에 제약들의 순서를
발견할 수 없었다. 완전한 성조를 가진 음절이 경성 변이형이 있는 경

우를 생각해 보자. 이 경우는 형태론적 이유(예를 들면 중첩)이거나 구 구조와 관련된 이유(예를 들면 대명사 목적어)로 발생한다. 구 구조의 경우는 확실히 음절이 더 이상 핵이 될 수 없는 것과 같은 (통사론적이거나 화용론적이거나 또는 억양의 영향을 받은) 운율 구조 변화의 결과가 틀림없다. 이러한 음절들이 비핵의 상태로 떨어지게 되는 것과 관련이 있는 다른 변화에서도 이것을 사실이라고 가정해보자. 여기에서는 *FINALSTRESS 제약으로 나타나 있다. 그렇다면 이 분석이 이러한 음절들을 무성조 단모라 음절로 올바르게 축소시킬 수 있는지를 확실히 하여야 한다. 이것은 WSP >> PRESWT 라는 제약순으로 수행 가능하기 때문에 비핵 음절은 짧아져야만 한다.

(19)

/μμ.μμ/	*FINSTR	WSP	PRESWT
☞ (μ́μ.μ)			*
(μ́μ)(μμ)		*!	
(μ́μ)(μ́μ)	*!		

순위가 낮은 PRESWT 제약에 관한 논증은 좀 더 관찰하여야 확인할 수 있다. 어두 단모라 음절을 가진 입력형을 고려해 보자. 이러한 입력형은 모든 어근이 최소한 2모라이고 접미사화 위주인 중국어에서는 나타나지 않지만 최적성이론에 있는 어기의 풍부성 가설로 인하여 그러한 입력형들도 고려하여야 한다. 실제로 해당 형태가 상하이어에 나타나는데 곧 간단히 살펴볼 것이다. 관화 중국어에는 항상 좌핵인 HEAD-LEFT 제약이 나타나지만 (μ́.μμ) 또는 (μ́μ)와 같이 어두에서 강세를 받은 짧은 음절과 같은 출력형은 절대로 표면화하지 않는다. 다음이 관화 중국어에서 SWP >> PRESWT 제약순를 보여주는 경

우가 될 것이다(타블로 (20)).

(20)

/μ.μμ/	HEAD-LEFT	WSP	SWP	FTBIN	PRESWT
☞ (μ́μ)(μ́μ)					*
(μ́)(μ́μ)			*!	*	
(μ́.μμ)		*!	*		
(μ.μ́μ)	*!				
/μ.μ/					
☞ (μ́μ.μ)					*
(μ́.μ)			*!		

7.3 우 중국어

7.3.1 배경 지식

우 중국어는 남쪽 지역에서 사용되는데 상하이 지역의 상하이, 쑤저우, 충밍, 단양, 원저우 등이 포함된다. 우 중국어에는 세 가지 흥미로운 특징이 있다. 첫 번째는 유성 장애음을 유지하고 있다는 것이다. 유성 장애음 두음이 있는 음절에는 무성 두음이 있는 음절보다 더 낮은 음높이 부류의 성조가 실린다. (앞에서 논의한 위에 방언과 관화 방언은 유성 장애음이 없어졌는데 이 현상은 역사적으로 성조 분화의 조건이 되었다.) 두 번째는 핵음 뒤에 활음이 나타나지 않는 상당히 간단한 음절 구조를 가지고 있다는 것이다. 이와 관련하여 Duanmu(1993)는 상하이어 음절이 모두 경음절이라고 논증하고 있다. 세 번째는 다음절어가 핵음절의 성조만 유지한다는 것이다. 핵음절 성조는 두 개 이상의 음절에 걸쳐서 실현된다. 세 번째 특징은 우 중국어의 방언들이 음절 성조 언어가 아니라 단어 성조 언어로 분류되어야 한다는 것을 의미한다. 이와 같은 용어들은 표면형에 성조 명세를 전달하는 단위를 의미한다. 관화 중국어는 온음절 각각에 성조가 있어서 단어에는 단어를 구성하는 음절수만큼 성조가 있을 수 있다. 상하이어는 단어마다 단 한 개의 성조만 살아남는데 그렇게 살아남은 성조는 원래 첫 번째 음절의 기저 성조이었지만 결국은 전체 단어의 특성이 된다. 우 방언들은 앞서 (1)에서 제시한 유형 중 (c)부터 (e)까지의 유형으로 나타난다. 이 유형은 비핵 위치의 성조는 탈락하고 탈락하지 않은 핵성조가 왼쪽이나 오른쪽으로 확산되는 유형이다.

7.3.2 두음의 유성화와 성조

두음에 있는 유성음의 영향을 보여주는 것으로는 쑹장어(Chen 2000)에 있는 다음 자료가 있다.

(21)	HL	ti	53	'낮다'		di	31	'들어 올리다'
	H	ti	44	'바닥'		di	22	'남동생'
	LH	ti	35	'황제'		di	14	'들판'

여기에는 여섯 가지 표면형이 나타나 있지만 필요한 것은 수평조 H, 내림조 HL, 오름조 LH의 삼원 대립뿐이다. 유성 두음 다음에서 낮게 실현된 변이형은 예측 가능한 도출형이다. 자질로 본다면 쑹장어에는 두음의 유성성이 조건이 되는 [+/－고역성] 자질이 있고 [+/－높임성]이 유일하게 대립적인 성조 자질이다. 이처럼 항상 이렇게 규

칙적이고 간단한 것은 아니지만 상하이어를 포함하여 대부분의 우 방언은 이와 같은 상황과 어느 정도는 관계가 있다. 유성 장애음은 자주 중얼거림성으로 나타나거나 기식을 동반하여 음높이를 점점 낮아지게 하는 효과를 보인다(Yip(1980a) 참조). 유성성과 낮은 음역의 관계가 공시적으로 조건 교체가 어느 정도로 활발하게 일어나는지는 명확하지 않다. 아마도 지금은 대부분의 경우에 단지 성조의 역사적 기원에 따른 유물 정도로 보인다. 이러한 관점은 다음 단원에서 논의하겠다. 다음 단원은 여러 다른 아시아 언어들에서 나타나는 현상을 살펴볼 것인데 짜내기 소리나 유성 날숨소리와 같은 음질의 변별이 음높이 변별과 함께 나타날 수 있다.

7.3.3 상하이어의 결합 성조

상하이어의 음절 구조로 논의를 돌려 보자. 상하이어의 음절 구조는 변조 현상과 흥미로운 방식으로 상호작용을 한다. 다음은 상당히 다른 두 분석인 Duanmu(1993)과 Duanmu(1999)에서 많은 부분을 가져온 것이다. 그러나 여기에서 세부적인 분석은 여러 관점에서 Duanmu와 다르다. Duanmu(1993: 8)에서는 관화 중국어와 상하이어의 차이점에 주목하고 있다. 두 언어에 있는 다음의 운 목록을 보자. 핵전 활음은 나타내지 않았다.

(22)　관화 중국어
　　　a. z r i u ü a ɣ
　　　b. ai ei au ou in an ən iŋ aŋ əŋ oŋ er
　　　상하이어
　　　a. m n z i u ü r a ɑ o ɔ ɣ ɛ ø ã ɑ̃
　　　b. ən in ün oŋ ɑʔ oʔ əʔ ɪʔ

분명히 상하이어는 관화 중국어와 다르게 분절음이 두 개인 운이 상대적으로 거의 없고 핵음 뒤의 요소에 조음 자리에 따른 대조가 없다. 왜냐하면 [n]과 [ŋ]의 선택은 핵모음의 음가에 따라 변하기 때문이다. Duanmu에 따르면 심지어 몇 안 되는 이러한 운들도 비음화 또는 성문음화한 단순 모음 핵음으로 더 정확하게 전사될 수 있다. 따라서 [in] 운은 실제로 [ĩ]이 된다. Duanmu는 이러한 음절들이 단모라 경음절이고 바로 관화의 가벼운 '경성' 음절과 같이 성조를 잃는다고 결론을 내린다. (특정 위치에서는 이 음절들은 길어질 수 있는데 그 경우에는 비음화하고 성문음화한 요소가 실제로 독립된 분절음으로 표면화할 수 있다.)

음절 구조가 이렇게 다른 것은 성조에 광범위한 영향을 미친다. 단모라 음절은 비강세를 선호하기 때문에 성조 소실이 일어나기 쉬운 경향이 있다. 이 현상은 상하이어에서 확인한 현상과 정확히 일치하는데 각 단어가 첫 음절에 강세를 가지고 이 강세 음절만 성조를 유지하는 현상이다. 유지된 성조는 전체 단어에 확산되는 것으로 이어진다.

(23) se52 + pe52   →   55 21   '세 잔'
      se52 + bø23   →   55 21   '세 접시'
      sz34 + pe52   →   33 44   '네 잔'
      sz34 + bø23   →   33 44   '네 접시'

유의할 점은 성조가 변화할 때는 Zee and Maddieson(1980: 67)에 따라 두음의 유성음은 영향을 받지 않는다는 것이다. 예를 들면 첫 번째 예에서 /pe52/의 성조가 [21]로 낮아지는데 두음이 유성음화하지 않는다. 반대로 /bø23/이 [44]로 높아질 때에도 무성음화하지 않는다. 이 현상은 유성음화와 저음역의 상호 관계가 음운론적으로는 더 이상 유효하지 않다고 말하는 이유가 된다.

지금부터는 문법이 운율 구조를 어떻게 선택하는지를 살펴보자. 상하이어에서 음절이 모두 단모라인 경우라면 관화 중국어에서는 실제로 한 번도 발생하지 않은 유형인 전부 경음절로 구성된 연쇄도 입력형으로 고려하여야 한다. 만약에 PRESERVEWT 제약이 STRESSTO WEIGHTPRINCIPLE(SWP) 제약을 지배한다면 해당 연쇄를 바르게 음보화할 수 있다. 유의할 점은 이렇게 하면 위에서 증명한 관화 중국어의 제약순이 거꾸로 된다는 것이다.

(24)

/μ.μ/	PRESWT	SWP
☞ (μ́.μ)		*
(μ́μ.μ)	*!	

강세를 받은 단모라 음절은 STRESSTOWEIGHTPRINCIPLE 제약을 위반하기 때문에 가능한 한 적은 수의 음절이 강세를 받는다. 따라서 긴 연쇄의 첫 번째 음절만이 강세를 받아 모든 운율 단어에는 어디든지 핵이 있어야 하는 요구 조건을 만족시킨다. 그렇게 하여 (μ́.μ.μ.μ) 는 (μ́.μ)(μ́.μ)와 핵이 없는 (μ.μ.μ.μ)에 모두 우세하게 된다. 반대로 관화 중국어에서는 모든 중음절이 음보 하나를 이루기 때문에 성조가 유지된다.

여기에서 마지막으로 흥미로운 현상은 살아남은 성조가 어디에 위치하느냐이다. 상하이어에서 입력형의 첫 번째 음절에 굴곡조가 나타난다면 그 성조는 '분리'되어서 처음 두 음절에 나타나게 된다. 첫 번째 예는 내림조가 고조와 저조의 연쇄로 된 것이고 두 번째 예는 오름조가 저조와 고조의 연쇄로 바뀐 것이다.

(25) se52 pe52   55 21   '세 잔'
      sz34 pe52   33 44   '네 잔'

이 현상은 굴곡조가 확산되어도 핵음절에 그대로 남아있는 관화 중국어(자세한 내용은 앞 단원 참조)와 상당히 다르다. 예를 들면 si53 ge → 53 21 (*55 21) '넷-분류사'이다. 성조소지단위를 음절이 아닌 모라로 보고 굴곡조가 수평조 두 개로 이루어져 있다고 본다면 이해할 수 있는 현상이다. 관화 중국어에는 중음절이 있기 때문에 각 모라가 성조 하나를 소지할 수 있다. 반면 상하이어는 음절이 단모라이어서 성조를 하나만 소지할 수 있다. 마지막 음절에서(단음절도 당연히 모두 포함된다)는 길어지기 때문에 두 번째 성조를 소지할 수도 있다.

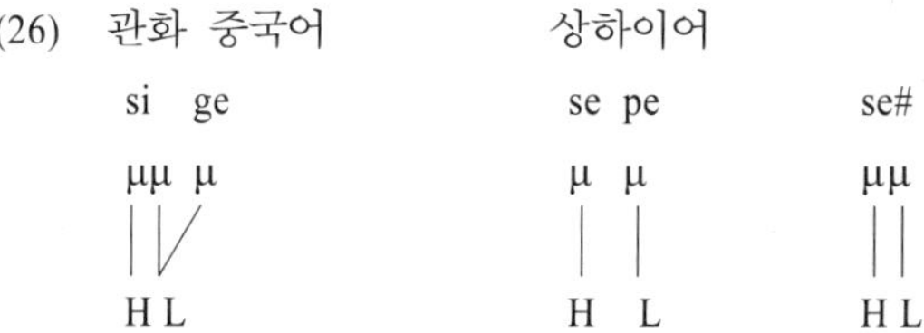

7.3.4 원저우어의 우측 우세형

앞 단원에서는 어두 위치가 아닌 음절에서 대립이 사라지는 상하이어의 좌측 우세형 언어 체계에 중심을 두었다. 흔한 편은 아니지만 이것과 완전히 대칭되는 형태도 우 방언에 나타난다. 다음 자료는 Zhengzhang(1964)의 원저우어 자료에서 가져온 것인데 마지막 음절의 성조만 중요하고 나머지 성조는 모두 경성화한다. (일부 마지막 성조는 끝에서 두 번째 음절의 성조도 중요하다. 자세한 내용은 Yip(1999) 참조) 다음 예의 두 성조 연쇄는 모두 기저의 마지막 음절에 45 성조가 있고 다른 여러 성조들이 그 성조의 앞에 온다. 출력형의 성조 연쇄는 마지막 성조로만 제어되어 동일한 유형이 나타난다. 정확하게 표면형을 도출하는 방법은 여기서 다루지 않겠다. 자료는 핀인을 사용하여 나타내었다.

(27)　　　　　　　　　　　　　　　　인용형　　　표면형　　　　　주석
　　　san chang liang duan　44 31 34 45　(2 4 43 34)　'셋 길다 둘 짧다'
　　　tong hang tong zou　　31 31 31 45　(2 4 43 34)　'함께 가다 함께 걷다'

다음 단원에서는 상당히 다른 유형을 살펴볼 것이다. 그 유형은 연쇄이동 효과와 관련된 우측 우세형 체계이다.

7.4 민 중국어

7.4.1 성조 목록

마지막 변조 유형으로 중국어에서 흔하게 발견되는 것으로는 민 방언권 언어가 가장 잘 알려져 있다. 민 방언권에는 샤먼어(가끔씩 타이완어, 민난어, 아모이어 등으로도 불린다), 차오양어, 차오저우어, 푸저우어 등이 포함된다. 이 유형은 도입부의 (f) 유형처럼 연쇄이동 효과가 나타나는데 그에 따라 모든 성조는 비핵 위치에 있을 때 기본 성조 목록에서 다른 성조로 변화한다. 모든 성조에는 두 가지 변이형이 있다. 한 변이형은 어말 위치, 휴지 앞의 위치 또는 무성조 음절의 앞에서 나타나고, 다른 변이형은 그 이외의 위치에 나타난다. 이 변화는 어떤 자연 음운론적 방법으로도 기술하기가 쉽지 않다. 왜냐하면 어떤 음

절에서 휴지 앞 단음절에 실리는 성조가 다른 음절에서는 비어말의
변이형일 수도 있기 때문이다. 이 현상은 자주 연쇄적인 형태(가끔은
순환적인 형태)로 만들어진다. 예를 들면 표 7.4에 제시한 차오양어 자
료(Zhang 1981)인데 공명음으로 끝나는 음절만 본 것이다. 첫 번째 열에
있는 성조는 인용형 및 휴지 전 형태이고 두 번째 열에 있는 것은 비
어말 위치의 변이형이다. 자료를 보면 휴지 전의 /53/ 성조는 비어말
위치에서 31이 되지만, 휴지 전 /31/ 성조는 비어말 위치에서 55가 되
는 식이다. 마지막 열은 어떤 음절이 완전히 비강세일 때이다.

표 7.4 서로 다른 환경에서 나타나는 차오양어 성조 목록

어말/인용		비어말 변조		강세후, 비강세	
55	H	11	L		
31	ML	55	H		
33	M			11	L
313	LM	33	M		
11	L				
53	HM	31	ML	31	ML

언뜻 보기에 이러한 변화는 음운론적으로 이해하기 힘들다. 타이완
어에서는 이러한 변화가 생산적인 것이 아니라고 하는 주장이 제기되
고 있다. Hsieh(1976)와 Tsay and Myers(1996)의 심리언어학적 실험에 의
하면 화자에게 인용 성조를 일회성으로 제시하고 변조의 환경에서 그
성조를 사용하도록 하였는데 화자의 발화는 거의 우연적이었다. 따라
서 Tsay and Myers는 모든 어휘 목록을 쌍으로 하고 우연성을 통제하
는 어휘 삽입 규칙을 제시한다. 여기서 문제는 어떠한 쌍 만들기라도
학습될 수 있지만 실제로는 모든 단어가 차용어를 포함하여 표준적인
변이 성조 쌍 만들기를 따라야 한다는 데 있다. 가끔씩 이러한 변화는

역사적인 방식으로 더 쉽게 기술되기도 한다(Chen 2000). 여기서는 다음에 제시한 관찰 근거로 음운론적 설명을 부분적으로 시도할 것이다. 타이완어에는 자주(항상은 아니다. 관련되는 예는 타이완어의 짧은 성조에 관한 Tsay(1996)의 내용 참조) 비어말 위치에서 어느 정도의 경성화가 일어난다. 더욱 중요한 것은 각 위치의 성조 목록은 강세의 정도가 줄어듦에 따라서 점진적으로 유표적이지 않게 된다는 사실이다. 독자들은 이 단락을 읽기 전에 성조 목록을 개관한 2장을 참조하는 것도 좋겠다. 왜냐하면 여기에서 기술하는 것은 최적성이론의 배경을 상당히 많이 알고 있어야 하는데 그 배경이 2장보다는 오히려 이번 장에 포함되어야 하는 내용이기 때문이다.

우선 유의하여야 할 것은 유표성은 개별적인 성조 변화를 설명할 수 없다는 점이다. 예를 들어 차오양어의 55 성조는 유표적이고 11 성조는 무표적이기 때문에 55 성조가 비핵(비어말) 위치에서 11 성조로 되었다고 가정해 보자. 그렇다면 31 성조가 동일한 환경에서 '유표적인' 55 성조로 변한 이유와 '무표적인' 11 성조가 아마 더 유표적인 성조로 보이는 33 성조로 변한 이유를 설명하여야 한다. 그러나 지금까지 설명한 것처럼 전체 성조 목록은 보통 유표성이 덜하다. 즉 성조 목록의 수가 적고 탈락한 성조들이 대체로 유표적인데 특히 오름조가 그렇다. 따라서 성조의 개별적 쌍 만들기는 실제로 어휘적이지만 그 쌍은 문제가 되는 위치에 적합하게 목록에서 선택되어야 한다. 음운론자에게 남은 문제는 각 위치에서 발견되는 특정 성조 목록에 대하여 설명하는 것이다.

(28)   a. 굴곡조는 수평조보다 더 유표적이다: *CONTOUR
        b. 고조는 저조보다 더 유표적이다: *H >> *L
        c. 오름조는 내림조보다 더 유표적이다: *RISE >> *FALL

이러한 조음적 제약은 일련의 지각적 제약과 균형을 맞추고 있다. Lindblom(1986, 1990)의 관찰에 따르면 모음 목록은 기능적으로 확실한 이점이 있기 때문에 가능한 음성적 공간을 채우기 위하여 확산되는 경향이 있다. 이러한 관찰 결과를 성조에 적용해보면 성조 목록이 적으면 가능한 한 음높이 공간의 가장자리까지 차지하려 하고 성조 목록이 많으면 서로 더 가깝게 있게 된다. 이렇게 논증하는 것이 모두 다 사실이 아니라고 하여도(2.3에 있는 Maddieson(1978)의 논의 참조) 이 논증은 중국어파에서 최소한 무엇이 가능한 성조 목록이고 무엇이 아닌지를 정의할 때 가능성이 높은 논쟁 방식이 될 수 있을 것으로 보인다. 지금부터 이것을 논의해 보자.

Flemming(1995)은 분절음 목록을 설명하는 방식으로 최적성이론의 틀 안에서 Lindblom의 견해를 발전시켰는데 지금부터 설명하는 것은 Flemming의 연구에 많은 영향을 받은 것이다. 설명에 이어서 성조 목록을 비교하는 타블로가 나타나 있는데 주어진 입력형과 다르지 않은 출력형이다. 성조를 제시된 퍼센트의 음높이 범위만큼 떨어뜨리도록 하는 제약으로 Lindblom의 분산 이론을 형식화하였다고 가정해 보자.

> (29)　SPACE-100%: 수평조는 음높이 범위를 100% 떨어뜨려야 한다. (두 개 이하의 성조가 고르게 간격을 둔 성조 체계, 즉 [H, L] 또는 단일 성조 체계에 해당된다.)
>
> 　　　SPACE-50%: 수평조는 음높이 범위를 50% 떨어뜨려야 한다. (세 개 이하의 성조가 고르게 간격을 둔 성조 체계, 즉 [H, M, L], [H, M], [H, L], [M, L] 또는 단일 성조 체계에 해당된다.)

언어는 특별한 이유 없이 다른 수의 성조가 존재하기 때문에 위의 사실이 규정되어야 한다. 차오양어에서 성조의 수는 여기에 제약으로 예시한 것처럼 여섯 개에서 네 개로, 네 개에서 두 개로 환경에 따라 달라진다.

(30) 6T/4T/2T: 6/4/2 성조 변별을 구별하라.

이 제약에 대한 다른 예들의 제약순은 nT >> (n+1)T와 같이 범언어적이다. 간격 조정에 대한 요구가 있기 때문에 수평조만 있는 경우 변별이 항상 잘 되는 것은 아니다. *RISE 제약은 오름조를 추가하는데 대가를 치러야 하기 때문에 가능하다면 내림조를 대신 추가한다. *H 제약은 고조를 추가하는데 대가를 치러야 하기 때문에 굴곡조는 가능하면 ML 또는 LM이 될 것이다.

다른 위치에서는 다른 최적성이론의 소문법이 성조 목록을 결정한다는 것이 일반적인 개념이다. 각 위치에서는 서로 다른 수의 대립이 필요하다는 것은 형식적으로 6T, 4T, 2T 제약 중 하나가 성조 유표성 제약보다 상위 제약임을 의미한다. 비강세 음절에서는 성조가 짧은 음절 길이 동안에 지각되도록 하기 위하여 넓게 간격을 두어야 하는데 그렇기 때문에 SPACE-100% 제약이 상위 제약이 된다. 강세 음절에서는 SPACE-100% 제약은 순위가 낮아져 덜 엄격한 SPACE-50% 제약만이 가시적으로 남게 된다. 성조 유표성 제약인 *RISE 제약과 *H 제약(이 제약들만 여기와 관련이 있다)은 모든 언어에서 *RISE >> *H와 같은 고정된 제약순이다. 돋들림이 줄어듦에 따라 조음의 노력을 최소화하는 것이 더 중요해지고 어떤 대립관계라도 가능한 한 변별적으로 만드는 것이 더 중요해진다. 이러한 우선권들은 모두 그 근거를 기능적인 관점에 두는데 돋들림이 덜한 음절은 자주 더 짧아지고(변별을 조음하기 위한 시간과 변별을 지각하기 위한 시간을 덜 사용한다) 소리가 더 작아진다(물론 지각하기도 더 힘들어진다)(Zhang 2000). 따라서 여기서는 MINARTIC EFFORT 제약(제약순이 변하지 않는 유표성 제약 *RISE >> *H)과 SPACE-

100% 제약이 동시에 위계가 상승한다. 도표 (31)이 보여주고 있는 것은 세 종류의 문법이 서로 다른 돋들림 정도와 연결되어 있는 모습이다.

(31) 최대 돋들림 : 인용형
SPACE-50% >> 2T >> 3T >> 4T >> 5T >> 6T >> MINARTICEFFORT >> SPACE-100%
중간 돋들림 : 변조
SPACE-50% >> 2T >> 3T >> 4T >> MINARTICEFFORT >> SPACE-100% >> 5T >> 6T
최소 돋들림 : 경성/강세후
SPACE-50% >> 2T >> MINARTICEFFORT >> SPACE-100% >> 3T >> 4T >> 5T >> 6T

강세후 위치에서 성조 목록이 가장 적은 [L, ML]의 예로 논의를 시작해 보자. 성조 목록에는 고조와 오름조가 없고 수평조가 최소한 음높이 범위에서 100% 떨어져 있는 한 2성조 목록을 수행하기에 완벽하다. SPACE-100% 제약이 상위 제약순이면 당연히 비강세 음절이 짧은 것과 연관이 있어서 F_0의 변별을 지각하기가 어렵게 된다.

(32) 강세후 비강세 위치에서 가능한 성조 목록의 비교

	2T	*RISE	*H	SPACE-100%
a. L	*!			
b. L, LM		*!		
c. L, H			*!	
d. L, HL			*!	
e. L, M				*!
☞ f. L, ML				

변조 위치에서는 [H, M, L, ML]의 네 개의 성조가 있다. SPACE-

100% 제약의 요구는 타블로의 오른쪽 가장자리로 낮아져 있어서 여기에 나타내지 않는다. 대신 덜 엄격한 SPACE-50% 제약이 수평조를 세 개로 제한하는 역할을 담당하고 그 세 성조가 균등하게 배치된 고조(H), 중조(M), 저조(L)이 되게 한다. 네 성조의 목록은 고조가 없어서 가장 덜 유표적인 굴곡조인 낮내림조(ML)를 첨가하여 완성된다(타블로 33).

(33) 변조(비핵) 위치에서 가능한 성조 목록 비교

	SPACE-50%	4T	*RISE	*H
☞ a. H, M, L, ML				*!
b. H, M, L, HM				**!
c. H, M, L, LM			*!	*
d. H, L, ML, LM			*!	
e. H, M, L		*!		*
f. H, M+, M, L	*!			*

마지막으로 [H, M, L, ML, HM, LM]과 같은 여섯 개의 인용형 목록을 보자. 여전히 SPACE-50% 제약을 준수하고 또 수평조의 개수를 세 개로 제한하고 있어서 여섯 성조는 굴곡조 세 개를 첨가하는 것으로 얻을 수 있다. 이렇게 하기 위해서는 *RISE 제약과 *H 제약은 불가피하게 위반되어야 하지만 가장 위반이 적은 형태인 두 개의 내림조(ML, HM)와 한 개의 오름조(LM)로 선택된다(타블로 34).

(34) 인용형(핵) 위치에서 가능한 성조 목록 비교

	SPACE-50%	6T	*RISE	*H
a. H+, H, M+, M, L+, L	*!			**

b. H, M, L		*!		*
c. H, M, L, ML, MH, LM			**!	**
d. H, M, L, ML, HM, MH			*	***!
☞ e. H, M, L, ML, HM, LM			*	**

주어진 환경에서 목록이 한번 정의되면 그 목록은 성조를 목록 집합의 일부로 요구하는 방식으로 특정 출력형을 제약한다. 그러나 이러한 방식으로는 주어진 어휘 항목이 그렇게 하는 성조를 왜 선택하는지는 설명되지 않는다. 앞에서 논의하였지만 여기서는 쌍 만들기가 실제로 어휘적이라는 관점이 선택되는 것이 좋다. 이러한 관점에 대해서 필자는 수년간 반대 입장에 있었지만 현재로서는 대안이 없는 것으로 보인다. 관심 있는 독자는 Kirchner(1996)를 참고하기 바란다. 거기에는 좀 더 흥미로운 분석이 있는데 연쇄 변화를 가능한 시작 지점으로 논의하고 있다.

이 주제를 마치기 전에 민 중국어의 순환적 연쇄이동을 지금까지의 분석틀로 증명하는 것이 얼마나 힘든지를 생각해본다면 교육적일 것 같다. 예를 들어 Yip(1980a)에서는 빛이 좀 바랜 다음과 같은 규칙이 이러한 현상을 설명할 때 필요한 세 가지 규칙 중 하나로 제안되었다.

(35) $[\alpha\ \text{고역성}] \rightarrow [-\alpha \text{고역성}]\ /\ \underline{\hspace{2em}}$
$$\diagup\ \diagdown$$
$$[\beta T]\ [\beta T]$$

다른 방식들 역시 더 나쁘진 않아도 최소한 위의 규칙정도로는 나쁘다. 정리가 필요하면 Yip(1980a)을 참조하라.

7.4.2 변조 영역

이러한 변조가 일어나는 환경으로 관심을 돌려 보자. 지금까지 '어
말'과 '비어말'에 대해서 논의해 왔는데 무엇의 마지막을 말하는 것일
까? 샤먼어를 다룬 중요한 논문인 Chen(1987)에서는 성조군이라는 단
위를 논의하면서 이 단위가 통사론적으로 상당히 흥미롭게 정의되는
방식을 보여주고 있다. 성조군은 통사적 구성 요소와 일치하지 않지
만 부가어가 아닌 각 XP의 오른쪽 가장자리에 성조군의 오른쪽 가장
자리가 표시된다. 다음 예에서 해당 위치는 '#'으로 표시되었다. 반면
왼쪽 가장자리는 무시된다.

(36)

NP[나이든 부인]NP PredP[아니다 VP[맏다 S[NP[앵무새]NP PredP[할수있다 VP[말하대]VP]PredP]S]VP]PredP

  lao tsim-a-po #   m   siong-sin ying-ko #   e   kong-we #

XP의 가장자리와 성조군의 가장자리를 연결하는 것은 간단한 일이
지만 부가어가 이 연결에서 제외되어야 한다는 조건 때문에 복잡해진
다. 그러나 Lin(1994)에는 Chen이 '부가어가 아니라면'으로 형식화한
조건문을 어휘 지배의 관점으로 보면 좀 더 명쾌하고 정확해질 수 있
다는 것이 제시되어 있는데 어휘적으로 지배되지 않은 XP의 모든 오
른쪽 가장자리는 성조군과 일치한다는 기술이다. 이렇게 형식화하는
것이 가지고 있는 장점은 다른 언어에서 구 나누기를 할 때 필요하다
는 점이다. 이 내용 및 관련 내용에 대한 더 자세한 논의는 5장을 참
조하라.

7.4.3 푸저우어의 음절 무게와 변조

민방언에 있는 다른 주요 현상도 흥미로운데 그것은 푸저우어에 나타나는 모음 음질, 리듬 구조, 성조 사이의 상호작용이다. 모음의 고저와 성조의 관계에 대해서는 2장에서 논의하였다. 여기에서는 음절 무게의 영향에 초점을 맞추겠다. 자세한 내용은 Wright(1983)와 Chan(1985)을 참조하라. 뒤에서 두 번째 음절은 마지막 음절과 비교하여 절반 정도의 길이인데 이 현상은 몇 가지 다른 변화와 연결이 되어 있다. 성조는 여러 가지 변화가 나타난다. 이 중 초복합 성조 /LHL/은 H(L)로, /HL/은 H 또는 L로 단순화하는데 이 변화는 다음에 나오는 성조에 달려 있다. 이와 동시에 어떤 이중모음은 단순 모음화하고 모음은 경음화, 고모음화하는 경향이 있다. 자세한 내용은 분석이 좀 복잡하다. 명확한 부분 하나는 푸저우어는 약강 음보가 마지막 두 음절에 걸쳐서 구성된다는 점이다. 약강 음보에서 마지막 위치이고 핵 위치인 음절은 2음보이고 초복합 성조와 이중모음을 유지할 수 있다. 끝에서 두 번째 위치인 비핵 음절은 단모라이고 단순 성조, 단순 모음이 되는 것을 선호한다. 따라서 푸저우어의 성조소지단위는 모라가 된다.

7.5 중국어에서 발견되는 성조 변화의 유형

지금부터는 중국어에서 발견되는 성조 변화의 자세한 내용으로 초점을 돌리도록 하겠다. 중국어는 처음 보기에 아프리카 언어들과 성조의 측면에서 상당히 다르게 보이긴 하지만 이 차이는 Chen(1992)에서 지적한 것처럼 해당 어족의 독립적인 특성 때문일 수도 있다. 중국

어에서는 음절 각각에 기저 성조가 있지만 무성조 음절이 많은 상당
수의 아프리카 언어들에서는 그렇지 않다. 결과적으로 성조가 무성조
음절로 이동할 가능성이 중국어보다는 아프리카 언어에서 훨씬 더 일
반적이다. 아프리카 언어에서는 성조가 좀 떨어진 곳까지라도 이동하
지만 중국어에서는 성조가 원래 음절에 그대로 있거나 가까운 곳으로
만 확산되는 경향이 있다. 관화 중국어의 경성이나 상하이어의 복합
어와 같은 무성조 음절이 나타난다면 아프리카 언어들에서처럼 성조
확산과 뛰어넘기 같은 성조 이동이 모두 나타난다. 마지막으로 확산
은 무성조 음절이 대상이 되는 경향이 있는데 원래 있었던 성조의 결
합에 의해서 막히기 때문에 사실상 모음 음절에 원래 성조가 있는 중
국어에서는 다시 또 확산이 드물게 나타나게 된다. 중국어에서 국지
적인 확산 현상도 잘 일어나지 않는 이유는 굴곡조가 우세하기 때문
이다. 다음 상황을 살펴보자.

   (a)의 확산은 단순 굴곡조인 HL을 만들어 낸다. 이 규칙은 아프리카
와 아시아 성조 언어 모두에서 많이 발견된다. (b)의 확산은 두 번째
음절에 HLH 굴곡조를 만들 수 있는데 이렇게 복잡한 성조는 드물기
때문에 이러한 성조를 만들어 내는 규칙도 당연히 드물게 나타난다.
   그렇다면 우리는 중국어에서 무엇을 발견해 내어야 되는가? 동화,
이화, 확산은 모두 발견하기 쉬운 현상이다. 광둥어에서는 동화가 나
타나고, 톈진어에서는 이화가 나타나며, 상하이어에서는 확산이 나타
난다. 3장에서 성조 자질을 논의할 때 이러한 규칙과 관련이 있는 실

체가 전체 성조이거나 음역 자질이거나 성조 자질일 수 있다는 것을 살펴보았다. 유형이 완전히 구별되는 성조 규칙은 민 방언의 전면적인 자리바꿈일 것이지만 이 지역 이외에는 드러나게 대응되는 것이 없다. 마지막으로 언급해야 할 것은 음위 전환이다. 일부 방언에서 이 현상을 발견할 수 있는데 다음은 잘 알려진 핑야오어의 예이다.

(38) hai35 bing35 → 53. 35 '병들다'   MH → HM / ___ MH
      er53 ruan53 → 35. 53 '귀가 부드럽다, 즉 잘 속다'   HM → MH / ___ HM

이 현상은 가끔씩 음위 전환으로 기술된다. 왜냐하면 첫 번째 음절의 끝의 M과 H 성조가 위치를 바꾸었기 때문이다. 그러나 Chen은 이 현상을 다음과 같이 통찰력 있게 관찰하였다. 관찰에 따르면 완전한 굴곡조를 단위로 하여 두 개의 오름조 또는 두 개의 내림조의 연쇄를 제거하는 이화 현상이 내재되어 있다. 그리고 결과로 생긴 2음절어가 각각 HMH, MHM로 나타나 성조 목표점이 네 개에서 세 개로 되는 기능적인 장점도 나타난다. 톈진어에서 이미 살펴본 것과 같이 필수 굴곡원리를 통하여 완전한 굴곡조를 하나의 단위로 증명할 수 있었고 예와 같이 굴곡조가 연쇄되면 벌점이 주어졌다. 그렇기 때문에 핑야오어는 비록 다른 출력물이 나타났기는 하지만 간단히 이와 같은 이화의 또 다른 예가 될 수 있다.

• 연습 6. 핑야오어의 변화에 대한 문법을 어떻게 구성할 수 있을까? 우선 7.2.3의 연습 4의 답에 나타난 톈진어의 분석을 이용하라. 차이점은 제약순에서 나타나거나 가능한 범언어적인 제약을 가정하는 것으로 나타난다는 사실을 최대한 염두에 두라. (힌트: 음위 전환은 보통 입력 요소의 재배열을 금지하는 LINEARIRY 제약을 위반하는 것으로 본다.)

7.6 티베트버마어파

중국티베트어족에는 중국어파와 티베트버마어파가 포함된다. 여기에서는 티베트버마어파의 예로 라싸티베트어, 버마어, 징포어, 바이어(Bai) 등 네 가지 언어를 논의하겠다. 티베트어는 중국어와 상당히 유사하지만 버마어, 특히 바이어(Bai)는 시작부터 상당히 다르게 보인다.

7.6.1 라싸티베트어

티베트어의 방언은 성조가 없는 것(아바티베트어)에서 완벽하게 성조가 있는 것(라싸티베트어)까지 분포한다. 자세한 내용은 Geziben(1996)을 참조하라. 유성 장애음 두음이 무성음화하면서 고/저 성조 대립을 만들어 내고, 말음의 탈락 또는 탈구강음화가 굴곡조를 만들어 낸다. 표기 체계는 여전히 탈락한 자음의 대립을 반영하고 있다.

다음의 논의는 Sprigg(1981), Qu and Tan(1983)에서 발췌한 데이터를 분석한 Duanmu(1992a)를 따른 것이지만 최적성이론의 분석은 새로운 것이다. 라싸티베트어에는 기저 성조가 고조, 오름조 이렇게 두 개 있다. 후두 파열음이 있거나 없는 단모음이 단독으로 발화될 때 대립적이지 않는 발화 마지막의 내림조가 고조에 부분적으로 영향을 주기 때문에 대당 고조는 보통 53의 성조로 알려져 있다(그러나 Edmondson *et al.*(연도 불명)과 Geziben(1996)에서는 이 내림조가 실제로 대립적이라고 주장한다). 장모음에서 14인 오름조는 단모음에서는 끝까지 상승하지 않아서 12로 표시된다.

(39)	H	pa53	'꼬리 없는 원숭이'
	H	pa:55	'불을 켜다'
	LH	pa12	'텐트'
	LH	pa:14	'목의 종양'

2음절어와 3음절어 합성어에서는 첫 번째 음절이 성조의 출력형을 제한하는데 마지막 음절이 탈락하고 첫 번째 성조가 더 큰 영역으로 확산되는 방식이다. 단모음 음절에 영향을 주는 어말 내림 현상도 동일하게 작동하여 마지막 고조가 53 내림조로 바뀐다((40) 참조).

(40)

첫 번째 음절	두 번째 음절이 짧을 때	두 번째 음절이 길 때
H	55 53 σ σ_μ H	55 55 σ σ_μμ H
LH	11 53 σ σ_μ L H	11 14 σ σ_μμ L H

일반적으로 이 현상은 상하이어(7.3.3 참조)와 상당히 유사하다. 두 언어에서 첫 번째 음절은 핵이면서 해당 성조를 유지하는 반면 비핵 위치는 성조를 잃는다. 두 언어 모두 기저 굴곡조가 더 큰 영역에서 두 부분으로 분해되어 각 성조가 한 음절에 연결된다. 기저형이 /LH/인 성조로 시작하고 두 번째 음절이 긴 단어의 경우에는 약간 꼬여 있다. 나타날 것 같은 [11 55] 형태 대신에 [11 14]가 나타나는 것은 첫 음절의 L 부분이 첫 음절에만 연결되는 것이 아니고 두 음절 모두에 연결

되기 때문이다. 이 과정은 L 성조를 오른쪽으로 확산시켜 장음절의 마지막 H와 결합하게 하는 특별한 규칙이 필요하다. 이 현상은 어떤 한 음절에 LH 오름조를 그대로 유지하려는 시도 때문에 생긴 것으로 추정해 볼 수 있다. 이러한 PRES-LH 제약은 다음 두 가지로 제한된다. (1) 굴곡조를 일반적으로 금지하는 것, 즉 ONE-T/μ 제약이다. (2) 비어말 굴곡조의 위치를 강하게 금지하는 것(아프리카 언어들에서 보통 나타나는 현상임을 앞에서 살펴보았다), 즉 LICENCECONTOUR 제약이다. 분석에 들어가 보면 핵성조에 짧은 굴곡조가 실리는 것을 금지하는 제약을 위반하기는 하였지만 상하이어에서처럼 HEAD-MAX-T 제약이 핵성조의 성조 탈락을 막게 된다. 따라서 (41)에 보인 것처럼 단순 음절에 대해서는 입력된 성조가 모두 살아남는다.

(41)

/σμ/ LH	HEAD-MAX-T	ONE-T/μ
☞ σμ ∧ LH		*
σμ | L	*!	

2음절어에서는 입력형의 핵성조가 그대로 있는 모든 후보형이 HEAD-MAX-T 제약을 만족시킨다. 비핵 위치의 성조는 상하이어에서처럼 탈락된다. (42)에는 이러한 경우의 후보형만 나타내었다. 마지막 음절이 짧은 경우라면 PRES-LH 제약보다 상위에 있는 ONE-T/μ 제약과 LICENCECONTOUR 제약이 첫 번째 음절이 길다고 하더라도 오름조가 원래 자리에 있는 것을 막게 된다((42) 참조).

(42)

σμμ σμ / LH T	ONE-T/μ	LICENCECONTOUR	PRES-LH
☞ σμμ σμ / L H			*
σμμ σμ / L H		*!	
σμμ σμ / L H	*!		

만약 마지막 음절이 길다면 굴곡조가 살아남는다. 왜냐하면 그 굴곡조가 ONE-T/μ 제약이나 LICENCECONTOUR 제약 중 어느 것도 위반하지 않고 마지막 장음절에 같이 유지될 수 있기 때문이다((43) 참조).

(43)

σμμ σμμ / LH T	ONE-T/μ	LICENCECONTOUR	PRES-LH
☞ σμμ σμμ / L H			
σμμ σμμ / L H			*!
σμμ σμμ / L H		*!	

마지막으로 생각해야 할 내용이 있다. 낮은 두음 F₀가 있는 오름조는 어느 정도 유성 날숨소리의 음질을 가질 수 있는데 복합어의 두 번째 음절에서는 이 소리 역시 성조와 함께 사라진다. 이 사실은 비핵

음절에서 모든 후두 자질이 사라진다는 것을 나타낸다.

7.6.2 징포어

　지금까지 논의한 언어에서는 성조가 다르면 전체적이든 부분적이든 그 성조의 음높이가 차이가 있었다. 상하이어 및 다른 우 방언에서는 음높이가 낮아진 유성음 다음의 각 성조는 유성 날숨소리의 변이음이 나타났지만 많은 아시아 언어에서는 음질 자체가 완전히 대립적인데다가 음높이 변별과 동시에 존재할 수도 있다. 다른 티베트버마어파 언어를 살펴보면 이러한 현상을 발견할 수 있는데 그 중 징포어 (Maddieson and Hess 1986)는 대립적인 성조와 음질의 변별로 정확히 나뉜다. 이 언어는 55, 33, 31의 세 성조가 있고 각 성조는 '긴장' 또는 '이완'의 음질이 각각 나타난다. '이완' 음질의 경우 유성 날숨소리가 더 많이 나고 모음이 시작될 때는 음높이가 낮다. 다음 예에서는 긴장음을 밑줄로 표시하였다.

(44)　긴장음　　　　　　　　　　　　　이완음
　　　pat55　　'막다'　　　　　　　　pat55　　'채찍으로'
　　　kaŋ33　　'팽팽하다'　　　　　　kaŋ33　　'당기다'
　　　ka31　　'춤추다'　　　　　　　ka31　　'말하기'

　역사적으로 이완음을 가진 단어는 유성음으로 시작된 단어였기 때문에 유성 자음이 유성 날숨소리와 같이 있었던 단계를 가정해 보는 것은 당연하다. 이 단계가 있었다면 상하이어와 많이 유사할 것이다. 상하이어의 각 성조는 유성음 두음 다음에서 낮은 음높이가 대응 소리가 있었다. 지금 징포어의 두음은 유성성이 없어졌지만 음질의 변별이 음높이를 낮추는 효과와 함께 계속 남아있다.

7.6.3 버마어

버마어에서는 성조 변별과 발성 변별이 서로 나뉘지는 않지만 상호
배타적인 것으로 보인다. 버마어의 음절은 고조와 저조의 성조 변별
이 있거나 발성 변별이 있거나 하지만 같이 있지는 않다. 이러한 모습
은 좀 애매한 경우지만 Wheatley(1987), Green(1994), Okell(1969), Bradley
(1982)에 있는 다음 버마어 자료를 보자. (모음 밑에 있는 물결 표시는 짜내
기 소리 모음을 나타낸다.)

(45) 저조   khà   '섞다'   khàn   '겪다'
      고조   khá   '쓰다'   khán   '바짝 말리다'
      [짜내기 소리] kha̰   '요금'   kha̰n   '정하다'
      [협착 성문성] kha?   '덜어 내다'

고조와 저조가 짜내기 소리나 [협착 성문성] 음절에서는 대립적이
지 않다는 것이 중요하다. 이러한 성조에 대한 기술은 서로 분석 자료
가 달라서 좀 다양하지만 Wheatly의 분석에 따르면 저조는 정상적인
발성이고, 고조는 정상적이거나 약간 유성 날숨소리이고, 짜내기 소
리는 긴장음이거나 짜내기 발성인데 고조이고 약간의 내림조가 자주
나타난다. [협착 성문성] 음절(원래는 파열음으로 끝나는 음절이었다)은
발화 환경에 따라서 상당히 다양하게 음높이가 나타난다. 무엇이 되
었든지 Justin Watkins(개인 담화)는 아주 다양하게 나타나는 음높이 유
형과 비교하였을 때 발성 '음역'의 차이가 더 확실한 요소라고 제안하
고 있고 실제로 Bradley(1982)는 버마어가 음운론적으로 전혀 성조 언

어로 볼 수 없고 순수하게 '음역적인' 언어라고 분석하였다. Bradley에 따르면 짜내기 소리 '성조'는 좀 더 고모음이고 전설인 모음과 연결되고, 평범한 (약간은 유성 날숨소리인) 고조는 좀 더 저모음이고 전설인 모음에 연결된다. Bradley는 또 버마어에 삼원적인 [혀뿌리 전진성]의 변별이 있어서 '짜내기 소리'는 [＋혀뿌리 전진성]이고, 평범한 저조 '성조'는 [0 혀뿌리 전진성]이며, 유성 날숨소리인 고조 '성조'는 [－혀뿌리 전진성]이 되는 것으로 논의를 이어 간다.

다른 학자들은 성조로 보고 있다. Green은 고조와 저조, 짜내기 소리, [협착 성문성]은 모두 후두 자질이고 각각의 온음절은 이것들 중 하나만을 가지고 있다는 분석을 하고 있다. [협착 성문성]이 말음 위치로 이동하는 것은 미명세 기제에 의한 것이지만 나머지는 모두 음절 층위에서 명세되어 있다. 말음에는 분절음이 하나만 있을 수 있으므로 만약에 **입력형**에 혀뿌리 전진성과 말음 [n]이 동시에 있으면(어기의 풍부성으로 알려진 가설, 즉 입력형에 제한을 두지 않는 최적성이론 안에서는 발생할 수밖에 없는 현상이다) 하나만 살아남을 수 있는데 상위 제약순인 MAX (LAR) 제약이 [협착 성문성] 자질을 확실히 살아남게 한다. 이러한 분석에서 발견할 수 있는 문제점은 [짜내기 소리] 자질이다. 이 자질은 보통 후두음화와 관련이 있는데 후두음화는 반드시 [협착 성문성] 자질을 가져야 한다는 점이다. 그러나 Green은 [협착 성문성] 자질을 후두음 말음 음절에 남겨 두어 짜내기 소리 자질을 분리시키고 있다.

다음절 단어에서는 단일 형태소이든지 복합어이든지 마지막 음절에는 항상 온모음이 온다. 그러나 비어말 음절은 온음절 또는 축약된 모음이 올 수도 있다. 축약된 모음이 있는 음절은 성조를 포함한 후두음 상의 대립이 모두 없어진다.

(46) 축약된 비어말 모음   축약되지 않은 비어말 모음

θəyò   '비웃다'   cạuncạ   '걱정하다'

khəlou? '손잡이'   mòundáin '폭풍'

cəbò: '벌레', /càn-pò:/ '바닥-   yàunwɛ: '거래', /yàun-we:/ '사다-
         벌레'에서 옴   팔다'에서 옴

Green(1995)에서는 버마어에 단음절 2모라 음보가 있으며 단어를 항상 음보의 마지막으로 본다. 축약된 음절은 단모라이고 음보를 이루지 못한다. Green은 후두음 자질이 음보에 의해 인허되는 것으로 제한하고 있다.

• 연습 7. 다음절어에 대하여 Green의 제안을 최적성이론의 형식으로 분석하여라. 다음 단어가 항상 좋지 않은 형태가 되는 이유를 반드시 설명하라. (악센트는 성조와 강세를 표시한다. 강세는 항상 마지막에 있으며 밑줄로 표시하였다.)

    *b<u>ə</u>   *bòw<u>ə</u> (/bòwá/에서 옴)   *pə́t<u>ò</u>

7.6.4 바이어(Bai)

성조와 음질의 범주를 나누는 가장 정교한 집합은 중국 원난성에서 사용되고 있고 티베트버마어파 언어인 바이어(Bai)에 나타난다. Edmondson and Li(1994)에서는 해당 대립에 대한 실험 연구를 다음과 같이 수행하였다.

(47)

	[−비음성]		[+비음성]	
	[−긴장성]	[+긴장성]	[−긴장성]	[+긴장성]
높은 수평조	tɕi	tɕi	tɕi	tɕi
	'많이'	'편지 보내다'	'황금'	'느끼다'

높오름조	tɕi '불안하다'	–	–	–
중간 수평조	tɕi '끌다'	tɕi '거머리'	tɕi '살구'	tɕi '버릇없다'
중간 내림조 짜내기 소리	tɕi '깃발'	–	tɕi '팔찌'	–
중간 내림조 유성 날숨소리	tɕi '땅'	tɕi '뒤쫓다'	tɕi '알칼리'	tɕi '활과 화살'

[−긴장성, ＋비음성] 칸에 높오름조가 없는 것을 제외하면 비음성과 성조가 중요한 상호작용을 하지 않는다는 사실은 놀라운 일은 아니다. 비음성은 F_0에 어떠한 음성적 효과도 없지만 긴장성은 유의미하게 음높이를 상승시킨다. 주목해야 할 또 다른 사실은 짜내기성과 긴장성은 함께 있을 수 없다는 점이다. 긴장성은 음절말의 성문 폐쇄와 어떤 관계가 있는 것 같기도 하다. 이런 경우에 예측할 수 있는 것으로 확실한 것은 긴장이 있는 음절이 긴장이 없는 음절보다 상당히 짧다는 것이다. 그렇다면 추측해볼 수 있는 것은 짜내기성 역시 후두음화한 소리라는 사실과 함께, 만약에 말음에 고정되어 있다면 성조의 '긴장성' 부류를 얻게 되고, 모음으로까지 확산이 된다면 성조의 '짜내기성'을 얻게 된다는 사실이다. 후두음화 현상이 동시에 두 위치에는 나타날 수 없는 것은 확실하다. 마지막으로 주목해야 하는 것은 긴장 음절은 오름조가 될 수 없다는 점이다. 이 현상은 음절 길이가 짧아서 성조를 소지하는 모라가 하나밖에 없고 하나의 성조, 즉 수평조를 소지할 수밖에 없는 것으로 보인다.

7.7 오스트로따이어족

지금까지 중국티베트어족의 언어들만을 살펴보았는데 지금부터는 오스트로따이어족으로 관심을 돌려 보기로 하자. 오스트로따이어족에는 따이까다이어족, 먀오-야오어족과 오스트로네시아어족이 있다. 따이까다이어족과 먀오-야오어족은 확실히 성조 언어이다. 여기에서는 따이까다이어족 따이어파의 두 언어와 표준 타이어 그리고 우밍쫭어를 중심으로 논의를 시작하겠다. 이 언어들과 중국어는 상당히 유사하지만 차이점 역시 상당히 흥미롭다. 다음으로는 오스트로네시아어족을 살펴보겠다. 이 어족은 대부분 비성조 언어이지만 성조 언어도 약간 존재한다. 이 어족의 성조 언어는 뉴칼레도니아의 언어들처럼 주로 멜라네시아 지역에 있다.

7.7.1 표준 타이어

타이어는 음절 성조 언어이지만 중국어와는 여러 가지 방식에서 중요하게 다르다. 첫째, 타이어에는 2음절 형태소가 많이 있는데(원래는 인도어에서 차용된 것이다) 그 음절에서는 성조의 조합에 약간의 제한이 있다. 둘째, 중국어에서는 경성화가 모두 첫 음절이 아닌 위치에서 가장 보편적으로 일어나는 반면(중국어는 주로 좌핵 구조 또는 좌측 지배 구조이다), 타이어에서는 경성화가 모두 마지막 음절이 아닌 위치에서 일어난다. 셋째, 타이어에는 음절 구조, 분절음 유형, 성조 사이에 어떤 상호작용이 존재한다.

표준 타이어(따이어 또는 샴어로도 알려져 있다)에는 고조, 중조, 저조, 내림조, 오름조 이렇게 다섯 개의 성조가 있다. 공명음으로 끝나는 음

절에서는 어떤 성조라도 다 나타날 수 있다. 파열음으로 끝나는 음절
은에서는 모음이 길 경우에 저조와 내림조만 나타날 수 있고, 모음이
짧을 경우에 고조와 저조만 나타날 수 있다. Gandour(1975)의 다음 자
료를 보자.

(48)   CV(V)([＋공명성])   CVV([－공명성])   CV([－공명성])
    중조   khaa '막히다'
    저조   khaa '향신료'   yaak '바라다'   phit '틀리다'
    내림조 khaa '죽이다'   yaak '어렵다'
    고조   khaa '장사하다'   phit   '독약'
    오름조 khaa '다리'

이 현상은 파열음으로 끝나는 음절에 모두 수평조만 올 수 있는 언
어인 광둥어를 당연히 연상시킨다. 광둥어의 성조소지단위는 모라이
고 파열음으로 끝나는 음절에는 모라가 하나밖에 없는 것으로 논의되
었다. 타이어에서는 이러한 논의가 더욱 설득력이 있다. 왜냐하면 제
한이 나타나는 음절이 명확하게 단모음이면서 파열음으로 끝나는 음
절이기 때문이다. 남은 수수께끼는 장모음이면서 파열음으로 끝나는
음절에는 왜 중조, 고조, 오름조가 오지 못하는가이다. 여기에서는 저
조와 내림조가 허용되기 때문에 성조의 단순 개수와 성조소지단위는
도움이 되지 않는다. 이와 같은 음절에 오름조가 허용되지 않는 현상
은 친어군의 자하오어(Osburne 1979)에서도 발견된다. 이 언어에는 고조,
저조, 오름조가 있는데 파열음으로 끝나는 음절에서는 모음의 길이와
무관하게 고조와 저조만 나타난다. Yip의 제안에 따르면 이 언어에서
는 마지막에 성문 폐쇄와 오름조가 같이 있을 수 없는데 이 현상은
후두 층위의 *LH[＋협착 성문성]와 상호작용하는 것으로 기술될 수
있다(Yip 1982). (이 현상과 관련하여 이상한 점이 있다. 모음 뒤에 오는 성문 파

열음은 역사적으로 단어의 끝 음높이를 높여서 오름조가 나타난다는 사실이다!) 타이어의 CVVC 음절 구조에서 평탄한 중조와 고조가 나타나지 않는 이유는 아직 풀리지 않은 문제로 남아있다.

7.7.2 연합 성조

타이어에는 다섯 개의 성조가 있기 때문에 2음절어는 25가지의 성조 유형을 가질 수 있어야 한다. 어떤 연구자들은 첫 번째 음절에서 성조가 탈락한다고 기술하면서 이러한 주장을 의심해 왔지만 Gandour (1974, Gandour *et al.* 1999)가 진행한 실험 연구의 결과를 보면 성조가 유지된다는 가설이 올바른 것으로 나타나 있다. 타이어는 우핵 구조이다. 2음절 합성어에서 첫 번째 음절은 강세를 덜 받고 실제로 더 짧다. 그러나 상당히 짧아지기는 하지만 빠르고 일상적인 발화에서도 기저 장모음의 성조 대립은 완전하게 유지된다.

    (49)   H + L   máay '목재' + khiit '줄을 긋다' → máy khiit '성냥'
             HL + M mɛ̂ɛ '어머니' + yaay '크다'   → mɛ̂ yaay '시어머니'

실제 경성화는 짧은 모음 뒤에 성문 파열음이 오는 비어말 음절에서 나타난다. 여기에서는 고조와 저조의 대립이 사라지고 중조가 나타나는데 이 중조는 짧아진 모음에 성문 파열음이 없어진 상태이다. 예를 들면 /tháʔhǎan/ 고조.오름조 → [thəhǎan] 중조.오름조 '군인'과 같다. 다른 많은 예들과 관련 논의는 Peyasantiwong(1980)을 참조하라.

장모음의 짧아지고, 마지막 성문 파열음이 탈락하고, 단모음이 축약되고, 성조 대립이 사라지는 등 비핵 축약의 여러 현상은 **무표형 출현**의 경우로 볼 수 있다. 이것은 장모음이 오고 성문음이 끝에 오는

음절 등의 유표 구조, 모음 자질과 성조 등의 유표 자질이 핵 위치를
제외하고 없어지는 것을 말한다. 그러나 특히 기저 장모음 가진 성조
와 자질들을 포함하여 (구강음인 말음 분절음 등에서) 어떤 대립들은 살아
남기 때문에 완벽하게 설명을 하는 것은 쉬운 일이 아니다. 규칙 기반
도출 이론의 틀에서는 해당 장모음이 짧아진 **다음에서야** 어말 성문
파열음, 모음 자질, 성조 자질 모두가 해당 짧은 모음에서 탈락되는
규칙 순서 분석을 제안할 수 있을 것 같다. 그러나 비도출 이론인 최
적성이론에서는 이러한 접근법이 가능하지 않다. 가장 유력한 논쟁
방식은 해당 현상에 음운론적 정보의 탈락은 전혀 없다고 가정한 다
음 변화 자체는 음성학적으로 간주하는 방식이다. 입력형이 장모음이
라면 빠른 일상 발화에서 음성학적으로 짧아진 뒤라고 할지라도 음높
이와 모음을 다르게 조음하도록 하는 시간은 충분할 것이다. 그러나
성문 파열음이 뒤에 오는 짧은 모음이 입력형이라면(이런 경우의 음절은
인용형의 경우에도 상당히 짧다) 더 짧아지는 빠른 일상 발화에서는 조음
동작으로 모음 차이, 음높이 차이나 성문 폐쇄를 수행할만한 시간이
부족하게 될 것이다.

　일반적으로 타이어는 우핵 구조이어서 첫 번째 음절에서는 음절이
짧아지고 성조의 대립이 어느 정도 줄어들기는 하지만 두 번째 음절
이 첫 번째 음절보다 대립이 더 적게 나타나는 특정 어휘가 있다. (어
휘의 상당 부분을 차지하는) 인도어 2음절 형태소에서 첫 번째 음절이 길
이가 짧고 파열음으로 끝나고 저조인 음절이라면 공명음으로 시작하
는 두 번째 음절의 성조는 예측할 수가 있다. 만약 그 음절이 파열음
으로 끝난다면 첫음절과 마찬가지로 저조가 되고 그 음절이 공명음으
로 끝난다면 오름조가 된다.

　　(50)　sàʔmùt　　L.L　'대양'　　　　　sàʔwǎːn　L.LH　'하늘'

이러한 일반화는 잘 들어맞지 않는 일부 반례가 있기는 하지만(Yip 1982, Peyasantiwong 1980) 논의할만한 가치가 있다. 분절음과 성조의 상호 작용은 역사적인 기원을 가지고 있다. 이 단어들은 원래 [s + [공명음]] 연쇄로 시작하는 단음절이었지만 음이 삽입되면서 단음절이 나뉜다 (Gedney 1947). 삽입된 모음의 성조는 다음 음절의 핵음으로 확산된다. 예를 들면 /swaːn LH/ > [sa.waːn L.LH] 와 같다. 확산은 공명음이 아니라 파열음에 의해서 막힌다. 아마도 그 이유는 파열음에만 유성성, 기식성, 후두음화를 위한 후두음 명세가 있기 때문일 것이다. 이러한 이와 같은 후두음 성분이 성조의 후두음 자질이 확산되는 것을 막는다.

7.7.3 우밍좡어

우밍좡어는 중국 광시성 솽차오 마을에서 사용되는 북부 좡어 어군의 따이어이다(Snyder and Lu 1997). 이 언어는 개음절에 여섯 개의 성조가 있다.

(51)　　55　　ha　　　'다섯'

　　　　33　　taɯ　　'젓가락'

　　　　35　　suɯi　　'씻다'

　　　　24　　pai　　　'가다'

　　　　42　　ɣam　　'물'

　　　　21　　muɯŋ　'너'

적절한 통사적, 운율적 환경에서 연쇄의 첫 번째 음절은 다음과 같이 표면화한다. 55와 44 성조는 변화하지 않고 다른 성조는 이 두 성조 중 하나로 병합된다.

(52)　55, 35, 24　　　→　　　55

　　　42, 33, 21　　　→　　　42

이러한 변화는 다음 환경이 유지될 경우에만 발생한다.

(53)　1. 두 음절이 모두 저조 음역이다.

　　　ku33 ŋam21 > ku42 ŋam21 하다-게임 '놀다'

　　　2. 두 음절이 같은 성조이다(필수굴곡원리).

　　　ɣai35 kai35 > ɣai55 kai35 알-닭 '달걀'

　　　3. 첫 번째 음절이 33일 경우 거의 항상 변화한다.

　　　pu33 tin55 > pu42 tin55 옷-짧다 '짧은 재킷'

　　　4. 두 번째 음절이 파열음으로 끝날 경우 위의 저자들은 상당히 짧아
　　　지는 것으로 보고하고 있어 '가벼운' 것, 즉 단모라인 것으로 생각
　　　된다.

　　　ɣin24 mak33 > ɣin55 mak33 돌-잉크 '먹'

이러한 변화 과정은 첫 번째 음절의 경성화가 고조와 높내림조로 된다는 점에서 특이하다. 보통은 덜 유표적인 저조 또는 중조로 되기 때문이다. 이러한 변화는 다음 두 가지 사실을 보면 이해에 도움이 된다. 첫째, 높은 음높이와 돋들림은 범언어적으로 동시에 발생하는 경향이 있다는 가정에서 출력형의 첫 번째 음절은 두 번째 음절보다 더 돋들리거나 두 번째 음절만큼 돋들린다고 보는 것이다. 둘째, 출력형 성조의 정확한 형태는 음절의 시작 부분에 고조가 부가되어 만들어진 결과로 보는 것이다. 그래서 시작은 높게 시작하지만 끝 부분은 원래 음높이가 된다는 것이다. 따라서 기저형이 /5/나 /4/로 끝나는 성조는 /55/가 되고, 기저형이 /3/이나 /2/ 또는 /1/로 끝나는 성조는 /2/가 된다. 이것은 7.1.5에서 살펴보았던 광둥어의 변조 접미사와 정확히 반대되는 것이다. 이러한 두 가지 관찰적 사실로 다음과 같은 분석을 제안할

수 있다. 즉, 좡어는 좌핵 구조인데 핵은 고조가 필요하여(Zoll 1997a 또
는 de Lacy 1999b의 논의와 같다) 왼쪽 가장자리에 고조가 삽입되게 한다.

- 연습 8. 이 자료들에 대한 형식적 분석을 수행하라. 위에서 전개한 방식을 따
  라서 하든지 스스로 대안을 제시하라. 좡어가 비핵 부분을 줄이기보다
  핵 부분을 늘리는 이유를 설명하여야 하는 것에 주의하라. 이 책에서 살
  펴보았던 다른 언어에서는 비핵 부분이 줄어드는 것이 더 일반적이다.

지면 관계상 또 다른 따이까다이 언어를 여기서 논의할 수는 없는
데 어떤 언어는 성조 현상이 활발하지 않고 또 다른 언어는 복합 성
조가 많은 있다. 복합 성조는 Edmondson and Yang(1989)에서 단일 굴
곡조처럼 작동한다고 논의하고 있다.

방향을 바꾸어 오스트로따이어족의 하위 어족을 간단히 살펴보자.
먀오야오어족은 주로 아주 풍부한 성조 목록이 있는 것으로 알려져
있다. 어떤 연구에 따르면 수평조가 다섯 개까지로 보고되고 있고(헤
이먀오어, Chang 1953) 오름조와 내림조가 각각 세 개까지로도 보고된다.
이러한 언어 체계는 성조 자질 체계의 한계를 시험하게 하는데 이 책
의 2장과 3장에서 성조 대립과 성조 자질을 논의한 적이 있다. 마지막
으로 멜라네시아의 어떤 오스트로네시아어족 언어에서는 흥미로운
성조 체계가 나타난다. 대부분 제대로 기술되지는 않았다. Rivierre
(1980)는 케무히어에 고조, 중조, 저조와 같은 세 개의 성조가 있다고
기술한다. 단어의 90퍼센트는 단어 전체가 동일한 성조이다. 예를 들
면 ápún '그림', àpùn '머리털', īpī '깨뜨려 따다' 등과 같다. 문법 형태
소 중 어떤 것은 경성이다. 10퍼센트의 단어는 단어 안에서 두 개의
성조가 나타나지만 세 개 이상은 매우 드물다. 야벰어(Poser 1981)에서
는 자음의 유성성과 성조 사이에 흥미로운 상호작용이 나타나는데 자

세한 내용은 2장에 나타나 있다. 유형론적으로 이러한 언어들은 동아시아 언어보다는 아프리카 언어에 더 가까울 것 같다. 그러나 이들 언어는 연구가 거의 되지 않았기 때문에 내용이 대부분 단편적이어서 명확한 결론을 이끌어 내기가 힘들다. 시아네어에 관한 James(1981)의 연구는 이들 언어를 가장 자세히 논의한 것 중 하나이다. 더 많은 내용을 알고 싶은 독자는 참조하기 바란다.

7.8 몬크메르어족

캄보디아어와 베트남어가 포함된 몬크메르어족은 오스트로아시아어족에 속한다. 이 어족의 언어들은 대부분의 형태소는 아니지만 많은 형태소가 '한배반음절'이라는 점에서 중국티베트어족의 음절 구조와 상당히 다르게 구별된다. 한배반음절이란 정상적인 음절 앞에 '소' 음절이라고 부르는 일종의 흔적 반음절이 와서 구성된 음절이다. 이러한 음절은 다음 총어의 예처럼 나타난다(Thongkum 1991, Silverman 1996, 1997a에서 인용).

(54) rəko?1   '암벽 등반 등에서' 뾰족한 부분
     kəsut2   '제거하다'
     kəlaaŋ3   '귀'

이러한 언어들은 자주 음질에서 변별이 나타나지만 드물게 순수한 성조 언어이기도 하다. 보통 음역이라고 부르는 음질의 변별은 세당어와 총어(Silverman 1996, 1997a, Smith 1968)에서처럼 어떤 언어는 명확하게 후두음이지만 캄보디아어(Gregerson 1976)에서처럼 혀뿌리와 연관된

인두음인 경우도 있다. (54)에서 총어 단어 옆의 숫자는 네 음역 중 세 개를 나타난다. 음역 1은 깨끗한 음질의 높은 음높이이고 음역 2는 '깨끗한 소리 다음에 짜내기 소리가 오는 높내림 음높이'이다. 음역 3은 유성 날숨소리이면서 낮은 음높이이다.

다른 몬크메르어족 언어인 캄보디아어는 두 음역 중 하나가 단어의 각 온음절에 나타난다. 그러나 만약 첫 번째 단어가 소음절(완전한 핵모음이 없는 음절로 간략하게 정의할 수 있다)이면 그 단어는 다음에 오는 온음절과 같은 음역이어야 한다. 그러므로 이 언어의 음역은 음절보다 큰 영역인 약강 음보 정도와 같은 적용 영역을 가지게 된다. 캄무어에서는 음질에 따른 변별이 존재하지 않는다. 일부 방언은 고조, 저조처럼 간단한 두 성조로 변별이 되지만 다른 방언은 여전히 두음의 유성성으로 변별되고 음높이의 변별은 부차적이다. 캄무어에 대한 더 많은 정보는 2장을 참조하라.

7.8.1 베트남어

베트남어는 흥미롭다. 베트남어는 확실하게 성조가 있는 오스트로아시아어족의 언어이므로 이 책에서 다룰만한 가치가 있다. 베트남어의 성조 체계는 상당히 나중에서야 발달이 이루어진 것으로 알려져 있다. 이 언어는 다른 몬크메르어족의 언어보다는 중국 남부 방언들과 더 닮아 있지만(특히 단음절의 특징이 그렇다) 몬크메르어족의 언어로 분류하는 것이 일반적이다. 베트남어의 북부 방언은 성조가 여섯 개이다. 여섯 성조 중 두 개는 짜내기 소리의 특징이 같이 나타난다. Nhàn(1984)은 여섯 개의 성조를 높은 수평조[4], 높오름조[35], 낮은 수평조[2], 낮내림조[21]와 두 개의 오목한 성조 [214]와 [415]로 기술하는데 오목한 성조는 짜내기 소리가 같이 나타난다. Nhàn은 자질 체계를 굴곡조 자질로 나타내지만 그 체계를 수평조 체계로 바꾼다면 다음의 (55)처럼 나타낼 수 있다. 각 열의 맨 위는 성조에 대한 전통적인 명칭(구별부호는 생략함)이다. 그 아래는 각 성조를 숫자로 표시한 것이고 그 아래는 자질이다.

(55)

ngang	sac	hoi	huyen	nang	nga
4	35	214	2	21	415
+ 고역성			− 고역성		
h	lh	hlh	h	hl	hlh

파열음으로 끝나는 음절은 [35]와 [21] 성조만 올 수 있는데 각 성조가 정확히 두 성분의 연속으로 구성되어 있기 때문에 자연 부류로 취급될 수 있다. 중국어와 타이어에서는 파열음으로 끝나는 음절이 단 하나의 성조소지단위만 가질 수 있는 것으로 분석하였고 그 이유 때문에 해당 음절에 수평조만 실린다고 설명하였다. 그러나 베트남어에서는 그러한 설명이 당연히 적용되지 않아서 직접적인 조건이 필요할 것으로 보인다. 모라를 성조소지단위로 보는 견해를 따른다면 특정 환경에서 (강세를 명확히 덜 받은) 성조는 음역 내 수평조로 경성화한다. 이 현상은 음절이 모라 하나로 줄어들어 단일 (수평) 성조로 유지되는 음운 환경에서는 아마 이해될 수 있을 것이다.

Nhàn은 [− 고역성] 자질의 성조가 베트남어의 후에 방언과 같은 방언에서는 모두 짜내기 소리가 되는 현상을 관찰하였다. 표준 방언에서는 내림조와 오름조가 짜내기 소리이고 수평조는 그렇지 않지만 Nhàn은 이 현상을 사소한 음성학적 현상으로 보고 해당 자질에 대한 견해를 바꾸지 않았다. 그 견해는 성조가 자연 부류로 묶이는 방식에 근거를 두고 있는데 지금부터 논의해 보도록 하자. [214]를 [+고역성] 으로, [415]를 [−고역성]으로 보는 결론은 다음 단락에서 기술할 해당 성조의 중첩 성질에 의하여 주로 정당성이 증명된다. 또 성조의 음성학적 높이는 음성학적 실현에 앞서서 성조의 음역을 교체하는 후순위 규칙으로 처리된다.

가장 흥미로운 성조 변화는 중첩 현상에서 관찰할 수 있다. 성조가 중첩되면 두 음절 중 하나에서 경성화가 자주 일어난다. 베트남어는 중첩 현상이 풍부한 언어인데 여러 중첩 유형에서 어떤 하나가 선택되는 것은 어휘적으로 결정되는 것으로 보인다. 그 점을 감안하고 가장 평범한 유형 하나를 살펴보자. 다음 유형에서는 여섯 개의 성조 대립이 두 개로 줄어든다. 입력형 음절이 4, 35, 214일 때, 즉 Nhàn의 체계로 [+고역성]일 경우에는 접두사 중첩어가 (a)처럼 4로 표면화한다. 입력형 음절이 2, 21, 415일 경우, 즉 [−고역성]일 경우에는 접두사 중첩어가 (b)처럼 2로 표면화한다.

(56)	a. 중첩-xanh4	→	xanh4-xanh4		푸르스름하다
	중첩-trăng35	→	trăng4-trăng35		희끄무레하다
	중첩-do214	→	do4-do214		불그스름하다
	b. 중첩-vang2	→	vang2-vang2		노르스름하다
	중첩-măn21	→	măn2-măn21		상당히 짜다
	중첩-khe415	→	khe2-khe415		상당히 조용하다

이 현상은 성조 **음역**은 보존하지만 성조 **가락**은 [h]로 경성화하는 현상이다. 베트남어의 [h]를 무표적인 것으로 본다면 이 현상은 무표 성조 가락인 [+고조성]의 출현으로 볼 수도 있다. 최적성이론의 용어

로 풀이하면 FAITHBR[+/−UPPER] >> *[+/−UPPER] 이지만 *[−HIGH] >> FAITHBR[+/−HIGH] 이다. FITHIO 제약이 모든 유표성 제약을 지배하기 때문에 어기의 모든 대립은 살아남는다. 그러나 중첩형에서는 유표성 제약이 어기 중첩 충실성 제약보다 상위에 있다. 그렇다면 입력형이 파열음으로 끝나는 경우에 어떻게 될 지 생각해 보자. 파열음으로 끝나는 음절은 35와 21 성조만 나타날 수 있다. 이 현상은 중첩에서 요구되는 성조 변화와 어울리지 않기 때문에 다른 것이 나타나야 한다. 여기에서는 성조 변화가 우세하게 되어 상응하는 공명음으로 말음이 변화하는 현상이 발생한다.

(57)   중첩-mat35   →   man4-mat35   가볍게 바람이 불다

• 연습 9. 이 내용을 최적성이론의 문법으로 작성하라.

7.9 말음

지금까지 살펴본 7장의 내용은 동아시아와 동남아시아의 언어에 초점이 맞추어져 있었지만 완벽을 기하기 위해 아시아의 다른 지역에서 발견되는 성조 언어도 같이 살펴보겠다. 남아시아에는 인도아리아어족의 펀자브어가 성조 언어이다. 펀자브어는 역사적으로 유성 기식음 환경에서 낮은 음높이를 발전시켜 왔다. 펀자브어는 음절 처음의 유성 기식음 다음에서는 오름조가 나타나고 음절 마지막의 유성 기식음 다음에서는 내림조가 나타난다. 즉 *bhukh > pukkh24, *baddha > bʌd42ha 과 같다. 자세한 내용은 2.8을 참조하라. 멜라네시아 지역에

서는 시아네어(James 1981, Kenstowicz 1994)와 같은 파푸아뉴기니의 언어가 성조 언어이다. 이 언어들은 유형론적으로 많은 부분에서 중국어보다는 반투어군과 좀 더 유사하다. 시아네어는 다음절 형태소이고, 왼쪽에서 오른쪽으로 단어와 결합하는 고조, 저조, 오름조의 간단한 성조 목록이 있으며, 어근에서 접사로 성조가 확산된다. 독자들이 동아시아의 모든 언어가 성조 언어일 것이라고 생각하지 않도록 하기 위해서 반대로 거의 완벽하게 성조가 없는 하위 어족을 제시해 보면 말레이어와 인도네시아어를 포함하는 말레이폴리네시아어족은 비성조 언어이다.

이상으로 아시아 성조 언어에 대한 개관을 마친다.

7장 연습문제의 답

- 연습 1의 답

  5를 더하면 굴곡조 535가 된다. 그러나 *535 제약이 중간의 3을 탈락시킨다. 즉 제약순은 *535, *FLOAT, FAITHHEADTONE >> MAX-T 이다.

- 연습 2의 답

  타이산어의 *535 제약은 아마도 제약순이 낮을 것이다. 왜냐하면 타이산어가 모든 종류의 복잡한 굴곡조를 허용하기 때문이다.

- 연습 3의 답

  탈락하는 형태소는 모두 (3)5 성조이다. 형태론적인 탈락이 분절음에만 집중된다고 가정하면 다음으로 *FLOAT 제약은 위와 같은 동일한 결과를 만들어 낼 것이다. tsɔ35 또는 hai35에서 나온 잉여적인 3 성조는 동일한 과정으로 탈락될 것이다.

- 연습 4의 답

  LH.LH는 여전히 전체 성조의 필수굴곡원리를 위반하고 있다. 성조 두 개가 성조 한 개보다 항상 더 유표적이고 *T 제약을 더 많이 위반하며 성조 명세를 지배하는 일반 유표성 제약이 있어서 HL.LH는 H.LH에게 밀리게 된다. 어떤 경우라도 HL.LH 연쇄는 L.LH와 마찬가지로 낮은 수평조의 필수굴곡원리를 위반하게 된다. 일반 충실성 제약은 성조의 구성 성분인 수평조에서 일반적으로 필수굴곡원리보다 상위 제약이기 때문에 /L.LH/는 변화하지 않고 살아남는다. 그러나 단위인 성조에서 제약순이 높은 필수굴곡원리 때문에 살아남을 만한 출력형이 충실성 제약을 만족시키지 못할 때는 낮은 수평조의 필수굴곡원리가 끼어들게 된다.

/LH.LH/	OCP (WHOLETONE)	FAITH	OCP (CONSTTONE)	*T
☞ H.LH		*		***
L.LH		*	*!	***
HL.LH		*	*!	****
LH.LH	*!			****
/L.LH/				
☞ L.LH			*	***
H.LH		*!		***

● 연습 5의 답

핵성조는 될 수 있는 대로 변화하지 않기 때문에 더 유표적 굴곡조인 오름조가 고조보다 선호된다. 연습 4에서는 핵성조가 실제로 변화하는데 단지 L.LH처럼 그 성조를 유지하는 것이 상위 제약순에 있는 OCP (CONSTTONE)을 위반하게 되기 때문에 그렇다.

OCP (CONSTTONE) >> FAITH-NUCLEARTONE >> *T

/L.L/	OCP (WHOLETONE)	FAITH	OCP (CONSTTONE)	FAITHNUCTONE	*T
☞ LH.L		*			***
H.L		*	*!	*!	***
HL.L		*	*!	*	****
L.L	*!		*		****

● 연습 6의 답

톈진어의 분석에 사용된 충실성 제약은 실제로 여러 제약을 포괄하는 용어인데 입력형 성조의 탈락을 막는 MAX-T 제약과 재배열을 막는 LINEARITY 제약 부분으로 나뉠 수 있다. 만약 MAX-T >> LINEARITY, OCP (CONSTTONE) 제약순이라면 펑야오어가 되어 탈락이 음위 전환보다 더 좋지 않은 결과를 가져오게 된다. 만약 LINEARITY, OCP (CONSTTONE) >> MAX-T 제약순이라면 텐진어의 성조 탈락이 나온다.

● 연습 7의 답

단어가 핵 후행이고 그 유일한 핵이 모음 자질과 성조를 유지할 수 있어야 한다. 즉, FTBIN-µ, ALIGN-R (WORD, FOOT), HEAD-MAX-FEATURE >> MARKEDNESS >> MAX-FEATURE, PARSE-σ 제약순이다. 이 문법은 어말 음보는 물론 비어말 음보까지 허용하기 때문에 각각 모음과 성조 자질을 모두 가진 두 음보의 단어를 올바르게 허용하게 되는 것에 유의하라.

● 연습 8의 답

ALIGN-L (HEAD, WD), ALIGN (HEAD, H), ONET/M >> DEP T, MAX T 제약순이 된다.

● 연습 9의 답

TT[−SON] 제약이 파열음으로 끝나는 음절을 35와 21 성조로 한정시키는 제약일 때 FAITH-IO >> *[+/−HIGH], TT[−SON] >> IDENT-SON 제약순이 된다.

제8장 아메리카 언어

이 책 각 장에 할애되어 있는 세 지역 중에서 아메리카 지역은 성조음운론의 연구가 가장 적게 이루어진 지역인데 특히 이론적인 관점에서 그렇다. 많은 성조음운론적 장치들이 아프리카 언어나 아시아 언어의 연구를 위하여 개발되었기 때문에 아프리카와 아시아 지역의 언어에서 시작하여 분석 도구를 확보한 후 분석이 덜 된 아메리카 지역으로 돌아오는 것이 타당할 것 같다. 가장 자세하고 가장 많이 살펴볼 첫 번째 지역은 중앙아메리카 지역인데 성조 언어가 풍부하고 언어 자료가 잘 정리되어 있는 곳이다. 두 번째로 다룰 지역은 성조 언어가 상당히 흩어져 있고 아쉽게도 모든 언어가 대부분 사어이거나 절멸 위기에 있는 북아메리카 지역이다. 마지막으로 남아메리카 지역을 다루는데 상대적으로 이 지역 언어의 성조 체계는 알려진 것이 거의 없다.

8.1 중앙아메리카

중앙아메리카에는 성조 언어가 많다. 특히 믹스텍제어, 마사텍제어, 사포텍제어, 치난텍제어, 트리크제어, 차티노제어가 있는 오토망게어족, 유카텍어, 우스판텍 마야어, 산 바르톨로 초칠어와 같은 일부 마야어족, 틀라파넥어, 쿠이틀라텍어와 같은 일부 타라스카어족, 고립어인 우아베어의 산마테오 방언, 우토아스텍어족 언어인 북부 테페후안어가 성조 언어이다. 이웃하고 있는 방언의 성조 체계도 대단히 다양하게 나타날 수 있어서 보통은 믹스텍어의 성조를 논의하는 것이 아니라 페뇰레스 믹스텍어 또는 산 미겔 엘 그란데 믹스텍어와 같은 특정 방언의 성조를 논의한다. 표 8.1에는 8장에서 논의할 언어를 포함하고 있는 이 지역 대표 성조 언어의 목록이다. 분류는 Suarez(1983)에서 작성된 것이다. 이 언어들 중 많은 부분이 Kenneth Pike와 그 동료들의 선구적인 연구(예를 들면 Pike(1948)외 많은 출판물)가 시작된 이래 아주 잘 기술되어 있다. 그러나 상대적으로 이들 언어에 대한 최근의 이론적 연구는 거의 없다. 그럼에도 불구하고 이 책에서는 이 지역 현상을 대표하는 부분을 제시하려고 노력하였다.

표 8.1 중앙아메리카 성조 언어

오토망게어족	믹스텍제어	산 미겔 엘 그란데어, 몰리노스어, 페뇰레스어, 아유틀라어, 우아후아판어(=카칼로스테펙어)
	마사텍제어	치키우이틀란어, 할라파어, 촤판어
	사포텍제어	시에라 후아레스어, 이스머스어
	치난텍제어	코말테펙어
	트리크제어	산 후안 코팔라어, 산 안드레스 치카후아스틀라어
	차티노제어	야이테펙어
우토아스텍어족		북부 테페후안어

우아베어족	산마테오어
타라스카어족	틀라파넥어, 쿠이틀라텍어
마야어족	유카텍어, 우스판텍어, 산 바르톨로 초칠어

　중앙아메리카의 언어들은 반투어군과 중국어의 중간 지점 정도를 차지한다. 이 언어들이 아프리카 지역의 반투어군과 같이 자주 높은 이동성을 보여주는 성조 체계이면서 아시아 지역의 중국어와 같이 상당히 정적인 성조를 가지고 있다는 점에서 그렇다. 중앙아메리카의 언어 중 치난텍어 등은 성조가 동사의 굴절에 사용되고 동사 어간 바깥으로 확산된다. 산 미겔 엘 그란데 믹스텍어 등에는 부동 성조가 상당히 많다. 다른 한편으로 어떤 마사텍제어의 언어는 변조 현상이 사실상 전혀 없다. 이러한 언어들의 성조 목록은 처음 보기에는 여러 개의 수평조가 빈번하게 나타나고(어떤 것은 다섯 개까지도 기술된다) 굴곡조 역시 많다는 점에서 아시아 성조 언어를 떠올리게 한다. 그러나 반투어군처럼 이 굴곡조는 수평조의 결합에서 도출되는 것으로 보통 분석된다. 수평조 중에서 하나는 확실히 자주 무표적으로 나타나고 어떤 언어에서는 계단오름과 계단내림 현상도 발견할 수 있다. 이 언어에서 형태론적인 접두사와 어근들은 보통 단음절이거나(치난텍어) 2음절이고(믹스텍제어) 또 어떤 언어는 형태론적으로 대단히 풍부한 접사가 있다. 이 지역에서 가장 흥미로운 현상은 쌍방향으로 이루어지는 강세와 성조의 상호작용이다. 중국어에서 다루었던 현상인 강세 음절에서만 성조 대립을 가지고 있는 경우(사포텍어, 트리크어, 우아베어)를 살펴볼 예정인데 강세의 위치가 음절의 특정 성조에 달려있는 언어(믹스텍제어의 여러 방언들)도 함께 살펴보겠다.

8.1.2 성조 목록

8.1.2.1 수평조의 개수

중앙아메리카에서 수평조가 네 개인 언어는 보통이다. 어떤 언어는 다섯 개까지 있는 것 같다. 수평조의 연쇄로 구성된 굴곡조도 다양하게 나타난다. 이 지역 언어는 전통적으로 숫자 다섯 개로 표기를 한다. 1이 가장 높은 성조이고 5가 가장 낮은 음높이이다. 이 방식은 물론 아시아 지역 언어의 표기와 반대이지만 이 책에서는 원본 자료와 상호 참조할 수 있도록 이러한 관행에 따라서 표시하겠다.

방언을 기술할 때 다섯 단위의 숫자를 모두 사용한다는 이유로 그 언어에 다섯 개의 수평조가 있다고 결론을 내릴 수는 없다. 다섯 개의 수평조와 세 개의 오름조가 있어서 앞서 3장에서 제안되었던 네 개의 수평조와 두 개의 오름조만으로 정의하는 자질 체계로는 문제가 발생하는 현상이 있는데, 이러한 문제점의 예로 자주 인용되는 트리크어 (Hollenbach 1977)의 두 방언으로 논의를 시작해 보겠다. 성조의 대립을 설명하기 위하여 Hollenbach가 최소대립쌍을 완벽하게 기술해 놓은 산 후안 코팔라어를 우선 살펴보자. 산 후안 코팔라어는 어말 장모음 음절에 다음과 같은 성조가 실린다.

(1)	수평조		내림조		오름조	
	3	yã '그는 앉아 있다'	34	yã '소금'	21	yã '앉아 있다'
	4	yã '미혼의'	35	yã '흉터'	32	yã '옥수수 열매'
	5	yã '하나'			53	yã '스페인 이끼'

어말 단모음에는 /3, 4, 5, 34, 32, 53/ 성조가 오는데 어말이 아닌 음절에는 /3, 4, 21/ 성조만 온다. 마지막 소리가 [ʔ, h]인 폐음절에서도

약간의 제한이 있다. 어말이 아닌 음절은 대부분 성조가 오지 않는다. 이 경우 다음에 오는 성조에 따라서 대략 [3]이나 [4]가 된다. 아주 가까운 방언인 산 안드레스 치카후아스틀라 트리크어는 어말 음절에 여섯 개의 내림조와 일곱 개의 오름조를 포함하여 훨씬 더 많은 성조가 배열되어 있다. 끝에서 두 번째 음절과 끝에서 세 번째 음절에는 수평조가 적게 나타난다. 각각 형태소 하나에만 나타나는 네 개의 굴곡조를 제외하고 보면 남아 있는 성조 체계는 다음과 같다.

(2) 끝에서 세 번째 음절 : 수평조   3, 4, 5
     끝에서 두 번째 음절 : 수평조   2, 3, 4, 5
     끝 음절 :   수평조   2, 3, 4, 5
                           내림조   12, 23, 34, 35, 45
                           오름조   21 43 53 54
                           복합 성조   343 354

네 개의 수평조는 이 책의 자질 체계로 처리할 수 있지만 오름조와 내림조는 좀 더 까다롭다. 아시아 성조 언어 체계를 다룰 때에는 기저 굴곡조에 정해진 음역이 있어서 가능한 오름조가 [H, lh]와 [L, lh] 뿐이었다. 여기서 대문자로 쓴 [H, L]은 성조의 음역을 나타내고 소문자인 [h, l]은 음높이 자질을 나타낸다. 만약 이와 같은 것은 유형론적 변이이고 다른 언어에서는 순수한 성조 결합인 기저 굴곡조가 있다고 한다면 해당 언어 체계에 충분하게 여섯 개의 오름조와 여섯 개의 내림조까지 나타내기 위하여 네 개의 수평조를 이용할 수 있다. 우선 오름조를 보자. 왼쪽은 이론적인 자질 표상이고 오른쪽은 자질 표상의 도해이다.

(3)　21　[H, lh]
　　　43　[L, h][H, l]
　　　54　[L, lh]
　　　53　[L, l][H, l]

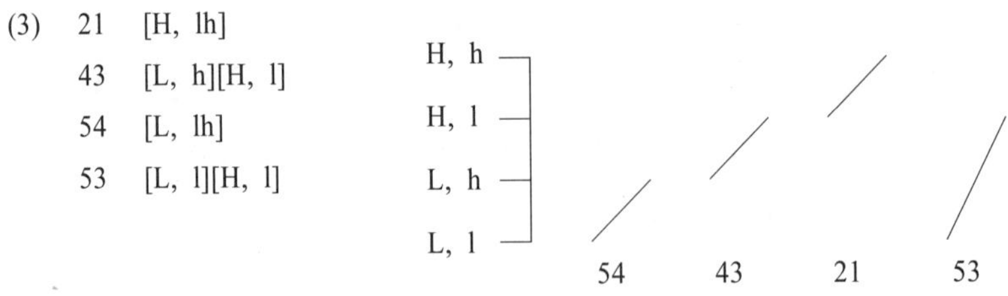

다음으로 내림조를 보자. 왼쪽은 이론적인 자질 표상이고 오른쪽은 자질 표상의 도해이다.

(4)　12　[H, hl]
　　　23　[H, h][L, h]
　　　34　[H, l][L, h]
　　　35　[H, l][L, l]
　　　45　[L, hl]

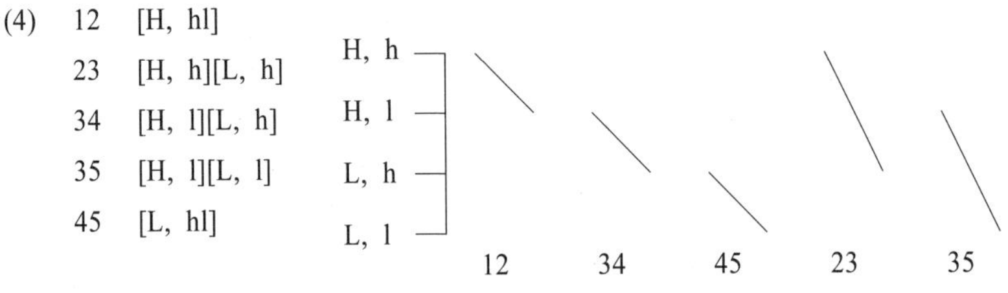

　첫 번째 문제는 이 자질 체계로는 해당 언어 체계에서 상당히 드물게 나타나는 추가적인 오름조(32, 52, 51)와 내림조(13)를 더할 수 없다는 점이다. 즉, 일곱 개의 오름조가 있지만 네 개의 수평조로 구성할 수 있는 최댓값은 여섯 개이다. 두 번째 문제는 (3)과 (4)의 표상이 이 언어에서 선택한 특정 오름조 및 내림조와 잘 들어맞지 않는다는 점이다. 이 점과 관련하여 다섯 개 숫자를 가진 체계를 상당히 많이 고려하고 Hollenbach의 녹음 자료와 일치하도록 성조를 그린 (5)의 그림을 생각해 보자. 실선은 기본 성조이고 점선은 드물게 나타나는 성조이다.

(5)

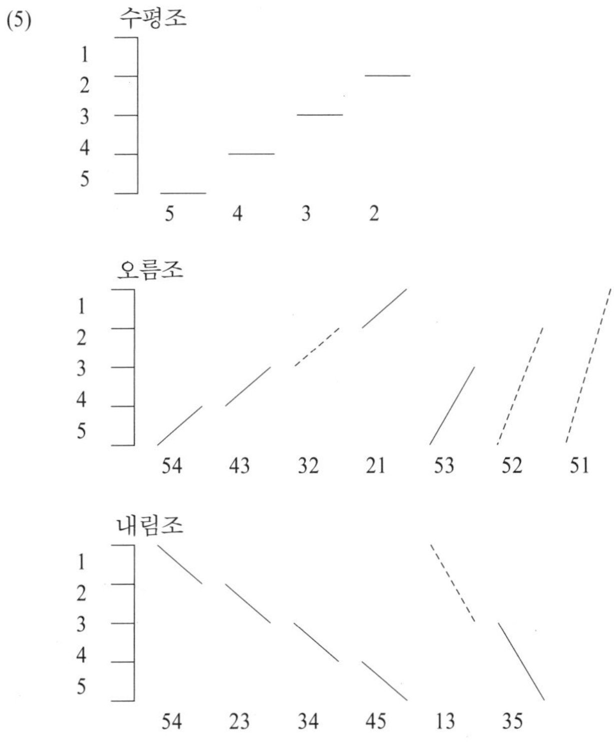

　　음성학적으로 말하면 이러한 체계는 성조 공간의 활용을 극대화하
도록 훌륭하게 고안된 것이다. 가장 극적인 (그렇지만 드물게 나타나는)
오름조를 제외한다면 굴곡조는 물론 동일한 음역의 다른 굴곡조와 겹
치는 것을 최소화한 것이다. 이것은 Flemming의 체계(차오양어에 대한 7
장의 7.4를 참조)의 접근법에서 예측할 수 있는 종류의 체계와 일치한다.
그 체계에서는 대립을 지각하는 것이 성조의 선택을 결정한다. 그러
나 끝점이 중복되지 않고 모양이 동일한 네 개의 굴곡조를 나타내기
위한 자질 체계는 최소한 다섯 개의 수평조가 필요할 것이다. 이러한
체계는 이 책에 제시된 대부분의 언어에서 다룰 수 없는 체계이다.
　　이와 같은 트리크어의 방언은 중앙아메리카 언어의 복합적인 성조

목록을 연구하는데 좋은 입문서 역할을 한다. 물론 일부 중앙아메리카 언어는 이 체계보다 훨씬 간단하다. 다음 단원에서는 굴곡조의 기원을 더욱 자세히 살펴보도록 하겠다.

- 연습 1. 7장에서 제시된 분석 도구를 확대하여 산 안드레스 치카후아스틀라 트리크어를 분석하는 방식을 논의하라. 단, 산 안드레스 치카후아스틀라 트리크어가 13개의 성도 대립이 필요하다고 가정하고 수평조의 음높이 범위가 33%보다 더 떨어지게 공간을 배치하면 안 된다. 32, 31, 13과 같은 성조가 드물게 나타나거나 나타나지 않는 이유를 반드시 설명하라. 이 연습은 정답이 하나인 문제가 아니고 완전한 형식적인 설명이 필요하지도 않다. 그 대신 논의에서 제시한 성조 목록이 정보를 효과적으로 전달할 수 있어 지각적으로 간편한 방법이 될 수 있도록 하라.

8.1.2.2 수평조 연쇄 굴곡조

아프리카 언어와 아시아 언어에서처럼 아메리카 언어의 많은 굴곡조도 명백하게 수평조로 구성된 것이다. 예를 들면 Jamieson(1977)에서 마사텍어의 방언인 치키우이틀란어를 기술하였는데 그 언어는 수평조가 네 개다.

(6) čha1 '나는 말한다'   ki4šũ2 '산사태'
     čha2 '어렵다'   ki4šũ4 '석탄'
     čha3 '그의 손'   ki1thä1 '나는 기침한다'
     čha4 '그는 말한다'   ki3thä1 '나는 그것을 돌릴 것이다'

굴곡조도 존재한다. 그 굴곡조를 Jamieson은 성조군이라고 하였는데 두 개의 성조가 결합한 성조군으로는 [12 24 34]와 [21 31 41]이 있다. 여기에는 Jamieson의 주장과 겨우 구별이 가능한 두 개의 주장이 있다. 즉, 어떤 논의에서는 형태론적 연쇄의 결과로 보고 다른 논의에서는 확산 규칙의 결과로 본다. 다음의 동사 자료를 보자.

(7) ʔyu̧1   '너희들은 마신다'
     ʔyu̧14   '우리(배제형)는 마신다'
     ʔyu̧3   '너희들은 안다'
     ʔyu̧l34   '우리(배제형)는 안다'
     ʔyu̧2   너희들은 가루를 낸다
     ʔyu̧l24   '우리(배제형)는 가루를 낸다'

성조 접미사 /4/는 일인칭 복수 배제형 형태소와 연결되고 동사의 기저 성조와 연관된 굴곡조를 형성하는 것으로 보인다.

Jamieson은 또한 앞에 오는 성조에 /4/ 성조가 확산되어 굴곡조가 만들어지는 일련의 변조 규칙도 논의하고 있다.

(8)   σ σ

        T 4

다음 자료는 이 과정을 나타낸 것이다.

(9) ho1 + khua4   →   ho1 + khua14   '둘 + 단어'
     kuiʔ42 + me4   →   kuiʔ42 + me24   '마실 것이다 + 그들'
     koh3 + me4   →   koh3 + me34   '~과 함께 + 그들'

굴곡조는 변화를 유발하는 과정에서 성조군으로 움직이는 것에 유의하라. 즉 성조 /2/는 수평조 2에서 분리되어 확산되는 것처럼 /42/에서 분리되어 확산된다.

방금 살펴 본 상황은 이 지역의 언어에서 꽤 일반적인 현상이다. 기저 굴곡조가 없거나 상당히 적음에도 불구하고 형태론적인 결합이나 확산으로 많은 굴곡조가 추가적으로 만들어질 수 있다. 다대일 연결을 금지하는 제약이 반투어군보다 훨씬 약한 것이 분명하다.

8.1.2.3 계단오름과 계단내림

이 지역의 어떤 언어에서 나타나는 계단내림은 저조와 연관되지 않고 발생한다는 점에서 앞에서 보았던 아프리카 언어들과 상당히 비슷하다. 저조가 자유로운 부동 성조로 있지만 다음에 오는 고조를 낮게 만들고 이어지는 고조가 새로운 낮은 수평조로 실현된다는 사실을 보면 그 영향력을 확인할 수 있다. 이러한 현상은 이스머스 사포텍어 (Mock 1981, 1988)에서 확인할 수 있다. 예를 들면 다음 문장에서처럼 *gǎpá*(의미 주석 없음)의 첫 번째 음절에 실린 기저의 오름조는 오름조의 낮은 부분이 탈락하지만 이 경우에도 남아 있는 고조가 계단내림된다.

믹스텍어의 방언을 살펴보면 더 복잡한 자료를 발견할 수 있다. 이 자료는 중앙아메리카 언어의 성조 체계 중 가장 복잡하고도 흥미로운 것이다. 유형론적으로 어근 형태소는 2음절인데 형태소가 상당히 풍부하게 존재한다. 성조 목록은 두 개나 세 개 정도의 수평조와 성조군으로 생긴 약간의 굴곡조 등이 있는데 보통 상대적으로 단순하다. 페

놀레스 믹스텍어(Daly 1993)가 이렇게 단순한 유형이지만 이 언어에서
는 계단내림과 계단오름이 모두 나타나고 바로 이 현상이 이 단락의
주제이다.

　다음의 페놀레스 믹스텍어의 자료를 보자. 핵명사에 세 개의 서로
다른 성조 유형이 나타난다. 저조가 하강 추세에서 더 낮아질 수 있는
것에 유의하라.

    (11)　H H　úní čáká '물고기 세 마리'　　　H L　úní tíkā '메뚜기 세 마리'
         [⁻ ⁻ ⁻ ⁻]　　　　　　　　　　　　　　[⁻ ⁻ ⁻ ﹏]

        L L　úní kītī　'동물 세 마리
        [⁻ ⁻ ﹨ ﹨]

/LH/가 빠져 있는 것으로 예측할 가능성이 있지만 착시이다. 해당
음성학적 형태는 계단내림 현상으로 가려져 있다. 계단내림된 고조는
표면의 저조가 어떤 고조를 앞에 오는 고조보다 음성학적으로 더 낮
게 할 때 나타나고 계단내림된 고조는 사실 앞에 오는 저조와 같은
음높이일 수도 있다는 사실에 유의하여야 한다. 그 계단내림된 고조
는 다음에 오는 저조가 더 낮다는 사실로만 순수한 저조와 구별될 수
있다. 페놀레스 믹스텍어에 계단내림이 존재한다는 사실을 가장 명확
하게 말해주는 것은 다음에 나타난 것처럼 구에서 저조 단어 다음에
삽입된 고조의 음높이 실현이다. 다음은 자료를 좀 더 명확하게 하기
위하여 성조를 분리시켰다.

    (12)　kwita　　liʔi - de　　잃다 수탉　그의
        H L　　H L　H　'그의 수탉이 사라질 것이다'
        [⁻ ⁻　⁻ ⁻　　⁻]

/(kwi)ta/에 있는 저조는 다음에 오는 고조를 앞에 오는 고조보다 더 낮은 음높이로 실현되게 하고 새로운 저조는 각각 다음에 오는 저조를 더 낮게 만든다. /LH/ 성조로 된 명사가 확실히 없다는 사실에 비춰보면 그렇게 보이는 명사가 두 번째 음절에 계단내림된 고조가 있는 것이 확실한데 그 고조가 앞에 오는 저조와 동일한 음높이라는 것이다. 바로 (12)의 예에서 /H/, 즉 접미사 /-de/의 성조가 앞에 오는 저조와 동일한 음높이로 실현되는 현상과 같다. 이와 같은 명사는 실제로 존재한다.

(13)   /HH LH/   úní īná   '개 세 마리'   [HH L!H]는 [HH LL]과 음성학적으로 같음
[¯ ¯ - -]

'개'의 두 번째 음절 /H/가 저조와 높이가 같은 수평조이지만 /H/는 음높이를 더 낮아지게 할 수 없다는 점에서 순수한 저조와 다르다. (11)의 '동물'과 비교해 보라. 여기서 우리가 알 수 있는 것은 저조와 고조, 계단내림이 있어서 많은 반투어군과 성조 체계가 상당히 비슷하다는 것이다.

페놀레스 믹스텍어에는 또 다른 성조가 있는데 이 성조에는 특이한 효과가 있다. 이 언어는 연속되는 /H/ 성조에 계단오름 현상이 일어나게 하는데 그 효과가 오른쪽 방향으로 무제한적으로 계속되기 때문에 새로운 /H/에 각각 다시 계단오름이 발생한다. Daly는 이것을 /Lʰ/로 표시하였지만 이 책에서는 /LⒽ/로 표시하겠다. Ⓗ는 부동 고조를 가리킨다. Daly는 이 부동 고조의 효과를 다음과 같이 요약하였다.

(14)   (a) /LⒽ/ 성조는 낮은 음높이이다.

(b) 하나 이상의 저조가 계속되면 한 단계 더 높아지는 것으로 시작하
여 뒤에 오는 고조 높이에서 끝나는데 고조가 뒤에 없으면 더 낮
게 밀린다.

(c) /LⒽ/ 성조 뒤에 오는 첫 번째 고조는 음높이가 한 단계 더 높아
지고 그 뒤의 고조들은 한 단계가 더 높아진다.

위에서 이미 보았던 가능한 네 가지 유형의 모든 성조 앞에 이 기
저의 /LⒽ/ 연쇄로 시작하는 형태소 부류가 존재한다. 여기에는 차용
어도 포함된다. 또한 HH, LL 성조를 가진 단어의 어휘적 하위 부류에
는 뒤에 오는 형태소에 /LⒽ/를 덧붙일 수 있다. 이러한 형태소들 중
하나는 전접어인 /-ndo/이다. 이 전접어는 기저형에 /L/ 성조가 있는데
정규 규칙에 따라 이 예들은 앞에 오는 H에 동화한다. 또한 /-ndo/에
는 부동 성조 /Ⓗ/가 있고, 이 H는 더 앞에 오는 H가 확산되는 과정에
서 자유롭게 된 L과 합해진 후 오른쪽편의 명사의 성조와 결합한다.

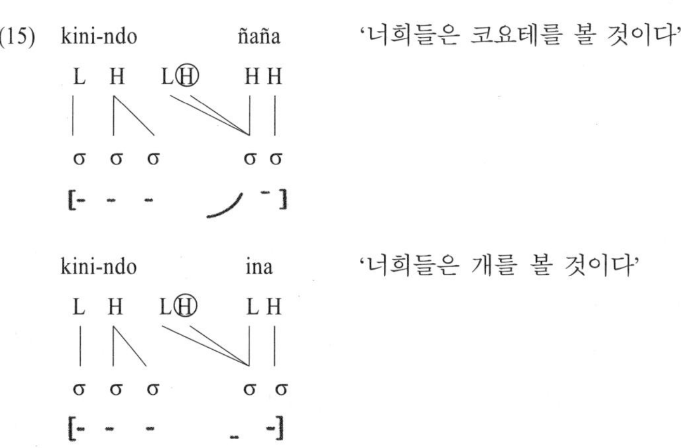

(15) kini-ndo   ñaña   '너희들은 코요테를 볼 것이다'

kini-ndo   ina   '너희들은 개를 볼 것이다'

'코요테'의 첫 번째 음절에서 성조 연쇄의 결합은 저조에서 계단오
름된 고조까지 급격한 오름조를 만들어낸다. 그 고조는 심지어 다음

에 오는 고조보다 더 높다. '개'의 첫 번째 음절에서 /LⒽ/의 효과는
두 부분이다. 먼저 앞부분은 아주 낮은 저조로 실현된다. 다음에 오는
고조는 정상적인 저조 다음의 고조처럼 계단내림되지 않고(위에서 나타
낸 것처럼 고립된 형태일 때는 그렇게 된다) 앞에 오는 고조들과 같은 음높
이 수준으로 실현된다. 바꾸어 말하면 계단오름과 정상적인 계단오름
이 상쇄된 것이다.

계단오름에서 이상한 것은 연속적인 효과이다. /LⒽ/ 성조가 한 번
출현한 다음 고조가 이어지면 모두 계단오름된다. 이 현상에 대한 가
능한 해석은 일종의 도미노 효과의 존재로 보는 것이다. 부동 고조가
다음의 고조를 성조소지자에서 밀어 내어 새로운 부동 고조를 만들어
내는 현상이다. 그러나 이러한 설명은 반복적이고 도출적이어야 하기
때문에 최적성이론에서 진술되기 쉽지 않다. 한편 성조내림과 계단내
림은 이러한 방식으로 움직이지 않는다는 것에 주목하라. 저조 다음
에 바로 뒤따라오는 고조는 계단내림되지만 또 그 뒤에 오는 고조는 계
단내림된 고조와 같은 음높이 수준이고 더 이상 계단내림되지 않는다.

8.1.2.4 유표 성조와 무표 성조

고조와 저조 또는 고조, 중저, 저조 등 간단한 성조 목록이 있는 많
은 언어에서 어떤 한 성조는 명세되지 않고 기저형에도 없고 나중에
기정치 규칙으로 삽입된다. 이것은 실제로 반투어군의 표준적인 분석
방법이다. 즉, 고조를 유표적이고 실재하는 성조로 분석하고 저조를
무표적이고 실재하지 않는 성조로 분석한다. 중국어에서는 이러한 접
근 방법이 거의 유지되지 못한다. 실제로 7장에서는 필수굴곡원리의
작용으로 고조와 저조가 모두 존재할 수 있는 긍정적인 증거를 논의
하였다. 중앙아메리카 언어에 대하여는 이러한 쟁점이 전체적인 그림

으로 충분하게 이루어지지 않았지만 어떤 연구자들은 중앙아메리카의 두 언어에서 명세되지 않는 성조를 논의하고 있다. 흥미로운 것은 명세되지 않은 것으로 보이는 성조가 예상하는 것처럼 저조가 아니라 한 언어에서는 고조이고 다른 언어에서는 중조이다.

Noyer(1992)에서 분석한 우아베어의 산마테오 방언에서 시작해 보도록 하자. 우아베어는 두 개의 표면 성조인 고조와 저조가 있는 고립어이다. 이 성조들은 강세와 흥미로운 방식으로 상호작용을 한다. 강세 문제는 8.1.4.1에서 다시 논의할 예정인데 지금 여기서 집고 넘어가야 하는 문제는 강세가 예측가능하고 강세 음절은 고조이거나 내림조라는 사실이다. 고조와 내림조는 어휘적으로 대립적인 성조이다. 성조가 있는 음절의 앞이나 뒤에는 (고조의 확산이 이루이지지 않는다면) 저조가 온다. 다음 예에서는 강세 음절을 양음 기호로 표시하였는데 (a)와 (b)는 고조이고 (c)와 (d)는 내림조이다. Noyer의 논문에서 추론해 낼 수 있는 음절경계는 점으로 표시하였다. 음절은 성조소지단위이고 고조는 음절핵에 온다. 모음의 장음화 규칙도 나중에 추가된다. 다음에 자세한 내용을 나타내었다.

(16) a. o.lám   '사탕수수'   c. i.ɕwɛ́ak   '원숭이'
         L H   L HL
      b. ʃíʌl   '목재'   d. a.ʃóood   '그는 쉰다'
         H   L HL

Noyer가 제안하고 있는 이 자료에 대한 가장 단순한 설명은 기저형에 저조와 ø이 대립하고 있고 강세 음절에 고조를 삽입하는 과정이 있는 것이다. 강세 음절에 성조가 없다면 단순하게 고조로 표면화할 것이다. 강세 음절에 이미 어휘적인 저조가 있다면 내림조로 표면화

할 것이다. 어떤 음절에 강세가 없다면 어휘적인 저조는 변화하지 않
고 그대로 저조로 표면화한다. 어떤 음절이 무성조 상태로 남아 있다
면 결국 미명세 저조를 받게 될 것이다. 이 분석은 자료를 간단하고
훌륭하게 설명하고 있는데 저조가 어휘적으로 유일한 유표 성조이면
서 또 미명세 성조라는 상당히 놀라운 결론으로 유도되고 있다. 저조
가 미명세 성조라는 설명은 우리가 다른 많은 성조 언어를 통해 알고
있는 것으로 해당 내용과 우아베어가 일맥상통한다. 새로운 사실은
미명세 성조라는 특성과 어휘적으로 유표적이지 않다는 특성 사이의
상관관계를 깨뜨렸다는 데에 있다. 그러나 이러한 관계가 필수적인
것은 아니다. 중국어에서 보면 저조를 포함한 모든 성조가 어휘적으
로 유표적이지만 그럼에도 불구하고 무성조 음절은 미명세 저조를 받
게 된다. 우아베어에서 정말로 새로운 것은 어휘적으로 유표적인 다
른 성조가 없다는 것에 있다. 성조의 다른 원천이 없는 언어에서 이것
이 의미하는 것은 어휘적으로든지 미명세되어서이든지 모든 음절이
저조로 표면화하여 이 언어가 전혀 성조 언어로 보이지 않는다고 가
정해 볼 수 있다는 것이다. 그러나 이렇게 되지 않는 이유는 우아베어
에는 강세 체계도 있기 때문이다. 강세 체계 때문에 각 단어에 고조가
나타나고 그 고조가 저조와 ø의 변별과 상호작용하여 알려진 표면형
음높이가 만들어진다.

마지막으로 이 분석에 이의를 제기하면서 고조와 저조가 동시에 유
표적이라고 제안할 수 도 있다는 사실에 주목해 보자. 즉, 강세 체계
에서 주어진 고조에 고조가 더해졌을 때 HH를 얻게 되고 저조가 더
해졌을 때 HL을 얻게 된다는 주장이다. 이 분석이 타당하지 않는 것
은 다음과 같은 이유 때문이다. Noyer의 분석에 따르면 우아베어의
각 성조는 모음 모라를 필요로 하고 고조가 저조 음절에 더해지면 장
음화를 유발하기 때문이다. 표면형 [a.ʃóood] '그는 쉰다'에서 볼 수

있는 것처럼 원래 장모음도 길어지는데 그 이유는 장모음이 실제로는
단 하나의 모라만 있는 기저형 /Vh/의 연쇄이기 때문이다. 표면 고조
음절이 실제로 HH라고 한다면 그 음절도 또한 장음화가 일어나야 하
는데 장음화는 일어나지 않는다. (16a), (16b)와 (16c), (16d)를 대조해
보라.

- 연습 2. 이 자료들을 최적성이론으로 분석하라. 현재의 취지는 강세 음절에 고
  조를 요구하는 STRESS = H 제약을 가정하는 것이다. 강세 배치를 예
  측하려고 노력하지 않아도 된다.

- 추가 연습(난이도 높음). 최적성이론에서는 입력형을 제한할 수 없다(어기의
  풍부성 가설). 따라서 명세된 고조를 입력형으로 생각해 볼 필요가 있
  다. 이 입력형을 처리하는 방식을 논의하라.

미명세 과정의 두 번째 경우로 논의할 것은 Tranel(1995, 1996)에서 분
석한 산 미겔 엘 그란데 믹스텍어이다. 산 미겔 엘 그란데 믹스텍어는
표면형에 고조, 중조, 저조의 세 가지 성조가 있다. (믹스텍어 어근의 정
상적인 형태인) 2모라 단어에는 LL을 제외하고 거의 모든 조합이 다 나
타난다. 굴곡조는 전혀 나타나지 않는다. 믹스텍어에는 부동 고조가
많이 있는데 이 부동 고조가 다음의 형태소에 결합된다. 가장 일반적
인 유형은 고조가 어간의 첫 번째 성조를 대치하는 것이다. 만약 그
어간이 고조라면 물론 아무런 변화도 감지되지 않지만 중조나 저조라
면 다음과 같이 나타난다. (양음 기호는 고조를 표시하고 억음 기호는 저조를
표시한다. 중조는 무표 성조이다.)

(17) 부동 고조 다음에 나타나는 변화
      LM → HM   kiku → kíku   '바느질하다'

LH → HH   kʷàán → kʷáán   '노랗다'
MM → HM   beʔe   → béʔe   '집'

입력형 ML과 MH에서는 흥미로운 유형이 나타난다. 부동 고조가 중조 모음을 건너뛰고 단어의 끝에 연결되었다. 이 현상은 MH 입력형에는 변화가 없지만 ML 입력형은 MH가 된다는 것을 의미한다.

(18) ML → MH   žukù → žukú   '나뭇가지'
      MH → MH   kučí → kučí   '돼지'

Tranel의 제안은 다음과 같다. 이 언어의 중조 모음은 무성조인데 이 언어는 무엇보다도 성조를 가진 모음과 성조를 가지지 않은 모음의 변별을 중요하게 생각한다는 것이다. 부동 고조가 연결될 곳을 찾을 때는 무성조 모음을 피하는데 그 이유는 무성조 모음과 연결되는 것은 Tranel이 모음의 성조 돋들림 윤곽이라고 불렀던 것을 바꾸기 때문이다. 예상할 수 있는 것처럼 부동 고조는 무성조 모음을 전혀 찾아내지 않고 무시한다. 부동 고조가 무성조 모음에 연결될 수 있는 유일한 경우는 주위에 성조를 가진 모음이 없을 때이다. 즉, 입력형이 MM이라면 고조는 첫 번째 모음에 붙어서 HM이 된다. 최적성이론의 용어로는 *FLOAT >> TONALPROMINENCEFAITH 와 같은 제약순으로 기술된다. Goldsmith(1990)는 동일한 자료에 대하여 다른 의견을 제시하고 있는데 세 성조 모두 명세된 것으로 가정한다. 다음으로 특별한 음위 전환 규칙을 강제로 설정하여 어떤 고조나 저조가 뒤에 오면 고조를 중조 주위로 이동시킨다. Tranel의 설명이 확실히 더 좋다. 그 이유는 현상 뒤에 숨은 이유를 더 심도 있게 설명하려고 하기 때문이다.

지금까지 살펴본 논의의 종류는 성조가 명세되지 않는다는 관점에 동의하여 제안된 것이다. 이제부터는 이러한 언어들을 통하여 밝혀지는 주제인 성조 자질과 성문 자질의 관계로 논의를 돌릴 것이다. 논의할 첫 번째 주제는 지금까지 살펴본 것과 같은 언어인 산 미겔 엘 그란데 믹스텍어에서 온 것이다.

8.1.2.5 성조와 성문음의 상호작용

현상들은 일반적으로 음운론에서처럼 상호작용한다. 기대하는 현상은 예를 들어 양순음이 모음의 전설음화를 유발한다거나 설측음이 원순음 조화를 막는 현상이 아니다. 음성을 '비슷하게' 하는 것은 자질 명세로 음운화한 조음 특성이나 음향 특성이다. 성조라는 현상은 후두의 모양이 변화하여 만들어지는 것으로 후두음 자질이나 후두 분절음과 성조의 상호작용을 발견하는 것은 자연스러운 일이기 때문에 당연히 여기서 다루고 있는 것이다. 좋은 예 한 가지는 2장, 3장, 6장 등에서 논의한 억제 자음의 움직임이다. 중앙아메리카 언어들에서도 몇 가지 흥미로운 현상을 발견할 수 있다.

마지막 단원에서 산 미겔 엘 그란데 믹스텍어의 부동 고조가 성조가 실린 모음을 만날 때까지 무성조 모음을 건너뛰어 오른쪽으로 이동하는 현상을 논의하였다. 따라서 부동 고조 다음에 오는 ML(즉, /øL/) 입력형은 [MH]로 실현된다. 그러나 이와 같은 고조 확산은 성문 파열음이 개입하면 막히게 되는데 그 결과 고조가 대신 첫 번째 모음에 실리게 된다.

(19) MʔL → HʔL   taʔù → táʔù   '때리다'

부동 고조가 왼쪽 형태소에서 비롯되었다는 점에서 본질적으로 접

두사이다. 모든 후두음은 표상에서 단일 층위를 점유하고 있다는 가
정에서 보면 부동 고조가 성문 파열음을 건너 뛰어 마지막 모음에 연
결되는 방법으로 두 가지를 들 수 있다. 하나는 음위 전환 규칙(최적성
이론의 용어로는 LINEARITY 제약을 위반하는 것)을 이용하는 것이고 다른
하나는 연결선 교차를 허용하는 것, 즉 NOCROSSING 제약을 위반하
는 것이다. 믹스텍어는 명확하게 이 두 제약이 상위에 놓이는데 특히
TONALPROMINENCEFAITH 제약((20) 참조)보다 상위 제약이다. (이 책의
기술이 Tranel의 분석 중 일부 세부적 내용을 벗어나고 있지만 중요한 직관은 여전
히 Tranel의 것이다.)

(20)

ta?ù | | H + ?L	NOCROSSING	LINEARITY	TONEPROMFAITH
☞　　　ta?u /| | H + ?L			*
ta?u | | ?H　L		*!	
ta?u | H + ?L	*!		

마지막으로 성문 파열음은 그 음성이 부동 고조를 연결하는 유일한
방법일 때만 건너뛸 수 있는 것에 유의하여야 한다. 단어가 성문 파열
음으로 시작하는 경우가 그렇다. 실제로 어두의 성문음은 고조를 통

과하게 한다. 예를 들면 ʔisò → ʔisó '토끼'의 경우이다. 따라서 *FLOAT >> LINEARITY 제약순으로 결론 내려야 한다.

후두 조음과 성조 사이의 상호작용에 관한 두 번째 유형은 최근 Silverman(1997a)에서 논의된 것이다. 언어마다 모음의 발성 유형은 유성 날숨소리나 짜내기 소리 등으로 서로 다를 수 있다. 이러한 발성이 동남아시아 언어에서 성조와 공존하는 것을 논의한 적이 있는데 중앙 아메리카 언어도 마찬가지이다. Silverman이 관심을 보인 것은 이와 같은 특별한 발성 유형과 성조 사이의 흥미로운 긴장 상태이다. 즉, 음높이 기반의 순수성 성조의 대립은 유성 날숨소리나 짜내기 소리의 모음에 실렸을 때보다 평범한(즉, '정상적인') 모음에 실렸을 때 더 잘 지각되는 현상을 말한다. Silverman은 오토망게어족의 몇 언어에서 발성의 대립과 성조의 대립이 상호 간섭을 피하기 위하여 시간적으로 순차적인 것을 보여주었다. 먼저 세 개의 수평조와 다수의 굴곡조가 나타나는 할라파 마사텍어를 고려해 보자. 이 언어에도 유성 날숨소리와 짜내기 소리 모음이 있다. Silverman이 관찰한 것에 따르면 유성 날숨소리나 짜내기 소리의 발성은 두음의 후반부와 각 모음의 전반부에서 우선적으로 실현된다. 이 현상으로 성조가 적용될 수 있도록 하기 위하여 모음의 정상 발성 부분에 공간이 남겨져 있게 된다. 다음은 유성 날숨소리는 모음 아래에 두 점을 찍어 나타내고 짜내기 소리는 모음 아래에 물결 모양으로 나타낸 것이다. 성조는 고조에 1을 표시하고 저조에 5를 표시하였다.

(21) nn̥a̤a31 '아홉'   nn̰æ̰æ3 '그가 말하다'

코말테펙 치난텍어는 다른 방식이다. 많은 치난텍어에서처럼 이 언어의 음절은 '제한적' 강세 또는 '탄도적' 강세가 있는 것으로 기술된다. Silverman에 따르면 탄도적인 강세 음절에는 모음 뒤에 기식이 있고 제어된 강세 음절보다 더 강하게 조음된다. 탄도적인 강세 음절은 끝에서 음높이가 자주 약간씩 올라간다. 반면 제어된 강세 음절은 점진적으로 하강한다. 탄도적인 강세 음절의 마지막 부분은 기식음의 특징인 비주기성 소음이 나타난다. 따라서 이 언어에서 성조 대립이 가능한 곳은 모음의 전반부이다.

마지막으로 Silverman은 코팔라 트리크어를 살펴보았는데 이 언어에는 후두음적으로 '차단된' 모음이 있다. [VʔV] 또는 [VhV]로 전사된다.

(22) ga3tuʔu32   '향로'
      ɾi3uhu53   '속빈 갈대'
      na3ʔaha32   '대화'

이와 같은 차단된 모음은 명백히 하나의 음절이다. 즉 이러한 모음은 2음절 단어의 형판에 있는 단음절로 계산되고, 성조 연쇄도 모음 한 개와 동일하고, 짧은 모음 두 개의 연쇄라면 어말 장음화 현상 역시 기대처럼 나타나지는 않는 현상 등이 발생한다. Silverman은 굴곡조가 이와 같은 음절에 실렸을 때 후두음으로 차단되어 생긴 각 절반에 두 개의 수평조가 실현되는 것으로 생각한다. 예를 들면 /..ʔaha32/ > /ʔa3ha2/과 같다. Silverman은 또 비정상 발성 부분을 성조 부분과 다시 분리시키는 것이 성조 자료를 정확하게 지각할 개연성을 최대화할 것으로 생각한다. 마지막으로 Silverman의 지적한 것은 음피어처럼 비정상 발화와 성조를 분리하는 언어들은 후두의 좁힘을 덜 사용하는 경향이 있기 때문에 음높이 지각에 간섭 현상이 적은 현상이다.

8.1.3 성조 교체

중앙아메리카 언어의 성조는 반투어군만큼 빈번하게 이동하지는 않지만 성조음운론적으로 풍부하고 복잡하여 독자들이 지금쯤은 익숙해진 상호작용 유형이 많이 나타난다.

8.1.3.1 안정성

독립적인 자립 분절 층위에 성조를 할당하는 과정에 대한 전통적인 주장 중 하나는 흔히 안정성 효과라고 부르는 현상이다. 이것은 성조를 소지하는 분절음이 탈락한 후에도 살아남아 이웃하는 분절음에 실려 표면형으로 실현되는 성조의 능력을 가리키는 이름이다. 성조의 이러한 특징을 중앙아메리카에서 특별히 찾기 어려운 것은 당연히 아니다. 코말테펙 치난텍어(Pace 1990: 57)에 아주 좋은 예가 있다. 이 언어에서는 문장 앞에 의문 표지 /siMH/를 붙여서 의문문을 만든다. 그렇지만 이 의문 표지는 탈락될 수도 있는데 이 경우에는 의문 표지의 성조가 문장의 첫 번째 단어에 나타나 단어의 원래 성조를 대체한다.

(23)   siMH sʌHM hmiːL   →   sʌMH hmiːL   '물 있어요?'

어떤 경우의 안정성에서는 좌초된 성조가 새로운 음절을 만들어 기저 성조와 나누기도 하지만 여기에서는 좌초된 성조가 기저 성조를 대체했다. 이 현상은 탈락으로 두 성조 음높이가 자유롭게 되었기 때문에 일어났고 이것이 동시에 한 음절에 있을 수 있는 최대 수라고 가정하는 것이 합리적이다. 그 성조가 기저 성조를 대체한 이유는 형태소의 마지막 흔적이 출력형에서 어떤 종류의 표면형을 획득하는 유일한 방법일 때에는 살아남는 것이 일반적인 것으로 알려져 있다. 분절음의 영역에서는 예를 들면 북경관화에 있는 접미사 /-r/이 /pan/과 같은 단어에 덧붙여질 때 이 접미사가 원래 분절음의 말음을 대체한다. 즉 /pan + r/ > [par] 과 같이 나타난다. 북경관화는 복합 말음을 허용하지 않는다. 우선권을 위한 경쟁에서는 모든 형태소를 출력형에 자연스럽게 나타나게 하는 어떤 방식이 필요한 것이 결정적 요인이다. 좀 더 형식적으로 최적성이론의 용어로 한다면 REALIZEMORPH 제약이 이러한 경향을 형식화하는데 제안되고 있다(Lin 1993, 2001).

8.1.3.2 확산

성조를 독립적인 것으로 보는 두 번째 이유는 하나 이상의 음절에 걸쳐 확산되는 특징이 있기 때문이다. 어떤 경우는 이러한 확산의 범위가 좁아서 또 다른 한 음절에만 적용되지만 어떤 경우는 범위에 제한이 없어서 가능한 목표 음절 모두에 적용된다. 중앙아메리카에서는 이 두 유형이 모두 나타난다. 위에 기술한 치난텍어의 같은 방언을 좁은 확산의 예로 들겠다. 해당 자료와 분석은 아주 흥미로운 논문인 Silverman(1997b)에서 가져온 것이다. 핵심적인 내용을 먼저 보면 이 방언에는 고조(H)가 오름조(LH) 성조에서 분리되어 오른쪽 방향으로 인접한 음절에 확산된다. 만약 인접 음절이 저조(L)나 중조(M)이면 굴곡조인 내림조(HL 또는 HM)가 만들어진다.

(24) kwaLH to:L   →   kwaLH to:HL   '바나나를 주세요'
     kwaLH ku:M   →   kwaLH to:HM   '돈을 주세요'

이 현상은 자립분절음운론적으로 간단히 나타낼 수 있다.

(25) kwa to:

    ∧
    L H L

　　그러나 Silverman이 제기한 근본적인 질문은 '왜 이러한 현상이 발생하는가?'이다. 특히 Silverman이 주목한 것은 이 언어의 성조는 기능적 부담이 아주 크고 대부분 동사의 굴절 정보(아래 내용 참조)를 담당하여서 변조 현상은 의미론적으로 중요한 대립을 중화시킬 수도 있기 때문에 위험하다는 점이다. Silverman이 제시한 답은 변조가 중화의 정도를 최소화하도록 하면서도 여전히 조음이 쉽도록 아주 정밀하게 조정된다는 것이다. LH 오름조에서 확산되는 것이 수평조 H가 아니라 LH 오름조의 H 부분이라는 사실에 주목하자. 오름조는 발음하는 데 더 많은 시간이 필요한 것으로 알려져 있다. 특히 여기에서처럼 연관된 오름조가 클 경우에서이다. 따라서 다음 음절로 지속되는 현상은 자연스럽게 변조 규칙으로 음운화하고 있다. 이 언어에서 HL은 어휘적으로 가능한 연쇄가 아니어서 결과적으로 중화 현상이 초래되지 않는다. 새로운 사실을 살펴보자. 만약 목표 음절의 성조가 LH라면 출력형으로 HLH가 나타날 것 같은데 실제로는 MH가 나타난다. Silverman은 HLH가 너무 복잡해서 모든 성조를 확실히 복원할 수 없기 때문에 HL부분을 M으로 '혼합하여' MH가 되었다고 보고 있다. 그렇지만 여기에서도 중화 현상은 일어나지 않는데 그 이유는 MH가 기저에 있는 연쇄가 아니고 다른 규칙으로 만들어진 결과도 아니기 때문이다. 이 체계는 상당히 복잡하기 때문에 자세한 내용은 Silverman의 논문을 참고해야 한다.

　　두 번째 예는 반투어군과 중국어의 우 방언에서 자주 보았던 비제한적 확산이다. 여기에서는 Noyer(1992)에서 가져온 우아베어를 사용하겠다. 앞에서 우아베어에서는 주강세 음절에 고조가 삽입되는데 기저에 고조가 없다고 한 것을 생각해 보라. 각 단어마다 주강세가 하나씩 있기 때문에 각 단어에는 정확히 고조 한 개가 있다. 그러나 구에서는 고조가 강세 음절에서 오른쪽으로 확산되어 확산된 오른쪽의 성조 대립이 없어진다. 곧 간략하게 소개하겠지만 우선 이러한 확산의 영역에 관한 대표적인 자료를 여기에 약간 나타내었다. 앞에서와 같이 강세 음절은 양음 기호로 표시하였고 표면 성조는 아래에 나타내었다. (a)는 고립 형태이고 (b)는 첫 번째 주강세에서 오른쪽으로 고조가 확산된 것이다.

(26) a. ta.ha.wʌ́w '그들이 보았다'   na.kánc '빨갛다'   o.lám '사탕수수'
         L L H   L H   L H
      b. ta.ha.wʌ́w na.kánc o.lám   '그들은 빨간 사탕수수를 보았다'
         L L H   H H   H H

이 현상은 자립분절적으로 첫 번째 고조가 다른 성조들을 분리되게 하면서 오른쪽으로 확산된 것으로 볼 수 있다.

(27) ta.ha.wʌ́w na.kánc o.lám

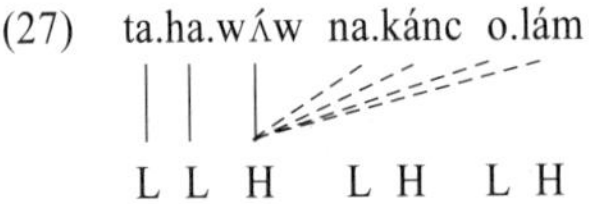

         L L H   L H   L H

이 규칙의 영역은 통사구와 동일한 범위인 것으로 보이고 고조의 삽입은 오른쪽으로 확산되는 구의 핵에 한정된 것으로 보일 수 있다. 예를 들면 명사구가 우핵구조이기 때문에 핵 명사 강세 음절의 왼쪽에 있는 모든 음절은 저조이다. 그리고 핵이 오른쪽 끝이기 때문에 오른쪽으로 확산되는 것과는 상관이 없다. ((28b)에 나타난 것처럼 확산이 마지막 단어에서는 일어나지 않는 것으로 보인다. 그 이유는 명확하지 않다.)

(28) a. na.dám '크다'   pɛát '산'   na.dám pɛát '크리스마스'
         L H   HL   L L   HL
      b. nan.goʃ nʌt tɛat ní.ne   '중요한 날 아버지 아이'
         L   L   L LL H L

반면에 동사구는 좌핵 구조이지만 (26b)의 예와 다음의 동사구에
나타난 것처럼 여기에서는 오른쪽으로 확산되는 것을 볼 수 있다.

(29) i.wʌ́n o.ʃiŋ ʃa.ma ɕat   '너-뾰족하게 하다 코(끝) 나의-칼'
      L H H H H H H

Noyer는 여기에서 동사구가 적절한 구성 성분이라고 확신할만한
통사론 정보를 제시하지 않았다. 그것은 문장일 수도 있다. 왜냐하면
Noyer의 예는 모두 외현 주어가 없기 때문에 동사구와 문장의 적용
범위가 동일하다.

이 단원에 나타난 확산의 두 가지 예로 알 수 있는 것은 아시아 언
어에서 자주 나타나는 국지적 변조 현상, 아프리카 언어에서 자주 나
타나는 뛰어넘기와 상당히 유사한 과정이 이 지역 언어에 있다는 사
실이다. 유사한 것은 우아베어에서 나타나는 장거리 확산이 이 지역
에서는 상대적으로 꽤 드문 현상이기는 하지만 반투어군에서는 잘 증
명되어 있는 현상이고 중국어의 우 방언도 다르지 않다. 반투어군과
중국어의 우 방언도 통사적으로 정의된 영역 내에서 강세 음절을 확
산시킨다. 이제 서로 관련이 없는 어족을 연구하여 얻은 성조에 대한
지식이 새로운 지역의 성조 특성을 이해하는 데 도움이 된다는 사실
을 알게 된 것이다.

8.1.3.3 부동 성조

아프리카 언어에서 나타나는 주목할 만한 현상 하나는 부동 성조의 수가 많은 것인데 특히 저조가 많다. 부동 저조는 계단내림을 통하여 자주 드러난다. 부동 성조는 스스로를 표면화하지 않고 다음에 오는 고조를 계단내림하게 만드는 성조이다. 중앙아메리카에서도 부동 성조는 흔하게 나타난다. 앞에서 본 페놀레스 믹스텍어에는 /L H/ 복합 성조에서 H 부분이 부동 고조인데 이 부동 고조가 계단오름을 만든다. 앞에서 산 미겔 엘 그란데 믹스텍어의 경우도 보았는데 그 언어의 부동 고조는 그 부동 고조의 오른쪽에 있고 성조가 실린 모음에 덧붙여진다. 부동 성조는 좀 분명하지 않은 장소에 숨겨져 있기도 한데 지금부터 살펴보겠다.

믹스텍어를 통하여 오른쪽 단어의 성조에 변화가 있는지 없는지에 따라 어근이 부류별로 할당되어야 하는 것을 알았다. 몰리노스 믹스텍어(Hunter and Pike 1969)는 이 언어의 방언인데 이 언어의 원 자료를 여기에 제시하였다. 독자 스스로 분석을 하게 될 것이기 때문이다! 몰리노스 믹스텍어에는 세 개의 수평조 [1, 2, 3]이 있는데 이 수평조들은 조합이 가능하다. /11, 22, 33, 32/ 성조는 A부류이거나 B부류이다. A부류는 오른쪽에 있는 단어에 영향을 주고 B부류는 영향을 주지 않는다. A부류와 B부류에는 각각 이 네 가지 성조가 있는데 각 부류의 자격은 어휘와 관련이 있다. 예를 들면 다음 (30)의 (a)에서 두 번째 단어는 성조가 변화하지 않는데 그 이유는 첫 번째 단어가 A부류이기 때문이다. (b)에서는 성조가 변화하는 이유는 첫 번째 단어가 B부류이기 때문이다.

(30)　a. A부류 + 22A부류: /33A + 22A/→ [33 + 22]

　　　　　　　ʔu3ši3 ri2ŋki2　→　ʔu3ši3 ri2ŋki2　‘쥐 열 마리’

　　　b. B부류 + 22A부류: /11B + 22A/→ [11 + 12]

　　　　　　　si1vi1 ri2ŋki2　→　si1vi1 ri1ŋki2　이름-쥐 ‘쥐의 이름’

아래에는 B부류 단어가 다음에 오는 단어에 미치는 영향에 대하여 해당 하위 부류를 간단히 정리하였다.

(31)　B부류 단어 다음에 오는 단어의 성조 변화
　　　두 번째 단어의 기저 성조
　　　　a. 11, 12, 13　　　　　　　　　　　　　　　변화 없음
　　　　　 31, 22B, 32B　　　　　　　　　　　　　11로 변화
　　　　　 22A, 32A　　　　　　　　　　　　　　　12로 변화
　　　　　 (자음+모음+(?)+모음의 어근에 있는) 23, 33　 13으로 변화
　　　　b. (자음+모음+자음+모음의 어근에 있는) 23, 33　 31로 변화

● 연습 3. (31a)의 자료를 분석하라. 반드시 포함하여야 할 단계는 B부류 단어에서 기저형의 어떤 양상이 다른가를 제시하는 것이다. 그 다음으로 표면형이 파생되는 방법을 지배하는 원리를 제시하여야 한다. [31]로 변화하는 경우는 가장 나중에 분석하라. 만약 이 현상을 모두 설명할 수 없다면 8장에서 지금까지 제시된 분석 도구가 이 문제를 분석할 때에는 적용할 수 없을 것으로 보이는 이유를 논의하라.

코말테펙 치난텍어(Pace 1990: 26)에도 상당히 유사해 보이는 체계가 있다. 즉, ‘섭동’ 형태소라고 부르는 형태소가 뒤에 오는 음절의 성조를 변화시키는 현상이다. 이 변화는 복잡하지만 저조 L이 내림조 HL로 변화하고 중조 M이 고조 H 또는 중간 오름조 MH로 변화하는 현상이 있어서 섭동 형태소 다음에 부동 고조가 있는 것으로 분석하기도 한다. 여기서 간단하게 살펴본 부동 성조는 자연스럽게 다음 절에

서도 다루는데 다음 절의 논의는 성조로만 구성된 형태소의 경우이다.

8.1.3.4 굴절 형태소

아프리카 언어에서는 성조를 풍부하게 이용하여 동사의 시제와 시상을 나타내지만 아시아 언어에서는 분절음 탈락 후 성조의 재연결 과정을 제외한다면 본질적으로 이러한 성조의 기능이 알려져 있지 않다. 아프리카 언어는 형태론적으로 이미 합성어가 된 동사에 성조 형태소가 일상적으로 얹힌다. 성조의 이러한 용법으로 잘 알려진 중앙 아메리카 언어는 치난텍어, 차티노어, 마사테코어인데 이 언어들에는 분절음 접사가 거의 없기 때문에 성조의 기능 부담량이 매우 높다는 점에서 아프리카 언어와 다르다. 여기에서는 치난텍어에 대한 Pace(1990)의 자료를 가지고 설명하겠다. 이 언어는 동사 어근이 단음절이고 시제-시상 접두사가 한 부류 있다. 축약된 대명사 접미사도 함께 존재하는데 이 접미사는 일반적으로 마지막 어근 모음이 중첩되어 나타난다. 이러한 분절음 요소와 더불어 시상, 인칭과 수도 역시 성조의 변화, 모음의 변화 그리고 음절이 탄도적 강세인지 억제적 강세인지에 따른 변화에 의하여 전달된다(8.1.2.5 참조. 기본적으로 탄도적 강세는 후모음 기식과 연관된다). 앞에서 논의한 것과 같이 이러한 세 가지 성질이 기본 동사 어근에 얹혀서 합성어를 구성한다는 사실은 이 언어들 사이의 밀접한 관계를 강조하고 있다.

다음에 전형적인 틀이 나타나 있다. 여기에서도 Pace의 습관에 따라 중첩 접미사를 R로 표시한다. 만약 동사가 비음으로 끝난다면 성절 비음으로 실현된다([ka˩kyanʔᴹ-ŋ˩] '나는 잤다'). 동사가 비음으로 끝나지 않으면 마지막 모음을 반복한다([dziʔᴸᴴ-i˥] '나는 끝낼 것이다'). 양음 기호는 탄도적 강세를 표시한다.

(32)　동사 어근: /ko/ '놀다'

	1인칭 단수	1인칭 복수	2인칭 단수	3인칭
진행상	kó:^{L}-R	kó:^{M}-R?	kó:^{L}-?	kó:^{L}-r
강조상	ni^{L}-kó:^{LH}-R	ni^{L}-kó^{H}-R	ni^{L}-kó:^{H}-?	ni^{L}-kó^{M}-r
완료상	ka^{L}-kó^{M}-R	ka^{L}-kó^{H}-R?	ka^{L}-kó:^{M}-?	ka^{L}-kó:^{L}-r

분절음 요소를 제거하면 성조, 길이, 강세의 변화를 더 쉽게 알 수 있다.

(33)

	1인칭 단수	1인칭 복수	2인칭 단수	3인칭
진행상	ó:^{L}	ó:^{M}	ó:^{L}	ó:^{L}
강조상	ó:^{LH}	ó^{H}	ó:^{H}	ó^{M}
완료상	ó^{M}	ó^{H}	ó:^{M}	ó:^{L}

이 유형의 주요 틀은 모두 열 한 개이다. 어떤 틀에서 동사의 자격은 어휘적인 요소로 보인다. 각 틀 내부를 보면 특정 시상이나 인칭-수 형태소에 특정 성조가 할당되는 것과 같은 명확한 유형은 나타나지 않기 때문에 지금은 단순히 암기된 틀로 생각하여야 한다. 불만족스럽기는 하지만 이것은 분석적 관점에서 온 것이다.

차티노어(Pride 1963)의 야이테펙 방언도 유사한 체계이지만 성조의 기능 부담량은 더 높다. 왜냐하면 인칭대명사가 단수형에 자주 나타나지 않기 때문이다(즉, 완전한 형태의 실질 형태와 분절음 접사, 접어 또는 축약된 형태가 나타나지 않는다). 그래서 성조가 인칭을 표시하는 유일한 열쇠가 된다. 게다가 동사는 여러 가지 어휘 부류를 담당하고, 시상과 인칭은 접두사와 성조가 결합하여 실현된다. 예를 들면 E부류 동사 /li?ya/ '나르다'에서 1인칭 단수는 [43]이다. 2인칭과 3인칭 단수는 완전한 대명사와 같이 올 때 완료상과 진행상에서는 [1]이고 강조상에서는 [32]이다. Pride는 이 언어의 탄도적/제한적 변별과 모음 길이의 대조를 논의하지 않고 있지만 비음이 굴절 목적으로 사용될 수도 있다. 다음에 서로 다른 세 가지 동사 부류의 예를 더 많이 나타내었다.

(34) 동사 부류 동사 어간 주석 성조

			1인칭 단수	2/3인칭 단수 완료상	2/3인칭 단수 강조상
A	nginǫ	'듣다'	32	1	32
C	ndiʔo	'마시다'	1	43	43
E	liʔya	'나르다'	43	1	32

마지막 예는 시에라 후아레르 사포텍어(Bickmore and Broadwell 1998)이다. 이 언어에서는 인칭 표시가 분절음 접미사와 성조 변화의 조합으로 이루어진다. 이 언어에는 고조[á], 중조[a], 저조[à]의 세 성조가 있다. 1인칭 단수의 전이상 주어 접미사 /ʔàʔ/는 단어의 시작 부분 근처에서 고조가 덧붙여진다. (35a)에서 어근의 첫 음절에 나타나 있고, (35b)에서는 습관상 접두사 /ru/에 나타나 있다.

(35) a. gú-xuʔnì-luʔ   '너는 쓸 것이다'
        gú-xúʔnì-ʔàʔ   '나는 쓸 것이다'
      b. ru-lábàʔ-luʔ   '너는 계산한다'
        rú-lábàʔ-làʔ   '나는 계산한다'

Bickmore and Broadwell이 보여주고 있는 것은 이 성조가 가장 왼쪽의 무성조 모음에 연결되고, 중조가 음운 과정의 마지막까지 무성조로 남아 있는 음절에 주어지는 미명세 성조가 틀림없다는 사실이다. 고조 자체는 인칭 접미사가 주는 부동 성조이다. 어떤 표면형 중조가 무성조인 더 깊은 증거는 왼쪽의 1인칭 비전이상 접미사의 저조를 음절수에 제한 없이 무성조 음절에 확산시키는 규칙을 보면 알 수 있다.

(이 접미사는 부동 고조에는 작용하지 않는다.)

(36) í-yechchu   '그녀는 몸을 숙일 것이다'
   í-yèchchù-ʔà?   '나는 몸을 숙일 것이다'

Bickmore and Broadwell이 보여주고 있는 또 한 가지는 부동 고조가 정착되는 정확한 목표가 첫 번째 **강세를 가진 무성조 음절**이라고 더욱 정확하게 제시한 것이다. 이 음절은 보통 어근의 첫 번째 음절이기 때문에 이 음절에서 뒤 한 음절로 확산될 수 있다. 저조 확산과 함께 이 두 과정을 (37)에 단계적으로 나타내었다.

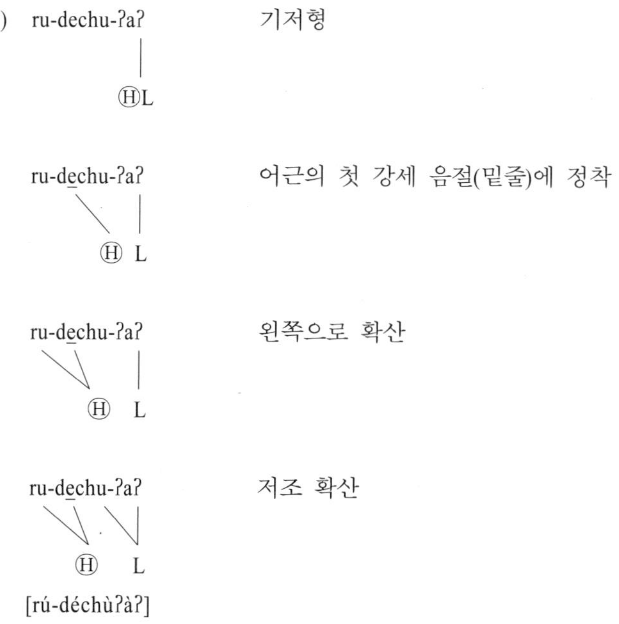

- 연습 4. Bickmore and Broadwell은 부동 고조가 접미사에서부터 무성조 모음으로 확인된 성조 소지 어근 모음까지 연결되기 때문에 어근과 접미사

의 성조는 분리된 층위에 있어야 한다고 주장한다. [gú-xúʔnì-ʔà?] '나는 쓸 것이다'의 예를 이용하여 해당 문제점을 그림을 그려 나타내라. 이러한 문제를 피할 수 있는 ALIGNMENT 제약을 사용한 최적성이론 분석을 생각해 낼 수 있는지 보라. 고조가 가장자리나 강세 음절에 자주 이끌리는 것을 잘 생각해야 한다(자세한 내용은 4장 참조).

8.1.3.5 연쇄이동

아시아 성조 언어에 관한 장에서 민 방언의 성조 체계를 논의하였다. 민 방언은 성조가 연쇄이동하여 각 성조가 성조 체계 안의 또 다른 성조로 변화하여 상당히 인상적이었다. 놀라운 사실은 중앙아메리카의 촤판 마사텍어(Lyman and Lyman 1977)에서 유사한 현상이 있다는 것이다. 이 언어에는 /H, M, L/의 세 성조와 MH, ML의 성조 연쇄가 있는데 다음과 같은 연쇄이동을 특정 환경에서 발견할 수 있다.

(38) '시계 방향 변조'   H > M > L > H
      '시계 반대 방향 변조'   L > M > H

이러한 변화는 특정 부류의 단어들이 나란히 놓여 있고 첫 번째 단어와 두 번째 단어 중 하나가 그 단어들이 속해있는 두 가지 부류에 따라서 변조가 일어날 때 발생한다. 예를 들어 A부류의 단어는 뒤에 오는 B부류의 단어를 시계 방향 변조가 일어나게 한다. (39)의 예에서 /lujiH/는 A부류 단어인데 /becoʔM/의 성조를 [L]로 바꾸고 /beoL/의 성조를 [H]로 바꾼다. (두 성조가 같으면 두 성조가 모두 바뀌는 것에 유의하라. 이 현상은 두 음절 모두에 연결된 하나의 음운론적 성조소가 동일한 성조 연쇄인 경우를 예측하는 것이다.)

(39) luǰi beco?   →   luǰi beco?   '개의 혀'
      H M   H L
      luǰi beo   luǰi beo   '땅두더지의 혀'
      H L   H H

타이완어의 민 성조 순환(7.4 참조)과 상당히 유사한 이 현상은 일반
적인 음운론적 분석으로 처리될 것 같지는 않다. 아마도 변화하는 단
어에 두 개의 이형태가 있는 것으로 보인다. 각 이형태가 선택되는 방
식은 밝혀지지 않았는데 이것을 구별할만한 충분한 데이터가 없다.

이것으로 중앙아메리카 언어의 변조 유형에 대한 짧은 논의를 마무
리하겠다.

8.1.4 성조와 강세

8.1.4.1 강세에 종속적인 성조

지금까지 성조, 특히 고조와 강세 음절이 서로 이끌리는 경우를 아
프리카 언어와 아시아 언어에서 다양하게 살펴보았다. 디고어의 고조
는 원래 위치에서 강세 음절 위치로 이동한다. 상하이어는 강세 음절
의 성조만 살아남는다. 민 방언은 성조 대립의 개수가 강세가 약화되
면 따라 감소한다. 뒤의 두 가지 현상은 중앙아메리카 언어에서도 증
명되는 현상이다. 우선 북부 테페후안어(M. -J. Kim 1997)의 체계를 논의
하도록 하자. 이 언어의 성조는 강세 음절에서 실현될 뿐만 아니라 강
세 음절에 삽입되기 때문에 이 언어에서는 어떤 종류의 어휘적 성조
도 가정할 필요가 없어진다. 따라서 이 언어는 다음 설명의 순수한 성
조 언어와 대응 관계에 있는 유용한 예가 된다.

　Kim(1997)은 북부 테페후안어에서 고조의 위치를 예측 가능한 것으로 보았다. 3음절 이상의 단어에서 고조는 앞에서 두 번째 음절에 오고(maa.kó.va ‘넷’) 이보다 더 짧은 단어에서는 고조가 어두에 온다(bá.nai ‘코요테’). 다른 음절은 예외 하나를 제외하고 모두 저조이다. 그 예외는 나중에 간단히 언급될 것이다. Kim은 어말의 잉여운율성 그리고 짝수 약강 음보 좌에서 우 방향 분석으로 이 현상을 분석해 내고 있다. 즉, (σ ó) <σ> 그리고 (ó) <σ> 이다. 따라서 고조는 핵에 할당된다. 장모음이나 이중모음인 음절에서는 고조가 보통 두 번째 모라에 나타난다(taí ‘불’). 따라서 Kim은 음절은 우핵 구조이고 모라가 성조소지단위라고 제안하고 있다. 고조가 올 것으로 예측 가능한 위치는 형태론적 접사화 환경에서 고조의 이동이라는 증거가 더 필요하다(kɨɨ.li ‘남자’ 그러나 kɨɨ.lí-ši ‘작은 소년’). 단어에 하나 이상의 고조가 있는 경우는 두음이 없는 음절이 인접하는 경우이다. 이 경우에는 고조가 앞에 오는 뒤쪽 모라로 확산된다. o.nó.ma ‘갈비’의 중첩형 ó -ó.no.ma ‘갈비들’을 보면 처음 두 모음이 서로 떨어져 있다. 강세와 고조는 보통처럼 두 번째 음절에 할당되는데 새로운 사실은 고조가 그 다음에 왼쪽에 있는 인접 모음으로 확산된다. 이 언어의 성조가 원래는 확실하게 어휘적인 것이 아니어서 이 언어를 ‘성조 언어’라고 부르고 싶지 않지만, 이러한 확산 규칙은 성조 층위가 북부 테페후안어에서 주동적인 역할을 하고 있다는 사실을 명확하게 해 준다. 이상의 이론적 배경을 가지고 어휘적 성조와 강세가 밀접하게 상호작용하는 언어로 논의를 옮겨 보겠다.

　고조를 강세 음절로 끌어당기지만 어휘적인 저조도 있는 언어의 다른 예로 논의를 시작해 보자. 앞 절에서 우아베어의 산마테오 방언에 대하여 논의하였다. Noyer가 기저형에서 이 언어가 저조만 유표적인데 강세 음절에는 고조를 할당하는 것으로 주장한 것이 생각날 수 있다. 이 언어의 무성조 음절은 표면형으로 고조를 가지지만 저조 음절은 높내림 굴곡조를 이룬다. 이제 남아있는 것은 고조의 위치가 실제로는 강세 체계에 전형적인 제약들로 통제되는 현상을 보여주는 것이다. 단어의 제1강세는 (40a)와 같이 어말 폐음절에 실린다. (기능어와 차용어에서 발견되는) 어말 개음절은 그 대신 (46b)와 같이 끝에서 두 번째 음절에 온다. (40)에 있는 악센트 기호는 성조가 아니라 강세 기호이다.

(40)　(a) o.lám　　　'사탕수수'　　　ni.pi.lán　　　'사람들'
　　　　　na.kánc　　 '빨갛다'　　　　a.koo.če.rán '그것은 잘렸다'
　　　　　ta.ta.wʌ́w　'그들이 봤다'
　　　(b) ší.ke　　　　'나'　　　　　gá.ye　　　　'수탉'
　　　　　be.hú.go　　'포도나무'

이것은 잉여운율적인 말음 분절음이 있는 간단한 강세 체계이다. 마지막의 경음절에 강세가 나타나지 않게 만들지만 끝음절이 폐음절로 있다면 여전히 강세를 받을 수 있다. 그렇게 하면 강세는 강세를 받을 수 있는 영역의 마지막에 놓인다.

(41)　ni.pi.lá<n>　　　　　　be.hú.g<o>

억음 기호로 나타낸 이차 강세는 (42a)와 같이 접미사가 부가되기 전에 주강세로 있었던 어간 모음에 놓이거나 (42b)와 같이 접미사적 마지막 강세에 인접하고 있지 않다.

(42)　(a) a.kíiəb '그는 함께 간다'　a.kiiə.b-a.ran-áac '우리는 같이 간다'
　　　(b) t-a.háw '그는 보았다'　　t-a.ha.w-ʌ́w　　'그들은 보았다'

구성 형태소에 실린 강세 위치의 '기록'이 형태론적으로 더 복잡한 형태에까지 유지되고 있기 때문에 이와 같은 강세 체계는 상당히 순환적인 것이다(최적성이론은 이와 같이 형태론적으로 민감한 현상에 대해서 보통 다른 방식으로 처리하고 있다. 관련 논의는 Kager(1999) 참조). 강세는 각각의 순환마다(즉, 각 접사 부가가 일어난 후) 할당되는데 마지막 강세가 주강세가 되고 다른 강세들은 (43b)처럼 순환 후 강세 충돌로 강세가 탈락되지 않는 한 (43a)처럼 모두 이차 강세가 된다.

(43)   순환 1   순환 2   순환 후
    a. a.kíiə́b   →   a.kíiə.b-a.ran-áac   →   a.kiiə.b-a.ran-áac
    b. t-a.háw   →   t-a.há.w-ʌ́w   →   t-a.ha.w-ʌ́w

이것은 성조 할당이 아니라 순환적인 강세 할당이다. (43)의 구를 보면 [nahmbókLL]의 단어 강세에는 고조가 나타나지 않는 것처럼 고조는 구의 핵에만 할당되고 다른 단어 강세에는 할당되지 않는다.

(44)   nahmbók a ɕíɕ   '나쁘다 시다-물건'
        L   L   L H

따라서 고조의 할당은 후어휘적인 문제가 된다.

이 지역 언어에서 성조가 강세에 종속적인 두 번째 유형은 강세를 덜 받는 위치에서 성조 목록이 축소되는 것이다. 이 현상에는 산 후안 코팔라 트리크어(Hollenbach 1977)의 예를 가져 왔는데 이 언어는 (45)처럼 장모음이 있는 마지막 음절에 성조가 있다. 참조의 편의상 8.1.2.1 에 있는 자료를 다시 반복하였다.

(45)   수평조   내림조   오름조
    3 yã '그는 앉아 있다'   34 yã '소금'   21 yã '앉아 있다'

4 yã '미혼의'   35 yã '흉터'   32 yã '옥수수 속대'
5 yã '하나'   53 yã '스페인 이끼'

　어말 단모음 음절에 /3, 4, 5, 34, 32, 53/ 성조가 실린다. 반면에 어말이 아닌 대부분의 음절은 성조가 없다. 성조가 없는 경우에는 다음에 오는 성조에 따라 대략 [3]이나 [4]의 높이가 실린다. 주로 융합 복합어나 스페인어 차용어에서는 일부 비어말 음절에는 성조가 실리기도 하지만 /3, 4, 21/ 성조 중에서 하나만 실린다. [ʔ, h] 소리로 억제된 마지막 음절은 성조를 일부 제한하기도 한다.

표 8.2

어말 음절에서의 대립	비어말 음절에서의 대립 축소
성조가 항상 나타난다.	성조가 자주 나타나지 않는다.
[ʔ, h]로 끝나기도 한다.	개음절만 온다.
연음 파열음이 마찰음으로 실현된다.	연음 파열음이 파열음으로 남아 있다.
파찰음, 경음 파열음 또는 치찰음으로 시작될 수 있다.	파찰음, 경음 파열음 또는 치찰음이 없다.
개음절에서 장모음이나 단모음에 나타난다.	장모음에만 나타난다.
모든 장모음이 나타난다.	고유어에서는 /iː, uː, aː/에서만 나타난다. /eː, oː/는 드물게 나타나는데 보통 다른 /e, o/ 앞에서이다.
모음은 보통 변하지 않는다.	많은 모음에서 자유변이가 나타난다. 모음은 자주 축소되거나 무성음화한다.
모음의 비음화에서 비음화는 왼쪽으로 확산되는데 /y, w, ʔ/를 가로질러 앞에 오는 모음까지 확산된다.	뒤에 오는 어말 모음에서만 비음화한다.
구의 첫 번째 또는 두 번째 단어의 마지막 음절에 구 강세가 위치한다. 모음 길이의 대립(장모음은 더 길어지고 단모음은 긴 경음 두음과 함께 짧아짐)에 실리는 강조 및 음세기로 유표적이다.	구 강세가 없다.

산 후안 코팔라 트리크어는 비성조적 증거가 상당히 많은데 마지막 음절은 특별하다. 비어말 음절에서는 자음, 모음, 성조 관련된 모든 영역의 대립 관계가 상당히 축소된다(표 8.2 참조).

일군의 이러한 특성들을 타당하게 설명하는 유일한 방법은 이 언어의 마지막 음절에는 강세가 오는데 비강세 음절은 성조적인(또는 분절음적인) 전체 대립 부류로 인가될 수 없다고 하는 것이다. 최적성이론에서는 위치 충실성 제약이라는 용어로 자주 이 현상을 다루고 있기 때문에 여기서 그 설명을 개관하기로 한다. 이 현상에 대한 기능적 관점의 최적성이론 설명은 민 방언을 설명하고 있는 7장의 7.4를 참조하라.

우선 어말이 아닌 음절에는 성조가 실리지 않는 고유어로 시작하기로 한다. 어말 음절이 실제로 강세를 받는 핵이라고 가정하면 핵에 특정한 충실성 제약(Beckman 1997, Alderete 1995)으로 형식화 할 수 있는데 그 핵은 어떤 기저 성조라도 표면화를 허용한다.

 (46) HEAD-FAITH : 핵 요소에는 탈락, 삽입 또는 변화가 발행하여서는
     안 된다.

어떤 성조가 나타나면 최대 일반 유표성 제약인 *TONE 제약을 위반하게 된다. 성조는 핵에 놓일 수 있기 때문에 HEAD-FAITH >> *TONE 제약순이 되어야 한다. 그러나 비핵 위치에서는 성조가 나타나지 않기 때문에 *TONE >> FAITH의 제약순이 된다. 이것이 다른 위치보다 핵 위치에 더 많은 대립이 나타나는 언어 체계의 표준 제약순이다.

비핵 위치인데도 성조가 나타나는 음절은 어떻게 될까? 방법은 *TONE 제약을 성분 분석 하는 것이다. 수평조를 먼저 생각해 보자.

수평조는 두 개가 있는데 Hollenbach에 의하면 [3] 높이의 성조이고 중조로 기술된다. [4]와 [5] 사이에 있는 성조는 Hollenbach는 [4]로 표시하고 그렇기 때문에 상당히 저조이다. 굴곡조 역시 드물다. 이러한 관찰에서 가정해 볼 수 있는 것은 *H 제약과 *CONTOUR 제약이 일반 충실성 제약보다 상위 제약이고 *M 제약과 *L 제약보다도 상위 제약이어서 이 성조들은 비핵 위치에서도 표면 성조로 허용된다. 복잡한 현상은 비핵 위치에서 높오름조 [21]이 나타나는 것이다. 이 현상은 스페인어 차용어에서 온 것으로 끝에서 두 번째 음절에 강세가 오는데 이 높은 음높이가 스페인어 강세를 반영하고 있다고 추정해 볼 수 있다. 이 관점에서 보면 아직 완전히 고유어화하지 않는 단어가 있다는 것이고 이러한 음절들은 핵음절과 동일하게 표시되어 이 언어 체계 내에서 스페인어 강세를 반영하는 [21] 성조가 나타난 것이다. 아쉽지만 자료가 충분하게 있지 않아서 이러한 관점의 타당성을 점검하기 힘들다. 예가 한 가지만 주어져 있는데 스페인어 차용어처럼 잘 보이지 않는 ya21nuh53 '드럼'이다.

Mock(1981, 1988)에서 기술된 이스머스 사포텍어에는 두 가지 성조가 있다. 각 단어는 두 성조 가락으로 구성되는데 강세 음절에 그 가락이 나타나고 오른쪽으로 확산된다. 강세 음절 앞의 음절은 저조이다. 그리고 어떤 상당히 복잡한 규칙이 이러한 성조를 단순화하고 조정하기 때문에 표면 형태가 항상 명쾌하게 해석되지는 않는다. 예를 하나 들어 보자. HL 가락과 끝에서 두 번째 음절에 강세를 가진 3음절 단어는 [nà.x̲â̲.dà] '짧다'와 같이 [L.H̲L̲.L]로 나타난다. 강세는 밑줄로 표시하였다. 단어에서 음절 하나만 어휘적 성조로 표면화하지만 그 위치는 변화할 수 있기 때문에 Mock는 이 언어를 피치악센트 언어로 보았지만 LL, HH, LH, HL과 같은 네 개의 피치악센트가 나타난다는 점은 상당히 특이한 점이다. 악센트의 성조는 어휘적으로 결정되지만 위치적으로 2음절어에서만 대립하는 것으로 보인다. 예를 들면 [gù.riâ] '가장자리'와 [guiû.bà] '빠르다'이다. Mock는 다음과 설명하고 있다. 복합어가 아닌 단어에서 강세 음절은 어근의 첫 번째 음절이기 때문에 항상 단어의 마지막 두 음절 중 하나이다. 그런데 이 언어의 자료에 따르면 이 언어가 음절 무게에 민감한 언어일 가능성이 있다. 즉, 첫 번째 음절이 중음절이 아니면 단어의 두 번째 음절에 강세가 놓여 그 음절에 강세가 실린다. 이 문제는 자료의 부족으로 아직 해결할 수 없는 문제이지만 어떻게든 강세의 위치를 예측할 수 있다고 가정하는 것이 타당해 보인다. 이러한 경우라면 이 언어는 단순한 어휘적 성조 언어이고 그 성조가 강세 음절에 이끌리는 언어이다. 성조를 기저 음절의 특성으로 가정할 이유는 없지만 성조를 형태소적으로 볼 수는 있겠다. 주목할 것은 성조와 강세의 이끌림이 고조뿐만 아니라 모든 성조에서 나타난다는 사실이 다음 절에서 살펴볼 현상을 고려하면 다소 놀라운 사실이라는 점이다.

8.1.4.2 성조에 종속적인 강세

믹스텍어의 여러 방언은 강세와 성조 사이의 상호작용이 흥미롭다. 강세의 위치가 성조의 유무뿐 아니라 단어의 특정 성조에 종속되어 있다. 여기에서 살펴볼 분석은 de Lacy(1999)에서 논의한 믹스텍어의 세 방언에 관한 것이다. 이 방언들에서 강세는 모두 다음 음절에 더 낮은 성조가 있는 가장 왼쪽(또는 가장 오른쪽) 음절에 위치한다. 즉, 고조 바로 뒤에 중조나 저조가 오거나 중조 뒤에 저조가 오는 형태이다. 이러한 연쇄가 나타나지 않으면 강세는 단어의 한쪽 가장자리에 기정치로 온다. 이 성조 연쇄로 선택될 수 있는 세부 항목은 기정치의 방향처럼 다양하다. 음성학적으로 강세는 길고 높은 음높이로 실현되는데 아유틀라 방언에서는 강세와 비강세의 차이로 분절음과 관련된 증거가 나타난다. 두음이 없는 비강세 음절에서 무성 자음 앞의 모음은 무성음화하고, 비강세 모음은 /sánárà/ > [snárà]처럼 음절화가 가능하다면 탈락하기도 한다.

de Lacy는 강세 음절은 고조에 오고 비강세 음절은 저조에 오는 경향이 있다고 제안하였다. 다시 말하면 고조는 본질적으로 저조보다 돋들린다는 것이다. 이러한 현상을 설명하기 위한 제약 위계를 제안하였는데 간단히 소개하면 다음과 같다.

(47) *Hd/L >> *Hd/M >> *Hd/H
      *NonHd/H >> *NonHd/M >> *NonHd/L

이러한 제약을 배경으로 하여 de Lacy가 분석한 우아후아판 믹스텍어(카칼로스테펙어)(Pike and Cowan 1967)를 살펴보도록 하자. 이 언어의 현상은 (48)에 나타나 있다.

(48) a. 강세는 다음 음절에 더 낮은 음절이 있는 가장 왼쪽에 온다.
      H<u>H</u>L   sá<u>dí</u>nà   '(알고 있는) 그/그녀/그들이 그것을 닫고 있다'
      H<u>M</u>L   k<u>ó</u>nāà   '넓은 물건'
      <u>M</u>LH   ñ<u>ā̱</u>nìní   '(단수, 성인) 너의 형/오빠'
      b. 그렇지 않으면 강세는 가장 왼쪽 음절에 온다.
      <u>H</u>HH   sá̱díní   '(단수, 성인) 너는 그것을 닫고 있지 않다'
      <u>L</u>LH   ɗùkùní   '(단수, 성인) 너의 조카딸'

강세 음절과 그 뒤의 음절을 이원 강약 음보로 생각하라. 음절의 핵에는 비핵에 비하여 항상 더 높은 (즉, 더 돋들리는) 성조가 실린다. 위에 제시한 제약 위계 두 가지에서 가장 위계가 높은 제약은 *Hd/L 제약과 *NonHd/H 제약이다. de Lacy가 주목하는 것은 세 가지의 적형

음보 HM, ML, HL이 위 두 조건을 만족시키는 정확한 음보라는 것이다. 실제로는 또 다른 음보로 MM이 있지만 de Lacy는 이 음보는 음보 내부에 적용되는 OCP 제약으로 제외될 수 있는 것으로 본다. 표 (49)에 가능한 모든 성조 음보와 그 음보가 위반하는 제약을 나타내었다.

(49)

제약	제약을 위배한 성조 조합
*HD/L	LL, LM, LH
*NONHD/H	LH, MH, HH
OCP (FOOT)	LL, MM, HH

이 제약들은 (FTBIN 제약과 FTFORMTROCHEE 제약과 함께) 허용할 수 있는 음보를 정의하지만 왼쪽 가장자리와 같은 음보의 위치를 위해서는 ALIGN-L (HEAD-σ, PRWD) 제약이 더 필요하다. 이 제약들이 원하는 형태를 만드는 방식을 살펴보도록 하자. 먼저 내림 연쇄의 경우를 보면 (50)에 있는 단어의 왼쪽 가장자리가 아니다. 강세는 여전히 연쇄의 시작 지점에 오는데 그 이유는 음보 내 성조 연쇄에 관한 제약이 Align-L 제약보다 상위 제약이기 때문이다.

(50)

/HHL/	*HD/L	*NONHD/H	OCP (FOOT)	ALIGN-L (ó-PRWD)
(HH)L	*!		*	
☞ H(HL)				*

다음 (51)은 두 개의 내림 연쇄 단어이다. 여기에서 ALIGN-L 제약이 왼쪽 가장자리 후보형을 제외할 것이다.

(51)

/MLHL/	*Hᴅ/L	*NᴏɴHᴅ/H	OCP (Fᴏᴏᴛ)	Aʟɪɢɴ-L (ó-Pʀ WD)
ML(H̲H)				**!
☞ (M̲L)HL				

마지막으로 (52)는 내림 연쇄가 없는 경우이다. 여기에서는 어떤 음보화도 성조 제약 중 하나를 위반하게 되기 때문에 모든 음보 결합이 비기게 되어 Aʟɪɢɴ-L 제약으로 다시 결정하게 된다.

(52)

/MMH/	*Hᴅ/L	*NᴏɴHᴅ/H	OCP (Fᴏᴏᴛ)	Aʟɪɢɴ-L (ó-Pʀ WD)
M(M̲H)		*		*!
☞ (M̲M)H			*	

• 연습 5. 이상의 자료 일반화와 반대로, 내림 연쇄가 없는데도 강세를 가장 왼쪽 음절에 오지 못하게 하는 단어가 일부 존재한다. 어떤 입력형이 이러한 예가 되는가? 강세가 (잘못) 놓이는 위치를 제시하라.

이 단원에서는 중앙아메리카에서 발견되는 성조 현상의 일부를 개관해 보고 그 분석 방식을 훑어보았다. 다음에 볼 내용은 북아메리카와 남아메리카이다.

8.2 북아메리카

북아메리카에는 악센트 언어는 있지만 완전한 성조 언어는 상당히 드물어서 키오와타노아어족과 아타파스카어족에만 퍼져 있을 뿐이다.
이 어족 외에는 이로쿼이어족(체로키어, 모호크어), 무스코기어족(촉토어),
우토아스텍어족(호피어), 하일추크어와 같은 일부 살리시어족과 와카
시어족에서 성조를 볼 수 있다. 이 언어들의 성조음운론은 잘 알려지
지 않았고 일부 언어는 아마 성조 언어보다는 악센트 언어에 가까울
것이다. 북아메리카의 성조 대립에 관한 역사적 근거로는 Mithun(1999)
에서 언급한 것처럼 후두 성문 파열음 또는 /h/ 앞에서 음높이가 낮아
진 뒤에 후두의 분절음이 탈락한 것이 널리 알려져 있다. 표 8.3은 여
기에서 논의할 성조 언어의 친족 관계를 보여주고 있는 것이다. 이 표
는 Mithun(1999)에 근거하고 있다.

표 8.3 북아메리카 성조 언어의 일부

아타파스카어족	북부 아타파스카어군	캐리어어, 슬레이비어(=헤어어), 세카니어, 타나크로스어, 치페위안어
	아파치제어	나바호어
이로쿼이어족	북부 이로쿼이제어	오논다가어, 모호크어
	남부 이로쿼이제어	오클라호마 체로키어
우토아스텍어족		호피어, 야키어, 북부 테페후안어
무스코기어족		알라바마어, 촉토어
키오와타노아어족	테와제어	리오 그란데 테와어
와카시어족		하일추크어

8.2.1 아타파스카어족

아타파스카어족에서 기술이 가장 잘 되어 있는 언어는 나바호어인데
아파치제어, 즉 남부 언어 분파이다. 다음의 기술은 대부분 McDonough
(1999)에서 다룬 내용을 따른 것이다.

아타파스카어족은 대체로 고조와 저조 두 개의 성조가 있다. 그러

나 한 성조는 기저에서 명세가 되고 다른 한 성조는 기정치 성조라는 점에서 다르다. 캐리어어와 같은 언어는 좀 더 악센트적인 것으로 보이고 다른 언어는 제대로 된 성조 언어처럼 보인다. 앞에서 여러 번 살펴본 것과 같이 악센트 언어와 성조 언어는 그 차이가 분명하지 않지만 일반적으로 성조 언어는 성조의 수가 더 많으며 성조적으로 명세된 전부 또는 대다수 음절의 음운 출력형이 음성 단계로 진입하는 언어가 성조 언어이다. 두 번째 기준으로 보면 나바호어는 성조 언어로 보이는데 그 이유는 지금부터 살펴볼 내용과 같다.

나바호어는 고조는 명세되고 저조는 기정치인 것으로 자주 추정된다(Kari 1976). 해당 성조는 단어에 아주 드물게 분포하여서 성조 언어가 아니고 악센트 언어라고 의심할 수 있을 정도인데 이렇게 보는 경우에는 음성학적 현상이 일본어와 유사하여서 특정 음절은 악센트적인 성조를 가지고 다른 음절은 무표적인 상태로 음성학 단계에 진입할 것으로 추정된다. 그러나 de Jong and McDonough(1993)과 McDonough(1999)는 음성학적 관찰 결과를 통해 음성적 이행이 일어날 때 성조가 실제로 미명세되는지에 대하여 의문을 던지고 있다. 이 논문에서 알 수 있는 것은 고조와 저조 모두가 고정된 목표점이 있는 것처럼 나타난다는 것인데 저조 음절의 음높이도 고조처럼 음성 환경에 따른 변이가 없다는 것이다. 이 언어의 모든 음절에는 성조 목표점이 있다. 이 현상은 일본어와 같은 악센트 언어와는 상당히 다른 점인데 일본어에서는 미명세된 음절의 음높이는 주위 음절의 음높이에 의해서 결정되지만 나바호어는 본질적으로 각 음절에 명세된 성조가 있는 것으로 분석되게 한다. 그럼에도 불구하도 어휘적 성조가 고조에만 명세되고 저조는 음성학 단계 이전에 미명세되어 삽입되는 것도 완전히 가능하다. 굴절 형태소의 경우에 외관상 그렇게 나타난다는 것을 간단히 살펴보겠다.

나바호어는 성조 언어일 수는 있지만 일부 형태소에서만 어휘적 대립이 나타난다. 동사에서 어간과 접어는 성조가 명세되지만 일반적으로 굴절 접두사는 그렇지 않다. 동사의 형태론을 좀 더 자세히 살펴보도록 하자. 동사의 결합 형태는 마지막의 단음절어 동사 어간과 그 앞의 굴절 '접합사'로 구성되는데 이 두 형태의 앞에는 주로 부사적 기능을 하는 후접어 '분리사' 부분이 선택적으로 나타난다. 이 분리사 부분과 나머지 부분의 경계는 잘 나뉘어 있다. 동사 어근에 어휘적 성조가 실리는 예 몇 가지가 (53a)에 있고 이어서 (53b)는 성조가 문법적으로 사용되어 시상을 나타내는 예이다. (53c)는 형태론적인 복합 동사의 예인데 여기에서 D는 분리사, I는 굴절 접합사, V는 동사, #과 //는 영역의 경계를 각각 의미한다.

(53)　　(a) /bąąs/ '공 모양의 물체'　　대　　/chííd/ '손가락이나 팔로 하는 행동'

　　　　(b) yicha '그는 울고 있다'　　대　　yícha '그는 울었다'
　　　　　　미완료상　　　　　　　　　　　완료상

　　　　(c) ch'íníshkaad

　　　　chí　　　　　　　　　　# nish　　　　　　　// kaad
　　　　'위로 또는 아래로' # 불완료상/일인칭 // '납작하다, 퍼지다' 완료상
　　　　D　　　　　　　　　　　# I　　　　　　　　// V
　　　　'나는 (어떤 것을) 던져 올려서 폈다'

정리해 보자. 동사에는 대체로 고조 또는 저조의 동사 어간이 오는데 보통 앞에 오는 굴절 접합사 부분은 명세되지 않으며 선택적으로 고조나 저조의 후접어가 온다. 굴절 형태소에 고조가 나타나는 것은 예외적이고 보통은 저조이기 때문에 동사 어간(과 접어)의 성조가 어휘적으로 보이지만 굴절 영역에서는 악센트 언어에 더 가깝다. McDonough는 이러한 분석이 실제로 나바호어의 성조를 정확하게 보는 것이라고

논의하고 있다. McDonough는 더 나아가 동사 어간에서는 대체로 돋들림과 연결된 한 부류의 자질이 나타나는 현상을 제시한다. 즉, 전체적인 음소 대립, 음길이의 연장, 음역의 확대, 음절 목록의 증가가 나타나는 것인데 McDonough는 이 현상을 강세 언어의 초기 단계로 보고 있다. 그래서 성조 대립이 강세 음절에만 나타나는 언어는 다른 음절에서는 악센트 언어의 특징을 가지게 된다.

동사 어간의 성조는 굴절 접합사의 어떤 성조와도 상호작용하지 않지만 분리사/접합사의 경계에서는 상호작용이 일어난다. 그 위치에서는 반복 접어 /ná-/와 같은 고조를 뒤에 오는 어간의 첫 번째 음절에 확산시키는 국지적 고조 확산 규칙이 나타난다. 예를 들면 [ha#nishchaa] 대 [haná#níshcha'] '반복상'과 같다. 이 규칙은 잠재적 목표점에 장모음이 있으면 차단된다. 예를 들면 [ni#ná#hiilniih] > [nináhiilniih]이다. 이 현상을 분석할 때 국지적 확산으로 두 모라의 모음을 서로 성조가 다른 음절로 만들 수 있지 않을까 생각할 수도 있겠지만 실제로 [ni.ná.híil.niih]와 같은 형태는 존재하지 않는다. 최적성이론에서는 이 현상을 *CONTOUR 제약이 SPREAD라고 부를 수 있는 확산 관련 제약보다 상위 제약이기 때문이라고 기술한다. 그러나 장모음에 실리는 굴곡조가 어말의 고조 전접어로부터 왼쪽으로 확산되어 만들어질 수 있기 때문에 이와 같은 설명은 약간 모호해지게 된다(그래서 LEFTSPREAD >> *CONTOUR >> RIGHTSPREAD 제약순과 같이 최적성이론의 문법을 정교하게 수정하여야 한다(Hyman과 개인 대담)). 어떻게 처리하든지 확산, 모음의 길이, 운율 및 형태론적 현상 사이의 상호작용은 상당히 복잡하다는 것에 유의하여야 한다. DcDonough는 이 규칙이 순수하게 음운론적인지 아니면 단순한 동시조음인지에 대해서 의문을 가지고 있다.

전체적인 윤곽은 다음과 같다. 동사 어간과 (대부분 부사적으로 쓰이고 어간으로 생각될 수도 있는) 접어에서 저조 또는 고조가 기저형이지만 미명세 형태 또는 굴절 형태소에 고조가 있는 형태도 나타난다. 고조 접어에서 미명세 굴절 형태소로 오른쪽 방향 확산이 일어난다. 음운론의 마지막 단계를 보면 미명세된 음절이 음성학 단계 전에 기정치 저조를 받게 되는 것이다.

8.2.1.1 슬레이비어와 세카니어

모두 다 그렇게 보는 것은 아니지만 일부 설명에 따르면 아타파스카어족의 슬레이비어와 세카니어 역시 성조 언어이다. Rice(1999a, 1999b)는 성조 언어의 관점을 따르고 있는데 상당히 밀접한 아타파스카어족의 이 두 언어가 역사적으로 관련이 있는 단어에서 한 언어에서는 고조로, 또 한 언어에서는 저조로 서로 반대의 성조 체계로 발전하게 된 수수께끼에 대해서 다루고 있다. (54)의 자료는 명사 어간의 상황을 나타낸 것이다.

(54)

슬레이비어(헤어어)	세카니어	주석
yá?	yà?	이(虱)
sǫ́?	tsǫ̀?	대변
té?	tèl	줄기

(54)의 예들은 모두 역사적으로 어말 위치의 성문음화가 진행된 것으로 첫 번째 수수께끼는 왜 한 언어에서는 고조가 나타나고 다른 언어에서는 저조가 나타나는가이다. 두 번째 수수께끼는 공시적인 것이다. 즉, 두 언어 모두에 있는 성문 파열음 삽입 규칙이 슬레이비어에서는 어말 고조 모음 뒤에서 적용되고 세카니어에서는 어말 저조 모음 뒤에서 적용되는 현상이다.

(55) 슬레이비어   세카니어

　　　sá?　　　'비버'　　　　　　　tsà?　　　'비버'

　　　sádǫ　　'비버의 먹이 저장소'　　tsàè　　　'잡은 비버'

　　　sásho　　'큰 비버'

Rice는 몇 가지 근거를 들어 성문 파열음이 실제로 삽입된 것이라고 주장한다.

성조와 후두 자질의 관계는 잘 증명되어 있다(8.1.2.5 참조). 그러나 헛갈리는 것은 역사적으로 성문음화는 저조로 변화하는 경우도 있고 고조로 변화하는 경우도 있기 때문이다. Kingston(1985)에서는 고조화를 기준으로 보는데 내림 현상은 성문 파열음이 탈락한 후 성조 교체 때문이라고 한다. Rice의 설명은 좀 다르다. Rice는 성문음의 유표성이 성조의 유표성을 이끌어내고 반대의 경우도 마찬가지라는 관점에서 후두음 자질 마디 아래에 유표성이 연결되어 있는 것으로 본다. Rice에 따르면 역사적으로 아타파스카어족에는 성문 간극이 명세되어 있어서 그 간극에 성조 마디가 삽입된 것인데 이 성조 마디가 두 언어에서 다르게 해석된 것이다. 공시적으로는 두 경우 모두에 여전히 단순하게 성조 마디가 있지만 하위에는 고조와 저조가 있지 않아서 이 마디가 다르게 해석된다. 두 언어가 보이고 있는 일반적인 과정은 유표적 성조 마디가 유표적 성조 간극 마디를 어말에 (재)삽입하는 것을 유도하고 있는 것이다. (56)의 도식에는 이 과정이 좀 더 명확하게 제시되어 있다.

(56) 역사적으로

공시적으로

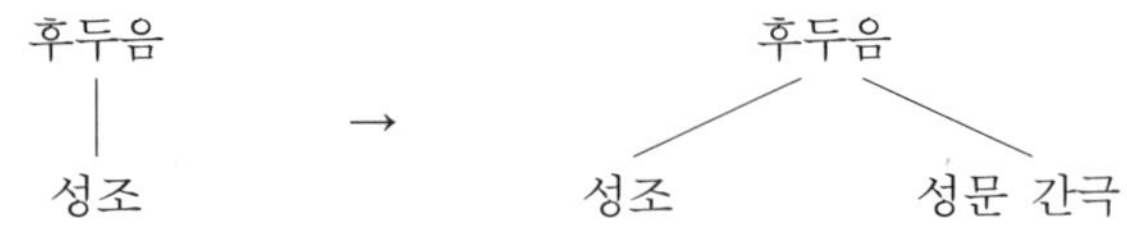

  남은 수수께끼는 두 언어가 [성조] 자질을 다르게 해석하는 이유이
다. 그러나 Rice는 범언어적으로 고조나 저조 중 하나가 무표적일 수
있다는 점을 지적한다. Rice의 전체 논지는 음운론 단계에서 중요한
유표적인 것이 음성학 단계에서는 제거되어 단순하게 [성조] 자질로
나타나거나 또는 그 자질 자체가 없어질 수 있는데 그러한 해석을 결
정하는 것은 다른 문제라는 것이다. 이러한 설명의 장점은 슬레이비
어/세카니어 수수께끼를 통합적으로 설명한다는데 있다. 그러나 약점
도 있는데 [성조] 자질이 해당 언어에서 어떻게 해석되는가를 결정해
야 하는 새로운 문제가 새로 나타나는 점이다.

8.2.2 오클라호마 체로키어 및 다른 이로쿼이어족 언어들

  전반적으로 이로쿼이어족의 언어들은 성조 언어가 아닌 것으로 보
이지만 Wright(1996)에서 분석한 체로키어는 예외일 것 같다. 레이크
이로쿼이어의 악센트에 대한 전반적인 연구가 나타나 있는 Michelson
(1988)은 성조가 강세의 위치에 종속되어 있고 (일부 조사와 차용어의 강세
위치를 제외한다면) 강세의 위치는 예측 가능하다. 역사적으로 이 언어
들은 끝에서 두 번째 음절에 강세가 왔고 끝에서 두 번째 음절이 삽
입음이면 바로 그 앞 음절에 강세가 왔다. 성조는 이어서 강세 모음에
할당된다. 예를 들면 모호크어는 강세 모음에 수평조가 실리는데 성

문 파열음 또는 [h] + 공명음 연쇄가 뒤에 오는 경우에는 예외적으로 내림조가 실린다. Prince(1983)에서는 이 현상을 LH̊L가락이 악센트 모음에 연결된 것으로 분석하고 있다. 연결된 후에는 H가 음절 내에서 오른쪽으로 확산된다. 후두음에 고유의 L이 있고 모음은 그 다음 길어져서 후두음 자리에 들어간 후 내림조가 만들어진다. 오논다가어에서는 4음절 이상의 단어에서 나타나는 현상이기는 하지만 가장 높은 음높이가 강세 음절 **앞**에 오는데 이 음절은 보통 강세전 음절이라고 한다. 어쨌든 모호크어에서처럼 높은 음높이의 위치가 강세에 기반을 둔 체계로 결정되는 이 언어들은 모두 순수한 성조 언어로 간주될 수는 없겠다.

이것을 남부 이로쿼이제어인 오클라호마어와 체로키어어에 대한 Wright(1996)의 흥미로운 성조 분석과 대조하여 보자. Wright는 체로키어에 6개의 표면 성조가 있는 것으로 보았다. 그 표면 성조는 기저의 고조와 무성조의 대조, 모라 수평조와 연결, 후두 자질과 돋들림의 상호작용에서 파생된 것으로 보았다. 무성조 음절은 음성학 단계 전에 기정치 저조를 받는데 Wright는 저조 목표점의 안정성에 대하여 음성학적인 증거를 제시하고 있다. 다음에서 좀 더 자세히 살펴보도록 하자.

체로키어는 항상 높은 음높이가 오는 마지막 음절을 제외하면 긴 모음에 표면 성조 여섯 개가 대립한다. 여기에서는 높은 음높이를 1로 표시하고 낮은 음높이를 5로 표시하는 중앙아메리카의 성조 숫자 체계로 음높이를 나타냈는데 그 기술은 Wright의 자료에서 추정한 것이다. 아쉽게도 Wright에는 음절 경계가 나타나 있지 않았다. [nvvya]와 같은 단어에 있는 [v] 기호에 대한 설명도 없었다((57) 참조).

(57) 첫 음절 성조 Wright의 용어 기저형

		첫 음절 성조	Wright의 용어	기저형
aama	'소금'	2	고조	μ μ / H
ama	'물'	4	저조	μ μ
taali	'셋'	24	내림조	μ μ | H
sgooya	'벌레'	42	오름조	μ μ | H
nvvya	'바위'	45	낮내림조	
nooya	'모래'	21	높오름조	

(57)의 오른쪽 열에 제시된 것처럼 처음 네 성조는 상당히 자유롭게 나타난다. 비어있는 곳은 나중에 기정치 L로 채워진다. 맨 아래 두 성조는 아래에서 논의하겠다. 체로키어의 H는 오른쪽 한 모라까지 국지적으로 확산되는데 이 현상은 성조가 음절 내에서 확산될 때 여러 개의 수평조 H가 긴 모음에 실리는 근거가 되고, 성조가 앞 음절에서 확산될 때 내림조가 되는 근거가 된다. (58)에 있는 예는 기저의 H가 인접 모라로 표면화하는 방식을 보여주고 있다.

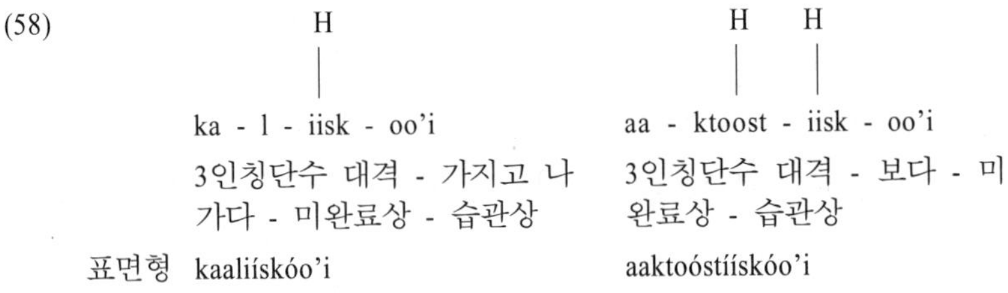

체로키어는 다른 순수 성조 언어들처럼 부동 고조의 증거가 나타난

다. (59)에서처럼 분포격 접두사 /dee-/는 고조를 동사 어간의 첫 음절에 나타나게 한다.

(59)　kanóóyee'a　　　　　　　　　　deekánóóyee'a
　　　'그는 그녀에게 부채질을 하고　　'그는 그들에게 부채질을 하고
　　　있다'　　　　　　　　　　　　있다'

　지금부터는 (57)에 있는 두 성조를 살펴보도록 하자. Wright는 낮내림조가 두 번째 모라에 [협착 성문성] 자질이 있는 음절이 저조가 되기 때문으로 보고 있는데 이 [협착 성문성] 자질은 모라의 음높이를 더 낮게 만든다. 예를 들면 동사 어간 /-teetóska/의 첫 음절 저조는 성문음화가 어간에 삽입되는 규칙적 대명사 굴절 과정이 진행되는데 그 결과 첫 음절의 성조가 낮은 수평조가 되지 않고 낮내림조가 된다. 이와 같은 성조는 성조 음높이의 가장 낮은 지점에서 여전히 성문음화 과정이 나타나는 것으로 기술된다.

　높오름조는 더욱 흥미롭다. 높오름조는 종속절 동사, 동사에서 파생된 명사, 처소격과 형용사에서만 나타나는데 이것들은 단어 내부 어딘가에 높오름조를 반드시 가지고 있어야 한다. 그 위치는 일반적인 강세 체계 원리로 결정되어 긴 모음의 오른쪽 끝이나 단어 첫 모음의 내림조 등에 나타난다. 높오름조는 모음에 실린 어휘적 성조를 교체한다. Wright는 이 현상을 길이에 민감한 강세 체계의 부산물이 카유가어와 같은 이로쿼이어족 언어에서 아직도 나타나고 있는 것으로 보고 있지만 체로키어에서는 높오름조가 성조 체계와 공존한다.

8.2.3 성조와 강세 : 촉토어와 호피어

멕시칸어족은 성조와 강세의 상호작용이 상당히 복잡하지만 북쪽
경계 지역은 보통 훨씬 단순하다. 가장 일반적으로 나타나는 현상은
모호크어처럼 성조가 어휘적이지 않고 돋들리는 음절에 삽입되는 것
인데 이 현상이 가끔씩 어휘적인 것으로 잘못 해석되기도 한다. 멕시
칸어족인 북부 테페후안어와 특징을 공유하는 두 언어는 우토아스텍
어족의 야키어와 호피어이다. 야키어에서는 처음 두 모라에 고조가
실리는데 그 고조는 오른쪽으로 확산된다. 호피어(Jeanne 1982)에서는
첫 두 음절 중 하나에 고조가 실리는데 어떤 음절에 실리는지는 일반
적인 음길이 기반의 강세 체계의 방식으로 결정된다. 즉 첫 번째 음절
이 중음절이면 그 음절에 강세가 실리고 그렇지 않으면 두 번째 음절
에 실리는데 해당 음절은 어말이 아니어야 한다. 북부 테페후안어에
서는 CV.V́ taávo '솜꼬리토끼'와 CV́.V '잎'이 표면적으로 대립하는 것
으로 보인다. 그러나 Jeanne의 분석은 CV́.V의 경우가 실제로는 /naʔpi/
의 연쇄처럼 CVʔ에서 파생된 것이어서 보통 이러한 폐음절 모음에
강세가 부여되고 그 다음으로 호피어의 정규 규칙에 의해 성문음이
모음화한 것으로 보는 것이다. 따라서 다른 모음에 기저 고조를 위치
시킬 이유가 없어진 것이다.

몇몇 북아메리카어족들에는 기저 악센트의 증거가 있다. 그 기저
악센트는 일부 음절에 어휘적 고조가 나타나는 것으로 본다. 예를 들
어 무스코기어족의 알라바마어와 촉토어에는 어휘적 악센트가 있는
것으로 보고되었다. 다음의 논의는 Lombardi and McCarthy(1991)와 그
논문에 있는 참고 문헌에서 가져온 것이다. 촉토어에는 y-등급으로 알
려진 완료상 동사 형태가 있는데 단어 일부의 중복을 유발하는 이러
한 y-등급 동사형은 가끔 /y/가 삽입되어 고조 악센트를 가진 중음절

로 출력형을 만들어 낸다.

(60) binili   bínniili   '앉다
      pisa   píyyiisa   '보다'
      toksali   toksáyyaali   '일하다'

　　자세한 내용은 상당히 복잡하지만 이 단원의 목적으로 보았을 때 중요한 것은 악센트 중음절을 접요사의 형태가 삽입된 결과적 현상으로 분석할 수 있다는 점이다.

(61)   μ
            |
            H

　　모라가 자음 중복을 유발하고 고조가 악센트가 된다. 이 언어는 성조가 접사처럼 형태론적으로 사용되고 있다. 그러나 다시 말하면 이러한 종류의 언어를 성조 언어라고 하는 것은 조금 과장된 측면이 있다. 이 언어에는 몇 가지 어휘적 성조가 있는데 형태소에 최대 하나일 뿐이고 항상 고조가 실려서 그 고조의 위치 정도만 대조적이다.
　　북아메리카 언어의 성조 체계에 대한 조사는 이것으로 마치겠다. 자세한 성조 연구가 부족한 것은 필자가 그 언어들에 대한 완벽한 분석에 아직 과감하게 뛰어들지 못했기 때문이다. 그러나 간단히 살펴본 여러 사실을 통해 성조와 강세의 연속선 위 어디쯤에 있는 많은 언어 체계의 과도기적 본질이 드러나기를 기대한다.

8.3 남아메리카

남아메리카의 많은 언어들 중 연구가 잘 되어 있는 언어는 상대적으로 거의 없는데 그 언어들 중에서 성조 언어로 타당성 있게 보고된 언어는 더욱 더 없다. 카리브어족, 과라니어족, 케추아어족 등 세 어족은 그 중 가장 잘 연구된 어족인데 확실히 성조 언어가 아니다. 다른 언어들은 성조 언어로 보고되고 있지만 논란의 여지가 있는 문제이다. 믿을만한 연구 보고는 피라항어(브라질, D. Everett 1986, K. M. Everett 1998), 바라사나어(콜롬비아, Gomez-Imbert and Kenstowicz 2000), 마이만데어(Eberhard 1995), 잉아파이어(페루, Parker 1999), 보라어(Weber and Thiesen 2000), 야과어(Payne and Payne 1986) 등이다. 이 언어들의 친족관계는 다음과 같은데 주로 Derbyshire and Pullum(1986)에 근거한 자료이다.

(62) 무라어족   피라항어
      투가노아어족   바라사나어, 타투요어
      위토토아어족   보라어
      나미콰라어족   마이만데어
      마이푸라어족(아라와카어족)   잉아파이어
      페바야과어족   야과어

이와 같이 몇 안 되는 분석이 잘 된 성조 언어로 이 지역의 언어를 일반화하는 것은 어려운 일이다. 이 지역의 언어들은 아시아 언어나 남아메리카 언어보다는 아프리카 언어와 좀 더 닮아 있다. 어떤 언어의 특징이 성조 언어인지 악센트 언어인지를 실제로 결정하는 것은 대부분 어렵다. 필자가 충분한 자료를 가지고 있어서 성조 언어로 추정하는 언어는 다음과 같은 특징이 나타난다. 표면형에 대체로 고조와 저조가 나타나는 제한적인 성조 대립이 있다. 반면 야과어는 기저

에 고조/저조/없음의 삼원 대립 체계로 논증되기도 하였다. 굴곡조는 드물게 나타난다. 만약 나타난다면 보통은 그 위치가 장모음 환경으로 제한된다(바라사나어, 마이만데어). 성조는 강세 음절에 유도되어 실리는 경우가 많고(피라항어, 잉아파이어), 확산과 성조 뛰어넘기를 유발한다. 그 성조는 돋들림이 덜한 음절에서는 탈락되기도 한다(바라사나어). 계단내림 현상은 자주 보고되지 않지만 타투요어에 대해서는 Gomez-Imbert(2001)를 참조할 수 있다. 지금부터 일부 사례를 살펴보도록 하자.

8.3.1 보라어

보라어는 위토토아어족의 언어이다. 어느 정도 아프리카의 반투어군을 떠올리게 하는 성조 체계를 보이는데 차이가 나는 부분은 반투어군과 다르게 주로 저조가 유표 성조이고 고조가 무표 성조라는 것이다. 다음 언어 자료와 함께 통찰력 있는 분석은 Weber and Thiesen(2000)에서 가져온 것이다. 형태소의 대부분은 기저 성조가 있지만 성조들은 일반적으로 기저에서 연결되지 않고 앞에 오는 형태소와 연결되는 경향이 있다. 복잡한 접미사 형태론을 보면 단어들이 길고 여러 개의 형태소로 구성된 것을 알 수 있다. 음절이 성조소지단위가 되는데 다음 (63)의 자료가 일반적인 예이다.

(63) 모두 저조인 경우   wàjpì   '남자'
      모두 고조인 경우   ájtyúmítúrónáa   '않다-보다'

저조의 연쇄는 성조구의 마지막에서만 나타나서 필수굴곡원리가 작동되고 있음을 나타낸다. 고조의 연쇄는 어디든지 나타날 수 있기

때문에 Weber and Thiesen(2000)은 저조가 유표 성조로, 고조를 기정치
로 제안하고 있다.

  기저에서 성조가 연결된 다형태소 단어에서는 (64a)에서처럼 성조
가 단순하게 성조소지자에 머물러 있을 수도 있지만 대부분의 형태소
는 (64b) /-vu/의 부동 저조처럼 부동 성조가 실리고 앞에 오는 형태소
의 마지막 자유 음절의 왼쪽에 연결된다((64b)의 예에서 어말 구 경계 L%
가 나타난 것에 주목하라. 자세한 내용은 Weber and Thiesen(2000) 참조).

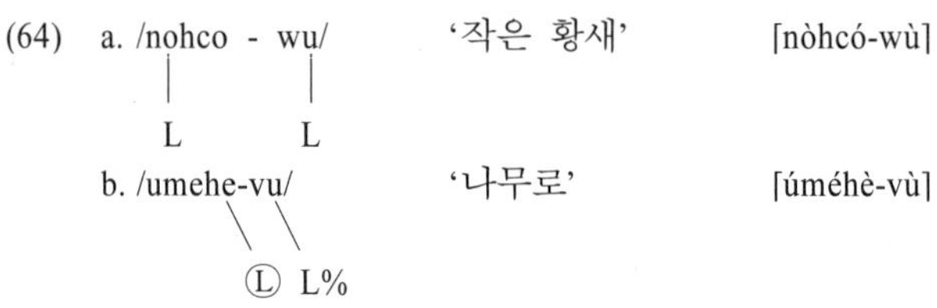

  보라어의 성조에서 가장 흥미로운 내용은 저조 연쇄에 대한 제한
효과이다. 이것은 저조의 연쇄가 (구의 마지막을 제외하고) 금지되는 것을
말한다. 이러한 제한으로 일반적인 성조 연결이 방해를 받는데 두 개
의 저조는 인접되지 않기 위하여 성조소지단위를 강제로 건너뛰게 된
다. (65)의 예시는 필수굴곡원리를 위반하지 않고서는 접미사의 부동
저조가 연결될 수 없는 상황을 보여주고 있다.

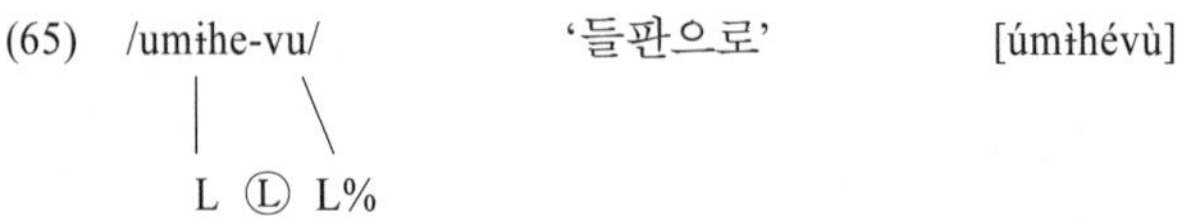

  (66)은 좀 더 복잡한 예이다. 어간 /ɨhvete/ '마치다'의 두 번째 음절
에 저조가 연결되어 있다. 다음에 이어지는 세 형태소에는 자체 부동

저조가 있고 단어의 끝에는 마지막 성조소지단위를 채워야 하는 구
경계 L%가 있다. 첫 어근에서 오른쪽으로 연결이 진행되지만 /tso/의
저조는 어근의 마지막에 있는 자유 성조소지단위 /te/에 연결될 수 없
는데 그 이유는 필수굴곡원리를 위반하게 되기 때문이다. 그 대신 해
당 저조는 다음에 오는 성조소지단위인 /tso/에 연결된다. 동일한 이유
로 /te/의 저조는 /te/를 건너뛰고 /ro/에 연결된다. /ro/의 기저 저조는
어디에도 연결되지 않고 양 옆의 다른 두 저조에 끼워져 있게 되는데
이 기저 저조가 연결이 되면 필수굴곡원리를 위반하게 된다. 결과적
으로 최종 출력형은 입력형이 저조 다섯 개로 이루어져 있음에도 불
구하고 저조 음절 네 개로 나타나게 된다.

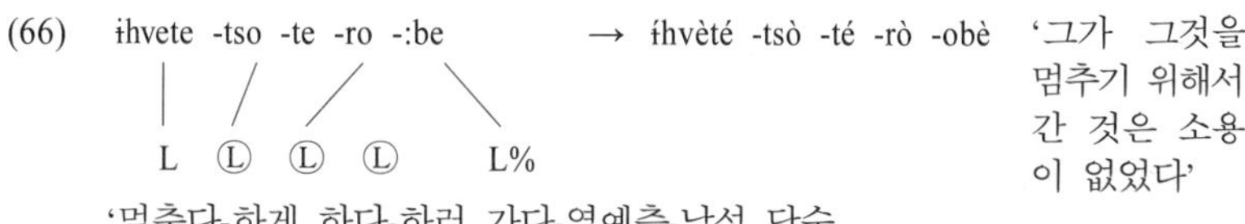

(66) ɨhvete -tso -te -ro -:be   → ɨhvèté -tsò -té -rò -obè   '그가 그것을
                                                                       멈추기 위해서
         | /   /   /   간 것은 소용
         L   Ⓛ   Ⓛ   Ⓛ   L%   이 없었다'
    '멈추다-하게 하다-하러 가다-역예측-남성 단수

필수굴곡원리 효과는 보라어에 대단히 넓게 퍼져 있어서 저조를 기
저형에서부터 연결되지 못하게 할 수도 있다. 결과적으로 보라어의
많은 단어는 표면형에서 단어 전반적으로 고조와 저조의 유형이 교체
되어 나타나게 된다.

8.3.2 바라사나어

지금부터는 바라사나어를 살펴보자. 주로 이 단락의 설명은 통찰력
있는 논문 두 편 Gomez-Imbert and Kenstowicz(1999, 2000)에 대한 설명
과 그 논문에 있는 Gomez-Imbert의 현지 언어 조사에 근거한 것이다.

이 언어의 형태소는 고조와 내림조로 구성되어 있다. 이와 함께 시작 부분에서 선택적으로 초성조 모라가 나타나는데 저조로 실현된다. 저조로 실현되는 선택적 초성조 모라는 <>로 표시하였다. 형태소의 비음화는 해당 형태소 앞에 물결로 표시하였다. 어근은 (C)V(C)V로 구성되는데 모라가 세 개인 어간도 약간 있다. 이들 중 일부는 표면형에서 HLL로 실현되고 HHL로는 실현되지 않기 때문에 성조의 연결이 좌에서 우로 이루어지는 것으로 보인다. 물론 이러한 모습은 아프리카어족을 다룰 때 자주 보았다((67) 참조).

(67) H   gáwá '백인'   <V>H   bujá   '면화'
      HL   ~wádi '물고기(種)'   <V>HL boká-~bi '그는 만났다'

단모라 접미사는 대부분 성조가 없어서 어근에서 성조를 가져 온다. 예를 들면 3인칭 단수 남성 접미사 /-~bi/의 성조는 [wáré-~bí] '그는 깨어 있었다'와 [bíbi-~bi] '그는 빨았다'에서처럼 실현된다. 2모라 접미사는 내림조(또는 고조)가 될 수 있다. 2모라 접미사의 성조는 표면형에서 고조 어근 다음에서만 실현된다. 내림조 어근 다음에서는 접미사의 내림조가 탈락한다. 예를 들면 /~kubuH -akaHL/ → ~kúbú-áka '주술사(지소사)'이지만 /~bidiHL -akaHL/ → ~bídi-aka와 같이 나타난다. '작은 주술사'에 나타난 것과 같이 해당 성조는 어휘적으로 연결된 형태소의 가장 오른쪽 성조소지단위와 연결되기 때문에 성조 연결이 순환적으로 보이는 것에도 주목하여야 한다.

무성조 접미사는 어근에서 확산된 성조에서 성조를 얻기 때문에 SPECIFY 제약과 DEPT-T 제약이 NOLONGTONE 제약을 지배하는 것으로 가정해 볼 수 있다. 잉여성조성은 NONFINALITY 제약과 유사한 NONINITIALITY 제약으로 처리할 수 있는데 이 제약은 강세 언어 체계에 잘 알려져 있는 제약이다. 물론 이 제약은 SPECIFY 제약을 지배할 것이다. 마지막으로 설명해야 하는 것은 단모라에 굴곡조가 실리지 않는 현상이다. 이 현상에 대해서는 앞의 여러 장에서 *CONTOUR 제약이 사용되어 왔다. 만약 잉여성조적인 HL 어근에서처럼 모라의 수보다 성조의 수가 더 많은 언어가 있다면 그 언어는 L을 탈락시키거나 모음을 길게 할 것이다. 선택은 최적성이론에서 제약 순위를 자유롭게 하여 처리할 수 있는데 여기에서 해당 제약은 타블로 (68)에 제시한 MAX-T 제약과 (장음화를 차단하는) DEP-MORA 제약이다. MAX-T 제약과 DEP-MORA 제약을 위반하는 것은 동일한 수준의 위반이기 때문에 첫 두 후보형은 동점으로 선택될 것이다.

(68)

<we>koHL	*CONTOUR	*FLOAT	MAX-T	DEP-MORA
☞ a. wekoo 	| H L				*
☞ b. weko | H			*	
c. weko | H L		*!		
d. weko /\\ H L	*!			

Gomez-Imbert and Kenstowicz(2000)에서는 HL 어근에 HL 접사가 연결되는 경우 다음과 같이 관찰하고 제안한다. 즉, 많은 언어에서 HL은 악센트와 연결되는 가락인데 악센트의 특징은 한 영역에서 대체로 한 악센트만 남아있도록 허용하는 것인데 바라사나어는 반대로 모든

HL에 악센트를 주고 첫 번째 악센트에 특별한 돋들림을 부여하는 방식으로 이러한 상황을 처리한다는 것이다. 돋들림이 덜한 악센트는 나중에 탈락된다. 좀 더 자세한 분석은 Gomez-Imbert and Kenstowicz (2000)를 참조하라.

이와 같은 제안은 8.1.4 믹스텍어에서 논의한 de Lacy의 성조와 돋들림의 상호작용 이론에 대하여 흥미로운 논쟁거리이다. de Lacy의 제안에 따르면 저조는 핵에 부여되는 것을 회피하기 때문에 *HD/L >> *HD/M >> *HD/H 제약순으로 형식화하게 된다. 그러나 바라사나어에서는 H 성조보다 HL 성조가 우선적으로 핵으로 선택되기 때문에 이 제약순을 위반하는 방향이 된다. 만약 바라사나어를 믹스텍어와 같이 놓고 본다면 내림조가 돋들리는 것처럼 보인다는 것이 공통점이 된다. de Lacy는 믹스텍어를 처리할 때 이 현상을 구성 성조에 대한 제약으로 솜씨 있게 축소시켰지만 그렇게 처리하는 것이 바라사나어의 경우까지 명확하게 확장되지는 못하였다.

8.3.3 피라항어

D. Everett(1986)와 K. M. Everett(1998)의 연구를 보면 브라질에서 사용되는 무라어족의 피라항어 성조에 대한 기본적인 사실을 알 수 있다. 피라항어에는 고조와 저조, 두 성조가 있는데 음성학적으로는 네 가지 음높이가 만들어진다. 고조와 저조는 음운론적 환경에 따라 고조는 고조와 중조로, 저조는 저조와 초저조로 실현되게 된다. 성조는 단어나 형태소의 자질인데 변화가 많지 않고 일반적으로 상당히 안정적이다. 그런데 성조는 원래의 형태소에서 분리되어 악센트 음절로 이끌릴 수 있다. 악센트는 단어 안에서 마지막 세 음절 중 하나에 할

당되는데 이것은 성조가 아니라 모음의 길이 및 두음의 유성성과 관련 있는 특별히 길이에 민감한 언어 체계이기 때문이다(자세한 내용은 D. Everett and K. M. Everett(1984) 참조). 예를 들면 /soí/ '가죽'에서 단어의 고조는 독립적으로 쓰일 때 원래 있는 마지막 악센트 음절에 실리지만 형태론적 복합어인 [so.'báa.gí] '가죽을 팔다'에서는 뒤에 오는 동사의 끝에서 두 번째 음절로 강세가 이동한다. 독립적인 이유로 악센트가 원래 음절 위치에 그대로 있다면 성조는 이동하지 않는다. 예를 들면 /si.'toí + xo.ga.ba.'gaí/ '달걀 + 원하다' > [si.'tòó.ga.ba.'gaí] '달걀을 원하다'와 같다. 경구개 마찰음 /x/가 없어지고 모음 /i/가 탈락된 다음에 '달걀'의 탈락된 모음 /i/의 기저 고조는 뒤에 오는 모음으로 이동하여 실린다. 표면형은 분리되었던 음절이 합해져서 [tòó]가 표면형으로 실현되는데 그 표면형 음절의 일부가 기저 고조이다. 어떤 이론에 고조가 강세 음절에 실리도록 유도하는 제약이 있다면 확실히 이러한 이끌림 현상을 잘 처리할 수 있다. 그 이론은 반투어군에서 고조를 오른쪽으로 이동시켜 마지막 음절이나 마지막에서 두 번째 음절에 오게 하는 현상과 상당히 유사하다. 특히 흥미로운 특징은 피라항어는 우아베어에서처럼 돋들리는 음절이 단순히 단어 내의 위치가 아니라 길이에 민감한 체계에 의하여 결정된다는 점이다. 이러한 점은 반투어군에서 흔히 나타난다.

마지막으로 흥미로운 사실은 저조가 덜 유표적인 성조인 것으로 보이는 몇몇 증거이다. 이 언어에는 모음 [a] 또는 [i]를 삽입하는 현상이 있는데 이러한 삽입 현상이 일어나는 곳은 항상 저조이다. 예를 들면 /sog-sai/ > [sogisai] '원하다-주격'이다. 그러나 이 언어에 저조가 있는 것은 저조가 무표적일 가능성과 아무런 상관이 없다. 삽입 모음이 가벼운 음절로 되어 있어서 거의 강세를 받지 않는다는 점에 주의하여야 한다. 일반적으로 고조는 강세 음절로 이동하기 때문에 언어 자료

에서 삽입된 강세 음절이 나타나지 않는 한 이러한 현상에 큰 의미를
부여하기는 어렵다.

8.3.4 이냐파이어

이냐파이어는 페루에서 사용되는 마이푸라 아라와카 어족의 언어
이다. 언어 자료와 기초적인 분석은 Parker(1999)에서 가져온 것이다.
이냐파이어는 기본적으로 악센트 언어(악센트 언어에 대한 논의는 1장 참
조)로 보기 때문에 이 책의 내용에 포함하는 것이 전혀 적절하지는 않
지만 여기에서 설명하는 것에는 이유가 있는데 그것은 세계 언어 중
거의 연구되지 않은 이 지역 언어에서 성조 작용의 범위를 일부라도
보여주기 위해서이다.
　단어에 오르내림조 가락이 있으면 고조가 마지막 네 음절 중 하나
이상에 실린다. 세 음절 이상의 단어라면 첫 번째 모라는 항상 낮게
된다. 그러나 고조의 위치가 항상 완벽하게 예측 가능한 것이 아니고
어휘적으로 명세되어야 한다.

(69)　　mára　　　　'사람'　　　　mará　　　　'바깥'

　　　　anáwa　　　　'그 사람들'　　arawá　　　　'카누'

　　　　ahetíri　　　　'계단'　　　　ahétíri　　　'고아(남성)'

　　　　aparépá:nári　'같다'　　　　amáteniri　　'사납다'

　고조가 한 개 이상 있다면 그 고조는 항상 인접해 있고 명확하게
확산의 결과물이다. 고조는 단어 끝에서 두 번째 위치로 이끌려지는
현상이 있는데 예를 들면 (69)의 자료에 있는 여러 개의 고조를 보면
항상 끝에서 두 번째 음절에 있게 된다. 이러한 이끌림으로 변화가 일

어나기도 하는데 어떤 때는 (70a)처럼 성조의 확산으로 일어나기도
하고 (70b)처럼 성조의 이동으로 일어나기도 한다. 이러한 변화는 어
휘적인 것이지만 아주 생산적이지는 않다.

(70) a. uteíro   '날이 넓고 큰 칼'   uteíróhi   '칼(지소사)'
      b. yunári   '오셀롯'   yunarísi   '고양이(지소사)'

　지금까지 보면 이 언어는 특정 모라에 연결된 기저 고조에 의해 여
러 가지 특징이 나타나는 아주 고전적인 악센트 언어 체계와 유사해
보인다. 그러나 이 언어에는 율격 강세 체계의 증거도 일부 존재한다.
끝에서 두 번째 음절이 고조인 경향이 있고 충분히 긴 단어에서는 고
조가 이원적인 변화 유형을 가져서 어휘적인 원래 고조에서 양쪽 방
향으로 확대되어 나간다. 예를 들면 pàriʔàreróti '여자 조카', itápéxïp̈ïrï
'기둥, 막대기' 등이 있다. 이러한 고조들이 '원래' 고조보다 음성학적
으로 같거나 낮은 음높이인지는 명확하지 않다. 이러한 추가 고조들
은 두 단어가 하나의 구에서 나란히 있을 때 셋 이상 이어진 저조 음
절을 깨뜨리면서 추가된다. 이 모든 현상은 일반적인 강세 체계의 현
상인데 강세가 약해지는 것을 자주 막아주는 현상이다. 그러나 이 언
어의 강세는 고조로 실현되고 부분적으로만 어휘적이다. 그 다음으로
율격 체계가 작동하여 첫 음절에 고조가 올 수 없게 하고(NONINITIALITY
제약) 마지막 음절에도 고조가 올 수 없게 한다(NONFINALITY 제약). 또
한 저조가 길게 늘어지는 것도 금지된다(*LAPSE 제약). 그렇지만 동시
에 악센트의 성조적 본질은 계속 유지되어서 고조는 단순 이동보다는
확산되는 경향이 있다.

● 연습 6. 위 예의 반복이지만, 악센트가 1차 강세(양음 악센트)와 2차 강세(억음

악센트)와 연결된 고조로 나타나는 이냐파이어의 **유일한** 두 단어를 분
석해 보라.

    a. aparépá:nári
    b. pàri?àreróti

위에서 요약한 성조와 강세에 대한 일반화를 숙지하라. 각 단어를
분리하여 위의 형태 각각에 대한 기저형을 제시하고 그 표면형은 최
적성이론 문법으로 어떻게 선택되는지 정확히 나타내어라. 성조가 아
니라 강세가 단어의 각 음절에 어휘적으로 정확히 표시되어 있다고 추
정하라. 다음 출력형이 나타나지 않는 이유를 설명할 수 있어야 한다.

    a. aparépa:nàri, aparépá:nárí, aparépa:nari
    b. pàri?àrerótí, pàri?àrèróti, pari?areróti, pari?áréróti

지금까지 남아메리카 언어의 성조 현상에 대하여 잠깐 살펴보았지
만 전체를 아우를만한 유형론적 형상이 강력하게 제시되지는 않았다.
이 언어들에 대한 좀 더 깊은 연구가 진행되어 남아메리카 성조음운
론을 잘 이해할 수 있게 되기를 기대한다.

8장 연습문제의 답

● 연습 1의 답

굴곡조의 간격을 설명하기 위해서는 굴곡조가 겹치는 것에 벌점을 주는 확장된 SPACE-X% 제약을 제안할 수 있다. SPACE-33% 제약은 한 개에서 네 개까지의 수평조를 제한하기 때문에 굴곡조가 풍부하게 나타나게 된다. 오름조보다 내림조가 훨씬 더 많은 것은 *RISE >> *FALL 제약순 때문이고 높은 성조보다 낮은 성조가 더 많은 이유는 *H >> *L 제약순 때문이다. 오름조 중에서 두 번째로 높은 것 대신에 가장 높은 것이 누락되었다고 예상할 수도 있겠지만 실제 언어 체계에서는 당연히 성조 영역에 더 좋도록 여러 오름조를 확산시킨다.

● 연습 2의 답

STRESS = H >> DEP-H
ONE-T/μ >> PRES-WT
SPECIFYT >> DEP-L

● 연습 2의 답 (보충)

장음화의 부족으로 올바른 출력형에는 하나의 고조만이 명확하게 나타난다. 이 현상은 사실 STRESS = H 제약이 고조의 삽입을 요구하지 않고 고조의 존재만을 요구하기 때문에 기저의 고조로 이미 그 제약이 만족되었기 때문이라고 볼 수 있다. 추가 고조의 삽입은 DEP-H 제약을 뚜렷한 이유 없이 위반하게 하기 때문에 기저 고조를 가진 입력형이라도 강세를 받으면 하나의 고조만 표면화하여야 하며 장음화가 나타나지 않아야 한다. 따라서 출력형 기반 이론으로는 고조를 미명세하지 않고서도 이러한 언어 자료를 처리할 수 있는 것이다!

● 연습 3의 답

8.1.2.4와 8.1.2.5에서 논의한 산 미겔 엘 그란데 방언과 매우 유사한 경우이지만 스스로 탐구해 보는 것이 필요할 것이다. B 부류 단어는 부동 고조로 끝나고 오른쪽으로 연결된다. 따라서 거의 모든 출력형은 고조로 시작되고(예를 들면 a [1]) 첫 음절의 성조를 대체한다. 두 번째 음절의 성조는 변화하지 않는다. 추가적으로 좀 난해한 문제가 있다. 첫 번째 문제는 22A는 바로 12가 되지만 22B는 11이 되는 것에 대한 설명이다. 아마 원래 부동 성조가 끝에 덧붙여져 중조를 몰아내는 것이 아닐까? 두 번째 문제는 23이 31이 되는 것처럼 고조가 마지막 모음을 건너뛰는 과정의 장애물이 성문 파열음뿐만 아니라 장모음도 된다는 것이다. 따라서 성문음 자질이 성조 층위와 연결되어 확산을 막는다는 Tranel식의 설명(8.1.2.5 참조)에는 문제가 있다. 마지막 문제는 건너뛰는 과정이 33의 경우에서도 발생하는데 Tranel의 분석에 있는 어떤 방식으로도 이것을 예측할 수 없다. 대신 가능한 한 언제든지 고조가 저조를 대체하는 것처럼 보인다. 따라서 만약에 출력형에 저조가 두 개가 있다면 저조만 살아남는 것이다. 제안 가능한 분석은 저조가 명세되지 않고 고조가 실제로 무성조 모음을 찾는 것이다.

● 연습 4의 답

(다음은 여러 가지 가능한 답 중 하나이다.) 정렬 제약인 ALIGN (H, ó) 제약과 ALIGN (H, LEFT) 제약을 생각해 보자. 이 제약들은 연결이 안 된 것에 벌점을 주는 충실성 제약보다 하위 제약이기 때문에 기저의 연결을 막을 수는 없지만 순서 재조정에 벌점을 주는 LINEARITY 제약보다는 상위 제약이다. 따라서 자유 고조는 강세 음절에 덧붙여져 왼쪽으로 확산되기 위하여 기존 성조의 왼쪽으로 이동될 수 있다.

● 연습 5의 답

가능한 음보 유형 중 하나는 한 개가 아니라 두 개의 성조 음보 제약을 위반한 입력형이다. 이것은 (LL) 음보와 (HH) 음보인데 필수굴곡원리 및 *HD/L 제약과 *NONHD/H 제약 중 하나를 위반한 것이다. (LL)M과 같이 이러한 음

보가 어두에 나타나는 입력형은 L(LM)처럼 음보화하는 것보다 좋지 않은 것
으로 판단될 수 있다. 왜냐하면 (LM)은 제약 하나만을 위반하였을 뿐이기 때
문이다. 슬픈 얼굴 기호 ⊗는 선택된 형태가 올바르지 않다는 것을 나타낸다.

/LLM/	*HD/L	*NONHD/H	OCP (FOOT)	ALIGN-L (ó-PRWD)
(LL)M	*		*!	
⊗☞ L(LM)	*			*

　3음절 입력형에서는 이것이 실제로는 유일한 문제이다. 어두에 /HH/가 있는
입력형은 어떤 것이든지 이어지는 성조가 더 낮아야 하기 때문에 어말 음보는
완벽하게 될 것이다.

- 연습 6의 답

　기저형은 /aparepa:nari/와 /pari?areroti/일 것이다. 밑줄 그은 부분은 어휘적인
강세가 있는 부분이다. 성조의 할당은 지배되지 않은 제약순 HEAD = H >>
DEP-H 에 기인한다. 확산은 [aparépa:nari]를 배제시키는 ALIGN-R (H, PRWD)
제약에 기인한다. 2차 강세는 음절을 음보로 나누어 PARSE 제약을 만족시키는
것에 기인한다. 성조가 마지막 음절을 회피하는 이유는 NONFINALITY >>
ALIGN-R (H, PRWD) 때문인데 [aparépá:nárí]가 잘못된 이유를 설명해준다.
만약 제약순이 ALIGN-R >> PARSE 라면 확산은 오른쪽으로 이원 음보화하
는 어휘적 강세를 더 선호했을 것이다. 이것이 [aparépa:nàri]가 잘못된 이유이
다. 오른쪽으로 확산되는 [pàri?àreróti]는 NON-FINALITY 제약을 위반한다. 두
번째 음보 내에서 확산이 이루어지는 [pàri?àrèróti]는 필수굴곡원리를 위반하는
데 그 이유는 확산된 고조가 다음 음보의 고조와 인접할 것이기 때문이다.
[pari?areróti]는 PARSE 제약을 위반한다. [parí?áréróti]는 이유 없이 오른쪽으로
확산되었는데 *ASSOCIATE 제약을 위반한 것이다.

제9장 성조, 강세, 악센트, 억양

9.1 도입

대체로 지금까지는 음운론 부분에서 성조를 떼어 내어 성조의 독립성을 강조하였다. 여기에 예외로 들었던 것은 주로 유성성과 관련한 후두음 자질과 성조의 상호작용 정도였다. 그러나 성조는 강세 그리고 억양과 밀접한 연관을 가지는데 이 상호작용이 바로 9장의 주제이다. 성조 자질이 음운론의 영역으로 들어올 수 있는 데는 수많은 근거가 있다. 성조 자질과 분절음 자질 사이에 정도 차이가 실제로 존재하는 것은 분절음 자질이 운율핵, 음운구 또는 평서문 억양 같은 현상보다는 (거의) 대부분 어휘 목록과 연결되어 있기 때문이다. 어떤 언어에서 모든 음운구가 유성 목젖 마찰음으로 끝난다면 코미디언 Victor Borge가 모든 쉼표를 가글하는 것 같은 소리로 발음하는 그 유명한 '음성 구두법'과 상당히 유사할 텐데 그 언어가 어떻게 들릴지 상상해 보라!

성조 언어는 그 명확한 근거가 어휘적 성조이기는 하지만 절대 단한 가지 근거만 있는 것은 아니다. 드러나고 있는 전체 윤곽을 보면 어휘부에서 직접적으로 입력되는 것뿐만 아니라 어휘 음운론적 과정 중에 삽입 현상으로 생긴 입력까지 성조음운론이 수용해야 한다. 어휘 항목이 삽입되는 단계에서 해당 표상은 통사 구조뿐만 아니라 [초점]과 같은 추상적인 표지를 포함할 수 있는데 포함된 후에는 이어서 운율 구조에 영향을 미치게 된다. 성조를 가지고 있는 어휘 항목은 명사, 동사, 어근, 접사와 같은 전통적인 어휘 항목뿐만 아니라 [의문], [초점], [시제]와 같은 기능 요소와 운용자도 있고 음운구, 억양구와 같은 운율구 그리고 평서문과 같은 화용론적 어조까지를 포함한다. 음운론에서는 이 모든 것을 입력으로 보는데 그 입력은 구 층위 음운론에 앞서서 단어 층위 음운론에서 한꺼번에 이루어질 수도 있고 단계적으로 이루어질 수도 있다. 더 자세한 논의와 참고문헌은 1장을 참조하라.

이와 같은 내용을 배경으로 강세 언어, 악센트 언어, 성조 언어에 대한 논의를 시작하겠다. 악센트 언어가 특별한 종류의 성조 언어에 불과하다는 것도 함께 논증한다. 그 다음에 이어지는 대부분의 내용은 억양에 할애될 것이다. 억양의 기본 구조를 시작으로 비성조 언어에서 억양이 사용되는 방식을 살펴본 후 성조 언어의 억양까지 논의하겠다. 마지막으로는 발화 속도와 성조의 상호작용에 대하여 논의하겠다.

언어를 보통 '강세 언어'와 '성조 언어'로 범주화하곤 하는데 '악센트 언어'라고 하는 확실하지 않은 제3의 범주도 있다. 우선 '악센트 언어'라는 용어가 의미하는 것이 무엇인지 명확하게 하여 보자. 첫 번째로 '악센트 언어'가 의미하지 않는 것을 먼저 제거하여 보자. 어떤 언어를 '강세 언어'라고 한다고 하여 그 언어에서 음높이가 전혀 역할을 하지 않는다는 것을 의미하는 것은 아니다. 그 언어의 표면형에서 특정 음절이 다른 음절과 음높이가 유의미하게 다를 수도 있고 그 차이가 청자가 화용론적, 의미론적, 통사론적, 의미론적, 심지어 어휘 정보를 부호화하는데 중요한 지각적 단서일 수도 있다. 이와 반대로 어떤 언어를 '성조 언어'라고 한다고 하여 그 언어의 음절에 돋들림의 차이가 없다는 것을 의미하는 것은 아니다. 특정 음절은 다른 음절보다 확실히 더 길거나 클 수 있는데 그 음절이 성조 대립을 유발하는 경향이 있다. 이 현상에 도움이 되는 논의로는 Downing(출간 예정)의 연구가 있다.

'강세 언어'의 의미는 Hayes(1995: 8)에 있는 다음 문장에서 가장 잘 포착할 수 있다.

> 강세는 리듬 구조의 언어학적 표현이다. 강세 언어의 모든 발화에는 리듬 구조가 있는데 그 구조는 발화의 음운론적, 음성학적 실현에 대한 **틀을 구성한다.**

가능한 하부 유형에는 세 가지가 있다. 다음 두 가지가 가장 일반적이다. (1) 강세가 단어의 끝음절에 고정되어 있거나 끝음절에 가까운 유형이다. 여기에서 '가깝다'가 의미하는 것은 끝 음절에서 두 음절까지만 떨어진 것(예를 들면 끝에서 세 번째 음절)이다. (2) 단어 전체에서 이원적 교체 유형이 나타나는 언어이다. 세 번째 유형은 고정된 어휘 강세를 가진 언어이다. 이렇게 세 유형으로 나누는 것은 중음절(장모음이나 말음이 있는 음절)에 강세가 오는 것을 선호하는 언어, 그리고 중음절 구별과 무관한 언어로 나누는 것이다. 따라서 강세는 본질적으로 위치와 밀접한 관계가 있다. 강세의 음성 실현은 음길이, 음세기, 음높이 등과 관련하여 상당히 가변적이다. 강세를 반영하는 가능한 요소 중 하나가 음높이이기 때문에 음높이가 최종 발화에서 중요한 부분을 차지할 수 있지만 어휘적으로 명세된 것은 아니다.

이와는 달리 '성조 언어'에서는 지금까지 살펴본 것처럼 성조가 어

휘적 표상의 결정적인 부분이다. 흥미를 끄는 부분은 강세와 성조가
모두 있는 것처럼 보이는 언어는 어떠할까하는 것이다. 이러한 언어
는 실제로 존재하는데 분업의 정도에 따라서 가장 잘 들어맞을 것으
로 보이는 범주로 넣거나 세 번째 부류인 악센트 언어로 분류한다. 첫
번째로 모든 형태소가 잠재적으로 성조를 명세하고는 있지만 성조의
표면 위치가 강세 언어에 일반적으로 나타나는 위치적 리듬 구조에
의하여 최소한 부분적으로나마 결정되는 성조 언어를 고려해 보자.
이러한 언어는 이미 많이 논의하였다. 아프리카 언어의 상당수에서
(Downing(출간 예정) 참조) 성조는 마지막 또는 끝에서 두 번째 음절로 유
도되는데 이곳은 범언어적으로 주강세의 위치로 선호되는 곳이다. 중
국어파의 여러 언어를 보면 음절이 음절보다 더 큰 단위로 묶이는데
그 단위에서는 2음절이 선호되는 경향이 종종 나타나고 한 성조만 살
아남는다. 중국어파의 2음절 선호 현상은 강세 언어 체계에서 발견되
는 강력한 범언어적 경향성의 한 예이다. 두 경우 모두 해당 언어들은
거의 항상 '성조 언어'라고 불린다. 확실한 것은 모든 사람들이 성조
를 실용적으로 '어휘적 성조를 가진 언어'라고 정의하고 있지만 이 정
의가 강세가 없다는 것을 확증하지도 않는다는 것이다!

　반대 유형의 경우인 루르몬트 네덜란드어(아래 참조)를 생각해 보자.
이 언어는 주강세가 하나 있고 좀 더 긴 단어에는 2차 강세가 있는
게르만어파 유형의 강세 체계인데 모두 위치에 근거하여 할당된다.
그러나 이 언어는 어휘적 성조의 대립도 있다. 단어에는 성조가 없거
나 고조 하나만 있을 수 있는데 만약 고조가 있으면 이 고조가 주강
세 음절의 마지막 모라에 나타난다. 이러한 종류의 언어는 어느 쪽으
로 범주화를 하더라도 깔끔하게 들어맞지 않는다. 이 언어는 어휘적
성조를 가지고 있지만 그 대립이 성조 대립의 수(한 개 대 없음)와 단어
마다 가능한 성조의 수(한 개) 모두의 측면에서 상당히 약해진 상태이

다. 이와 같은 특정 유형의 언어(모두 악센트 언어인 것은 아니다)를 보면 성조의 위치가 주강세의 위치에 전적으로 의존한다. 이러한 언어에 '악센트적'이라는 용어가 제안되었지만 중요한 것은 이러한 언어를 분석하는데 필요한 특별한 기제는 없다는 점이다. 즉, 율격적인 도구와 성조음운론을 결합하여야 이 현상을 처리할 수 있다.

이 책에서는 기술적 편리함 때문에 '악센트 언어'라는 용어를 계속 사용할 것이다. 그러나 분석적으로 보면 이러한 언어의 대부분에는 어휘적 성조가 있다. 이 언어들이 특별한 것은 대립적인 성조의 수가 적고 성조의 대립이 드물게 나타나서 어떤 단어에는 없기도 하고 또 어휘적으로는 특정 성조소지단위와 자주 연결되는 점 등이다. 악센트 언어와 성조 언어를 나누는 절대적인 기준은 없다. 단지 성조가 수가 늘어나고 조밀해짐에 따라 여러 곳으로 더 자유롭게 움직일 수 있게 되는 '악센트'에서 '성조'까지의 연속체가 있을 뿐이다.

9.2 강세 언어의 성조 할당

많은 강세 언어에는 특정 성조 가락에 따라 강세 음절이 할당된다. 이 현상을 처리하는 일반적인 방식으로 율격 음운론적 작업이 완료된 다음 각 핵음절에 특정 성조 가락을 할당하는 방식을 가정해 볼 수 있다. 이 억양 가락은 다양하지만 사상 과정은 일정할 것이다. 예를 들면 평서문으로 말하는 'assimilation'이라는 단어는 $M\overset{*}{H}L$ (Hayes 1995)라는 가락을 가진다. 여기서 별표 표시한 성조 $\overset{*}{H}$는 강세 음절 -la-와 연결된다. 만약 의문문 'Assimilation?'으로 말한다면 $ML\overset{*}{H}$ 가락이 되지만 별표 표시한 성조 $\overset{*}{L}$은 여전히 강세 음절과 연결된다. 이 과정을

'serendipity', 'pontoon', 'Massachusetts'와 같은 다른 단어에 적용을 해 본다면 동일한 관찰 결과가 유지된다는 것을 발견될 것이다. 각 음절의 음높이는 억양 유형에 따라서 변화할 수 있기 때문에 성조가 어휘적으로 결정되지 않았다는 것은 명확한 사실이다. 가락은 언어특정적인 문제이다. 예를 들면 말라얄람어의 주강세(Mohanan 1986)는 무표적인 억양 유형에서 뒤에 오름조가 오는 낮은 음높이, 즉 $\overset{*}{\text{L}}$H로 실현되는 경향이 있다. 반면 표준적인 영국식 영어에서는 $\overset{*}{\text{H}}$L로 실현되는 것이 보통이다.

구 층위 구성 성분에 의하여 제공된 성조가 강세 음절에 이끌리는 이러한 경향은 지금까지 반복적으로 관찰한 돋들림과 고조 사이의 밀접한 관계의 한 양상이다. 강세 음절은 성조 가락을 잘 실어준다. 즉 강세 음절이 소리가 크고 길이가 길면 해당 가락은 쉽게 발음되고 잘 지각된다.

9.3 악센트 언어

악센트 언어는 대체로 성조가 있거나 없는 것에 따른 어휘적 대립이 있는데 각 형태소에는 최대 하나의 성조 또는 성조 복합체가 있고 그 위치는 반드시 어휘적으로 명세된다. 형태론적 복합어에도 표면형에 대부분 한 성조만 허용된다. 선행 연구들을 보면 악센트 언어는 주로 두 가지 방식으로 분석되어 왔다. 전통적인 한 가지 방식은 보통은 별표인 구별 기호로 악센트 음절을 나타내면서 이 별표가 삽입되고 삭제되는 다양한 규칙을 설정한 다음 음운 과정의 마지막까지 살아남은 별표에 성조를 할당하는 방식이다. 이러한 과정으로 악센트 언어가 강세 언어처럼 보이게 된다. 강세가 어휘적인 강세 언어에서도 해당 가락이 최후의 승자에게 할당된다. 또 다른 방식은 최근의 접근법인데 별표로 나타내는 대신 기저 성조를 설정하여 음운론에서 직접적으로 성조 표상을 작동하게 하는 방식이다. 악센트 형태소는 성조가 있는 것이고 비악센트 형태소는 성조가 없는 것이다. 이러한 관점은 그 성조를 상당히 유약하게 나타내지만 악센트 언어를 성조 언어처럼 보이게 한다. 이 관점은 특별한 이유 없이 사용되는 추상적 구별 기호 표시인 *를 제거할 수 있는 상당한 이론적 장점이 있다.

　Blevins(1993)의 분석에 따르면 리투아니아어의 명사 악센트는 성조 체계이다. (양음 악센트와 억음 악센트라고 부르는) 악센트 형태소는 고조인데 첫 번째 모라에 연결되고 비악센트 형태소는 연결되지 않는다. (곡절 악센트라고 부르는) 어떤 형태소에서는 첫 번째 모라가 (연결이 가능하지 않은) 잉여 성조이기 때문에 성조는 두 번째 모라에 연결된다(예 (1) 참조).

(1)　리투아니아어 악센트 유형

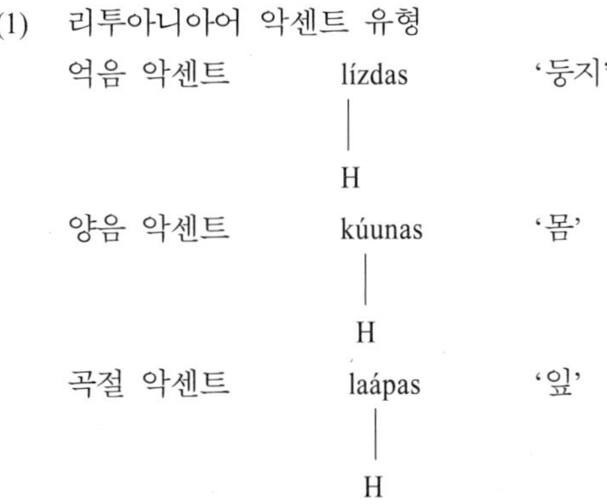

　이 악센트들은 음성학적으로 잘 연구되어 있지 않지만 어떤 기술에 따르면 (1a-b)의 억음 악센트와 양음 악센트는 약간 오름조이다가 뒤

에 내림조가 이어지는 반면, 곡절 악센트는 지속적인 오름조이다. 이 현상은 (1)에 나타난 것과 일치한다. 억음 악센트와 양음 악센트 시작 부분에 있는 약간의 오름조는 최고점에 도달하기 위한 정상적인 시간 지체 현상 때문이다.

많은 발트어파와 슬라브어파 언어에서처럼 리투아니아어는 형태론적인 복합어에서 다음에 제시된 원리(Kiparsky and Halle 1977)에 따라 악센트 하나가 단어 악센트가 된다.

(2) 기본 악센트 부여 규칙 (Basic Accentuation Principle : BAP)
어떤 단어에 하나 이상의 악센트 모음이 있으면 첫 번째 악센트 모음에 단어 악센트가 온다. 어떤 단어에 악센트를 가진 모음이 없으면 첫 번째 모음에 단어 악센트가 온다.

이 규칙을 성조의 용어를 사용하여 옮겨 보자. 이 현상은 하나 이상의 고조가 있으면 두 번째 고조가 탈락하는 것을 의미하고 무성조 단어에서는 첫 번째 모라에 고조가 나타나는 것을 의미하게 된다. 예를 들면 /víir-é/ > [víire] '남자, 방위격 단수'와 /kelm-aa/ > [kélmaa] '그루터기, 대격 단수'와 같다. 최적성이론에서는 이러한 두 가지 현상은 아마도 ALIGN-L (H, WORD) 제약과 *HD/L 제약(de Lacy를 따른 것이다. 자세한 내용은 8장 참조)의 결과로 볼 것이다. 어떤 경우라도 두 현상 모두 성조 언어에서 어렵지 않게 발견할 수 있는 아주 평범한 성조 변화이다. 좀 더 인상적으로 말한다면 de Saussure의 법칙으로 알려진 현상이 있는데 두 성조가 형태소 경계를 사이에 두고 인접해 있다면 첫 번째 성조가 탈락한다는 것이다. 최근의 분석으로는 필수굴곡원리의 영향으로 볼 수도 있다. 예를 들면 /raát-é/ > [raaté] '바퀴, 방위격 단수'가 있다. 성조적인 접근법이 유리하다고 보는 마지막 증거는 사모이트 지역에서 사용되는 리투아니아어의 서로 다른 방언에 있다.

이 방언에서는 기본 악센트 부여 규칙이나 필수굴곡원리가 모두 나타
나지 않는다. 그 대신 다중 고조가 표면형으로 나타난다. 그래서
/veít-á/ > [veít-á] '장소, 주격 단수'처럼 표면형이 변화하지 않는다. 지
금까지 내용을 정리해 보면 이러한 자료에 대한 성조적인 분석은 상
당히 설득력이 있어 보인다. 따라서 엄격하게 말해서 악센트 언어로
정의되는 언어는 간단히 성조 언어의 하위부류로 볼 수 있다.

또 다른 이러한 유형의 언어에는 통가어, 새로운 충밍어(Chen 2000),
세르보크로아티아어(9.4.3의 아래 부분에서 기술하였다), 스웨덴어, 일본어
가 있다. 일본어는 성조와 구별하는 관점과 성조적인 관점 모두에서
광범위하게 분석되어 왔다. 성조적인 관점은 세부적으로는 다르지만
Poser(1984), Pierrehumbert and Beckman(1988)에서 가장 전체적으로 전개
되었다. 일본어에는 방언이 많은데 다음 내용은 도쿄 방언에 대한 기
술이다. 어떤 부류의 단어는 단어의 어느 지점에서 급격한 내림조가
나타나는데 이것을 악센트라고 부른다. 다음절 단어에서 이러한 내림
조는 어휘적으로 명세되어 있다. 다른 부류의 단어는 이러한 내림조
가 없는데 이것은 비악센트라고 부른다. 이러한 악센트 유형에 부가되
어 어두의 짧은 비악센트 음절이 낮아지는 현상이 있다. Pierrehumbert
and Beckman(1988)에서 이러한 유형을 생성하게 된 방식은 악센트 음
절에는 어휘적으로 악센트 음절과 연결된 분기 HL 굴곡조가 있는 것
으로 본 것이다. 이렇게 되면 악센트가 실린 단어에서 들리는 내림조
가 만들어진다. 일상 발화에서 단어는 자체의 H%, L% 경계억양으로
둘러싸인 악센트구로 묶인다. 첫 번째 모라에는 L이 연결되고 H% 경
계억양은 두 번째 공명음 모라에 연결된다. L% 경계억양은 가능한 한
다음에 오는 구의 첫 번째 공명음 모라에 연결된다. 만약에 첫 번째
모라가 짧거나 성조가 없으면 어두 음높이 낮춤이 일어난다. 이렇게
하면 또 다시 악센트 언어에 대한 성조적 분석을 충실하게 진행한 것

이다.

그렇다면 '악센트적'이라는 말은 성조가 상당히 제한적인 방식으로 사용되는 특정 유형의 언어를 분석하는 편리하고 기술적인 용어라고 가정해 볼 수 있다. 이런 유형의 언어는 성조 가락을 하나 (또는 둘 정도까지) 가지고 있고 이러한 성조 가락이 특정 성조소지단위에 연결되거나 리듬 원리에 의하여 돋들리게 선택된 음절로 되는 언어이다. 이러한 언어는 순수한 강세 언어와 순수한 성조 언어 사이의 전이 지역에 놓여 있다.

지금까지의 논의로 억양과 성조를 더욱 정밀하게 살펴 볼 수 있게 되었다.

9.4 구 층위 성조로 나타나는 억양 : 운율 위계 다시 보기

Ladd(1997)는 억양을 '언어적으로 구조화된 방식으로 "후어휘부" 또는 문장 층위의 화용론적 의미를 전달하는 초분절적 음성 자질의 사용'이라는 편리하고 실용적으로 정의를 제시하였다. 정의에 있는 '화용론적 의미'를 '정보'로 바꾸면 억양에 대한 정의를 약간 확장할 수 있다. 그렇게 하면 억양은 화용론뿐만 아니라 통사 및 의미 정보까지 포함시킬 수 있다.

순수한 성조 언어는 어휘적인 대립을 위하여 위해서 성조가 완전히 보존될 것으로 생각할 수도 있으나 그것은 사실이 아니다. 성조 언어의 억양은 비성조 언어보다 좀 더 제한적으로 실현될 뿐이다. 성조 언어의 구 층위에는 네 가지 주요 장치가 존재한다. 첫 번째, 전체 음높이의 음역이 높아지거나 낮아질 수 있다. 두 번째, 고조와 저조가 더 멀리 떨어지거나 더 가깝게 붙는 방식으로 음높이의 범위가 넓어지거나 좁아질 수 있다. 세 번째, 경계억양이 해당 영역의 가장자리에 삽입될 수 있고 그 경계억양은 가장 가까운 핵음 또는 가장자리에 있는 음절에서 표면형으로 실현된다. 네 번째, 계단내림이 음운구 또는 억양구와 같은 운율 영역 내에서 적용될 수 있지만 영역 경계에서는 계단내림이 중지되거나 음역의 재조정이 일어날 수 있다. 이와 같은 억양 관련 장치는 의문문과 평서문, 초점 또는 강조, 확정과 제안 등 특정 통사, 의미, 화용적 환경과 연관이 있다. Chao(1968)에서 지적한 것과 같이 특정한 의미가 특정한 억양과 연결되는 현상은 범언어적으로 보장되지 않는다. 예를 들면 미국식 영어에서 되물음 의문문은 보통 높오름조 억양을 사용하지만 표준 중국어의 되물음 의문문은 저조이면서 유성 날숨소리이다.

성조 언어에서는 이와 같은 장치들이 몇 가지 확실한 이유로 자유롭지 않은데 이것이 성조 언어와 비성조 언어의 주요 차이이다. 비성조 언어에서는 시작과 끝에 연결되는 경계억양이 발화의 음높이 형태를 완전히 결정지을 수 있어서 어떤 문장에서는 완전히 다른 음높이 형태가 표면형으로 나타날 수도 있다. 동일한 운율 유형의 각 어휘 항목은 음높이 형태에 영향을 받지 않고 대체될 수도 있다. 성조 언어에서는 어휘적 성조가 최소한 복구 가능할 정도로는 남아 있어야 하고 일반적으로 억양 유형 때문에 성조가 완전히 없어지는 것은 금지된다. 만약 자신의 어휘적 성조와 연결된 어휘 항목이 다른 어휘 항목으로 대체된다면 전체적인 음높이가 변화하게 된다. Chao(1968)는 중국어의 어휘적 성조와 억양을 '큰 파도에 얹힌 작은 물결'에 비유한다. 즉, 억양이 전체적인 음역에 영향을 미치기는 하지만 어휘적 성조는 여전히 성조의 상대적인 음높이와 형태를 유지하면서 음역 '파도'에 사상되는 것이다. Chao(1968)는 다음과 같은 사실에도 주목한다. 중국어에도 발화 끝 억양이 있지만 이 억양은 어휘적 성조를 대체할 수 없는 대신 부가된다. 그렇기 때문에 예를 들면 문미의 어휘적 내림조에 오름조 억양이 부가되면 음절이 길어지고 그 음절에 내리오름 연쇄가 실현된다.

억양에 관한 연구를 통해서 몇 가지 다른 모형도 제시되고 있지만 이 책은 억양에 대한 책이 아니라 성조에 대한 책이기 때문에 이 책에서 어휘적 성조에 사용된 것과 유사한 수평조를 가지고 억양 가락을 나타내는 억양 이론을 논증 없이 받아들일 것이다. 이 점에 관한 논의는 Cruttenden(1986), Hirst and de Cristo(1998), Ladd(1983, 1986), Pierrehumbert(1980), Beckman and Pierrehumbert(1986), Pierrehumbert and Beckman(1988)을 참조하라. 두 표면 음높이 성분 모두 같은 용어를 사용한다면 음운론적 상호작용이 예측 가능할 뿐 아니라 논의가 용이해진다.

우선 계단내림과 구억양과 같은 장치의 간단한 예를 먼저 살펴본 다음 강세 언어와 악센트 언어와 같은 비성조 언어에서 억양적 성조가 배치되는 것을 자세히 살펴볼 것이다. 이상을 배경 지식으로 하여 이 단원의 주제인 억양과 어휘적 성조의 상호작용을 살펴보도록 하자.

9.4.1 예시 장치

9.4.1.1 억양내림, 성조내림, 계단내림

억양내림, 성조내림, 계단내림은 대부분 아프리카 언어와 자주 연결되는 개념이지만 영어, 일본어, 표준 중국어를 포함한 많은 다른 어족에서도 흔하게 나타나는 현상이다. 억양내림은 발화 전체에 걸쳐서 음성학적으로 음높이가 점점 낮아지는 현상인 반면 성조내림과 계단내림은 보통 (많은 아프리카 언어에서) 저조 또는 (일본어에서) 내림조 등 특정한 음운론적 성조에 의해 유발된 음높이 하락 현상을 가리키는 말이다. 이 내림조는 표면형에 실현될 수 있는데 이 경우 그 내림조 때문에 낮아지는 현상은 성조내림 또는 자동 계단내림으로 부르는 게 정확하다. 한편 음높이 하락을 유발하는 것이 부동 성조일 수 있는데 이 경우는 비자동 계단내림 또는 수식어 없이 계단내림으로 부른다. 드러나 있는 저조이든지 부동 저조이든지 저조로 유발된 모든 내림 현상에는 일반적으로 계단내림이라는 용어가 자주 사용된다. 이 단원에서도 그렇게 사용할 것이다.

대부분의 선행 연구에서는 이러한 현상들의 적용 영역이 발화 전체인 경우만을 제시하고 있다. 그러나 몇몇 연구자(일본어를 기술한 Pierrehumbert and Beckman 1988, 아유틀라 믹스텍어를 기술한 Pankratz and Pike 1975)는 이 영역이 더 작을 수 있고 억양 요인에 민감하다는 것을 보여주고 있다. Inkelas and Leben(1990)에 제시된 하우사어 예문을 보자. Yaa aikàa wà Maanii / làabaarìn wannàn yaaròn alàrammà '그는 alaramma 의 소년에 대한 소식을 Mani에게 전했다'. 억음 기호로 표시된 저조 뒤에 오는 모든 고조의 음높이는 앞에 오는 고조보다 낮아진다. 평서문에서 이러한 내림 현상은 저조 wà 다음에서 나타나지만 사선 '/'로 표시된 구 경계 다음에서는 고조가 다시 높아지고 계단내림이 새로운 시작점에서 다시 시작한 후 in, àn, òn, là의 저조 다음의 연속적인 내림 현상이 끝까지 이어진다. 반면에 의문문에서 나타나는 동일한 발화는 두 번째 구에서 계단내림 현상이 나타나지 않고 마지막 고조가 더 높아져서 초고조의 음높이에 이르는 현상도 나타난다. 이러한 현상은 다음 두 가지를 나타낸다. 첫째, 계단내림의 영역은 발화의 영역보다 작을 수 있다. 둘째, 억양은 계단내림을 중단시킬 수 있다. Inkelas and Leben은 2.1.2에서 논의한 Hyman(1992)의 자질을 사용하여 모든 고조에 삽입되는 음역 자질인 [H]로 하우사어 의문문의 억양 형태소를 나타내었다. 이 자질은 앞에 오는 저조의 [L] 음역의 확산을 막아서 계단내림을 정지시킨다. 중요한 것은 위의 두 억양 유형에서 억양을 변별하기 위하여 기능적이고 효과적인 계단내림 정지 기제를 사용하고 있어서 어휘적 성조의 변별이 유지된다는 점이다.

남부 독일어를 연구한 Truckenbrodt(2000a, 2000b)에는 성조 형태소의 음역을 발화 중간에서 재조정하는 강력한 증거가 나타나 있다. 독일어는 성조 언어가 아니지만 모든 강세 음절에 음높이 악센트 L̇H가 나타난다. 여기에서 별표는 강세에 연결된 억양적 성조를 가리킨다. 억양구 안에서 고조는 점점 하락하게 되는데 억양의 단절이 있는 곳에서는 대체로 고조가 원래 음높이로 다시 상승하게 된다. 그러나 흥미로운 사실은 고조의 재상승 현상이 경계 위치 또는 경계 다음 위치에서 나타나지 않고 일부 화자들에서는 경계 앞인 첫 번째 구의 마지막 강세에 나타난다. 예 (3)에서 강세는 밑줄로 표시하였고 재조정이 일어나는 강세 단어 *Lama*는 대문자로 진하게 표시하였다. 억양구 경계에서 일어나는 휴지는 '...'로 표시하였다.

(3) Der <u>Maurer</u> und sein <u>Lehr</u>ling wollen dem <u>Werner</u> in <u>Kamerun</u> ein **<u>LAMA</u>**
     malen... und der <u>Maler</u> will im <u>Jänner</u> in <u>Murnao</u> wohnen.
     벽돌공과 그의 조수는 카메룬에 있는 베르너를 위해서 야마를 그리고 싶어 하고... 화가는 1월에 무르나우에서 살고 싶어 한다.

구의 경계억양은 가장 가까운 강세에서 표면화할 수도 있기 때문에 계단내림이 재조정되는 그 위치 자체가 구 경계억양이 되는 것임을 강하게 나타내고 있음을 알 수 있다(아래 참조).

참고로 음높이 연쇄를 이어지게 하기 위해서 (3)에서처럼 가능한 한 많은 유성 공명음으로 이루어진 발화로 자주 억양 자료를 만든다.

그래서 이러한 자료를 보면 가끔씩 쓰지 않을 것 같은 어휘들로 많이
이루어진다!

9.4.1.2 구의 성조 표지

알려진 자료에서는 단지 '중립적' 억양만 있을 수도 있어서 다른 여
러 가지 억양 유형도 찾을 수 있을 것으로 보이지만 많은 언어에서
구 나누기 성조 표지가 특별한 의미론적 요소는 없는 것으로 보인다.
이러한 중립적 구 억양 유형에서는 억양의 가장 중요한 기능이 나타
나는데 음운구 경계의 근처 또는 바로 그 자리에 형태 및 통사 구조
를 간접적으로 표시하는 기능이다. 영어 문장 'I love American history
and politics'는 글로 나타내면 중의적이지만 발화에서는 보통 두 가지
중의적인 의미에는 [American [history and politics]] 또는 [[American
history] and [politics]]의 두 구조와 연결되는 변별적 억양이 나타난다.
따라서 (성조 언어에서) 음높이는 어휘 정보, 형태통사 정보, 의미 정보,
화용 정보를 전달할 수 있는 기능이 있다.

이러한 현상의 예들은 상당히 많다. Beckman and Pierrehumbert(1986)
(그리고 Pierrehumbert and Beckman 1988)는 일본어를 대상으로 한 유명한 연
구이다. 일본어는 악센트 언어인데 일본어의 단어에는 악센트가 있을
수도 있고 없을 수도 있고 악센트가 있는 음절에는 HL 가락이 나타
난다. 발화는 악센트구로 나뉘고 각 악센트구에는 악센트구의 양쪽
경계 근처 또는 바로 그 경계에 H%L% 가락도 함께 나타난다. 악센트
구보다 더 큰 단위인 중간구는 계단내림의 영역이 된다. 발화 층위에
서 일본어는 어두에 뚜렷하게 의미적으로 중립적인 // 경계억양이 나
타나고 의문문에서는 의미적으로 중요한 어말 // 경계억양이 나타난
다. % 및 // 기호는 구 경계억양을 표시하는데 편리하다. 이 책에서는

좀 작은 단위인 악센트구를 나타내는데 %를 사용하고, 더 큰 단위인 발화에는 //를 사용하였다. 그림 9.1의 예는 'Where is big sister's red sweater?'라는 의문문의 표면형을 도식화한 것이다.

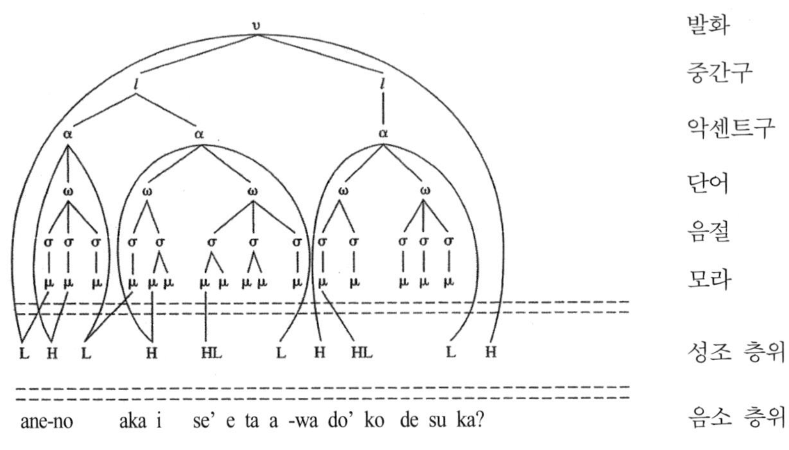

그림 9.1 일본어의 구 경계억양 (Pierrehumbert 1988: 21)

성조와 모라를 연결하는 규칙은 좀 복잡하다. 자세한 내용은 Pierrehumbert and Beckman(1988)을 참조하라.

두 번째 예는 Hale and Selkirk(1987)에서 연구된 파파고어인데 이 언어는 아메리칸 인디언의 언어이고 비성조 언어이다. 파파고어에서는 어휘적으로 지배되지 않는 최대 투사의 오른쪽 가장자리에 음운구의 오른쪽 가장자리를 일렬로 맞추어 음운구가 만들어진다. 자세한 내용은 Truckenbrodt(1999)를 참조하라. 각 음운구의 표면형은 (L)HL이다. H는 모든 강세 음절과 사이에 긴 비강세 음절에 연결된다. 앞에 오거나 뒤에 오는 음절에는 L이 연결된다. 마지막 음절에는 경계억양 L이 나타난다. 만약 마지막 음절이 강세 음절이어서 H라면 내림조가 만들어진다.

구 억양에는 두 가지 유형이 있다. 음높이 악센트라는 용어로 부르는 한 유형은 강세를 받은 음절이나 돋들리는 음절에서 실현된다. 음높이 악센트는 /H*/와 같이 해당 음높이 다음에 *를 붙여 나타낸다. 다른 유형은 순수한 경계억양인데 가장자리 음절 또는 가장자리 음절에 가장 가깝게 있는 음절에서 실현된다. L%와 같이 %로 나타낸다. 실제 단어를 몇 개 살펴보도록 하자. 예 (4)에서 강세는 양음 기호로 표시하였고 위쪽에 표면 성조를 나타내었다.

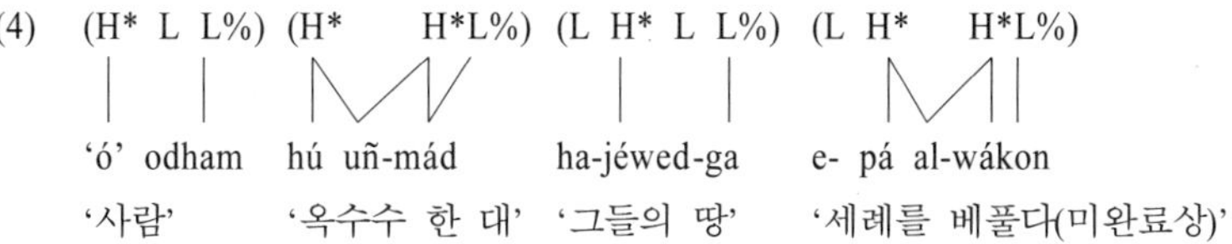

강세 음절에는 모두 H*가 나타나기 때문에 확산 현상으로 강세 음절 사이에 갇힌 음절에도 H*가 나타난다. 마지막 L%는 경계억양인데 (4)의 두 번째 부분처럼 마지막 음절에 이미 H가 있더라도 그 마지막 음절에 나타난다. 반면에 문두의 L은 선택적이다. 즉, 처음부터 억양적 성조가 없는 음절에만 나타난다. 이것은 순수한 경계억양이 아니고 기정치 성조에 더 가깝기 때문에 구 가락에서 제외될 수 있다. 요즘의 표준 형식적 기호를 사용하여 표시하면 H는 H*이고 마지막의 L은 L%인데 *는 음높이 악센트를 가리키고 %는 경계억양을 가리킨다. 따라서 전체 가락은 인접하는 H사이에서 H가 확산되고 나머지 무성조 음절에는 기정치 L이 나타나는 H*L%가 된다.

파파고어에서만 억양적 성조의 두 가지 유형이 나타나는 것은 아니다. 두 번째 예는 벵골어(Hayes and Lahiri 1991)이다. 예-아니오 의문문 억

양은 의문 성분(그래서 주강세를 가진다) 요소에 L이 놓인 다음 발화의
끝에 HL의 내림조가 나타난다. 따라서 그 억양 가락은 L*(HL)%이고
여기에서 HL은 하나의 단위로 취급된다. 중앙 알라스카 유픽어
(Woodbury 1989)에는 악센트구에 L*H*가 나타난다. 하나 이상의 구 강
세가 있을 때 L*는 첫 번째 강세에 나타나고 H*는 마지막 강세에 나
타난다. 이어서 발화의 경계억양으로 L%가 억양구에 더해진다.

어떤 언어는 억양적 성조의 한 유형만 분명하게 나타난다. 한국어
의 악센트구(Jun 1998)에는 경계억양은 있지만 음높이 악센트는 나타나
지 않는다. 해당 가락은 초성 자음의 후두 자질에 따라 (LH)%(LH)%
또는 (HH)%(LH)%로 나타난다(2장 참조). 처음에 있는 억양적 성조 두
개는 처음 두 음절에 연결되고 끝에 있는 억양적 성조 두 개는 끝 두
음절에 연결된다. 만약 구의 길이가 4음절 미만이라면 그 형태가 상
당히 복잡해지는데 자세한 내용은 Jun(1998)을 참조하라.

9.4.2 비성조 언어의 가락

비성조 언어의 음절 모두가 당연히 동일한 음높이로 발음되지 않는
다는 사실은 이미 당연히 명확해졌을 것이다. 음높이는 억양 유형의
선택, 구에서 단어의 위치, 단어에서 음절의 위치에 따라서 다양하게
변화한다.

언어는 각 언어의 의미론과 화용론에 따라 억양 가락의 종류가 상
당히 다양하다. 이와 같은 억양 가락은 연구가 잘 되어 있다. 관심 있
는 독자는 영어의 억양 유형에 관하여 자세히 기술한 고전적인 연구
O'Connor and Arnold(1961)에서 시작하는 것이 좋다. 분리될 수 있는
억양의 수는 연구자에 따라 다양하다. 예를 들면 Halliday(1967)는 다섯

개, Ladd(1978)는 여덟 개, Cruttenden(1986)은 일곱 개로 영어의 억양을
보고 있다.

설명되고 있는 여러 자료를 예로 다음 현상을 살펴보자. Pierrehumbert
(1980)에 따르면 Anna라는 단어 하나가 미국 영어에서 표면 억양이 최
소한 다섯 개로 발음된다(예 (5) 참조). 여기에서는 명확한 설명을 위해
서 약간 간략화하였다. '*'는 발화에서 주강세 음절과 연결되는 억양
적 성조를 가리키는데 여기에서는 첫 번째 음절인 'Anna'에 나타난다.
강세 언어인 영어는 각 단어의 음절 하나에 주강세가 실리는데 대부
분 단어의 한쪽 또는 다른 한쪽에서부터 이원적 리듬을 계산하는 알
고리듬에 의하여 결정된다. 형태론적, 어휘적 요소의 영향으로 억양
의 모습이 상당히 복잡하게 되기도 한다(Chomsky and Halle 1968, Burzio
1994). 다음으로 강세 음절에 음높이 악센트가 실린다.

(5)　　a. H*-L L%　　　질문에 답하는 억양
　　　　b. H*-L H%　　　질문이 끝나지 않은 느낌의 억양
　　　　c. H*-L H-L%　　Anna를 부르는 억양
　　　　d. L*-H L-H%　　의심, 또는 화자가 여러 가능한 예들 중 하나만을
　　　　　　　　　　　　 제시하는 느낌의 억양
　　　　e. L*-H H%　　　질문

독자가 영국인이라면 자신의 발화는 이것과 약간 다르다고 느낄 수
는 있지만 그 사실이 언어에는 가능한 억양 유형이 복잡한 배열되어
있다는 사실에 영향을 미치지는 않는다. 다음 (6)에 있는 도표는 (5)의
예를 '듣는데' 도움이 된다.

(6)

H$_2$	a	b	c	d	e
350			—	—	
300	—	—			—
250		—	—		—
200			—	—	
150	—	—		—	—
100	—				

 Pierrehumbert의 초기 연구를 발전시키면서 계속 영어의 억양을 다루고 있는 Beckman and Pierrehumbert(1986)에서는 여섯 개의 서로 다른 음높이 악센트를 설정하였다.

(7) 영어의 음높이 악센트
    H*   L*   H*+L   H+L*   L*+H   L+H*

 위의 음높이 악센트에는 각각 자신의 의미가 있다. 예를 들면 'an orange ballgown'(오렌지색 야회복)에서 'ballgown'(야회복)에는 항상 H*가 실리지만, 'orange'(오렌지색)는 몇 가지 악센트가 선택적으로 적용된다. '그게 뭐야?'라는 질문에 대한 답으로는 'orange'에 표준적인 중립 억양인 H*가 실린다. 만약 'orange'에 H*+L의 악센트가 실린다면 이 대답은 '실제로 또는 비꼬면서 똑똑한 척하기'의 의미가 있는 것으로 기술된다. 마지막으로 'orange'가 L*의 악센트를 가지면 '놀라서 또는 성급하게 생각이 떠오르는 것을 나타내기'가 된다. 그림 9.2에 해당 F$_0$의 음높이 곡선이 나타나 있다. 영어에는 어휘적 성조가 없기 때문에 'orange'에 이상의 음높이 악센트가 실리더라도 다른 어휘 항목과 혼동할 위험은 없다.

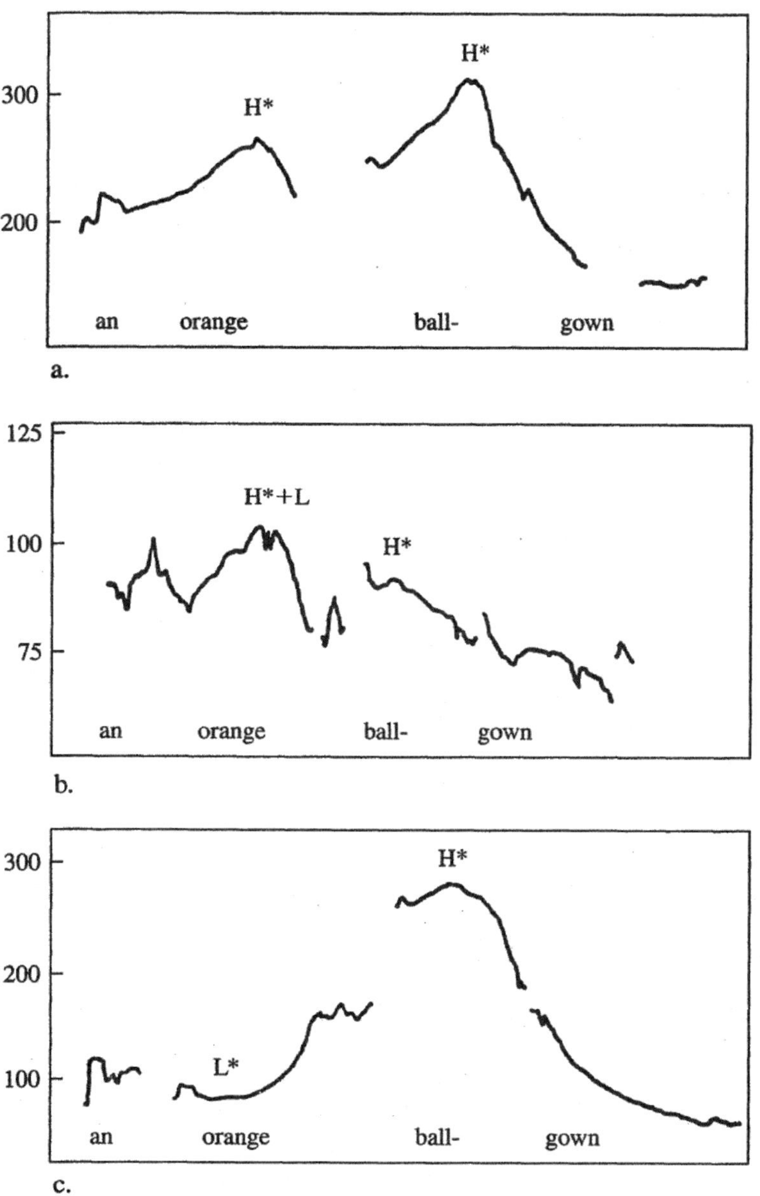

그림 9.2 영어의 억양 가락 (Beckman and Pierrehumbert 1986: 257)

Hayes and Lahiri(1991)를 토대로 한 Lahiri and Fitzpatrick-Cole(1999)의 연구에 따르면 벵골어에는 (8)의 음높이 악센트와 경계억양 목록이 나타난다. 여기에서 T%는 음운구 또는 중간구의 경계억양을 표시하고 T//는 억양구의 경계억양을 나타낸다.

(8) 벵골어에 나타나는 주강세가 있는 구의 억양 음조
     a. 악센트
     L*   중립적인 의문문 악센트
     H*   중립적인 평서문 악센트
     L*H%   초점 악센트
     b. 경계억양
     L//   평서문
     L//H//   발화의 지속
     H//   제의
     H//L//   예-아니오 의문문

이러한 유형이 성조의 연쇄로 구성되어 있다는 주장을 확인하기 위하여 벵골어가 필수굴곡원리와 같은 일반적인 성조 제약을 준수하고 있는지에 주목해 볼 수 있다. 'Amar는 Shyamoli를 보았다'의 의미인 (9) 문장을 살펴보자. 여기에서는 발화 중에서 목적어-동사 부분의 억양적 성조만을 나타내었다.

(9) 초점을 받은 목적어 (평서문)

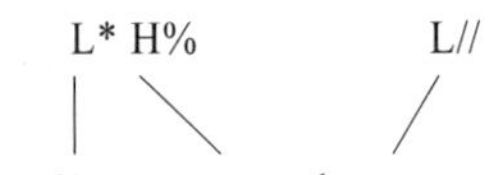

ɔmor ʃæmoli-ke dekʰ-l-o
Amar Shyamoli-목적격 보다-과거-3인칭

초점을 받은 목적어 (예-아니오 의문문)

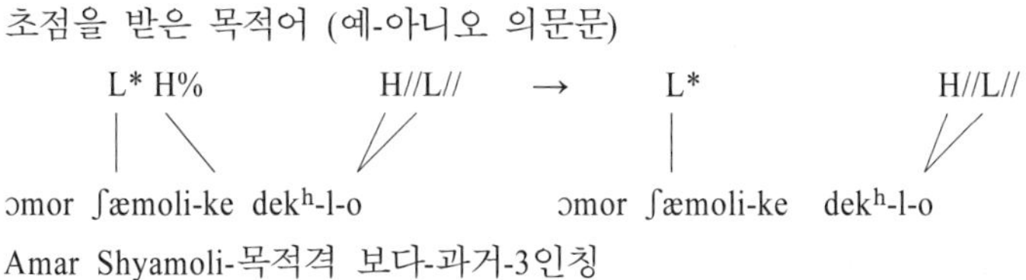

초점 가락의 H%는 평서문에서는 나타나지만 H//가 더해져 의문문이 만들어지면 초점의 H%는 OCP 제약의 영향으로 탈락한다.

벵골어가 일반적인 의미의 성조 언어가 아니긴 하지만 언어를 성조 언어와 비성조 언어로 범주화하는 것이 생각만큼 명확하지 않다는 것을 보여준다. 억양구 경계억양의 집합은 Lahiri *et al.*에서 '접미사'라는 용어로 정의되고 있는데 이러한 방식으로 생각한다면 경계억양의 집합은 어휘적 성조 언어에서 아주 일반적으로 나타나는 분절음 문미 조사에 대응할 만큼 매우 유사하다. 이 현상은 9.4.4.1에서 논의하겠다. 심지어 벵골어에는 어휘적 성조가 필요한 분절음 접미사도 나타난다. 강조의 접어 /=o/ '또한'과 /=i/ '정말로, 바로, 과연'는 어휘적인 H*를 가지는데, 접어 자체의 어휘적 성조에서 초점 가락이 나타난다. 이 접어는 성조를 가지지 않은 3인칭 단수 /-o/와 같은 접미사와 대립적이다. 일반적인 구 초점과 접어 /=o/를 가진 구 초점의 차이를 생각해 보자. 일반적인 구 초점의 경우에는 H%가 구의 마지막에 오고 당연히 항상 단어의 마지막이지만 접어 /=o/는 복합 동사 형태의 중간에도 부가될 수 있다. 이 경우에는 H가 구의 가장자리가 아니라 /=o/에 나타난다. /=o/에 나타나면 일반적인 초점의 H%와 구별되어 자신의 H를 수반하는 것으로 보인다.

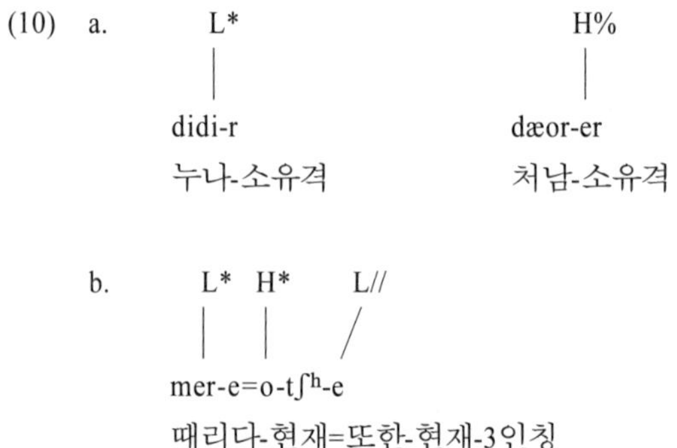

즉, 구석진 곳의 어떤 어휘에서는 벵골어에도 어휘적 성조가 나타
난다.

강세 언어를 마치기 전에 가끔씩 언급되는 '강세-시간 언어'와 '음
절-시간 언어'에 대하여 정리하여 보자. 관찰적 사실에 의하면 강세-
시간 언어에서는 두 강세 음절 사이의 시간 길이가 중간의 비강세 음
절의 개수에 상관없이 대략 일정하고 음절-시간 언어는 강세 음절 여
부와 상관없이 각 음절이 대략 일정한 시간 길이를 유지한다. 즉 음절
요소를 포함하여 많은 요인들이 시간적 요소에 영향을 미칠 수 있다
는 것이다. 이 논의가 실제적이기 위해서는 억양과 상호작용을 고려
하여야 한다. 왜냐하면 억양은 확실히 음길이에 영향을 미치고 시간
길이 요소의 영향을 받을 수 있기 때문이다. 물론 이러한 논의는 이
책의 범위가 아니다.

9.4.3 악센트 언어의 억양

생각해두어야 하는 것은 보통 '악센트'라는 용어로 불리는 언어가
어휘적 성조의 사용이 제한적이라는 것이다. 일반적으로 그 언어에는

성조 가락이 단 하나만 있는데 단어는 그 성조 가락의 유무와 위치에 따라 어휘적으로 변별된다. 이러한 종류의 언어 중 몇 언어는 억양 체계의 연구가 잘 되어 있는데 이러한 언어들을 잘 관찰하는 것은 어휘적 성조와 억양의 상호작용을 볼 수 있는 유용한 첫 단계이다.

첫 번째로 예측해 볼 수 있는 것은 어휘적 성조가 있는 언어들은 음높이 악센트를 억양과 관련된 목적으로 사용하는 경우가 거의 없다는 것이다. 왜냐하면 그렇게 하면 어휘적 성조의 대립이 없어질 위험이 있기 때문이다. 그래서 그 대신 경계억양의 사용이 지배적일 것이라고 예측해 볼 수 있는데 이것은 올바른 예측이다. 9.4.1.2에서 본 일본어의 경우 어휘적으로 음높이 악센트 HL을 가지고 있는데 악센트구의 층위와 발화 층위에서 모두 경계억양을 사용한다. 여기에서 두 가지 예를 더 살펴볼 것인데 그 중 하나는 어휘적 성조 언어인데도 제한적으로 음높이 악센트가 사용되는 현상을 보여주고 있다.

세르보크로아티아어(Inkelas and Zec 1988)에서는 모음의 길이가 대립적이다. 그리고 네 개의 어휘적 음높이 악센트도 대립적이고 각각 짧은 내림조, 긴 내림조, 짧은 오름조, 긴 오름조이다. Inkelas and Zec(1988)에서는 이 모든 현상이 각 단어가 특정 모라에 연결되는 H 성조를 가진다고 가정하여 나타낼 수 있다고 주장한다. 만약 H가 어두에 있다면 그 단어는 H로 시작하여 내려오는 두 개의 내림조 악센트를 만든다. 만약 그 모라가 두음이 아니라면 H는 왼쪽으로 한 모라 확산되어 '오름조'로 혼동될 수 있는 악센트를 만들어낸다. 억양구의 끝에서는 경계억양 L%가 나타난다. 만약 첫 번째 음절이 H가 아니라면 간단하게 (11a)처럼 L이 마지막 음절에 붙게 된다. 마지막 음절이 H라면 두 가지 현상이 나타난다. 위에서 말한 확산의 결과로 H가 이중으로 연결된다면 (11b)처럼 구의 L이 H와 충돌하여 마지막 음절로 떨어뜨려지면서 H가 앞에 오는 모라에만 연결되게 된다. 그런데 만약 H가 단

음절에서처럼 혼자 연결된다면 (11c)처럼 L은 단순히 H에 더해져서
내림조를 만들어낸다.

(11) 세르보크로아티아어의 발화 끝 형태
    a. 내림조 악센트

vatra   →   vatra   '불'

H L%   H L%

    b. 오름조 악센트

voda → voda → voda '물'

H L%   H L%   H L%

    c. san → san   '꿈'

H L%   H L%

여기에서 흥미로운 사실은 구의 마지막에서 (a)의 내림조 악센트와
(b)의 오름조 악센트 사이의 어휘적인 변별이 억양구의 경계억양으로
중화된다는 것이다. 이 현상은 놀라운 사실이 아니다. 유성음과 같은
분절음의 변별성이나 모음의 길이와 같은 운율의 변별성은 단어 또는
구의 마지막 위치에서 자주 중화된다. 성조의 변별이라고 해서 특별
히 이 현상에서 벗어날 이유도 없다. 세르보크로아티아어의 성조음운
론과 억양 음운론을 보면 다른 방식으로도 상당히 흥미롭다. 이 언어
는 어휘적 성조 자체가 오른쪽으로 확산되거나 연결이 끊어지는 등
다양한 방식으로 조작된다. 자세한 내용에 관심이 있는 독자는 Inkelas
and Zec(1988)를 참조하기 바란다.

마지막 예는 루르몬트 네덜란드어(Gussenhoven 2000)이다. 루르몬트 네

덜란드어는 주강세 장음절에서 두 음높이 악센트 사이에 어휘적 대립
이 있다. 하나는 무표 악센트(악센트 Ⅰ)이고 다른 하나는 두 번째 모
라에 실리는 H 성조(악센트 Ⅱ)이다. 단음절은 항상 무표적이다. 만약
어떤 단어가 평서문에서 초점을 받는다면 주강세 음절은 첫 번째 모
라에 H* 성조가 나타난다. 만약 그 단어가 의문문에서 초점을 받는다
면 L*가 나타난다. 어휘적 성조의 대립은 두 번째 모라에서 나타나기
때문에 이러한 초점 표지는 그 성조와 같이 존재하게 되어 어휘적 변
별은 유지될 수 있게 된다. (9.5에서 논의하겠지만 의문문의 악센트 Ⅱ에서는
어휘적 성조 H가 초점 표지 L*에 동화되기는 한다.)

(12) 루르몬트 네딜란드어의 악센트

이 단원에서는 지금까지 일반적으로 제한적인 어휘 성조 대립을 가
진 어휘적 음높이 악센트 언어라고 할지라도 경계억양에 더해지는 억
양적인 음높이 악센트가 사용되는 현상을 살펴보았다.

9.4.4 진짜 성조 언어에서 나타나는 억양

다시 중심 주제인 억양과 어휘적 성조의 상호작용으로 돌아와 보자. 우선 이 단원은 억양의 대체물인 문장 조사에서 시작하겠다. 이 부분이 마무리되면 성조 언어의 경계억양 사용에 관한 주제로 전환하여 전체 음역 조정과 같은 다른 방법을 살펴보고 마지막으로 악센트가 사용되는 성조 언어를 기술하겠다. 여기에 필요한 예들은 광범위한 언어군에서 뽑아낸 것이지만 아메리카 언어의 억양은 거의 나타내지 못하였는데 이 단원에서 살펴볼 정도로 알려진 사실이 별로 없기 때문이다.

9.4.4.1 문장 조사

많은 어휘적 성조 언어를 보면 억양과 어휘적 성조 사이의 잠재적 충돌을 피하는 방식으로 문미 조사라는 아주 다른 기제를 사용하는 것이 일반적이다. 어떤 언어는 이 기제를 주제 또는 초점 요소를 나타내기 위하여 문장 중간의 구 경계에도 사용하기도 하지만 이러한 사용은 드문 것으로 보인다. 동아시아 언어는 문미 조사가 대단히 풍부하다. 예를 들면 베트남어(Do *et al.* 1998)는 문미 조사가 20개가 넘는다. Chao(1968)는 관화 중국어의 문미 조사 28개를 나열하고 있는데 관화 중국어의 문미 조사 중 26개가 분절음이다. 이러한 조사들은 짧고 강세가 없고 성조도 없어서 다른 무성조 음절처럼 앞에 오는 음절에서 음높이를 가져 온다. 나머지 두 개는 순수하게 성조만 있다. 하나는 초고조인데 마지막 성조에 덧붙여져 오름조를 만들어내고 다른 하나는 저조인데 마지막 성조에 덧붙여져 내림조를 만들어낸다. 조사들이 결합하여 부가적인 의미가 나타날 수 있다. (13b)의 예는 지속 상태의 의미가 있는 조사 *ne*가 화자의 추측을 나타내는 조사 *ba* 안에 같이 있는 것이다. (13d)의 예는 확신의 의미를 전달하는 바깥쪽의 조사가 순수하게 성조만 있는 경우이다. 이 조사는 분절음 조사 *a*에 실려 내림 음높이를 만들어낸다.

(13)　a. ne　　　　　　　　　　‘지속’
　　　　 ba　　　　　　　　　　‘추측’
　　　 b. Ta　mei　　　　lai
　　　　 He　완료-부정　오다
　　　　 Ta mei lai ne　　　　　‘그는 아직 오지 않았다’
　　　　 Ta mei lai ne ba　　　　‘그는 아직 오지 않았을 것이다
　　　 c. a　　　　　　　　　　‘명령’
　　　　 L%　　　　　　　　　‘확신’
　　　 d. Bie　pa　　　　　　　‘두려워하지 마’
　　　　　　　　　　　　　　(군인에게 하는 것처럼 직설적 명령의 말투)
　　　　 명령-부정　두려워하다
　　　　 Bie pa a-내림조　　　　‘두려워하지 마’
　　　　　　　　　　　　　　(어린이에게 하는 것처럼 안심시키는 말투)

　　광둥어(Law 1990)에는 35개에서 40개의 조사가 있는데 실제로 거의 대부분의 광둥어 발화는 조사로 끝난다. 만약 의미적으로 특별한 조사가 필요하지 않으면 화자는 외견상 의미적으로 공백인 의미를 전달하는 억양으로 [a]를 발화 끝에 붙이는 경향이 있다. 광둥어의 모든 음절은 여섯 개의 어휘적 성조를 가지고 있다(만약 높은 수평조와 높내림조를 구별한다면 일곱 개로 계산된다. 그러나 두 성조는 대부분의 화자들은 구별하지 않는다). 성조는 기능 부담량이 높기 때문에 무성조 조사에 억양을 싣는 언어적 전략은 상당히 유용하다. 어휘적 성조가 없는 [a]에는 세 가지 ‘억양’ 성조가 얹힌다. 중간 억양의 [a]에서는 해당 발화가 중립적이다. 높은 억양의 [a]는 ‘제안된 어떤 행동에 청자가 동의하도록 부

탁하는' 발화이다. 낮은 억양의 [a]는 '초조함, 지루함의 분위기'를 나
타낸다. 규칙에 의하면 중간 억양이 기정치 억양이다. 높은 억양은 발
화의 힘을 '약화시키는' 억양적 성조 조사(또는 이 책의 용어로 경계의
H%)이고 낮은 억양은 발화의 힘을 '강화시키는' 억양적 성조 조사 L%
이다. 이와 같은 억양적 성조는 고유 성조가 없는 것으로 보이는 다른
여러 조사뿐만 아니라 고유 성조가 있는 조사에도 나타날 수 있다. 고
유 성조가 있는 조사들은 어휘적 성조의 끝에 붙어서 나타나는데 고
조 경계억양이라면 어휘적으로 저조인 [wɔ11]과 같은 조사를 [wɔ13]
처럼 오름조로 바뀌게 한다. 의미론적으로 [wɔ11]은 화자 입장에서
놀람을 나타내고 [wɔ13]은 주장이 소문일 것이라고 하는 책임 회피의
의미를 나타낸다.

　다른 성조 조사들은 문장에서 마지막 어휘 항목에 직접 붙어 분절
음 조사가 중간에 나타나지 않는다. 예를 들어 되물음 의문문은 발화
끝에 고조가 더해져 발화된다. 앞에 오는 성조와 결합하게 되면 원래
성조의 음높이에서 출발하여 높게 끝나는 새로운 성조가 만들어진다.
따라서 본질적으로 보면 그 문장은 오름조로 끝나거나 (원래 성조의 음
높이가 높게 시작한다면) 높은 수평조로 끝난다. 광둥어에는 공명음으로
끝나는 음절에 여섯 개(또는 일곱 개)의 성조가 실리기 때문에 이렇게
나타나는 것은 상당한 수준의 중화 현상이다. 그러나 정의상 최소한
먼젓번 발화의 일부를 반복하는 되물음 의문문이기 때문에 성조를 재
구성하는 것에는 문제가 없다!

　아프리카 언어들 역시 조사를 사용한다. 고조와 저조 두 성조가 있
는 하우사어(Inkelas 1988)에는 초점이 실린 요소에 붙는 담화 표지 *fa*가
나타난다. 예를 들면 'Audu fa ya tafi' 'Audu (강조) 3인칭, 떠나다'에
서 'Audu'가 강조된 단어이다. 하우사어(Leben 1989)는 다음에 볼 내용
과 같이 억양을 광범위하게 사용한다. 고카나어(크로스리버어군, Hyman

1990)에는 의문 조사 /E/가 있는데 억양구의 구성 요소로 나타날 수 있다. 두 가지의 억양적 선택이 나타나는 연결 의문문에서 그 증거를 찾아볼 수 있다. /E/는 발화의 끝에서 한 번 나타날 수 있다. Hyman은 이 경우를 단일 억양구로 기술한다. /E/가 두 번 나타날 수도 있는데 한 번은 발화의 끝에서 나타나고 또 한 번은 첫 번째 접합사의 끝에서 나타난다. Hyman은 이 경우를 이중 억양구로 기술한다. 중요한 것은 /E/가 첫 번째 접합사에만 나타날 수는 없다는 사실이다.

또 다른 구 표지 유형이 있는데 이 유형은 분절음과 성조가 아니라 단순히 길이로 표현되는 것이다. 누페어(Neil Smith와 개인 대담)의 예-아니오 의문문은 마지막 모음이 길어지는 것 외에는 대응하는 평서문과 같다.

    (14) u bé   '그 사람 왔다'   u béé   '그 사람 왔니?'
          u lō   '그 사람 갔다'   u lōō   '그 사람 갔니?'

이 현상을 자립분절음운론적으로 분석하는 가장 간단한 방법은 의문문 표지가 모라, 즉 성조소지단위인데 이 모라는 앞에 오는 모라에서 확산된 분절음 및 성조 자질을 얻는다고 분석하는 것이다.

Hyman은 키난데어와 같은 아프리카 언어들이 억양구에서 경계억양을 사용한다고 언급한다. Hyman이 강조하고 있는 것은 분절음 조사와 경계억양 사이의 평행 관계이다. 지금부터 살펴볼 내용은 바로 이러한 성조들이다.

9.4.4.2 구 층위 성조

성조 언어의 억양 기제를 기술하는 방법 중 가장 일반적인 것은 구 층위 성조를 추가하는 것이다. 광둥어에서와 같이 분절음이 없고 오직 성조만으로 이루어진 조사의 유형을 생각해 볼 수 있다. 하우사어를 다시 살펴보면 Inkelas and Leben(1990)에서는 Newman and Newman(1981)에 나타난 예를 들고 있는데 예-아니오 의문문의 성조 조사이다. 저조는 선택적으로 의문문의 끝에 더해져 마지막 어휘 성조와 결합한다. 결과적으로 /H/ kái '너'와 /kâi/ '머리'의 어휘적 대립은 의문문의 끝에 오는 [HL]로 인하여 중화된다. 아프리카 언어에서 이러한 예들은 찾기가 그렇게 힘들지는 않다. 5장에서 자세히 기술한 것처럼 키마툼비어는 특정 구의 끝에 고조를 덧붙인다. 키난데어(Hyman 1990)에서는 음운구의 끝에 H%가 오고 억양구의 끝에 L//이 나타난다. 루간다어(이 언어는 악센트 언어 또는 성조 언어로 다양하게 분석되었다)에는 특정 억양에서 억양구의 오른쪽 가장자리에 경계억양 H//가 나타나서 구의 오른쪽 가장자리의 모든 무성조 모라와 결합한다(Hyman 1990).

Rice(1987)에서는 북아메리카 아타파스카어족 슬레이비어의 예를 들고 있다. 이 언어는 영어에서는 억양으로 표현하는 것을 분절음 조사를 광범위하게 사용하여 표현하지만 구 층위의 저조도 나타난다. Rice는 이 저조가 모든 억양구(IP)의 끝에 삽입된다고 주장한다. 이러한 억양구 경계는 발화 끝뿐만 아니라 주어나 화제 뒤에서와 같이 발화의 중간에서도 나타날 수 있기 때문에 Rice는 문장(S)의 모든 딸마디인 S′ 또는 S″의 오른쪽 가장자리가 억양구의 오른쪽 가장자리라고 제안하고 있다. 하우사어에서는 구의 저조가 어휘 성조인 고조와 함께 굴곡조를 형성하지만 반대로 슬레이비어에서는 구의 저조가 어휘 성조인 고조와 겹쳐진다. 즉 기저의 /H/와 /L/ 성조가 [L]로 융합되어 나타난다. 결과적으로 슬레이비어의 억양구 끝에서는 상당히 많은 성조 중화 현상이 나타나게 된다.

Pike(1975)에서는 오토미어에 있는 마사후아어를 논의하였다. 이 언어는 어휘적 성조와 구 억양을 완전히 서로 다른 음절에 위치시켜 조절하는 방식으로 문제를 해결하고 있다. 어휘적 성조의 위치를 비어말 음절로 제한하여 마지막 음절에는 구 억양이 올 수 있도록 남겨두는 방식이다. 발화의 중간에서는 어말 음절이 보통 중조인데 발화의 끝에서는 억양 체계에 의한 성조가 실린다. 일반적인 평서문에서는 저조가 실린다. 연결 억양에서는 (발화의 중간 환경과 마찬가지로) 중조이다. 확인하는 의문문과 되물음 의문문에서는 일반적으로 고조이다.

(15) thús?ə̀   '담배'   thùs?ə̀   '모자'
      thús?ə̄   '... 그리고 담배 ...'   thùs?ə̄   '... 그리고 모자 ...'
      thús?ə̀   '담배?'   thùs?ə́   '모자?'

아시아 성조 언어로 논의를 돌려 보자. 중국어의 많은 방언에서는 경계억양으로 인식되지 않는 경우도 많이 있지만 억양에서 경계억양의 효과가 관찰된다. 가장 흔하게 나타나는 것은 발화 끝에서 음높이가 낮아지는 현상이다. 성조를 분석할 때 발화 끝의 음높이 내림 현상은 분석을 어렵게 하는 요소이다. 왜냐하면 단어의 인용형을 분리하여 도출할 경우 그 단어는 고유의 발화를 스스로 형성하고 어떠한 발화 층위의 영향이라도 받기 때문이다. 따라서 중국어의 방언에 상당히 많은 내림조가 있는 것으로 보고되고는 있지만 그 내림조 중에서 순수한 내림조는 대단히 적고 대부분은 확실히 발화 끝 영향의 결과로 볼 수 있는 것이다.

물론 인용 성조의 모든 내림조를 발화 끝 음높이 내림으로 볼 수는 없다. 확실성을 위해서는 발화 중간의 단어형에서 뽑은 자료가 필요한데 이러한 자료는 자주 누락되어 있다. 발화 중간의 단어형을 살펴볼 수 있다면 가끔씩 놀라운 결과를 얻을 수 있다. 이러한 상황에 좋

은 자료를 제공하는 언어 중 하나는 타이완어(Peng 1997)이다. 이 언어
의 자료에서 인용 성조의 내림조가 발화 끝 내림 현상의 결과라고 성
급하게 가정하는 것에 조심하여야 한다. 왜냐하면 많은 타이완어 화
자들은 놀랍게도 '수평조' 성조를 발화 중간에서도 내림조로 발화하
기 때문이다!

다시 원래의 주제로 돌아와 보자. Peng의 자료에는 두 가지의 명확
한 억양 효과가 나타난다. 첫째, 명령문의 끝에서 마지막에 있는 어휘
적 성조의 끝에 발화 끝 고조 경계억양이 더해지는 현상을 볼 수 있
다. 그 결과 가운데 수평조는 오름조가 된다. 반면 높은 수평조는 변
화가 없거나 약간 오름조가 되는데 약간 오름조가 되는 현상은 경계
억양을 초고조로 제안하는 근거가 되기도 한다. 둘째, 발화 끝 성조는
발화 끝이 아닌 곳보다 전체적으로 음높이가 낮은데 그 효과는 발화
끝 현상의 영향을 받은 고조가 발화 중간의 중조 음높이와 같을 정도
로 크다.

타이어(Luksaneeyanawin 1998)의 의문문은 끝에 고조가 덧붙여져 형성
되는 것으로 보인다. 만약 원래 성조가 내림조라면 그 내림조는 중화
되어 수평조로 나타난다. 베트남어(Đo *et al.* 1998)의 의문문은 보통 조
사로 끝나고 모든 의문 조사는 고조이다. (예를 들면 sao, ai, nhé, không 등
많은 수의 조사가 있다. 구별 부호는 성조가 아니고 모음의 음가를 표시한다.) 따
라서 문장은 끝까지 전체적으로 오름 억양이 된다. 문미 조사가 없는
의문문 유형에서도 동일한 오름 억양이 나타난다. 즉, 원래부터 성조
가 없는 조사에 중첩되거나 또는 조사 없이 문장의 마지막 음절에 중
첩된 의문문 억양이 높은 음높이가 되어 경계억양의 유형이 되었다고
생각할 수 있다.

많은 성조 언어의 억양 경계 효과를 보면 일반적인 억양적 사고와
전혀 거리가 멀어 분석이 더욱 힘든 현상도 존재한다. 구에서 부가적

인 성조가 언어 표상으로 제공되는 것이 아니라 원래부터 있던 성조가 경계로 이동되어 구 정보를 나타내기도 한다. 아프리카 언어에서는 이러한 현상이 대단히 일반적이다. 5장에 있는 키캄바어와 키마툼비어에 대한 논의를 참고하라.

이 단원을 마치기 전에 경계억양에 대한 두 가지 깊이 있는 내용을 짚어 보자. 첫째, 경계억양은 항상 경계에서 실현되는 것으로 생각될 수 있지만 필수적인 것은 아니다. 루간다어의 초고조에 대한 Hyman(1990)의 기술과 네덜란드어의 구 성조에 대한 Gussenhoven(2000)의 기술에 나타난 것처럼 특정 환경의 경계억양은 원래 경계의 위치에서 벗어날 수도 있다. 자세한 내용은 다음에 나올 내용을 참조하라. 둘째, 큰 구성 성분의 경계억양은 해당 성조가 어휘적 성조이든 경계억양이든 항상 모든 더 작은 구성 성분 성조의 바깥에서 실현된다고 생각될 수 있는 점이다. 그러나 이것 역시 Gussenhoven의 자료에 따르면 항상 올바른 것은 아니다

다음 절에서는 성조 언어의 억양을 위한 세 번째 기제인 음높이 범위의 조정 현상을 살펴본다.

9.4.4.3 음높이 범위 조정

음높이 범위가 전체적으로 조정될 때 성조는 상대적인 음높이와 성조의 모양은 유지하지만 음높이가 더 높아질 수도 있고 더 낮아질 수도 있다. 만약 음높이 범위의 위쪽 경계와 아래쪽 경계가 함께 같은 방향으로 조정되면 고조와 저조는 동일하게 높아지거나 낮아진다. 만약 두 경계가 반대 방향으로 조정된다면 음높이 공간이 전체적으로 넓어지거나 낮아지는 효과가 나타난다. 이러한 음역 조정 방법이 가장 빈번하게 나타나는 영역은 마지막 단어나 음절보다는 구 전체 영

역에 걸쳐서이다.

음역 조정의 한 유형은 억양내림이다. 억양내림은 발화 전체에 걸쳐서 고조 음절의 음높이가 점점 낮아지는 현상인데 가끔은 저조 음절에서도 나타난다. 지금까지 살펴본 것과 같이 억양내림은 대단히 일반적인 현상이어서 아프리카 언어, 유럽 언어, 아시아 언어에서 모두 보고되고 있다. 억양내림이 억양에 기여하는 것은 두 가지이다. 첫째, 억양내림은 의문문과 같은 특정 억양 유형에서는 전혀 일어나지 않을 수 있다. 둘째, 억양내림은 어떤 범위 내에서 일어났다가 음높이가 재조정되어 다음 영역에서 다시 시작될 수도 있다. 두 번째 경우는 특별한 의미적 요소를 가지지 않으면서 구 경계를 표시한다. 이 현상은 9.4에서 예를 들어 논의하였기 때문에 여기서 깊이 다루지는 않을 것이다.

음높이의 위쪽과 아래쪽 두 경계를 모두 포함하는 전체 음역의 완전한 내림 현상은 타이완어(Peng 1977)에서 나타난다. 흥미로운 것은 이 현상이 전체 발화에 나타나는 것이 아니라 마지막 음절에만 뚜렷한 영향을 준다는 사실이다. 화자에 따른 변이가 상당히 크기는 하지만 Peng의 자료에 따르면 음높이 내림 현상은 50Hz 정도 큰 폭으로 낮아진다. 성조의 모양은 변하지 않는다. 내림조는 여전히 음높이가 내려가고 오름조는 여전히 음높이가 올라간다.

전체 음역의 오름 현상은 하우사어에서 나타난다. 이 현상은 의문문에서 나타나는 여러 억양 효과 중 한 가지로 나타난다. Inkelas and Leben(1990)에는 의문문이 대응하는 평서문보다 전체적으로 높은 음높이에서 발화되는 현상이 나타나 있다. 이 논문에서는 해당 현상을 음성학적인 것과 음운론적인 것으로 신중하게 구별하고 있어서 전체적인 오름 현상은 음성학적으로 수행되는 것으로 보고 있고 의문문의 다른 두 가지 성조적 특징인 성조내림의 중지와 마지막 음절 음높이의 상승은 음운론적인 것으로 논의한다. 전체적 오름 현상의 두 번째 예는 표준 중국어에 대한 연구도 인용할 수 있다. Xu(1999a)를 포함한 여러 연구는 일반적으로 담화의 화제가 되는 발화의 첫 번째 음절이 보통 음높이보다 상당히 높아지는 현상을 발견하고 있다.

음높이 범위의 확대는 표준 중국어(Shih 1987)에서 강조의 의미로 사용된다. 고조는 더욱 높아지고 저조는 어느 정도 낮아지게 된다. 강조의 대상이 되는 구성 성분 다음에는 음높이 범위가 정상적으로 돌아오는데 Xu(1999a)에서는 음높이 범위가 정상적으로 돌아오는 것에 그치지 않고 축약되는 현상을 기술하고 있다.

9.4.4.4 성조 언어의 음높이 악센트

음높이 악센트는 강세 음절에 할당되는 성조이다. 강세 음절에서 강세는 음절수 및/또는 음절 무게에 근거하여 할당되는데 보통은 어휘적 성조가 없는 언어에서 나타난다. 그러나 최근 어휘적 성조를 가진 어떤 언어가 성조에 근거하여 강세를 할당하는 것으로 분석되었는데 그렇게 되면 음높이 악센트가 강세 음절에 할당되게 된다.

타나크로스어(아타파스카어족, Holton(출간 예정))에는 고조, 저조, 내림조, 오름조의 어휘적 성조가 있다. Holton은 네 가지 종류의 억양 가락을 확인하였는데 각각 음높이 악센트, 음운구 성조 %, 억양구 성조 // 로 구성되어 있다. 다음은 일관성을 위해서 Honton의 표기를 수정한 표기이다.

(16) 타나크로스어의 억양 가락
      평서문   H*   L% L//
      의문문   H*   H% H//

| 명령문 | L* | L% L// |
| 의문사 의문문 | L+H* | L% L// |

음높이 악센트는 가장 돋들리는 음절에 연결되는데 돋들림의 위치는 다음과 같다. 어간이 단어의 끝에 오는 것에 주의하라.

> (17) 타나크로스어의 돋들림
> a. 어간 음절이면 돋들린다(b의 경우 제외).
> b. 어간이 저조이고 바로 앞에 오는 음절이 고조인 경우에는 바로 앞에 오는 음절이 돋들린다.

Holton이 기술한 내용을 따라가기가 쉽지는 않지만 Holton은 구의 끝 위치에서 억양 가락이 어휘적 성조의 가락보다 우위를 점한다는 사실을 상당히 명시적으로 기술하고 있다. 이런 상황에서도 타나크로스어에는 어휘적 성조의 변별을 복원할 수 있는 방법이 있는 것으로 보인다. 해당 방법은 일부의 경우에 직접적이다. 평서문을 생각해 보자. 고조 어간은 항상 돋들려서 H* 악센트를 받을 것이다. 고조 접두사의 뒤에 오는 저조 어간은 돋들리지 않아서 H*를 받지 못하고 구의 L을 받을 것이다. 나머지 경우는 저조 접두사가 있는 저조 어간인데 이 어간은 고조 어간처럼 돋들리고 H* 악센트를 받을 것이기 때문에 중화가 된 것이라고 예측할 수 있지만 이 경우 다른 기제가 작동하게 된다. 타나크로스어에서는 앞에 오는 음절에 악센트 성조는 확산되지만 어휘적 성조는 확산되지 못한다. 따라서 마지막 경우의 H* 악센트는 확산되지만 어휘적 성조인 H는 확산되지 않기 때문에 변별을 유지하게 된다. 아쉽게도 Holton은 이 현상의 작동 방식을 보여주는 실제 예를 보여주지는 못하였지만 여기에 포함시킨 것은 아메리카 성조 언어의 억양에 관한 상당히 드문 연구 결과 중의 하나이기 때문이다.

한 걸음 떨어져서 어휘적 성조와 구 억양이 상호작용하는 방식에 대하여 이론적인 관련성을 살펴본다면 놀랍게도 성조와 억양이 얼마나 유사한지를 발견할 수 있다. 다음에 열거한 것은 유사성의 일부를 간단히 요약한 것이다.

(18)   a. 모두 수평조를 기본으로 한다.
          b. 모두 톤들림과 가장자리의 영향을 받는다.
          c. 모두 필수굴곡원리의 영향을 받는다.
          d. 모두 일대일 대응 연결을 선호하지만 다대일 대응(굴곡조)이나 일대다 대응(편평함)으로 연결될 수 있다.
          e. 모두 분절음 형태소와 함께 나타날 수 있다(예를 들면 억양의 경우 구 조사가 나타난다).
          f. 모두 부동 성조처럼 분절음 형태소와 독립적으로 나타날 수 있다.
          g. 모두 성조내림과 계단내림이 나타난다.

Hyman(1990)에는 좋은 예로 어휘적 성조와 억양적 성조가 여러 가지 특성을 공유하는 언어가 나타나 있다. 키난데어(반투어군)에는 어휘적 성조 두 개와 무성조 음절 한 개가 있는데 억양 체계에서도 음운구에 연결되는 H%의 형태와 억양구에 연결되는 H//, L//의 형태처럼 동일한 억양적 성조를 사용한다. 설명을 위해 일부 자료를 간략하게 하였다.

고조는 저조를 이긴다. 그 고조가 어휘적 성조이든 억양적 성조이든 모두 그렇다. 첫 번째 예는 어휘적 고조가 음운구 안에서 확산되면서 앞에 오는 단어에 실린 마지막 어휘적 저조의 연결을 제거하고 있다.

(19)   e-ki-tsungu   '감자'   è-kìtsùngú kí-néné   '큰 감자'

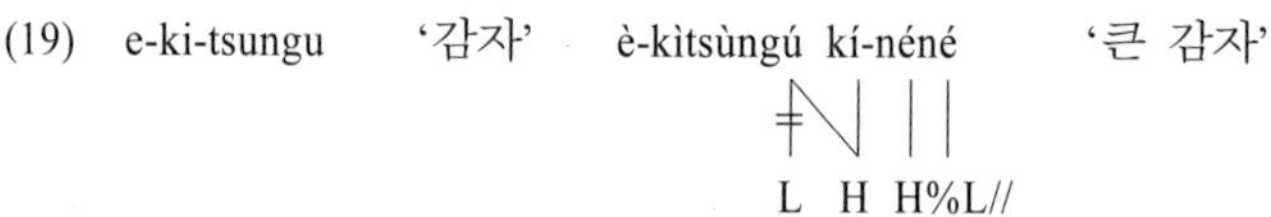

　　　　　　　　　　　　　　L H H%L//

다음 예는 의문문 구 성조 H//가 어말 어휘적 저조를 밀어내고 있
는 것이다.

(20)   e-ki-koba   '밧줄'   è-kí-kòbá   '밧줄, 의문문'

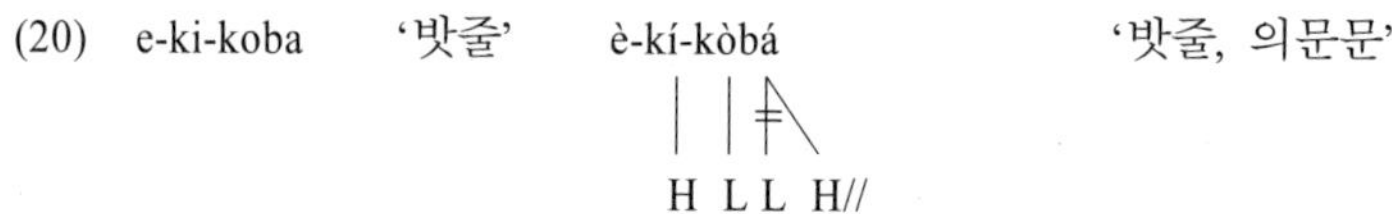

　　　　　　　　　　　　　　H LL H//

세 번째 결합 유형은 무성조 목표점에 성조 삽입을 제한할 수 있는
것이다. 제한은 어휘 단위와 구 단위 음운론 모두에서 나타난다. 구의
경우에서 '우리는 본다/보았다'와 같은 현재 시제와 과거 시제가 관계
사의 마지막에 와서 음운구가 되는 경우를 고려해 보자.

(21)   tu-ka-langir-a '우리가 본다'   tu-a-lang-ir-a   '우리가 보았다'

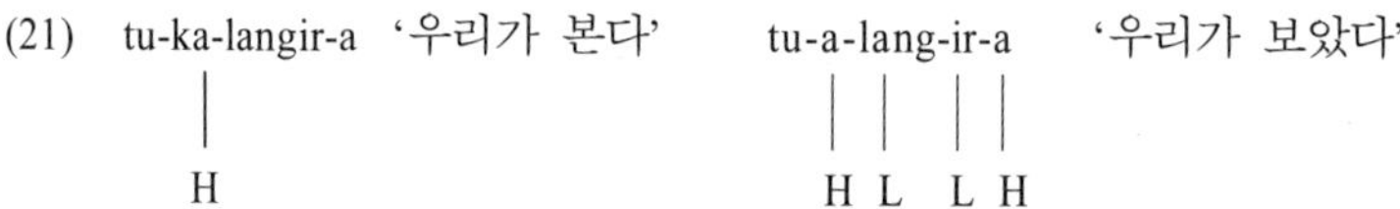

　　　　H　　　　　　　　　　　　　H L L H

'우리가 본다'는 무성조 모라로 끝나기 때문에 억양적 성조 H%를
삽입할 수 있다. L모라로 끝나는 '우리가 보았다'는 H%가 삽입되지
않는다.

(22) a. ...tú-ká-làngìr-à   ...(신발-관계절) 우리가 보는]PhPh (떨어지고 있다)...

　　　　　　H　　H%

b. ...tw-á-láng-ir-à   ...(신발-관계절) 우리가 본]PhPh (떨어지고 있다)......

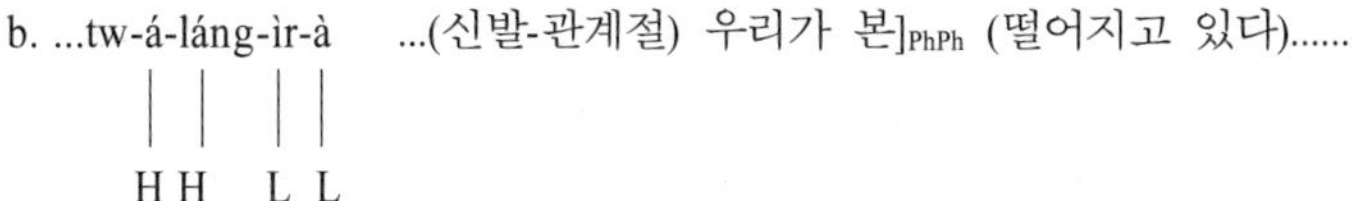

유사성의 네 번째 부분은 어휘적 성조처럼 억양적 성조가 원래 지점에서 일정 거리 떨어져 있는 현상이다. 가장 명확한 자료는 루간다어에 나타난다. 의문문 억양에서는 오른쪽 가장자리에 양음 기호 두 개로 나타낸 초고조 S가 만들어진다. 그러나 그 억양적 성조는 실제 가장자리가 아니라 발화의 마지막 고조 바로 뒤에서 나타난다.

(23)   tu-ba-gulilila   →   tú-bǎ-gùlilìlà   '우리가 그들을 매수하고 있나요?'

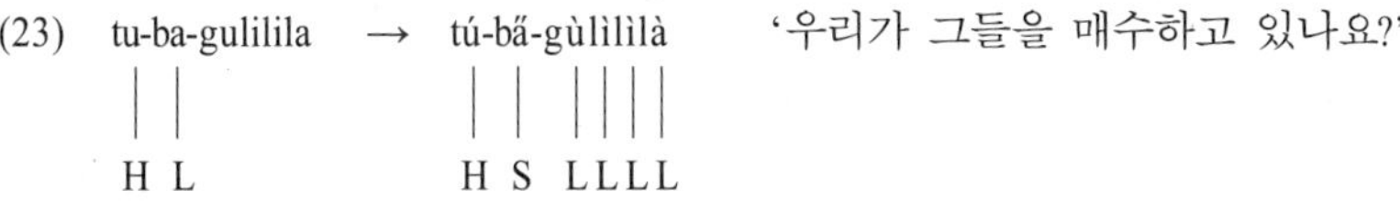

결론적으로 말하면 억양과 성조를 유사한 기제로 분석할 만한 충분한 이유가 있다.

이 단원의 마지막은 억양 효과의 부산물이다. 이것은 더욱 세밀한 접근법이 필요하다. 이 현상 중 주요 부분은 음역의 하강과 상승 현상인데 성조 연쇄에 새로운 성조를 단순히 추가하는 것으로는 할 수 없다는 점이다. 대신 Hyman(1993), Inkelas and Leben(1990), Truckenbrodt(2000)는 어휘적 성조의 음운론에서 계단내림으로 기술한 억양과 동일한 기제를 사용해야 한다고 주장한다. 즉 계단내림은 성조의 부가 현상일 수도 있는데 그 성조는 더 높은 음역적인 수평조와 연결되어 전체 음역을 한 단계 높이거나 낮게 하는 효과가 있는 성조이다. 결정적으로 그렇게 처리하면 이 효과는 나머지 영역에도 전체적으로 적용된다.

억양과 어휘적 성조가 음운론적으로 상당히 유사하다면 같은 종류의 문법으로 어느 쪽이든지 분석이 가능한 장점을 이용할 수 있을 것이

고 이러한 예측은 당연히 올바른 관점이다. 지금부터는 Gussenhoven
(2000)이 루르몬트 네덜란드어의 억양 분석에 최적성이론을 적용한 내
용을 살펴보도록 하자.

9.5 루르몬트 네덜란드어의 최적성이론 분석

다음 (24)의 현상은 편의상 9.4.3에 나온 내용을 반복한 것이다. 어
휘적 성조의 대립은 주강세가 있는 장음절에서만 나타난다.

(24)　루르몬트 네덜란드어의 악센트

(24)에는 H* 초점 외에 의문문에 L* 초점도 사용되고 있다. 평서문
경계억양 L//이 있고 의문문 억양 HL//도 있다. 최적성이론이 어휘적
성조를 돋들리는 음절 또는 가장자리에 연결하는 방식에는 정렬 제약
이라는 방식이 있다. Gossenhoven은 다음의 억양 현상에 동일한 방식
을 사용한다. 기본적으로 4가지 제약으로 처리된다.

첫 번째, 어휘적 고조는 올바르게 놓여야 한다는 제약이다.

(25) ALIGNLEXRIGHT (H, ó): 어휘적 고조는 주강세 음절의 오른쪽 가
장자리에 정렬하라.

두 번째, 초점 성조는 핵모라인 첫 번째 모라에 연결되어야 한다는
제약이다. Gussenhoven은 이 제약을 기술하지 않았지만 논리적으로
다음과 같이 추정할 수 있다.

(26) ALIGNFOCUSLEFT (T*, ú): 악센트는 강세 음절의 핵모라에 정렬
하라.

구 성조를 살펴보면 흥미로운 현상이 나타난다. 단순한 L// 가락을
먼저 살펴보자. 이 경계억양은 항상 발화의 오른쪽 가장자리에 고정
되지만 고정된 후 왼쪽으로 확산되어 그림 9.3과 같이 음높이 곡선이
나타나게 된다.

그 음절에 악센트 Ⅰ이 나타나고 초점을 받은 결과 첫 번째 모라에
H*가 나타나고 두 번째 모라가 무성조가 되면 저조가 무성조 모라에
확산된다. 그리고 악센트 H에서 내림조가 시작되어 구 경계억양 L//
까지 이어지는데 해당 내림조의 음높이 하강은 (a)에 있는 음높이 곡
선처럼 초점 음절 구간 동안 순식간에 진행된다.

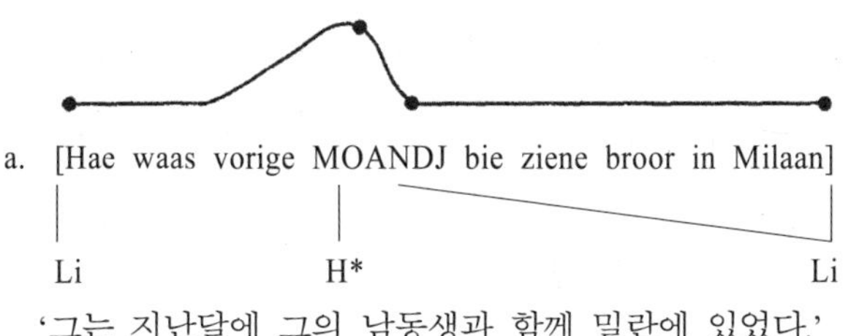

a. [Hae waas vorige MOANDJ bie ziene broor in Milaan]

'그는 지난달에 그의 남동생과 함께 밀란에 있었다.'

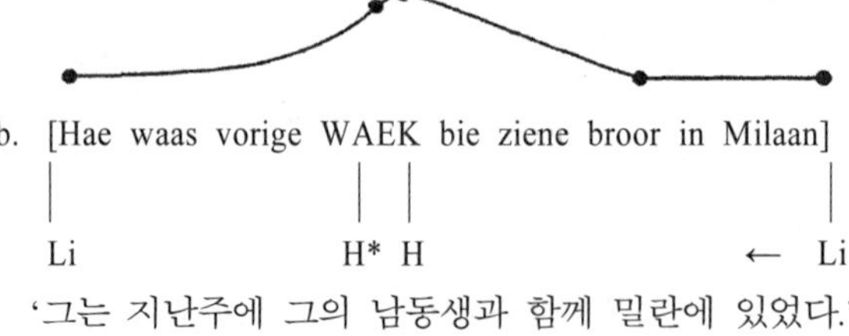

b. [Hae waas vorige WAEK bie ziene broor in Milaan]

Li   H* H   ← Li

'그는 지난주에 그의 남동생과 함께 밀란에 있었다.'

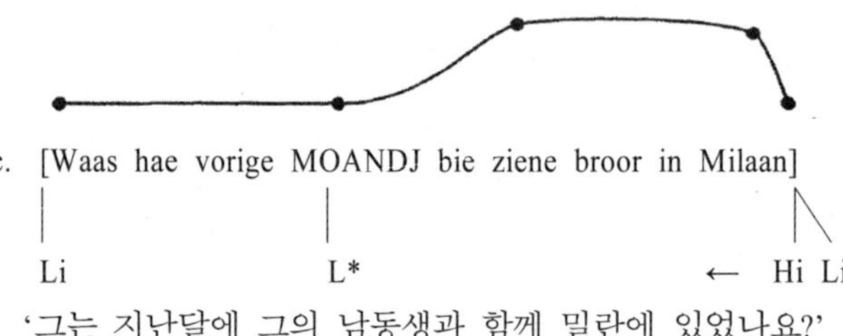

c. [Waas hae vorige MOANDJ bie ziene broor in Milaan]

Li   L*   ← Hi Li

'그는 지난달에 그의 남동생과 함께 밀란에 있었나요?'

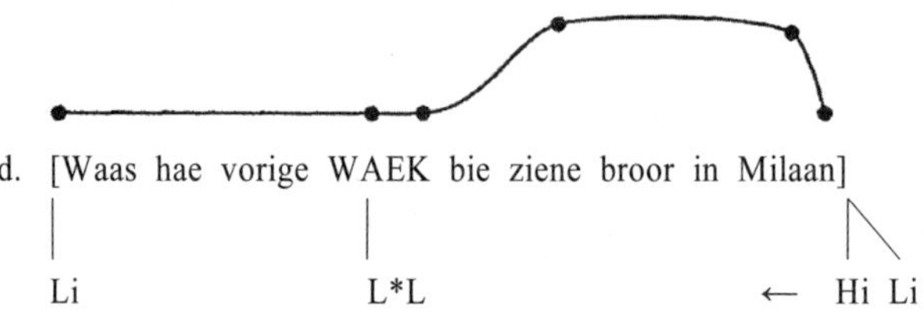

d. [Waas hae vorige WAEK bie ziene broor in Milaan]

Li   L*L   ← Hi Li

'그는 지난주에 그의 남동생과 함께 밀란에 있었나요?'

그림 9.3 루르몬트 네덜란드어의 구 성조 (Gussenhoven 2000: 139, 141)

다른 경우의 초점 음절에서는 두 번째 모라를 이용할 수 없다. 왜냐
하면 두 번째 모라에 H가 있기 때문이다. 이 경우에는 초점을 받은 H
에서 발화 끝의 L까지 좀 더 점진적인 음높이 하강이 발생한다. 이 모
습은 (b)의 음높이 곡선에 나타나 있다. 그 때 구 성조는 강세 음절에
연결될 경우 범위 내 오른쪽 가장자리에서만 나타난다. 두 연결 제역
을 다음 제약순으로 형식화할 수 있다.

(27) ALIGNT//RIGHT (T//, IP): IP 경계억양의 오른쪽 가장자리를 IP의 오른쪽 가장자리와 정렬시켜라.

(28) ALIGNT//LEFT (T//): IP 경계억양의 왼쪽 가장자리를 가능한 한 멀리 정렬시켜라.

Gussenhoven은 두 번째 정렬 제약이 성조를 오른쪽으로 잡아당기는 것으로 보았다. 그러나 성조는 초점 음절과 경계에서만 나타나고 다른 곳에서는 탈락한다. 악센트 Ⅰ의 경우 L//이 양쪽 끝에서 실현되는데 초점 음절 내에서부터 내림이 시작된다.

(29) 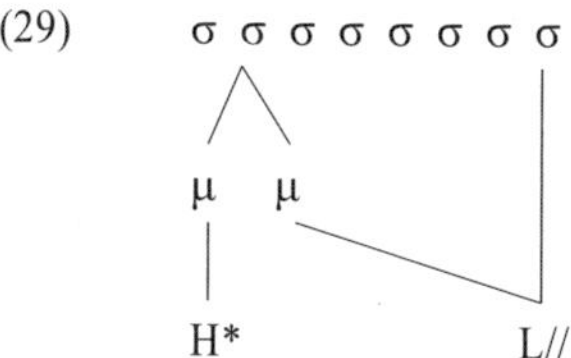

악센트 Ⅱ (단음절)의 경우 성조는 경계에서만 실현된다. 왜냐하면 초점 음절을 이용할 수 없고 내림조가 음성학적인 보간의 결과로 전체 범위에 걸쳐 점진적으로 나타난다. Gussenhoven은 화살표를 사용하여 실현되지 않은 정렬을 나타내었는데 다음과 같다.

(30) 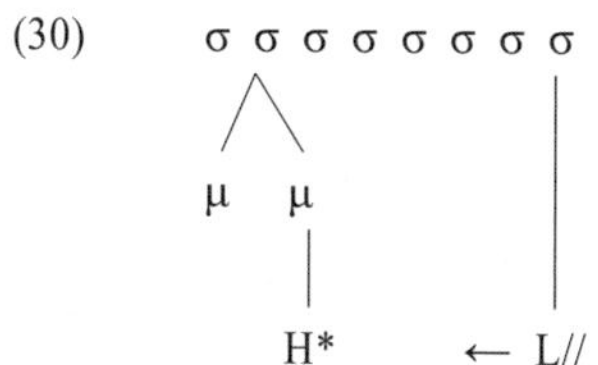

다음으로 의문문 가락 HL//을 살펴보자. 의문문의 초점은 H*가 아니라 L*로 표시된 것에 유의하라. 음높이 곡선은 그림 9.3(c-d)에 나타나 있다. 악센트 Ⅰ의 경우 음절 내에서 L부터 H까지 급격한 음높이 상승이 예상되지만 루르몬트 네덜란드어는 발화의 마지막에서만 음절 내부의 상승을 허용한다. 이것을 제약으로 나타내면 다음과 같다.

(31)   *RISE: (μ μ)_σ

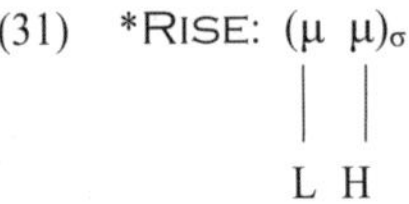

이 제약에는 두 가지 효과가 있다. 첫 번째, L*H 연쇄인 악센트 Ⅱ에서는 초점을 받은 L* 뒤에 어휘적 성조인 H가 오는데 이 H가 동화되어 L*L이 된다. 결과적으로 HL// 억양구의 H가 왼쪽으로 연결되려 할 때 표면형으로 실현될 수 있는 비어 있는 초점 모라가 없어지게 된다. 따라서 그림 9.3 (d)의 음높이 곡선에서 볼 수 있는 것처럼 전체 초점 음절은 낮은 음높이를 유지하고 상승이 지연된다.

(32)

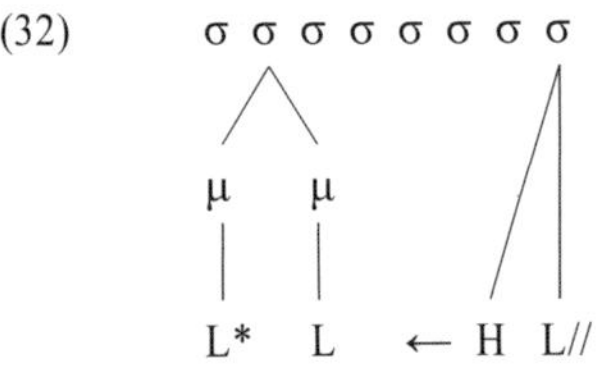

두 번째, HL//의 억양적인 H//는 악센트 Ⅰ의 자유 모라에 연결될 수 없는데 그 이유는 그렇게 하면 금지된 오름조를 만들어내기 때문이다. 최적성이론으로는 *RISE >> ALIGNT//LEFT 제약순으로 나타낼 수 있다. 자유 모라가 동화되지 않는 이유는 경계 연결에 의하여 남아 있도록 인가되기 때문이다.

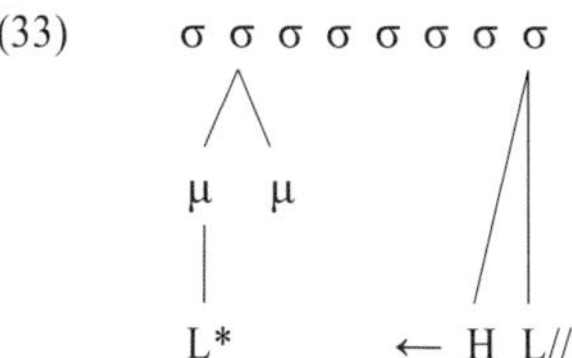

음절 구간 내에서 시작하는 오름 억양은 음성학적 보간의 결과일 뿐이다. 그림 9.3 (c)에 있는 음높이 곡선이 그 결과이다. 여기서 주목해야 하는 것은 이전 조건의 급격한 음절 구간 내 내림조에 상당하는 급격한 음운론적 오름조가 없다는 점이다.

마지막으로 살펴볼 현상은 특히 다채롭다. 평서문에서 악센트 II가 실린 마지막 음절이 초점 음절인 발화를 생각해 보자. 초점이 있는 악센트 II 음절은 H* 다음에 어휘적인 H가 있고 억양구 경계억양 L//도 있기 때문에 높은 수평조 형태를 유지하다가 마지막 모라 구간 동안 내림이 있는 억양 형태를 기대할 수 있겠다. 그러나 나타나는 억양은 오름 억양이다. 어떻게 이러한 현상이 가능한 것일까? Gussenhoven은 ALIGNLEXRIGHT >> ALIGNT//RIGHT 제약순을 증거로 제시하고 있다. 그렇게 때문에 어휘적인 H가 구 경계억양 L//의 **범위 밖**에서 실현되는 것이다.

(34)   악센트 II, 마지막에 초점이 오는 평서문

이것은 언어의 전체적인 음운론에 대하여 구 성조의 이동성을 보여 주는 놀라운 예이다. 이 예는 구 성조를 구 경계 위치에서 분리시켜

구 안쪽으로 깊이 밀어내거나 잡아당기는 힘을 보여주고 있다.

이것으로 루르몬트 네덜란드어에 대한 논의를 마치겠다. 이 언어에는 더욱 흥미롭고 복잡한 예들이 있다. 관심 있는 독자는 Gussenhoven의 연구를 참고하기 바란다.

9.6 구 나누기, 발화 속도, 어투

성조가 발화에 실리면 엄격한 의미의 억양 이외에 다른 요소들의 영향을 받는다. 발화 속도, (격식을 갖췄거나 갖추지 않은) 어투 등이 성조의 실현을 아주 변화무쌍하게 만든다(실제로는 분절음도 그렇다). 빠르고 격식 없이 말하는 평서문에서 느리고 격식 있는 평서문과 같은 성조적 특징이 나타날 필요는 없다. 실제로 발화 속도와 어투는 그 자체가 부분적으로 독립적인 변수가 된다. 이 문제를 다른 논의가 대단히 많지는 않지만 난퉁어에 대한 Ao(1993)의 훌륭한 연구와 Yip(1999)의 최적성이론 분석은 여기에서 요약해볼 만한 연구이다.

개략적으로 말하자면 구는 발화 속도가 빨라짐에 따라 운율 단위의 수가 줄어들고 길이가 늘어나는 방향으로 변화한다. 난퉁어에서는 음보가 가장 변화무쌍하게 변화하는 단위이다. 난퉁어의 음보는 느린 발화에서는 이원 음보이지는 빠른 발화에서는 더 커지게 된다. 음보 내에서는 핵음만 성조를 소지할 수 있고 다른 성조는 모두 탈락한다. 이 현상은 최적성이론에서 위치 충실성 제약인 HEAD-MAX-T 제약으로 처리할 수 있는데 이 제약은 핵음절에 성조가 살아남게 하는 유표성 제약 *T 제약을 지배한다. 이 유표성 제약은 단순 충실성 제약인 MAX-T 제약을 지배하여 다른 모든 성조를 탈락하게 한다. 관련된 구성 요소가 실제로 음보라는 주장에 대해서는 Yip(1999)을 참조하라. Matthew Chen(2000)은 완전히 같지는 않지만 독립적으로 유사한 결론에 이르렀다.

우선 다음과 같은 분석을 제안하겠다. 발화 속도가 증가함에 따라서 음보 크기에 상위 경계를 맞춘 제약이 약해진다. 반면에 아주 느린 발화에서는 충실성 제약인 MAX-T 제약이 촉진되어 아주 느린 발화 속도에서 성조의 탈락이 줄어드는 결과가 나타난다. 이러한 접근법에서 보면 문법 자체가 서로 다른 발화 속도에 의해 변화하는 방식이다. 이러한 설명은 발화 속도 관련 차이는 음운론에서 음성학으로 사상되는 방식의 변화에 기인한다는 기존의 단일 문법적 접근법과 대립하게 된다(이것에 관한 논의에 관해서는 1장을 참고하라). 엄격하게 말하자면 두 번째의 분석은 발화 속도는 문법에 영향을 주지 않고 음성학적으로 실현되는 방식에만 영향을 준다는 것이다. 여기에 있는 자료와 통찰력 그리고 일반화는 모두 Ao(1993)에서 가져온 것이다.

9.6.1 음운론적 설명

(35)에 있는 예는 숫자를 나열하였거나 형태소가 하나인 다음절 단어와 같이 형태통사론적으로 고정된 구조를 가진 것이다. 음운론적으로 모든 음보는 (Tooo...)와 같이 표시할 수 있다. 여기에서 T는 살아남은 성조를 나타내고 o는 무성조 음절을 나타내며 괄호는 음보의 경계이다.

(35) 서로 다른 발화 속도에서 나타나는 난퉁어

음절	기저 성조	느린 발화	정상 발화	빠른 발화	주석
ə ə ə ə	TTTT	(T)(T)(T)(T)	(T o)(T)(T)	(T o o)(T)	'2 2 2 2'

ə ə ə ə ə	TTTTT	(T)(T)(T)(T)(T)	(T o)(T o)(T)	(T o o o)(T)	'2 2 2 2 2'
puliniʃʒjɔ	TTTTT	(T)(T)(T)(T)(T)	(T o)(T o)(T)	(T o o o)(T)	폴리네시아
운율 단어		[ ][ ]	[ ]	[ ]	

Ao는 음보에 대한 정밀한 분석으로 비핵 음절 위치의 성조 탈락, 이어서 나타나는 성조 확산 또는 미명세 성조, 약음절에 있는 두음과 말음의 연음화 현상 등을 제시하였다. 또한 많은 운율 단어에 대해서도 분석을 수행하여 운율 단어 내 비어말 음보에서 LM이 MH로 상승한다는 현상도 제시하였다.

먼저 주목해야 하는 것은 모든 발화 속도에서 모든 음절이 음보화하는데 마지막 음절은 홀로 음보를 구성한다는 사실이다. 이와 같은 일반화를 위반하는 후보들이 있는데 고려하지 않겠다. 그 후보들은 최상위의 두 제약인 PARSE-σ 제약과 FINALSRESS 제약으로 처리할 수 있다. 정상 발화 속도의 음보는 왼쪽에서 오른쪽으로 이원적이지만 FINALSTRESS 제약을 만족하거나 PARSE-σ 제약을 만족하는 환경에서는 일원 음보도 허용된다. 두 음절을 초과하는 음보는 지금까지 발견되지 않았기 때문에 FTBINMAX 제약(Hewitt 1994)이 최상위 제약임을 알 수 있다. 지금까지를 정리하면 PARSE-σ, FINALSTRESS, FTBINMAX >> FTBINMIN, ALLFTLEFT 제약순으로 문법을 구성할 수 있다. 익숙한 이 제약들의 형식화는 지면 관계상 생략하겠다. 제약에 관한 내용은 Kager(1999)와 같이 강세를 최적성이론으로 분석한 논문들에서 찾아볼 수 있다. 한 음보 내에서 성조는 탈락하여 MAX-T 제약을 위반한다. 이와 같은 위반은 음보가 이원적이어야 하기 때문에 나타나므로 FTBINMIN >> MAXT 와 같은 제약순으로 나타난다. 따라서 관련 부분의 문법은 PARSE-σ, FINALSTRESS, FTBINMAX >> FTBINMIN, ALLFTLEFT >> MAX-T 와 같이 나타난다.

빠른 발화에서는 음보의 크기가 커진다. 음보가 크기가 커지면 성조가 더 많이 탈락하여 FTBINMAX 제약도 당연히 위반하게 된다. 음보가 작아지거나 커지는 현상의 장점은 해당 음보가 ALLFTLEFT 제약을 더 잘 만족시키는 것이다. 이 제약은 당연히 FTBINMAX 제약을 지배하여야 한다. 따라서 빠른 발화의 문법은 PARSE-σ, FINALSTESS >> FTBINMIN, ALLFTLEFT >> MAX-T, FTBINMAX 가 된다. 정상 속도에서 빠른 속도로 변화하는 것은 정상 속도와 빠른 속도의 문법이 연결되는 모습을 화살표로 나타낸 것과 같이 FTBINMAX 제약의 순서가 낮은 것 때문이다.

느린 발화 속에서는 음절이 각각 음보를 구성한다. 이렇게 되면 FTBINMIN 제약을 위반하고 ALLFTLEFT 제약까지도 위반하게 된다. 그러나 MAX-T 제약의 관점에서 보면 탈락한 성조가 하나도 없기 때문에 상당히 좋아진 것이다. 따라서 FTBINMIN 제약과 ALLFTLEFT 제약보다 상위에 MAX-T 제약이 놓이는 것은 분명한 사실이다. 느린 발화의 문법은 PARSE-σ, FINALSTRESS, FTBINMAX, MAX-T >> FTBINMIN, ALLFTLEFT 와 같이 제약순이 형성된다. 따라서 정상 속도에서 느린 발화 속도로 변화하는 현상은 정상 속도와 느린 발화 속도 문법을 연결하는 화살표처럼 MAX-T 제약이 상위 제약으로 되는 것과 관련이 있다.

(36)　　　발화 속도 변화에 따른 제약 순서 요약

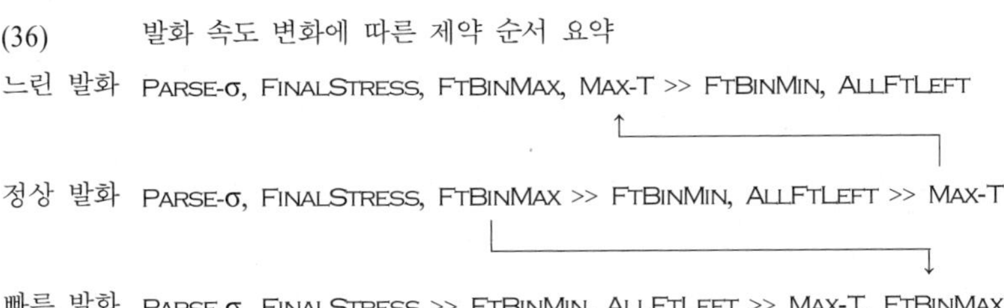

여기에서는 정상 발화 속도의 문법을 실제 문법으로 채택하고 다른 발화 속도를 간단하고 원리적인 변화에 의해 파생된 것으로 보겠다. 이것은 어떤 문법이 어떤 발화 속도에 사용되는지를 확실히 추측할 수 있는 것으로 보고 어떠한 언어도 발화 속도에 상반되게 문법을 적용할 수 없다는 가정에 근거한다. 그러나 제약순의 재조정으로 언어 유형론을 설명하는 최적성이론이 발화 속도를 설명하는 것에도 잘 들어맞는다고 확신할 수 있는지는 명확하지 않다.

(느린 발화 속도의) 한 음절에서 (정상 발화 속도의) 2음절을 거쳐 (빠른 발화 속도의) 다음절까지 변화하게 하는 음보를 허용하면 성조 탈락에 대한 단일한 설명을 견지할 수 있게 된다. 다른 한편으로는 이원적 단위만을 음보로 부른다면 빠른 발화 속도에서는 음보가 존재하지 않고 운율 단어의 비핵 위치에서 성조가 탈락하였다고 설명하여야 한다. 이러한 설명은 문법에서 한 개가 아닌 두 개의 변화가 필요하게 되는데 음보 층위의 탈락과 성조 탈락 조건의 변화이다.

9.6.2 발화 속도에 근거한 대안

앞 절의 분석은 발화 속도가 증가하면 문법 자체도 변화한다는 것을 가정하고 있다. 이 가정은 빠른 발화에서 정상 발화, 느린 발화로 변화하는 것이 단절적이고 범주적이라는 그럴듯하지도 않고 바람직하지도 않고 받아들이기도 어려운 결론에 이르게 된다(Myers와 개인 대담). 좀 더 매력적인 대안은 문법은 일정하지만 발화 속도의 영향으로 음성학 층위에 사상되는 방식이 영향을 받았다라고 가정하는 것이다. 다음은 이러한 접근법을 요약한 것이다.

불변의 문법이 모든 발화 속도에서 단일 구조의 출력형을 음성학 층위에 제공한다고 가정하여 보자. 이러한 구조는 무엇과 유사할까? 발화 속도에 따라서 성조의 실체가 다음과 같은 단위에 연결되어야 하는 것을 알 수 있다. 즉, 음절에 연결되고, 음보라고 명명할 이원 단위인 φ에 연결되고, 마지막 위치의 일원 단위이고 역시 음보로 간주할 φ에 연결되고, 마지막 음절을 제외한 모든 단어를 포함하고 있어서 다원 음보이고 초음보라고 명명할 φ' 등이다. 마지막 것을 초음보라고 부르는 것은 음보보다 크고 운율 단어보다 작은 단위이기 때문이다. 여기에서 중요한 차이는 잉여적인 φ' 층위를 추가한 것인데 이렇게 처리하는 것은 단일 구조가 모든 발화 속도에 나타난다는 가정 때문에 필수적인 것이다. 왜냐하면 단일 구조가 정상 발화 속도의 이원 유형과 빠른 발화 속도의 다원 유형을 동시에 부호화하여야 하기 때문이다. 따라서 이원적인 단위와 다원적인 단위는 단일 단위의 두 가지 예라기보다는 **서로 다른** 단위어야 한다. 그리고 음보라는 용어는 최대로 이원적인 단위로 유지될 수 있다.

따라서 4음절, 5음절 연쇄에 해당하는 구조는 (37)처럼 나타낼 수 있다.

(37)

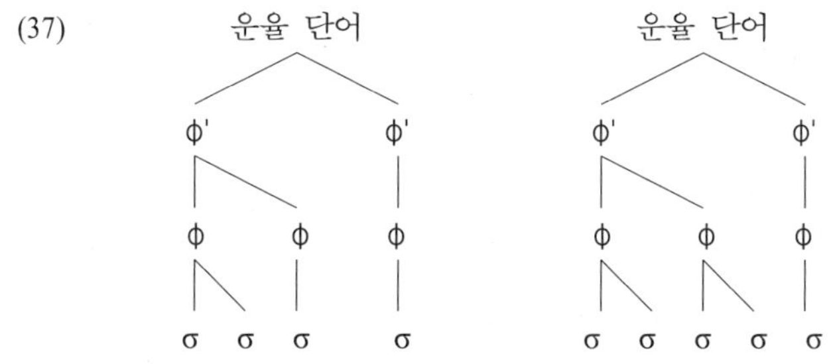

(37)의 구조는 앞 절에서 정상 발화 속도의 최적성이론 문법에 의하여 최적화하도록 선택된 것이다. 운율 단어가 초음보 층위에서 엄격

하게 이원화하도록 요구하는 제약을 최상위 제약으로 추가하였다.

발화 속도가 증가함에 따라 고려해야 할 두 가지 차이점이 있다. 첫째, 당연한 것이지만 출력형의 발화 속도가 빨라야 한다. 둘째, 더 많은 성조가 탈락하여야 한다. 지금부터 차례대로 이 차이점을 살펴보겠다. 발화 속도가 증가하는 것을 특징화하기 위해서는 운율 단위를 시간 단위에 사상하는 방식으로 시간을 관리한다고 가정하고 여기에서는 그것을 박자라고 하겠다. 어느 정도는 시간 층위와 유사한데 자세한 내용은 Dresher and van der Hulst(1995: 10)를 참조하라. 느린 발화 속도에서는 작은 단위가 이 박자에 사상되고 빠른 발화 속도에서는 큰 단위가 이 박자에 사상된다. 이와 같은 박자들을 단위 [xx]로 묶는다고 가정해 보자. 난퉁어에서는 (38)과 같이 사상된다.

(38)   느린 발화 속도   σ이 [xx]에 사상된다.
        정상 발화 속도   φ가 [xx]에 사상된다.
        빠른 발화 속도   φ'가 [xx]에 사상된다.

박자라는 표현은 음운론과 음성학의 연결 지점에 위치한다. 박자 형태는 운율 구조를 대체할 수도 없고 마지막 음성학적 명세도 아니다. 왜냐하면 박자 형태가 실제 길이로 전환될 때에는 여러 가지 요소의 영향을 받기 때문인데 음절의 개수와 분절음의 성질이 가장 명확한 요소이다. Beckman *et al.*(1992: 83)에 있는 '공명도 표상'과 같은 요소를 고려할 필요가 있는데 그 연구에서는 '핵 악센트와 연결되는 양적 특성인 장음화를 기술하고, 운율 위계와 제스처 역학 사이를 매개할 수 있는 추상적인 음성 표현과 관련하여 전체적으로 발화 속도가 줄어드는 현상을 기술하는 모형을 개발하고 있다'.

성조 현상으로 논의를 돌려보면 이러한 분석에 이어 더욱 놀라운 결과가 나온다. 모든 발화 속도에서 일정한 음운론적 출력 구조가 성조의 탈락에서만 다양하게 나타난다면 성조 탈락과 관련된 모든 음운론적 기술은 발화 속도에 따라 달라져야 할 것이다. 실제로 이 현상은 두음, 말음 연음화와 같이 음보 내 약음보 위치의 어떠한 교체 현상에서도 사실로 나타난다. 지면 관계상 이 논의는 성조의 경우에 국한하도록 하겠다.

(39) 음운론적 성조 탈락
    느린 발화 속도   성조가 탈락하지 않는다.
    정상 발화 속도   음보 φ의 약위치에서 성조가 탈락한다.
    빠른 발화 속도   초음보 φ'의 약위치에서 성조가 탈락한다.

발화 속도가 빨라짐에 따라서 해당 음운론은 결국 일정한 상태로 있지 않고 성조 탈락 규칙의 선택에 따라 다양하게 변화하게 된다. 이어서 이 현상은 이 단원의 일차적인 전제 조건을 약화시키게 된다. 즉, 발화 속도의 차이는 음운론 영역에서보다 음성학 영역에서 더 잘 다루어질 수 있다는 것이다.

반대로 성조 탈락이 음운론적인 것이 아니라 음성학적인 것이라고 가정해 보자. 이 경우라면 다음과 같이 모든 발화 속도에서 단순명료하게 기술될 수 있을 것이다.

(40) '음성학적' 성조 탈락
    [xx]의 길이에서 첫 번째 성조를 제외하고 모든 성조를 탈락한다.

느린 발화에서는 각 음절이 일정한 길이와 유일한 성조를 가진다. 정상 발화에서는 모든 음보가 일정한 길이를 가지기 때문에 핵만 있는 위치에서 성조를 유지하는 것과 마찬가지이다. 빠른 발화에서는 각 초음보가 일정한 길이를 가지기 때문에 어두에서 다윈 초음보의 첫 번째 성조만 살아남게 된다. 이러한 규칙이 매력적으로 보임에도 불구하고 이 규칙이 어떤 유형의 규칙인지 곰곰이 생각해 보아야 할 것이다. 이 규칙을 음성학적 규칙으로 보는 것은 잘못된 것이다. 이 규칙은 운율 구조를 박자와 길이에 사상시키는 것처럼 음운론과 음성학의 연결 지점에 속해 있어서 음운론적 구조가 해석되는 것으로 보는 것이 더 타당하다. 이러한 관점으로 (41)에 있는 빠른 발화 5음절 구조를 해석하는 여러 단계들을 생각해 보자.

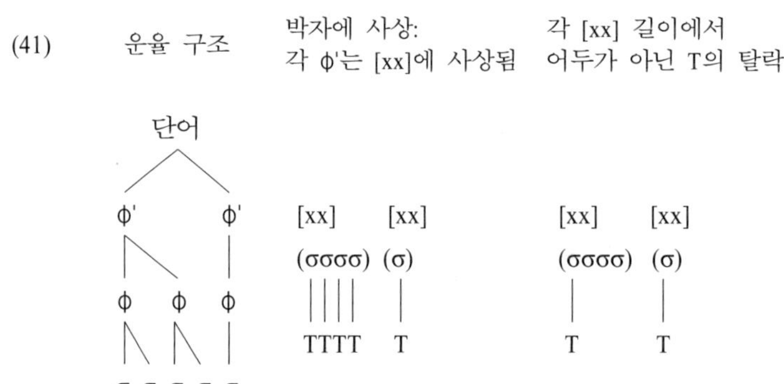

이렇게 하면 지금까지 살펴본 이러한 접근 방법은 발화 속도의 변화 현상을 음운론과 음성학이 상호작용하는 지점에 전부 놓아두고 직접적으로 발화 속도의 변화를 설명하고 있는 것이 된다.

이 단원에서 개괄적으로 설명한 모형으로 흥미로운 예측을 할 수 있다. 다음 예측은 실험적인 검증이 필요한 사항이다. 만약 [xx]가 대략 일정한 음성학적인 길이를 가진 두 박자 정도의 단위를 의미한다면 이러한 사상은 4σ인 음운 단어가 느린 발화 속도에서 4 단위를 차지하고 정상 발화 속도에서는 3 단위, 빠른 발화 속도에서는 2 단위를 차지하는 것으로 귀결될 것이다. 5σ인 음운 단어는 느린 발화 속도에서 5 단위, 정상 발화 속도에서 3 단위, 빠른 발화 속도에서는 2 단위를 차지하게 될 것이다. 이 현상은 여러 가지의 강력한 예측을 가능하게 한다. 즉, 다른 조건의 같다면 정상 발화 속도와 빠른 발화 속도에서 4 음절과 5 음절의 음운 단어는 대체로 서로 동일한 길이여서 정상 발화 속도에서는 3 단위, 빠른 발화 속도에서는 2 단위가 된다. Ao는 이 현상이 본질적으로 정확한 것이라고 한다(필자와 개인 대담). 더욱 놀라운 두 번째 것은 예측인데 **모든** 음운 단어가 빠른 발화 속도에서 길이에 상관없이 정확히 2 단위를 가질 것이라는 것이다. 세 번째 예측은 이러한 음운 단어에서 φ' 자체로 구성되는 마지막 음절이 앞에 있는 하위 발화 연쇄 전체와 동일한 길이일 것이라는 점이다. 이 이론이 좀 더 정교해지려면 박자 길이에서 나타나는 어느 정도의 변화를 고려하여 '빠른 발화 속도' 영향권 내 발화 속도 연속체가 존재하게 된다. 그러나 '속도 내부의' 길이와 관련된 위의 세 가지 가정에는 영향을 미치지 않게 하여야 한다. 이러한 예측들을 실험적으로 측정해 보는 것은 좀 복잡한 문제인데 그 이유는 '음보 시간' 언어에서 음보가 실제로 동일한 길이가 아니지만 해당 길이는 음절수와 분절음 등 가장 명확한 관련 자질들을 포함한 많은 요소에 큰 영향을 받고 있다는 것을 우리가 알고 있기 때문이다. 이 문제는 앞으로의 연구 과제로 남긴다.

여기에 제시한 난퉁어의 발화 속도 변화는 다음과 같은 주요 특징으로 설명될 수 있다. (a) 문법은 단일 운율 구조로 구성된다. (b) 느린 발화 속도에서는 운율 단어 층위에서 발화 연쇄가 둘 이상의 더 작은 운율 단어로 나뉘는 제한된 재구조화가 이루어진다. (c) 음운론과 음성학의 상호작용이 운율 단위를 측정 단위에 사상시킨다. 발화 속도가 증가하면 측정 단위 하나에 사상된 운율 단위는 σ에서 φ로, 또 이어서 ϕ'로 확대된다. (d) 음운론과 음성학의 상호작용은 측정 단위의 어두 성조를 제외한 모든 성조를 탈락시킨다. 이렇게 설명하는 것은 앞 절의 순수한 음운론적 설명보다 개념적으로 명확한 장점이 있는데 화자에게 여러 개의 문법보다 단일 문법이 있는 것으로 가정할 수 있다는 점에서 그렇다. 성조 탈락에 대한 일반화는 음성학과 상호작용 층위인 박자 층위에서 기술된다. 흥미로운 사실은 이렇게 상호작용하는 층위는 어떤 언어에서는 기정치 성조가 삽입되는 층위인데 앞에서 제안한 사실이다(3.6 참조). 이 층위는 음운론에서 음성학으로 옮겨가는 과정에서 허용되는 변화가 비핵 음절에 실린 명세가 있거나 없어지는 변화라는 가능성을 높여준다. 이러한 제안의 마지막 장점은 특정 발화 속도에서는 특정 문법이 선택된다고 설명하는 문제를 없애주는 것이다. 즉, 사상의 변화는 체계적이어서 발화 속도가 빨라질수록 더 큰 단위로 옮겨가게 하는 것이다. 실제로 측정 단위 하나에 사상된 운율 단위의 크기가 커지는 것은 더 빠른 발화 속도로 말하는 것을 의미하는 것으로 정의할 수 있다.

9.7 결론

이 장에서는 성조와 억양의 상호작용을 살펴보았다. 주로 살펴본 것은 그 두 요소가 상당히 유사하고 긴밀하게 연결되어 있으며 심지어 어휘적 성조가 있는 언어에서도 억양적인 요소가 상당히 풍부하게 있다는 사실이었다. 억양 자체에 대한 전반적인 연구는 이 책의 범위를 많이 벗어나는 것이지만 관심이 끌리는 독자는 9장에서 인용된 참고문헌을 쭉 살펴보기 바란다.

제10장 성조의 지각과 습득

1장에서 성조가 만들어지는 방법에 대해서 약간 언급하였다. 당연한 말이겠지만 그 내용은 절반 정도의 스케치에 불과하다. 성조가 대화에서 사용되려면 청자에게 단순한 음악적 높이가 아니라 언어적 대상으로도 지각되어야 한다. 성공적인 지각 역시 성조의 습득에 필수적인 요소인데 이것이 10장에서 지각과 습득이라는 외견상 관련이 없어 보이는 두 가지를 연결하는 이유이다. 우선 성인의 성조 지각에서 출발하여 아동의 성조 지각으로 논의를 전개하겠다. 성인의 성조 지각에 관해서 가장 유익한 참고문헌인 Gandour(1978)는 훌륭한 조사 연구 결과인데 아직도 여전히 10장의 내용에 활용할 만큼 유용하다.

10.1 성인의 성조 지각

10.1.1 기본 주파수, 음높이, 성조

먼저 독자들에게 1장에서 이미 논의한 기본 주파수, 음높이, 성조의 차이를 다시 제기하는 것으로 시작해 보겠다. 순서대로 이 용어들은 순수 음성학적 용어인 F_0에서 순수 언어학적 용어인 성조로 이어진다. F_0는 신호 자체와 관련된 음향학적 용어이다. 즉, 신호가 매 초당 몇 번 진동하는지를 나타내는 단위인 헤르츠(Hz)로 측정하는데 1Hz는 1초 동안 1주기에 해당한다. 다음 용어인 음높이는 지각적인 것으로 신호에 대한 청자의 지각이 어떠한지를 나타낸다. 예를 들어 신호가 높게 들리는지 아니면 낮게 들리는지, 앞부분의 신호와 같은 음높이인지 다른 음높이인지에 해당한다. 단순한 F_0의 차이는 음높이를 다르게 지각되게 하는데 충분하지 않을 수도 있다. F_0 변화는 대단히 작을 수도 있는데 청자가 별다르게 의식하지 않고 보충하는 분절음 또는 다른 요인의 결과일 수도 있다. 음높이는 말소리의 성질일 수도 있고 음악과 같은 비언어적 신호의 성질일 수도 있다. 이와 다르게 성조는 언어학적 용어로 두 단어 또는 문장을 구별하는 음운론적 범주를 가리킨다. 성조의 지각은 음높이 지각의 전체 또는 일부에 종속적이어야 하고 따라서 기본 주파수에도 종속적이어야 한다. 변별적인 성조를 지각하기 위해서는 신호가 F_0 변동을 가지고 있어야 하고 음높이의 차이를 지각할 정도로 커야 한다. 물론 길이나 세기 같은 다른 신호의 특성들이 어떤 역할을 담당하는 가능성도 무시할 수 없는데 이 점은 나중에 살펴보겠다.

10.1.2 음높이의 탐지

앞에서 논의한 내용으로 성조의 지각 자체에 앞서서 그 전 단계인 음높이의 탐지에 관한 내용으로 시작해 보자. 인간의 귀는 얼마나 민감할까? 여러 종류의 실험들이 이 문제를 다룰 때 보통은 음성 신호보다는 순수 음높이를 자극으로 사용하여 최소 감지 주파수 차이를 조사하고 있다. 우리의 목적에 좀 더 관련 있는 다른 실험들은 배음 (포먼트)을 모두 갖춘 합성 음성 자극을 사용한다. 이것이 중요한 주된 이유는 기본 주파수의 주기성이 정밀한 구조의 배음과 함께 재창조 되는데 언어학적으로 음높이를 구별하는데 관련된 정보는 배음을 가 진 소리(즉, 모음, 활음, 유음, 비음을 포함한 공명음)에서 찾을 수 있기 때문 이다.

Klatt(1973)는 가장 잘 알려진 연구의 하나이다. Klatt(1973)는 평탄한 F_0를 가진 소리에서 최소 감지 주파수가 약 0.3Hz 정도의 아주 작은 차이인 것을 밝혀내었다. 굴곡이 있는 F_0를 가진 소리는 최소 감지 주파수가 커지지만 여전히 2Hz 정도이다. 이것과 비교하여 음악에서 의 반음은 6Hz 정도이다. 이것은 포먼트가 음높이 지각에 역할을 한 다고 밝힌 Klatt의 선구적인 연구에서도 명확하다. 예를 들면 Klatt는 음절의 모음 구간동안 포먼트의 변화가 있는 이중모음처럼 안정되지 않은 모음보다 안정된 모음에서 음높이를 구별하기 쉽다고 밝히고 있 다. 좀 더 자세한 연구로 높고 낮은 포먼트의 상대적 분포가 명확하지 않다고 해서 포먼트를 여과해내면 음높이의 지각에 약간 좋지 않다는 현상까지 알려져 있다. 자세한 논의는 Moore(1997)를 참조하라. 당연한 말이지만 자연 발화에서는 포먼트가 모음 구간에 항상 존재한다. 이 것은 언어적 성조가 마찰음보다 모음에 더 잘 얹히는 이유가 된다. 마 찰음은 포먼트 구조를 가지지 않기 때문에 언어적으로 중요한 음높이 를 마찰음에서 탐지하는 것은 잘못된 것으로 보인다. 이것은 Silverman (1997a)에서 제안한 것처럼 유성 날숨소리화한 모음이나 성문음화한 모음에서는 대립적인 음높이가 제대로 기능하지 못하는 현상에 대한 설명도 된다. 즉, 모음에서 좋지 않는 포먼트 구조는 음높이의 지각을 방해한다. Klatt의 연구에서는 또 공명음이라고 하더라도 두음에서는 언어적인 음높이가 결여된 이유도 제시하고 있다. Klatt는 F₀가 빠르게 변화하면 음높이의 지각이 더 어려워지는 현상을 보여준다. Zhang (2000)에서 추정하고 있는 이유는 두음에서 음절핵으로 옮겨가는 지점은 포먼트 주파수가 빠르게 변화하는 곳이기 때문에 음높이의 지각을 방해할 수 있어서 언어학적으로 중요한 음높이가 실현되는데 좋은 위치가 되지 못한다는 것이다.

귀가 0.3Hz 정도로 작은 최소 감지 가능 차이를 가지고 있어서 대단히 민감함에도 불구하고 인간의 언어가 이와 같은 미세한 구별을 이용하지 않고 있는 것은 명확한 사실이다. 성조는 이용하지 않는 대신 성조 영역 내에서 더 멀리 떨어지고 수적으로 훨씬 더 적어지는 경향성이 있다. 예를 들어 맘빌라어(Connell 2000)에는 네 개의 수평조가 있는데 그 성조들은 평균 10Hz 떨어져서 위치한다. 이 현상은 Rietveld and Gussenhoven(1985)에서 1.5반음(약 10Hz)이 음높이 차이가 잘 드러나는 차이로 믿을만하게 해석될 수 있다고 발견한 현상과 일치한다. Pollack(1952, 1953)에서 실험한 것은 피실험자에게 동일 간격의 순음 조합을 들려주고 어떤 특정 조합이 같은지 다른지 판단하게 한 것이 아니라 한 조합에 있는 각 성조를 성조 1, 성조 2 등으로 구별하라는 것이었다. 제보자들은 성조 5까지는 제법 안정적으로 이름을 붙였지만 높은 번호의 성조가 낮은 번호보다 주파수 간격이 더 멀었음에도 불구하고 성조의 번호가 6이상이 되면서 수행 능력은 현저히 떨어졌다.

굴곡조를 탐지하는 것에 추가로 더 노력이 든다는 것도 명확한 사실이다. 특히 음절이 40~60ms보다 작을 때는 굴곡조로 지각되지 못한다(Greenberg and Zee 1979). 더 짧은 신호들은 주파수가 실제로 변화하고 있더라도 수평조로 인지된다. 사실 '굴곡도'를 실제로 확실히 지각하기 위한 전체 신호 길이는 꼭 필요한 안정적 초기 연장 구간을 포함하여 130ms 정도이다. 이것은 중국어의 여러 지역어에 많은 있는

120ms 정도밖에 되지 않는 폐쇄음으로 끝나는 음절의 실제 길이보다 더 길다. 그래서 그 음절들이 일반적으로 수평조만을 가지고 있다고 설명되는지도 모른다.

정리해 보면 인간의 청각 체계는 특별히 포먼트 구조의 도움을 받으면 기본 주파수의 아주 작은 차이를 탐지할 수 있다. 하지만 이러한 구별이 가능한 숫자에는 상한선이 있을 수 있고 더불어 굴곡조는 더 많은 시간을 필요할 수 있다. 이런 이유로 자연 언어에서 지각 체계는 성조 목록의 크기와 유형의 제약을 받게 되는 것으로 보인다. 지금부터는 자연 언어 성조의 지각에 대해서 살펴보자.

10.1.3 F_0가 성조 구별의 주요 단서인가?

지금까지 F_0를 음높이의 주요 단서로 보아 성조 및 지각의 주요 단서로 가정하였지만 이렇게 보는 것을 당연한 것이라고 할 수는 없다. 성조 언어에서는 서로 다른 성조가 F_0뿐만 아니라 길이, 세기, 음색까지 다른 경우가 자주 나타난다. 이러한 이유로 많은 학자들은 실제 자연 언어의 성조를 구별하는 원어민 화자의 언어 능력을 대상으로 하여 다양한 구성 성분의 분포를 연구하여 왔다. Gandour(1978)에서는 이 문제에 대한 초기 연구가 잘 요약되어 있다. 타이어, 표준 중국어, 요루바어, 스웨덴어 등 넓은 범위의 서로 관련이 없는 성조 언어를 보면 기본 주파수는 성조 인식에서 절대적으로 필수 불가결한 요소인 것으로 나타난다. 신호를 조작하여 기본 주파수를 제외한 다른 모든 단서를 없애더라도 원어민 화자들은 여전히 아주 높은 정확도로 다양한 성조를 구별할 수 있다(Fok 1974, Abramson 1978). 반면에 길이나 세기와 같은 단서들이 원래대로 남아 있더라도 다양한 자극을 가진 원래 주파수가 억제되고 다른 일정한 F_0로 대체되면 연구자들에 따라서 정도가 다르긴 하지만 성조를 구별하는데 실제로 손상을 입게 된다. 예를 들면 Whalen and Xu(1992)에서는 고유의 미세한 배음 구조를 포함한 모든 F_0 정보가 제거하였는데 여전히 80퍼센트 정도의 인식률이 획득되었다. Fu and Zeng(2000)에서는 전체적으로 70퍼센트에 가까워서 조금 낮게 나타났다.

궁금해 할 수 있는 것은 남아있는 정보에서 정확히 어느 것이 이와 같은 상대적인 성공에 일차적으로 기인하는지이다. 상당 부분 세기에 기인하는 것으로 보인다. 표준 중국어와 같은 언어에서는 높이 곡선과 세기 곡선 사이에 밀접한 상관관계가 있다(Garding *et al.* 1986, Sagart 1986, Whalen and Xu 1992). 예를 들면 높내림조는 음세기가 높게 시작하여 음절 구간 동안 낮아지는데 음높이가 낮아지는 비율과 상당히 유사하다. 이렇기 때문에 높이와 길이의 단서가 제거되어도 세기 곡선이 유지된다면 여전히 60퍼센트 수준의 상대적으로 높은 음높이 인식률을 보여주는 것이 당연하게 된다(Fu and Zeng 2000). 이 논문은 또 3성을 제외하면 음길이의 기여는 중요하지 않은 것으로 밝혀내었다. 3성은 독립된 음절에서 다른 성조들보다 훨씬 긴 것으로 알려져 있다.

따라서 F_0는 확실히 자연 언어에서 성조를 구별하는 일차적인 단서인 것으로 결론내릴 수 있다. 그러나 F_0 곡선은 음세기에 일정 부분 투영되기 때문에 음세기 역시 유용한 단서가 된다.

10.1.4 성조 식별

만약 영어 화자에게 문맥을 제거하고 하나의 녹음 자료를 듣게 하여 'beet'라는 단어를 식별하라고 한다고 하면 상당히 정확한 대답을 얻을 수 있을 것이다. 그 영어 화자는 결정을 내리기 전에 'beet'를 'boot'나 심지어 'bit'까지와 비교할 필요가 없다. 성조도 같은 결과가 나올지에 대해서는 그렇게 명확하지는 않다. 남성 화자가 내는 높은 성조의 F_0는 여성 화자가 내는 낮은 성조의 F_0보다 낮을 수도 있다. 요루바어 화자의 중간 높이 성조 F_0는 광둥어 화자에게 있는 두 개의 중간 성조 중에서 어느 한 중간 성조의 F_0와 비슷할 수 있다. 성조의 식별은 문맥이 주어지지 않으면 불가능까지는 아니더라도 어려울 수는 있다. 그래서 성조 언어의 원어민 화자가 문맥이 제거된 상태의 음성 자극에서도 성조 식별을 아주 잘하는 것 같은 현상을 발견하는 것이 어느 정도 놀라울 수 있다. Abramson(1975)에서는 타이어를 대상으로 상당히 명확하게 이 현상을 보여주었는데 그 결과는 다른 언어에도 적용되고 있다. Abramson은 또 이러한 현상의 원인이 음세기와 음길이가 아니라는 것도 밝혀내었다. 음세기와 음길이를 일정하게 하고 신호를 조작하였는데 F_0만으로 정확한 식별을 할 수 있었기 때문이다. 두 성조가 실제로 혼동된 경우는 보통은 아주 유사한 모양을 가진 성조이었다. Abramson은 성조의 **굴곡**이 성조 식별에 중요한 요소라고 결론을 내렸고 그 주장은 Lin and Repp(1989)에서 확인되었다. 오름조와 내림조는 (다른 오름조나 내림조와 혼동되는 경우가 아니라면) 거의 혼동되지 않는다. 수평조는 가끔씩 서로 혼동된다. 물론 실제의 '수평' 성조는 음높이의 움직임이 보통은 약간 나타나는데 그 움직임이 인위적으로 제거되어 완전한 수평조를 만들면 오식별률이 증가하는데 특히 중간 높이의 수평조에서 늘어난다.

　조음 위치나 성대진동 시작시간은 변별이 범주적으로 지각되는 것으로 잘 알려진 사실이지만 모음의 경우는 연속적으로 지각될 수 있다. 성조가 범주적으로 지각되는지 여부가 궁금할 수 있겠다. Chan *et al.*(1975)은 표준 중국어의 높은 수평조(1성)와 높오름조(2성) 사이의 경계를 관찰하였다. 성조가 있는 음절인 [i]를 0Hz(즉 수평조)와 30Hz 사이에서 오름조의 변화를 합성한 것인데 원어민 화자들의 지각에서는 오름조가 12Hz 정도 되었을 때 명확하게 경계가 나타났다. 12Hz보다 낮으면 그 자극은 수평조로 지각되었고 12Hz보다 높으면 오름조로 지각되었다. 하지만 영어 화자들에게는 이렇게 명확한 범주 경계가 없었다. 그 대신 영어 화자들은 대체로 음성학적인 수평조와 나머지 모두를 구별하는 것처럼 보였는데 이러한 현상에 대해 이 논문은 영어 화자들이 성조로 지각하기보다는 심리물리학적 음높이를 구별하는 것에 더 가까운 것으로 보았다. Leather(1987)에서도 유사한 결과가 나타났다. 이와 같은 현상은 당연히 정확하게 예측할 수 있다. 범주적 지각은 범주의 형성이 필요하다. 성조 언어를 사용하지 않는 성인 화자들에게는 성조의 범주가 없는 것으로 보인다. 따라서 표준 중국어 화자에게 성조의 식별은 성조 범주에 대한 언어 지식을 활용하고 있는 것이 분명하다.

그럼에도 불구하고 성조의 구별과 분절음의 구별은 다른 것으로 보인다. Cutler and Chen(1997)에서는 광둥어의 성조 변화를 관찰하였는데 원어민 피실험자들에게 주어진 자극이 단어인지 아닌지를 판단하게 하였다. 실제 단어가 아닌 비단어는 어두 자음, 핵모음, 성조 또는 이것들을 조합하는 방식 등 다양하게 나타났다. 단 한 가지 방식만을 다르게 하였을 때 그 다른 방식이 성조의 경우 단어가 아닌 것으로 선택한 것이 가장 덜 정확하였다. 그렇지만 그 오류율은 절대 30퍼센트를 넘지 않았다. 두 번째로 낮은 정확도는 유일한 단서가 핵모음인 경우였다. 두 번째 실험은 피실험자들에게 두 음절이 서로 같은지 다른지를 판단하는 실험이었는데 마찬가지로 유일한 단서가 성조이면 정확도가 떨어졌고 유일한 단서가 분절음인 경우에 비하여 반응 시간이 더 느려졌다. 마지막으로 그 실험을 성조 언어를 모르는 네덜란드어 화자에게 반복하였는데 본질적으로 같은 결론이었다. (여기에서는 다루지 않겠지만 어휘 지식과 연관되어 있는 어떤 다른 차이도 있었다.) 이 논문은 성조의 성공률이 낮게 나타난 이유를 추측하면서 두 가지 가정을 제안하였다. 첫 번째는 성조 정보는 음절에서 늦게 나타나는 정보라는 것이다. 음절에서 두음이 가장 먼저 나타나고 다음으로 모음이 나타나고 그 다음이 성조이다. 성조는 모음에 실려 있지만 모음에서도 성조의 굴곡은 흔히 상당히 늦게 나타나고 성조의 굴곡이 명확하게 나타나야 완전히 식별된다. 두 번째는 성조(와 모음)는 자음보다 훨씬 환경의 변화를 많이 받아서 청자들은 성조를 분별해내기 전에 주의를 기울이는 것 같다.

결론적으로 청자들은 성조를 범주적으로 지각하는 것 같고 성조의 모양에 주의를 기울이는 것으로 보인다. 성조는 분절음 정보보다는 좀 더 늦고 좀 더 주의깊게 처리되는 것 같다. 지금부터는 성조 지각에 대한 음성 환경의 영향을 살펴보자.

10.1.5 음성 환경의 보상

성조는 여러 음성 환경에서 억양내림, 성조내림/계단내림, 변조 등 다양한 이유로 변화할 수 있다는 것이 알려져 있다. 정확하게 성조를 식별하기 위해서는 청자가 음성 환경에 따른 변화를 허용해야 하는데 청자들이 정확히 허용할 수 있는 중요한 이유가 있다.

Pierrehumbert(1979)에서는 영어의 억양내림을 관찰하였다. 정상적인 억양에서는 영어 문장의 최고점이 연속적으로 낮아진다. Pierrehumbert 는 *ma-MA-ma-ma-MA-ma*와 같은 자연스러운 무의미어 문장으로 최고점 높이를 변화시킨 후 피실험자에게 두 최고점 중에서 어느 것의 높이가 더 높은지 판단하게 하였다. 피실험자들은 두 번째 최고점을 실제로 충분히 더 낮게 하였을 때에도 두 음높이를 같게 들어서 피실험자들이 억양내림을 예측하고 보상한다는 것을 보여주었다.

Xu(1994)에서는 표준 중국어를 관찰하였다. 우선 Xu는 '대립하는 음성 환경'에 있는 굴곡조가 실제로 그 성조의 규범적인 모습과 아주 다를 수 있다는 것에 주목하고 있다. 예를 들면 H.LH.L에서처럼 높은 음높이가 앞에 오고 낮은 음높이가 뒤에 오는 오름조는 수평 음높이가 되거나 심지어는 약간 하강할 수도 있는데 그 이유는 동시조음 효과에 있다. 동시조음 효과는 조음 기관이 움직일 수 있는 속도의 제한으로 유발되어 선행하는 H의 영향으로 오름조의 시작 부분이 높아지고 후행하는 L의 영향으로 오름조의 끝부분이 낮아질 수도 있다. 이렇게 음성학적인 내림조로 나타남에도 불구하고 피실험자들은 이러한 음성 환경 내의 성조를 오름조로 식별한다. 식별의 정확도는 성조의 모양이 심하게 왜곡하지 않은 다른 음성 환경과 같은 정도는 아니지만 높은 정확도가 나타난다. 다음으로 Xu는 이렇게 만들어진 음성 자극을 환경을 제거하고 피실험자들에게 들려주었는데 이 경우는 피실험자들이 대부분 높은 수평조 H로 식별하였고 간혹 낮은 수평조 L로도 식별하였다. 마지막으로 Xu는 이처럼 식별이 힘든 음성 환경에서 성조를 뽑아내어 보통은 이와 같은 효과가 발생하지 않을 것 같은 음성 환경에 집어넣었다. 예를 들어 음성학적으로 수평조이거나 심지어 약간 내림조로 나타나는 LH.LH.LH 연쇄의 '대립하는 음성 환경'에서 가운데 LH '오름조'를 뽑아내어 기저 오름조가 정상적인 오름조로 존재하는 '조화로운' 음성 환경 HL.__.HL에 위치시켰다. 이어서 Xu는 청자들에게 이 가운데 성조를 식별하게 하였고 당연히 그 성조는 HL로 들렸다. 왜냐하면 HL의 H가 선행하는 L에 의해서 낮아지고 HL의 L은 후행하는 H에 의해서 높아지는 이러한 음성 환경에서 기저형

HL 자체는 거의 수평조일 것이기 때문이다. 요약하면 어떤 음성학적 신호는 기저 오름조의 표면 형태인 약한 내림조는 세 가지로 다르게 들린다. 즉 단독으로는 수평조, 원래 음성 환경에서는 오름조, 상반된 음성 환경에서는 내림조이다. 이처럼 청자들은 주변 음성 환경을 식별 근거로 명확하게 삼고 있고 음성 환경을 보상하고 있다.

앞의 두 단락에서 논의한 성조 변화는 분명히 음성학적이지만 음운론적인 성조 변화도 물론 존재한다. 표준 중국어의 유명한 3성 변조 규칙을 보면 Wang and Li(1967)에서부터 아주 최근의 Peng(2000)의 연구에 이르기까지 이러한 관점에서 연구되고 있다. 3성은 보통 어말이 아닌 곳에서는 낮은 수평조이고 어말인 곳에서는 낮오름조인데 다른 3성 앞에서는 높오름조인 2성으로 바뀌는데 일반적으로 기저부터 2성인 성조와 구별할 수 없는 것으로 여겨진다. Peng은 산출, 지각, 범주화의 세 가지 각도에서 이 규칙의 결과를 관찰하고 있다. 산출의 관점에서 보면 출력형 성조는 음성학적으로 기저형의 2성과 **정확히** 동일한 모습이지만 전체적으로 약 2Hz 정도로 아주 살짝 낮다. 지각의 관점에서 보면 청자들이 규칙 적용 후의 출력형과 기저형의 2성을 우연히 맞출 수는 있지만 신뢰할만하게 구별하지는 못한다. Wang and Li와 같은 이전 연구의 내용을 확인한 것이기도 하다. Peng은 마지막으로 청자들이 듣는 성조를 어떻게 범주화하는지를 평가하는 실험을 하였다. 흥미로운 사실은 규칙 적용 후의 출력형 성조가 2성과 거의 동일하게 산출되고 지각적으로도 2성과 구별할 수 없음에도 불구하고 청자들은 일관성 있게 3성으로 범주화하였다. 이것은 청자들이 철저하게 음운론적으로 변형된 형태에서도 그 성조의 기저형을 찾아낼 수 있다는 것을 다시 한번 보여준다.

10.2 제1언어 습득

지금까지는 논의를 성인 화자의 성조음운론을 살펴보는 것으로 제한하였지만 이러한 지식이 어떻게 얻어지는지와 어린이들이 어른의 안정된 상태에 이르기까지 어떤 과정을 선택하는지를 살펴볼 수도 있다. 현재 성조의 습득에 관해서는 알려져 있는 것이 거의 없다. Ingram(1989)과 같은 습득에 관하여 전반적으로 다룬 연구에서도 성조는 전혀 언급되지 않는다. 10.2에서는 현재까지의 관련 지식을 정리하고 향후 연구를 위한 문제를 제기해 보겠다. 크게 다섯 절로 나누어 기술하는데 10.2.1에서는 아이들이 성조의 변별을 지각하는 가장 이른 시기의 증거를 논의하고 10.2.2에서는 이른 시기의 음성 산출에 관한 자료를 논의하고 10.2.3에서는 변조 규칙 및 다른 성조 변화 등을 포함한 성조음운론 자체를 살펴보겠다. 10.2.4와 10.2.5는 아이들에게 특수한 음운 지식과 제2언어 습득을 간단하게 살펴보겠다. 이러한 주제 중에서 이른 시기의 음성 산출이 가장 잘 연구된 영역이다.

10.2.1 어린이의 성조 지각

언어를 습득하는데 필수적인 초기 과정은 해당 언어의 변별적인 소리를 지각하는 것이다. 소리를 변별적으로 지각하지 못하면 발화가 불가능하고 어휘 항목이 습득될 수 없다. 만약 [tʰ]와 [d]의 대립이 감지되지 않으면 어린 아이들에게 중요한 *Tigger*와 *digger* 이 두 단어가 구별되지 않고 저장되게 된다. 상당히 많은 연구를 통하여 성대진동 시작시간이나 조음 위치 등을 주의 깊게 구별하는 가장 이른 아이의 나이가 조사되고 있지만 성조의 구별이 감지되는 나이에 대해서는 알려진 것이 거의 없다. 물론 어린 아이가 어떤 두 소리도 구별해낼 수 있는지 여부를 확인하는 것은 아이에게 물어볼 수가 없기 때문에 창의적이 방법이 중요하다. 이 문제를 다루는데 많은 기법이 사용되고 있는데 모두 아이가 신호에서 어떤 변화를 감지하는 행동적인 표시, 예를 들면 젖을 빠는 속도나 고개를 흔드는 것 등에 근거하고 있다. 연령대와 샘플 개수에 따라서 더 잘 들어맞는 서로 다른 기법들이 사용된다. 예를 들면 아이들은 새로운 자극이 주어지면 젖을 더 빨리 빠는 경향이 있다. 어떤 소리가 반복이 되면 아이들이 흥미를 잃기 때문에 젖을 빠는 속도도 천천히 낮아진다. 이어서 새로운 자극이 주어지면 젖을 빠는 속도가 다시 올라간다. 새로운 자극에 따라 젖을 빠는 속도가 빨라진다는 것은 아이가 새로운 자극과 오래된 자극의 차이를 감지한다는 것을 의미하게 되어 젖을 빠는 속도에 변화가 없는 것은 두 개의 자극이 서로 같은 것으로 감지된다는 것을 의미한다. 실험 과정에 대한 유용한 개관은 Jusczyk(1997)를 참조하라.

이 분야에서 대부분의 연구는 분절음에 관한 내용인데 그것도 거의 대부분이 영어에 관한 것이다. 성대진동 시작시간의 예를 들면 생후 한 달 정도 되는 영어권 아이들은 성대진동 시작시간에서만 차이가 나타나는 자극에서 아주 작은 차이도 감지할 수 있다(Eimas *et al.* 1971). 게다가 아이들은 범주적으로 구별한다. 아이들은 모든 성대진동 시작시간의 차이에 동일한 주의를 보이지 않는다. 주의를 보이는 특정 지점은 영어권 성인이 느끼는 유성과 무성 장애음 사이의 차이와 대체로 일치하는 곳이다. 이어지는 연구에서는 폐쇄음의 조음 위치를 구별하는 동일한 능력이 생후 두 달 이하의 나이에 있다는 것을 증명하고 있다. 조음 위치는 주로 포먼트의 전이가 단서가 되기 때문에 이러한 능력은 포먼트 주파수의 변화를 감지하는 능력을 의미하게 된다. 범주적 지각은 인간에게 제한 된 것이 아니고(친칠라나 심지어 메추라기까지도 범주적 지각을 할 수 있다) 인간도 언어에만 범주적 지각이 제한되어 있지 않다는 사실은 주목할 만하다. 하지만 매력적인 이 능력이 인간의 언어에만 제한된 것은 아니라 하여도 언어적인 목적으로 채용되어 온 것은 명확하다. Jusczyk(1997)에는 이 단락에서 논의한 주제가 훌륭하게 요약되어 있다.

우리의 목적과 더 관련이 있는 것은 유아의 모음 인지에 관한 연구이다. 여기에서도 아이들은 네 달 이전에 [a]와 [i], [i]와 [u]와 같은 모음 쌍을 구별할 수 있는 것처럼 보인다. 모음과 관련된 중요한 관점이 두 가지 있는데 첫 번째 관점은 모음을 음향학적으로 구별하는 것은 주파수의 구별이라는 것이다. 서로 다른 모음은 서로 다른 공명 주파수, 즉 포먼트를 가진다. [a]와 [i]를 구별하기 위해서는 (남성 화자의 경우에) [a]의 제1포먼트(F1)는 700Hz정도이고 제2포먼트(F2)는 1100Hz정도이지만 [i]는 F1이 300Hz정도이고 F2가 2300Hz정도라는 것을 감지하는 것이 필요하다. 게다가 [i], [u]와 같은 고모음은 F1이 상당히 비슷하기 때문에 주로 F2만으로 구별되는데 [u]는 F2가 1000Hz 전후에서 형성되는 후설 모음의 전형이 나타난다. 이것을 보면 모음의 구별이 주파수 구별을 의미한다는 것을 알 수 있는데 이러한 능력은 당연히 성조 구별에서도 중요하다. 사실 실제로 주파수 문제는 중복되는 것이다. 예를 들면 어떤 남성 화자가 사용하는 오스트레일리아 영어에서 [ɪ]와 [ɛ]의 주로 320Hz와 420Hz 정도의 제1포먼트의 차이이다. 필자의 발화에서는 이것이 각각 중간 음높이와 높은 음높이의 기본 주파수이다. 두 번째는 모음의 구별은 자음의 구별과 달라서 어른이든지 아이든지 범주적이지 않은 것 같다. 예를 들면 서로 다른 지역의 방언을 미묘하게 구별하는 것과 같은 아주 작은 대립의 차이도 감지될 수 있다.

모음을 구별하고 조음 위치를 구별하기 위하여 주파수를 구별하는 것이 필요한데 모음의 구별이 아주 일찍부터 존재한다면 성조의 구별도 동일한 시기에 존재할 것이라고 예측할 수 있다. 그렇다면 우리는 얼마나 알고 있을까? 생리학적으로 보면 귀에 있는 달팽이관은 태아의 나이로 여섯 달 정도면 성인의 크기가 되고 그 후에 바로 저주파수 소리에 작용하기 시작한다(Kjellin, 최적성이론 리스트서브 이메일 2001). 이 상황은 운율을 탐지하는데 필요한 주파수 범위인데 아주 일찍, 심지어 자궁 안에서도 탐지 가능한 것이라고 말할 수 있다. 아이들이 2음절어에서 강세가 첫 음절인지 두 번째 음절인지 구별할 수 있다는 사실을 보여주는 영어 운율 연구가 있다. Morse(1972)와 Kuhl and Miller(1982)에서 나타내고 있는 것은 두 달 정도 되는 아이가 안정적인 모음에서 오름 음높이인지 내림 음높이인지를 구별할 수 있다는 점이다.

이러한 질문들을 성조 언어 환경의 아이에게 제기한 연구가 거의 없는 것 같다는 점은 좀 놀라운 사실이다. 요루바어에 관한 최근의 한 연구는 주목받을 만하다. 요루바어는 고조, 중조, 저조 이렇게 세 개의 어휘적 성조를 가지고 있다. Harrison(1998, 1999, 2000)에서는 성인과 아이를 대상으로 고립 음절을 사용하여 인지 실험을 수행하였는데 요루바어 성인 화자가 고립 음절 내에서도 쉽게 고조와 다른 성조를 구별하는 것에 반하여 중조와 저조는 성인들이 쉽게 구별하지 못하는 것을 보여주었다. 이어서 여섯 달에서 여덟 달 정도 나이의 요루바 아이와 영국 아이를 관찰하였다. 기초 연구에서는 그 아이들에게 서로 다른 높이를 가진 합성음 [ki]를 듣게 하였고 각 자극 쌍은 10, 20, 40Hz 간격으로 다르게 하였다. 영국 아이들은 이 차이를 전혀 감지할 수 없었는데 요루바 아이들은 어떤 경우 최소한 20Hz와 40Hz의 차이를 감지할 수 있었지만 10Hz의 차이는 감지할 수 없었다.

기초 연구에 이어 본 연구에서는 모든 자극에 20Hz의 차이를 두었다. 영국 아이 여섯 명은 마찬가지로 그 차이를 전혀 인지하지 못했다. 요루바 아이 여섯 명은 좀 더 잘하기는 하였는데 190Hz에서 210Hz 경계 주변에서만 잘하였다. 흥미로운 사실은 해당 경계가 아이와 성인에게 같은 지점이라는 것이고 모든 연령층에서 주의하여 듣는 유일한 구별이 '높은' 음높이 대 그와 '다른' 음높이의 차이인 것으로 보인다는 점이다. Harrison은 음운론적 분석을 위한 논증에 이 현상을 적용하고 있다. 그 분석에서는 L은 존재하지 않고 표면형의 L/M의 구별은 운율에 근거하고 있다고 본다. 어쨌든 이 연구가 명확하게 제시하려는 것은 여섯 달에서 여덟 달 정도의 나이에서 언어 환경이 성조를 탐지하는 능력에 영향을 주고 있다는 것으로 보인다. (영국 아이들이 한 때는 그 능력을 가졌다는 선행 연구로 추정할 때) 영국 아이들은 그러한 능력을 상실하였지만 요루바 아이들은 그 능력을 가지고 있고 언어 환경과 관련 있는 특정한 불연속성에 관심을 집중시키고 있다. 이에 덧붙여서 Harrison의 주장이 옳다면 요루바 아이들은 어떤 음운론을 습득하게 되는데 그것은 고조와 고조가 아닌 것의 음운론적 대립은 구별하지만 고조가 아닌 것의 두 가지 변이 성조인 중조와 저조 사이의 음성학적 대립은 구별하지 못한다는 것이다.

Harrison의 연구에서 명확하게 제시되지 못한 중요한 문제 하나가 있는 것 같다. 다른 모든 음높이와 고조 간 경계의 실제 주파수가 화자에 따라, 특히 남녀의 차이에 따라 넓게 분포할 것이라는 점이다. Harrison의 발견한 200Hz의 경계는 남성 화자의 것으로 여성 화자들에게는 이것이 중조와 저조로 나뉘는 경계로 보는 것이 더 맞을 것이다. 아이에게는 합성음 자극에서 화자의 성별에 대한 다른 단서가 거의 없기 때문에 아이가 탐지하는 경계가 중조와 저조 사이보다는 고조와 중조 사이라고 결론 내릴 수 있는 방법이 명확하지 않은 상태이다. 사실상 여성이 아이들을 남성보다 더 많은 시간 돌본다는 가정을 해보면 아이들이 여성의 발화로 해석하는 성향이 있을 수도 있겠다! Harrison이 사용한 자극의 성질을 보면 말소리가 여전히 남성 말소리 같을 것이라는 가능성이 남겨져 있다. 왜냐하면 남성이 발화한 자연스러운 신호를 복사하여 자극이 합성되었고 주파수 조정을 제외하면 남성이 발화한 원 신호의 다른 특징들이 유지되고 있기 때문이다.

이와 같은 제한된 증거로 무엇을 결론내릴 수 있을까? 아주 어린 아이가 여섯 달 정도 나이면 분명하지만 한 달 정도의 나이라도 가능한 수준으로 음높이 차이를 지각할 수 있다는 사실은 명확한 것으로 보인다. 아이들은 이 능력으로 성조를 구별하는 것뿐만 아니라 모음의 음가와 조음 위치를 구별한다. 여섯 달이면 요루바 아이는 성조에 관심을 갖지만 영국 아이는 아닌 것처럼 아이들이 주위 언어의 중요한 구별에 주의를 기울인다는 증거가 존재한다. 이 정도의 중요 사실 외에는 우리에게 알려진 것이 거의 없다. 한 아이가 느낄 수 있는 변별적 성조 높이는 몇 개나 될까? 아이들은 수평조와 굴곡조의 차이를 알아차릴 수 있을까? 요루바 아이들에게는 20Hz의 차이가 최소한의 차이로 보이는데 이것은 보편적인 현상일까 아니면 다른 주변 언어가 다른 한계를 유발할 가능성은 없을까? 아이들이 느끼는 차이의 비대칭성, 즉 Harrison이 요루바어에서 발견하였다고 주장하는 유형의 비대칭성은 정말 있는 것일까?

수평조 언어를 주로 들으며 성장한 아이들과 정교한 굴곡조 언어를 들으며 성장한 아이들을 비교해보면 알아낼 만한 무엇이 있을까? 이러한 질문에 대한 답은 얻기 힘들다. 아이들에 관한 연구는 대단히 어렵다. 아이들은 힘들면 변덕스러워지기 쉽고, 상관없는 요소에 주의를 쏟기도 하고, 진행 중에 잠에 빠지기도 하는데 더 중요한 것은 부모들이 아이들을 실험에 참가하도록 허락해주는 것을 싫어하기 때문이다.

10.2.2 이른 시기의 성조 발화

아이가 일단 차이를 인지하고 나면 그 다음 단계는 그 구별을 발화하고 성인 발화만큼 가능한 한 정확하게 모방하는 것이다. 음높이 차이를 발화하는 것은 우선적으로 후두를 이용하여 얻어지는 것이어서 아이는 혀와 입술을 통제하는 것을 배우는 것처럼 후두 근육을 제어하는 것을 학습해야 할 것 같다. 이와 같은 제어 동작이 없으면 음높이는 발화 도중 낮아지는 경향이 있다. Kent and Murray(1982)에서는 세 달부터 아홉 달 사이의 아이들은 발화 전체에 걸쳐서 수평조와 내림조의 모양을 가지는 경향이 있고 오름조는 내림조 다음에 나타나는 현상을 관찰하였다. 이 연구는 이와 같은 내림조 경향이 발화의 진행에 따라 성문하압이 낮아지거나 후두가 점차적으로 이완되는 현상에 기인할 수 있다고 제안하고 있다. 어느 쪽이라도 이러한 경향을 극복하고 오름조를 유지하는 데에는 근육의 노력이 필요한데 실제로 오름조 모양은 일 년 늦게 나타나는 것이 보통이다. 이와 같은 현상에도 불구하고 웅얼거림 시기로 알려져 있는 이른 시기의 발화에서 음높이 곡선이 성인과 비슷하게 변화하는 현상이 자주 관찰된다. 할 말이 많은 것 같은 이와 같은 연구를 지지하는(또는 실제로는 반박하는) 실험 자료는 거의 없다. 다음에 전개되는 내용은 Vihman(1996)에 많이 의존하고 있다.

10.2.2.1 웅얼거림

일반적으로 여섯 달 정도에 나타나는 '기본적'이거나 '중복적'인 웅얼거림은 *babababa*처럼 파열음 다음 중설 저모음이 이어지는 반복 음절로 구성된다. 이 소리는 '변화무쌍한' 웅얼거림 다음(중첩될 수도 있다)에 나타나는데 12개월에서 14개월 정도 아이들에게서 아주 자주 나타난다. 이어서 자음이 다양해지고 소리가 원어민 언어의 발화에 가까워진다. 아이들은 문장과 비슷한 억양을 자주 말하곤 하는데 이 것은 음높이 제어가 시작되었다는 것을 나타낸다. 단어 발화는 이 시 기쯤에 시작된다. 이와 같은 초기 단계에서 성대 기관은 아직 완전히 발달하지 않는다. 후두는 성인보다 꽤 높은 위치인데 세 살까지 내려 가지 않는다. 웅얼거림이 원어민 언어에 얼마나 접근해있는지에 대해 서는 의견이 분분하다. 어떤 연구자들은 웅얼거림과 단어 발화 사이 에 불연속성이 있다고 생각하고 있고 또 어떤 연구자들은 웅얼거림이 언어 습득에 자연적이고 필수적일 가능성도 있는 부분으로 가정하여 첫 번째 단어 단계로 이어지고 겹칠 수도 있다고 본다. 만약 두 번째 주장이 사실이라면 웅얼거림이 진행됨에 따라 그 소리와 구조가 성인 언어와 점점 가까워지게 될 것이라고 예측해 볼 수 있는데 자료가 확 실히 좀 혼란스럽기는 하지만 이 가정이 사실이라는 일부 증거가 있 다. 분절음 영역의 논의인데 열 달된 아이가 웅얼거리는 소리의 모음 포먼트 유형이 전형적인 성인 언어의 방향으로 움직인다는 것을 Boysson-Bardies *et al.*(1989)에서 발견하였다(이 연구는 프랑스어, 아랍어, 영 어, 광둥어에 관한 것이다). Boysson-Bardies *et al.*(1992)에서는 아홉 달에서 25단어 단계까지의 아이를 연구하였는데 전형적인 원어민 언어 목록 에 있는 자음의 비율이 시간에 따라 늘어나는 것을 발견하였다. 다른 측면의 논의를 보면 성인들은 아이가 웅얼거리는 원어민 언어를 신뢰 할 정도로 구별해낼 수 없다는 것을 보여주는 일부 연구가 있다(그러 나 또 다른 연구에서는 구별할 수 있다고 제시한다!).

성조 언어 환경에 있는 아이의 웅얼거림을 관찰한 일부 연구가 있 는데 그 연구의 초점은 성조 자체에 맞추어져 있지 않다. 예를 들면 Boysson-Bardies *et al.*(1984), Boysson-Bardies *et al.*(1989) 등이다. Whalen *et al.*(1991)의 억양 연구에서는 미국 영어와 프랑스어 환경에 있는 여섯 달에서 열 두 달 된 아이들이 웅얼거리는 소리에서 나타나는 중요한 차이를 발견하였다. 미국 아이는 모든 발화에서 내림조의 음높이 곡선을 보이는 것에 반하여 프랑스 아이는 대체로 동일한 빈도의 오름조 유형을 보였다. 이 한 편의 연구 결과는 웅얼거림이 언어별로 특수한 음운론(이거나 최소한 음성학)적 지식을 습득하는 초기 단계이고 나아가 한 살 된 아이는 음높이를 중요하게 지각하며 아이들이 들은 소리를 재생하기 위해서 필수적인 근육 제어 장치를 어느 정도 가지고 있다는 관점과 일치한다.

10.2.2.2 첫 단어 단계

성조 발화에 관한 첫 번째 중요한 자료는 언어 습득의 첫 단어 단계에서 나오고 대략 한 살에서 두 살 정도의 시기인데 그렇게 놀라운 사실은 아니다. 이 단계는 유아 발화의 산출과 성인 발화의 산출을 직접 비교할 수 있고, 유아의 발화가 성인과 비슷한 지 여부를 보고 만약 동일하지 않다면 성인의 발화 형태와 어떻게 다른지 의문을 제기할 수 있다는 관점에서 그렇다. 웅얼거림 시기에는 아이들이 발성 음높이를 높이거나 낮출 수 있는지 여부를 물을 수는 있지만 정확한 조음 지점을 높이거나 낮추는 지 여부는 물을 수 없다. 단어 단계에서부터 아이들이 일관되게 고조 단어에 고조를 사용하고 저조 단어에 저조를 사용한다면 아이들이 음운론적인 성조 대립에 관한 지식을 습득하였다는 추정이 논리적이게 된다. 물론 성인의 성조를 일관성 있게 재생산할 수 없는 능력을 가지고 알 수 있는 것은 거의 없다. 아이들은 실제로 성조를 습득하고는 있지만 아직 성조를 제대로 발화하는 충분한 제어 능력을 가지지는 못하고 아이 스스로의 음운 지식으로 표면형에서 성인의 성조와 다른 성조를 만들어낸다. 이것은 아이들의 발화에서 [dada]와 같은 다른 단어에서는 [d]가 나타나지만 자음 조화 현상으로 *dog*가 [gɔg]로 바꾸는 현상과 상당히 유사하다.

유감스러운 것은 분절음 발화에 관한 연구는 많지만 성조 발화에 관한 것은 거의 없다는 점이다. 그리고 어떤 이유에서인지 아프리카 성조 언어에 관한 것보다 광둥어, 타이완어, 표준 중국어가 주가 되는 아시아 성조 언어에 관한 연구가 더 많다. 아프리카 성조 언어는 세소토어, 줄루어에 대해서만 참고할만한 상세한 연구가 있는 정도이다.

성조 습득에 관한 연구에서 가장 빈번히 반복하여 언급되는 것은 성조가 분절음 목록의 습득 전에 습득된다는 것이다. 이 주장은 좀 더 자세히 살펴볼 필요가 있다. 이유는 이 주장이 상황을 지나치게 단순화하고 있기 때문이다. 첫째, 이 주장이 사실이라면 다음의 이유로 그렇게 놀라운 사실은 아니다. 앞에서 음높이 지각은 많은 분절음의 대립, 특히 모음의 음가(포먼트)와 조음 위치(전이)를 지각하는 필수 선행 조건임을 살펴보았는데 음높이 지각은 또 낮은 음높이와 연결된 유성 자음을 포함한 유성성을 탐지하는데 기여한다. 아이가 한번 말소리를 만들어내기 시작하여 이어서 조음에 도전을 한다는 것은 근육 운동을 제대로 제어할 수 있는 능력이 정확한 발화에 앞서 먼저 나타나야 하고 그래서 또 언어 체계에 숙달되기 전에 먼저 나타나야 한다. 분절음의 경우에는 중요한 조음기관이 구강과 비강이고 소리들을 정확히 발화하기 위해서는 특정 목표 지역에 부딪치고 멈춰있어야 하는 정밀하게 조정된 혀의 운동이 관련되어 있다. 성조의 경우에는 중요한 조음기관이 성대와 후두를 제어하는 근육들이다. 오페라에서 프리마돈나가 대접받는 이유 중의 하나인데 성대와 후두 근육을 제어하는 것도 습득해야 하는 기술이다. 하지만 음악과 다르게 말소리에서는 목표 지점을 정밀하게 할 필요는 없다. 성조는 상대적인 것이다. 그래서 고조와 저조를 실제로는 더 높은 성조와 더 낮은 성조로 불러야 한다. 이 정도를 수행하기에 충분한 제어 능력이 혀의 근육을 필수적으로 정확하게 제어하는 능력보다 더 일찍 나타났을 수도 있다.

　성조가 일찍 습득될 수도 있다는 주장이 타당한 것 같아도 그 주장이 사실인지는 명확하지 않다. 왜냐하면 '습득된 성조'라는 말이 여러 가지 다른 것을 의미할 수 있기 때문이다. 첫째, 아이는 두 단어를 고조와 저조처럼 성조로 구별하여 범주화하고 있을 수는 있지만 아마도 그 구별을 고조와 내림조로 하거나 고조와 중조로 하는 등 상당히 다른 방식으로 구별하여 발화할 수도 있다. 이 아이는 저조 이전에 고조를 '습득한다'고 관찰 보고될 것이지만 우리가 인정해야 하는 것은 이 주장은 발화 재생산에 대한 정확성만을 주장하고 있는 것이지 반드시 심리적 표상에 대한 주장은 아니라는 점이다. 둘째, 아이는 일부 성조를 습득할 수는 있지만 일부 다른 성조에 대해서는 아니기 때문에 특정 성조를 가진 단어는 정확한 성조로 발화되지만 다른 성조를 가진 단어는 그렇지 않을 수도 있다. 셋째, 아이들은 정확한 성조를 가진 일련의 어휘 항목을 습득할 수도 있지만 여전히 성조음운론적 언어 지식을 습득하지는 못한다. 그렇기 때문에 체계적인 성조 규칙은 전혀 적용되지 못하거나 일관되지 않을 수 있다. 대부분의 기존 연구들은 첫 번째나 두 번째 질문에 초점을 맞추고 있고 세 번째는 거의 언급하지 않는다. 물론 이것은 연구 대상 아이의 연령과 부분적으로 관계가 있다. 성조 변화와 규칙의 영향은 복잡한 형태론적 언어 지식이 숙달되거나 다중 단어 발화가 사용되기 전에는 보통 관찰되지 않는다. 따라서 한 단어 단계에는 성조 목록이 관심의 초점이 되어야한다.

10.2.2.3 성조 목록

성조 목록의 습득에 대한 논문들을 살펴보는 것에서 시작해 보자. 습득에 관한 모든 자료들과 마찬가지로 성조 목록의 습득 문헌 역시 어느 정도 주의를 가지고 다루어져야 한다. 성인 전사자들이 성인 음운 체계에 적합하지 않은 것을 전사하는 것은 어렵다. 예를 들면 어떤 언어가 [55, 35, 21, 41]의 네 가지 성조를 가진다면 유아 발화의 전사를 [44, 34, 31, 43]으로 하는 것이 더 정확하다고 하더라도 처음 성조 목록을 보여주려 할 것이다. 실제로 어떤 연구자들은 성인의 체계를 벗어나는 어떠한 성조도 기록하지 못하는 고정된 구별 악센트 세트와 같은 표기 체계를 사용한다. 그렇게 되면 아이의 성조 발화가 성인과 같다는 잘못된 결론으로 이끌게 된다. 전사하는 사람 여러 명으로 전사자들 사이의 일치도를 확인하는 것과 같은 바람직한 연구가 이러한 문제를 없앨 수는 없겠지만 줄일 수는 있다. 기기를 사용하는 연구가 이상적일 수는 있지만 사실상 존재하지 않는다. 하지만 희망을 버릴 필요는 없다. 설령 전사가 정확하지 않더라도 아이가 그 언어의 대립 관계를 습득하는지 여부는 분별할 수는 있다. 예를 들면 이 문단 처음에 나온 가상의 아이는 정확한 음높이가 성인의 모범적 성조와 다르다고 하더라도 네 성조 모두를 구별하고 있다.

또 다른 자료의 문제는 연구가 일반적으로 종종 아이 한 명만을 대상으로 하는 등 아주 적은 수의 아이를 대상으로 진행되었다는 것이다. 아이 한 명에 기초하여 습득의 정상적인 순서를 주장하는 것은 명백하게 아주 위험하다.

1970년대 후반의 가장 초기 연구로 되돌아가 보자. 아직까지도 필자가 알고 있는 가장 방대한 연구인 Li and Thompson(1997)에서는 1년 6개월에서 3세까지의 중국어 아이 화자 17명을 관찰하였다. 표준 중국어에 네 가지 성조가 있다는 것을 떠올려 보자.

(1) 표준 중국어 성인 화자의 성조
높은 수평조   55
높내림조   41
높오름조   35
낮은 수평조   21   또는 내리오름조 (발화의 끝에서만)   214

Li and Thompson에 따르면 가장 이른 시기인 한 단어 단계에서 높은 수평조가 처음 발화되고 이어서 높내림조가 발화된다. 오름조와 내리오름조는 나중에 나타나고 이러한 성조가 있는 음절은 피하거나 수평조 또는 내림조로 바뀐다. 오름조와 내리오름조가 습득되면 처음에는 아이들이 상당히 자주 헷갈려하는데 이러한 혼동은 두 단어 단계에서 세 단어 단계까지 계속된다. 이러한 혼동은 주로 어말 위치에서 발생한다. 어말 위치는 두 성조에 모두 오름 부분이 나타나는 위치이다. 오름조를 확실히 크게 혼동하는 것 같은 개연성은 성인 지각에 관한 논문과 일치하는데(Klatt 1973) 그 어려움이 반드시 발화에 있는 것만은 아니고 더 심층적으로는 지각이 힘들기 때문에 처음에는 오름조를 제대로 표현해 내기가 어렵다. 물론 오름조는 발화하기가 힘들고 오름조를 실현하기 위해서는 더 긴 시간 길이가 필요하다(Ohala and Ewan 1973, Sundberg 1973). Clumeck(1980)에서는 중국어 아이 화자 두 명을 연구하여 습득 순서를 확인하였는데 다음 자료는 그 연구에 있는 한 어린이의 1년 10개월에서 2년 10개월까지의 자료를 정리한 것이다. 인용형이거나 발화 끝의 단어만을 나타내었다.

(2)　표준 중국어 아이 화자의 정확도

성조	정확도(%)
높은 수평조	97.2
높내림조	95.8
높오름조	61.3
낮은 수평조	73.9

2년 3개월과 3년 5개월 사이에 있는 나이를 더 먹은 아이들을 대상으로 하여도 여전히 높오름조에 대해서는 83.3%의 정확도만 나올 뿐이다. 오류는 다른 어떤 성조보다 압도적으로 내리오름조에서 많이 발생한다.

Clumeck는 표준 중국어 아이 화자가 오름조와 내리오름조를 혼동하는 또 다른 이유가 있을 수 있다고 지적한다. 성인의 발화에서는 내리오름조가 두 개 연속되면 첫 번째 것이 높오름조가 된다. 이것은 내리오름조를 가진 어휘 항목이 성인의 발화에서는 (발화 끝에서) 내리오름조로, (또 다른 내리오름조 앞에서) 높오름조로, (그 외의 위치에서) 낮은 수평조로 표면화할 수 있다. (이러한 기술은 조심스럽게 다루어져야 하는데 유창한 발화에서는 '내리오름조'가 내리오름조로 나타나는 경우는 아주 드물기 때문이다. 그러나 어머니 말투에서는 내리오름조가 더 자주 나타날 가능성이 있다.) 반면 다른 세 성조는 본질적으로 변화하지 않는다. 이 문제를 이렇게 설명하는 것이 완전히 옳다고 할 수는 없다. 왜냐하면 이러한 설명은 내리오름조에 가장 문제가 많은 것으로 예측하게 하기 때문이다. 실제로 오름조는 표준중국어에서 변화하지 않는 성조이기는 하지만 오름조가 모든 성조 중에서 가장 어려운 성조인 것으로 보인다.

Li and Thompson과 Clumeck 모두 동의하는 점이 있는데 아이들은 분절음이 아직 성인의 형태에서 꽤 많이 차이가 나는 단계에서도 성조를 어느 정도 숙달한다는 점이다. 예를 들면 Li and Thompson의 연

구를 보면 더 나중 단계의 피실험 아이 중 한 명이 [labadžaydzəli] '나
팔이 여기 있다' 문장을 [yaba day dəyi]로 발음했는데 성조는 [21 55
41 41 214]로 모두 정확하였다.

　표준 중국어를 벗어나면 성조 습득 순서에 대한 이해가 더 불분명
해서 다음의 결론을 내리는 것을 망설일 수밖에 없다. 그것은 오름조
가 언어 보편적으로 나중에 습득된다는 결론과, 그렇기 때문에 표준
중국어 자료가 언어 보편적인 지각과 발화의 어려움에 기인한다는 결
론이다. Tse(1978)에서는 1년 2개월에서 2년 8개월 사이의 광둥어 아이
화자를 관찰하였다(So and Dodd(1995)도 참조). 광둥어에는 다음의 성조가
있는데 높은 수평조 세 개는 폐쇄음으로 끝나는 음절에서 짧은 길이
의 변이형을 갖는다.

(3)　광둥어 성인 화자의 성조
　　높은 수평조　　　　　　55 (가끔씩 53)
　　가운데 수평조　　　　　33
　　낮은 수평조　　　　　　22
　　아주 낮은 수평조　　　　11 (가끔씩 21로 표시)
　　높오름조　　　　　　　25
　　낮오름조　　　　　　　13

　Tse는 1년 2개월에서 1년 4개월 사이의 아이에게 나타나는 최초의
성조가 두 극단의 수평조인 55와 11이라고 하였다. 이러한 성조들이
나타난 뒤 1년 5개월에서 1년 8개월 사이에서는 가운데 수평조인 33
과 높오름조인 25가 나타났다. 마지막 1년 9개월째에는 낮오름조인
13과 남은 수평조 22가 나타났는데 아이들은 이 시기에 두세 단어 단
계로 발전하였다. 아이가 더 긴 발화를 사용할 때는 분절음의 오류는
남아있지만 성조 오류가 거의 완전히 사라지게 된다. Lee(1996)에서는

A. Tse(1992)의 연구에 대해 언급하면서 가장 나중에 습득된 두 성조가 13과 22가 아니라 13과 11이라고 하였다. 따라서 습득하기 가장 어려운 성조가 22인지 11인지에 대해서는 의견이 일치하지 않는 것을 알 수 있다.

이러한 연구들에 근거하면 광둥어와 표준 중국어를 말하는 아이들이 높은 성조를 먼저 습득하는 것과 습득에 개략적인 시간 척도가 있다는 사실은 일치하지만 다른 사실은 거의 일치하지 않는다. 광둥어 오름조의 하나인 높오름조는 수평조의 하나인 22가 습득되기 전에 습득된다는 주장은 오름조가 언어 보편적으로 가장 마지막에 습득된다는 주장과 일치하지 않는다. 근거 없는 주장을 제외한다면 표준 중국어와 다르게 광둥어에서는 오름조 두 개가 체계적으로 혼동된다는 증거가 거의 없다.

이 단원의 내용과 관련하여 자주 인용되는 또 다른 연구는 타이어에 관한 Tuaycharoen(1977)의 연구이다. 타이어는 다음과 같은 성조가 있다.

(4)　타이어 성인 화자의 성조
　　고조　　　　오름조
　　중조　　　　내림조
　　저조

Tuaycharoen의 아이는 한 살 경에 가운데 수평조와 낮은 수평조를 먼저 습득한 후에 이어서 오름조를 습득하였다. 네 달 뒤까지도 고조와 내림조는 나타나지 않았다. 이것은 표준 중국어 자료와 거의 정확히 반대되는 것이어서 습득의 순서가 언어별로 특수한 현상임을 강하게 제안하고 있다.

최근 Tsay(2001)는 아주 흥미로운 논문이다. 이것은 타이완어를 말하는 아이들의 성조 습득을 관찰한 것이다. 이 아이들은 광둥어와 표준 중국어 아이들처럼 두 살 후에는 거의 성조 오류를 만들지 않았고 표준 중국어에서처럼 오름조의 오류 가능성이 가장 높았다. 선행 연구에서는 대부분 음높이의 대조적인 발화에 초점을 맞추었지만 Tsay(2001)에서 주로 관찰한 것은 선행 연구에서 거의 다루어지지 않았던 음길이의 문제이다. 타이완어의 성조에는 체계적이지만 대립적이지는 않은 음길이의 구별이 있다. 음길이는 아주 어린 아이들도 아주 작은 차이에 주의를 기울이고 음길이를 이용하여 운율 구조를 탐지할 수 있어서 통사 구조를 추론한다는 사실을 잘 알려져 있다. 따라서 타이완어 아이 화자가 음높이뿐만 아니라 성조 체계에서 음길이의 양상까지 숙달할 것으로 예측해 볼 수도 있는데 이 예측은 사실로 판명되었다. 가장 놀라운 사실은 성인 발화에서 성문 폐쇄음으로 인한 폐음절은 성조의 변이형이 아주 짧은 길이로 나타나는데 이 연구의 한 아이의 발화에서는 성문 폐쇄음은 탈락시켰지만 아주 짧은 길이의 성조 변이형은 계속 남아있었다.

성조 습득에 관한 대부분의 연구가 아시아 성조 언어에 대한 것이라는 것을 앞서 지적한 바 있는데 그 이유는 아프리카 성조 언어를 관찰해 보면 명확해진다. 앞에서 연구자들이 모두 질문하고 있는 문제는 '어떤 순서로 성조가 습득되느냐?'하는 것이었는데 이 문제는 다양한 성조 목록을 가진 언어가 아니면 질문할 수 없데 된다. 아프리카의 많은 언어는 H/L의 대립만을 가지고 있어서 성조 대립에 대한 습득은 성조가 있느냐 없느냐의 문제가 된다! 세소토어(Demuth 1992, 1993, 1995)에 따르면 동사 어근에서 고조와 무성조 사이의 어휘적인 대립은 세 살까지 완전히 습득된다. 세 살 전에는 고조를 선호하는 경향이 있어서 아이들은 무성조 어근들을 고조인 것처럼 말한다. 예를 들면 2년 1개월이 된 아이는 낮은 성조를 가진 동사 /kul-/ '아프다'과 높은 성조를 가진 동사 /hán-/ '거절하다'은 모두 어근의 첫 번째 음절에서 고조로 표면화한다. 예를 들면 [tea-hána] '나는 거절한다', [a-kúla] '너는 아프다'에서와 같다. 하지만 세 살이 되면 낮은 성조 동사 /kop-/ '요청하다'과 높은 성조 동사 /ngól-/ '쓰다'의 대립을 볼 수 있다. 예를 들면 [onggólá lengolo] '너 편지 쓰고 있니?'와 [ke-kopa motoho] '나는 죽 좀 달라고 하고 있어'와 같다. 이 현상은 아시아 언어 자료와 비교해 보면 좀 늦는 것 같지만 세소토어와 같이 복잡한 형태음운 언어는 어근의 어휘적 성조가 반드시 그대로는 실현되지 않는다. 그리고 성조 대립을 완벽하게 습득하기 위해서는 상당수의 음운 분석이 필수적이다. 낮오름조와 높오름조 사이의 교체가 있어서 이러한 성조들이 늦게 습득되는 것으로 보이는 표준 중국어처럼 세소토어 역시 아주 많은 고조/저조의 표면 변화가 어근 대립의 습득을 지체시킬 수 있다. 이러한 관점은 세소토어의 또 다른 어휘 대립 현상으로 확인될 수 있다. 주어 표지에 있는 고조/무성조의 대립은 훨씬 일찍 습득되어 2년 1개월이면 뚜렷하게 나타난다. 주어 표지는 일반적으로 어휘적 성조대로 실현되기 때문에 이이들이 훨씬 쉽게 구별할 수 있다.

설명할 수 있는 것보다 더 많은 질문거리가 우리에게 남겨져 있다. 아이들이 세 살 정도까지 어휘적 성조 대립을 완벽하게 숙달되고 해당 언어가 너무 많은 변이형을 갖지 않는다면 좀 더 일찍 숙달되는 현상을 보았다. 아이들은 성인처럼 분절음을 발화하는 것이 여전히 어려울 시기에도 성조는 대단히 정확하게 발화한다. 특정 성조가 습득되는 순서는 분명하지 않다. 높은 성조가 일찍 습득될 가능성이 일부 있을 수 있다. 세소토어의 자료가 이러한 주장의 근거가 되지만 그 뒤의 가변성이 일관성을 넘어서기 때문에 더 깊은 연구를 기다릴 수밖에 없겠다.

10.2.3 다단어 단계와 음운 규칙

일단 아이가 다단어 발화(또는 다형태소 단어)를 구성하기 시작하면 성조가 교체될 가능성이 발생한다. 성조 체계를 제대로 숙달하는 것은 언어의 어휘적 항목의 지식뿐만 아니라 성조 교체에 대한 지식까지를 포함한다. 유감스럽게도 성조 교체에 대한 사실은 어휘적 대립의 습득에 관한 것에 비하여 알려진 것이 더욱 적다. 여기에 저자가 알고 있는 실제 몇 안 되는 연구에 대하여 소개하고자 한다.

우선 아시아 언어들에서 시작해 보자. Yue-Hashimoto(1980)는 2년 3개월 된 아이들이 표준 중국어의 3성 변조 규칙을 생산적으로 사용한다고 보고하고 있다. 3성 변조 규칙은 저조 앞에서 또 다른 저조가 높오름조로 바뀌는 현상이다. Li and Thompson의 연구에서는 관찰 대상 아이 중 가장 나이가 많았던 세 살 된 아이들이 3성 변조 규칙을 적용하고는 있지만 아직 상당히 불규칙적이고 분명하지 않은 것으로 보고하고 있다. 낮은 수평조들을 수평조로 하여 첫 부분을 정확한 높오름조로 하지도 않고 완전하게 휴지 앞의 내리오름조로 하지도 않는 경향을 보여주는 예는 거의 없다. 예를 들면 *hai you xiao yu* '작은 물고기가 더 있다'는 성인처럼 [35 35 21 35]로 실현되지 않고 [35 21 21 35]처럼 실현된다. 아쉽게도 Li and Thompson의 연구는 세 살 이상의 아이까지 진행되지 않아서 이 3성 변조 규칙이 언제 최종적으로 믿을 만하고 확실하게 나타나는지를 알 수 있는 방법이 없다.

세소토어에 관한 Demuth의 연구는 성조에 관한 음운 규칙 습득 과정을 가장 상세하게 관찰하고 있다. 이 연구에서는 한 아이를 2년 1개월부터 세 살 때까지 장기적으로 관찰하는 한편, 3년, 3년 6개월, 4년, 5년의 연령에 각각 세 명씩 12명 집단을 관찰하였다. 이 연구는 몇 가지 규칙을 살펴보고 있는데 여기에 각 규칙을 차례차례 나타내었다. 첫째, 성인의 세소토어에서는 동사구 끝에서 성조가 낮아지는 규칙이 있다. 세소토어를 사용하는 아이는 처음에는 이 규칙을 잘못 적용하여 동사구 대신 발화의 끝에서 성조가 낮아진다. 이 현상은 세 살까지 두드러진다. 하지만 다섯 살이 되면 적절한 위치인 동사구 끝에서 성조가 낮아지는 것 과정이 학습된다. 당연한 이야기이지만 아이들의 규칙이 이 기간 동안 변화한 것인지 통사적인 분석이 변화한 것인지는 구별할 수 없다!

　Demuth는 순수한 음운론적 통사 규칙 두 개도 관찰하였는데 고조 배증 규칙(High Tone Doubling : HTD)과 필수굴곡원리(Obligatory Contour Principle : OCP)로 인한 연결 삭제 규칙이다. 고조 배증 규칙은 동사의 접두사 또는 동사 어근 한 음절의 고조를 오른쪽으로 확산시키는 것으로 확산된 음절은 시제 표지이거나 동사 어근일 수 있다. Demuth의 자료에서는 이 규칙이 2년 6개월 아이에게는 나타나지 않고 세 살 째에 나타난다고 제시하는 것으로 보인다.

(5)　2년6개월　**é-a-tsamaya koloi yaka**　　　　(Demuth 1995 : 124)
　　　　　　주어표지-현재-떠나다 자동차 소
　　　　　　유격(나의)
　　　　　　(성인의 형태 : **é-á-tsamaya ...**)

　　　3년　　　**dí-á-tsamaya ...**　　　　　(Demuth 1995 : 125)
　　　　　　주어표지-현재-떠나다

　필수굴곡원리로 인한 연결 삭제 규칙은 확산으로 만들어진 HH 연쇄를 수정하기 위하여 Demuth가 주장한 규칙이다. 예를 들면 다음 예에서 규칙에 의하여 두 번째 모음의 H를 연결이 삭제되는데 그 이유는 또 다른 H에 인접하기 때문이다.

(6)　ba-a-bona　　　(그들은 안다/이해한다)

       H　　H

(처음에 성조 확산을 제한하는 것보다 성조 확산 후에 연결 삭제가 정확한 분석이라는 논의에 대해서는 Demuth 1995 참조) 세 살이 될 때까지도 아이들이 이 규칙을 학습하지 못하는 것으로 보인다. 왜냐하면 [é-á-tjéna] '주어 표지-현재-들어가다'에서처럼 연결이 삭제되어야 하는, 굵은 글씨로 표시된 모음이 표면 형태로 나타난 것이 발견되기 때문이다. Demuth는 일부 연결 삭제가 일어나고 있는 경우를 보여준다. 그러나 잘못된 모음에 적용된 경우로 예를 들면 (6)의 형태에서 두 번째 모음이 아니라 첫 번째 모음의 H가 연결 삭제된다. Demuth는 이 현상을 이 규칙의 존재를 일찍 어느 정도 알고 있는 신호이지만 세부적인 것을 완벽하게 습득하지 못한 것으로 분석한다.

최적성이론의 관점에서 보면 이 마지막 발견은 문제가 있는 것이다. 최적성이론에서는 연결 삭제 규칙의 존재 이유가 보편적 원리로 추정되는 필수굴곡원리(OCP)이다. 이 OCP는 여기서 간략하게 HTD로 말하는 고조 배증 규칙(4장 4.6 참조)을 유발하는 제약들보다 상위에 있다. 결과적으로 OCP가 고조 배증 규칙이 처음에 적용되는 것을 막는다. 따라서 성인에게는 문법이 타블로 (7)과 같이 나타난다.

(7)

/e-a-tjena/ H H	OCP	HTD
☞ /e-a-tjena/ H H		*
/e-a-tjena/ H H	*!	

[é-á-tjéna]와 같은 형태로 발화하는 아이는 아직 OCP 제약을 상대적으로 하위에 위치시키고 있는 것이고, OCP 제약이 상위에 위치하여 HTD 제약을 제한한다는 것을 아직까지 학습하지 않은 것이다. 그렇지만 Demuth가 HTD 규칙의 영향을 받은 것으로 분석하는 [e-á-tjéna]와 같은 형태를 발화하는 아이는 두 번째 모음 대신 첫 번째 모음에서 H의 연결 삭제로 이어지는 것인데 이것은 최적성이론 체제에서는 쉽게 납득되지 않는다. 아이는 세소토어가 확산보다는 성조 뛰어넘기가 있는 언어이고 OCP 제약을 여전히 하위에 있는 것으로 잘못 결정하였다고 봐야 할 것이다.

이러한 아이는 대개 규칙적으로 뒤에 다른 H가 오는 것과 상관없이 성조를 확산시키기 보다는 성조를 오른쪽으로 한 음절 뛰어넘기 하게 한다. 이러한 분석이 정확한 것인지 구별할 만큼 관련 자료가 충분하지는 않다. 더 깊이 있는 자료와 OCP 제약의 지위에 관한 흥미로운 토론은 Demuth(1995)를 참조하라.

모범적으로 수행된 Demuth의 연구에서 더욱 놀랄만한 결과 중 하나는 세소토어에서 어휘적 성조의 습득과 성조 규칙의 습득이 협력 관계에 있는 것으로 보인다는 것이다. Demuth가 지적한 것처럼 이것은 사실 놀라운 것이 아니다. 어느 쪽도 다른 한 쪽이 없이는 완전히 습득될 수 없다. 동사 어근 /kul-/을 보자. 이것은 HTD의 결과로 고조의 주격 접사 뒤에서 고조로 나타난다. 아이가 이 어근에는 사실 성조가 없었다고 깨닫기 위해서는 그 아이는 먼저 HTD의 존재를 알아야 한다. 바꾸어 말하면 고조를 가진 어근 /bón-/은 [bá-boná] '그들은 X를 본다' 형태에서처럼 고조의 접두사 /bá/ 다음에서 낮게 나타나는데 이 것은 또 다른 OCP에서 유발된 연결 삭제 규칙의 결과이다. 다시 말하면 아이가 기저 성조를 발견하기 위해서는 먼저 이 규칙을 해독하여야 한다. 이러한 공생 관계는 어휘적 대립과 규칙이 모두 세 살 즈음 거의 동일한 시기에 나타나는 것을 의미한다.

성조 습득과 나머지 문법 사이의 상호의존성에 대한 Demuth의 지적은 성조음운론이 운율 구조에 이어 통사 구조와 연관되는 방식을 살펴보면 더 설득력을 얻는다. 모든 성조가 구 중간과 구 마지막 위치에서 변이 성조를 갖는 타이완어를 다시 생각해 보면 이러한 성조들은 연쇄 순환 관계로 연결되어 있어서 어떤 성조의 구 마지막 위치 변이 성조는 다른 성조의 구 중간의 변이 성조일 수 있다. 따라서 아이가 운율 구조를 알아야만 그 성조(이어서 어휘 항목)를 분별할 수 있다. Tsay(1999)와 Tsay *et al.*(1999)은 여기에서 결정적인 단서를 음길이로 보는데 구의 마지막 음절이 구별될 만큼 길어지기 때문이라고 주장한다. 따라서 이와 같이 더 긴 음절을 인지하게 되는 아이는 성조 구별과 통사 구조(왜냐하면 각 구의 마지막은 XP의 오른쪽 절단이기 때문이다)의 두 가지에 접근하게 된다. 아쉽게도 Tsay는 아이가 각 성조의 두 변이 성조를 확실하게 발화할 수 있는 시기에 관련된 증거에 대해서는 논의하지 않았다. 다만 Tsay and Huang(1998)에서 성조와 관련된 구 중간의 변화 과정이 음절말 성문 폐쇄음을 삭제하는데 이 현상이 2년에서 2년 6개월 사이의 한 피실험자 아이에게서 나타났다고 보고하고 있다.

10.2.4 유아 음운론

아이들이 자신의 음운 체계를 만들어 내는 사례가 잘 기록된 자료가 많이 있다. 이 자료들 중에 성인의 표준을 체계적으로 벗어나는 것도 포함할 수 있겠다. 예를 들면 자음 조화, 쌍둥이 언어에서 찾을 수 있는 것 같은 좀 더 광범위한 음운 규칙 부류, 아이들의 단어 놀이 등이 있다. 성조의 경우에는 이러한 현상에 대한 보고서가 거의 없지만 이러한 현상이 존재하는 것은 확실하다.

Clumeck는 표준 중국어를 사용하는 아이들에게 특징적인 변이 성조에 대해 보고하고 있다. 하지만 아쉽게도 약간 오해의 여지가 있고 접근하기 힘들다. Clumeck는 낮은 음높이의 음절 앞에서 내림조와 오름조가 모두 높은 수평조로 바뀌는 현상을 보고하고 있는데 Clumeck의 예들은 모두 두 번째 음절이 어휘적으로 낮은 성조가 아니라 어휘적으로 성조가 없는 것들이다. 예를 들면 /zhei41geø/ > [zhei55geø]과 같다. 무성조 음절은 선행 음절의 음높이에 따라서 다양한 음성적 음높이 변이형을 가진다. 이 수평화 과정이 경성 음절 앞에서만 일어나고 어휘적인 저조 앞에서는 일어나지 않는다고 가정하면 이 현상은 두 음절의 강세 유형과 연관이 있을 수 있는 균질한 강약 음보 강세 구조이다. 만약 강세가 있는 첫 음절이 고조를 요구한다면 고조 이외의 부분은 간단하게 무시된다. 어떤 이유에서든지 이 현상은 아이에게 특징적인 교체 현상을 보고하고 있는 거의 없는 논문 중 하나이므로 그 이유만으로도 여기에서 논의할 만한 가치가 있다.

Yue-Hashimoto(1980)에서는 중국어를 말하는 아이들이 만들어낸 단어 놀이에 관한 재미있는 사례를 보여주고 있다. 이 놀이는 2년째부터 나타나기 시작하고 2년 3개월 이상에서는 풍부하게 나타난다. 놀이에서는 단어들이 고정된 성조 유형으로 교체되는데 다음에 제시한 세 종류의 성조 가락이 그것이다.

(8)　2음절　　　　　　　　　　H.L로 사상　t'au35 wan35 > t'au55 wan11
　　　단음절　중첩 및　　　　H.L로 사상　yən35 > yən55 yən11
　　　　　　2음절로 나누기　L.H로 사상　k'ua53 > k'ɯ11 a55

　　Yue-Hashimoto가 지적한 것에 따르면 성조 놀이는 성조적 구별 능력을 암시한다. 이러한 특정 단어 놀이는 언어의 분절음에서 성조를 분리하여 조작하는 능력이 있음을 보여준다. 아이는 음운론자가 말하는 성조의 자립분절적 표상에 확실히 도달하고 있다!

　　여러 언어에서 단어 놀이의 성조 습관을 살펴보면 상당히 다양한 형태가 발견된다. Hombert(1986)에서는 성조와 분절음이 하나의 단위처럼 움직이는 예를 제시하고 있다. 예를 들면 타이어의 운 바꾸기 놀이에서 나타나는 *kôn jàj > kàj jôn* '커다란 바닥'의 경우이다. 여기서는 성조와 분절음이 같이 움직인다. 바퀴리어 놀이의 대립에서는 음절의 위치가 바뀌지만 성조는 그대로 남는다. 예를 들면 *kóndì > ndikò* '쌀'의 경우이다. Hombert는 성조와 분절음의 비분리성이 아시아 언어에서 좀 더 일반적인 현상으로 보고 있다. 하지만 Hashimoto 연구의 아이는 아시아 언어에 속하는 표준 중국어를 쓰고 있지만 아주 어렸을 때부터 성조와 분절음이 독립적으로 다룰 수 있음을 보여준다.

10.3 제2언어 습득

10.1.4에서 원어민과 비원어민 화자의 성조 지각을 살펴보았다. 비원어민 화자의 경우 성조 대립에 대한 지각이 제한되어 있는데 어떻게 성조 언어를 습득하게 되는 지가 궁금할 수 있다. 유감스럽게도 이렇게 흥미로운 주제에 대하여 알려져 있는 것은 본질적으로 없다. 비원어민 화자들이 원어민 화자보다 성조 구별 능력이 훨씬 좋지 않음에도 불구하고 간단한 훈련을 통해 원어민에 가까운 수준으로 향상되도록 학습할 수 있다. Wang *et al.*(1999)에서는 표준 중국어 대한 훈련되지 않은 비원어민 화자는 67퍼센트 정도의 정확도로 성조를 구별할 수 있었는데 훈련을 받은 이후에는 90퍼센트 이상으로 높아져서 원어민의 100퍼센트에 접근하는 현상을 발견하였다. 훈련받지 않은 사람들의 낮은 성취도는 놀라운 사실이 아니다. Leather(1987)의 연구를 보면 영어와 네덜란드어 화자의 청취 실험 피실험자들은 원어민 화자들보다 성조의 범주가 겹치는 구간이 훨씬 다양하게 나타난다.

성조에 대한 제2언어 습득에 관한 연구는 대단히 적다. 특히 말하기의 목적에 관한 것에서 그렇다. Wong(1993)에서는 영어권 화자의 광둥어 성조 지각을 관찰하였고 Szeto(2000)에서는 영어 원어민 화자의 광둥어 성조 말하기를 관찰하였다. Wong에서는 지각하기 가장 쉬운 성조가 높은 수평조 55이었고 그 다음으로 초저조인 11이었다. 지각하기 가장 어려운 성조는 저조 22이었다. 이것은 Tse의 1978년 연구에 있는 제1언어로 광둥어를 습득하는 순서와 정확히 같다.

Szeto의 말하기에 관한 자료는 좀 더 복잡하다. 가장 놀라운 사실은 학습자들이 대단히 잘 한다는 점이다. 대부분의 성조에서 원어민 화자 두 사람이 판단한 정확도가 90퍼센트 이상이었다. 가장 덜 정확하게 발화된 초저조 11은 80퍼센트 이하였다. 정확도는 목표 음절이 두 번째 음절이나 단음절의 경우일 때보다 첫 번째 음절이나 2음절의 경우에 훨씬 높았는데 그 이유는 명확하지 않다. 초저조가 어려운 현상은 Tse의 1992년 자료와 판박이이다. 초저조는 제1언어의 습득에서도 가장 나중에 숙달되는 성조의 하나이다. 요약하면 광둥어의 제2언어 학습에 관한 자료는 광둥어의 제1언어 습득에 관한 자료와 유사하게 22와 11 성조를 특별히 학습하기 어려운 성조로 들고 있다. 우리가 알고 있는 지식을 더 혼란스러운 상태로 간단히 만들고 있다. 우리가 염두에 두어야 하는 가능성은 초기 학습자들에게는 성조가 제대로 학습된다기보다는 교사의 성조를 모방하는 상태일 것이라는 점이다.

우리가 또 주목해야 하는 것은 제2언어의 습득에서 다른 성조보다 22나 11을 더 학습하기 어렵게 하는 명확한 특징이 영어에 있지 않다는 점이다. 따라서 이 주제는 향후의 연구 과제로 남겨두어야 한다. Szeto의 화자 세 사람을 대상으로 한 작은 연구를 보면 아주 놀라운 면이 있다. 홍콩과 같이 광둥어를 말하는 환경에 노출된 시간의 길이와 성조의 정확도 사이는 역의 상관관계가 있었다는 것이다. 가장 정확하게 발화한 화자가 홍콩에서 세 달 있었고 가장 덜 정확한 화자가 삼년 반 동안 있었다. 이 자료를 통해 우리는 성인의 제2언어 학습 능력에서 체류 기간 효과보다 더 중요한 변수가 있다는 느낌을 가질 수 있다.

참고문헌

ROA#로 표시된 모든 참고문헌은 http://roa.rutgers.edu 웹페이지에 있는 미국 럿거스 대학 최적성이론 논문 목록(Rutgers Optimality Archive)을 참고하라.

Abramson, A. 1975. The tones of Central Thai: some perceptual experiments. In J. G. Harris and J. Chamberlain (eds.), *Studies in Tai Linguistics*. Bangkok: Central Institute of English Language, pp. 1-16.

________. 1978. Static and dynamic acoustic cues in distinctive tones. *Language and Speech* 21: 319-25.

Akanlig-Pare, George. 1997. Tonal structure of Buli phonological nouns. *Gur Papers/ Cahiers Voltaïques* 2: 63-7.

Akinlabi, A. 1985. Tonal Underspecification and Yoruba Tone. PhD Dissertation, University of Ibadan.

________. (ed.) 1995. *Theoretical Approaches to African Linguistics*. (Proceedings of the 25th Annual Conference on African Linguistics). Trenton, NJ: Africa World Press.

________. 1996. *Featural affixation. Journal of Linguistics* 32: 239-89.

Akinlabi, A., and M. Liberman. 1995. On the phonetic interpretation of the Yoruba tonal system. *Proceedings of the International Congress of Phonetic Sciences* 1995. Stockholm, Sweden, pp. 42-5.

________. 2000a. The tonal phonology of Yoruba clitics. In B. Gerlach and J. Grizenhout (eds.), *Clitics in Phonology, Morphology and Syntax*. Amsterdam/Philadelphia: John Benjamins Publishing Company.

________. 2000b. Tonal complexes and tonal alignment. Paper given at the Tone Symposium, University of Tromø. *Proceedings of NELS* 31 수록 예정.

Alderete, J. 1995. Faithfulness to prosodic heads. ROA# 94-0000.

Anderson, S. 1974. *The Organization of Phonology*. New York: Academic Press.

________. 1978. Tone features. In V. Fromkin (ed.), *Tone: A Linguistic Survey*.

New York: Academic Press, pp. 133-76.

Antilla, A., and A. Bodomo. 1996. Stress and tone in Dagaare. MS, Stanford University. [ROA# 169-1296 논문].

______. (출간 예정) Tonal polarity in Dagaare. *Proceedings of the 28th Annual Conference on African Linguistics*, Cornell University.

Ao, B. 1993. Phonetics and Phonology of Nantong Chinese. PhD Dissertation, Ohio State University.

Archangeli, D., and T. Langendoen (eds.) 1997. *Optimality Theory: An Overview.* Oxford: Blackwell.

Armstrong, R. G. 1968. Yala (Ikom), a terraced-level language with three tones. *Journal of West African Languages* 5: 41-50.

Asongwed, T., and L. Hyman. 1976. Morphotonology of the Ngamambo noun. In L. Hyman (ed.), *Studies in Bantu Tonology.* Los Angeles: University of Southern California, pp. 23-56.

Awedoba, A. K. 1993. *Kasem Studies Part* 1: *Phonetics and Phonology.* (Research Review, Supplement No.7) Legon: University of Ghana, Institute of African Studies. Baart, J.L.G. 1997. *The Sounds and Tones of Kalam Kohistani.* Arlington, TX: Summer Institute of Linguistics and National Institute of Pakistan Studies.

Bahl, K. C. 1957. Tones in Punjabi. *Indian Linguistics* 17: 139-47.

Banti, G. 1988. Two Cushitic systems: Somali and Oromo nouns. In H. van der Hulst and N. Smith (eds.), *Autosegmental Studies on Pitch Accent Systems.* Dordrecht: Foris, pp. 11-49.

Bao, Zhi Ming. 1990. On the Nature of Tone. PhD dissertation, MIT.

______. 1999. *The Structure of Tone.* Oxford: Oxford University Press.

Barrett-Keach, C. 1986. Word-internal evidence from Swahili for Aux/INFL. *Linguistic Inquiry* 17: 559-64.

Bearth, T., and H. Zemp. 1967. The phonology of Dan (Santa). *Journal of African Linguistics* 6: 9-29.

Beckman, J. 1997. Positional Faithfulness. Doctoral dissertation, University of Massachusetts, Amherst.

Beckman, M., J. Edwards and J. Fletcher. 1992. Prosodic structure and tempo in a sonority model of articulatory dynamics. In G. Docherty and R. Ladd (eds.), *Papers in laboratory Phonology II: Gesture, Segment, Prosody.* Cambridge: Cambridge University Press, pp. 68-86.

Beckman, M., and J. Kingston. 1990. *Between the Grammar and Physics of Speech. Papers in Laboratory Phonology I.* Cambridge: Cambridge University Press.

Beckman, M., and J. Pierrehumbert. 1986. Intonational structure in Japanese and English. *Phonology Yearbook* 3: 255-310.

Bendor-Samuel, J. 1989. *The Niger-Congo Languages.* Lanham, MD: University Press of America and SIL.

Bernot, D. 1979. Un point de syntaxe Birmane. Paper given at the 12th International Conference on Sino-Tibetan Languages and Linguistics, Paris.

Beyer, K. 1999. La morphologie du verbe en pana. 2nd Colloquium on Gur Languages 발표 논문, Cotonou, Benin.

Bhatia, T. K. 1993. *Punjabi: A Cognitive-Descriptive Grammar.* London and New York: Routledge.

Bickmore, L. 1996. Bantu tone spreading and displacement as alignment and minimal misalignment. ROA# 161-1196.

Bickmore, L., and G. A. Broadwell. 1998. High tone docking in Sierra Juárez Zapotec. *International Journal of American Linguistics* 64.1: 36-67.

Bird, S. 1990. Constraint-Based Phonology. PhD Dissertation, University of Edinburgh.

Blakemore, D. 1992. *Understanding Utterances: An Introduction to Pragmatics.* Oxford: Blackwell.

Blanchon, J. A. 1998. Tonology of the Kongo noun phrase. In L. Hyman and C. Kisseberth (eds.), *Theoretical Aspects of Bantu Tone.* Stanford: CSLI Publications.

Blevins, J. 1993. A tonal analysis of Lithuanian nominal accent. *Language* 69: 237-73.

Bodomo, A. 1997. *The Structure of Dagaare*. Stanford: CSLI Publications.

Bolinger, D. 1986. *Intonation and its Parts*. Stanford: Stanford University Press.

Boysson-Bardies, B. de, P. Hallé, L. Sagart and C. Durand. 1989. A cross-linguistic investigation of vowel formants in babbling. *Journal of Child Language* 16: 1-17.

Boysson-Bardies, B. de, L. Sagart and C. Durand. 1984. Discernible differences in the babbling of infants according to target language. *Journal of Child Language* 11: 1-15.

Boysson-Bardies, B. de, M. Vihman, L. Roug-Hullichius, C. Durand, I. Landberg and F. Arao. 1992. Material evidence of infant selection from target language: A cross-linguistic phonetic study. In C. A. Ferguson, L. Menn and C. Stool-Gammon (eds.), *Phonological Development: Models, Research, Implications*. Timonium, MD: York Press.

Bradley, D. 1982. Register in Burmese. In D. Bradley (ed.), *Tonation*. (Pacifica Linguistic Series A-62) Canberra: Research Centre of Pacific Studies, Australian National University, pp. 117-32.

Bradshaw, M. 1995. Tone on verbs in Suma. In Akinlabi 1995: 255-72.

______. 1999. A Cross-Linguistic Study of Consonant-Tone Interaction. PhD Dissertation, Ohio State University.

Bunn, G., and R. Bunn. 1970. Golin phonology. In S.A.Wurm (ed.), *Papers in New Guinea Linguistics*, No. 11. Canberra: Australian National University.

Burzio, L. 1994. *Principles of English Stress*. Cambridge: Cambridge University Press.

Cahill, M. 1992. *A Preliminary Phonology of the Kanni Language*. (Collected Field Notes Series No. 20) Legon: The Institute of African Studies, University of Ghana.

______. 1998a. Tonal polarity in Kɔnni nouns: an Optimal Theoretical account. OSU *Working Papers in Linguistics* 51: 19-58.

______. 1998b. Tonal associative morphemes in optimality theory. Linguistic Society of America meeting 발표 논문, New York, NY.

______. 1999. Aspects of the Morphology and Phonology of Konni. PhD

Dissertation, Ohio State University.

Carlson, R. 1983. Downstep in Supyire. *Studies in African Linguistics* 14: 35-45.

_____. 1994. *A Grammar of Supyire*. New York: Mouton de Gruyter.

Casali, R. F. 1995. An overview of the Nawuri verbal system. *Journal of West African Languages* 25.1: 63-86.

Cassimjee, F. 1998. *Isixhosa Tonology: An Optimal Domains Theory Analysis*. Munich: Lincom Europa.

Cassimjee, F., and C. Kisseberth. 1998. Optimal domains theory and Bantu tonology: a case study from Isixhosa and Shingadja. In Hyman and Kisseberth 1998: 33-132 [ROA# 176-0297 논문].

_____. 2001. Zulu tonology and its relationship to other Nguni languages. In Shigeki Kaji (ed.), *Cross-linguistic Studies of Tonal Phenomena: Tonogenesis, Japanese Accentology, and Other Topics*. Tokyo: Institute for the Study of Languages and Cultures of Asia and Africa (ILCAA), Tokyo University of Foreign Studies, pp. 327-59.

Chan, M. 1985. Fuzhou Phonology: A Non-linear Analysis of Tone and Stress. PhD dissertation, University of Washington, Seattle.

_____. 1987. Tone and melody interaction in Cantonese and Mandarin songs. *UCLA Working Papers in Phonetics* 68: 132-69.

Chan, S. W., C. K. Chuang and W. S. -Y. Wang. 1975. Crosslanguage study of categorical perception for lexical tone. *Journal of the Acoustical Society of America* 58: 119.

Chang, K. 1953. On the tone system of Miao-Yao. *Language* 29: 374-8.

Chao, Y. -R. 1930. A system of tone letters. *Le Maître Phonétique* 45: 24-7.

_____. 1933. Tone and intonation in Chinese. *Academia Sinica BIHP* 4.2, pp. 21-34.

_____. 1968. *A Grammar of Spoken Chinese*. Berkeley: University of California Press.

Chatterji, S.K. 1969. *Indo-Aryan and Hindi: 8 Lectures Originally Delivered in 1940 before the Gujarat Vernacular Society, Ahmedabad.* (Second edition).

Chen, M. 1987. The syntax of Xiamen tone sandhi. *Phonology Yearbook* 4: 109-50.

______. 1992. Tone rule typology. In L. A. Buszard-Welcher, J. Evans, D. Peterson, L. Wee and W. Weigel (eds.), *Proceedings of the Berkeley Linguistics Society, Special Session on Tone*. Berkeley: Berkeley Linguistics Society, pp. 54-66.

______. 2000. *Tone Sandhi*. Cambridge: Cambridge University Press.

Cheng, C. -C. 1973. A quantitative study of Chinese tones. *Journal of Chinese Linguistics* 1.1: 93-110.

Cheng, T. 1973. The phonology of Taishan. *Journal of Chinese Linguistics* 1.2: 256-322.

Chomsky, N., and M. Halle. 1968. *The Sound Pattern of English*. New York: Harper and Row.

Chumbow, B. S. 1982. Contraction and tone polarization in Ogori. *Journal of West African Languages* 12.1: 89-103.

Chumbow, B. S., and E. G. Nguendjio. 1991. Floating tones in Bangwa. *Journal of West African Languages* 21.1: 3-14.

Clark, M. 1978. A Dynamic Treatment of Tone. PhD Dissertation, University of Massachusetts, Amherst.

______. 1990. *The Tonal System of Igbo*. Dordrecht: Foris.

Clements, G. N. 1978. Tone and syntax in Ewe. In D.J. Napoli (ed.), *Elements of Tone, Stress, and Intonation*. Washington, DC: Georgetown University Press, pp. 21-99.

______. 1979. The description of terraced-level tone languages. *Language* 55: 536-58.

______. 1981. The hierarchical representation of tone features. In I. R. Dihoff (ed.), *Current Approaches to African Linguistics*. Dordrecht: Foris, vol. 1, pp. 145-76.

______. 1984. Principles of tone association in Kikuyu. In G. N. Clements and J. Goldsmith (eds.), *Autosegmental Studies in Bantu Tone*. Dordrecht: Foris, pp. 281-339.

______. 1985. The geometry of phonological features. *Phonology* 2: 225-52.

______. 1989. A unified set of features for consonants and vowels. MS, Cornell University. [Revision appeared as: Place of articulation in consonants and vowels: a unified theory. In *Working Papers of the Cornell Phonetics Laboratory* 5: 77-123.]

______. 1990. The status of register in intonation theory: comments on papers by Ladd and by Inkelas and Leben. In J. Kingston and M. Beckman (eds.), *Between the Grammar and Physics of Speech.* (Papers in Laboratory Phonology I) Cambridge: Cambridge University Press, pp. 58-71.

______. 2000. Phonology. In Heine and Nurse 2000: 123-60.

Clements, G. N., and K. Ford. 1979. Kikuyu tone shift and its synchronic consequences. *Linguistic Inquiry* 10: 179-210.

Clements, G. N., and Elizabeth Burne. 1995. The internal organization of speech sounds. In John Goldsmith (ed.), *The Handbook of Phonological Theory:* Oxford: Blackwell, pp. 245-306.

Clifton, J. M. 1975. Nonsegmental Tone in Lango. Proceedings of the Sixth Conference on African Linguistics. *OSU Working Papers in Linguistics* 20: 99-105.

Clumeck, H. 1980. The acquisition of tone. In G. H. Yeni-komshian, J. F. Kavanagh and C.A. Ferguson (eds.), *Child Phonology, Vol. I, Production.* New York: Academic Press, pp. 257-75.

Cole, J., and C. W. Kisseberth. 1994. An optimal domains theory of harmony. *Studies in the Linguistic Sciences* 24: 101-14.

______. 1995. Paradoxical strength conditions in harmony systems. *Cognitive Science Technical Report UIUC-BI-CS-95-03 (Language Series).* University of Illinois, Beckman Institute.

Connell, B. 1999. Four tones and downtrend: a preliminary report on pitch realization in Mambila. In P. Kotey (ed.) *New Dimensions in African Linguistics and Languages.* Trenton, NJ: Africa World Press, pp. 75-88.

______. 2000. The perception of lexical tone in Mambila. *Language and Speech* 43: 163-82.

Connell, B. A., R. J. Hayward and J. A. Ashkaba. 2000. Observations on Kunama tone (Barka dialect). *Studies in African Linguistics* 29. 1: 1-41.

Connell, B., and D. R. Ladd. 1990. Aspects of pitch realization in Yoruba. *Phonology* 7: 1-29.

Cox, M. 1998. Description grammaticale du ncam (bassar), langue gurma du Togo et du Ghana. Thèse de diplome, Ecole Pratique des Hautes Etudes, Paris.

Creissels, D., and C. Grégoire. 1993. La notion de ton marque dans l'analyse d'une opposition tonale binaire: le cas du mandingue. *Journal of African Languages and Linguistics* 14.2: 107-54.

Crouch, M. 1985. A note on syllable and tone in Vagla verbs. *Journal of West African Languages* 15.2: 29-40.

Cruttenden, A. 1986. *Intonation.* Cambridge: Cambridge University Press.

Cutler, A., and H. -C. Chen. 1997. Lexical tone in Cantonese: spoken-word processing. *Perception and Psychophysics* 59.2: 165-79.

Daly, J. 1993. Representation of tone in Peñoles Mixtec. MS, Summer Institute of Linguistics, Dallas.

de Lacy, P. 1999a. Morphological haplology and correspondence. MS, University of Massachusetts, Amherst. ROA# 298.

______. 1999b. Tone and prominence. MS, University of Massachusetts, Amherst. ROA# 333.

deJong, K., and J. McDonough. 1993. Tone in Navajo. In K. de Jong and J. McDonough (eds.), *UCLA Working Papers in Phonetics.* Los Angeles: UCLA, pp. 165--82.

Dell, F. 1985. A propos de: Svantesson J. -O., 'Kammu Phonology and Morphology'. *Cahiers Linguistiques de l'Asie Orientale* 14.2: 259-75.

Demuth, K. 1992. The acquisition of Sesotho. In DJ. Slobin (ed.), *The Cross-linguistic Study of Language Acquisition.* Hillsdale, NJ: Lawrence Erlbaum Associates, vol.3, pp. 557-638.

______. 1993. Issues in the acquisition of the Sesotho tonal system. *Journal of Child Language* 20: 275-301.

______. 1995. The acquisition of tonal systems. In J. Archibald (ed.), *Phonological*

Acquisition and Phonological Theory. d Hillsdale, NJ: Lawrence Erlbaum Associates, pp. 111-34.

Derbyshire, D. C., and G. K. Pullum. 1986. *Handbook of Amazonian Languages.* (4 vols.) Berlin: Mouton de Gruyter.

Dimmendaal, G. J., and S. A. Breedveld. 1986. Tonal influence on vocalic quality. In K. Bogers, H. van der Hulst and M. MOllS (eds.), *The Phonological Representation of Suprasegmentals.* Dordrecht: Foris, pp. 1-34.

Dolphyne, F. A. 1988. *The Akan (Twi-Fante) Language: Its Sound Systems and Tonal Structure.* Accra: Ghana Universities Press.

Downing, L. 2001. How ambiguity of analysis motivates stem change in Durban Zulu. *UBC Working Papers in Linguistics.*

_____. (출간 예정) Accent in African languages. In R. E. W. N. Goedemans and H. G. van der Hulst (eds.) *Stress Patterns of the World: Data.* Amsterdam: John Benjamins.

Dresher, B. E., and H. van der Hulst. 1995. Head-dependent asymmetries in prosodic phonology. MS, University of Toronto and University of Leiden.

Duanmu, S. 1990. A Formal Study of Syllable, Tone, Stress and Domain in Chinese Languages. PhD dissertation, MIT.

_____. 1991. Stress and syntax-phonology mismatches: tonal domains in Danyang and Shanghai. *Proceedings of the West Coast Conference in Formal Linguistics* 10: 127-38.

_____. 1992a. An autosegmental analysis of tone in four Tibetan languages. *Linguistics of the Tibeto-Burman Area* 15.1: 65-91.

_____. 1992b. End-based theory, cyclic stress, and tonal domains. *Chicago Linguistics Society* 28.2: 65-76.

_____. 1993. Rime length, stress and association domains. *Journal of East Asian Linguistics* 2.1: 1-44.

_____. 1994. Against contour tone units. *Linguistic Inquiry* 25.4: 555-608.

_____. 1997. Recursive constraint evaluation in optimality theory: evidence from cyclic compounds in Shanghai. *Natural Language and Linguistic Theory* 15.3: 465-508.

_____. 1999. Metrical structure and tone: evidence from Mandarin and Shanghai. *Journal of East Asian Linguistics* 8.1: 1-38.

_____. 2000. *The Phonology of Standard Chinese*. Oxford: Oxford University Press.

Dwyer, D. 1976. The analysis of Bambara polarization. *Studies in African Linguistics*, Supplement 6: 27-38.

Đo The Dung, Tran Thin Huong and G. Boulakia. 1998. Intonation in Vietnamese, in D. Hirst and A. de Cristo (eds.), *Intonation Systems: A Survey of Twenty Languages*. Cambridge: Cambridge University Press, pp. 395-416.

Eberhard, D. 1995. *Maimande Stress: The Need for Strata*. Arlington: Summer Institute of Linguistics, University of Texas.

Edmondson, J. A. 1992. A study of tones and initials in Kam, Lakkja, and Hlai. In C. J. Compton and J. F. Hartmann (eds.), *Papers on Tai Languages, Linguistics, and Literatures: In Honor of William J. Gedney on his 77th Birthday*. (Occasional Paper No. 16. 1992. Monograph Series on Southeast Asia) DeKalb, IL: N. Illinois University Center for Southeast Asian Studies, pp. 77-100.

Edmondson, J. A., Deji-Sezhen Geziben and M. Fillippini. n.d. A cross-lectal study of Tibetan tones: analysis and representation. MS, University of Texas, Arlington.

Edmondson, J. A., and Shaoni Li. 1994. Voice-quality and voice quality change in the Bai language of Yunnan province. *Linguistics of the Tibeto-Burman Area* 17.2: 49-68.

Edmondson, J., and D. Solnit. 1988. *Comparative Kadai: Linguistic Studies beyond Tai*. (SILIUTA Series in Linguistics No. 86) Dallas: Summer Institute of Linguistics.

Edmondson, J., and Q. Yang. 1989. Phonological geometry in Kam-Sui: contours, edges and dimorphism. MS, University of Texas, Arlington, and Central Institute of Nationalities, Beijing.

Edmondson, J. A., J. Bateman and H. Miehle. 1992. Tone contours and tone clusters in Iau. In L. Buszard-Welcher, J. Evans, D. Peterson, L. Wee and

W. Weigel (eds.), Special *Session on the Typology of Tone Languages. Proceedings of the 18th Annual Meeting of the Berkeley Linguistics Society. Berkeley*: Berkeley Linguistics Society, pp. 92-103.

Eimas, P., E. Siqueland, P.W. Jusczyk and J. Vigorito. 1971. Speech perception in infants. *Science* 171: 303-18.

Essien, O. E. 1990. *A Grammar of the Ibibio Language*. Ibadan: University Press.

Everett, D. 1986. Piraha. In D. C. Derbyshire and G. K. Pullum (eds.), *Handbook of Amazonian Languages*, Berlin: Mouton de Gruyter, Vol. 1, pp. 200-325.

Everett, D., and K. Everett. 1984. On the relevance of syllable onsets to stress placement. *Linguistic Inquiry* 15: 705-11.

Everett, K. M. 1998. The acoustic correlates of stress in Piraha. *Journal of Amazonian Languages* 1: 104-62.

Firth, J. R. 1948. Sounds and prosodies. *Transactions of the Philological Society*, pp. 127-52. F. R. Palmer (ed.), *Prosodic Analysis*. Oxford: Oxford University Press, 1970, pp. 1-26에도 수록.

Flemming, E. 1995. Auditory Representations in Phonology. Doctoral dissertation, UCLA, Los Angeles.

______. 1997. Phonetic optimisation: compromise in speech production. In V. Miglio and B. Moren (eds.), *University of Maryland Working Papers in Linguistics, Vol. 5. Proceedings of the Hopkins Optimality Theory Conference (HOT)*. College Park: University of Maryland, pp. 72-91.

Fok, C. Y. -Y. 1974. *A Perceptual Study of Tones in Cantonese*. Centre of Asian Studies, University of Hong Kong.

Fountain, A. V. 1998. An Optimality Theory Approach to Navajo Prefixal Syllables. PhD dissertation, University of Arizona.

Fromkin, V. A. (ed.). 1978. *Tone: A Linguistic Survey*. New York: Academic Press.

Fu, Q. -J. and F. -G. Zeng. 2000. Identification of temporal envelope cues in Chinese tone recognition. *Asia Pacific Journal of Speech, Language and Hearing* 5: 45-57.

Gandour, J. 1974. On the representation of tone in Siamese. *UCLA Working Papers in Phonetics* 27: 118-46.

_____. 1975. On the representation of tone in Siamese. In J. G. Harris and J. R. Chamberlain (eds.), *Studies in Tai Linguistics in Honor of William J. Gedney.* Bangkok: Central Institute of English Language, Office of State University, Bangkok.

_____. 1977. On the interaction between tone and vowel length: evidence from Thai dialects. *Phonetica* 34: 54-65.

_____. 1978. The perception of tone. In Fromkin 1978: 41-76.

Gandour, J., N. Satthamnuwong and A. Tumtavitikul. 1999. Effects of speaking rate on Thai tones. *Phonetica* 56: 123-34.

Garber, A. E. 1987. A Tonal Analysis of Senufo: Sucite Dialect. PhD Dissertation, University of Illinois at Urbana-Champaign.

Garding, E., P. Kratochvil, J. O. Svantesson and J. Zhang. 1986. Tone 4 and tone 3 discrimination in modem Standard Chinese. *Language and Speech* 29: 281-93.

Gedney, W. 1947. Indic Loanwords in Spoken Thai. PhD Dissertation, Yale University.

George, I. 1970. Nupe tonology. *Studies in African Linguistics* 1: 100-22.

Geziben, Deji-Sezhen. 1996. *Trochaic Structure in Tibetan Phonology: A Metrical Analysis of Tone in Lhasa Tibetan.* MA Thesis, University of Texas, Arlington.

Goldsmith, J. 1976. Autosegmental Phonology. PhD Dissertation, MIT. 1984. Meeussen's Rule. In M. Aronoff and R. Oehrle (eds.), *Language Sound Structure.* Cambridge, MA: MIT Press, pp. 245-9. *1990. Autosegmental and Metrical Phonology.* Cambridge: Basil Blackwell.

Gomez-Imbert, E. 2001. More on the tone versus pitch accent typology: evidence from Barasana and other Eastern Thkanoan languages. In S. Kaji (ed.), *Proceedings of the Second Symposium on Cross-linguistic Studies of Tonal Phenomena.* Tokyo: ICLAA Tokyo University of Foreign Studies.

Gomez-Imbert, E., and M. Kenstowicz. 1999. Barasana tone and accent. MS,

CNRS and MIT. 2000. Barasana tone and accent. *International Journal of American Linguistics* 66. 4: 419-63.

Gordon, M. 1998. The process-specific nature of weight: the case of contour tone restrictions. In K. Shahin, S. Blake and E.-S. Kim (eds.), *Proceedings of WCCFL-17*. Stanford, CA: Stanford University and CSLI.

Green, A. D. 1994. Syllable structure in Burmese: a constraint-based approach. MS, Cornell University. 1995. The prosodic structure of Burmese: a constraint-based approach. *Working Papers of the Cornell Phonetics Laboratory* 10: 67-96.

Greenberg, J. 1963. *The Languages of Africa.* Part 2, *International Journal of American Linguistics* 29.2.

_____. 1966. Some universals of grammar with particular reference to the order of meaningful elements. In Joseph Greenberg (ed.), *Universals of Language* (2nd edn). Cambridge, MA: MIT Press.

Greenberg, S., and E. Zee. 1979. On the perception of contour tones. *UCLA Working Papers in Phonetics* 45: 150-65.

Gregerson, K. J. 1976. Tongue-root and register in Mon-Khmer. In P. Jenner, L. Thompson and S. Starosta (eds.), *Austroasiatic Studies.* Honolulu: University of Hawaii Press, Part I, pp. 323-69.

Grimes, B. 2000. *Ethnologue: Languages of the World* (14th edn, CD-ROM). Dallas: International Academic Bookstore.

Gussenhoven, C. 2000. The boundary tones are coming: on the non-peripheral realization of boundary tones. In M. Broe and J. Pierrehumbert (eds.), *Acquisition and the Lexicon: Papers in Laboratory Phonology* 11. Cambridge: Cambridge University Press, pp. 132-51.

Gussenhoven, C., and P. van der Vliet. 1999. Tone and intonation in Venlo. *Journal of Linguistics* 35.1: 99-136.

Guthrie, M. 1967-71. *Comparative Bantu.* 4 vols. Farnborough: Gregg International Publishers.

Hale, K., and E. Selkirk. 1987. Government and tonal phrasing in Papago. *Phonology* 4: 151-83.

Halle, M. 1983. On distinctive features and their articulatory implementation. *Natural Language and Linguistic Theory* 1: 91-105.

Halle, M., and K. Stevens. 1971. A note on laryngeal features. *Quarterly Progress Report* 101. MIT.

Halliday, M. A. K. 1967. *Intonation and Grammar in British English*. The Hague: Mouton.

Haraguchi, S. 1977. *The Tone Pattern of Japanese: An Autosegmental Theory of Tonology*. Tokyo: Kaitakusha.

Hargus, S., and K. Rice. (출간 예정) *Athapaskan Prosody*. Amsterdam: John Benjamins.

Harris, J. 1990. Segmental complexity and phonological government. *Phonology* 7.2: 255-300.

Harris, J. 1999. Release the captive coda: the foot as a domain of phonetic interpretation. *VCL Working Papers in Linguistics* 11: 165-94.

Harrison, P. A. 1998. Yoroba babies and unchained melody. *VCL Working Papers in Phonetics* 10: 33-52.

_____. 1999. The Acquisition of Phonology in the First Year of Life. PhD Dissertation, University College London.

_____. 2000. Acquiring the phonology of lexical tone in infancy. *Lingua* 110: 581-616.

Haudricourt, A. -G. 1954. De l'origine des tons en vietnamien. *Journal Asiatique* 242: 68-82.

_____. 1972. Two-way and three-way splitting of tonal systems in some Far-Eastern languages. (trans. C. Court). In J. Harris and R. Noss (eds.), *Tai Phonetics and Phonology*. Bangkok: Central Institute of English Language, Mahidol University 58-86.

Hayes, B. 1995. *Metrical Stress Theory: Principles and Case Studies*. Chicago: University of Chicago Press.

Hayes, B., and A. Labiri. 1991. Bengali intonational phonology. *Natural Language and Linguistic Theory*. 9: 47-96.

Heine, B., and D. Nurse (eds.). 2000. *African Languages: An Introduction*.

Cambridge: Cambridge University Press.

Hewitt, M. 1994. Deconstructing foot binarity. MS, University of British Columbia.

Hewitt, Mark, and Alan Prince. 1989. OCP, locality and linking: the N. Karanga verb. In E.J. Fee and K. Hunt (eds.), *Proceedings of WCCFL* 8. Stanford: SLA, pp. 176-91.

Hirose, H. 1997. Investigating the physiology of laryngeal structures. In W. J. Hardcastle and J. Laver (eds.), *The Handbook of Phonetic Sciences*. Oxford: Basil Blackwell, pp. 116-36.

Hirst, D., and A. de Cristo (eds.). 1998. *Intonation Systems: A Survey of Twenty Languages*. Cambridge: Cambridge University Press.

Hoa, M. 1983. *L'accentuation en pekinois*. (Editions langages croises) Paris: Centre de recherches linguistiques sur l'asie orientale.

Hoffman, C. 1963. *A Grammar of the Margi Language*. Oxford: Oxford University Press.

Hogan, J., and M. Manyeh. 1996. A study of Kono tone spacing. *Phonetica* 53.4: 221-9.

Hollenbach, B. E. 1977. Phonetic vs. phonemic correspondence in two Trique dialects. In W. Merrifield (ed.), *Studies in Otomanguean Phonology*. Dallas: Summer Institute of Linguistics, pp. 35-68.

Holton, G. (출간 예정) Pitch, tone and intonation in Tanacross. In Hargus and Rice (출간 예정).

Hombert, J. -M. 1978. Consonant types, vowel quality and tone. In Fromkin 1978: 77-112. 1986. Word games: some implications for analysis of tone and other phonological constructs. In J. J. Ohala and J. J. Jaeger (eds.), *Experimental Phonology*. Orlando, FL: Academic Press, pp. 175-86.

Hombert, J. -M., J. J. Ohala and W. G. Ewan. 1979. Phonetic explanations for the development of tones. *Language* 55: 37-58.

Howie, J. M. 1972. Some experiments on the perception of Mandarin tones. In A. Rigault and R. Charbonneau (eds.), *Proceedings of the 7th International Congress of Phonetic Sciences*. The Hague: Mouton, pp. 900-4.

Hsieh, Hsin-I. 1976. On the unreality of some phonological rules. *Lingua* 38: 1-19.

Hualde, J. I. 1991. *Basque Phonology*. London: Routledge.

______. 1999. Basque accentuation. In Harry van der Hulst (ed.), *Word Prosodic Systems in the Languages of Europe*. Berlin: Mouton de Gruyter, pp. 947-93.

Hualde, J. I., G. Elordieta, I. Gaminde and R. Smiljanić. forthcoming. From pitch-accent to stress-accent in Basque. In C. Gussenhoven and N. Warner (eds.), *Papers in Laboratory Phonology VII*. Cambridge: Cambridge University Press.

Huang, J. C. -T. 1980. The metrical structure of terraced level tones. *Cahiers Linguistiques d'Ottawa* 9: 257-70.

Hulst, H. van der, and K. Snider (eds.). 1993. *The Phonology of Tone: The Representation of Tonal Register*. Berlin: Mouton de Gruyter.

Hunter, G. G., and E. V. Pike. 1969. The phonology and tone sandhi of Molinos Mixtec. *Linguistics* 47: 24-40.

Hyman, L. M. 1972. *A Phonological Study of Fe'fe'-Bamileke*. (Studies in African Linguistics, Supplement 4). Los Angeles: University of California, Los Angeles.

Hyman, L. 1979. A reanalysis of tonal downstep. *Journal of African Languages and Linguistics* 1: 9-29.

______. 1981. Tonal accent in Somali. *Studies in African Linguistics* 12: 169-203.

______. 1985. Word domains and downstep in Bamileke-Dschang. *Phonology Yearbook* 2: 47-83.

______. 1986. The representation of multiple tone heights. In K. Bogers, H. van der Hulst and M. Mous (eds.), *The Phonological Representation of Suprasegmentals*. Dordrecht: Foris, pp. 109-52.

______. 1987. Downstep deletion in Aghem. In D. Odden (ed.), *Current Approaches to African Linguistics*. Dordrecht: Foris, Vol. 4, pp. 209-22.

______. 1990. Boundary tonology and the prosodic hierarchy. In S. Inkelas and D. Zec (eds.), *The Phonology-Syntax Connection*. Chicago: University of Chicago Press, pp. 109-25.

______. 1993. Register tones and tonal geometry. In H. van der Hulst and K. Snider (eds.), *The Phonology of Tone: The Representation of Tonal Register*. Berlin: Mouton de Gruyter, pp. 75-108.

______. 2000. Privative tone in Bantu. Paper given at Symposium on Tone, ILCAA, Tokyo.

______. (출간 예정) Tone systems. In M. Haspelmath, E. Konig, W. Oesterreicher and W. Raible (eds.), *Language Typology and Language Universals: An International Handbook.* (2 vols.) Berlin and New York: Walter de Gruyter.

Hyman, L., and E. R. Byarushengo. 1984. A model of Haya tonology. In G. N. Clements and J. Goldsmith (eds.), *Autosegmental Studies in Bantu Tone.* Dordrecht: Foris, pp. 53-103.

Hyman, L., and F. Katamba. 1993. A new approach to tone in Luganda. *Language* 69.1: 34-67. Hyman, L., and C. Kisseberth (eds.). 1998. *Theoretical Aspects of Bantu Tone.* Stanford, CA: CSLI Publications.

Hyman, Larry M., and Daniel J. Magaji. 1970. Essentials of Gwari grammar. Occasional Publication No. 27 of the Institute of African Studies, University of Ibadan Press, Nigeria.

Hyman, L., and A. Ngunga. 1994. On the non-universality of tonal association 'conventions': evidence from Ciyao. *Phonology* 11: 25-68.

Hyman, L., and R. Schuh. 1974. Universals of tone rules: evidence from West Africa. *Linguistic Inquiry* 5: 81-115.

Hyman, L., and M. Tadadjeu. 1977. Floating tones in Mbam-Nkam. In Larry M. Hyman (ed.), *Studies in Bantu Tonology.* (Southern California Occasional Papers in Linguistics) Los Angeles: University of Southern California, pp. 57-111.

Ingram, D. 1989. *First Language Acquisition: Method, Description and Explanation.* Cambridge: Cambridge University Press.

Inkelas, S. 1988. Prosodic effects on syntax: Hausa 'fa'. In H. Borer (ed.), *Proceedings of the Seventh Annual Conference of the West Coast Conference in Formal Linguistics.* Stanford, CA: Stanford Linguistics

Association, pp. 375-89. 1994. The consequences of optimization for underspecification. ROA# 40-1294.

Inkelas, S., and W. Leben. 1990. Where phonology and phonetics intersect: the case of Hausa intonation. In J. Kingston and M. Beckman (eds.), *Between the Grammar and Physics of Speech: Papers in Laboratory Phonology I.* Cambridge: Cambridge University Press, pp. 17-34.

Inkelas, S., W. Leben and M. Cobler. 1987. The phonology of intonation in Hausa. In J. Blevins and J. Carter (eds.), *Proceedings of NELS* 17. Amherst, MA: Graduate Linguistics Student Association, pp. 327-42.

Inkelas, S., C. O. Orgun and C. Zoll 1996. Exceptions and static phonological patterns: cophonologies vs. prespecification. ROA# 124-0496.

Inkelas, S., and D. Zec. 1988. Serbo-Croatian pitch accent: the interaction of tone, stress and intonation. *Language* 64.2: 227-48.

______. (eds.), 1990. *The Phonology-Syntax Connection.* Chicago: University of Chicago Press.

Innes, D. 1969. *Mende-English Dictionary.* Cambridge: Cambridge University Press.

Issah, D. 1993. Some Tonal Processes and Tone Representation in Dagbani. MA Thesis, University of Texas at Arlington.

Itô, J., Y: Kitagawa and A. Mester. 1996. Prosodic faithfulness and correspondence: evidence from a Japanese argot. *Journal of East Asian Linguistics.* 5: 217-94. Itô, J., and A. Mester. 1998. Markedness and word structure: OCP effects in Japanese. MS, University of California, Santa Cruz. ROA# 255.

Iwata, R., and H. Imagawa. 1982. An acoustic study of tone, tone sandhi, and neutral tone in Lian-Yun-Gang dialect of Chinese. *Annual Bulletin of the RILP* 16: 37-50.

Jagger, P. 2001. *Hausa.* (London Oriental and African Language Library) Amsterdam and Philadelphia: Benjamins.

James, D. 1981. An autosegmental analysis of Siane. MS Summer Institute of Linguistics, Oklahoma.

James, D. J. 1994. Word tone in a Papuan language: an autosegmental solution. *Language and Linguistics in Melanesia* 25: 125-48.

Jamieson, A. R. 1977. Chiquihuitlan Mazatec tone. In William Merrifield (ed.), *Studies in Otomanguean Phonology*. Dallas: Summer Institute of Linguistics, pp. 107-36.

Jeanne, L.M. 1982. Some phonological rules of Hopi. *International Journal of American Linguistics* 48.3: 245-70.

Jiang-King, Ping. 1998. An Optimality Account of Tone-Vowel Interaction in Northern Min. PhD dissertation, Chinese University of Hong Kong.

Jun, S. -A. 1998. The accentual phrase in the Korean prosodic hierarchy. *Phonology* 15.2: 189-226.

Jusczyk, P. W. 1997. *The Discovery of Spoken Language*. Cambridge, MA: MIT Press.

Kager, R. 1999. *Optimality Theory*. Cambridge: Cambridge University Press.

Kager, R., and W. Zonneveld (eds.). 1999. *Phrasal Phonology*. Nijmegen: Nijmegen University Press.

Kaji, S. 1996. Tone reversal in Tembo (Bantu J.57). *Journal of African Languages and Linguistics* 17: 1-26.

Kanerva, J. M. 1990. Focussing on phonological phrases in Chichewa. In Inkelas and Zec 1990: 145-62.

Kari, J. 1976. *Navajo Verb Prefix Phonology*. New York: Garland Publishing.

Karlgren, B. 1966. *Analytic Dictionary of Chinese and Sino-Japanese*. Taipei, Taiwan: Cheng-wen Publishing Company.

Kaye, J., and H. Koopman. 1982. Les tons du systeme verbal en bété (gbadi). Thirteenth Annual Conference on African Linguistics 발표 논문, Montreal.

Kebikaza, K. K. 1994. Les tons du verb kabiye dans les formes de l'inaccompli. In Thomas Geider and Raimund Kastenholtz (eds.), *Sprachen und Sprachzeugnisse in Afrika: Eine Sammlung philologischer Reiträge, Wilhelm J. G. Mahlig zum 60. Geburtstag zugeeignet*. Cologne: Koppe, pp. 263-79.

Kedrebéogo, G. 1997. Tone in Samoma. *Gur Papers/Cahiers Voltaiques* 2: 97-108.

Kennedy, J. 1966. *The Phonology of Dagaari*. (Collected Field Notes Series No.6) Legon: University of Ghana, The Institute of African Studies.

Kenstowicz, M. 1972. Lithuanian phonology. *Studies in the Linguistic Sciences* 2: 1-85.

______. 1994. *Phonology in Generative Grammar*. Oxford: Basil Blackwell.

Kenstowicz, M., and C. Kisseberth. 1990. Chizigula tonology: the word and beyond. In Inkelas and Zec 1990: 163-94.

Kenstowicz, M., E. Nikiema and M. Ourso. 1988. Tonal polarity in two Gur languages. *Studies in the Linguistic Sciences* 18.1: 77-103.

Kent, R. D., and A. D. Murray. 1982. Acoustic features of infant vocalic utterances at 3,6, and 9 months. *Journal of the Acoustic Society of America* 72: 353-63.

Kidima, L. 1990. Tone and syntax in Kiyaka. In Inkelas and Zec 1990: 195-216.

Kim, M. -J. 1997. Tonal predictability from metrical structure. in Northern Tepehuan. *Proceedings of the West Coast Conference in Formal Linguistics* 15: 257-72.

Kim, No-Ju. 1997. Tone, Segments, and their Interaction in North Kyung-Sang Korean. PhD Dissertation, Ohio State University.

Kim, S. -J. 1998. Positional effect on tonal alternations in Chichewa: phonological rules vs. phonetic timing. *Proceedings of the Chicago Linguistics Society* 34.

Kinda, J. 1997. Les tons du mòoré et leur incidence sur les segments. *Gur Papers/Cahiers Voltaiques* 2: 109-16.

Kingston, J. 1985. The phonetics and phonology of Athabaskan tonogenesis. MS, University of Texas, Austin.

Kingston, J., and R. L. Diehl. 1994. Phonetic knowledge. *Language* 70: 419-54.

Kingston, J., and D. Solnit. 1989. The inadequacy of underspecification. *Proceedings of the North Eastern Linguistic Society* 19: 264-78.

Kiparsky, P., and M. Halle. 1977. Towards a reconstruction of the Indo-European accent. In L. Hyman (ed.), *Studies in Stress and Accent*. (Southern

California Occasional Papers in linguistics 4). Los Angeles: University of Southern California, pp. 209-38.

Kirchner, R. 1996. Synchronic chain shifts in Optimality Theory. *Linguistic Inquiry* 27.2: 341-9.

______. 1997. Contrastiveness and faithfulness. *Phonology* 14.1: 83-112.

Kisseberth, C. 1984. Digo tonology. In G. N. Clements and J. Goldsmith (eds.), *Autosegmental Studies in Bantu Tone*. Dordrecht: Foris Publications, pp. 105-82.

Klatt, D. 1973. Discrimination of fundamental frequency contours in synthetic speech duplications for models of pitch perception. *Journal of the Acoustical Society of America* 53: 8-16.

Kleinewillinghöfer, U. 1999. The verb in Kusuntu. 2nd Colloquium on Gur Languages 발표 논문, Cotonou, Benin, 29 March-1 April 1999.

Krifka, M. 1998. Scope inversion under the rise-fall contour in German. *iinguistic Inquiry* 29.1: 75-112.

Kröger, F. 1992. *Buli-English Dictionary*. Münster: Lit Verlag.

Kropp Dagubu, M. E. 1986. Downglide, floating tones and Non-Wh questions in Ga and Dangme. In K. Bogers, H. van der Hulst and M. Mous (eds.), *The Phonological Representation of Suprasegmentals*. Dordrecht: Foris, pp. 153-74.

Kubozono, H. 2000. *A Cross-Linguistic Study on the Phonological Study of Compounds*. (Grant report). Japanese Ministry of Education, Science and Culture, Grant No. 09610480.

Kuhl, P. K., and J. D. Miller. 1982. Discrimination of auditory target dimensions in the presence or absence of variation in a second dimension by infants. *Perception and Psychophysics* 31: 279-92.

Ladd, D. R. 1978. *The Structure of Intonational Meaning: Evidencefrom English*. Bloomington, IN: Indiana University Press.

______. 1983. Phonological features of intonational peaks. *Language* 59: 721-59.

______. 1986. Intonational phrasing: the case for recursive prosodic structure. *Phonology* 3: 311-40.

______. 1990. Metrical representation of pitch register. In M. Beckman and J. Kingston (eds.), *Between the Grammar and Physics of Speech. Papers in Laboratory Phonology I*. Cambridge: Cambridge University Press, pp. 35-57.

______. 1997. *Intonational Phonology*. Cambridge: Cambridge University Press.

Ladefoged, P. 1975. *A Course in Phonetics*. (4th edn 2001) Fort Worth, TX: Harcourt College Publishers.

Ladefoged, P., and I. Maddieson. 1996. *The Sounds of the World's Languages*. Oxford: Blackwell.

Lahiri, A., and J. Fitzpatrick-Cole. 1999. Emphatic clitics and focus intonation in Bengali. In R. Kager and W. Zonneveld (eds.), *Phrasal Phonology*. Nijmegen: Nijmegen University Press, pp. 119-44.

Laniran, Y. 1992. Phonetic aspects of tone realization in Igbo. *Progress Reports from Oxford Phonetics* 5: 35-51.

______. 1993. *Intonation in Tone Languages: The Phonetic Implementation of Tones in Yoruba*. Ithaca, NY: Department of Modem Languages and Linguistics, Cornell University.

Laughren, M. 1984. Tone in Zulu nouns. In G. N. Clements and J. Goldsmith (eds.), *Autosegmental Studies in Bantu Tone 3*. Dordrecht: Foris, pp. 183-235.

Law, S. -P. 1990. The Syntax and Phonology of Cantonese Sentence-Final Particles. PhD Dissertation, Boston University.

Leather, J. 1987. F_0 pattern inference in the perceptual acquisition of second language tone. In A. James and J. Leather (eds.), *Sound Patterns in Second Language Acquisition*. Dordrecht: Foris, pp. 59-81.

Leben, W. 1973. Suprasegmental Phonology. PhD Dissertation, MIT.

______. 1978. The representation of tone. In Fromkin 1978: 177-220.

______. 1989. Intonation in Chadic: an overview. In Z. Frajzyngier (ed.), *Current Progress in Chadic Linguistics*. Amsterdam: Benjamins, pp. 199-217.

Lee, T. H. -T. 1996. Theoretical issues in language development and Chinese child language. In C. -T. J. Huang and Y. -H. A. Li (eds.), *New Horizons in*

Chinese Linguistics. Dordrecht: Kluwer, pp. 293-356.

Li, C., and S. Thompson. 1977. The acquisition of tone in Mandarin-speaking children. *Journal of Child Language* 4: 185-99.

Li, F. -K. 1949. Tones in the riming system of the Sui language. *Word* 5.3: 262-7.

______. 1977. *A Handbook of Comparative Tai*. Honolulu: University Press of Hawaii.

Li, X. -J., and S. -X. Liu. 1985. Tone sandhi in the Tianjin dialect. *Zhongguo Yuwen* 1: 76-80.

Liberman, M. 1978. The Intonational System of English. PhD Dissertation, MIT.

Liberman, M. J., M. Schultz, S. Hong and V. Okeke. 1993. The phonetic interpretation of tone in Igbo. *Phonetics* 50.3: 147-60.

Lin, H. B., and B. Repp. 1989. Cues to the perception of Taiwanese tones. *Language and Speech* 32.1: 25-44.

Lin, J. 1994. Lexical government and tone group formation in Xiamen Chinese. *Phonology* 11: 237-76.

Lin, Y. -H. 1993. Degenerate affixes and templatic constraints: rime change in Chinese. *Language* 69.4: 649-82.

______. 2001. An Optimality-theoretic account of dialect variation in Er suffixation: a case-study of Zhejiang Wu dialects. In De Bao Xu (ed.), *Chinese Phonology in Generative Grammar*. New York: Academic Press, pp. 193-222.

Lindblom, B. 1986. Phonetic universals in vowel systems. In J. Ohala and J. Jaeger (eds.), *Experimental Phonology*. Orlando: Academic Press, pp. 13-44.

______. 1990. Phonetic content in phonology. *PERILUS* 9: 101-18.

Lombardi, L. 1990. The non-linear organization of the affricate. *Natural Language and Linguistic Theory* 8.3: 375-426.

Lombardi, L., and J. McCarthy. 1991. Prosodic circumscription in Choctaw morphology. *Phonology* 8.1: 37-72.

Longacre, R. 1952. Five phonemic pitch levels in Trique. *Acta Linguistica* 7: 62-82.

Luksaneeyanawin, S. 1998. Thai. In D. Hirst and A. Di Cristo (eds.), *Intonation Systems*. Cambridge: Cambridge University Press, pp. 376-94.

Lyman, L., and R. Lyman. 1977. Choapan Zapotec phonology. In William Merrifield (ed.), *Studies in Otomanguean Phonology*. Dallas: Summer Institute of Linguistics, pp. 137-62.

Lyovin, A. 1997. *An Introduction to the Languages of the World*. Oxford: Oxford University Press.

Maddieson, I. 1978. Universals of tone. In J. H. Greenberg (ed.), *Universals of Human Language, Volume 2: Phonology*. Stanford, CA, Stanford University Press, pp. 335-66.

_____. 1979. Tone spacing: evidence from bilingual speakers. *UCLA Working Papers in Phonetics* 45: 84-88.

_____. 1997. Phonetic universals. In W. J. Hardcastle and J. Laver (eds.), *Handbook of Phonetic Sciences*. Oxford: Basil Blackwell, pp. 619-39.

Maddieson, I., and S. Hess. 1986. 'Tense' and 'lax' revisited: more on phonation type and pitch in minority languages of China. Paper given at the 19th International Conference on Sino-Tibetan Languages and Linguistics, Columbus, Ohio.

Manfredi, V. 1993. Spreading and downstep: prosodic government in tone languages, in van der Hulst and Snider 1993: 133-84.

Maran, L. R. 1971. Burmese and Jingpho. A study of tonal linguistic processes. *Occasional Papers of the Wolfenden Society on Tibeto-Burman Linguistics*, Vol. 4.

_____. 1973. On becoming a tone language: A Tibeto-Burman model of tonogenesis. In L. Hyman (ed.), *Consonant Types and Tone*. (Southern California Occasional Papers in Linguistics 1) Los Angeles: The Linguistics Program, University of Southern California, pp. 99-114.

Matisoff, J. A. 1973. Tonogenesis in Southeast Asia. In L .Hyman (ed.), *Consonant Types and Tone*. (Southern California Occasional Papers in Linguistics 1) Los Angeles: The Linguistics Program, University of Southern California, pp. 73-95.

McCarthy, J. 1986. OCP effects: gemination and antigemination. *Linguistic Inquiry* 17: 207-63.

_____. 1988. Feature geometry and dependency: a review. *Phonetica* 43: 84-108.

_____. 1999. Sympathy and phonological opacity. *Phonology* 16: 331-99.

_____. 2000. The Fundamentals of Optimality Theory. MS, University of Massachusetts, Amherst.

_____. 2002. *A Thematic Guide to Optimality Theory*. Cambridge: Cambridge University Press.

McCarthy, J., and A. Prince. 1993. Prosodic Morphology I: Constraint Interaction and Satisfaction. MIT Press. Rutgers University Center for Cognitive Science, Report TR-3 수록 예정. http://ruccs.rutgers.edu/publications reports.html 참조.

_____. 1994. The emergence of the unmarked: Optimality in prosodic morphology. In Merce Gonzalez (ed.), *Proceedings of the North-East Linguistics Society* 24. Amherst, MA: Graduate Linguistics Students Association, pp. 333-79. ROA# 13.

_____. 1995. Faithfulness and reduplicative identity. In J. N. Beckman, L. W. Dickey and S. Urbanczyk (eds.), *Papers in Optimality Theory*. Amherst, MA: Graduate Linguistics Students Association, University of Massachusetts, pp. 249-384.

McDonough, J. 1999. Tone in Navajo. *Anthropological Linguistics* 41.4: 503-39.

Meeussen, A. E. 1967. *Bantu grammatical reconstructions*. (Annales du Musée Royal de l'Afrique Centrale, Série 8, Sciences Humaines, 61.81-121). Tervuren: Musée Royal de l'Afrique.

Michelson, K. 1988. *A Comparative Study of Lake-Iroquoian Accent*. Dordrecht: Kluwer.

Miller-Ockhuizen, A. 1997. Towards a unified decompositional analysis of Khoisan lexical tone. MS, Ohio State University. ROA# 203-0697.

_____. 1999. Reduplication in Ju|'hoansi: tone determines weight. In P. Tamanjio, M. Hirotani and N. Hall (eds.), *Proceedings of NELS* 29. Amherst, MA: Graduate Linguistics Students Association, University of Massachusetts, pp. 261-75.

Mithun, M. 1999. *The Languages of Native North America*. Cambridge: Cambridge University Press.

Mock, C. C. 1981. Tone sandhi in Isthmus Zapotec: an autosegmental account. Spanish version appeared in *Proceedings of the Ithaca Symposium of PILEI*. Ithaca, NY: Latin American Studies Center, Cornell University.

______. 1988. Pitch accent and stress in Isthmus Zapotec. In H. van der Hulst and N. Smith (eds.), *Autosegmental Studies on Pitch Accent*. Dordrecht: Foris, pp. 197-223.

Mohanan, K. P. 1986. *The Theory of Lexical Phonology*. Dordrecht: D. Reidel.

Moore, B. C. J. 1997. Aspects of auditory processing related to speech perception. In W. J. Hardcastle and J. Laver (eds.), *The Handbook of Phonetic Sciences*. Oxford: Basil Blackwell, pp. 539-65.

Moreton, E. 1999. Non-computable functions in Optimality Theory. MS, University of Massachusetts, Amherst. ROA# 364.

Morse, P. A. 1972. The discrimination of speech and non-speech stimuli in early infancy. *Journal of Experimental Child Psychology* 13: 477-92.

Mugele, R. 1982. Tone and Ballistic Syllable in Lalantla Chinantec. PhD Dissertation, University of Texas, Austin.

Myers, S. 1987a. Tone and the Structure of Words in Shona. PhD Dissertation, University of Massachusetts, Amherst.

______. 1987b. Vowel shortening in English. *Natural Language and Linguistic Theory* 5: 485-518.

______. 1997. OCP Effects in Optimality Theory. *Natural Language and Linguistic Theory* 15.4: 847-92. 1999a. Sutface underspecification of tone in Chichewa. *Phonology* 15.3: 367-92.

______. 1999b. Tone association and F_0 timing in Chichewa. *Studies in African Linguistics* 28: 215-39.

______. 1999c. AUX in Bantu morphology and phonology. In L. Hyman and C. Kisseberth (eds.), *Theoretical Aspects of Bantu Tone*. Stanford, CA: CSLI, pp. 231-64.

Myers, Scott, and Troi Carleton. 1996. Tonal transfer in Chichewa. *Phonology* 13.1: 39-72.

Nash, J. 1992-4. Underlying low tones in Ruwund. *Studies in African Linguistics* 23: 223-78.

Nespor, M., and I. Vogel. 1986. *Prosodic Phonology*. Dordrecbt: Foris.

Newman, P. 1986. Contour tones as phonemic primes in Orebo. In K. Bogers, H. van der Hulst and M. Mous (eds.), *The Phonological Representation of Suprasegmentals*. Dordrecht: Foris, pp. 175-93.

_____. 1992. The development of falling contours from tone bending in Hausa. In L.A. Buszard-Welcher, J. Evans, D. Peterson, L. Wee and W. Weigel (eds.), *Proceedings of the Berkeley Linguistics Society, Special Session on the Typology of Tone Languages*. Berkeley: Berkeley Linguistics Society, pp. 128-33.

_____. 1995. Hausa tonology: complexities in an 'easy' tone language. In J. Goldsmith (ed.), *The Handbook of Phonological Theory*. Cambridge, MA: Basil Blackwell, pp. 762-81.

_____. 2000. *The Hausa Language: An Encyclopedic Reference Grammar*. New Haven, CT: Yale University Press.

Newman, P., and R. Newman. 1981. The q morpheme in Hausa. *Afrika und Übersee* 64: 35-46.

Nhàn Nhô Thanh. 1984. The Syllabeme and Patterns of Word Formation in Vietnamese. PhD Dissertation, New York University.

Noyer, R. 1992. Tone and stress in the San Mateo dialect of Huave. In *Proceedings of the Eighth Annual Meeting of the Eastern States Conference on Linguistics*. Columbus, OH: Ohio State University Department of Linguistics, pp. 227-88.

O'Connor, J. D., and G. F. Arnold. 1961. *Intonation of Colloquial English*. London: Longmans.

Odden, D. 1981. Problems in Tone Assignment in Shona. PhD Dissertation, University of Illinois, Champaign-Urbana.

_____. 1982. Tonal phenomena in KiShambaa. *Studies in African Linguistics* 13:

177-208.

_____. 1984. Stem tone assignment in Shona. In G. N. Clements and J. Goldsmith (eds.), *Autosegmental Studies in Bantu Tone*. Dordrecht: Foris, pp. 255-80.

_____. 1986. On the role of the obligatory contour principle in phonological theory. *Language* 62: 353-83. 19~7. Kimatuumbi phrasal phonology. *Phonology* 4: 13-36.

_____. 1990a. Tone in the Makonde dialects: Chimaraba. *Studies in African Linguistics* 21.1: 61-105.

_____. 1990b. Syntax, lexical rules, and postlexical rules in Kimatuumbi. In Inkelas and Zec 1990: 259-78. 1991. Vowel geometry. *Phonology* 8.2: 261-90.

_____. 1995. Tone: African languages. In J. Goldsmith (ed.), *Handbook of Phonological Theory*. Oxford: Blackwell, pp. 444-75.

_____. 1998. Principles of tone assignment in Tanzanian Yao. In Hyman and Kisseberth 1998: 265-314.

Odden, D., and R. R. Roberts-Kohno. 1999. Constraints on superlow-tone in Kikamba. In Kager and Zonneveld 1999: 145-70.

Ohala, J. J. 1978. Production of tone. In Fromkin 1978: 5-40.

Ohala, J. J., and W. Ewan. 1973. Speed of pitch change. *Journal of the Acoustical Society of America* 53: 345.

Okell, J. 1969. *A Reference Grammar of Colloquial Bunnese*. (2 vols.) London: Oxford University Press.

Osburne, A. 1979. Segmental, suprasegmental, autosegmental contour tones. *Linguistic Analysis* 5.2: 183-94.

Pace, W. J. 1990. Comaltepec Chinantec verb inflection. In William R. Merrifield and Calvin R. Rensch (eds.), *Syllables, Tone and Verb Paradigms*. (Studies in Chinantec Languages 4) Dallas: Summer Institute of Linguistics, and University of Texas at Arlington, pp. 21-62.

Pankratz, L., and E. Pike. 1975. Phonology and morphotonemics of Ayutla Mixtec. In R. Brend (ed.), *Studies in Tone and Intonation*. Basel: S. Karger, pp. 131-51.

Parker, S. 1999. A sketch of Iñapai phonology. *International Journal ofAmerican Linguistics* 65.1: 1-39.

Payne, D. L., and T. E. Payne. 1986. Yagua. In Derbyshire and Pullum 1986, Vol. 2: 431.

Peng, S. -H. 1997. Production and perception of Taiwanese tones in different tonal and prosodic contexts. *Journal of Phonetics* 25: 371-400.

______. 2000. Lexical versus 'phonological' representations of Mandarin sandhi tones. In M. B. Broe and J. B. Pierrehumbert (eds.), *Acquisition and the Lexicon: Papers in Laboratory Phonology V.* Cambridge: Cambridge University Press, pp. 152-67.

Peterson, T. H. 1971. Moore Structure: A Generative Analysis of the Tonal System and Aspects of the Syntax. PhD Dissertation, UCLA, Los Angeles.

Peyasantiwong, P. 1980. Stress in Thai. 13th International Conference on Sino-Tibetan Languages and Linguistics 발표 논문, University of Virginia, October 1980.

Pierrehumbert, J. 1979. The perception of fundamental frequency declination. *Journal of the Acoustical Society of America* 66: 363-8.

______. 1980. The Phonology and Phonetics of English Intonation. PhD Dissertation, MIT.

Pierrehumbert, J., and M. Beckman. 1988. *Japanese Tone Structure.* Cambridge, MA: MIT Press.

Pike, E. 1975. Tonemic-intonemic correlation in Mazahua (Otomi). In R. Brend (ed.), *Studies in Tone and Intonation.* Basel: S. Karger, pp. 100-7.

Pike, E., and J. H. Cowan. 1967. Huajuapan Mixtec phonology and morphophonemics. *Anthropological Linguistics* 9.4: 1-15.

Pike, K. 1948. *Tone Languages: A Technique for Detennining the Number and Type of Pitch Contrasts in a Language, with Studies in Tonemic Substitution and Fusion.* (University of Michigan Publications in Linguistics, No.4) Ann Arbor: University of Michigan Press.

Poletto, R. 1996. Base-identity effects in Runyankore reduplication. *OSU Working*

Papers in Linguistics 48: 183-210.

______. 1998. Constraints on tonal association in Olusamia: an optimality theoretic account. In Hyman and Kisseberth 1998: 331-64.

Pollack, I. 1952. The information of elementary auditory displays. *Journal of the Acoustical Society of America* 24.6: 745-9.

______. 1953. The information of elementary auditory displays II. *Journal of the Acoustical Society of America* 25.4: 765-9.

Poser, W. J. 1981. On the directionality of the tone-voice correlation. *Linguistic Inquiry* 12.3: 483-8.

______. 1984. The Phonetics and Phonology of Tone and Intonation in Japanese. PhD Dissertation, Massachusetts Institute of Technology.

Pride, L. 1963. Chatino tonal structure. *Anthropological Linguistics* 5.2: 19-28.

Prince, A. 1983. Relating to the grid. *Linguistic Inquiry* 14: 19-100.

______. 1990. Quantitative consequences of rhythmic organization. In M. Ziolkowski, M. Noske and K. Deaton (eds.), *Parasession on the Syllable in Phonetics and Phonology*. Chicago: CLS, pp. 355-98.

Prince, A., and P. Smolensky. 1993. Optimality theory: constraint interaction in generative grammar. Rutgers University Cognitive Science Center Report TR-2. http://ruccs.rutgers.edulpublicationsreports.html 참조.

Pulleyblank, D. 1983. Extratonality and polarity. In *Proceedings of the West Coast Conference on Formal Linguistics*. Stanford, CA: Stanford Linguistics Association, Vol. 2: 204--16.

______. 1986. *Tone in Lexical Phonology*. Dordrecht: D. Reidel. 1997. Optimality theory and features. In Archangeli and Langendoen 1997: 85-101.

Qu, Aitang, and Kerang Tan. 1983. *Ali Zangyu* (Ali Tibetan). Beijing: Chinese Academy of Social Sciences Press.

Rennison, J. 1997. *Koromfe*. (Routledge Descriptive Grammars) London: Routledge.

Reynolds, W. T. 1997. Post-high tone shift in Venda nominals. ROA# 194-0597.

Riad, T. 1996. Remarks on the Scandinavian tone accent typology. *Nordlyd: Tromsø University Working Papers on Language and Linguistics* 24:

129-56.

Rialland, A., and M. Badjimé. 1989. Reanalyse des tons du bambara. *Studies in African Linguistics* 20: 1-28.

Rice, K. 1987. On defining the intonational phrase: evidence from Slave. *Phonology* 4: 37-60.

_____. 1999a. How phonetic is phonology? Evidence from tones in Athapaskan languages. Talk given at Conference on Distinctive Feature Theory, ZAS, Berlin.

_____. 1999b. Featural markedness in phonology: variation. Part I. *GLOT International 4.7*: 3-6, Part II. *GLOT International*. 4.8: 3-7.

Rietkerk, D. 1999. The Mbelime verb system. 2nd Colloquium on Gur Languages 발표 논문, Cotonou, Benin, 29 March - 1 April 1999.

Rietveld, A. C. M., and C. Gussenhoven. 1985. On the relation between pitch excursion size and prominence. *Journal of Phonetics* 13: 299-308.

Rivierre, J. -C. 1980. *La langue de Touho: Phonologie et grammaire du Cemuhi (Nouvelle-Calédonie)*. Paris: SELAF.

Roberts, R. R. 1991. A non-metrical account of Sukuma tone. In E. Hume (ed.), *Papers in Phonology*. (OSU Working Papers in Linguistics 41) Columbus, OR: Ohio State University, pp. 135-48.

Roncador, M. Von. 1999. Remarques sur la morphologie verbale du nootré. 2nd Colloquium on Gur Languages 발표 논문, Cotonou, Benin, 29 March - 1 April 1999.

Russell, J. M. 1985. Moba Phonology. MA thesis, Macquarie University, Sydney.

Sagart, L. 1986. Tone production in modern Standard Chinese: an electromyographic investigation. *Cahiers de Linguistique, Asie Orientale*: 205-21.

Sagey, E. 1986. The Representation of Features and Relations in Nonlinear Phonology. Doctoral dissertation, MIT.

Schuh, R. G. 1978. Tone rules. In Fromkin 1978: 221-57. Scobbie, J. 1991. Attribute Value Phonology. Doctoral dissertation, University of Edinburgh.

Selkirk, E. 1984. *Phonology and Syntax: The Relation between Sound and*

Structure. Cambridge, MA: MIT Press.

______. 1986. On derived domains in sentence phonology. *Phonology Yearbook* 3: 371-405.

Selkirk, E., and T. Shen. 1990. Prosodic domains in Shanghai Chinese. In Sharon Inkelas and Draga Zec (eds.), *The Phonology-Syntax Connection*. Chicago: CSLI, pp. 313-38.

Shen, X. -N. S. 1990. The Prosody of Mandarin Chinese. (University of California Publications, Linguistics Vol. 118) Berkeley: University of California Press.

Shi, F., L. Shi and R. R. Liao. 1987. An experimental analysis of the five level tones of the Gaoba Dong language. *Journal of Chinese Linguistics* 15.2: 335-61. Shih, Chilin. 1986. The Prosodic Domain of Tone Sandhi in Chinese. PhD Dissertation, University of California, San Diego.

______. 1987. *The Phonetics of the Chinese Tonal System*. AT&T Bell Laboratories Technical Memorandum. MH 11225.

______. 1988. Tone and intonation in Mandarin. *Working Papers ofthe Cornell Phonetics Laboratory* 3: 83-109.

______. 1997. Mandarin third tone sandhi and prosodic structure. In Jialing Wang and N. Smith (eds.), *Studies in Chinese Phonology*. New York: Mouton de Gruyter, pp. 81-124.

Sietsema, B. 1989. Metrical Dependencies in Tone Assignment. PhD Dissertation. MIT.

Silverman, D. 1996. Phonology at the interface of phonetics and morphology: root-final laryngeals in Chong, Korean and Sanskrit. *Journal of East Asian Linguistics* 5.3: 301-22.

______. 1997a. Laryngeal complexity in Otomanguean vowels. *Phonology* 14.2: 235-62.

______. 1997b. Tone sandhi in Comaltepec Chinantec. *Language* 73.3: 473-92.

Smith, K. D. 1968. Laryngealization and de-Iaryngealization in Sedang phonemics. *Linguistics* 38: 52-69.

Smith, N. V. 1967. The phonology of Nupe. *Journal of African Languages* 6:

153-69.

_____. 1968. Tone in Ewe. *Quarterly Progress Reports, Research Laboratory of Electronics, MIT* 88: 290-304. Reprinted in E. Fudge (ed.), *Phonology: Selected Readings.* Harmondsworth: Penguin Books, 1973: 354-69.

Snider, K. 1990. Tonal upstep in Krachi: evidence for a register tier. *Language* 66: 453-74.

_____. 1998. Phonetic realization of downstep in Bimoba. *Phonology* 15.1: 77-102.

_____. 1999. *The Geometry and Features of Tone.* (Publications in Linguistics 133) Dallas: SIL and University of Texas, Arlington.

Snyder, W. C., and Tianqiao Lu. 1997. Wuming Zhuang tone sandhi: a phonological, syntactic and lexical investigation. In Jerold A. Edmondson and David S. Solnit (eds.), *Comparative Kadai: The Tai Branch.* Dallas, TX: Summer Institute of Linguistics, pp. 107-40.

So, L., and B. Dodd. 1995. The acquisition of phonology by Cantonese-speaking children. *Journal of Child Language* 22: 473-95.

Somé, P. -A. 1998. L'influence des consonnes sur les tons en dagara, langue voltaïque du Burkina Faso. *Studies in African Linguistics* 27: 3-47.

Sperber, D., and D. Wilson. 1982. Mutual knowledge and relevance in theories of comprehension. In N. Smith (ed.), *Mutual Knowledge.* New York: Academic Press.

Sprigg, R. K. 1981. The Chang-Shefts tonal analysis, and the pitch variation of the Lhasa-Tibetan tones. *Linguistics ofthe Tibeto-Burman Area* 6.1: 49-59.

Stahlke, H. 1977. Some problems with binary features for tones. *International Journal of American Linguistics.* 35: 62-6.

Steedman, M. 2000. Information structure and the syntax-phonology interface. *Linguistic Inquiry* 31.4: 649-89.

Steele, M., and G. Weed. 1966. *The Phonology of Konkomba.* (Collected Field Notes Series No.3) Legon: University of Ghana, The Institute of African Studies.

Steriade, D. 1991. Moras and other slots. In D. Meyer and S. Tomioka (eds.), *Proceedings of the 1st Meeting of the Formal Linguistics Society of the*

Midwest. Madison: University of Wisconsin.

______. 1995. Underspecification and markedness. In J. Goldsmith (ed.), *Handbook of Phonological Theory*. Oxford: Basil Blackwell, pp. 114-74.

Stevens, K. N. 1997. Articulatory-acoustic-auditory relationships. In W. J. Hardcastle and J. Laver (eds.), *The Handbook of Phonetic Sciences*. Oxford: Basil Blackwell, pp. 462-506.

Stevens, K. L., and S. J. Keyser. 1989. Primary features and their enhancement in consonants. *Language* 65: 81-106.

Stevens, K., S. J. Keyser and H. Kawasaki. 1986. Toward a phonetic and phonological theory of redundant features. In J. Perkell and D. Klatt (eds.), *Invariance and Variability in Speech Processes*. Hillsdale, NJ: Lawrence Erlbaum, pp. 863-5.

Suarez, J. A. 1983. *The Meso-American Indian Languages*. Cambridge: Cambridge University Press.

Sundberg, J. 1973. Data on maximum speed of pitch changes. Royal Institute of Technology, Stockholm. Speech Transmission Laboratory. *Quarterly Progress and Status Report 4*: 39-47.

Svantesson, J. -O. 1983. *Kammu Phonology and Morphology*. (Travaux de l'Institut de linguistique de Lund 18) Malmo: CWK Gleerup.

Szeto, K. 2000. Learning the Cantonese tones by English-speaking learners. Talk given at Linguistics Society of Hong Kong Annual Research Forum, City University of Hong Kong.

Tak, H. K. 1977. Derivation by tone change in Cantonese. *Journal of Chinese Linguistics* 5.2: 186-210.

Tesar, B., and P. Smolensky. 2000. *Learnability in Optimality Theory*. Cambridge, MA: MIT Press.

Thongkum, T. L. 1991. An instrumental study of Chong registers. In J. Davidson (ed.), *Essays on Mon-Khmer Linguistics in Honor of H. L. Shorto*. London: School of Oriental and African Studies, pp. 141-60.

Thurgood, G. 1980. Consonants, phonation types and pitch height. *Computational Analyses of Asian and African Languages* 13: 207-19.

Tranel, B. 1995. On the status of universal association conventions: evidence from Mixteco. In J. Ahlers, L. Bilmes, J. Guenter, B. Kaiser and J. Namkung (eds.), *Proceedings of the Berkeley Linguistics Society* 21: 299-312.

_____. 1996. Rules vs. constraints: a case study. In J. Durand and B. Laks (eds.), *Current Trends in Phonology: Models and Methods*. Paris: CNRS, and Salford: University of Salford, pp. 711-30.

Trigo, L. 1991. On pharynx-larynx interactions. *Phonology* 8: 113-36.

Truckenbrodt, H. 1998. Register-features in intonation: a theory of their phonological distribution and their phonetic implementation. MS, Rutgers University.

_____. 1999. On the relation between syntactic phrases and phonological phrases. *Linguistic Inquiry* 30.2: 219-56. 2o0a. The representation of the reset in intonational phonology: evidence from Southern German. MS, Rutgers University.

_____. 2000b. A new kind of boundary tone. 31st meeting of the North East Linguistics Society 발표 논문, Georgetown University. *Proceedings* 수록 예정.

Tsay, J. 1994. Phonological Pitch. PhD Dissertation, University of Arizona.

_____. 1996. Neutralization of short tones in Taiwanese. In *The First Seoul International Conference on Phonetic Sciences*. Seoul: The Phonetic Society of Korea, Seoul National University, pp. 136-41.

_____. 1999. Bootstrapping into Taiwanese tone sandhi. In Y. -M. Yin, I. -L. Yang and H. -C. Chan (eds.), *Chinese Languages and Linguistics V: Interactions in Language.* (Symposium series of the Institute of Linguistics (Preparatory Office), Academia Sinica, No.2) Taipei, Taiwan: Academia Sinica, pp. 311-33.

_____. 2001. Phonetic parameters of tone acquisition in Taiwanese. In M. Nakayama (ed.), *Issues in East Asian lAnguage Acquisition*. Tokyo: Kuroshio Publishers, pp. 205-26.

Tsay, J. and J. Myers. 1996. Taiwanese tone sandhi as allomorph selection. *Berkeley Linguistics Society* 22: 394-405.

Tsay, J., and T. -Y. Huang. 1998. Phonetic parameters in the acquisition of entering tones in Taiwanese. In E. Zee and M. Lin (eds.), *The Proceedings of the Conference on Phonetics of the Languages of China.* Hong Kong: City University of Hong Kong, pp. 109-12.

Tsay, J., J. Charles-Luce, and Y. -S. Guo. 1999. The syntax-phonology interface in Taiwanese: acoustic evidence. In J. J. Ohala, Y. Hasegawa, M. Ohala, D. Granville and A. C. Bailey (eds.), *Proceedings of the XWth International Congress of Phonetic Sciences.* San Francisco: University of California, Berkeley, pp. 2407-10.

Tse, A. 1992. The Acquisition Process of Cantonese Phonology: A Case Study. MPhil thesis, University of Hong Kong.

Tse, J. K. P. 1978. Tone acquisition in Cantonese: a longitudinal case study. *Journal of Child Language* 5: 191-204.

Tuaycharoen, P. 1977. The Phonetic and Phonological Development of a Thai Baby: From Early Communicative Interaction to Speech. Doctoral dissertation, University of London.

Urua, Eno. 1995. The status of contour tones in Ibibio. In A. Akinlabi (ed.), *Theoretical Approaches to African Linguistics.* Trenton: African World, pp. 329-43.

Vance, T. 1987. *Introduction to Japanese Phonology.* Albany, NY: SUNY Press.

Vihman, M. 1996. *Phonological Development: The Origins of Language in the Child.* Oxford: Basil Blackwell.

Wang, Jialing. 1987. The representation of neutral tone in Chinese Putonghua. In Jialing Wang and N. Smith (eds.), *Studies in Chinese Phonology.* New York: Mouton de Gmyter, pp. 157-84.

Wang, W. 1967. The phonological features of tone. *International Journal of American Linguistics* 33.2: 93-105.

Wang, W., and K. P. Li. 1967. Tone 3 in Pekinese. *Journal of Speech and Hearing Research* 10: 629-36.

Wang, Y., M. M. Spence, A. Jongman and J. A. Sereno. 1999. Training American listeners to perceive Mandarin tones. *Journal of the Acoustical Society of*

America 106: 3649-58.

Ward, I. C. 1944. A phonetic introduction to Mende. In K. H. Crosby (ed.), *An Introduction to the Study of Mende*. Cambridge: Heffer and Sons, pp. 1-7.

Weber, D., and W. Thiesen. 2000. A synopsis of Bora tone. MS, Summer Institute of Linguistics.

Welmers, W. E. 1963. Associative a and *ka* in Niger-Congo. *Language* 39: 432-47.

______. 1973. *African Language Structures*. Berkeley; University of California Press.

______. 1976. *A Grammar of Vai*. (University of California Publications in Linguistics 84) Berkeley: University of California.

Whalen, D. H., A. G. Levitt and Q. Wang. 1991. Intonational differences between the reduplicated babbling of French- and English-learning infants. *Journal of Child Language* 18: 501-16.

Whalen, D. H., and Y. Xu. 1992. Information for Mandarin tones in the amplitude contour and in brief segments. *Phonetica* 49: 25-47.

Wheatley, J. K. 1987. Burmese. In B. Comrie (ed.), *The World's Major Languages*. New York: Oxford University Press, pp. 834-54.

Wichser, M. 1994. Description grammaticale du Kar, langue senoufo du Burkina Faso. Thèse de diplome, Ecole Pratique des Hautes Etudes, Paris.

Williamson, K. 1986. Igboassociative and specific constructions. In K. Bogers, H. van der Hulst and M. Mous (eds.), *The Phonological Representation of Suprasegmentals*. Dordrecht: Foris, pp. 195-208.

Wong, C. S. P. 1993. The perception of Cantonese tones by English-speaking learners. MS cited in Szeto 2000.

Woo, N. 1969. Prosody and Phonology. PhD Dissertation, MIT.

Woodbury, A. 1989. Phrasing and intonational tonology in Central Alaskan Yupik Eskimo; some implications for linguistics in the field. In J. Dunn (ed.), 1989 *Mid-America Linguistics Conference Papers*. Norman: University of Oklahoma, pp. 3-40.

Wright, M. 1983. A Metrical Approach to Tone Sandhi in Chinese Dialects. PhD thesis, University of Massachusetts, Amherst.

Wright, R. 1996. Tone and accent in Oklahoma Cherokee. In P. Munro (ed.), *Cherokee Papers from UCLA*. Los Angeles: Department of Linguistics, UCLA, pp. 11-22.

Xu, Y 1994. Production and perception of coarticulated tones. *Journal of the Acoustical Society of America* 95.4: 2240-53.

_____. 1998. Consistency of tone-syllable alignment across different syllable structures and speaking rates. *Phonetica* 55: 179-203.

_____. 1999a. Effects of tone and focus on the formation and alignment of F_0 contours. *Journal of Phonetics* 27: 55-105.

_____. 1999b. F_0 peak delay: when where and why it occurs. In J. Ohala (ed.), *International Congress of Phonetic Sciences* 1999. San Francisco: n.p., pp. 1881-4.

Xu, Y., and Q. E. Wang. 2001. Pitch targets and their realization: evidence from Mandarin Chinese. *Speech Communication* 33: 319-37.

Yip, M. 1980a. The Tonal Phonology of Chinese. PhD Dissertation, MIT. Published 1990, New York: Garland Publishing.

_____. 1980b. Some fragments of the tonal phonology of Mandarin. *Cahiers de Linguistique Asie Orientale* 7: 47-57.

_____. 1982. Against a segmental analysis of Zahao and Thai: a laryngeal tier proposal. *Linguistic Analysis* 9: 79-94.

_____. 1988. The obligatory contour principle and phonological rules: a loss of identity. *Linguistic Inquiry* 19.1: 65-100.

_____. 1989. Contour tones. Phonology 6.1: 149-74. 1990. Tone, phonation and intonation register. *North Eastern Linguistics Society* 20: 487-501.

_____. 1993a. The spreading of tonal nodes and tonal features in Chinese dialects. In L.A. Buszard-Welcher, J. Evans, D. Peterson, L. Wee and W. Weigel (eds.), *Proceedings of the Berkeley Linguistics Society, Special Session on Tone*. Berkeley: Berkeley Linguistics Society, pp. 157-66.

_____. 1993b. Tonal register in East Asian languages. In van der Hulst and Snider 1993: 245-68.

_____. 1995. Tone in East Asian languages. In J. Goldsmith (ed.), *Handbook of Phonological Theory*. Oxford: Basil Blackwell, pp. 476-94.

_____. 1999. Feet, tonal reduction and speech rate at the word and phrase level in Chinese. In Kager and Zonneveld 1999: 171-94.

_____. 2000. The complex interaction of tones and prominence. *Proceedings of NELS* 31 수록 예정.

Yip, V., and S. Matthews. 1994. *Cantonese: A Comprehensive Grammar*. NewYork: Routledge.

Young, S. 1991. *The Prosodic Structure of Lithuanian*. Lanham, MD: University Press of America.

Yue-Hashimoto, A. O. -K. 1972. *Studies in Yue dialects I: Phonology of Cantonese*. Cambridge: Cambridge University Press.

_____. 1980. Word play in language acquisition: a Mandarin case. *Journal of Chinese Linguistics* 8.2: 181-204.

Zec, D. 1988. Sonority Constraints on Prosodic Structure. PhD Dissertation, Stanford University.

_____. 2000. Footed tones and tonal feet. *Phonology* 16: 225-64.

Zee, E., and I. Maddieson. 1980. Tones and tone sandhi in Shanghai: phonetic evidence and phonological analysis. Glossa 14.1: 45-88.

Zemlin, W. R. 1981. *Speech and Hearing Science. Anatomy and Physiology*. (2nd edn) Englewood Cliffs, NJ: Prentice-Hall.

Zhang, Jie. 2000. Phonetic duration effects on contour tone distribution. In M. Hirotani, A. Coetzee, N. Hall and J. -Y Kim (eds.), *Proceedings of NELS 30*. New Brunswick NJ: Rutgers University, Vol 2, pp. 775-85.

_____. 2001. The Effects of Duration and Sonority on Contour Tone Distribution - Typological Survey and Formal Analysis. PhD Dissertation, UCLA. ROA# 452-0701.

Zhang, Sheng Yu 1981. Chaoyang fangyan de yuyin xitong [An outline of Chaoyang phonology]. *Fangyan* 1: 27-39.

Zhengzhang, Shangfeng. 1964. Wenzhou fangyande liandu shengdiao [Wenzhou dialect tone sandhi]. *Zhongguo Yuwen* 1964: 106-52.

Zhou, Z. -Y. 1987. Sound change as a means of indicating diminutives in the dialect of Rongxian. (In Chinese). Fangyan 1987.1: 58-65.

Zoll, C. 1997a. A note on multiple prominence and tone mapping. *MIT Working Papers in Linguistics* 30: 97-111.

______. 1997b. Conflicting directionality. *Phonology* 14: 263-86.

______. 1998a. Lexical underspecification and tone melodies. Handout for talk given at MIT Phonology Circle.

______. 1998b. Positional markedness, positional faithfulness, and licensing. MS, MIT.

378, 379, 484, 490
벵골어 51, 473, 478, 479, 480
보라어 56, 306, 442, 443, 444, 445
부동 성조 158, 160, 166, 170, 176, 243,
    280, 282, 283, 285, 303, 330, 387, 394,
    397, 412, 413, 416, 444, 454, 469, 495
비모바어 107, 251, 280

•ㅅ•

사포텍어 142, 175, 203, 387, 394, 416, 425
상하이어 70, 82, 91, 151, 179, 180, 195,
    196, 215, 227, 228, 231, 233, 240, 319,
    320, 321, 341, 342, 344, 346, 358, 361,
    362, 364, 419
샤먼어 52, 227, 240, 244, 321, 348, 356
성조기원론 42, 54, 59, 89, 99, 125, 127
성조내림 45, 48, 50, 56, 69, 72, 253, 279,
    280, 281, 282, 291, 293, 294, 398, 468,
    469, 492, 495, 523
성조소지단위 55, 152, 153, 154, 157, 159,
    170, 171, 172, 174, 175, 185, 187, 211,
    215, 221, 252, 253, 254, 262, 266, 267,
    268, 269, 270, 274, 278, 283, 286, 310,
    312, 328, 347, 357, 370, 378, 399, 420,
    443, 444, 445, 446, 461, 466, 487
세당어 322, 376
세르보크로아티아어 36, 61, 465, 481, 482
세소토어 535, 542, 543, 544, 547
세카니어 149, 430, 434, 435, 436
소말리어 142, 251, 265
쇼나어 145, 197, 198, 201, 213, 251, 255,
    261, 267
수쿠마어 141, 181, 182, 184, 251, 255
수평조 32, 54, 59, 63, 64, 65, 66, 67, 68,

69, 71, 72, 74, 75, 76, 77, 78, 80, 93,
    95, 98, 99, 100, 103, 105, 106, 107, 108,
    109, 110, 112, 113, 114, 116, 121, 125,
    126, 133, 146, 150, 157, 186, 209, 250,
    253, 268, 274, 275, 276, 277, 278, 279,
    281, 284, 285, 291, 293, 314, 322, 325,
    326, 328, 332, 336, 338, 343, 347, 350,
    351, 353, 354, 367, 368, 370, 375, 377,
    378, 382, 383, 387, 388, 389, 390, 391,
    392, 393, 394, 396, 405, 406, 409, 412,
    422, 424, 437, 438, 439, 453, 468, 485,
    486, 490, 495, 497, 503, 518, 519, 521,
    522, 524, 525, 531, 532, 538, 539, 540,
    541, 544, 549, 551
수퍼레어 251, 280
스와힐리어 251
슬레이비어 430, 434, 435, 436, 488
시아네어 61, 147, 178, 321, 376, 381

•ㅇ•

아모이어 (→샤먼어)
아타파스카어족 149, 430, 435, 488
악센트 36, 37, 51, 56, 60, 61, 149, 152,
    170, 192, 193, 243, 244, 249, 252, 264,
    279, 317, 319, 320, 425, 429, 430, 431,
    432, 433, 436, 437, 440, 441, 442, 447,
    448, 449, 450, 451, 457, 458, 460, 461,
    462, 463, 464, 465, 466, 468, 470, 471,
    472, 473, 474, 475, 476, 478, 480, 481,
    482, 483, 484, 488, 493, 494, 498, 499,
    501, 502, 503, 510, 537
안정성 55, 133, 139, 142, 155, 175, 407,
    437
야과어 442

피라항어 143, 176, 442, 443, 448, 449
필수굴곡원리 55, 116, 133, 136, 166, 172,
    190, 196, 236, 252, 254, 258, 259, 260,
    263, 265, 280, 300, 302, 304, 306, 311,
    312, 313, 315, 317, 332, 333, 335, 359,
    374, 382, 383, 398, 443, 444, 445, 454,
    455, 464, 465, 478, 495, 545, 546

• ㅎ •

하야어 72, 142
하우사어 76, 78, 109, 110, 115, 201, 207,
    251, 273, 469, 470, 486, 488, 492
한국어 61, 88, 474
핵 166, 193, 194, 195, 196, 212, 219, 224,
    227, 231, 233, 254, 257, 268, 274, 287,
    288, 289, 323, 323, 327, 333, 338, 341,
    342, 345, 346, 348, 350, 354, 357, 361,
    362, 363, 369, 371, 372, 375, 383, 384,
    395, 399, 410, 411, 420, 422, 424, 425,
    427, 448, 457, 461, 467, 504, 510, 511,
    518, 522
호피어 430, 440
확산 45, 55, 73, 86, 87, 102, 104, 109, 115,
    117, 118, 119, 120, 121, 122, 123, 125,
    130, 136, 140, 144, 145, 146, 157, 159,
    160, 161, 170, 171, 172, 174, 175, 179,
    180, 181, 184, 185, 186, 190, 197, 198,
    199, 201, 203, 205, 215, 222, 235, 242,
    243, 252, 254, 260, 261, 263, 266, 271,
    272, 273, 274, 275, 277, 278, 284, 291,
    296, 297, 298, 299, 300, 303, 306, 308,
    309, 310, 311, 317, 323, 336, 343, 345,
    347, 351, 358, 358, 361, 362, 373, 381,
    387, 393, 394, 397, 403, 408, 409, 410,

411, 416, 417, 420, 423, 425, 433, 434,
    437, 438, 440, 443, 446, 450, 451, 454,
    455, 470, 473, 481, 482, 487, 494, 495,
    499, 506, 545, 546, 547
후두 38, 39, 40, 42, 45, 46, 54, 61, 82, 84,
    88, 92, 95, 98, 99, 103, 123, 124, 130,
    140, 253, 295, 364, 366, 368, 370, 373,
    376, 403, 404, 405, 406, 430, 435, 437,
    457, 474, 532, 533, 535
후두 자질 54, 88, 95, 98, 99, 103, 123,
    124, 131, 140, 253, 295, 364, 366, 435,
    437, 474

• ㄱ •

강세　stress
강약 음보　trochaic
계단내림　downstep
골린어　Golin
관화 중국어　Mandarin
광둥어　Cantonese
구르어군　Gur
굴곡조　contour tones
그레보어　Grebo
극성　polarity
기정치 성조　default tones
까다이어군　Katai
깜수이어군　Kam-Sui

• ㄴ •

나바호어　Navajo
난퉁어　Nantong
네덜란드어　Dutch
누페어　Nupe

• ㄷ •

다가레어　Dagaare
다대일　many-to-one
단어　Dan
당메어　Dangme

돋들림　prominence
동시조음　coarticulation
둥어　Dong
디고어　Digo
따이어 (타이어 참조)　Tai (Thai 참조)

• ㄹ •

루간다어　Luganda
룽셴어　Rongxian
리투아니아어　Lithuanian

• ㅁ •

마르기어　Margi
마사텍어　Mazatec
마사후아어　Mazahua
마이만데어　Maimande
맘빌라어　Mambila
먀오어　Miao
메우센 규칙　Meeussen's Rule
멘데어　Mende
모라　mora
모음의 음가　vowel quality
목표점 (음성학적)　targets, phonetic
몬크메르어족　Mon-Khmer
무표적　unrnarked
무표형 출현　The Emergence of the Unmarked

(TETU)

믹스텍어　Mixtec

민 중국어 (푸저우어, 샤먼어 참조)　Min (Fuzhou, Xiamen 참조)

•ㅂ•

바라사나어　Barasana

바스크어　Basque

바이어(Bai)　Bai

바이어(Vai)　Vai

발화 속도　speech rate

밤바라어　Bambara

버마어　Burmese

베르누이의 법칙　Bernoulli's Law

베트남어　Vietnamese

벵골어　Bengali

보라어　Bora

부동 성조　floating tones

비모바어　Bimoba

•ㅅ•

사포텍어　Zapotec

상하이어　Shanghai

샤먼어　Xiamen

성조기원론　tonogenesis

성조내림　downdrift

성조소지단위　tone-bearing unit (TBU)

세당어　Sedang

세르보크로아티아어　Serbo-Croatian

세소토어　Sesotho

세카니어　Sekani

소말리어　Somali

쇼나어　Shona

수쿠마어　Sukuma

수평조　level tones

수피레어　Supyire

스와힐리어　Swahili

슬레이비어　Slave

시아네어　Siane

•ㅇ•

아모이어 (샤먼어 참조)　Amoy (Xiamen 참조)

아타파스카어족　Athapaskan

악센트　accent

안정성　stability

야과어　Yagua

야벰어　Jabem

야우어　Iau

약강 음보　iambic

얄라어　Yala

억양내림　declination

에웨어　Ewe

연속적 평가　gradient assessment

연쇄이동　chainshift

오토망게어족　Otomanguean

올루사미아어　Olusamia

요루바어　Yoruba

우 중국어　Wu

우밍좡어　Wuming Zhuang

우아베어　Huave

웅얼거림　babbling

원저우어　Wenzhou

위치 유표성　positional markedness

위치 충실성　positional faithfulness

유성성　voicing

유픽어　Yupik

음밤어　Mbam

음보　feet
음역　register
음운구　phonological phrase
음절 무게　syllable weight
응가맘보어　Ngamambo
이그보어　Igbo
이냐파이어　Iñapai
이동　movement
이동성　mobility
이로쿼이어족　Iroquoian
이비비오어　Ibibio
일대다　one-to-many
일본어　Japanese
잉여운율성　extrametricality

• ㅈ •

자질 기하학　feature geometry
자하오어　Zahao
조음　articulation
주트와시어　Juǀ'hoansi
줄루어　Zulu
징포어　Jingpho

• ㅊ •

차오양어　Chaoyang
차티노어　Chatino
창어　Dschang
체로키어　Cherokee
초점　focus
촉토어　Choctaw
총어　Chong
최고점 이연　peak delay
치난텍어　Chinantec
치지굴라어　Chizigula

치체와어　Chichewa
칠룽구어　Chilungu

• ㅋ •

카랑가어　Karanga
캄무어　Kammu
코노어　Kono
코사어　Xhosa
코이산어족　Khoisan
콘니어　Konni
콩고어　Kongo
쿠나마어　Kunama
크라치어　Krachi
키난데어　Kinande
키마툼비어　Kimatuumbi
키샴바어　Kishambaa
키야오어　Ciyao
키야카어　Kiyaka
키캄바어　Kikamba
키쿠유어　Kikuyu

• ㅌ •

타나크로스어　Tanacross
타이산어　Taishan
타이어　Thai
타이완어 (샤먼어 참조)　Taiwanese (Xiamen 참조)
탄도적 강세　ballistic stress
테페후안어　Tepehuan
톈진어　Tianjin
트리크어　Trique
티베트어　Tibetan

• ㅍ •

파파고어　Papago
펀자브어　Punjabi
포먼트　formant
푸저우어　Fuzhou
피라항어　Pirahã
필수굴곡원리　Obligatory Contour Principle
　　(OCP)

• ㅎ •

하야어　Haya
하우사어　Hausa
한국어　Korean
핵　heads
호피어　Hopi
확산　spreading
후두　larynx
후두 자질　laryngeal features

■ 영·한 용어 대조표

•F•

feature geometry　자질 기하학
feet　음보
floating tones　부동 성조
focus　초점
formant　포먼트
Fuzhou　푸저우어

•G•

Golin　골린어
gradient assessment　연속적 평가
Grebo　그레보어
Gur　구르어군

•H•

Hausa　하우사어
Haya　하야어
heads　핵
Hopi　호피어
Huave　우아베어

•I•

iambic　약강 음보
Iau　야우어
Ibibio　이비비오어
Igbo　이그보어
I apai　이냐파이어
Iroquoian　이로쿼이어족

•J•

Jabem　야벰어
Japanese　일본어
Jingpho　징포어

Jul'hoansi　주트와시어

•K•

Kammu　캄무어
Kam-Sui　깜수이어군
Karanga　카랑가어
Katai　까다이어군
Khoisan　코이산어족
Kikamba　키캄바어
Kikuyu　키쿠유어
Kimatuumbi　키마툼비어
Kinande　키난데어
Kishambaa　키샴바어
Kiyaka　키야카어
Kongo　콩고어
Konni　콘니어
Kono　코노어
Korean　한국어
Krachi　크라치어
Kunama　쿠나마어

•L•

laryngeal features　후두 자질
larynx　후두
level tones　수평조
Lithuanian　리투아니아어
Luganda　루간다어

•M•

Maimande　마이만데어
Mambila　맘빌라어
Mandarin　관화 중국어
many-to-one　다대일
Margi　마르기어

Mazahua   마사후아어
Mazatec   마사텍어
Mbam   음밤어
Meeussen's Rule   메우센 규칙
Mende   멘데어
Miao   먀오어
Min (Fuzhou, Xiamen 참조)   민 중국어 (푸저우어, 샤먼어 참조)
Mixtec   믹스텍어
mobility   이동성 (movement 이동 참고)
Mon-Khmer   몬크메르어족
mora   모라
movement   이동

·N·

Nantong   난퉁어
Navajo   나바호어
Ngamambo   응가맘보어
Nupe   누페어

·O·

Obligatory Contour Principle (OCP)   필수굴곡원리
Olusamia   올루사미아어
one-to-many   일대다
Otomanguean   오토망게어족

·P·

Papago   파파고어
peak delay   최고점 이연
phonological phrase   음운구
Pirah   피라항어
polarity   극성
positional faithfulness   위치 충실성

positional markedness   위치 유표성
prominence   돋들림
Punjabi   펀자브어

·R·

register   음역
Rongxian   룽셴어

·S·

Sedang   세당어
Sekani   세카니어
Serbo-Croatian   세르보크로아티아어
Sesotho   세소토어
Shanghai   상하이어
Shona   쇼나어
Siane   시아네어
Slave   슬레이비어
Somali   소말리어
speech rate   발화 속도
spreading   확산
stability   안정성
stress   강세
Sukuma   수쿠마어
Supyire   수피레어
Swahili   스와힐리어
syllable weight   음절 무게

·T·

Tai (Thai 참조)   따이어 (타이어 참조)
Taishan   타이산어
Taiwanese (Xiamen 참조)   타이완어 (샤먼어 참조)
Tanacross   타나크로스어
targets, phonetic   목표점 (음성학적)

Tepehuan   테페후안어

Thai   타이어

The Emergence of the Unmarked (TETU)   무표형 출현

Tianjin   톈진어

Tibetan   티베트어

tone-bearing unit (TBU)   성조소지단위

tonogenesis   성조기원론

Trique   트리크어

trochaic   강약 음보

•U•

unrnarked   무표적

•V•

Vai   바이어(Vai)

Vietnamese   베트남어

voicing   유성성

vowel quality   모음의 음가

•W•

Wenzhou   원저우어

Wu   우 중국어

Wuming Zhuang   우밍좡어

•X•

Xhosa   코사어

Xiamen   샤먼어

•Y•

Yagua   야과어

Yala   얄라어

Yoruba   요루바어

Yupik   유픽어

•Z•

Zahao   자하오어

Zapotec   사포텍어

Zulu   줄루어

저자 모이라 입(Moira Yip)

유니버시티 칼리지 런던(UCL)의 음성 언어학과 교수이다. 캘리포니아 어바인 주립대학의 언어학 교수를 역임하였다. 1991년 출판된 *The Tonal Phonology of Chinese*의 저자이고 성조 관련 연구서를 많이 발표하고 있다.

역자 손남호

서울대학교 언어학과를 졸업하고 동대학원에서 석사학위를 받은 후 중국사회과학원대학원 언어학과에서 박사학위를 받았다. 성조와 운율에 관한 연구를 주로 하고 있으며 현재 대검찰청에서 음성감정관으로 재직하고 있다.

성조(TONE)

초판 인쇄 2013년 12월 20일 | **초판 발행** 2013년 12월 30일
저　자 모이라 입
역　자 손남호
펴낸이 이대현 | **편집** 박선주
펴낸곳 도서출판 역락 | **등록** 제303-2002-000014호(등록일 1999년 4월 19일)
주　소 서울시 서초구 동광로 46길 6-6
전　화 02-3409-2058, 2060 | **팩시밀리** 02-3409-2059 | **전자우편** youkrack@hanmail.net
ISBN 979-11-85530-01-7　93700

정가 42,000원
* 잘못된 책은 구입처에서 교환해 드립니다